2016

SHENZHEN REAL ESTATE YEARBOOK

深圳房地产

《深圳房地产年鉴》编辑委员会 编

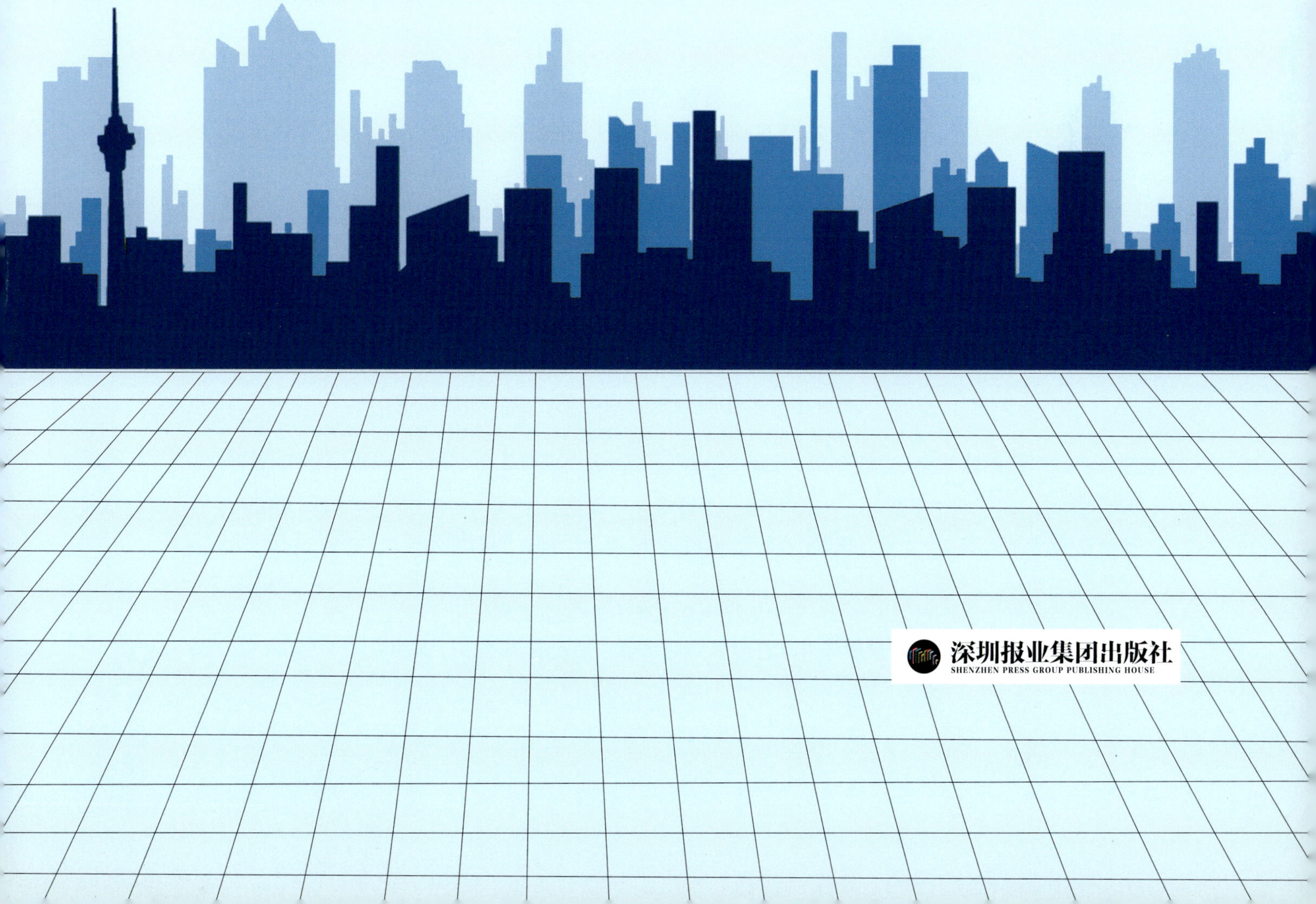

深圳报业集团出版社
SHENZHEN PRESS GROUP PUBLISHING HOUSE

责任编辑：彭春红　罗建邦
排版制作：深圳市尊达设计制作有限公司
美术设计：张展芍
摄　　影：汪秦生

图书在版编目（CIP）数据

2016深圳房地产年鉴/《深圳房地产年鉴》编辑委员会编. -- 深圳 : 深圳报业集团出版社, 2016.11
ISBN 978-7-80709-773-0

Ⅰ. ①2… Ⅱ. ①深… Ⅲ. ①房地产业－深圳－2016－年鉴 Ⅳ. ①F299.276.53-54

中国版本图书馆CIP数据核字(2016)第283226号

2016深圳房地产年鉴
2016 Shenzhen Fangdichan Nianjian

《深圳房地产年鉴》编辑委员会 编

深圳报业集团出版社出版发行
（518034　深圳市福田区商报路2号）
深圳市德信美印刷有限公司印制　新华书店经销
2016年11月第1版　2016年11月第1次印刷
开本：889mm×1194mm　1/16
字数：800千字　印张：33.5
ISBN 978-7-80709-773-0　定价：268.00元

《深圳房地产年鉴》编辑委员会

《深圳房地产年鉴》编辑部

编辑说明

一、《2016 深圳房地产年鉴》（以下称本书）是一部例行出版的资料性工具书，主要反映 2015 年度深圳市以商品房为主的房地产市场发展变化及其相关环境、管理制度等方面的情况，部分追列出历年数据。

二、本书的综合性资料，来自深圳市统计局；专业性资料，来自深圳市规划和国土资源委员会（市海洋局）、深圳市发展和改革委员会、深圳市住房和建设局、深圳市重点工程办公室、深圳市房屋租赁办公室、深圳市人居环境委员会、中国人民银行深圳中心支行等房地产业主管与相关部门。缘于资料出处的不同和统计口径的差异，编者虽做过一些技术处理，但仍不尽完善。

三、本书主要通过表式或图示以披露各类相关数据，供读者分析使用；部分属文字性的，也以描述事实为主，基本不含价值判断。

四、本书所称的“全市”为六区和四新区之总体范围。

五、本书的度量单位采用国际统一标准。其中，涉及长度、面积或体积时，正文中以米、千米、平方米、公顷、立方米表示，图、表中用对应符号表示，如米为m、千米为km、公顷为hm^2、平方米为m^2、立方米为m^3等。

六、本书的货币单位，除特别注明为港元（HKD）、美元（USD）外，均为人民币“元”“万元”或“亿元”。

七、本书附表、附图均以章号冠前，表序随后。表内，凡有“—”符号者，为不应发生数或应发生但数据为零的；空格者，为应发生而未采集到数据的。

八、本书的增减比较多以“±%”表示。如负增长23.4%，写作“－23.4%”，但正增长43.5%，则写作“43.5%”，而不作“＋43.5%”。

九、本书发生之序数多以“～”省略之。如1、3、4、5、6写作“1、3～6”，A、C、D、E、F写作“A、C～F”。

目 录

第一章　深圳概况

第一节　自然条件与行政区划

一、地理环境

深圳市是中国南部海滨城市，属亚热带海洋性气候区，四季温润、阳光充沛，盛产水果，位于北回归线以南，东经113° 46′ 至114° 37′ ，北纬22° 27′ 至22° 52′ 。深圳市地处祖国南疆、广东省南部，珠江口东岸，东临大亚湾和大鹏湾；西濒珠江口和伶仃洋；南边深圳河与香港相连；北部与东莞、惠州两城市接壤；辽阔海域连接南海及太平洋。深圳市所辖范围呈狭长形：东西长、南北窄，行政辖区内土地总面积1991.64平方千米，海岸线长229.9千米，海域面积1145平方千米（其中滩涂面积70平方千米），有人、小岛屿24个，岛岸线总长12.78千米，海洋资源丰富，有优良的海湾港口，通海条件优越。深圳全境地势东南高，西北低，多为低丘陵地，间以平缓的台地，西部沿海一带是滨海平原，平原占陆地面积的22.1%。梧桐山、七娘山、羊台山、大南山等山脉绵延，最高山峰为梧桐山，海拔943.7米。全市境内流域面积大于1平方千米的河

流共有310条，分属珠江、东江、粤东沿海水系，较大的河流有深圳河、茅洲河、龙岗河、观澜河和坪山河等。

二、气候条件

（一）常年气候

2015年深圳市年平均气温为23.9℃，比上年同期气候平均值（23.0℃）偏高0.9℃；全年降水分布严重不均，降水集中多发于1月、5、10月和12月，全年总雨量1500.8mm，较上年同期气候平均值偏少13%；全年总日照时数为1964.3小时，较上年同期气候平均值偏少3.5%；全年平均相对湿度为72%，比上年同期略低1%。

（二）气象灾害

2015年，深圳市全年主要天气气候特点表现为“雨水集中入汛迟，台风偏少影响轻，气温偏高炎夏长，霾少局地雾多发”的特征。

全年总雨量1500.8mm，偏少一成多，但入汛早、降水集中、雨量大。全年有8场全市性暴雨，局地暴雨20场。降水主要集中在1月、5月、10月、12月，其余各月雨量均偏少。台风影响偏少，仅1522号强台风“彩虹”给我市造成严重风雨影响。

4月13日入夏，11月25日入秋，夏季持续时间226天，排名历史第二长，夏季平均气温27.4℃，为同期历史最高；年平均气温23.9℃，比上年同期气候平均值偏高0.9℃，追平2002年历史最高纪录。全年灰霾35天，比2014年减少33天，为近十年最少。年内无全市性大雾，大局地大雾多发。

2015年造成影响的气象灾害主要包括：暴雨（强降水）、台风、雷电和高温。经与市三防办核定，全年积涝200多次，最深1米，部分区域出现较严重的内涝、山体滑坡、道路水浸、河堤坍塌等险情灾情，今年气象灾害造成直接经济损失约为3000万元，未造成人员死亡。

三、行政区划

1979 年 3 月，中央和广东省决定将原宝安县改为深圳市，同年 11 月改为省辖市。1980 年深圳经济特区成立，并恢复宝安县建制。1988 年国务院批准深圳市为计划单列市，赋予相当省一级的经济管理权限。1993 年，撤宝安县建制改为深圳市属的宝安、龙岗两区。1997 年 10 月，国务院批准深圳市增设盐田区，至此，全市共辖 6 个区：特区内 4 个区，即福田区、罗湖区、南山区、盐田区；特区外两个区，即宝安区、龙岗区。2003 年 10 月 30 日，《中共深圳市委深圳市人民政府关于加快宝安龙岗两区城市化进程的意见》颁布实施，原为特区外的宝安、龙岗两区转为城区，撤销镇设立街道办事处；同时撤销村民委员会成立社区居民委员会，街道办事处作为区级政府派出机构，受政府委托行使管理社会经济的职能。为了贯彻实施《深圳市综合配套改革总体方案》提出的全面启动大部制体制改革的

精神，创新基层管理体制，2007 年 5 月 31 日，光明新区挂牌成立；2010 年 7 月 1 日起，深圳经济特区范围延伸到全市；2009 年 6 月 30 日，坪山新区挂牌成立；2011 年 12 月 30 日，龙华新区、大鹏新区挂牌成立；2012 年 7 月 3 日，国务院正式批复关于支持深圳前海深港现代服务业合作区开发开放有关政策。目前，深圳共有罗湖、福田、南山、盐田、宝安、龙岗六个市辖行政区和光明、坪山、龙华、大鹏四个市辖功能区。

第二节 经济发展

2015 年，在市委市政府的坚强领导下，深圳以“四个全面”战略布局为统领，坚持解放思想，真抓实干，着力抓改革、促转型、稳增长、惠民生，突出质量引领、创新驱动，主动适应引领经济发展新常态，保持了经济稳中有进、逐步向好的发展态势，实现了有质量的稳定增长和可持续的全面发展。

一、综合

初步核算，2015 年本地生产总值 17502.99 亿元，比上年增长 8.9%。其中，第一产业增加值 5.66 亿元，下降 1.7%；第二产业增加值 7205.53 亿元，增长 7.3%；第三产业增加值 10291.80 亿元，增长 10.2%。第一产业增加值占全市生产总值的比重不到 0.1%；第二和第三产业增加值占全市生产总值的比重分别为 41.2%和 58.8%。人均生产总值 157985 元，增长 5.2%，按 2015 年平均汇率折算为 25365 美元。

现代产业中，现代服务业增加值 7134.47 亿元，比上年增长 11.6%；先进制造业增加值 5165.57 亿元，增长 11.5%；高技术制造业增加值 4491.36 亿元，增长 9.7%。

第三产业中，交通运输、仓储和邮政业增加

值 526.51 亿元，增长 7.6%；批发和零售业增加值 2006.90 亿元，增长 2.6%；住宿和餐饮业增加值 340.72 亿元，增长 4.0%；房地产业增加值 1627.77 亿元，增长 16.8%。

四大支柱产业中，金融业增加值 2542.82 亿元，比上年增长 15.9%；物流业增加值 1782.70 亿元，增长 9.4%；文化产业增加值 1021.16 亿元，增长 7.4%；高新技术产业增加值 5847.91 亿元，增长 13.0%。

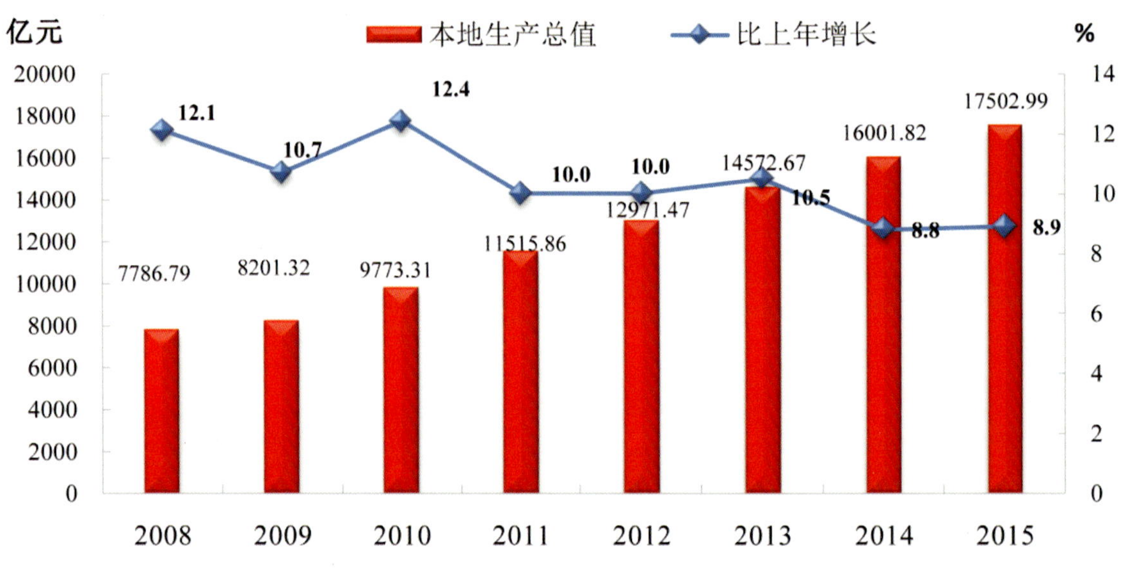

图 1-1　2008—2015 年本地生产总值及增长速度

表 1-1 2015 年分区本地生产总值

单位：亿元

	本地生产总值		第一产业		第二产业		第三产业	
	绝对值	增速（%）	绝对值	增速（%）	绝对值	增速（%）	绝对值	增速（%）
全市合计	17502.99	8.9	5.66	-1.7	7205.53	7.3	10291.80	10.2
福田区	3256.24	9.0	1.73	33.9	214.53	6.8	3039.98	9.1
罗湖区	1728.39	8.0	0.36	137.8	82.09	-2.7	1645.94	8.9
盐田区	487.23	8.9	0.03	-60.9	78.76	1.4	408.44	10.9
南山区	3714.57	9.3	0.70	-7.7	1986.19	8.4	1727.68	10.5
新宝安区（不含光明、龙华新区）	2640.92	9.0	0.52	9.6	1320.40	7.9	1320.00	10.3
光明新区	670.66	9.4	0.84	9.9	429.87	6.8	239.95	16.3
龙华新区	1635.59	8.0	0.32	9.9	953.89	5.4	681.38	12.6
新龙岗区（不含坪山、大鹏新区）	2636.79	10.5	0.21	-18.6	1667.47	12.4	969.11	7.0
坪山新区	458.07	9.4	0.46	-17.1	305.68	9.1	151.93	9.8
大鹏新区	274.53	4.0	0.48	-18.3	166.66	1.5	107.39	8.3

七大战略性新兴产业中，生物产业增加值 254.68 亿元，比上年增长 12.4%；互联网产业增加值 756.06 亿元，增长 19.3%；新能源产业增加值 405.87 亿元，增长 10.1%；新一代信息技术产业增加值 3173.07 亿元，增长 19.1%；新材料产业增加值 329.24 亿元，增长 11.3%；文化创意产业增加值 1757.14 亿元，增长 13.1%；节能环保产业增加值 327.42 亿元，增长 12.0%。

全年完成公共财政预算收入 2727.06 亿元，比上年增长 30.9%。其中税收收入 2272.09 亿元，增长 29.5%。公共财政预算支出 3519.95 亿元，增长 62.5%。

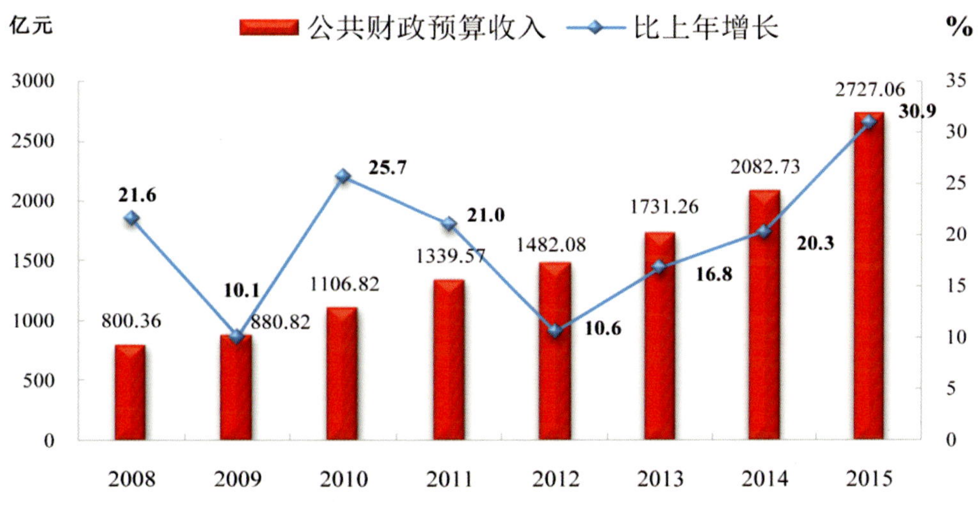

图 1-2 2008—2015 年地方财政一般预算收入及增长速度

全年居民消费价格比上年上涨 2.2%。工业生产者购进价格下降 3.5%；工业生产者出厂价格下降 2.4%。

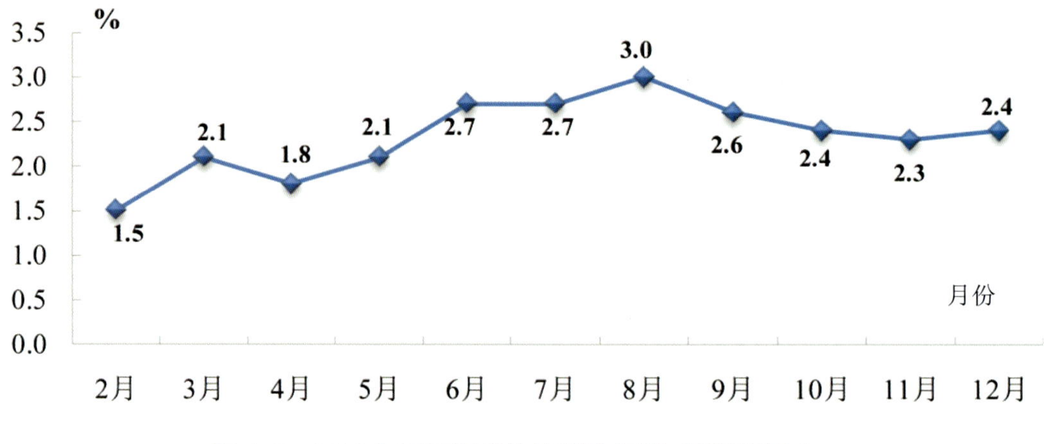

图 1-3　2015 年居民消费价格涨跌幅度（月度同比）

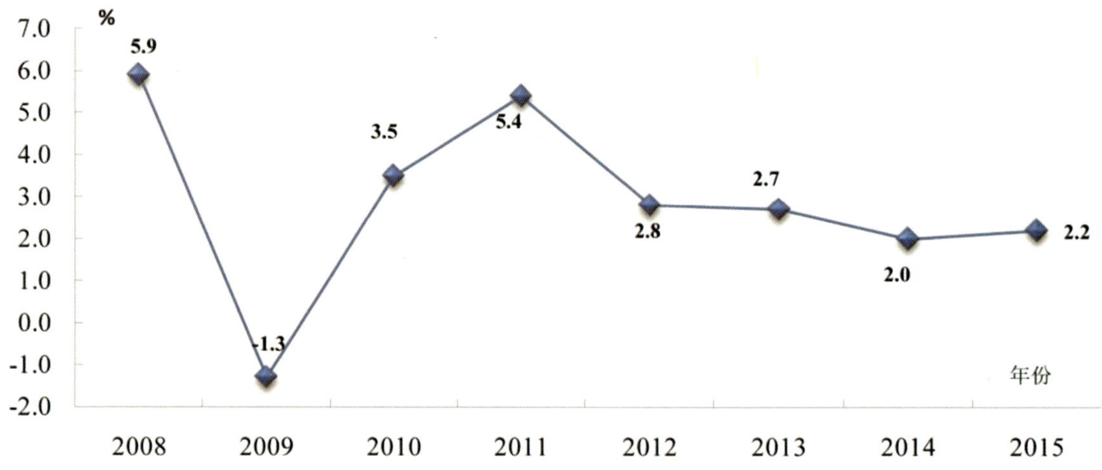

图 1-4　2008—2015 年居民消费价格涨跌幅度

表 1-2　2015 年居民消费价格指数

指标名称	价格指数（%）
居民消费价格总指数（以上年为 100）	102.2
食品	103.2
烟酒	101.6
衣着	104.6
家庭设备用品及维修服务	103.1
医疗保健和个人用品	102.0
交通和通讯	96.6
娱乐教育文化用品及服务	101.1
居住	103.4

二、农业

2015 年农作物播种面积 72358 亩，比上年减少 1.9%，其中，蔬菜播种面积 65249 亩，下降 4.0%。水果播种面积 35474 亩，下降 3.7%。全年蔬菜产量 6.30 万吨，下降 6.3%；水果产量 0.40 万吨，增长 90.0%。

全年水产品总产量 3.98 万吨，比上年增长 46.3%。其中，海产品 3.88 万吨，增长 47.5%；淡水产品 0.10 万吨，增长 6.6%。

表 1-3 2015 年主要畜产品产量

指标	单位	产量	比上年增长（%）
肉猪出栏量	万头	5.15	-26.1
猪肉产量	万吨	0.36	-23.4
家禽饲养量	万只	260.39	-9.5
鲜奶产量	万吨	1.30	8.3

三、工业和建筑业

2015 年规模以上工业增加值 6785.01 亿元，比上年增长 7.7%。其中，国有企业增加值 9.06 亿元，下降 9.1%；股份制企业增加值 3743.60 亿元，增长 12.2%；外商及港澳台投资企业增加值 2996.45 亿元，增长 2.9%。分轻、重工业看，轻工业增加值 1197.86 亿元，下降 3.2%；重工业增加值 5587.15 亿元，增长 10.2%。

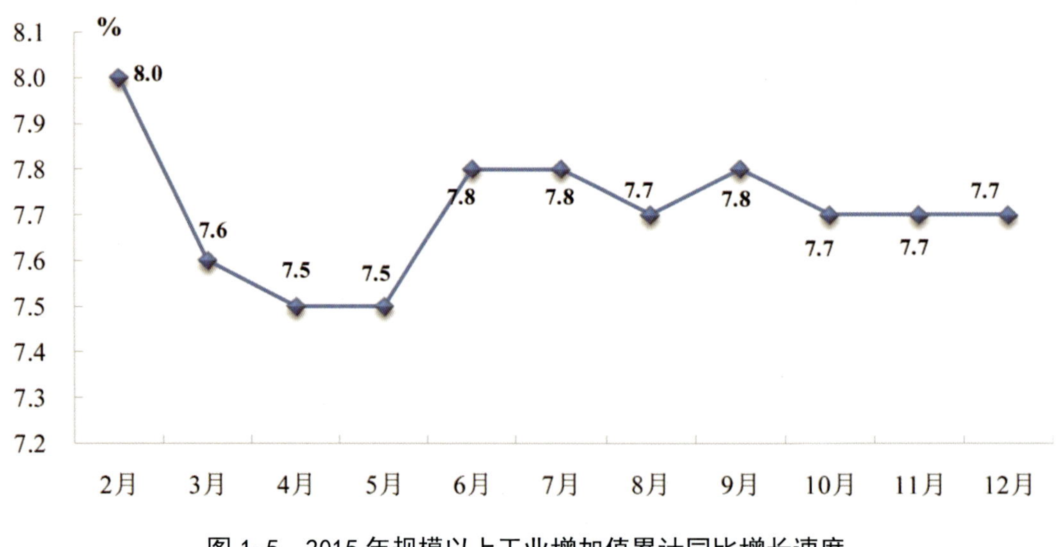

图 1-5　2015 年规模以上工业增加值累计同比增长速度

图 1-6　2008—2015 年工业增加值及增长速度

全年规模以上工业增加值排名前五行业依次为：通信设备、计算机及其他电子设备制造业增加值 4214.95 亿元，比上年增长 10.6%；电气机械和器材制造业 355.77 亿元，增长 2.4%；石油和天然气开采业 257.62 亿元，增长 27.1%；电力、热力生产和供应业 249.00 亿元，下降 2.3%；专用设备制造业 213.75 亿元，增长 6.9%。

全年规模以上工业销售产值 24529.39 亿元，比上年增长 0.9%。其中，出口交货值 11239.20 亿元，下降 4.9%，占规模以上工业销售产值比重 45.8%，比上年下降 3.3 个百分点。工业产品销售率 97.9%，比上年提高 0.1 个百分点。主要工业产品产量见表 1-4。

表 1-4　2015 年主要工业产品产量及增长速度

产品名称	单位	数量	比上年增长（%）
微型计算机	万台	2779.36	4.7
其中：笔记本计算机	万台	714.00	3.2
程控交换机	万线	1179.82	113.5
其中：数字程控交换机	万线	526.62	1.9
移动通讯基站设备	万信道	28210.29	19.8
新能源乘用车（客车）	辆	16713	165.1
金属集装箱	万立方米	1324.26	-36.1
数码照相机	万台	203.20	-36.1
复印和胶版印制设备	万台	424.88	9.6
光缆	万芯千米	1400.66	13.3
打印机	万台	1304.84	-18.8
硬盘存储器	万台	4440.19	-28.3
半导体存储盘	万个	17615.49	-16.6
GPS 接收机	万部	42.77	-28.8
移动通讯手持机（手机）	万台	37030.95	-4.9
彩色电视机	万台	3545.93	-2.1
电视接收机顶盒	万台	5354.18	-8.1
半导体分立器件	亿只	98.75	0.6
集成电路	亿块	131.13	-5.0
液晶显示屏	万片	80084.96	-44.0
电子元件	亿只	1119.13	-24.2
服装	万件	21628.06	-5.1
家具	万件	2209.60	-17.3
中成药	万吨	3.92	-22.0
钟	万只	1483.24	-2.6

全年规模以上工业企业主营业务收入比上年增长 1.3%；实现利税总额增长 12.3%；实现利润总额增长 9.6%。

全年建筑业增加值 479.72 亿元，比上年增长 3.9%。

图 1-7 2008—2015 年建筑业增加值及增长速度

四、固定资产投资

2015 年完成固定资产投资额 3298.31 亿元，比上年增长 21.4%。其中，房地产开发项目投资 1331.03 亿元，增长 24.5%；非房地产开发项目投资 1967.27 亿元，增长 19.4%。

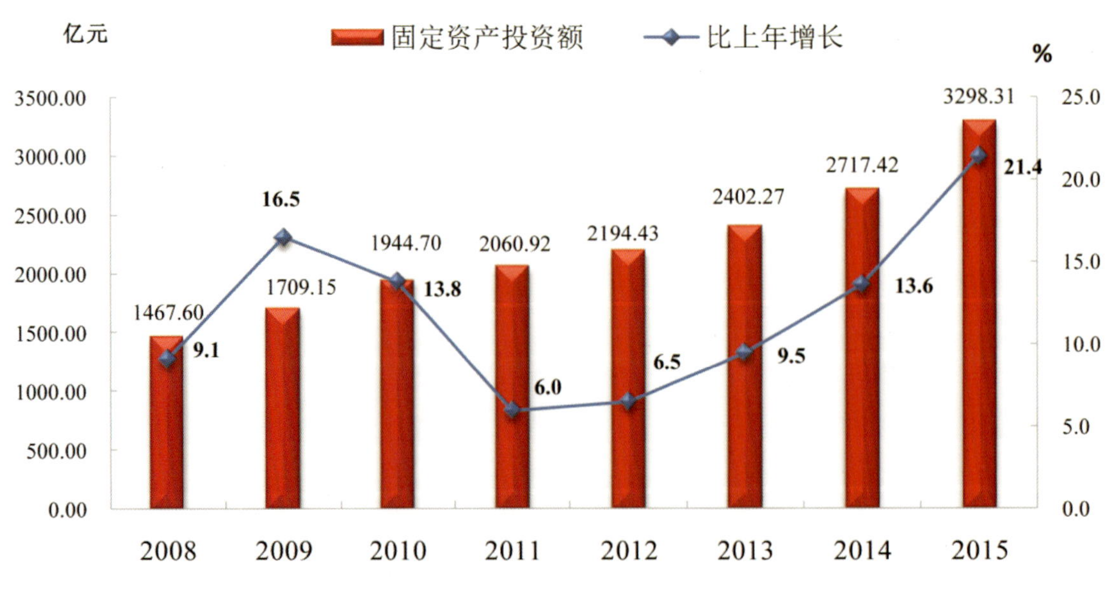

图 1-8 2008—2015 年固定资产投资及增长速度

表 1-5 2015 年分区固定资产投资

	固定资产投资		房地产开发项目		非房地产开发项目	
	绝对值(亿元)	增速(%)	绝对值(亿元)	增速(%)	绝对值(亿元)	增速(%)
全市合计	**3298.31**	**21.4**	**1331.03**	**24.5**	**1967.27**	**19.4**
福田区	235.38	29.9	156.09	23.3	79.30	45.3
罗湖区	125.90	32.4	35.57	-11.1	90.33	63.9
盐田区	99.59	8.1	42.39	13.7	57.20	4.2
南山区	633.99	52.4	228.86	53.4	405.12	51.9
新宝安区(不含光明、龙华新区)	545.72	18.5	213.55	28.8	332.17	12.6
光明新区	269.28	16.5	61.45	84.9	207.83	5.0
龙华新区	411.34	15.2	185.57	15.1	225.77	15.3
新龙岗区(不含坪山、大鹏新区)	658.09	9.3	347.28	17.2	310.82	1.7
坪山新区	246.82	15.2	49.55	9.2	197.26	16.9
大鹏新区	72.19	6.2	10.73	-25.7	61.47	14.8

从产业结构投资看，第一产业投资 0.62 亿元；第二产业投资 591.05 亿元，比上年增长 13.4%，其中，工业投资 590.80 亿元，增长 13.5%；第三产业投资 2706.64 亿元，增长 23.3%。

表 1-6 2015 年分行业固定资产投资及增长速度

行业	投资额(亿元)	比上年增长(%)
全社会固定资产投资	**3298.31**	**21.4**
农、林、牧、渔业	0.62	58.4
采矿业	0.00	0
制造业	513.52	12.6
电力、燃气及水的生产和供应业	77.29	19.6
建筑业	0.25	-62.3
交通运输、仓储和邮政业	397.54	14.9
信息传输、计算机服务和软件业	45.07	13.7
批发和零售业	30.49	0.6
住宿和餐饮业	15.30	-33.3
金融业	70.67	34.8
房地产业	1662.67	21.0
租赁和商务服务业	83.55	99.6
科学研究、技术服务和地质勘查业	56.48	86.4
水利、环境和公共设施管理业	235.75	41.5
居民服务和其他服务业	4.04	116.4
教育	39.74	37.0
卫生、社会保障和社会福利业	43.84	16.6
文化、体育和娱乐业	18.11	33.8
公共管理和社会组织	3.39	-65.3

表 1-7 2015 年房地产开发和销售主要指标完成情况

指标	单位	绝对数	比上年增长（%）
房地产开发项目投资	亿元	1331.03	24.5
商品房施工面积	万平方米	4978.41	10.8
其中：住宅	万平方米	3156.99	10.0
商品房竣工面积	万平方米	360.21	-15.3
其中：住宅	万平方米	202.37	-24.8

五、国内贸易

2015 年社会消费品零售总额 5017.84 亿元，比上年增长 2.0%。其中，批发和零售业零售额 4448.14 亿元，增长 1.3%；住宿和餐饮业零售额 569.69 亿元，增长 7.7%。在社会消费品零售总额中，限额以上批发和零售业零售额 3055.66 亿元，下降 5.7%，占社会消费品零售总额 60.9%。

图 1-9 2008—2015 年社会消费品零售总额及增长速度

表 1-8 2015 年分区社会消费品零售总额

	绝对值（亿元）	比上年增长（%）
全市合计	**5017.84**	**2.0**
福田区	1533.38	0.8
罗湖区	1033.75	2.2
盐田区	61.90	8.0
南山区	670.90	1.2
新宝安区（不含光明、龙华新区）	721.69	2.5
光明新区	99.70	6.0
龙华新区	235.60	3.3
新龙岗区(不含坪山、大鹏新区)	549.56	3.0
坪山新区	59.34	2.4
大鹏新区	52.02	8.1

2015 年商品销售总额 23490.77 亿元，比上年增长 0.5%。其中批发销售总额 19042.69 亿元，增长 0.3%。全年限额以上批发零售业商品销售中，日用品类增长 18.8%；金银珠宝类增长 9.6%；食品饮料烟酒类增长 9.6%；服装鞋帽针织类增长 7.5%；汽车类下降 20.0%。

六、对外经济

2015 年外贸进出口总额 27516.58 亿元，比上年下降 8.2%。其中出口总额 16415.39 亿元，下降 6.0%，分别占全国和广东省出口总额的比重为 11.6%和 41.1%；进口总额 11101.19 亿元，下降 11.1%。出口总额连续 23 年居内地城市首位。

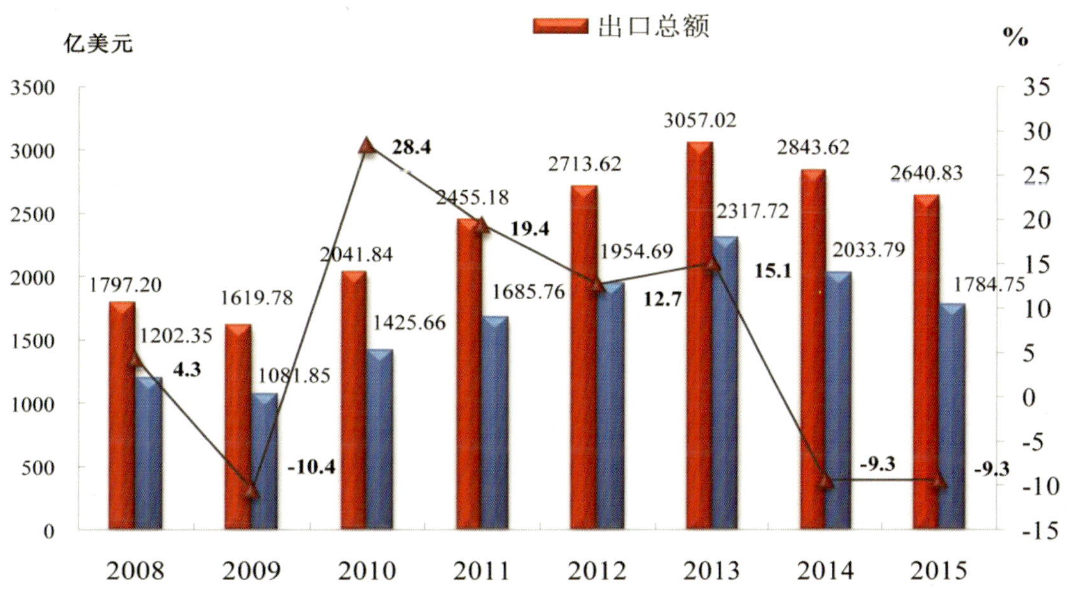

图 1-10　2008—2015 年进出口总额及增长速度

表 1-9　2015 年外贸进出口总额及增速

指标名称	金额（亿美元）	比上年增长（%）
外贸进出口总额	**27516.58**	**-8.2**
外贸出口总额	**16415.39**	**-6.0**
总额中：国有企业	1619.75	0.8
民营、集体企业	6766.25	-5.7
“三资”企业	8029.39	-7.5
总额中：一般贸易	6554.46	7.9
“三来一补”贸易	144.68	-49.7
进料加工贸易	6383.24	-17.7
其他贸易	3333.01	-0.5
总额中：机电产品	13080.70	2.3
总额中：高新技术产品	8734.69	4.0
外贸进口总额	**11101.19**	**-11.1**
总额中：国有企业	579.49	-7.5
民营、集体企业	5067.81	-15.5
“三资”企业	5453.89	-7.1
总额中：一般贸易	4863.71	3.8
“三来一补”贸易	158.50	0.9
进料加工贸易	3680.58	-31.0
其他贸易	2398.39	3.4

表 1-10　2015 年主要国家和地区进出口总额及增长速度

国家和地区	出口（亿美元）	比上年增长（%）	进口（亿美元）	比上年增长（%）
香港	7649.08	-13.1	88.19	-15.9
美国	2070.00	3.8	424.69	-9.6
日本	488.66	-3.9	916.81	-3.0
欧盟 28 国	1910.63	3.2	490.48	-5.0

全年新签外商直接投资合同项目 3359 项，比上年增长 34.9%；合同外资金额 255.95 亿美元，增长 134.9%；实际使用外商直接投资金额 64.97 亿美元，增长 11.9%。

全年对外承包工程业务完成营业额 179.48 亿美元，比上年增长 74.7%。

表 1-11　2015 年分行业外商直接投资及增长速度

行业	合同外资金额（万美元）	比上年增长（%）	实际使用金额（万美元）	比上年增长（%）
总计	**2559531**	**134.9**	**649733**	**11.9**
制造业	112047	25.7	81516	-26.8
电力、燃气及水的生产和供应业	924	-90.6	838	-93.5
建筑业	6149	1452.8	159	-67.8
交通运输、仓储和邮政业	36982	125.3	10398	66.8
信息传输、计算机服务和软件业	189865	320.7	30007	35.3
批发和零售业	286216	53.7	61490	-39.4
住宿和餐饮业	5842	1745.6	3901	40.8
金融业	1171149	131.5	71649	6.1
房地产业	286294	1557.0	225873	181.2
租赁和商务服务业	395064	151.1	136183	-1.6
科学研究、技术服务和地质勘查业	66585	11.4	25079	-28.1
水利、环境和公共设施管理业	920	251.1	0	0
居民服务和其他服务业	3643	538.0	84	13.5
文化、体育和娱乐业	-3825	-2167.6	2395	158.1

七、交通、邮电与旅游

2015 年货物运输总量 32474.65 万吨，比上年增长 10.5%。货物运输周转量 2253.06 亿吨公里，下降 5.6%。

表 1-12　2015 年各种运输方式完成货物运输量及增长速度

指标	单位	数量	比上年增长（%）
货运量	万吨	32474.65	10.5
铁路	万吨	66.52	-46.1
公路	万吨	24774.11	18.0
水运	万吨	7556.91	-7.8
民航	万吨	77.11	-0.6
货物周转量	亿吨公里	2253.06	-5.6

表 1-13　2015 年各种运输方式完成旅客运输量及增长速度

指标	单位	数量	比上年增长（%）
客运量	万人	16650.80	10.2
铁路	万人	5680.22	19.7
公路	万人	6574.27	3.2
水运	万人	465.93	1.2
民航	万人	3930.38	11.3
旅客周转量	亿人公里	955.30	18.6

2015 年港口货物吞吐量 21706.38 万吨，比上年下降 2.8%；集装箱吞吐量 2420.46 万标箱，增长 0.7%，其中，出口集装箱吞吐量 1236.05 万标箱，下降 0.9%。全市年末拥有港口泊位数 156 个，其中万吨级泊位 67 个。

全年机场旅客吞吐量 3972.16 万人次，比上年增长 9.5%。年末开通运营国内航线 166 条；国际航线 21 条；港澳台航线 4 条。

全年全市民用汽车拥有量 314.70 万辆，比上年增长 1.1%，其中，私人小汽车拥有量 254.78 万辆，增长 2.2%。

全年邮电业务总量（2010 年价格）1040.96 亿元，比上年增长 30.4%。其中，邮政、快递业务量 425.25 亿元，增长 43.0%；电信业务量 615.71 亿元，增长 22.9%。全年订销报纸 0.91 亿份；收寄函件 1.76 亿份；特快专递 120.69 万件（邮政口径）。年末全市有邮政、电信局（所）782 所。全市固定电话交换机总容量 715 万门；年末固定电话用户 754.12 万户。年末移动电话用户 2621.47 万户。互联网用户（含家庭视讯）671.46 万户。

图 1-11　2008—2015 年年末电话用户数

全年旅游住宿设施接待过夜游客 5375.20 万人次，比上年增长 7.7%。其中海外游客 1218.70 万人次，增长 3.1%；国内游客 4156.50 万人次，增长 9.1%。在过夜海外游客中，外国游客 164.65 万人次，增长 2.2%；港澳同胞 1011.74 万人次，增长 3.3%；台湾同胞 42.31 万人次，增长 1.5%。全年旅游外汇收入 49.68 亿美元，增长 8.8%。宾馆、酒店、度假村开房率 68.2%，比上年提高 1.0 个百分点。

全年经过一线口岸入出境人数 2.39 亿人次；入出境交通工具 1550 万辆（艘）次。

八、金融、证券和保险

2015 年年末全市国内金融机构人民币存款余额 51806.18 亿元，比上年增长 16.2%；国内金融机构人民币贷款余额 27129.99 亿元，增长 19.0%。

表 1-14　2015 年年末国内金融机构人民币存贷款及增长速度

指标	绝对数（亿元）	比年初增长（%）
国内金融机构各项存款余额	51806.18	16.2
其中：单位存款	9429.42	5.7
个人存款	16451.54	29.7
国内金融机构各项贷款余额	27129.99	19.0
其中：短期贷款	10832.66	37.4
中长期贷款	15979.83	9.8

图 1-12　2008—2015 年全市金融机构本外币存款余额

2015 年年末全部金融机构本外币各项存款余额 57778.90 亿元，比上年增长 15.6%；金融机构本外币各项贷款余额 32449.04 亿元，增长 15.4%。

年末深圳证券交易所上市公司 1746 家，比上年增加 128 家。上市股票 1784 只，增加 127 只，其中，A 股 1735 只，增加 129 只；B 股 49 只，减少 2 只。总发行股本 12779.28 亿股，增长 31.6%；总流通股本 9625.60 亿股，增长 30.5%。上市公司市价总值 236110.00 亿元，增长 83.6%。上市公司流通市值 163797.56 亿元，增长 72.2%。全年证券市场总成交金额 1361051.31 亿元，增长 206.1%。其中，A 股总成交金额 1223606.57 亿元，增长 234.1%；B 股总成交金额 1343.43 亿元，增长 157.0%。总成交股数 69337.80 亿股，增长 125.0%。

全年保险机构原保险保费收入 647.55 亿元，比上年增长 18.0%。其中，财产险 214.55 亿元，增长 3.7%；人身险 433.00 亿元，增长 26.7%。各项赔付支出 176.74 亿元，增长 13.5%。其中，财产险业务支出 104.53 亿元，增长 3.4%；人身险业务支出 72.21 亿元，增长 32.0%。

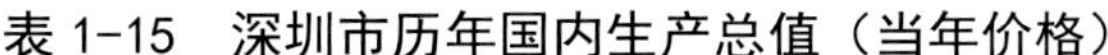

表 1-15　深圳市历年国内生产总值（当年价格）

单位：万元

年份	国内生产总值	第一产业	第二产业			第三产业	人均 GDP（元）
				工业	建筑业		
1980	27012	7803	7036	3726	3310	12173	835
1981	49576	13343	16019	8311	7708	20214	1417
1982	82573	18960	31439	9540	21899	32174	2023
1983	131212	22614	55848	22466	33382	52750	2512
1984	234161	25932	106606	51802	54804	101623	3504
1985	390222	26111	163586	102137	61449	200525	4809
1986	416451	32907	163185	106606	56579	220359	4584
1987	559015	46519	220463	164445	56018	292033	5349
1988	869807	57005	359230	274787	84443	453572	6477
1989	1156565	68615	505361	400579	104782	582589	6710
1990	1716665	70220	769319	644947	124372	877126	8724
1991	2366630	80836	1126084	928846	197238	1159710	10746
1992	3173194	105914	1522432	1176087	346345	1544848	12707
1993	4531445	108615	2420214	1810085	610129	2002616	15005
1994	6346711	134152	3357972	2671299	686673	2854587	16954
1995	8424833	124122	4221435	3370548	850887	4079276	19550
1996	10484421	148796	5065924	4186130	879794	5269701	22498
1997	12974208	147660	6174083	5193120	980963	6652465	25675
1998	15347272	151764	7434976	6315047	1119929	7760532	27701
1999	18040176	150445	9005486	7801018	1204468	8884245	29747
2000	21874515	155656	10860852	9627492	1233360	10858007	32800
2001	24824874	160143	12297665	11053418	1244247	12366796	34822
2002	29695184	166587	14647171	13367060	1280111	14881426	40369
2003	35857235	142048	18174235	16724227	1450008	17540952	47029
2004	42821428	123264	22112353	20597743	1514610	20585811	54236
2005	49509078	97385	26334427	24834947	1499480	23077266	60801
2006	58135624	69675	30495319	28866206	1629113	27570630	69450
2007	68015706	69412	34047608	32300702	1746906	33898686	79645
2008	78065400	66600	38157800	36183200	1974600	39841000	89814
2009	82012300	64700	38316400	35976100	2340300	43631200	92771
2010	95109100	60000	45233600	42332200	2901400	49815500	102877
2011	115020600	57000	53433300	49951000	3482300	61530300	110387
2012	129500800	55600	57376400	50914200	3817900	72068800	123247
2013	145002300	52500	62968400	56950000	4077900	81981400	136947
2014	160019800	52900	68230500	65010600	4661200	91736400	149497
2015	175029900	56600	72055300	67850100	4797200	102918000	157985

表 1-16　深圳市历年全社会固定资产投资额

单位：万元

年份	投资总额	基本建设	更新改造	房地产开发	其他
1980	13801	12487	390		924
“六五”时期	**739561**	**610488**	**5770**		**123303**
“七五”时期	**2093234**	**1617070**	**49522**	**112000**	**314642**
1986	248551	191490	10140		46921
1987	285193	215701	3009		66483
1988	436191	347307	2572		86312
1989	499919	435438	9140		55341
1990	579222	427134	24661	112000	59585
“八五”时期	**10750177**	**5174744**	**239096**	**4333168**	**1003169**
1991	912324	528725	36949	255600	91050
1992	1782322	741573	44678	714900	281171
1993	2477875	1222146	20794	1027700	207235
1994	2819413	1281065	66191	1304600	167557
1995	2758243	1401235	70484	1030368	256156
“九五”时期	**23902699**	**11485121**	**1073098**	**9051885**	**2292595**
1996	3275270	1569208	113836	1248251	343975
1997	3930657	2015620	167033	1366545	381459
1998	4803901	2395732	201514	1674854	531801
1999	5695878	2724871	274707	2152541	543759
2000	6196993	2779690	316008	2609694	491601
“十五”时期	**46972337**	**20311862**	**3307791**	**19746742**	**3605942**
2001	6863749	2844010	338886	3156364	524489
2002	7881459	2861079	385050	3884445	750885
2003	9491016	3599182	561722	4126636	1203476
2004	10925571	5009246	879996	4342432	693897
2005	11810542	5998345	1142137	4236865	433195
“十一五”时期	**57954230**	**32251857**	**6058925**	**18010862**	**1632686**
2006	12736693	6396794	1389864	4620940	329095
2007	13450037	7140463	1441061	4610422	258091
2008	14676000	8278300	1558400	4404900	434400
2009	17091500	10436300	1669600	4374600	611100
2010	19447000	12262900	1872300	4584700	7271
“十二五”时期					
2011	20609200	—	2864300	5147400	—
2012	21944300	—	2251647	7368421	—
2013	24022700	—	—	887.7123	—
2014	27174200	—	—	10694900	—
2015	32983100	—	—	13310300	—

注：1. 1989 年以前的“房地产开发”归总于“基本建设”。

2. 2011 年起，国家统计局、深圳统计局开始采用新的统计方案，即仅统计“投资总额”“房地产开发项目投资额”和“非房地产开发项目投资中改建和更新改造投资额”三项指标。

第三节 社会发展

一、教育和科学技术

2015年年末全市各级各类学校总数达2196所，比上年增加102所；毕业生41.69万人，招生数52.71万人，在校学生数187.68万人，分别增长7.9%、−0.5%和7.0%。年末全市有幼儿园1489所，增加87所；在园幼儿43.85万人，增长9.9%。小学334所，增加3所；在校学生86.48万人，增长9.0%。普通中学335所，增加10所；在校学生38.52万人，增长1.7%。学龄儿童入学率和小学毕业生升学率均保持在100%。全年普通高等学校12所，招生2.77万人，下降1.5%；毕业生2.34万人，增长10.4%；在校学生9.01万人，增长2.8%。

表1-17 2015年各类教育招生、在校生和毕业生人数及增长速度

指标	招生数		在校生		毕业生	
	万人	比上年增长(%)	万人	比上年增长(%)	万人	比上年增长(%)
普通高校	2.77	-1.5	9.01	2.8	2.34	10.4
成人高校	0.80	-11.3	2.39	-2.1	0.70	1.0
各类中等职业技术（不含技工学校）	1.37	0.5	3.81	3.5	1.14	19.0
普通高中	4.23	6.2	12.01	4.6	3.67	3.8
初中	9.30	2.3	26.51	0.5	8.18	6.4
小学	17.21	5.9	86.48	9.0	10.02	2.3

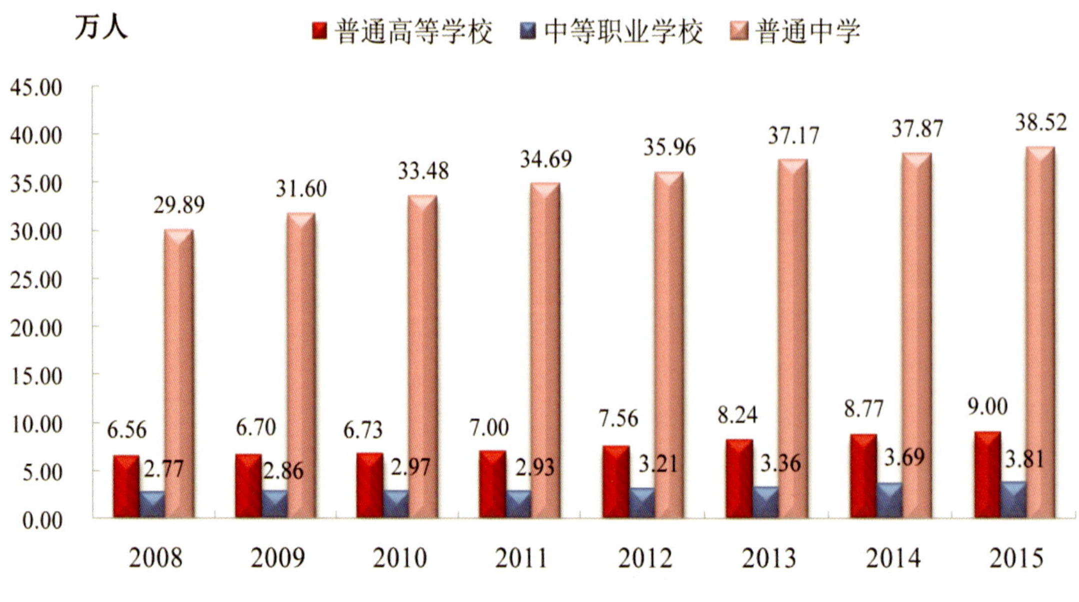

图 1-13　2008—2015 年各类教育在校生人数

2015 年年末全市各类专业技术人员 135.30 万人，比上年增长 5.6%，其中具有中级技术职称及以上的专业技术人员 41.50 万人，增长 4.4%。年末国内专利申请量 105481 件，增长 28.2%。国内专利授权量 72120 件，增长 34.3%。

二、文化、卫生和体育

2015 年全市拥有各类公共图书馆 620 座，公共图书馆总藏量 3282.12 万册（件），比上年增长 7.1%。全市拥有博物馆、纪念馆 41 座，拥有广播电台 1 座，电视台 2 座，广播电视中心 3 座，有线广播电视站 20 座，广播、电视人口覆盖率达 100%。全年报纸出版印数 46726.00 万份；杂志 1578.00 万册；图书 1014.60 万册。

2015 年年末全市有卫生医疗机构 2946 个，比上年增加 414 个，其中医院 123 个，增加 1 个。卫生机构拥有床位 33771 张，增长 8.8%，其中医院病床 31425 张，增长 8.9%。全市有卫生技术人员 74884 人，增长 7.1%。全年各级各类医疗机构完成诊疗量 8900.57 万人次，增长 0.5%，其中处理急诊 708.19 万人次。入院人数 124.07 万人，增长 3.9%。病床使用率 84.0%。

2015 年全市市民体质综合评定达到《国民体质测定标准》合格以上人数比例（简称“综合达标率”）为 88.5%。其中，19–39 岁成年人达标率为 88.1%，40–59 岁成年人达标率为 88.8%。成年人达到优秀、良好和合格的比例分别为 9.0%、38.2%和 40.9%。

三、城市建设、环境和安全生产

2015 年全年基本建设投资中用于城市基础设施的投资 713.50 亿元，比上年增长 21.1%。全年全市用电量 815.54 亿千瓦时，增长 3.4%。其中城乡居民生活用电 124.89 亿千瓦时，增长 3.8%。全市自来水日供应能力 674 万立方米，全年供水总量 16.97 亿立方米。其中居民家庭用水量 5.95 亿立方米。全市自来水普及率达

99.99%。

全市年末公共交通营运线路总长度20560.56公里，增加290.76公里。年末实有公共汽车营运车辆31716辆，比上年增长1.2%。其中，公共汽车15120辆，增长0.3%；出租小汽车16596辆，增长2.0%。全年公共汽车客运总量24.60亿人次，减少8.7%。轨道交通线路长度177公里，轨道交通客运总量11.22亿人次，增长8.2%。

2015年全市建成区面积900平方公里。全市生活垃圾无害化处理率100%。

2015年全年亿元本地生产总值生产安全事故死亡人数为0.0322人，比上年减少0.0013人/亿元。

四、人民生活和社会保障

2015年，根据居民家庭抽样调查资料显示，深圳居民人均可支配收入44633.30元，名义增长9.0%，扣除价格因素影响，实际增长6.7%。居民人均消费支出32359.20元，名义增长12.2%，扣除价格因素影响，实际增长9.8%。恩格尔系数为32.0%。

2015年年末全市有954.34万人参加了基本养老保险，974.69万人参加了失业保险。

2015年年末社区服务设施7198个。年末居民最低生活保障线以下人数6312人；全年共发放最低生活保障金4674万元。

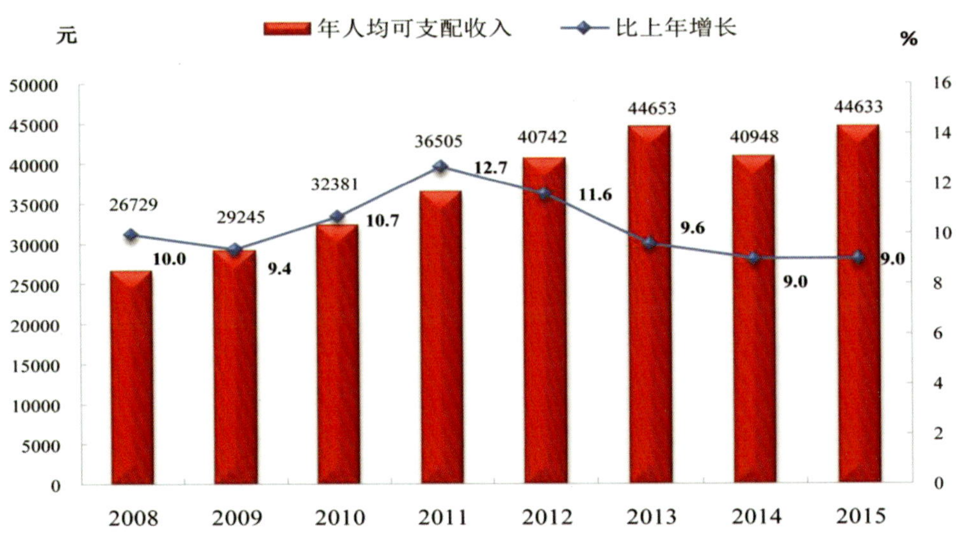

图 1-14　2008—2015 年居民人均可支配收入及增长速度

表 1-18　2015 年年末全市参加各类保险人数及增长速度

指标	参保人数（万人）
基本养老保险年末参保人数	954.34
基本医疗保险参保人数	1213.16
职工基本医疗保险参保人数	1039.12
失业保险参保人数	974.69
生育医疗保险年末参保人数	1032.49
工伤保险年末参保人数	1032.49
其中：异地务工人员工伤保险年末参保人数	895.24

第二章　城市规划

第一节　城市总体规划（2010—2020）

一、规划背景

在深圳由一个边陲小镇崛起为一个现代化特大城市的过程中，城市规划特别是总体规划对于城市的有序发展发挥了重要的引导调控作用。在经历了超常规快速发展历程后，深圳率先遭遇到严重的土地和空间瓶颈约束，面临巨大的发展需求与紧缺的资源供给尖锐矛盾，必须尽快转变发展模式，探索一条紧约束条件下的城市可持续发展道路。2006 年 8 月，经建设部批准，深圳市正式启动了新一轮城市总体规划的修编工作。城市总体规划修编分为前期研究、总规纲要、规划成果三个阶段：前期研究于 2006 年上半年完成并报经住房和城乡建设部批准；总规纲要于 2007 年 10 月获住房和城乡建设部批准；规划成果于 2010 年 8 月获国务院批复。

二、主要内容

城市总体规划以《深圳市 2030 城市发展策略》为指导，在开展 20 个专题研究的基础上制定的，主要内容包括：

——确立了“经济特区、全国性经济中心城

市和国际化城市”的新的城市性质和定位，提出了深港合作共建国际都会、打造世界级都市区的发展目标，并上升为国家发展战略。

——制订了引导城市转型的发展目标指标体系和路径。在城市发展总目标下提出了区域协作、经济转型、社会和谐、生态保护四个方面的分目标。为有效落实城市发展分目标，制定了城市发展目标指标体系，作为检测和评价规划实施效果的手段和依据。

——延续已有的轴带组团空间格局，强化区域空间联系，构筑了“三轴两带多中心”的开放空间结构。提出南北贯通、西联东拓的区域空间策略，与《珠江三角洲城镇群协调发展规划》确定的“一脊三带五轴”总体布局充分对接。

——实施四区五线的空间管制，划定密度分区，构筑包括产业、住房、公共服务、生态与绿地系统在内的城市经济社会环境支撑体系，以及由综合交通与市政设施构成基础设施支撑体系。

——强化规划实施的政策研究，构建完整的政策保障体系。包括高效集约利用土地的政策、与产业升级和空间优化相协同的人口政策、保障性住房政策、城市更新政策、生态环境保护政策、公共财税政策、深港合作机制的完善以及行政管理体制改革等。

三、特点和创新

本次规划积极探索紧约束条件下深圳城市成功转型和可持续发展的动力机制和发展模式，力求为国家经济社会全面转型和科学发展闯出一条新路。

——探索适应转型的非土地扩张型总体规划编制模式

本次规划改变传统总体规划以新增建设用地为主的思路，提出了增改用地概念。规划期末建设用地规模控制在 890 平方公里以内，相比 2009 年净增不到 90 平方公里。新增用地主要用于引导城市转型的战略性新兴产业、公共服务和基础设施、保障住房等需要；确定了规划期更新改造用地规模为 190 平方公里，超过新增用地，实现土地利用模式由增量扩张转为存量优化为主的转变，并提出了土地利用渐进转型的路径。新增用地，特别是城市重要节点地区要提高开发强度，提升土地利用效益；加快城市更新，开发地下空间，清退违法用地，促进土地集约节约利用。

——提出了基于社会和谐的管理服务人口概念

本次规划立足于深圳资源环境容量，建立适应社会经济转型、以稳定为政策取向的人口调控目标和管理模式。以生态环境、土地、水资源等承载力为前提，核算出规划期内适宜的人口规模，据此进行产业用地和居住用地的配置，再通过就业岗位和住房数量等要素来调控未来人口的规模和结构，保证人口的合理稳定。同时为应对人口发展可能存在的不确定性，在设施配置上按照弹性系数进行适当超前预留，以适应社会经济发展的实际需求。贯彻以人为本的理念，从建设和谐社会出发，考虑和满足不同社会阶层的多样化需求。

——探索规划编制与环境影响评价同步展开、相互反馈的机制

本次规划贯彻生态优先的理念，在前期研究中开展了包括环境容量、水资源和能源利用、城市气象气候影响、城市公共安全和防灾减灾等一系列有关生态建设和环境保护相关的课题研究，作为规划的重要前提。并由专业机构承担规划环境影响评价研究，改变了通常的事后评估的方式，采取前期介入、全过程参与、充分反馈和互动的工作方式，保证了规划结果始终处于环境影响评价的可控范围内。此种工作模式得到国家环保部领导和全国著名专家的高度评价，并作为范例向全国推介。

——突出城市总体规划的公共政策属性

本次规划由传统的空间设计为主转为空间与政策设计并重，在内容上以政策为出发点，最后归属和落实于政策，保障规划目标的实现。提出了区域协作、经济转型、社会和谐、生态保护四方面的政策内容，最后又构建完整的政策保障体系，提出深圳转型期总体规划实施所需要的创新性政策和体制保障，使本次总规成为一个具有空间统筹功能的综合性政策规划。

——全过程、全方位的公众参与

除采取了“政府组织、专家领衔、部门合作、公众参与、科学决策”的工作机制外，将市民的全过程参与作为工作重点，充分贯彻以人为本的指导思想，保障公共利益。建立了广泛的民意收集平台，设立热线电话、电子邮件、移动短信、书面接访等多种沟通方式；开展了多途径前期调查,收回有效问卷近 10 万份；进行了深入全面的公开展示，全市共设立七个主展点并在 300 个社区进行公告，同时通过网络进行公示，吸引观展人数逾 10 万人。

四、回顾与修编

《深圳市总体城市规划（2010—2020 年）》对于近十年来深圳城市健康持续发展和质量全面提升发挥了重要的指导作用。但随着城市发展形势和条件的变化，也反映出一定的局限性和修编的必要性。一是国家和区域形势的重大变化，对于深圳城市发展目标和定位提出新的要求。二是人口、土地、资源和环境的紧约束持续加剧，空间拓展需要新思路。三是区域和城市重大基础设施布局，对于城市空间结构调整优化提出新的紧迫要求。四是全国新型城镇化工作会议和中央城市工作会议提出的新理念、新思路，要求深圳按照“五位一体”总体布局和“四个全面”战略布局，牢固树立和贯彻创新、协调、绿色、开放、共享的发展理念，谋划好下阶段的城市发展。随着时间临近 2020 年，深圳市提早谋划城市长远发展战略，市委市政府已开始谋划开展第四版城市总体规划修编。

第二节 《深圳市土地利用总体规划（2006—2020 年）》

土地利用总体规划是指导土地管理的纲领性文件，是落实土地宏观调控和土地用途管制、规划城乡建设的重要依据，是实行最严格土地管理制度的基本手段。根据国家和省的统一部署，我市 2004 年开始启动新一轮土地利用总体规划修编工作，先后经历了前期研究、大纲编制和成果编制三个阶段。2012 年 9 月 18 日，《深圳市土地利用总体规划（2006—2020 年）》正式获国务院批复。

一、规划定位与战略

（一）规划定位

本轮土地利用总体规划定位为适应中国国情和深圳市实际的高度城市化背景下的约束、转型和创新规划，探索建设用地减量增长的土地利用规划新模式。通过新一轮土地利用总体规划的实施，促进我市土地管理实现利用模式转型、管理理念转型、管理目标转型以及管理机制转型。

（二）规划战略

1. 空间拓展战略。破解土地资源的瓶颈难题，积极探索土地利用可拓展空间，保障城市可持续发展能力。

（1）陆域空间拓展。在保护生态前提下，充分论证，科学规划，适度实施围填海造地，拓展用地新空间。

（2）地下空间拓展。通过地下公共空间系统、交通系统、市政系统和人防系统等统一规划建设，拓展城市建设发展空间，构建功能齐全、安全方便、环境优美的地下空间利用体系。

（3）地上空间优化。适当增加地上建设用地的利用强度，优化土地利用结构和布局。

2.循环集约战略。合理安排土地资源的更新时序，加大存量建设用地二次开发力度，强化土地资源的可更新属性，积极推动土地资源循环利用，提高土地利用效率。

（1）健全“储备－供应－使用－收回－储备”流程，完善土地资源循环利用机制。

（2）推动土地管理的重点从新增供地管理为主向存量土地管理为主转变，加快城中村、旧工业区、旧城区等城市用地的更新改造，完善城市更新改造管理机制。

（3）强化用地的批后监管评价，充分应用经济、行政、法律等杠杆调节手段，形成低效用地的退出机制。

（4）促使工业向园区集中，农田向规模经营集中，健全城市生产生活生态用地的规模集聚机制。

3.生态和谐战略

（1）严格管理基本生态控制线，优化生态用地内部结构和空间布局，提升耕地的生态服务功能，确保城市基本生态安全。

（2）促进特区一体化发展，注重实现基本公共服务均等化，提高居民的基本居住条件，优化教育、卫生等社会事业用地的区域配置，提高基础设施用地比例，不断提高民生福利水平。

（3）储备预留建设用地，提高生态环境质量。合理协调未来重大建设项目建设与生态保护，确保土地利用的可持续发展。

二、规划特点与创新

（一）认真贯彻落实了党的十八大报告中优化国土空间开发格局，建设生态文明的战略部署

指标上，严格落实省级规划下达的各项指标；空间上，通过调整生产空间，优化生活空间，改善生态空间，促进城市协调发展。功能上，充分发挥各类农用地和未利用地的生态功能。措施上，建立健全生态用地保护的经济激励和制约机制。

（二）提出了建设用地减量增长的土地利用新模式

本轮规划提出了建设用地减量增长的土地利用新模式，具体是通过逐年减少新增建设用地，逐年增加城市更新改造用地，开展建设用地清退等手段，实现建设用地总规模增长速度下降。

（三）构建了市区两级双层规划体系

本轮规划探索建立了双层土地利用规划管理体系。在中心城区外按照宝安、龙岗、光明、坪山四个片区分别编制了片区土地利用总体规划，并于 2013 年 1 月获市政府批复。经省政府授权，我市自主审批和调整功能片区土地利用总体规划。

（四）与相关规划进行了充分的协调和衔接

本轮规划在编制过程中高度重视与各层次相关规划协调与衔接，探索建立了“两规高度衔接，共同编制”的规划编制模式。

三、主要规划指标

（一）建设用地控制目标

1.建设用地总控制目标。2020 年，建设用地比例控制在市域面积的 50%以内，建设用地总规模控制在 97600 公顷以内，其中城乡建设用地规模控制在 83700 公顷以内，交通水利及其他土地规模控制在 13900 公顷以内。

2.新增建设占用农用地、耕地目标。2020 年，新增建设用地占用农用地和其他土地不超过 13700 公顷。（其中建设占用农用地不超过 7119 公顷，建设占用耕地不超过 1164 公顷；建设占用其他土地 6581 公顷）

（二）耕地和基本农田保护目标

2020 年耕地保有量保持在 2688 公顷以上。规划期间，全市基本农田保护面积保持在 2000 公顷以上。

（三）土地节约和集约利用规划目标

1.人均城镇工矿用地指标。2020 年，全市的人均城镇工矿用地控制在 78 平方米以内。

2.建设用地地均 GDP。2020 年，全市建设用地产出率≥20 亿元/平方公里，全市每年万元 GDP 建设用地年均下降 7%。

3.地均工业增加值。2020 年，全市地均工业增加值≥45 亿元/平方公里。

（四）土地生态环境建设规划目标

2020 年，具有重要生态功能的耕地、园地、林地、水域和部分自然保留地面积达到 105000 公顷以上，占全市土地总面积的比例不小于 53%，形成安居乐业的城市生态环境和人文环境。建成区绿化覆盖率不小于 45%。

四、建设用地空间管制

为加强对城乡建设用地的空间管制，划定禁止建设区、允许建设区、有条件建设区、限制建设区，并明确各分区管制规则。

（一）禁止建设区

禁止建设区主要指城市基本生态控制线范围内的严格控制区域，包括一级水源保护区、现有和拟建的自然保护区核心区、重要自然次生植被区等，总面积 48264 公顷，占市域土地总面积的 24%。空间管制措施如下：

1.区内土地的主导用途为生态建设与环境保护空间，严格禁止与主导功能不相符的各项建设。

2.原有不符合其功能要求的各类人工设施，应逐步迁出。重点清退区内违法建筑、采石场等，恢复自然植被、湿地和生态系统的结构和功能，确保饮用水源安全。

3.积极治理现存石漠化土地、水土流失以及裸露山体缺口、裸地。对已受破坏的重要生态系统，结合生态建设工程，组织重建和恢复。

4.除法律法规另有规定外，规划期内禁止建设用地边界不得调整。

（二）允许建设区

深圳市允许建设区总面积 83699 公顷，占市域土地总面积的 42%。空间管制措施如下：

1.区内土地主导用途为城镇及工矿建设发展空间。

2.区内新增城乡建设用地受规划指标和年度计划指标约束，统筹增量与存量用地，促进土地节约集约利用。

3.规划实施过程中，在允许建设区面积不改变的前提下，其空间布局形态可依据程序进行调整，但不得突破建设用地扩展边界。

4.允许建设区边界（规模边界）的调整，报规划审批机关同级国土资源管理部门审查批准。

（三）有条件建设区

规划期内，在充分考虑城市发展趋势、空间拓展模式和主要发展方向的基础上，确定深圳市有条件建设区总面积 15344 公顷，占市域土地总面积的 8%。空间管制措施如下：

1.在不突破城市允许建设区的规划建设用地规模控制指标前提下，有条件建设区内土地可以用于规划建设用地的布局调整，依程序办理建设用地审批手续，同时相应核减允许建设区用地规模。

2.规划期内建设用地扩展边界原则上不得调整。如需调整按规划修改处理，严格论证，报规划审批机关批准。

（四）限制建设区

限制建设区是指允许建设区、有条件建设区和禁止建设区以外的区域，总面积 53913 公顷，占市域土地总面积的 27%，空间管制措施如下：

1.区内土地主导用途为农业生产空间，是发展农业生产，开展土地整治和基本农田建设的主要区域。

2.区内禁止城市建设，控制线型基础设施和独立建设项目用地。列入广东省人民政府规定的限制建设区项目目录的能源、交通、水利、军事、国家安全、矿山和其他因生态保护与建设要求需要单独选址的项目，可在限制建设区内安排建设用地，按规定程序报批。

3.基本农田保护区内土地包括基本农田和直接为基本农田服务的农村道路、农田水利、农田防护林及其他农业设施；区内现有建设用地应当复垦为耕地，规划期间确实不能复垦的，可保留现状用途，但不得扩大面积；不得破坏、污染和荒芜区内土地。

基本农田保护区内耕地面积大于上级下达的基本农田保护面积 2000 公顷，尽量减少规划期间不可避免的基本农田占用而导致的布局调整。对于难以定位的独立建设项目，列明可在基本农田保护区内安排的建设项目清单，严禁安排城市建设用地和未列入项目清单的其他非农建设项目，在不突破多划的基本农田规模的前提下，列入项目清单的建设项目占用基本农田时不再补划，简化相应用地报批程序。

4.主要河流湖泊等各类型湿地、25度坡以上农用地和其他土地原则上不进行建设开发，确需建设开发，需要严格论证；维护保育现有生态，防止污染，不断提高生态服务功能。

5.地质灾害易发区需开发建设的项目，在治理现有地质灾害的同时避免新的地质灾害的发生，应加大新建工程的地质灾害防治力度，新建项目的地质灾害防治工程与主体工程必须做到同时设计、同时施工和同时验收，地质灾害防治工程未验收的不得投入使用。

五、规划实施管理

本轮规划在2012年经国务院批准后，为落实国家批复精神，做好规划实施管理工作，深圳市政府2013年1月发布《关于做好土地利用总体规划实施工作的通知》，深圳市规划和国土资源委员会2013年4月发布《深圳市规划和国土资源委员会土地利用总体规划实施操作指引（试行）》等相关文件，为我市开展土地利用总体规划实施管理工作提供了依据。为提高公众对土地管理认识，2013年3月22日，全市召开土地利用总体规划宣讲大会，全市各相关职能部门人员参加会议，多家媒体，多次对土地利用总体规划进行专题宣传报道，通过制作规划专题视频片、印发规划专题宣传材料，提高了公众对规划认知度，土地规划逐步深入人心。规划实施期间，我市通过开展规划个案调整，有效保障了一批重大项目、民生基础设施项目落地；通过开展建设用地清退、打击违法建设用地等措施，为新增建设用地腾挪了空间；通过向省国土资源厅争取政策支持，增强了规划实施弹性，提高了规划行政审批效率；通过向省政府争取政策支持，释放了城乡建设用地指标，拓展了规划建设用地布局空间。

第三节 法定图则与专项规划

一、法定图则

法定图则编制管理一直是深圳市规划国土资源委员会的一项重要工作，委内要求各职能部门和图则编制单位继续稳步推进法定图则编制工作。为实现全市范围内法定图则的全覆盖，市规划国土委组织编制了法定图则 252 项,其中已通过审批的法定图则有 235 项，共计覆盖约 872.35 平方公里，覆盖建设用地比例 95.9%，为全市建设发展及管理提供法定规划依据。其中，2015 年全年有 6 项法定图则（含修编）草案经图则委通过。

表 2-1 2015 年通过图则委审批的法定图则一览表

序号	图则编号	图则名称
1	LG303-05/02	坪山坪环地区（修编）
2	YT03-02/02	小梅沙地区（修编）
3	LG303-03	坪山中心（老城）地区
4	BA302-06&07&301-15	光明高新技术产业园区东片区（修编）
5	BA201-T1	立新水库地区
6	LG104-09	横岗西坑片区

二、专项规划

1. 注重民生优先，加大公共服务设施供给

为保证规划公共基础设施的落实，积极推进民生项目实施，在前期已完成教育、医疗、公交场站和垃圾转运站等四类公共设施规划台账的基础上，2015 年编制完成《深圳市公共基础设施规划实施台账》（二期）。《台账（二期）》选取了文化体育、养老和消防三类公建配套设施。

2. 创新宗地容积率确定机制

为建立科学合理、适应性强的密度分区管理体系和规范的宗地容积率确定机制，编制完成《深圳市密度分区修订及地块容积率测算》，为城市中心区、产业区、生态区、新城等各类空间开发强度提供指引，以提高规划管理效率，降低容积率管理中人为因素的影响，降低行政风险。

3. 法定图则制度优化

为进一步规范我委法定图则制定及局部调整的审查和报批程序，提高工作效率，2015 年

发布试行了《深圳市法定图则编制技术指引（试行）》、《法定图则制定及局部调整操作规程（试行）》两项技术制度。同时完成了《2014 年度城市规划一张图动态维护规划技术服务》、《规划一张图综合管理系统升级改造》2 项法定图则信息化管理项目成果。

4. 加强规划管理，促进社会公平

为规范明确已出让用地容积率调整涉及的贡献事项，经我处组织研究，并征求委内相关处室、各管理局意见，形成了《关于规范已出让用地容积率调整涉及贡献事项的通知》报审稿。该项成果内容已纳入《关于规范已出让未建用地土地用途变更和容积率调整的处置办法（试行）》中，并发布实施。

5. 撤销“二线”，加速特区一体化进程

根据市委市政府的统一部署，撤销“二线”是我市今年的重点工作。根据我委工作安排，我处完成了《撤销“二线”涉及的用地整合和空间规划》专项研究。该项规划全面梳理了“二线”撤消涉及的相关用地现状建设情况，并建立了相关用地台账。同时，结合广东边防机动支队的设立提出了其用地的空间整合方案，并根据城市一体发展要求提出“二线”相关用地的空间规划方案。

6. 提升基础配套，助推福田保税区转型

根据市政府办公室会议纪要(〔2015〕31 号）要求，编制完成《福田保税区转型升级空间规划研究》，为福田保税区产业转型提供规划支持。该项成果可作为指导该片区后续市政交通基础设施规划建设、城市更新、法定图则局部修改等规划建设工作的参考依据。

第四节 城市设计

一、深圳当代艺术与城市规划馆

深圳当代艺术与城市规划馆（以下简称“两馆”）是我市重要的公共文化设施，位于福田中心区，用地面积 2.97 万平方米，建筑面积 8.9 万平方米。为打造国际一流的当代艺术馆，市政府要求“两馆”应按照国际一流标准建设成建筑艺术精品。2007 年 4 月，原市规划局会同原市文化局、建筑工务署启动了“两馆”设计方案国际竞赛，并进行了设计方案的公开展示。2008 年 2 月，市政府研究同意奥地利蓝天组的设计方案为实施方案。

“两馆”建筑犹如一个经过雕琢的城市巨石，在 10 米高设置了公共服务平台，平台之上分设两馆。扭转的体块和富于动感的尺度既符合中心区城市设计要求，也将建筑本身塑造成一个精美的当代艺术品。开放的平台作为公共城市广场，为市民提供了交流与休闲的场所。广场中央的巨型雕塑既给展馆塑造了别样的艺术展品，又为两馆提供了横向的交通联系，合理组织了两个展馆的参观流线。

“两馆”的设计完善了城市东侧一翼的整体规划概念，同旁边的青少年宫一起形成了与对面中央轴线西侧的歌剧院及图书馆的对位赞美关系。遵循区域内抬升主要平面至地上 10 米的高度这一规则将加强福田文化中心之内所有建筑之间，以及两馆方案的联系，如中心书城，图书馆和歌剧院。提供给参观游客一观景平台，置其于与中心书城屋顶花园接近的高度并在未来最终总形成与周围建筑逻辑性的连接。此项发展将完成平面规划之东侧一翼，并充分尊重青少年宫的原有几何形体以为两栋建筑结构的体量提供清晰的解读。

目前，“两馆”项目主体已封顶，正在开展室内装修和景观工程施工。

二、深圳国际会展中心

深圳国际会展中心建筑工程设计招标公告于 2015 年 11 月 9 日发布。招标受到国内外有大型会展中心设计经验的优秀设计机构及团队的高度关注。报名联合体团队达 40 家。经过资格预审评选出 10 家来自美、德、意、法、日等国家的联合体开展规划设计，体现了此次招标的国际性和开放性。2016 年 1 月 22 日，10 家联合体提交了设计成果。2016 年 1 月 25 日至 26 日召开了深圳国际会展中心项目建筑工程设计评标会。评标委员会由国内外规划、建筑、结构、会展运营等多领域 9 名专家组成，充分保证此次评审的国际性和高水准。经专家评审和定标委员会最终确定，深圳市欧博工程设计顾问有限公司和瓦罗德皮斯特建筑设计咨询（北京）有限公司、法国 VP 建筑设计事务所提交的方案为中标方案。

三、深圳市城市规划展厅

深圳市城市规划展厅坐落于市民中心 B 区 3 层，展厅面积 2500 平方米，于 2015 年建成开馆。展厅通过现代简约的展示风格，结合多媒体展示方式，集中展示深圳建立特区以来城市规划的工作成就，展示内容涵盖总体规划、专项规划、法定图则、城市设计等层次的城市规划成果。

深圳被称为“按照规划建设起来的城市”，城市规划在在引导城市发展方面具有重要作用。本展厅遵循历史的脉络，集中展现了深圳从改革开放以来，结合深圳城市发展需求，如何开展规划的编制和管理工作。本规划展厅不仅是深圳市民了解城市规划建设重要窗口，也是深圳向全国乃至世界展示我市城市形象及城市规划成就的重要平台。

第五节　住房保障年度工作计划

2015 年度住房保障建设情况

一、基本情况

2015 年，是“十二五”收官之年，也是我市贯彻落实市第六次党代会提出的“全面建成现代化国际化创新型城市”的开局之年。我市持续推进住房保障制度改革创新，大力拓宽保障性住房房源供给渠道，不断扩大人才安居覆盖范围，继续开展工程质量提升行动，为低收入和人才群体创造更舒适的居住条件。一是整合优化住房保障实施机构，成立市住房保障署，创新建设分配管理机制；二是修订出台《深圳市人才安居办法》，发布《深圳市人才安居重点企事业单位遴选条件及名录(2015)》，加大对战略性新兴产业、重点企业的定向配租力度，调整优化程序，把为人才服务落到实处；三是制定出台《深圳市保障性住房标准化设计图集》，在保障性住房中大力推广标准化设计和实施住宅产业化，提升保障性住房品质，切实转变保障性住房建设发展模式；四是优化安居型商品房配售流程，将此前的“先发通告再看房”改为“先看房再发通告”，调动开发建设单位的积极性，提高项目配售效率，缩短配售时间；五是加大保障房的租售售后管理力度，对已经购买经济适用住房的家庭又购买其他住房的 37 户予以收回；六是出台《深圳市经济适用住房取得完全产权和上市交易暂行办法》和《深圳市经济适用住房市场评估价格复核暂行办法》，妥善处理第一、二批已分配的经济适用住房换证和上市流通问题。

二、主要指标完成情况

（一）新增安排任务

破解土地资源困境，通过城市更新配建、产业园区配建等渠道，向存量土地要资源。2015 年，计划新增安排建设保障性安居工程项目 5.3 万套，实际新增安排约 5.3 万套，完成年度目标的 100.1%，占“十二五”规划目标的 22%。

（二）新开工任务

2015 年，计划新开工保障性安居工程项目 1.5 万套，实际新开工项目 24 个、约 1.76 万套，建筑面积 101.14 万平方米，完成年度目标的 117.6%，占我市“十二五”规划目标的 8 %。其中：公共租赁住房项目 16 个、约 1.04 万套，建筑面积约 45.08 万平方米；安居型商品房项目 4 个、约 0.23 万套，建筑面积约 15.75 万平方米；拆迁安置住房项目 3 个、约 0.22 万套，建筑面积约 23.42 万平方米；混合建设项目 1 个、约 0.27 套，建筑面积约 16.89 万平方米。

（三）基本建成及竣工任务

2015 年，计划基本建成保障性安居工程项目 2.7 万套，实际基本建成（含竣工）保障性安居工程项目 28 个、约 2.73 万套，建筑面积约 187.3 万平方米，完成计划目标的 101.1 %。

2015 年，计划竣工保障性安居工程项目 1.5 万套，实际竣工保障性安居工程项目 19 个、约 2.13 万套，建筑面积约 145.42 万平方米，完成年度目标的 141.7%，占“十二五”规划目标的 10%。其中，公共租赁住房项目 13 个、约 1.66 万套，建筑面积约 103.98 万平方米；安居型商品房项目 3 个、约 0.28 万套，建筑面积约 20.04 万平方米；经济适用房项目 2 个、约 0.16 万套，建筑面积约 17.57 万平方米；拆迁安置房项目 1 个、约 0.03 万套，建筑面积约 3.83 万平方米。

（四）供应任务

2015 年，计划供应保障性安居工程项目 1.8 万套，实际供应约 2.14 万套，完成年度目标的 119%。其中：公共租赁住房约 1.65 万套，安居型商品房约 0.35 万套，人才住房约 0.14 万套。

表 2-2　2015 年保障性安居工程实施情况明细表

单位：套

责任单位	新增安排		新开工		竣工		基本建成		供应	
	计划完成	实际完成	计划完成	实际完成	计划完成	实际完成	计划完成	实际完成	计划完成	实际完成
合计	53000	53053	15000	17647	15000	21251	27000	27296	18000	21417
住房保障署	—	—	3500	6239	5400	11369	12400	12469	9400	14210
福田区政府	—	—	1000	568	2000	2016	0	0	0	1632
罗湖区政府	—	—	500	570	0	0	900	972	0	0
南山区政府	—	—	3200	3200	900	959	1100	1140	0	704
盐田区政府	—	—	0	0	0	0	0	0	0	464
宝安区政府	—	—	1200	1202	1100	1160	5000	5025	400	916
龙岗区政府	—	—	1600	1698	900	940	3000	3090	2700	680
光明新区管委会	—	—	1400	1454	1800	1820	4600	4600	0	0
坪山新区管委会	—	—	0	0	0	0	0	0	5500	0
龙华新区管委会	—	—	2400	2496	2900	2987	0	0	0	2811
大鹏新区管委会	—	—	200	220	0	0	0	0	0	0

（五）低保及低收入家庭住房货币补贴

连续 9 年对全市低保及低保边缘家庭实施应保尽保。2015 年，全市发放货币补贴 1673 户，共计约 1499.52 万元。其中：低保及低保边缘家庭住房货币补贴 1384 户，约 1231.49 万元；低收入住房困难家庭货币补贴 289 户，约 268.03 万元。

表 2-3　2015 年低保和低收入家庭住房货币补贴情况

区域	低保（低保边缘）家庭住房补贴情况		低收入家庭住房补贴情况	
	户数（户）	金额（万元）	户数（户）	金额（万元）
合计	1384	1231.49	289	268.03
福田	267	317.56	64	74.49
罗湖	327	321.27	79	102.29
南山	157	145.1	42	31.36
盐田	30	21.77	10	8.9
宝安	108	73.32	0	0
龙岗	100	64	94	51
光明	241	177.4	0	0
坪山	55	32.82	0	0
大鹏	64	46.43	0	0
龙华	35	31.82	0	0

三、人才安居工程实施情况

发布《深圳市人才安居重点企事业单位遴选条件及名录（2015 年）》，纳入重点企事业单位共 6431 家。面向香港大学深圳医院、南方科技大学等市级人才安居重点企事业单位定向配租公租房 6086 套，定向配售安居型商品房 1826 套；圆满完成了原高、中、初级人才租房补贴发放的收尾工作，完成 4 批次领军人才住房补贴受理和发放工作，市、区两级共发放人才补贴约 4.8 亿元。

四、住房公积金缴存使用情况

2015 年，我市住房公积金新增缴存开户人数约 130.94 万人，缴存额 380.73 亿元，公积金提取金额 204.42 亿元，发放公积金贷款 246.12 亿元。截至 2015 年底，我市住房公积金累计单位开户数 14.23 万家，累计个人开户数 933.15 万人，累计归集资金 1480 亿元；累计提取金额 581 亿元，住房公积金归集余额 899 亿元；累计发放贷款金额为 516 亿元。

五、建设投资完成情况

通过实施简化审批、发行地方债等措施，进一步释放投资潜力和发展活力。2015 年，全市保障性安居工程完成投资约 153.9 亿元，其中，市财政投资约 22.19 亿元，占比 14%；区财政投资约 40.81 亿元，占比 27%；社会投资约 90.9 亿元，占比 59%。

六、公共配套设施

完成了 2015 年计划基本建成（含竣工）及供应的保障性安居工程项目基础设施配套建设情况调查，对存在的问题进行归类汇总，在此基础上提出解决对策，以期保障性安居工程真正惠及市民。调查发现保障性安居工程基础设施问题主要集中在市政道路、给水排水及管道工程，问题多而且特别突出；其次为公共交通，教育设施配套方面；医疗设施问题较少。项目中存在市政道路、给水排水及管道工程问题项目 16 个，共涉及 38 条市政道路、给水排水及管道建设；存在教育设施配套问题 5 个、公共交通问题项目 8 个，共涉及 3 所幼儿园、4 所 9 年一贯制学校建设，5 个公交场站建设及相关公交线路、站台建设；存在医疗设施配套问题 1 个，涉及 1 所社康中心建设。针对上述问题分门别类提出对策建议，积极推进周边配套设施的规划和建设，落实“同步规划、同步建设、同步交付”要求。

2016 年度住房保障建设计划

一、建设目标

2016 年，计划新增安排建设保障性安居工程项目 3 万套，开工及筹集保障性安居工程项目 6 万套，竣工保障性安居工程项目 5 万套，基本建成保障性安居工程项目 1.5 万套，供应保障性安居工程项目 5 万套。

二、新增安排目标

计划新增安排保障性安居工程项目 3 万套。通过新供应用地建设、城市更新用地配建、产业园区配套用房建设等方式予以落实。

三、开工及筹集目标

计划新开工及筹集保障性安居工程项目不低于 6 万套，其中：保障房约 4.4 万套，棚户区改造（含拆迁安置房）1 万套，购买、租赁、综合整治约 0.75 万套。

按责任单位分，住房保障署 32695 套，福田区 3700 套，罗湖区 2000 套，南山区 2050 套，盐田区 1769 套，宝安区 2127 套，龙岗区 9677 套，光明新区 1030 套，坪山新区 2104 套，龙华新区 2721 套，大鹏新区 1716 套。

四、基本建成及竣工目标

（一）基本建成目标

计划基本建成保障性安居工程项目不低于1.5 万套，其中：公共租赁住房约 0.39 万套，安居型商品房约 0.83 万套，拆迁安置房约 0.32 万套，经济适用房约 0.05 万套。

按责任单位分，住房保障署 3857 套，福田区 572 套，罗湖区 48 套，南山区 658 套，盐田区 824 套，宝安区 374 套，龙岗区 1026 套，光明新区 224 套，坪山新区 5342 套，龙华新区 592 套，大鹏新区 2330 套。

（二）竣工目标

计划竣工保障性安居工程项目不低于 5 万套，其中：公共租赁住房约 3.19 万套，安居型商品房约 1.01 万套，经济适用房 0.31 万套，拆迁安置房约 0.44 万套，混合建设 0.22 万套。

按责任单位分，住房保障署 12636 套，福田区 736 套，罗湖区 1065 套，南山区 7279 套，盐田区 1064 套，宝安区 6492 套，龙岗区 8158 套，光明新区 3092 套，坪山新区 10867 套，大鹏新区 79 套。

五、供应目标

计划供应保障性安居工程项目不低于 5 万套。

按责任单位分，住房保障署 16000 套，福田区 4100 套，罗湖区 2000 套，南山区 5000 套，盐田区 538 套，宝安区 5000 套，龙岗区 6800 套，光明新区 2000 套，坪山新区 3535 套，龙华新区 1000 套，大鹏新区 4325 套。

表 2-4　2016 年保障性安居工程任务责任分工一览表

单位：套

责任单位	开工及筹集				竣工	基本建成	供应
	小计	保障房	棚户区改造（拆迁安置房）	购买、租赁、综合整治			
住房保障署	32695	31195	0	1500	12636	3857	16000
福田区	3700	1400	1800	500	736	572	4100
罗湖区	2000	0	0	2000	1065	48	2000
南山区	2050	0	1050	1000	7279	658	5000
盐田区	1769	1269	0	500	1064	824	538
宝安区	2127	1427	200	500	6492	374	5000
龙岗区	9677	4250	5427	0	8158	1026	6800
光明新区	1030	0	1030	0	3092	224	2000
坪山新区	2104	1350	254	500	10867	5342	3535
龙华新区	2721	1565	656	500	0	592	1000
大鹏新区	1716	1216	0	500	79	2330	4325
合计	61589	43672	10417	7500	51468	15847	50298

六、资金与投资计划

（一）货币补贴

全市将继续参照 2015 年的标准发放住房补贴，对 2016 年符合条件的低保及低保边缘住房困难家庭发放住房货币补贴，做到应保尽保。

继续落实人才安居政策，参照 2015 年补贴资金规模，原则上不突破 2015 年补贴规模上限。

（二）项目资金

全市保障性安居工程建设及回购资金需求约 176 亿元，其中：市财政约 28 亿元；区财政约 35 亿元（注：市、区财政投资的部分项目资金在年中调整政府投资计划时调整）；社会投资约 113 亿元。

（三）收购项目

市、区住房保障部门将按照《深圳市保障性住房收购操作规程（试行）》（深建规〔2016〕1 号）有关规定组织保障性住房收购活动。

七、推进配套设施完善

开展 2016 年计划基本建成（含竣工）及供应保障性安居工程项目基础设施配套建设情况的调查。根据基础设施配套建设情况的调查结果，重点推进其中 16 个存在问题的项目基础设施配套建设。加强舆论引导和分类监督，重点督办项目水、电、气、路等市政配套及公交等一旦入住就必要具备并启用的配套设施，逐步推进项目教育、文体、医疗、购物等配套设施完善，促进入住居民生活便利。

八、加大保障房筹集力度

完善保障性住房项目建设管理系统的统计、跟踪功能，督促建设单位和各监管单位及时准确填报项目信息，加强保障性住房项目信息化管理力度。梳理“十一五”、“十二五”时期已安排建设保障性住房项目进展情况，针对部分项目进展缓慢的原因，进一步完善项目管理的体制机制。

第三章　城市建设

第一节　基础设施建设

一、轨道交通建设

（一）穗莞深城际线

穗莞深城际线自广州东引出，新建起点位于广深四线新塘站附近，经广州新塘，东莞麻涌、中堂、望牛墩、洪梅、沙田、厚街、虎门、长安，至深圳机场，远期延伸至前海。新建线路全长约74公里。深圳境内长约18.5公里，总投资约为57亿元，由东莞市长安金沙至深圳机场，并在T3、T4航站楼设站，远期延伸至前海合作区。至2015年底，已累计完成投资9.8亿元。

（二）前海综合交通枢纽

前海综合交通枢纽工程位于南山区前海片区，占地20公顷，总建筑面积约82.13万平方米，是深圳市西部最重要的综合交通枢纽之一，包括1、5、11号线、穗莞深城际线和港深西部快轨的前海湾站，以及相关配套设施工程。分近期和远期两期开发，近期工程总投资91.07亿元。至2015年底，累计完成投资10.7亿元，1、5号线改造工程围护结构完成100%，地基加固完成100%，桩基完成100%；枢纽2#、4#基坑支护地下墙施工完成95%。

（三）地铁规划建设

《深圳市城市轨道交通近期建设规划(2011—2016年)》于2011年4月25日获国家发展和改革委员会批准。本次规划建设以下线路：11号线由福田中心区至松岗，线路全长约51.7公里；9号线自向西村至深圳湾，线路全长25.3公里；7号线自太安至动物园，全长30.3公里；6号线自深圳北站至松岗，全长37.9公里；根据前期工作的进展情况，适时建设8号线，自国贸至小梅沙，线路长约26.4公里。《深圳市城市轨道交通第三期建设规划(2011—2020年)调整》于2015年9月21日获国家发展和改革委员会批准。本次规划建设以下线路：2号线三期工程由新秀至莲塘，线路全长3.8公里；3号线三期(东

延）工程由双龙至六联，线路全长 9.4 公里；3 号线三期（南延）工程由益田至保税区，线路全长 1.5 公里；4 号线三期工程由清湖至牛湖，线路全长 10.6 公里；5 号线二期工程由前海湾至赤湾，线路全长 7.7 公里；6 号线二期工程由深圳北至科学馆，线路全长 11.5 公里；9 号线二期工

程由红树湾至航海路，线路全长 10.8 公里；10 号线由福田口岸至平湖，线路全长 29.2 公里。上述线路合计总长度约 254.1 公里，新增车站数量 161 座。规划实施后，深圳市轨道交通线路将达到 11 条，通车里程约 433 公里。其中：

7 号线工程。全长 30.3 公里，全部为地下线，共设站 28 座，其中换乘站 11 座，设置车辆段与停车场各 1 处，主变电站 2 座。至 2015 年底，累计完成投资 161 亿元，车站区间主体工程已完成，正在开展车站设备安装装修及轨道铺设工程。

9 号线工程。全长 25.3 公里，设车站 22 座，其中换乘站 10 座，设车辆段和停车场各 1 处，主变电站 2 座。至 2015 年底，累计完成投资 156 亿元，车站区间主体工程已完成，正在开展车站设备安装装修及轨道铺设工程。

11 号线工程。全长 51.7 公里，共设车站 17 座，其中地下站 13 座，高架站 4 座，设松岗车辆段 1 座，机场北停车场 1 座，全线设主变电所 4 座。至 2015 年底，累计完成投资 244 亿元，车站区间主体工程已完成，轨道敷设已经完成，正在开展车站设备安装装修工程。

6 号线工程。全长 37.6 公里，共设车站 20 座，其中地下站 5 座，高架站 15 座，设长圳车辆综合基地 1 座，全线新设主变电所 2 座。至 2015 年底，累计完成投资 1 亿元，前期及主体工程施工单位已经进场，正在开展前期工程施工及主体工程临建搭设。

2 号线三期、8 号线一期、3 号线三期（南延）、5 号线二期、9 号线二期和 10 号线工程于 12 月 28 日开工建设。

二、主要道桥工程建设

（一）深圳外环高速公路深圳段

深圳外环高速公路与深圳市所有纵向疏港通道交叉，是《深圳市干线道路网规划》中“七横十三纵”的一横，同时也是广东省“九纵五横两环”高速公路主骨架网中的加密线。起于广深沿江高速，经沙井、松岗、公明 光明、观澜、东莞凤岗、龙岗、坪地 坑梓、坪山、葵涌等，终于盐坝高速。深圳段全长 76.386 公里，总投资约 220 亿元，按六车道高速公路标准建设。至 2015 年底，正在开展征地拆迁、管线改迁等工作。

（二）坂银通道

坂银通道总投资约 32.9 亿元，南起黄木岗立交北侧，止于环城南路路口，全长 10.74 公里，

工程采用城市主干道标准建设，其中新建道路 7.6 公里，改造拓宽道路 3.14 公里。项目的建设对于完善我市中部干线路网结构，为中部快速公交系统提供便捷的交通走廊，提高公共交通服务水平，促进特区交通一体化发展具有重意义。至 2015 年底，累计完成投资 6.4 亿元，正在开展桩基、土建等工程。

（三）东部过境高速公路

该项目起于莲塘水厂处（与莲塘口岸、爱国路相连接），向南通过规划一线莲塘口岸与香港一号干线相接，向北与深惠、深汕高速公路相接，路线全长 33.035 公里。项目起点至盐排高速采用双向 8 车道断面，盐排高速至终点道路断面为双向 6 车道。至 2015 年底，累计完成投资 20.4 亿元，正在开展 1–5 标施工及征地拆迁工作等。

（四）南坪快速路三期工程

南坪快速路是《深圳市干线路网规划》提出的“一横八纵”建设计划中的核心工程，南坪三期总投资约 45.3 亿元，西起水官高速公路横坪立交，东至聚龙路，全长约 22.2 公里，分改建和新建部分，新建桥梁 7 座、改造立交 4 座、远期投建 1 座、保留现状 1 座；新建改造桥梁 20 座；设置分离式隧道 3 座。至 2015 年底，累计完成投资 9.4 亿元，正在开展桩基、土建及桥梁等施工。

三、公用事业工程建设

（一）公明供水调蓄工程

项目位于光明新区，总投资 10.13 亿元，建设公明水库扩建工程、鹅颈水库至公明水库连通隧洞、公明水库至石岩水库供水工程和雨洪利用工程等，库容 1.42 亿立方米。项目建成后，与铁岗水库、石岩水库、西丽水库一起，共同承担宝安区、光明新区、南山区、福田区的供水保障任务，供水范围覆盖市内 950 平方公里，供水保障时间由现在的 20 天提高到 3 个月。

至 2015 年底，累计完成投资 7.9 亿元，1 号坝处于竣工收尾阶段。2 号坝完成开挖及填筑，3 号坝已完成开挖及填筑，4 号坝已完成开挖及填筑。5 号分区坝、6 号坝基本完工。供水隧洞已完成洞挖及初衬，完成二衬砼浇筑 6328 米。连通隧洞洞挖及初衬全部完成，二衬砼完成 4630 米；1、2、3 号支洞、放水隧洞开挖、二衬钢管安装已完成。

（二）深圳抽水蓄能电站

项目地址位于深圳市盐田区和龙岗区内，装机容量 1200 兆瓦，项目总投资约 59.9 亿元，建设年限为 2011—2018 年。项目建设有利于优化电源结构、减轻西电故障和大机组跳闸引起的事故风险，改善核电、火电运行条件，提高输电线路输送效率和利用率，降低输电成本，提高电网运行经济性。

至 2015 年底，累计完成投资 23.2 亿元，上水库大坝标完成投资 78%，水道系统工程完成投资 52%，厂房系统工程完成投资 54%。

四、其他公共配套设施工程建设

（一）深圳当代艺术馆与城市规划展览馆

项目位于福田区鹏程四路东侧，总投资 15.6 亿元，用地面积 2.97 万平方米，建筑面积 8.9 万平方米，由当代艺术馆与城市规划展览馆两个馆组成。项目将建成为现代化标志性文化设施，对促进文化产业发展具有积极意义，将成为城市规划宣传、城市旅游和文化教育产业的一部分。至 2015 年底，累计完成投资 11 亿元，土建整体完成约 92%，地下室地坪施工完成 80%，机电工程总体完成约 88%，幕墙总体完成约 92%，精装整体完成约 70%。

（二）北理莫斯科大学建设工程

北理莫斯科大学建设工程位于龙岗区大运新城西南部，水官高速—盐龙大道西北侧，自行车赛场路及龙岗体育中心南侧，总投资 11.8 亿元，新建建筑面积 22.7 万平方米。项目的建设对深化中俄两国全面战略协作伙伴关系，推动两国教育发展、学术交流与科研合作，以及进一步提高深圳及珠三角的教育科研水平，均具有十分重要的意义。

截至 2015 年年底，正在开展设计、招标等工作。

第二节　重点工程建设

一、2015 年投资完成情况

2015 年，我市共安排重大项目 434 个，总投资 12626 亿元。其中，建设（含续建、新建）项目 250 个，年度计划投资 1022 亿元。9 月，经市政府同意增补了 54 个项目为重大项目，增补后，全市共安排重大项目 488 个，其中，建设项目 262 个，年度计划投资 1065 亿元，前期项目 226 个。1–12 月，262 个重大建设项目完成投资 1181 亿元，占年度投资计划 105%，超额完成全年重大项目投资计划。

（一）重大产业项目引领作用凸显，推动产业结构转型升级

加快现代产业体系建设，充分发挥重大项目作为产业转型升级重要引擎作用。重大产业项目（含战略性新兴产业、现代服务业、高技术制造业等项目）完成投资 580 亿元，占重大项目完成总额 49%，较去年高出 6 个百分点。一是战略性新兴产业蓬勃发展。华大基因国家基因库（一期）投入使用，阿里巴巴集团商业云计算中心及国际运营总部竣工，百度国际总部及研发中心等项目加快建设，产业发展后劲持续增强。二是现代服务业加快发展壮大。创业投资（VC&PE）大厦竣工，香江金融大厦、卓越前海项目等项目主体结构封顶，中国人寿大厦、中信银行大厦、招商证券大厦等项目顺利推进，总部经济地位逐步加强。三是高技术制造业高端化发展。华星光电二期、天安云谷产业园（一期）等项目投产，奋达工业园二期、兆驰创新产业园等项目加快建设，企业竞争力进一步提升。

（二）重大社会民生工程稳步推进，民生福利水平显著提升

在保持经济较快发展的同时，加大重大社会民生项目建设力度，完善社会公共服务体系、提高民生福利水平、推动和谐深圳建设。重大民生项目（含保障性住房、文教卫体等项目）完成投资 66.4 亿元。一是保障性安居工程建设加快。蛇口西保障性住房、民兴苑、文澜苑、祥澜苑等保障性住房项目竣工，为完成全年保障性住房任务奠定坚实基础，全年新开工保障性住房 1.76 万套、竣工 2.13 万套、供应 2.14 万套，均超额完成年度计划目标。二是教育、卫生、文化、体育项目全面推进。南方医科大学深圳医院正式投入使用，平湖医院、香港中文大学（深圳）一期、哈尔滨工业大学（深圳）校区等项目开工建设，民生基础设施进一步完善。

（三）重大基础设施建设有序开展，城市功能逐渐完善

重大基础设施项目加速推进，促进我市区域布局更加优化，有力提升了城市发展品质和宜居宜业环境。重大基础设施项目（含轨道交通、道路基础港口、城市更新等项目）完成投资 419 亿元，占重大项目完成总额 35%。一是轨道交通建设步伐逐渐加快。地铁 7、9、11 号线全线贯

通，6、8、10 号线等 7 个轨道交通三期及三期调整项目开工建设，在建线路总长 211 公里。福田地下轨道交通枢纽建成使用，厦深铁路坪山快捷线开通。二是道路机场港口加快建设。深中通道深圳侧连接线、坂银通道、南坪三期等项目开工建设。东部过境高速公路、外环高速公路深圳段等项目加快推进，将进一步完善我市对外交通，与周边城市道路交通衔接更加紧密。三是城市发展面貌进一步提升。中航城改造项目竣工，黄贝岭旧村改造、太子湾片区综合开发等项目加快建设，城市发展品质逐步提升。

（四）生态文明建设加快推进，生态环境质量逐步改善

重大环境资源项目加快建设，对加大环境综合治理、构建资源能源保障体系、促进绿色低碳发展具有重要作用。重大环境资源项目（含能源资源、环境治理等项目）完成投资 53.3 亿元。一是资源保障能力进一步提高。深圳抽水蓄能电站、公明供水调蓄、清林径供水调蓄、深圳电网工程、液化天然气等项目加快推进，确保满足城市发展需求。二是水环境治理进一步加强。布吉河、深圳河四期等河流水环境整治工程全面开展，福田污水处理厂、观澜河“一河两岸”景观提升工程等项目加快推进，全市水环境质量持续改善。

（五）重大项目管理手段不断创新，项目协调效率明显提升

全市上下高度重视重大项目建设，市、区各审批部门对重大项目开通绿色通道，特事特办，缩短审批时限，加快审批进程，满足重大项目建设需要。市发展改革委进一步健全重大项目分级协调机制，创新重大项目协调手段，提高协调效率，每月通过重大项目协调信息平台定期跟踪重大项目进展情况、收集重大项目存在问题和困难，2015 年全年共收到 212 个项目单位报来 280 个需协调的项目问题，市发展改革委逐月开展重大项目存在问题协调工作，通过会议、文件、网络等方式与相关部门、区（新区）沟通、协调，及时解决项目单位遇到的各种困难，为重大项目建设提供了良好的外部环境，极大地推动了项目建设。

二、深圳市 2016 年重大项目计划

1. 前期项目

表 3-1　前期项目表

单位：万元人民币

序号	项目代码，建设单位及项目名称	建设周期	建设规模及建设地址	总投资	至上年止完成投资	本年度计划完成投资	资金来源	本年度建设内容	统筹单位
合计（共 230 项）				74,700,365					
战略性新兴产业和未来产业 43 项				5,077,453					
前期 43 项				5,077,453					
1	Z12014KY0002 深圳华大基因研究院 深圳国家基因库地下样本库		建设深圳国家基因库地下样本库，按最高可存储细胞样本 5000 万份的存储容量规模进行建设，主要建设内容包括储存库、地下附属洞室和地面辅助建筑物等。 大鹏新区大鹏办事处大鹏街道下沙片区“禾塘仔”地块	14,583				开展前期工作。	大鹏新区管委会
2	S2014C41900001 深圳市一健科技开发有限公司 一健科技生命安全产业园		建设生命安全产业的研发与生产基地，主要建设内容包括生命健康楼、产业服务大楼、生产大楼、生活楼等。 申请选址龙华新区观澜办事处九龙山科技园	80,000				开展前期工作。	龙华新区管委会
3	S2013C2700012 深圳市亚辉龙生物科技股份有限公司 高通量全自动免疫分析仪及配套试剂的研发和产业化		改建研发生产场地，购置全自动温度校准系统等研发生产检测设备，搭建全自动免疫分析仪及配套试剂生产环境。 申请选址龙岗区龙岗街道宝龙高新园新能源产业基地	19,948				开展前期工作。	龙岗区政府

（续表）

序号	项目代码，建设单位及项目名称	建设周期	建设规模及建设地址	总投资	至上年止完成投资	本年度计划完成投资	资金来源	本年度建设内容	统筹单位
4	S2014M7500002 深圳市宏宝实业有限公司 深圳市深商（国际）生命科学产业园		新建研发办公厂房及配套设施，建设深商（国际）生命科学产业园，用于产品中试实验、产品检测检验、企业研发办公、商务会议交流等。 申请选址龙岗区南湾街道上李朗社区	448,976				开展前期工作。	龙岗区政府
5	L201300073 深圳市森赛生物科技有限公司 森赛酶制剂产业园研发中心及生产中心项目		建设酶制剂产业园，打造生物酶制剂研究开发中心和生产中心，主要建设内容包括厂房、实验室、研发及办公大楼等。 申请选址光明新区公明办事处	10,000				开展前期工作。	光明新区管委会
6	S2015C35890004 深圳前海爱视锐康科技有限公司 深圳爱视锐康高端医疗装备PET-CT产业园		建设高端数字诊疗装备产业园，建设内容包括 PET/CT 分子医学影像装备产业基地、分子影像核素探针药物生产及配送基地等。 申请选址光明新区公明办事处	220,000				开展前期工作。	光明新区管委会
7	S2014M7500003 深圳市润杰中医药研发有限公司 深圳润杰中医药研发及产业化应用		项目主要建设科研、办公、展示交流等场地，购置核磁共振波谱仪、高分辨质谱仪、电感耦合等离子体质谱仪等研发设备，开展中医药研发等。 申请选址宝安区西乡街道	20,000				开展前期工作。	宝安区政府
8	S2013I6400011 深圳市神州通投资集团有限公司 神州通集团总部及研发中心建设项目		购置移动互联网研发运营设备，打造研产销一体化产业链的移动互联网产业基地，为集团提供集团总部办公、产品研发、互联网运营、文化创意以及商业配套场所。 申请选址宝安区新安街道	146,970				办理用地手续，开展前期工作。	宝安区政府

（续表）

序号	项目代码， 建设单位及项目名称	建设 周期	建设规模及建设地址	总投资	至上年止 完成投资	本年度计划 完成投资	资金 来源	本年度 建设内容	统筹 单位
9	S2014I6400020 深圳市爱施德股份有限公司 爱施德股份移动互联网研发及运营中心项目		建设爱施德股份移动互联网研发及运营中心，包括商业裙楼和办公大楼2座，开展移动互联网产品研发。 申请选址南山区粤海街道	294,543				办理用地手续，开展前期工作。	南山区政府
10	S2014A0100003 深圳市果菜贸易有限公司 深圳国际种业电子交易市场项目		建设深圳国际种业电子交易平台，形成种业交易信息交流、种业电子交易等一站式综合服务，内容包括种业电子交易区、检测检验区、生物种业知识产权评估与交易区等。 申请选址坪山新区坑梓办事处新桥围工业区七星伴月地段	82,726				开展前期工作。	坪山新区管委会
11	S2015I64900038 深圳思创光电信息技术有限公司 基于云平台的大数据备份容灾系统		开发易于部署的、安全的、具有高性能的大数据备份容灾系统，系统完成后可提供PB级的数据备份容灾能力。 申请选址南山区粤海街道高新南一路思创科技大厦	40,000				开展前期工作。	南山区政府
12	S2014C2600008 深圳诺普信农化股份有限公司 基于O2O的农资大平台建设项目		主要建设基于互联网、移动通信、云计算技术的作物社区远程服务网络为信息交互平台，打造集产品销售与植保服务为一体、扁平化、深入基层的农资大平台。 宝安区西乡街道水库路113号	29,130				开展前期工作。	宝安区政府

（续表）

序号	项目代码， 建设单位及项目名称	建设周期	建设规模及建设地址	总投资	至上年止完成投资	本年度计划完成投资	资金来源	本年度建设内容	统筹单位
13	S2015C35140006 深圳赤湾石油基地股份有限公司 国际油气设备及配件交易平台		项目分为线上网站和线下实体两部分建设，线上进行网站系统的建设，线下在基地内建设交易和办公一体的交易中心，包括油气设备保税展览、设备交易等功能。 申请选址南山区招商街道赤湾三路	20,000				开展前期工作。	南山区政府
14	S2015C39900032 深圳市创维群欣安防科技有限公司 创维群欣电子化教育设备产业化项目		建设生产车间、研发中心、办公用房等，购置自动化贴片生产线、大尺寸及超大尺寸电子化教育产品组装线、净化车间等配套设备。 龙岗区龙岗街道宝龙工业城宝龙六路 1 号创维群欣科技园	44,000				开展前期工作。	龙岗区政府
15	S201200134 深圳市华艾实业发展有限公司 华艾信息产业园		建设物联网产业项目孵化基地、物联网核心技术研发及其产品应用和创新产业园。 龙岗区龙岗街道新生社区	36,000				调整容积率。	龙岗区政府
16	L201500110 深圳市龙岗回龙埔股份合作公司 深圳龙岗回龙埔物联网创客新城产业基地项目		建设包括物联网总部基地、物联网创客加速器、物联网创客孵化器、物联网创客展示中心等一站式综合产业平台。 申请选址龙岗区龙城街道盐龙大道与协力路交界处	170,000				开展前期工作。	龙岗区政府

（续表）

序号	项目代码， 建设单位及项目名称	建设周期	建设规模及建设地址	总投资	至上年止完成投资	本年度计划完成投资	资金来源	本年度建设内容	统筹单位
17	S201200922 银盛通信有限公司 深圳银盛金融集团总部及第三方支付产业基地		规划建设办公、支付结算、呼叫、信息、研发、商务、培训与会展、核心机房及其他相关辅助设施。主要开展互联网支付、移动电话支付、固定电话支付、银行卡收单业务等。 申请选址龙华新区民治办事处深圳北站商务中心区	64,000				方案设计等前期工作。	龙华新区管委会
18	S2013I6500059 深圳市新国都技术股份有限公司 深圳市新国都技术股份有限公司研发总部基地（电子支付研发基地及电子支付数据支持中心）		建设研发生产基地，主要产品为互联网支付产品、手机支付产品。 申请选址宝安区新安街道宝安中心区	38,777				开展前期工作。	宝安区政府
19	S2014C3900057 深圳市华讯方舟投资有限公司 中国天谷（西乡街道超材料产业集聚区一期）		建设华讯方舟企业总部，主要建设内容包括实验室、IDC 数据分析应用中心、军用空间通信技术和核心产品的研发基地等。 申请选址宝安区西乡街道新安第一工业区	281,500				开展前期工作。	宝安区政府
20	S2015K70100073 深圳市汇鑫产业发展有限公司 超材料产业集聚区（二期）		建设超材料产业集聚区（二期），重点发展电子通信、软件、节能环保、生物医药、新材料及光机电一体化等高端产业。 宝安区西乡街道 107 国道铁仔山旁新安公司第一工业区	147,628				开展前期工作。	宝安区政府

（续表）

序号	项目代码， 建设单位及项目名称	建设周期	建设规模及建设地址	总投资	至上年止完成投资	本年度计划完成投资	资金来源	本年度建设内容	统筹单位
21	S2015C29210001 深圳市富城资产经营有限公司 龙华新区福城街道莫立克循环再生新型聚酯材料研发总部基地		用地面积 21399 平方米，主要建设内容为 1 栋 5 层厂房和 2 栋 23 层产业研发楼，主要产品为纳米改性聚酯农用大棚膜。 龙华新区观澜办事处福城街道福花路与狮塘路交汇处	82,000				开展前期工作。	龙华新区管委会
22	S2015M75130017 深圳科技工业园（集团）有限公司 深圳市材料基因组工程设计与应用基地		建设材料基因组工程设计与应用基地，主要包括材料基因组工程设计技术示范区、材料基因组工程应用技术示范区和公共服务平台。 申请选址南山区粤海街道科技园	49,929				开展前期工作。	南山区政府
23	S2014C2600005 深圳飞扬兴业科技有限公司 环保高性能 3D 打印聚合物新材料二期续建工程		新建研发和生产场地，主要产品包括 PLA、光敏天门冬氨酸酯高分子聚合物等 3D 打印材料。 宝安区新安街道宝安 67 区隆昌路 8 号飞扬科技园	15,000				开展前期工作。	宝安区政府
24	L201300074 深圳市金凯新瑞光电股份有限公司 光电功能涂层材料研发中试中心		新建光电功能涂层材料研发中试中心，主要包括研发中心、PVD 镀膜、卷绕涂布、平面涂布四个建筑区域。 光明新区公明办事处下村社区第三工业区 12 号厂房	19,875				开展前期工作。	光明新区管委会

（续表）

序号	项目代码，建设单位及项目名称	建设周期	建设规模及建设地址	总投资	至上年止完成投资	本年度计划完成投资	资金来源	本年度建设内容	统筹单位
25	S2015C39220049 深圳市沙井东塘股份合作公司 智能硬件产业园		拟建设集办公、技术研发、创意设计、组装、孵化加速器、产品展示与消费体验及配套服务于一体的智能硬件产业园。 申请选址宝安区沙井街道东塘社区东塘岗头工业区	106,550				开展前期工作。	宝安区政府
26	S2013C3900096 深圳市金环宇电线电缆有限公司 金环宇现代数字高速网线研发总基地		建设金环宇现代数字高速网线研发总基地，主要产品为高速网络线等。 申请选址宝安区松岗街道松白路和松岗大道交汇处	67,000				开展前期工作。	宝安区政府
27	S2015C38320002 富通光纤光缆（深圳）有限公司 富通光电科技园		用地面积 108970 平方米，建筑面积 854559 平方米，建设富通光电科技园，主要产品为光纤材料、高端路由器、宽带网络接入服务器等。 南山区粤海街道北环大道北、朗山路南、居二路东园区	424,983				开展前期工作。	南山区政府
28	S2014R86100002 深圳广播电影电视集团 深圳广播电影电视集团文化创意产业园二期		总建筑面积 183696 平方米，园区将以研发办公、影视中心、展览中心、摄影基地、艺术产业等模块进行规划建设。 龙华新区龙华办事处清湖工业园清庆路一号	88,191				开展前期工作。	龙华新区管委会
29	L201500108 深圳市天地混凝土有限公司 天地创智中心		拆除原有建筑物，拟建包括新一代信息技术为主导的战略性新兴产业创智研发中心及商业配套服务中心。 申请选址南山区西丽街道茶光路北	74,000				开展前期工作。	南山区政府

（续表）

序号	项目代码，建设单位及项目名称	建设周期	建设规模及建设地址	总投资	至上年止完成投资	本年度计划完成投资	资金来源	本年度建设内容	统筹单位
30	S201102612 深圳派成铝业科技有限公司 派成科技园暨中南大学深圳（龙岗）创新产业园		拟拆除重建用地面积36000平方米，建设包括研发用房、办公、配套设施等，用于发展发展新材料、新能源等战略新兴产业。 申请选址龙岗区南湾街道布澜路78号	150,243				开展前期工作。	龙岗区政府
31	S2013I6500060 深圳市鹏城建筑集团有限公司 鹏城智慧创意都市工业园		新建研发、科研创新大楼及配套设施，建设3D显示、物联网、智能家居、创意设计产业园区，打造产学研合作示范区。 申请选址龙岗区横岗街道保安社区	97,883				开展前期工作。	龙岗区政府
32	S2015R87900010 深圳宝昌胜群电力有限公司 观澜宝昌创意科技园		建设观澜宝昌创意科技园，主要包括创意项目、影视制作及设备生产项目、试验展示项目、宝昌胜群人才学院、文化企业创业园、人才公寓等。 申请选址龙华新区观澜办事处	45,000				开展前期工作。	龙华新区管委会
33	L201500093 深圳市华氏创展投资有限公司 满京华艺象IDTOWN国际艺术区（大鹏新区葵涌街道鸿华印染厂产业升级综合整治项目）		对原有厂区进行综合整治和产业升级，升级后主要包括产业研发用房、小型商业服务设施、宿舍、公共服务设施等。 大鹏新区葵涌办事处官湖社区原鸿华印染厂园区	54,000				办理规划手续	大鹏新区管委会
34	S2013R8700031 深圳市中盈贵金属股份有限公司 李朗珠宝文化创意产业园		主要建设内容包括珠宝创意设计研发中心、国家珠宝玉石首饰质量检测鉴定中心、珠宝培训中心、交易展示中心、珠宝电子商务交易平台等。 申请选址龙岗区南湾街道布澜路李朗国际珠宝园南侧	107,768				建设前期筹备	龙岗区政府

（续表）

序号	项目代码， 建设单位及项目名称	建设周期	建设规模及建设地址	总投资	至上年止完成投资	本年度计划完成投资	资金来源	本年度建设内容	统筹单位
35	S2014165990001 深圳市绿景房地产开发有限公司 美景工业苑城市更新单元		开发建设用地面积 10863.0 平方米，计容积率建筑面积 67920 平方米，该项目改造后重点发展战略性新兴产业，包括互联网、移动通讯、安防等领域。 申请选址南山区沙河街道北环大道和侨香路交叉口东侧	203,614				开展前期工作。	南山区政府
36	L201400005 深圳市数影动漫传媒有限公司 宝安数影科技文化研发基地		建设包括总部运营管理中心、创意设计研发中心、数字化品牌互动展示厅、高等院校产学研实践教育基地及配套生活区。 申请选址宝安区新安街道上合村	19,000				办理用地手续，开展前期工作。	宝安区政府
37	S2015C30730001 深圳国瓷永丰源股份有限公司 永丰源观澜瓷谷创意产业园		建筑面积 54504 平方米，建设永丰源观澜瓷谷创意产业园，创建包含产品设计、特种陶瓷研制实验、文化创意展示等核心业务。 龙华新区观澜办事处下围工业区	257,752				开展前期工作。	龙华新区管委会
38	L201500080 深圳市特区建设发展集团有限公司 深圳市海洋新兴产业基地海域使用项目		拟用海总面积 755 公顷，其中建设填海造地用海 702 公顷，其他用海 53 公顷。重点发展海洋电子信息、新型海工装备研发设计、海洋生物产业、游艇服务业以及未来产业等。 申请选址宝安区沙井街道现状为海域	687,404				完成大空港半岛区项目项目可行性研究、海域使用论证、海洋环评、项目环评等 10 个围填海专题研究。	宝安区政府
39	L201500012 深圳能源资源综合开发有限公司 海水淡化试点工程		总体规划为在深圳西部妈湾片区建设规模为 2 万吨/天海水淡化试点工程（包括浓海水制盐等资源化综合利用）和东部片区建设规模为 1 万吨/天海水淡化试点工程。 申请选址南山区，大鹏新区	54,000				开展前期工作。	大鹏新区管委会，南山区政府

（续表）

序号	项目代码，建设单位及项目名称	建设周期	建设规模及建设地址	总投资	至上年止完成投资	本年度计划完成投资	资金来源	本年度建设内容	统筹单位
40	S2014C3500009 深圳市迈世纪海洋工程科技有限公司 迈世纪海洋高端装备产业基地		建设厂房及配套设施，购置研发生产设备，建设集海洋工程装备产品研发、制造、检测和维修于一体的产业基地。 申请选址宝安区松岗街道潭头芙蓉路	108,380				开展前期工作。	宝安区政府
41	S2015C38410001 深圳普益电池科技有限公司 高能量密度锂离子动力电池集成系统生产线技术改造项目		主要建设内容包括生产车间、仓库、办公室及其他辅助（含研发、中试）等，主要产品为高能量密度动力电池系列产品和动力锂离子电池系统等。 光明新区公明办事处光明北同富裕工业园区	40,000				开展前期工作。	光明新区管委会
42	S2014C3000001 深圳市贝特瑞新能源材料股份有限公司 贝特瑞总部及新能源技术研究院		项目新建贝特瑞总部及新能源技术研究院，主要包括研发中心大楼、管理总部大楼和商业配套等。 申请选址光明新区光明办事处	70,000				开展前期工作。	光明新区管委会
43	L201200049 深圳市甘坑生态文化发展有限公司 甘坑客家小镇二期		甘坑客家小镇二期占地 160 公顷，拟建设农耕体验区、湿地科普区、山地运动区、农业观光区建设。 申请选址龙岗区布吉街道甘李路 18 号甘坑客家小镇	46,100				开展前期工作。	龙岗区政府

（续表）

序号	项目代码，建设单位及项目名称	建设周期	建设规模及建设地址	总投资	至上年止完成投资	本年度计划完成投资	资金来源	本年度建设内容	统筹单位
现代服务业 27 项				8,792,372					
前期 27 项				8,792,372					
44	L201300057 深圳市经济贸易和信息化委员会 深圳国际会展中心		主要建设 50 万平方米展馆、会议室、餐饮区、设备房、停车场等基本配套 82 万平方米，酒店、商业中心、写字楼等商业配套 35 万平方米等。 宝安区福永街道凤塘大道及海滨大道交汇处	2,000,000				完成方案及施工设计等前期工作。	宝安区政府，市经贸信息委
45	S201200390 深圳市宝安区石岩街道办事处 石岩总部经济园区		拆除范围用地面积 202713.3 平方米，其中拆除重建类开发建设用地面积 153286.9 平方米，计容总建筑面积 43.5 万平方米，包括产业研发 22.9 万平方米，产业配套 9.27 万平方米，厂房 7.56 万平方米，厂房配套 3.05 万平方米。 宝安区石岩街道塘头片区	650,000				开展主体确认、专项规划、建筑设计方案等前期工作。	宝安区政府
46	S2014L72990001 中节能（深圳）投资集团有限公司 中节能深圳总部大厦		新建一座国际甲级写字楼和一座研发办公楼，用于中节能（深圳）总部办公和研发，以及引进节能环保等高新技术总部企业。 龙岗区龙岗街道宝龙大道旁，即京能科技环保工业园内	50,177				方案设计等前期工作。	龙岗区政府
47	S2013I6500032 深圳市北大方正数码科技有限公司 方正信息产业集团南方总部（暨深圳市北大方正新一代信息技术产业基地）		规划建设方正信息产业集团南方总部，包括会议中心、大数据产业基地及配套产业基地、云基地、创新服务带及其相关配套设施等。 申请选址宝安区石岩街道石岩湖北大方正科技园	500,000				组织招投标方案设计、初步设计、施工图设计等前期工作。	宝安区政府

（续表）

序号	项目代码， 建设单位及项目名称	建设 周期	建设规模及建设地址	总投资	至上年止 完成投资	本年度计划 完成投资	资金 来源	本年度 建设内容	统筹 单位
48	S2015L72110001 深圳市民治樟坑股份合作公司、深圳市钰田房地产开发有限公司 嘉茂国际创新中心项目		规划总建筑面积 53 万平方米，建设集办公、人才公寓、商业和配套服务为一体的大型综合体。 申请选址龙华新区民治办事处深圳北站商务中心区 1601 地块和 1604 地块	1,201,085				方案设计、详勘、施工图设计等前期工作。	龙华新区管委会
49	S2013K7000103 深圳市特区建设发展集团有限公司 光明平板显示园中小企业总部基地综合体		用地面积 55332.27 平方米，计入容积率建筑面积 264542 平方米，主要的建设内容包括 SOHO 公寓、商业、办公以及配套用房。 光明新区光明办事处光明新区地铁 6 号线观光站北侧，南侧紧邻行政中心区	315,126				完成勘察工程、施工临时用水工程等前期工作。	光明新区管委会
50	S2014L72110001 深圳市中意安娜文化传播有限公司 世模总部基地项目		拟建国际品牌发布演艺中心、国际品牌设计中心、国际奢侈品展馆、高端办公等具有国际高端水准的综合性总部。 福田区福田街道益田路与滨河路交界处西北侧	83,850				方案设计等前期工作。	福田区政府
51	S2014F51520001 深圳市金活医药有限公司 金中大厦		金活集团与中联集团的医药研发及总部大厦，包括医药研发中心、采购中心、结算中心、管理中心、培训中心、信息中心等。 申请选址南山区粤海街道后海片区	88,600				方案设计等前期工作。	南山区政府

（续表）

序号	项目代码， 建设单位及项目名称	建设 周期	建设规模及建设地址	总投资	至上年止 完成投资	本年度计划 完成投资	资金 来源	本年度 建设内容	统筹 单位
52	S2014J6900002 深圳市飞马国际供应链股份有限公司 飞马国际创新中心		规划建设供应链金融创新功能区、科技创新功能区、信息服务功能区、人才服务功能区、商务功能区及资源能源产品交易中心等六大功能区，主要建设塔楼、裙楼及地下室等。 申请选址南山区粤海街道后海中心区M-01 地块	500,300				方案设计等前期工作。	南山区政府
53	S2014K70100018 深圳市东方银座集团有限公司 现代服务业总部大厦		规划建设 1 栋 72 层的主体塔楼和 4 层裙房，集商务、办公、购物为一体的现代服务业总部。 申请选址南山区南头街道前海路与学府路交汇处	303,833				完成更新范围内拆迁补偿协议签订及方案设计等前期工作。	南山区政府
54	S2015L72110002 铭可达国际物流（深圳）有限公司 铭可达国际电商（物流）总部大厦		拟建设国家电子商务大厦、物流仓储用房等。 申请选址福田区福保街道红柳道 2 号	238,931				方案设计等前期工作。	福田区政府
55	L201300024 深圳康泰生物制品股份有限公司 康泰生物产业研发总部基地		拟对现有生产厂房进行更新改造，新建企业研发及总部用房、康泰生物产业用房、中小企业孵化园、配套用房等。 申请选址南山区粤海街道科技工业园科发路 6 号	138,704				完成《城市更新单元专项规划方案》、《项目交通影响分析》的编制等前期工作。	南山区政府

（续表）

序号	项目代码， 建设单位及项目名称	建设 周期	建设规模及建设地址	总投资	至上年止 完成投资	本年度计划 完成投资	资金 来源	本年度 建设内容	统筹 单位
56	S201200796 深圳市龙岗国商企业有限公司 深圳科创谷中小企业总部基地（暂定）		建设集总部空间、NO-collar 空间、专业服务平台和科技展览、大型会议中心等，建成后为坂雪岗科技城提供配套服务。 龙岗区坂田街道牛古岭	126,069				方案设计等前期工作。	龙岗区政府
57	S2013J6900003 深圳市龙岗区产业投资服务集团有限公司 产融创新城		拟建设中小总部经济区、金融创新服务区、商务商业配套区和生活配套区。 申请选址龙岗区龙城街道龙岗中心城龙飞大道与青春路交汇处	80,716				方案设计等前期工作。	龙岗区政府
58	S2015E47000048 深圳市孺子牛工程机械服务有限公司 孺子牛大楼		用地面积 6009.49 平方米，拟规划建设集工程机械研发设计、工程机械制造、技术咨询、提供专业施工、人员培训、科研办公为一体的公司总部办公楼。 龙岗区坂田街道中浩一路与六号路交汇处	50,000				完成方案设计等前期工作。	龙岗区政府
59	S2015L72110003 深圳市天健龙岗房地产开发有限公司 天健智慧园		拟建设企业办公用房、企业总部用房、展示中心、企业交流中心、配套服务用房等。 申请选址龙岗区龙城街道龙岗中心城 26 区，友谊路与回龙路交汇处	96,002				完成方案设计、施工招标等前期工作。	龙岗区政府

（续表）

序号	项目代码， 建设单位及项目名称	建设周期	建设规模及建设地址	总投资	至上年止完成投资	本年度计划完成投资	资金来源	本年度 建设内容	统筹 单位
60	S2013F5100005 深圳市海吉星国际食品产业发展有限公司 深圳海吉星全球食尚港一期——食尚电商港项目		规划建设食尚电商中心、深港“中央大厨房”、实体交易中心、配套服务中心四大功能区。 申请选址龙岗区平湖街道白坭坑社区横东岭路工业区	365,299				首期项目地块进行查丈测绘；商业策划；编制城市更新单元制定计划，申报城市更新单元计划等。	龙岗区政府
61	S2014N78520001 深圳市特发集团有限公司 小梅沙片区开发		拟规划建设主题公园、星级酒店、游艇帆船码头、商业街、公寓住宅，部分市政公共配套、沙滩、绿地、道路、设施建设等。 申请选址盐田区盐田街道小梅沙	1,100,000				方案设计等前期工作。	盐田区政府
62	S2015G59900010 深圳市金运达国际物流有限公司 国际高端消费品保税物流中心		建设基于高端消费品的“两仓”物流服务、国际中转物流服务和跨境电商物流服务的公共平台，保税物流信息平台、高端消费品体验商务平台等，拟建总建筑面积17万平方米。 申请选址光明新区光明办事处光明高新技术产业园区，长凤路以北，科裕路以东，长圳路以南，聚新路以西	51,370				完成方案设计、施工招标等前期工作。	光明新区管委会
63	S2013M7300012 深圳市深车联合投资有限公司 深圳市南山曙光汽车交易展示中心		规划建设总部金融、产品研发、新车发布及销售、配套服务、汽车零配件配送及现代智能新车存放楼、汽车现代科技及历史文化博览馆、汽车培训及维护检测及地下室。 南山区西丽街道茶光路	365,590				完成方案设计等前期工作。	南山区政府

（续表）

序号	项目代码，建设单位及项目名称	建设周期	建设规模及建设地址	总投资	至上年止完成投资	本年度计划完成投资	资金来源	本年度建设内容	统筹单位
64	S2015K70100170 深圳市中汽南华集团有限公司 中汽南华国际知名品牌汽车零配件分拨管理总部		计划将中汽南华工业地块改造为汽车零部件电子销售、电子商务与汽车电子研发、汽车金融、汽车零配件分拨管理总部。 申请选址福田区梅林街道上梅林北环大道辅道中汽南方	120,000				方案设计等前期工作。	福田区政府
65	S2014G5900017 深圳市深国际现代城市物流港有限公司 深圳市龙华新区黎光物流园项目		建设两栋5层物流仓库、三栋5层配送及分拨中心、一栋25层综合服务大楼、两栋20层生活综合楼等。具有物流配送、物流综合服务、甩挂联盟中转等功能。 龙华新区观澜办事处黎光村梅观高速黎光段原黎光主线收费站西侧	112,786				方案设计等前期工作。	龙华新区管委会
66	S2014G59900010 深圳市盐田港集团有限公司 盐田港国际物流服务中心		用地面积25008.4平方米，拟建设综合服务中心、产业用房、产业配套商业等。 盐田区盐田街道盐排高速与盐坝高速交汇处的西南角	58,826				完成方案设计、施工招标等前期工作。	盐田区政府
67	S201200928 深圳市深国际华南物流有限公司 华南国际物流中心二期工程项目		占地面积77028.91平方米，计入容积率面积120930平方米，建设仓储设施、配套办公等。 龙华新区民治办事处民康路1号	81,000				方案设计等前期工作。	龙华新区管委会

（续表）

序号	项目代码，建设单位及项目名称	建设周期	建设规模及建设地址	总投资	至上年止完成投资	本年度计划完成投资	资金来源	本年度建设内容	统筹单位
68	S2014G5990004 深圳深业物流集团股份有限公司 深业物流信息中心		拟建设公共物流信息平台、物流信息产业孵化基地、国际物流信息管理交流中心、高端物流研究所和实验室、海关单证处理中心及相关配套设施。 申请选址罗湖区笋岗街道笋岗东路与宝安北路交汇东北角	30,650				方案设计等前期工作。	罗湖区政府
69	S2015G59900002 深圳市中油润德物流有限公司 中石油深圳物流配送服务基地		拟规划建设中石油系统应急物资仓储区，采购仓储、加工配送中心，综合行政配套服务中心等。 申请选址南山区西丽街道茶光路曙光仓储地区	32,560				方案设计等前期工作。	南山区政府
70	S2015J67400001 深圳科技工业园（集团）有限公司 深圳（南山）互联网金融产业园		建设互联网金融创新大厦，提供创业孵化、中小企业加速、天使投资、VC 投资等服务。 申请选址南山区粤海街道科技园 T305-0051、T305-0050	50,898				方案设计等前期工作。	南山区政府
高技术制造业 14 项				1,615,473					
前期 14 项				1,615,473					
71	S201200799 深圳市英威腾电气股份有限公司 城市轨道交通车辆电气牵引设备研发及产业化		规划建筑面积 104500 平方米，建设城市轨道交通车辆电气牵引设备研发及生产基地。 申请选址光明新区公明办事处	52,500				落实项目用地，完成可研报告编制及审批，完成产业化初步设计及审批。	光明新区管委会

（续表）

序号	项目代码，建设单位及项目名称	建设周期	建设规模及建设地址	总投资	至上年止完成投资	本年度计划完成投资	资金来源	本年度建设内容	统筹单位
72	S201200998 深圳市共进电子股份有限公司 宽带网络终端设备产业基地		建设宽带网络终端设备项目产业园，将作为共进电子公司的总部办公地点、资金中心、研发中心、生产基地、销售中心、产品展示及配送中心，主要生产和销售宽带接入终端。 申请选址坪山新区坪山办事处	113,880				完成招拍挂手续，完成设计、报建等前期工作。	坪山新区管委会
73	S2013I6300004 深圳市同洲电子股份有限公司 同洲电子总部研发大楼		拟建总建筑面积约 58800 平方米，建设总部大楼，购置编码器、示波器、逻辑分析仪、服务器等设备，搭建研究开发环境。 申请选址宝安区新安街道	79,532				签订土地出让合同，设计及报建等前期工作。	宝安区政府
74	S2015M75900008 深圳科技工业园（集团）有限公司 深圳市综合检测产业基地		建筑面积 149000 平方米，包括八个产业集聚区和一个配套服务功能区，形成综合性检测服务平台。 申请选址南山区粤海街道高新中四道与科技中三道交汇处	77,283				开展项目前期工作。	南山区政府
75	S2015M75140037 深圳市方众投资发展有限公司 广田方特总部基地		规划建筑面积 84000 平方米，拟建设以节能建筑门窗、玻璃幕墙研发、生产为核心的广田方特总部基地。 申请选址宝安区石岩街道水田村长城路	42,280				优化用地规划方案，启动项目更新计划调整等工作。	宝安区政府

（续表）

序号	项目代码， 建设单位及项目名称	建设周期	建设规模及建设地址	总投资	至上年止完成投资	本年度计划完成投资	资金来源	本年度建设内容	统筹单位
76	S2014C39220013 深圳市富新荣投资有限公司 移动智能终端研发设计与产业化		项目拟购置123台设备，建成年产移动智能终端226万台产能，包括智能手机150万台、平板电脑50万台、智能手表25万台、智能测血压机1万台，达产后预计实现年收入124485万元。 申请选址龙岗区龙岗街道水岸新都二期东	31,533				落实土地，完成报建手续及设计方案。	龙岗区政府
77	S201200927 深圳市富上佳实业发展有限公司 车体支架及汽车零部件的生产		建设一个高效、综合性的车体支架及相关汽车零部件产业基地。 申请选址龙华新区观澜办事处银星高科技工业园南侧紧邻片区	35,894				落实项目用地，前期报建工作。	龙华新区管委会
78	S2015I65990011 豪佳电子（深圳）有限公司 信利康豪佳工业园—观澜孵化基地		拟建设信利康创客孵化基地，为智能移动终端、智能汽配、智能家居等战略性新兴产业提供集采购、生产、资金垫付及结算、物流、信息管理等“一站式”的创客孵化服务。 龙华新区观澜办事处桂花社区放马埔观光路与桂花路交汇处西南侧	70,500				拆迁、地质勘拆迁、地质勘探、初步设计、报批报建、施工图设计、工程招标等前期工作。	龙华新区管委会
79	S2013C3900005 深圳深爱半导体股份有限公司 6英寸0.35微米功率半导体器件芯片生产线项目		用地面积10080平方米，总建筑面积34300平方米，建设一条6英寸0.35微米功率半导体器件芯片生产线，生产能力4万片/月。 龙岗区龙岗街道宝龙工业城宝龙七路三号	46,026				资金筹备等前期工作。	龙岗区政府

（续表）

序号	项目代码，建设单位及项目名称	建设周期	建设规模及建设地址	总投资	至上年止完成投资	本年度计划完成投资	资金来源	本年度建设内容	统筹单位
80	S2015C39710020 深圳市领亚电子有限公司 新一代高速智能数据线科技产业园		拟新建一个用地面积约为15万平方米的新一代高速智能数据线科技产业园，主要产品方向为精密数据线、精细电子线等系列产品。 宝安区石岩街道塘头社区塘头1号路领亚工业园	96,932				完成项设计方案报批、施工招标等前期工作。	宝安区政府
81	S201102728 深圳市华之粹生态科技有限公司 华之粹生态茶油产业园		总建筑面积70000平方米，建设内容包括生产中心、行政办公中心、研发中心以及生活配套设施及仓储物流。 申请选址坪山新区坑梓办事处丹青路与荣田路交汇处西北角	100,000				落实项目用地。	坪山新区管委会
82	S2014C3900080 电连精密技术有限公司 微型化、高可靠性射频连接器及互连系统研发和产业化（二期）		拟建设12栋大楼，包括生产制造中心、检测试验中心、经营管理中心、教育及培训中心、职工生活中心。 申请选址龙华新区观澜办事处观澜社区	39,000				建设方案优化，落实项目用地等事宜。	龙华新区管委会
83	L201500092 英泰隆工业发展（深圳）有限公司 龙华新区英泰工业中心更新项目		拟拆除重建用地面积146592平方米，建设集总部办公、研发、孵化及各项专业服务于一体的产业园区以及包含酒店、商业、公寓、住宅等配套设施。 申请选址龙华新区大浪办事处英泰工业区	590,113				项目前期准备工作。	龙华新区管委会

（续表）

序号	项目代码，建设单位及项目名称	建设周期	建设规模及建设地址	总投资	至上年止完成投资	本年度计划完成投资	资金来源	本年度建设内容	统筹单位
84	S2015K70400010 深圳市正奇实业有限公司 正奇未来科创城		建设产业研发用房和产业配套设施，包括中小企业总部区、创新企业孵化器、中小企业加速器、公共技术中心、公共制造平台、创投与服务机构区、综合商务配套区。 申请选址坪山新区坪山办事处和平社区深汕公路与金牛路交汇处	240,000				项目前期报建等工作。	坪山新区管委会
轨道交通 4 项				2,017,913					
前期 4 项				2,017,913					
85	L201500094 深圳市地铁集团有限公司 深圳市地铁 8 号线（二期）工程		该项目位于盐田区、大鹏新区，起点为 8 号线一期盐田站，终点为葵涌站，全长约 22.56km，共设 11 座车站，其中地下车站 1 座，高架车站 10 座。 申请选址盐田区，大鹏新区	1,080,000				开展前期规划研究及工程设计，适时开展工程招标启动建设。	市地铁集团
86	L201500098 深圳市地铁集团有限公司 赣深客专深圳段		赣深高铁初步方案位于江西、广东两省，途径赣州、河源、惠州、深圳四市，全长约 430km（深圳境内约 30km），设计时速 300-350km。 申请选址南山区，龙岗区，坪山新区，龙华新区	400,000				开展项目规划、设计等前期工作。	市地铁集团
87	L201500099 深圳市地铁集团有限公司 深茂铁路深圳段		深茂铁路自深圳北站引出，经深圳机场北侧、东莞市，跨越珠江后经中山、江门、阳江，至茂名市，全线长约 387km（深圳境内约 36 km），设计时速 250km。 申请选址宝安区，龙华新区	480,000				开展深圳段线站位比选等前期工作。	市地铁集团

（续表）

序号	项目代码，建设单位及项目名称	建设周期	建设规模及建设地址	总投资	至上年止完成投资	本年度计划完成投资	资金来源	本年度建设内容	统筹单位
88	L201500100 深圳市地铁集团有限公司 平南铁路深圳西站客运搬迁及线路改造工程		拆除4.6万平方米仓库，新建1座7万平方米客运站房、2座进出站天桥、2条客车到发线和1座基本站台，改建既有基本站台，通信、信号、电力等站后设施也进行配套改造。 南山区，前海合作区	57,913				开展改造工程招标，开展改造工程。	市地铁集团
道路机场港口 24 项				6,467,696					
前期 24 项				6,467,696					
89	L201400064 深圳市交通运输委员会 妈湾跨海通道工程		南端与既有妈湾大道高架桥对接，北端与沿江高速（大铲湾收费站）衔接，全长约7.3公里（其中跨海段约1.1公里），主线规划为双向6车道，以隧道方式敷设。 申请选址南山区，宝安区	840,000				开展环评、水保、工程可行性研究报告、初步设计，海洋环评，海域使用论证等前期工作。	市交通运输委
90	L201400068 深圳市交通运输委员会 月亮湾大道快速化改造工程		南起妈湾大道，北至深南大道，全长约7.5公里，主线为双向6～8车道，辅道双向六车道。 申请选址南山区南头街道月亮湾大道	492,825				开展环评、水保、工程可行性研究报告，初步设计等前期工作。	市交通运输委
91	L201500038 深圳市交通运输委员会 春风隧道工程		西起上步立交东侧，东至北斗路，全段为隧道，全长4公里，双向四车道，城市快速路。 申请选址福田区，罗湖区	300,000				完成设计工作	市交通运输委

（续表）

序号	项目代码， 建设单位及项目名称	建设 周期	建设规模及建设地址	总投资	至上年止 完成投资	本年度计划 完成投资	资金 来源	本年度 建设内容	统筹 单位
92	L201400065 深圳市交通运输委员会 海滨大道一期A段(听海路—西乡大道）工程		项目位于前海合作区、南山区，东起听海路，西接西乡大道，全长5.5公里（海域段长2公里，为海底隧道），双向8车道城市快速路。 申请选址南山区,宝安区	280,000				开展环评、水保、工程可行性研究报告、初步设计，海洋环评，海域使用论证等前期工作。	市交通运输委
93	301200502417 深圳市交通运输委员会 丹平快速路一期工程		项目起于爱国路高架桥，终点接机荷高速，全长约9.7公里，主干道按双向6车道标准设计。东湖立交占地19万平方米，设4条匝道，总长度1758米。 罗湖区东湖街道爱国路、布心路	242,822				完成爱国路A、B、C及D匝道下部结构施工，完成A、B及D匝道上部结构60%施工，第二、三阶段交通疏解道路。	市交通运输委
94	Z12014YS0019 深圳市交通运输委员会 丹平快速路二期工程		起于深圳平湖街道鹅公岭立交，终点接东莞东深二通道和东深一级公路，全长约2公里（深圳境内长约1.8公里，东莞境内长约0.2公里），按城市快速路标准建设，主线双向6车道。 申请选址龙岗区平湖街道	35,000				完成方案设计	市交通运输委
95	L201400066 深圳市交通运输委员会 大南山隧道工程		西起规划铲湾路与月亮湾大道交叉口处，穿越月亮湾公园南侧，以隧道形式穿越大南山，接蛇口片区的工业六路，全长约4.6公里。 申请选址南山区南山街道工业六路	140,000				开展规划方案、测量、方案设计、工程可行性研究报告等前期工作。	市交通运输委

（续表）

序号	项目代码， 建设单位及项目名称	建设 周期	建设规模及建设地址	总投资	至上年止 完成投资	本年度计划 完成投资	资金 来源	本年度 建设内容	统筹 单位
96	301200600799 深圳市交通运输委员会 深华快速路		路线全长 6.741 公里。全线采用城市快速路标准，设计车速 80km/h，位于深圳市中部发展轴线上，线路南北走向，其与龙观快速路北段一同组成了龙观快速路。 龙华新区龙华办事处	96,662				开始施工白石山隧道延长段，华明路跨线桥，大浪河改造工程及跨线桥工程。	市交通运输委
97	Z12015YS004 深圳市交通运输委员会 环大鹏湾海岸公路改造工程		西起背仔角检查站，东至布新立交，由 S360 深葵路、葵鹏路、企业大道、金涌路、宝石路、迭福路、金沙西路和新建的油草棚通道组成，项目建设内容包括道路系统和慢行系统两部分。 申请选址大鹏新区大鹏办事处葵涌办事处、南澳办事处	89,512				完成方案设计、选址及用地预审、工可、环评、水保编制及申报工作。	市交通运输委
98	Z12015YS0017 深圳市交通运输委员会 葵涌环城东路工程		北接葵坪路，南至雷公山隧道与迭福山隧道之间的官湖高架桥，道路全长约 5.8 公里，按城市主干道标准建设，双向 4 车道。 申请选址大鹏新区葵涌办事处葵涌办事处	82,192				完成工可、环评、水保编制及申报工作。	市交通运输委
99	301201102076 深圳市交通运输委员会 石龙仔路市政工程		项目起于石岩街道现状石岩北环路，终点接大浪街道现状大浪北路，道路全长约 5.1 公里，城市主干道，道路红线宽 50 米，双向 6 车道。 申请选址宝安区，龙华新区	65,325				完后项目初步设计概算及施工图设计，进场开工。	市交通运输委

（续表）

序号	项目代码，建设单位及项目名称	建设周期	建设规模及建设地址	总投资	至上年止完成投资	本年度计划完成投资	资金来源	本年度建设内容	统筹单位
100	301201004664 深圳市交通运输委员会 沙河西路（滨海大道—茶光路段）快速化改造工程		南起滨海大道，北至茶光路，全长 5.45 公里，实际长度 3.7 公里，按城市快速路标准改造，道路红线 40～70 米，主线双向 6 车道。 申请选址南山区沙河街道沙河西路	46,610				完成施工图设计和施工招标工作	市交通运输委
101	301200822302 深圳市交通运输委员会 石观路（松白路—水田收费站）拓宽改造工程		本项目西起松白路，东至原水田收费站，全长 4.02 公里，城市主干道，双向 6 车道，红线宽 45 米。主要建设内容包括道路、桥梁、给排水、电气、燃气、交通工程等。 申请选址宝安区石岩街道宝石路	32,434				完成前期工作，争取开工建设。	市交通运输委
102	L201500103 深圳惠盐高速公路有限公司 惠盐高速公路深圳段改扩建工程		项目路线起于深圳坪地镇坑塘径，终点设在荷坳与 G15 机荷段连接处，路线全长约 20.305 公里。全线采用设计速度 100 公里/小时的双向 8 车道高速公路设计标准，道路基宽度为 41 米。 申请选址龙岗区龙岗街道、龙城街道、坪地街道	273,000				完成立项审批、勘察设计工作以及施工招标等工作，进行开工建设。	龙岗区政府
103	L201300041 深圳市坪山新区发展和财政局 深圳市绿梓大道（二标段）市政工程		本工程为绿梓大道二标段，起点在金田路接设计一标，终点接坪西公路，道路长度 2.58 公里，全线为双向 6 车道。 申请选址坪山新区坪山办事处石井地区	68,381				开展环评、水保等编制工作	坪山新区管委会

（续表）

序号	项目代码， 建设单位及项目名称	建设 周期	建设规模及建设地址	总投资	至上年止 完成投资	本年度计划 完成投资	资金 来源	本年度 建设内容	统筹 单位
104	L201500079 深圳国际生物谷坝光核心启动区指挥部办公室 深圳国际生物谷坝光核心启动区基础设施建设项目		拟开展坝光核心启动区市政基础设施、河道防护、海堤整治等基础设施项目建设。 大鹏新区葵涌办事处坝光片区	350,000				前期工作、场平工程、市政道路的施工准备。	大鹏新区管委会
105	S2014G5400002 深圳市龙华汽车站有限公司 龙华汽车站改建工程		建设停车场建筑面积 31482 平方米，其中地上停车面积为 13418 平方米，地下停车面积为 18064 平方米。 龙华新区龙华办事处龙观路龙华汽车站	40,000				完善用地手续，基础工程开工。	龙华新区管委会
106	L201500104 深圳市机场（集团）有限公司 三跑道项目		包括机场工程、场地的陆域形成及软基处理工程。机场工程长 3600 米，宽 60 米，陆域形成面积 260.4 万平方米，软基处理面积 277.2 万平方米。 申请选址宝安区福永街道宝安国际机场	892,066				进行三跑道可研编制工作，进行三跑道填海及软基处理前期准备工作。	宝安区政府
107	L201500051 深圳市建筑工务署 深圳机场扩建工程 T4 航站区软基处理工程		分为两期建设：一期软基处理工程为卫星厅及配套设施用地，共约 108 公顷；二期软基处理工程为 T4 航站楼主体及配套设施用地，共约 333 公顷。 申请选址宝安区福永街道深圳机场北片区	440,000				开展初步设计、施工图设计、环评、水保等前期工作。	市建筑工务署

（续表）

序号	项目代码，建设单位及项目名称	建设周期	建设规模及建设地址	总投资	至上年止完成投资	本年度计划完成投资	资金来源	本年度建设内容	统筹单位
108	L201500007 深圳市盐田港集团有限公司 深圳港盐田港区东作业区集装箱码头工程项目		规划建设10万吨级和15万吨级集装箱泊位各1个，20万吨级及以上集装箱泊位6个，陆域总面积331万平方米。 申请选址盐田区盐田街道盐田港片区东侧	1,160,000				组织开展项目的立项申报、谈判、相关研究及论证工作。	盐田区政府
109	S201300107 鑫科贤实业投资有限公司 深圳港宝安综合港区一期工程		3个5000吨级通用散杂货泊位、3个1000吨级多用途泊位，码头岸线总长548.7米，陆域总面积27.435万平方米，年设计吞量250万吨。 宝安区福永街道西海堤外侧	120,867				前期工作准备。围堰施工，港池挖泥，陆域吹填、形成，地基处理等准备。	宝安区政府
110	L201600002 深圳市交通运输委员会 福洲路（沿江福永立交—立新路）快速化改造工程		项目西起沿江高速，接宝安大道东侧立新路。项目全长3.65公里，红线宽度50米，双向6车道，为城市快速路。 申请选址宝安区福永街道沿江高速至立新路	90,000				开展前期工作。	市交通运输委
111	L201600003 深圳市交通运输委员会 福洲路二期（立新路—福凤路）新建工程		项目西起立新路，接广深高速东侧福凤路。项目全长3.15公里，红线宽度50米，双向6车道，为城市快速路。 申请选址宝安区福永街道立新路至福凤路	190,000				开展前期工作。	市交通运输委

（续表）

序号	项目代码， 建设单位及项目名称	建设 周期	建设规模及建设地址	总投资	至上年止 完成投资	本年度计划 完成投资	资金 来源	本年度 建设内容	统筹 单位
112	L201600001 深圳市交通运输委员会 海滨大道（国际会展中心段）工程		南起福洲大道，北至凤塘大道，全长约 3 公里，红线宽度 80 米，双向 8 车道，涉及填海面积约 30 万平方米，为城市快速路。 申请选址宝安区福永街道福州大道至凤塘大道	100,000				开展前期工作。	市交通运输委
城市更新 48 项				37,627,537					
前期 48 项				37,627,537					
113	L201500018 深圳市承翰投资开发集团有限公司 水围城市更新单元		拟拆除重建用地面积 29958 平方米，建设包括酒店、住宅、公寓、保障性住房、配建幼儿园、配建公共设施等。 申请选址福田区福田街道水围村	990,000				申报城市更新单元规划审批工作。	福田区政府
114	L201500066 深圳华强广场控股有限公司 华强激光工厂城市更新单元		拟拆除重建用地面积 31755 平方米，建设集研发、配套商业的新型产业园区。 申请选址福田区梅林街道梅秀路 1-1 号	791,302				推进专项规划审批，完成建筑物拆除、实施主体确认等工作。	福田区政府
115	S2015K70100173 天安数码城（集团）有限公司 沙头天安数码城旧厂房区更新单元		拟拆除重建用地面积 55317 平方米，建设包括创新型产业用房、商业、办公用房等。 申请选址福田区沙头街道西邻香蜜湖路，东靠泰然三路，南为泰然十路，北为泰然六路	622,738				开展前期工作。	福田区政府

（续表）

序号	项目代码， 建设单位及项目名称	建设 周期	建设规模及建设地址	总投资	至上年止 完成投资	本年度计划 完成投资	资金 来源	本年度 建设内容	统筹 单位
116	L201400058 华润置地（深圳）开发有限公司 湖贝片区城市更新项目		拟拆除重建用地面积约 240,000 平方米，建设包括商业、办公、住宅、文化、旅游、时尚产业等。 申请选址罗湖区东门街道湖贝片区	3,240,000				完成项目东区签约工作，启动东区房屋拆除工作。	罗湖区政府
117	L201500026 深圳市益田集团股份有限公司 翠竹木头龙小区城市更新项目		拟拆除用地面积 77,026 平方米，建设包括住宅（含保障性住房）、商业、商务公寓、公共配套设施等。 申请选址罗湖区翠竹街道木头龙小区	1,000,000				拆迁补偿、建筑物拆除、实施主体确认、缴纳地价签订土地出让合同。	罗湖区政府
118	L201400055 深圳金威啤酒有限公司 金威啤酒厂城市更新单元		拟拆除重建用地面积 86,549 平方米，建设包括工业、办公和商业等设施。 申请选址罗湖区东湖街道东昌路一号	841,206				完成建设用地规划审批，筹备部分地块基坑支护工程及土石方开挖。	罗湖区政府
119	L201500016 深圳市白石洲实业股份合作公司（原深圳市白石洲投资发展股份有限公司） 沙河五村城市更新单元		拟拆除重建范围用地面积 459,542 平方米，建设包括住宅（含保障性住房）、办公、公寓、商业、酒店、配套设施等。 申请选址南山区沙河街道沙河东路以东，华侨城以西深南大道以北，东靠华侨城波托菲诺小区、西近沙河东路、北至香山西街	9,368,355				完成专项规划审批、启动拆迁工作。	南山区政府

（续表）

序号	项目代码， 建设单位及项目名称	建设 周期	建设规模及建设地址	总投资	至上年止 完成投资	本年度计划 完成投资	资金 来源	本年度 建设内容	统筹 单位
120	L201500050 深业沙河（集团）有限公司 世纪山谷城市更新单元		拟拆除重建用地面积 99377 平方米，建设包括住宅（含保障性住房）、商业、办公及酒店、商务公寓、公共配套设施等。 南山区沙河街道沙河东路沙河工业区	601,305				一期动工拆除，签订一期项目用地合同。	南山区政府
121	S2015K70100172 深圳市嘉信松山置业有限公司 松岗溪头第一、二工业区更新项目		拟拆除范围用地面积 198914 平方米，建设包括工业办公、商业、住宅、公寓建设等。 申请选址宝安区松岗街道溪头社区	657,447				一期土方及桩基施工，主体工程施工；二期启动拆迁工作。	宝安区政府
122	L201400021/S2014K70900002 深圳市益德置业有限公司 西丽益力矿泉水厂城市更新单元改造项目		拟拆除重建用地面积 79197 平方米，建设包括研发办公、配套服务、配套商业、人才公寓等。 申请选址南山区桃源街道龙珠大道北	307,125				完成土地和建筑物信息核查、专项规划审批、搬迁补偿协议签订、实施主体确认、建筑物拆除和用地申报等。	南山区政府
123	L201300069 深圳市万科南苑房地产开发有限公司 渔一村项目		拟拆除重建用地面积 25283 平方米，建设包括住宅、商业、商务公寓、配套设施等。 申请选址南山区蛇口街道湾厦路东南侧	202,321				土地前期问题处理，开展建筑初步规划设计。	南山区政府

（续表）

序号	项目代码，建设单位及项目名称	建设周期	建设规模及建设地址	总投资	至上年止完成投资	本年度计划完成投资	资金来源	本年度建设内容	统筹单位
124	L201500055 深圳卓越松岗城市更新有限公司 松岗商业中心更新单元		拟拆除重建用地面积 200009 平方米，建设包括住宅、商业、商务公寓、公共配套设施等。 申请选址宝安区松岗街道松岗商业中心	650,000				开展谈判签约、房屋拆除等工作。	宝安区政府
125	L201500061 深圳市京基房地产股份有限公司 石岩上下屋及田心旧村片区城市更新项目		拟拆除重建用地面积 106263 平方米，建设包括住宅、商业、公共配套设施等。 申请选址宝安区石岩街道上下屋及田心旧村片区	500,000				现状建筑物拆迁以及开展各项前期报批工作。	宝安区政府
126	L201500107 深圳明金海集团有限公司 华石工业区城市更新单元		拟拆除重建用地面积 100256 平方米，建设包括新兴产业用房、办公、宿舍、商业、住宅等。 申请选址宝安区石岩街道松白路明金海工业区	500,000				申报专项规划审批，签订拆迁补偿协议，开展开发主体确认等工作。	宝安区政府
127	L201500106 深圳市沙井衙边股份合作公司 沙井衙边工业区城市更新单元项目		拟拆迁重建用地面积 52925 平方米，建设包括产业用房、配套宿舍及商业等。 申请选址宝安区沙井街道衙边工业区	264,568				开展拆迁补偿安置、实施主体确认、用地预审等工作。	宝安区政府

（续表）

序号	项目代码，建设单位及项目名称	建设周期	建设规模及建设地址	总投资	至上年止完成投资	本年度计划完成投资	资金来源	本年度建设内容	统筹单位
128	L201500058 深圳市官田股份合作公司 石岩官田月明街工业区更新单元		拟拆除重建用地面积 82924 平方米，建设包括住宅、商业、公共配套设施等。 申请选址宝安区石岩街道官田社区	200,000				推进专项规划审批、实施主体确认、拆迁谈判等工作。	宝安区政府
129	L201500121 深圳市凤凰股份合作公司 凤凰第一工业区城市更新项目		拟拆除重建用地面积 33846 平方米，建设包括创投总部集群、创业立体空间、创新体验街坊、创客生活空间等。 申请选址宝安区福永街道凤凰社区凤业一路以东（现状道路）、凤凰兴业一路以南（规划道路）、凤业四路以西（现状道路）、富风路以北（规划道路）	180,256				开展专项规划编制工作。	宝安区政府
130	L201300013 深圳市共乐经济发展有限公司 骏业工业区城市更新单元		拟拆除重建用地面积 48805 平方米，建设包括产业用房、产业配套、公共配套设施等。 申请选址宝安区西乡街道铁仔路	180,000				清拆原建筑物，平整场地，主体确认，缴纳地价，土方开挖、基础施工等。	宝安区政府
131	L201500060 深圳市汇威投资有限公司 松岗上山门工业区城市更新单元		拟拆除重建用地面积 22791 平方米，建设包括住宅、办公、商业、商务公寓、公共配套设施等。 申请选址宝安区松岗街道松白路与松岗大道交汇处	177,000				清退承租人，拆迁房屋，注销房屋产权，签土地出让合同并补交地价。	宝安区政府

（续表）

序号	项目代码，建设单位及项目名称	建设周期	建设规模及建设地址	总投资	至上年止完成投资	本年度计划完成投资	资金来源	本年度建设内容	统筹单位
132	L201500059 深圳市石岩田心股份合作公司 石岩田心工业区城市更新单元		拟拆除重建用地面积 26429 平方米，建设包括商业办公、商务公寓、公共配套设施等。 宝安区石岩街道田心工业区	176,400				签订拆迁协议，完成实施主体确认工作，完成用地规划许可手续和建设工程规划许可手续办理，启动土石方及基础设施施工。	宝安区政府
133	L201500025 深圳市共乐经济发展有限公司 方大工业园城市更新单元		拟拆除重建用地面积 26997 平方米，建设包括产业用房（含创新型产业用房）、单身宿舍、小型商业服务设施、公共配套设施等。 申请选址宝安区西乡街道铁仔路 48 号	171,000				实施主体确认、房产证注销，办理建设用地规划许可证、场地平整等。	宝安区政府
134	L201500105 深圳市福航投资发展有限公司 茭塘工业区城市更新		拟拆除重建用地面积 102740 平方米，建设包括产业研发用房（含创新型产业用房）、配套商业、配套宿舍、国际学校、公共配套设施等。 申请选址宝安区沙井街道南环路	160,000				开展建筑物拆除工作。	宝安区政府
135	L201500017 奋成玩具服装（深圳）有限公司 奋成工业区城市更新单元		拟拆除重建用地面积 21234.5 平方米，建设包括创意研发建筑、园区配套等。 申请选址宝安区西乡街道共乐工业区铁仔路 58 号	150,226				申请建设报批手续，开展建筑物拆迁、土地整备工作。	宝安区政府

（续表）

序号	项目代码，建设单位及项目名称	建设周期	建设规模及建设地址	总投资	至上年止完成投资	本年度计划完成投资	资金来源	本年度建设内容	统筹单位
136	L201400056 南太投资（深圳）有限公司 南太集团城市更新单元		拟拆除重建用地面积 26311 平方米，建设包括孵化研发区、新兴产业总部园区、配套服务区等。 申请选址宝安区西乡街道固戍社区南太路 2 号南太工业园	150,000				开展规划设计方案报批等前期准备工作。	宝安区政府
137	L201500081 深圳市中龙信合投资有限公司 龙腾工业区（二期）城市更新单元		拟拆除重建面积 393144 平方米，建设包括居住、商业、产业、办公、公寓、公共配套设施等。 申请选址龙岗区龙岗街道南联社区圳埔岭村	1,520,000				房屋拆迁补偿及单元规划报批等前期工作。	龙岗区政府
138	S2015E47000018 深圳市黄阁坑股份合作公司 黄阁坑工业区南片城市更新单元		拟拆除重建用地面积 143317 平方米，建设包括居住、工业、商业、办公、公共配套等。 申请选址龙岗区龙城街道黄阁坑工业区	1,500,000				房屋拆迁补偿及城市更新单元报批工作。	龙岗区政府
139	L201500082 深圳市横岗四联股份合作公司 横岗四联社区茂盛片区城市更新单元		拟拆除重建用地面积 262200 平方米，建设包括商业、办公及酒店、商务公寓、住宅（含拆迁户回迁、保障房）、公共配套设施等。 申请选址龙岗区横岗街道四联社区	900,000				城市更新单元规划报批等前期工作。	龙岗区政府

（续表）

序号	项目代码， 建设单位及项目名称	建设 周期	建设规模及建设地址	总投资	至上年止 完成投资	本年度计划 完成投资	资金 来源	本年度 建设内容	统筹 单位
140	L201200011 深圳市保诚房地产开发有限公司 龙城龙西社区楼吓、对面岭片区城市更新项目		拟拆除重建用地面积 330800 平方米，建设包括住宅、商业、配套设施等。 申请选址龙岗区龙城街道龙西社区	900,000				房屋拆迁补偿等前期工作。	龙岗区政府
141	L201300065 深圳市保达房地产开发有限公司 五联竹头背、岭背坑片区城市更新单元		拟拆除重建用地面积 220559 平方米，建设包括住宅、商业、公共配套设施等。 申请选址龙岗区龙城街道五联社区	850,000				房屋拆迁补偿等前期工作。	龙岗区政府
142	L201500064 深圳市水榭花都房地产有限公司 南联简一、简二、黄龙坡片区城市更新单元项目		拟拆除重建用地面积 288626 平方米，建设包括住宅（含保障性住房）、商业、办公及酒店、商务公寓、公共配套设施等。 申请选址龙岗区龙岗街道北接龙园路、南接龙岗大道、西接龙河路、东接南联路	800,000				持续推进项目一期的拆迁工作，开展实施主体确认及规划用地手续等工作。	龙岗区政府
143	L201300063 深圳市恒明置业发展有限公司 龙城回龙埔新工业区片区城市更新项目		拟拆除重建用地面积 196369 平方米，建设包括产业研发用房、产业配套、商务公寓、公共配套设施、保障性用房用地等。 龙岗区龙城街道回龙埔新工业区片区	498,765				开展一期搬迁补偿谈判工作及实施主体确认工作。	龙岗区政府

（续表）

序号	项目代码， 建设单位及项目名称	建设 周期	建设规模及建设地址	总投资	至上年止 完成投资	本年度计划 完成投资	资金 来源	本年度 建设内容	统筹 单位
144	S2015K70100166 深圳天安数码城发展有限公司 南湾南和通讯及南岭地块城市更新项目		拟拆除重建用地面积 58401 平方米，建设包括产业用房（含配建创新型产业用房）、产业配套用房、公共配套设施等。 申请选址龙岗区南湾街道位于布沙路与开放路交汇处	396,800				城市更新单元规划报批和房屋拆迁补偿等前期工作。	龙岗区政府
145	L201500027 深圳市南约股份合作公司 南约社区洋桥和汉田片区工业区升级改造		拟拆除重建用地面积 290945 平方米，建设包括总部研发功能区、科技创业孵化功能区、综合配套服务区、其他配套设施等。 申请选址龙岗区龙岗街道南约社区洋桥和汉田片区	383,785				城市更新单元规划报批工作。	龙岗区政府
146	S2015K70100107 深圳朗泓房地产有限公司 杨梅岗、格水村城市更新项目一期		拟拆除重建用地面积 393144 平方米，建设包括居住、商业、产业、办公、公共配套设施等。 龙岗区龙岗街道新生村杨梅岗	346,400				房屋拆迁补偿及单元规划报批等前期工作。	龙岗区政府
147	L201400013 深圳康利石材有限公司 康利工业园城市更新单元（T-CHOP 未来生活创意广场）		拟拆除重建用地面积 49616 平方米，建设包括产业用房（含创新型产业用房）、配套用房、公共配套设施等。 申请选址龙岗区南湾街道布澜路康利工业园	274,670				拆除范围调整、实施主体确认等前期工作。	龙岗区政府

（续表）

序号	项目代码， 建设单位及项目名称	建设 周期	建设规模及建设地址	总投资	至上年止 完成投资	本年度计划 完成投资	资金 来源	本年度 建设内容	统筹 单位
148	L201500056 深圳市嘉长源投资发展有限公司 横岗松柏社区老街城市更新项目		拟拆除重建用地面积 186475 平方米，建设包括住宅、商业、办公、公告配套设施等。 申请选址龙岗区横岗街道松柏社区老街	265,396				城市更新单元规划报批和房屋拆迁补偿等前期工作。	龙岗区政府
149	L201500078 深圳市大真房地产开发有限公司 横岗六约深坑片区更新单元		拟拆除用地面积 99346 平方米，建设包括住宅（含保障性住房）、商业、商务公寓、公共配套设施等。 龙岗区横岗街道六约社区深竹路 27-A	252,424				持续推进一期搬迁补偿谈判工作。	龙岗区政府
150	L201500054 深圳市华茂嘉投资有限公司 龙城爱联旧村改造东片区项目		爱联旧村东片区拆除用地面积 46335 平方米，建设包括住宅（含保障性住房）、商业综合体、公共配套设施等。 申请选址龙岗区龙城街道爱联社区怡翠路与余岭西路交汇处	163,000				持续推进东片区一期搬迁补偿谈判工作。	龙岗区政府
151	L201500067 深圳市祥华置业发展有限公司 汤坑片区城市更新单元		拟拆除重建用地面积 198715 平方米，建设包括居住、商业、公共配套设施等。 申请选址坪山新区坪山办事处汤坑社区	960,000				完成项目城市更新单元专项规划审批。	坪山新区管委会

（续表）

序号	项目代码， 建设单位及项目名称	建设周期	建设规模及建设地址	总投资	至上年止完成投资	本年度计划完成投资	资金来源	本年度建设内容	统筹单位
152	L201500065 深圳市坪山南布股份合作公司 南布社区整村统筹土地整备项目		拟拆除重建用地面积 173000 平方米，建设包括住宅、商业、办公、商务公寓、公共配套设施等。 申请选址坪山新区坪山办事处南布社区大同路 8 号	558,000				完成一期范围内建筑物重测，一期范围内建筑物拆迁补偿费用，构建项目围挡、初勘，项目一期启动。	坪山新区管委会
153	L201500046 深圳市宝泰世纪投资有限公司 茜坑新村西片区城市更新单元		拟拆除拆除重建用地面积 305740 平方米，建设包括工业、住宅、商业、办公、公共配套设施等。 申请选址龙华新区观澜办事处茜坑新村	1,800,000				完成更新单元规划审批、一期实施主体确认、成一期用地审批及土地合同签订、一期建筑设计方案审批等工作。	龙华新区管委会
154	L201500021 深圳市深国际联合置地有限公司 梅林关城市更新项目		拟拆除重建用地面积 131300 平方米，建设包括住宅（含保障性住房）、商业、办公、商务公寓及配套设施等。 龙华新区民治办事处民乐路与梅观快速交汇处	1,260,951				开展拆迁工作以及开发建设前期工作。	龙华新区管委会
155	L201500045 深圳市正基房地产开发有限公司 油松工业区更新单元		拟拆除重建用地面积 79655 平方米，建设包括商业、写字楼和高档公寓等。 申请选址龙华新区龙华办事处油松工业区	600,000				专项规划审批、实施主体确认、土地合同签署。	龙华新区管委会

（续表）

序号	项目代码，建设单位及项目名称	建设周期	建设规模及建设地址	总投资	至上年止完成投资	本年度计划完成投资	资金来源	本年度建设内容	统筹单位
156	L201500063 深圳市兴兆投资有限公司 松元厦大布头片区城市更新单元		拟拆除重建用地面积 169975 平方米，建设包括居住（含保障性住房）、商业、公共服务设施等。 申请选址龙华新区观澜办事处松元厦大布头村	500,000				完成土地权属核查、专项规划，进行拆迁谈判。	龙华新区管委会
157	L201400053 深圳市福民冼屋股份合作公司 观澜冼屋老村片区东侧地块更新单元		拟拆除重建用地面积 92076 平方米，建设包括住宅、商业、公寓、公共配套设施等。 申请选址龙华新区观澜办事处观澜街道冼屋老村片区东侧地块	285,608				申报更新单元审批、现状拆迁、土方开挖等工作。	龙华新区管委会
158	L201500062 深圳市大浪浪口股份合作公司 大浪浪口旧屋村片区城市更新单元		拟拆除重建用地面积 48328 平方米，建设包括住宅（含保障性住房）、商业、商务公寓、写字楼、公共服务设施等。 申请选址龙华新区大浪办事处浪口社区	190,000				开展建筑物拆迁工作、准备规划报建工作。	龙华新区管委会
159	L201500019 深圳市观澜黎光股份合作公司 观澜黎光旧村改造项目		拟拆除重建用地面积 53085 平方米，建设包括住宅、保障性住房、商业、幼儿园、配套等。 申请选址龙华新区观澜办事处办事处泗黎路东侧黎光老村	160,489				完成拆赔签约及搬迁、房产证注销、实施主体确认等工作。	龙华新区管委会

（续表）

序号	项目代码， 建设单位及项目名称	建设 周期	建设规模及建设地址	总投资	至上年止 完成投资	本年度计划 完成投资	资金 来源	本年度 建设内容	统筹 单位
160	L201500069 深圳卓越谭屋围城市更新投资有限公司 葵涌高源社区谭屋围片区更新单元		拟拆除重建用地面积 71137 平方米，建设包括住宅（含保障性住房）、公共配套设施等。 申请选址大鹏新区葵涌办事处高源社区谭屋围片区	180,000				完善建设用地手续。	大鹏新区管委会
社会民生 34 项				4,217,555					
前期 34 项				4,217,555					
161	L201200028 深圳市特区建设发展集团有限公司 科技馆（新馆）与创新大厦		建设科学技术馆、创新大厦。 申请选址南山区粤海街道高新技术园区南侧	274,961				落实土地，完成项目 BT 建设谈判，与华润签订合作框架协议，完成科技馆展教设施展示内容总体规划等。	南山区政府
162	Z201200242 深圳美术馆 深圳美术馆新馆		规划总用地面积为 27300 平方米，总建筑面积为 34956 平方米，建设内容有展厅、陈列厅、画库、研究用房、学术交流用房、公共教育用房、室外雕塑展区及配套设施用房等。 龙华新区民治办事处腾龙路与中梅路交汇处	39,820				前期工程设计及报建，桩基施工。	市文体旅游局
163	L201400026 宝安区新安街道办事处 新安文体中心		建设图书馆、文化艺术体育设施、多功能厅、综合服务设施、社区健康服务中心。 申请选址宝安区新安街道留仙二路	18,920				开展概算评审，施工图、预算审核，办理工程规划许可证等。	宝安区政府

（续表）

序号	项目代码，建设单位及项目名称	建设周期	建设规模及建设地址	总投资	至上年止完成投资	本年度计划完成投资	资金来源	本年度建设内容	统筹单位
164	L201600012 深圳市宝安区中心区规划建设管理办公室 宝安中心区滨海休闲文化公园		总用地面积约 70 万平方米，建设成集滨海休闲、创意文化、都市娱乐、观光旅游等功能为一体的滨海休闲文化公园。 申请选址宝安区新安街道宝安中心区滨海地带	150,000				开展项目前期工作。	宝安区政府
165	Z201203600 深圳图书馆 深圳市图书馆调剂书库		总建筑面积 3.5 万平方米，建设一座规模适度超前的调剂书库。 龙华新区龙华办事处腾龙路与中梅路交汇处	29,782				前期工作。	市文体旅游局
166	L201500102 深圳市宝安区新安街道办事处 尖岗山—大井山生态公园		规划总占地面积 982856 平方米，项目计划分两期实施，建设内容包括登山步道、休闲广场等园区基础设施和景观游览设施。 申请选址宝安区新安街道上川路北侧，留仙一路东侧，宝石路东西两侧（尖岗山、大井山、塘坳山）	19,689				完成项目一期的前期工作。	宝安区政府
167	00011201564137 深圳市群众艺术馆 深圳市群众艺术馆新馆		拟建设艺术大厅、1 个大剧院（1200 座）、1 个小剧场（600 座）、多功能展厅、录音棚、各艺术门类培训教室、排练厅、仓储区及 10000 平方米以上文化广场和两个露天舞台等。 申请选址福田区莲花街道莲花街道深南大道与金田路交界处	30,161				选址勘察、项目调研、专家研讨会、选址报批，可研报告编制及报批，开始初步设计和模型制作。	市文体旅游局

（续表）

序号	项目代码，建设单位及项目名称	建设周期	建设规模及建设地址	总投资	至上年止完成投资	本年度计划完成投资	资金来源	本年度建设内容	统筹单位
168	Z201200501 深圳博物馆 深圳博物馆老馆维修改造工程		深圳博物馆老馆建设维修改造、智能化工程、信息化工程和专用设备购置等。 申请选址福田区华强北街道同心路 6 号	11,985				可研报批，初步设计，总概算编制、报批，施工图设计及其他前期准备工作。	市文体旅游局
169	L201500126 深圳市教育局 中山大学·深圳		一期总建筑面积为 100 万平方米，建设在校生 20000 人的全日制高校。 申请选址光明新区公明办事处	600,000				项目可行性研究报告编审，项目总概算编审等工作。	市教育局
170	L201500127 深圳市教育局 深圳应用技术大学		规划总建筑面积 100 万平方米，建设在校生 25000 人的全日制大学。 申请选址坪山新区坪山办事处	720,000				项目可行性研究报告编审，项目总概算编审等前期工作。	市教育局
171	L201500128 龙岗区政府 深圳国际太空科技学院		总建筑面积 89510 平方米，建设规模为全日制在校生 1500 人。 申请选址龙岗区坪地街道	58,162				项目可行性研究报告编审，项目总概算编审等前期工作。	市教育局
172	L201500125 深圳市教育局 湖南大学罗切斯特设计学院（深圳）校区扩建工程		全日制高校，建设规模为在校生 1500 人。 申请选址宝安区西乡街道洪浪一村	21,000				项目可行性研究报告编审，项目总概算编审等。	市教育局

（续表）

序号	项目代码，建设单位及项目名称	建设周期	建设规模及建设地址	总投资	至上年止完成投资	本年度计划完成投资	资金来源	本年度建设内容	统筹单位
173	L201500111 深圳市光明新区城市建设局 光明新区文化艺术中心		用地面积 28860 平方米，建设区级文化艺术中心，主要包括文化馆、图书馆、美术馆、演艺中心、科技馆、室外配套等。 申请选址光明新区光明办事处观光路	65,424				设计方案深化、施工图设计及施工图审查、人防报建、方案报建、取得用地规划许可等。	光明新区管委会
174	00021201564154 深圳市建筑工务署 深圳中学（泥岗校区）		按照全寄宿制高中标准规划建设，办学规模为 75 班/3750 学位。 申请选址罗湖区清水河街道泥岗西路 1068 号	73,661				开展前期设计，申报概算。	市建筑工务署
175	Z12014JY0016 深圳市罗湖区教育局 深圳市罗湖区滨河中学拆建工程		拆除建筑面积为 27123 平方米，新建建筑面积为 47407 平方米，建设全寄宿制校舍，建成后新增普通高中学位 300 个。 罗湖区桂园街道红岭南路金塘街 6 号	20,845				完成施工招标，开工建设。	罗湖区政府
176	L201500084 深圳市宝安区福永街道办事处 福永怀德中学建设工程		用地面积 23492 平方米，总建筑面积 29448 平方米，新建一所 42 班，2100 个学位的初中。 申请选址宝安区福永街道怀德社区立新南路西侧、福德路北侧	17,606				办理占用林地手续、用地规划许可、方案设计及审查、水保、初步设计及概算编制和报审等。	宝安区政府

（续表）

序号	项目代码，建设单位及项目名称	建设周期	建设规模及建设地址	总投资	至上年止完成投资	本年度计划完成投资	资金来源	本年度建设内容	统筹单位
177	Z12013JY0006 深圳市宝安区福永街道办事处 深圳市第十二高级中学		总建筑面积 58832 平方米，新建一所 48 班/2400 个学位的寄宿制普通高中。 申请选址宝安区福永街道塘尾社区深航幸福小学东南侧	24,963				完成设计方案审查、详细勘察、初步设计和概算编制及报审，施工图设计等。	宝安区政府
178	S201200185 深圳市汇清科技有限公司 深圳市微软 IT 培训学院		建设内容包括软件咨询服务中心、软件认证考试中心、办公楼、教学楼、图书馆、学生宿舍、教师宿舍、食堂、体育馆及配电门卫室等。 申请选址龙华新区观澜办事处横坑水库旁一地块	89,909				完善建设用地手续。	龙华新区管委会
179	90021201421051 深圳市新建市属医院筹备办公室 深圳市第二儿童医院		总建筑面积 270000 平方米，建设 1500 床位。 申请选址龙华新区民治办事处民康路	270,000				落实项目用地，开展概念设计、地质初步勘查、项目设计任务书编写、设计公司招标、可行性研究报告编制、环境影响评估等前期工作。	市卫生计生委
180	Z12015WS0006 深圳市第二人民医院 深圳市第二人民医院改扩建工程		改扩建总建筑面积为 173588 平方米，扩建床位 1100 张。 申请选址福田区华富街道笋岗西路 3002 号	165,000				一期工程总体规划编制及概念方案、节能评估报告编制、可行性研究报告编制、工程设计招标及工程设计、详勘等。	市医管中心

（续表）

序号	项目代码， 建设单位及项目名称	建设周期	建设规模及建设地址	总投资	至上年止完成投资	本年度计划完成投资	资金来源	本年度建设内容	统筹单位
181	90021201421052 深圳市新建市属医院筹备办公室 深圳市新华医院		总建筑面积 450000 平方米，建设规模为2500 张床位。 申请选址龙华新区民治办事处新区大道东侧，民宝路北侧	432,000				设计招标、方案设计、初步设计、详勘、可研申报、概算申报等。	市卫生计生委
182	301201001276 深圳市新建市属医院筹备办公室 深圳市口腔医院		总建筑面积23443平方米，建设100床位，牙椅 200 台。 申请选址罗湖区桂园街道桂圆北路 70 号	23,600				完成口腔医院住院楼规划确认工作，并将项目移交市工务署。	市卫生计生委
183	S201200812 中国人民武装警察边防部队总医院 中国人民武装警察部队广东省边防总队医院住院大楼建设工程		总建筑面积 415000 平方米，新建一栋地上 19 层、地下 2 层的综合性住院大楼，建成后医院新增床位约 700 张。 申请选址罗湖区清水河街道金湖路 8 号	31,770				办理用地手续等前期工作。	罗湖区政府
184	Z201203596 深圳市住宅工程管理站 市大鹏医院		总建筑面积 87912 平方米，建设规模为600 张病床，功能定位于集医疗、科研、预防保健和康复疗养功能于一体的三级综合医院。 大鹏新区葵涌办事处葵涌街道葵新社区	55,002				开展项目前期工作。	市建筑工务署
185	Z12014WS0007 深圳市中医院 深圳市中医院光明院区		床位规划 3000 张。 申请选址光明新区光明办事处光侨路与龙大高速交界处	45,000				完成用地选址申报，启动环评、可研招标工作。	市医管中心

（续表）

序号	项目代码， 建设单位及项目名称	建设周期	建设规模及建设地址	总投资	至上年止完成投资	本年度计划完成投资	资金来源	本年度 建设内容	统筹 单位
186	S2015Q84140004 深圳龙珠医院 深圳龙珠医院二期		总建筑面积 79300 平方米，共 26 层，1000 床位，拟建设康复养老中心。 申请选址南山区桃源街道龙苑路 16 号	35,000				办理用地规划变更，完成方案设计、施工图设计等报批，完成施工总包合同、监理合同签订，办理规划许可证、施工许可证等。	南山区政府
187	L201500086 深圳市急救中心 深圳市急救血液信息三中心公共卫生服务综合楼		建设面积 51000 平方米，建设 1 栋公共卫生服务中心综合楼。 申请选址福田区香蜜湖街道安托山 04-01 地块	45,000				开展项目可行性研究报告、设计、环评及概念设计等前期工作。	市卫生计生委
188	L201500087 中国医学科学院肿瘤医院深圳医院 中国医学科学院肿瘤医院深圳医院肿瘤防治中心		拟在医院用地内建设，总建筑面积 110000 平方米，新增病床 1200 张，将建成集肿瘤治疗、科研、教学、医疗延伸服务于一体的综合性肿瘤治疗中心。 申请选址龙岗区龙城街道宝荷大道 113 号	99,000				完成环评、可研报告审批，方案设计、初步设计与施工图设计，勘查报告，概算编制申报等。	市医管中心
189	L201500022 中国医学科学院肿瘤医院深圳医院 深圳市质子重离子治疗中心		建成集医疗、教学、科研、培训功能于一体，华南地区首家质子重离子治疗中心。 申请选址龙岗区龙城街道宝荷大道 113 号	385,558				可研报告报批；方案初步设计完成，取得用地规划许可证；概算、环评报告编制报批。	市医管中心

（续表）

序号	项目代码， 建设单位及项目名称	建设 周期	建设规模及建设地址	总投资	至上年止 完成投资	本年度计划 完成投资	资金 来源	本年度 建设内容	统筹 单位
190	301201101873 深圳市建筑工务署 深圳市医疗器械检测及生物医药安全评价中心		总建筑面积 45684 平方米，新建一栋地上 19 层、地下三层的综合实验大楼。 申请选址南山区南头街道高新中二道与科技中二路交汇处	52,953				开展建筑设计和工艺设计工作。	市建筑工务署
191	L201400024 深圳市龙岗区坪地街道办事处 深圳国际低碳城（坪西，高桥片区）土地整备安置项目		用地面积 91000 平方米，总建筑面积 498404 平方米，建设土地整备安置住房。 申请选址龙岗区坪地街道龙岗大道北面	226,000				完成详细蓝图规划编制，规划选址及用地预审，完成用地方案图，办理用地规划许可证、环评、水保、方案设计等前期手续。	龙岗区政府
192	Z22015GY0001-00 龙岗区建筑工务局 深圳市金融产业服务基地平湖大新南片区水门地块拆迁安置工程		用地面积 12547 平方米，总建筑面积为 65059 平方米，由 3 栋住宅，1 栋商业大厦组成，功能包括住宅、商业及其他公共配套功能。 龙岗区平湖街道中粮储路与福安路交汇处	29,082				开展前期工作。	龙岗区政府
193	S201200733 深圳市隆泰投资集团有限公司 深圳市康达养老公寓		建设养老居住房、商业服务设施、文体设施、员工宿舍及附属设施等。 申请选址宝安区石岩街道园岭村上屋社区元径居民小组北环路口	38,759				办理工程规划许可等前期工作。	宝安区政府

（续表）

序号	项目代码，建设单位及项目名称	建设周期	建设规模及建设地址	总投资	至上年止完成投资	本年度计划完成投资	资金来源	本年度建设内容	统筹单位
194	S2013S930004 深圳市任达爱心护理院 任达老年公寓爱心护理工程建设(一期)		建筑面积 65476 平方米，提供养床位 2000 张，购置智慧养老在线监护系统、老年康复电动按摩椅等仪器设备及软硬件 2408 台（套），建设 8 栋老年公寓。 宝安区石岩街道洲石公路任达山庄内	16,943				调整土地规划等前期工作。	宝安区政府
城市安全环境资源 36 项				8,884,366					
前期 36 项				8,884,366					
195	L201500088 深圳市市场和质量监督管理委员会 深圳市计量质量检测研究院食品安全质量检测大楼建设		新建食品安全质量检测主体大楼，建筑面积 48000 平方米，地上 19 层，地下 2 层。 南山区桃源街道龙珠大道	29,588				工程前期工作。	市市场监管局
196	301201000315 深圳市市场和质量监督管理委员会 深圳市特种设备安全检验测试基地		总建筑面积 36318 平方米，建设 2 栋实验楼和业务服务窗口，一座电梯试验塔构筑物及室外试验场等。 宝安区石岩街道龙大路西侧地块	25,266				办理用地手续，开展设计招标。	市市场监管局
197	Z12015SL0072 深圳市水务局 坝光片区防洪（潮）排涝工程		河道整治 13.087 公里，海堤工程 12.25 公里。 申请选址大鹏新区葵涌办事处坝光片区	128,445				可行性研究报告审批、初步设计概算审批，移交大鹏新区开展施工图编制、施工招标等。	市水务局

（续表）

序号	项目代码，建设单位及项目名称	建设周期	建设规模及建设地址	总投资	至上年止完成投资	本年度计划完成投资	资金来源	本年度建设内容	统筹单位
198	Z12014SL0055 深圳市水务局 大空港新城区茅洲河治理工程及片区水环境综合治理工程—截流河综合治理工程		综合整治截流河干流 6.37 公里，北连通渠 1.22 公里，南连通渠 1.28 公里。防洪标准 50 年一遇，防潮标准 200 年一遇。 申请选址宝安区福永街道大空港新城区	203,350				完成项目前期和设计阶段工作，完成施工图审查，标底编制，施工单位招标，施工单位进场。	市水务局
199	L201500072 深圳市光明新区城市建设局 茅洲河流域水环境综合整治工程—光明新区支流（东坑水、玉田河、大凼水、西田水）综合整治工程		是治理茅洲河工程重要组成部分按 20～50 年一遇防洪标准综合治理河道 12.3 公里，建设内容包括河道防洪工程、水质改善工程、景观绿化工程等。 申请选址光明新区光明办事处塘尾、东坑、西田、田寮社区	87,762				完成初步设计及施工图设计。	光明新区管委会
200	L201500085 深圳市水务局 前海—南山排水深隧系统工程		包括深水隧道 4.1 公里，竖井 4 座，出水泵站 1 座。整个深层隧道调蓄容积约为 12.38 万平方米。 申请选址南山区南山街道大铲湾流域	149,840				可行性研究和初步设计，用地、规划、环评、水保等报批。	市水务局
201	Z12015SL0025 深圳市水务局 西丽水库至南山水厂原水管工程		工程内容包括西丽水库提升泵站一座；长 1.99 公里直径 2.8 米隧洞；长 3.98 公里，DN2600 输水管道，输水规模 90 万 m^3/d。 申请选址南山区西丽街道西丽水库—官龙村隧洞—同乐路—二号路—边防二线路—同乐关—广深高速公路-穿越平南铁路后进入南山水厂	49,360				前期设计、勘察工作招投标、可行性研究、初步设计、水保、环评及用地情况审批手续办理。	市水务局

（续表）

序号	项目代码， 建设单位及项目名称	建设周期	建设规模及建设地址	总投资	至上年止完成投资	本年度计划完成投资	资金来源	本年度建设内容	统筹单位
202	Z12014SL0031 深圳市水务局 深圳前海深港合作区外围及流域上游水质改善工程——前海湾水动力改善工程		包括深层隧洞5.1公里，洞径6.0米，新建15万m^3/d初小雨泵站1座，新建西乡河口水闸，新建3.2公里初小雨转输管道。 申请选址宝安区新安街道宝安中心区滨海园区	49,218				可行性研究、初步设计、施工图设计。用地、规划、环评、水保等报批。	市水务局
203	S2015N78100007 深圳市水务（集团）有限公司 深圳市罗芳污水处理厂提标改造工程		罗芳污水厂现状总规模35万吨/日，目前出水执行GB18918-2002一级B标准。改造后出水达到地表水准Ⅳ类标准（总氮除外），总规模提高到40万吨/日。 申请选址罗湖区黄贝街道罗芳村	89,975				完成工程设计图、施工图及其审查。场地详勘、临时施工、临时用电等安装。	罗湖区政府
204	L201500034 深圳市大鹏新区城市管理和水务局 南澳河等9条河涌综合整治工程		南澳河、新大河、杨梅坑河等9条河道的防洪（潮）工程、水质改善工程、生态修复工程以及附属设施工程等，整治河道总长24.36公里。 申请选址大鹏新区大鹏办事处、南澳办事处、葵涌办事处	150,500				编制可行性研究报告；初步设计、施工图设计等前期工作。	大鹏新区管委会
205	L201500033 深圳市龙岗区环境保护和水务局 丁山河综合整治工程		建设范围为丁山河深圳境内河段，即龙岗河的汇入口至深惠交界段，整治河道总长约4.1公里，主要内容为防洪工程、水质改善与生态修复三方面的内容。 龙岗区坪地街道国际低碳城	37,766				完成前期工作，移交施工。	龙岗区政府

（续表）

序号	项目代码，建设单位及项目名称	建设周期	建设规模及建设地址	总投资	至上年止完成投资	本年度计划完成投资	资金来源	本年度建设内容	统筹单位
206	L201500042 深圳市光明新区城市建设局 公明核心区西片区等污水支管网工程		新建雨污水管道，涉及茨田埔、合水口、下村；西田、李松朗、上村、根竹园、马山头、将石、塘尾、玉律社区，总管长239公里。 申请选址光明新区公明办事处茨田埔、合水口、下村；西田、李松朗、上村、根竹园、马山头、将石、塘尾、玉律	126,900				开展前期工作，完成可研编制。	光明新区管委会
207	Z201300264、301200800323 深圳市光明新区城市建设局 公明核心区东片区污水支管网工程、公明街道办长圳片区污水支管网工程		涉及社区：长圳、凤凰、上村、公明社区；总管长104公里。 申请选址光明新区公明办事处长圳、凤凰、上村、公明	45,356				完成前期工作，移交建设单位	光明新区管委会
208	Z12013CJ0035 深圳市坪山新区发展和财政局 深圳国家生物医药产业基地配套集中废水处理厂及干管工程		近期废水处理设施规模为1.5万立方米/日，远期规模为3万立方米/日。主要建设内容包括污水处理构（建）筑物、设备购置及安装、生产辅助用房、厂区绿化、水土保持及外电工程。 申请选址坪山新区坑梓办事处金联路以东，锦绣东路以北	27,100				完成项目中试提标改造工程、项目可研，开展方案设计编制工作。	坪山新区管委会
209	Z62015SL0237 宝安区新安街道办事处 新安街道翻身、上合片区雨污分流管网工程		面积约3.3平方公里，新建各类排水管道总长88公里，雨水立管65.7公里，配套检查井3268座，各类地下管线迁改。 申请选址宝安区新安街道宝安大道、裕安路、上川路	53,278				完成勘察测量、方案设计、概算编审、施工图设计等前期工作。	宝安区政府

（续表）

序号	项目代码， 建设单位及项目名称	建设周期	建设规模及建设地址	总投资	至上年止完成投资	本年度计划完成投资	资金来源	本年度建设内容	统筹单位
210	L201500075 宝安区新安街道办事处 新安街道新安公园片区雨污分流管网工程		范围由广深公路（107 国道）、裕安二路、广深高速公路及二线关边检路围合，面积约 4.5 平方公里，主要内容是新建和改建雨、污水管网以及配套设施。 申请选址宝安区新安街道老城区	35,135				完成初步设计及概算、施工图及预算、招标及施工进场等。	宝安区政府
211	L201400029 岭湾核电有限公司 岭澳核电三期扩建工程		工程规划容量 2 台百万千瓦核电机组，一次规划，一次建成，具体技术路线以国家核电为准。 申请选址大鹏新区大鹏办事处大亚湾核电基地	4,000,000				进行项目申报，争取获得国家核准，启动项目前期准备工作。	大鹏新区管委会
212	301200901103 中国石油天然气股份有限公司深圳液化天然气项目经理部 西气东输二线深圳 LNG 应急调峰站项目		建设规模 300 万吨/年，包括 LNG 接收站工程和配套 LNG 码头工程，占地面积约 40 公顷，拟建设 20 万立方米的 LNG 储罐 4 座，配套码头可停靠 8 万～26.7 万立方米的大型 LNG 运输船。 大鹏新区葵涌办事处迭福北	577,872				完成项目前期工作，进行开工准备工作。	大鹏新区管委会
213	s201102811 深圳大唐宝昌燃气发电有限公司 广东大唐国际宝昌燃气热电 2× 400MW 级扩建工程		建设两套 9F 级燃气—蒸汽联合循环机组，对项目周边冷热用户进行冷热电三联供。 申请选址龙华新区观澜办事处人民路 233 号	303,647				完成项目前期工作，进行开工准备工作。	龙华新区管委会

（续表）

序号	项目代码， 建设单位及项目名称	建设周期	建设规模及建设地址	总投资	至上年止完成投资	本年度计划完成投资	资金来源	本年度建设内容	统筹单位
214	301201000043 深圳能源集团股份有限公司 深圳月亮湾改扩建(光明燃机电厂)项目		项目本期建设2×400MW级天然气蒸汽联合循环发电机组，同期开展余热利用工程。 光明新区公明办事处田寮采石场临近区域	379,989				落实用地选址，开展可行性研究、环境影响评价等前期工作。	光明新区管委会
215	301200904148 深圳市能源环保有限公司 深圳市东部环保电厂		建设6条850吨/日垃圾焚烧生产线，每条垃圾焚烧生产线配置一套烟气净化系统，余热锅炉产出的蒸汽供3台45MW汽轮发电机组。 龙岗区坪地街道上坑塘	383,687				建设用地规划许可证核发，环评批复及项目核准；征地拆迁；施工临时进场道路建成；场地平整完成。	龙岗区政府
216	301201100412 深圳能源集团股份有限公司 深圳东部电厂二期工程		建设装机容量为3×478MW级燃气蒸汽联合循环机组。 大鹏新区大鹏办事处深圳市大鹏新区大鹏办事处下沙秤头角	350,000				开展项目可行性研究、接入系统、环境影响评价等前期工作。	大鹏新区管委会
217	L201500076 深圳市能源环保有限公司 深圳市宝安区老虎坑垃圾焚烧电厂三期项目		建设5条850吨/日垃圾焚烧生产线和烟气净化系统；产出蒸汽供三台40MW汽轮发电机组；配套附属生产、生活设施；在厂内设飞灰稳定化车间。 宝安区松岗街道塘下涌村老虎坑环境园内	310,000				开展可行性研究、环境影响评价等前期工作。	宝安区政府

（续表）

序号	项目代码，建设单位及项目名称	建设周期	建设规模及建设地址	总投资	至上年止完成投资	本年度计划完成投资	资金来源	本年度建设内容	统筹单位
218	S2013G5900012 深圳市经济贸易和信息化委员会 深圳市红花岭危险品仓储区项目		本项目仓储区内设置 4 个分区，共设 14 个大小不同的危化品仓库及配套的辅助设施，设计仓储能力 5825.38 吨/次，年仓储周转规模约为 35 万吨。 申请选址龙岗区坪地街道红花岭	17,899				开展项目可行性研究、环境影响评价、安全性评价等前期工作。	市经贸信息委
219	L201500070 深圳市大鹏新区投资控股有限公司 深圳大鹏 LNG 冷能利用项目		项目规模为 LNG 气化量约 360 吨/时，年供冷约 33352 万千瓦时，气化站占地约 1000 平方米，供冷站占地约 1000 平方米。 申请选址大鹏新区大鹏办事处下沙社区金沙西路	30,429				开展项目可行性研究、环境影响评价、LNG 冷能资源落实等前期工作。	大鹏新区管委会
220	301200704375 深圳市住房和建设局 樟坑径液化石油气仓储基地		规划建设占地面积约为 10 公顷，拟确定建设容积为 5000 立方米（包括 3 个 1500 立方米球罐、5 个 100 立方米卧罐）。 申请选址龙华新区观澜办事处	43,000				完成可行性研究、环境影响评价、安全性预评价等前期工作，并进行开工准备。	龙华新区管委会
221	301200704374 深圳市发展和改革委员会 光明吊神山成品油仓储区		规划建设油库库容规模 50 万立方米 光明新区，龙华新区	119,200				完成可行性研究、用地预审等前期工作，并进行开工准备。	市发展改革委

（续表）

序号	项目代码，建设单位及项目名称	建设周期	建设规模及建设地址	总投资	至上年止完成投资	本年度计划完成投资	资金来源	本年度建设内容	统筹单位
222	QH2014H009 深圳妈湾电力有限公司 深圳市前海深港合作区区域集中供冷项目蒸汽管网工程		由妈湾电厂机组提供余热蒸汽，从妈湾电厂分两路敷设蒸汽管网至前海合作区各制冷站，蒸汽管网总长约 15.7 公里。 南山区蛇口街道前海合作区	20,718				开展可行性研究、管线路由落实、工程设计等前期工作。	前海管理局
223	S2013D4400022 深圳钰湖电力有限公司 2 × 9F 级燃气—蒸汽联合循环热电联产项目		建设 2×430MW（9F 级）燃气蒸汽联合循环发电机组等。 龙岗区平湖街道平龙东路 509 号对面	400,000				完成前期工作；进行开工准备工作。	龙岗区政府
224	L201300034 深圳钰湖电力有限公司 深圳国际低碳城分布式能源项目		本项目为 60 MW 级分布式能源集成系统，是为 97 公顷的深圳国际低碳城核心启动区实现冷热电联供的一体化综合能源利用项目。远期还规划有绿色大棚及光伏发电。 龙岗区坪地街道深圳国际低碳城启动区 04-05 地块	89,279				完成前期工作；进行开工准备工作。	龙岗区政府
225	L201500049 深圳钰湖电力有限公司 深圳钰湖电力有限公司燃气—蒸汽联合循环热电联产项目配套热网工程		该项目是燃气-蒸汽联合循环热电联产项目的配套热网工程，建设项目至平湖片区内各工业蒸汽用户的蒸汽管网，建设集中制冷站至园区内用冷用户冷水管网。 龙岗区平湖街道平龙东路	54,700				建设距离电厂 6 公里范围内平湖片区热力管网，距离电厂 6～15 公里范围内布吉—南湾片区和横岗片区热力管网。	龙岗区政府

（续表）

序号	项目代码， 建设单位及项目名称	建设周期	建设规模及建设地址	总投资	至上年止完成投资	本年度计划完成投资	资金来源	本年度建设内容	统筹单位
226	L201200006 深圳市广前电力有限公司 深圳前湾燃机电厂二期扩建工程		在已有厂址内扩建深圳前湾燃机电厂二期工程 3*390MW 燃气蒸汽联合循环机组。 申请选址南山区蛇口街道南山区妈湾大道北深圳前湾燃机电厂	378,300				开展项目可行性研究、接入系统、环境影响评价等前期工作。	南山区政府
227	S2014N7700002 深圳市海吉星环保有限责任公司 综合环保新能源发电及智能微网供配电项目		项目建成后日处理物流园 200 吨果蔬垃圾，年产电约 583 万度、热能 690 万度、有机肥 5421 吨，实现年减排二氧化碳 9000 吨。 申请选址龙岗区平湖街道白泥坑	31,307				完成项目用地招拍挂工作，开展项目前期各项准备任务。	龙岗区政府
228	S2014N7700006 深圳市钰杰环保工程有限公司 新生固废循环利用产业园		项目总占地面积 50 万平方米，公共建筑面积 2 万平方米。项目内容是建筑废弃物循环利用，预计年处理建筑废弃物 340 万立方，回用率 78%左右。 申请选址龙岗区龙岗街道新生村田祖上	30,000				完成临时用地许可、环评、水保、报建等手续。完成设计、设备选型等工作。进行市政招投标和设备招投标。	龙岗区政府

（续表）

序号	项目代码， 建设单位及项目名称	建设 周期	建设规模及建设地址	总投资	至上年止 完成投资	本年度计划 完成投资	资金 来源	本年度 建设内容	统筹 单位
229	S2015C42200006 深圳市新岚再生资源有限公司 深圳市坪山新区循环经济再生资源回收系统化产业基地项目		建设规模为总用地面积 25663 平方米。其中：总建筑面积 33800 平方米；其中办公用房建筑面积 3000 平方米（3F），厂房建设面积 29000 平方米，其他配套设施 1800 平方米。 申请选址坪山新区坑梓办事处深汕路（坑梓段）东部公交基地对面	45,000				开展前期各项筹备工作，取得拟建用地的使用权，规划新建建筑的布局，消防、安评、环评等报批。	坪山新区管委会
230	L201500073 深圳市中兴恒熙环保有限公司 深圳市福田区餐厨垃圾综合处理厂建设运营服务项目		一期建设规模为日处理餐厨废弃物 300 吨/天，废弃食用油脂规模为 20 吨/天，二期处理餐厨废弃物 600 吨/天。 申请选址福田区沙头街道 G4 高速与滨河大道交汇处凤塘污水泵站旁	30,500				完成项目实施方案、场地规划及工艺设计，对项目进行环评审计，形成项目可行性报告并通过项目专家评审会。	福田区政府

2. 建设项目

表 3-2 建设项目表

单位：万元人民币

序号	项目代码，建设单位及项目名称	建设周期	建设规模及建设地址	总投资	至上年止完成投资	本年度计划完成投资	资金来源	本年度建设内容	协调推进牵头单位
合计（共 289 项）				102,549,146	34,370,058	11,812,901	政府投资 2,974,359 社会投资 8,838,542		
战略性新兴产业和未来产业 58 项				6,394,087	1,528,731	619,597			
续建 45 项				5,488,055	1,528,731	527,597			
1	S201200117、S201200073 深圳华大基因研究院 深圳国家基因库（一期）	2012.10—2016.06	用地面积 25000 平方米，建筑面积 37906 平方米，建设基因数据库（一期）和生物样本资源库（一期），拟实现 1000 万份可溯源性生物样本的存储能力。 大鹏新区大鹏办事处大鹏街道下沙片区“禾塘仔”地块	78,000	69,800	8,200	政府投资 2,000 社会投资 6,200	完成室内精装修、景观施工，项目验收等。	大鹏新区管委会
2	S201102563 深圳市海普瑞药业股份有限公司 深圳市海普瑞生物医药研发制造基地项目	2015.10—2018.12	用地面积 154111 平方米，建筑面积 270200 平方米，建设研发中心、中试中心、办公用房及配套宿舍等。包含肝素钠原料药、肝素钠制剂等 8 条生产线和在研的 2 条生产线。 坪山新区坑梓办事处坪山国际生物技术园区	291,405	1,278	15,000	社会投资 15,000	主体工程施工。	坪山新区管委会

（续表）

序号	项目代码，建设单位及项目名称	建设周期	建设规模及建设地址	总投资	至上年止完成投资	本年度计划完成投资	资金来源	本年度建设内容	协调推进牵头单位
3	S2014C2700005 深圳康泰生物制品股份有限公司 康泰生物光明疫苗研发生产基地（一期）	2013.11 — 2018.12	拟建仓储物理及分包装大楼、乙肝疫苗大楼、质检/研发大楼、甲肝疫苗大楼、动物实验楼、动力中心大楼及相关配套设施。 光明新区公明办事处内衣基地科裕三路东侧，民生大道北侧	49,000	27,000	10,000	社会投资 10,000	主体建设及装修工程。	光明新区管委会
4	301201002788 国药集团一致药业股份有限公司 国药集团一致药业（坪山）医药研发制造基地	2013.03 — 2017.[illegible]2	用地面积 73352 平方米，安装面积 46800 平方米，建设内容主要包括厂房、研发楼、办公楼、员工食堂及宿舍等。 坪山新区坑梓办事处青兰三路 18 号	88,317	56,500	13,000	社会投资 13,000	综合厂房整体完工，生产车间投产，试剂库全面使用，综合办公楼、研发楼、食堂及宿舍建成使用。	坪山新区管委会
5	301201001149 深圳市理邦精密仪器股份有限公司 深圳市理邦精密仪器股份有限公司企业研究开发中心及产业化基地	2012.04 — 2017.07	用地面积为 38954 平方米，建筑面积 97490 平方米，建设办公用房、研发中心及其他配套用房等。 坪山新区坑梓办事处坑梓街道金沙社区金辉路 15 号	35,557	27,000	7,000	社会投资 7,000	完成 2#厂房和 3#厂房装修装饰工程，CA 导视工程，智能化弱电工程，家具家私工程，研发相关实验室施工工程等。	坪山新区管委会
6	301201100439 深圳市康哲药业有限公司 康哲药业制药生产厂区	2011.12 — 2017.02	用地面积 36422 平方米，建筑面积 80130 平方米，建设新药酪丝亮肽生产基地，设计产能 600 万瓶/年。 坪山新区坑梓办事处坪山新区锦绣东路 104 号	35,654	26,800	3,000	社会投资 3,000	产品转移、生产线试车和药品 GMP 认证以及综合楼装修	坪山新区管委会

（续表）

序号	项目代码，建设单位及项目名称	建设周期	建设规模及建设地址	总投资	至上年止完成投资	本年度计划完成投资	资金来源	本年度建设内容	协调推进牵头单位
7	S2015C35810012 深圳开立生物医疗科技股份有限公司 深圳开立生物医疗科技股份有限公司医疗器械产业基地建设	2015.07 — 2017.12	建设医疗器械产业基地，基地建设内容为厂房及配套建筑物和设施建设，主要产品为医疗超声产品、内窥镜产品、血液分析仪产品等。 光明新区光明办事处高新技术园区	33,849	11,863	5,000	社会投资 5,000	工程建设及装修，设备购置及生产线建设。	光明新区管委会
8	S2014C2700011 深圳科兴生物工程有限公司 粤海街道科兴生物园	2015.01 — 2018.01	新建研发场地及配套设施，打造科兴生物医药研发中心，开发重组人胰岛素注射液等药物。 南山区粤海街道高新技术产业园区中区	21,400	4,885	5,000	社会投资 5,000	土建工程、装饰装修工程、供水工程、供电工程、排水工程、通信工程等。	南山区政府
9	301201100718 腾讯科技（深圳）有限公司 腾讯滨海大厦	2011.10 — 2017.04	用地面积 18651 平方米，建筑面积 266200 平方米，建设动漫游戏、移动互联网、搜索研发中心等设施。 南山区粤海街道填海六区	180,145	113,000	30,000	社会投资 30,000	完成连体钢构与土建施工，精装修进场与施工等。	南山区政府
10	301201004542 传云科技（深圳）有限公司 阿里巴巴集团商业云计算研发中心	2012.04 — 2016.06	用地面积 6903 平方米，建筑面积 47910 平方米，建设阿里巴巴集团商业云计算中心的研发、经营、业务办公场所。 南山区粤海街道后海中心区	99,802	95,952	3,850	社会投资 3,850	项目室内装修。	南山区政府

（续表）

序号	项目代码，建设单位及项目名称	建设周期	建设规模及建设地址	总投资	至上年止完成投资	本年度计划完成投资	资金来源	本年度建设内容	协调推进牵头单位
11	S2C14I6500027 深圳市中林实业发展有限公司 宝能新一代信息技术产业基地(宝能科技园)	2014.07—2017.12	建设新一代信息技术产业研发生产基地，主要用于引进嵌入式软件、云计算与高性能计算、数字媒体娱乐、高端信息服务等企业。 龙华新区龙华办事处清祥路1号	698,968	187,365	40,000	社会投资40,000	基础施工，主体工程施工等。	龙华新区管委会
12	301201001655 百度国际科技（深圳）有限公司 百度国际总部、华南总部及研发中心	2012.02—2017.12	建设百度国际总部、华南总部及研发中心，地由东、西两栋超高层塔楼组成。其中东塔楼180米，西塔150米。 南山区粤海街道填海区六区	179,748	100,500	30,000	社会投资30,000	百度国际大厦西塔楼主体封顶。	南山区政府
13	S2014C3900037 深圳易方数码科技股份有限公司 易方大厦	2014.11—2017.04	建设一栋地上23层，地下2层的办公和研发的场所，建成后形成手写笔录入器、车载MP3、平板电脑等电子产品的研发设计能力。 光明新区公明办事处双明大道南侧2号路东侧	20,182	10,182	6,000	社会投资6,000	完成主体工程、安装工程等施工。	光明新区管委会
14	S2014I6500032 深圳市彩讯科技有限公司 彩讯科技大厦	2015.05—2018.05	新建研发中心，购置服务器、路由器、交换机等软硬件设备，搭建手机游戏运营平台、139邮箱研发测试环境，项目建成后形成公司研发总部基地。 南山区粤海街道留学生创业大厦旁	40,000	10,000	10,000	社会投资10,000	基坑支护、土方外运、施工总包	南山区政府

（续表）

序号	项目代码，建设单位及项目名称	建设周期	建设规模及建设地址	总投资	至上年止完成投资	本年度计划完成投资	资金来源	本年度建设内容	协调推进牵头单位
15	S2014I65300003 深圳赛西信息技术有限公司 赛西科技大厦	2015.04—2017.10	用地面积4562.17平方米，总建筑面积54431.44平方米，建设电子信息产品标准化国家工程实验室。 南山区粤海街道海天二路	35,000	4,448	8,000	社会投资8,000	完成主体结构施工；完成部分幕墙和室内装修。	南山区政府
16	S2014C3900043 中国长城计算机深圳股份有限公司 中电长城大厦项目	2014.12—2018.06	建设中电长城大厦，主要内容包括云计算、信息安全等5个产品研发中心，集成电路设计、信息安全与计算技术等9个基础核心技术研究中心。 南山区粤海街道南山科技园科发路3号长城电脑工业园内	193,232	68,000	20,000	社会投资20,000	土石方、桩基础、基坑支护、主体施工等。	南山区政府
17	s201416500020 宇龙计算机通信科技（深圳）有限公司 宇龙酷派研发办公基地一期项目	2014.06—2018.12	建设宇龙通信公司研发办公基地，开展以智能手机为核心的无线数据一体化解决方案的研发工作。 南山区西丽街道梦溪道2号	69,971	16,812	10,000	社会投资10,000	1.完成基坑支护及爆破、开挖工作； 2.地下室施工完成，地上结构施工完成至18层。	南山区政府
18	S2014I650052 普联技术有限公司 普联技术有限公司全球研发中心	2015.12—2019.03	项目拟新建研发中心，建成后将有多个核心实验室，打造普联全球研发中心。 南山区粤海街道科技工业园28栋	60,000	20,000	5,000	社会投资5,000	桩基础及主体工程施工。	南山区政府

（续表）

序号	项目代码，建设单位及项目名称	建设周期	建设规模及建设地址	总投资	至上年止完成投资	本年度计划完成投资	资金来源	本年度建设内容	协调推进牵头单位
19	301201003229 深圳国家高技术产业创新中心 深圳国家工程实验室大楼	2012.02—2017.06	拟建北侧研发大楼，楼高 100 米 23 层，南侧实验室大楼，楼高 67 米 16 层以及云计算机房、展览厅等相关配套设施等。 南山区粤海街道高新南七道数字技术园	75,357	45,000	20,000	政府投资 20,000	完成幕墙工程，设备安装工程。	市发展改革委
20	L201500002 深圳市方格高科技有限公司 方格凤凰科技大楼	2015.02—2017.10	建设产业办公、研发用房及配套设施，引进互联网、物联网、生物科技等各类总部产业。 宝安区福永街道凤凰社区商西区	52,000	14,485	15,000	社会投资 15,000	完成项目主体封顶工程。	宝安区政府
21	S2014I6400019 深圳市银信网银科技有限公司 金融业市场化互联网交易清算信息中心项目	2015.04—2016.12	在现有基础上改建场地约 2700 平方米，购置服务器、路由器、电脑等软硬件，建设银行间收付结算交易信息中枢和清算处理综合服务平台。 福田区福田街道滨河路联合广场 A 座裙楼 402	20,000	12,000	8,000	社会投资 8,000	购置系统测试及应用的相关仪器设备，推进金融业市场化互联网交易清算信息中心的运作。	福田区政府
22	S2014I6500047 国民技术股份有限公司 信息安全与移动支付研发基地建设项目	2015.10—2017.12	建设安全芯片攻击与防护国家重点实验室，安全芯片与防护国家工程中心安全芯片产业聚集区、移动支付研发中心、移动支付产业聚集区等。 南山区西丽街道高新园北区	33,235	8,200	8,000	社会投资 8,000	完成项目主体结构工程。	南山区政府

（续表）

序号	项目代码，建设单位及项目名称	建设周期	建设规模及建设地址	总投资	至上年止完成投资	本年度计划完成投资	资金来源	本年度建设内容	协调推进牵头单位
23	L201500015 深圳华美园家具有限公司 华美园智能家具产业园（二期）	2015.12—2017.06	建设华美园智能家具产业园（二期），建设内容包括厂房、办公、物流、库房和设备用房等，主要用于智能家具的组装及智能电子产品的检测及6条组装生产线。 光明新区光明办事处圳美大道与圳美一路交汇处	14,500	300	4,000	社会投资 4,000	基础工程及主体工程等建设。	光明新区管委会
24	S2015M75140003 深圳达实信息技术有限公司 达实大厦改扩建项目	2015.05—2018.06	用地面积为11195平方米，拟建40层的超高层研发办公用房，主要包括管理中心、营销中心、研发中心、中试培训展示中心及运营用服中心等。 南山区粤海街道科技南一路达实大厦	75,000	10,524	9,000	社会投资 9,000	1.内支撑、基坑土方；2.地下室工程施工；3.主体和裙楼施工；4.幕墙工程预埋件施工。	南山区政府
25	S201200435 深圳市民治沙元埔股份合作公司 深圳市泰安物联网产业服务基地	2013.10—2017.04	对原有厂房拆除后建设南座和北座两栋综合类高层建筑，用于物联网成果展示、公共服务及办公。 龙华新区民治办事处龙华新区民治民福路东侧沙元埔工业区内	20,099	5,600	7,500	社会投资 7,500	主体结构工程、装修工程、室外管线及配套绿化景观工程等。	龙华新区管委会
26	S201102854 深圳思创光电信息技术有限公司 基于物联网的农产品质量追溯系统	2015.10—2017.10	用地面积49500平方米，建设思创智能远程抄表系统的研发及系列产品的生产基地和部分产业配套设施。 大鹏新区大鹏办事处龙岐湾工业区	26,519	3,900	4,000	社会投资 4,000	完成系统开发设计、机房建设。	大鹏新区管委会

（续表）

序号	项目代码，建设单位及项目名称	建设周期	建设规模及建设地址	总投资	至上年止完成投资	本年度计划完成投资	资金来源	本年度建设内容	协调推进牵头单位
27	S2014C4100019 深圳市创新智慧港有限公司 康威厂区	2014.11—2017.04	拟在沙井康威厂区新建研发大楼，计划引进小型航拍无人机相关研发生产企业入驻。 宝安区沙井街道黄埔社区洪田路153号	20,242	8,500	8,000	社会投资 8,000	主体工程、消防工程和设备安装等。	宝安区政府
28	S201200280 深圳数字电视国家工程实验室股份有限公司 深圳数字电视国家工程实验室大厦	2015.05—2017.12	建设深圳市数字电视产业基地，主要包括数字电视国家工程实验室、国家标准地面数字电视推广、产品测试中心和产业孵化中心等。 南山区粤海街道高新南十一道与沙河西路交汇处西南	31,907	4,761	6,000	社会投资 6,000	完成基坑验收，开展地下室结构、裙楼结构、主体结构等施工。	南山区政府
29	s2014r8700010 深圳华强高新产业园投资发展有限公司 华强创意产业园	2014.05—2017.06	项目主要建设内容为服务于文化创意产业发展的研发厂房、公寓宿舍及相关商业配套设施。 光明新区光明办事处观光路广深港高铁交汇处东北侧	450,000	225,000	55,000	社会投资 55,000	一期竣工验收；二期结构封顶。	光明新区管委会
30	301200700856 深圳广播电影电视集团 深圳国家动漫产业基地动漫大厦	2014.03—2016.11	用地面积3943平方米，建筑面积50677平方米，在动漫基地现址拆除一栋6层楼建筑，建设一栋地上28层、地下3层的动漫大厦，并购置安装公共技术服务平台设备和软件。 罗湖区黄贝街道怡景路和黄贝路交汇处	42,752	36,752	6,000	社会投资 6,000	动漫大厦工程幕墙、水电设备安装、精装修等施工，至11月动漫大厦工程整体竣工。	罗湖区政府

（续表）

序号	项目代码，建设单位及项目名称	建设周期	建设规模及建设地址	总投资	至上年止完成投资	本年度计划完成投资	资金来源	本年度建设内容	协调推进牵头单位
31	SZ201200674 深圳市锦绣大地投资有限公司 深圳康体文化创意产业园	2011.12—2020.06	占地面积185221.02平方米，总建筑面积304941.73平方米，建设康体文化创意工厂与总部经济区、创意艺术公寓与休闲区、康体文化创意体验与孵化区等。 龙华新区观澜办事处南大富社区虎地排85号	197,200	47,000	25,000	社会投资25,000	二、三期整体施工建设。	龙华新区管委会
32	L201400046 深圳市国富黄金股份有限公司 坪山国富文化创意产业厂区	2014.09—2017.09	用地面积 42478 平方米，建筑面积 84100 平方米，主要建设内容包括生产车间、配套工程设施及购置生产设备等，主要产品为贵金属文化品。 坪山新区坑梓办事处坑梓街道兰景中路以东、翠景路以西、兰竹东路以南	30,000	10,000	8,000	社会投资8,000	施工至主体结构封顶。	坪山新区管委会
33	S2013R8700006 宝钻园创意设计（深圳）有限公司 182创意设计产业园（二期）	2014.12—2017.12	用地面积28997平方米，该项目主要建设内容包括产业研发、创意设计等业务用房及展厅、宿舍等。 龙岗区南湾街道布澜路182号	32,555	7,200	8,000	社会投资8,000	自±0 起地面全部建筑物。	龙岗区政府
34	S2013C4100013 周大福珠宝金行（深圳）有限公司 周大福高新科技研发生产中心	2013.11—2017.07	用地面积为8057平方米，总建筑面积23877 平方米，建设厂房、配套宿舍及食堂、研发生产大楼。 盐田区盐田街道北山道北山工业区J315-0010号宗地	20,007	11,079	2,000	社会投资2,000	基建工程收尾及精装修施工。	盐田区政府

（续表）

序号	项目代码，建设单位及项目名称	建设周期	建设规模及建设地址	总投资	至上年止完成投资	本年度计划完成投资	资金来源	本年度建设内容	协调推进牵头单位
35	S2015k70100045 招商局蛇口工业区控股股份有限公司 工业设计港	2015.10—2017.03	用地面积 55000 平方米，建筑面积 44407 平方米，主要建设内容包括企业公馆、创新研究院、休闲商业、展览发布大厅、设计博物馆、设计学院等。 南山区蛇口街道赤湾片区	16,500	6,000	6,000	社会投资 6,000	B 区 C 区的竣工验收、试运营，A 区的主体工程建设。	南山区政府
36	S2015R87900003 深圳文宝文化产业股份公司 DCC 展览展示文化创意园	2014.11—2016.04	对原有建筑物进行改造，推动实现 50 家以上以创意设计、高新科技为主的企业入驻办公。 龙岗区平湖街道平新北路 98 号	12,600	7,200	5,000	社会投资 5,000	完成已收回物业的改造和环境综合提升以及基础与配套设施建设。	龙岗区政府
37	301201101888 深圳科能先进储能材料国家工程研究中心有限公司 中国储能大厦建设项目	2012.12—2016.06	建设中国储能大厦，包括先进储能材料国家工程研究中心、国家轻工业电池及储能材料质量监督检测中心及科力远新能源系统集成运营中心等。 南山区粤海街道高新园南区	90,000	80,000	10,000	社会投资 10,000	完成所有建设内容，投入使用。	南山区政府
38	S2015M75130015 深圳光启创智科技有限公司 战略性新兴产业基地（超材料一期工程）	2015.10—2017.12	建设新型产业大楼，主要包括产业大楼外立面及大楼整体供电供水等配套设施、超材料产线及配套测试实验室的建设等。 宝安区西乡街道新安第一工业园区与铁仔山公园间	60,000	12,000	10,000	社会投资 10,000	基地大楼外立面及大楼整体供电供水等配套设施完善建设、超材料产线及配套测试实验室的建设展开。	宝安区政府

（续表）

序号	项目代码，建设单位及项目名称	建设周期	建设规模及建设地址	总投资	至上年止完成投资	本年度计划完成投资	资金来源	本年度建设内容	协调推进牵头单位
39	S2015C18300001 深圳市雪仙丽集团有限公司 雪仙丽工业园(三期)厂房二、宿舍二及配套设施	2013.08—2017.08	总建筑面积 31449 平方米，建设 1 栋高 16 层的创意大厦和 1 栋高 9 层的员工公寓及配套工程。 光明新区公明办事处公明街道内衣聚集基地	20,000	10,500	4,000	社会投资 4,000	基础工程建设，内部装修建设，设备购置等。	光明新区管委会
40	S201300071、72 深圳市飞荣达科技股份有限公司 电磁屏蔽及导热绝缘器件生产与研发项目	2014.07—2017.12	建设生产厂房、试验室和办公用房，购置精密冲床、高速冲床等生产设备，优化生产工艺，扩大现有产品的生产规模。 光明新区公明办事处高新园区南光高速东侧、环玉路南侧	25,221	5,470	5,500	社会投资 5,500	土建工程竣工、采购生产、研发和测试设备等。	光明新区管委会
41	S2014M7500004 深圳邦凯新能源股份有限公司 邦凯科技工业园	2014.09—2017.10	新建聚合物锂离子电池生产线，新建厂房、仓库和宿舍等基础设施。 光明新区公明办事处光明高新园东片区	50,153	5,000	15,000	社会投资 15,000	桩基础及主体施工。	光明新区管委会
42	L201400002 深圳市贝特瑞新能源材料股份有限公司 锂离子电池用硅系负极材料的产业化	2014.01—2016.12	建设内容包括实现硅碳复合负极材料、纳米硅负极材料、氧化亚硅负极材料三种材料的规模化生产，并建成三条中试线。 光明新区公明办事处西田社区高新技术工业园	11,000	7,500	2,500	社会投资 2,500	设备购置、生产线场地施工等。	光明新区管委会

（续表）

序号	项目代码， 建设单位及项目名称	建设周期	建设规模及建设地址	总投资	至上年止完成投资	本年度计划完成投资	资金来源	本年度建设内容	协调推进牵头单位
43	301201003569 深圳市嘉泉水处理科技有限公司 海水淡化工程中心	2012.12 — 2016.08	建设海水淡化设计中心、海水淡化中试基地、海水淡化超滤膜及元件研制基地等。 龙华新区观澜办事处	10,000	2,000	2,500	社会投资 2,500	改建科研楼及配套设施、设备采购及调试等。	龙华新区管委会
44	L201200005 创世纪种业有限公司 创世纪管理暨科研大楼	2014.10 — 2017.07	用地面积 8243 平方米，建筑面积 33410.8 平方米，建设管理和科研大楼，主要用于该公司生产经营和办公用房。 龙岗区坪地街道高桥工业园拓展区	15,600	5,000	5,000	社会投资 5,000	水电安装、电梯安装、外墙装饰、设备安装。	龙岗区政府
45	L201300010 深圳市特区建设发展集团有限公司 留仙洞战略性新兴产业总部基地 1 街坊项目	2013.09 — 2020.08	用地面积 137284 平方米，总建筑面积 1278684 平方米，建设留仙洞战略性新兴产业总部基地，主要包含产业用房、商业配套和人才公寓等。 南山区西丽街道留仙大道、创科路、兴科路及仙茶路围合的区域。	1,825,378	86,372	39,547	社会投资 39,547	二期基坑支护及土石方工程完工；一期桩基工程完工；一期主体工程开工	南山区政府
新建 13 项				906,032		92,000			
46	S2014 I64200003 深圳市迅雷网络技术有限公司 迅雷大厦	2016.06 — 2019.09	用地面积 5004 平方米，建筑面积 57800 平方米，地上 26 层，地下 3 层，总高 118.5 米。 南山区粤海街道白石路与科苑南路交叉口东南角	33,230		3,000	社会投资 3,000	完成深基坑及地下主体桩基工程。	南山区政府

（续表）

序号	项目代码，建设单位及项目名称	建设周期	建设规模及建设地址	总投资	至上年止完成投资	本年度计划完成投资	资金来源	本年度建设内容	协调推进牵头单位
47	S2015C27700002 深圳市博纳药品包装材料有限公司 博纳精密给药技术研发中心和生产基地	2016.01—2020.12	建设符合美国FDA和欧盟标准10万级洁净车间、标准厂房、原材料及成品仓库、研发试验测试中心等。 龙华新区观澜办事处观澜高新园区	28,800		7,000	社会投资7,000	基础施工、主体工程施工等。	龙华新区管委会
48	S2014C27600002 深圳市中核海得威生物科技有限公司 深圳市中核海得威生物科技有限公司医药生产基地建设工程	2016.04—2018.05	用地面积13004.95平方米，总建筑面积34925.81平方米，建设尿素原料药、尿素呼气试验药盒、幽门螺杆菌测试仪等生产线。 坪山新区坑梓办事处卢田路以北、临松路以西地块	28,953		6,000	社会投资6,000	土建施工，主要设备采购，安装工程(含净化)施工、厂区工程建设等。	坪山新区管委会
49	301201100454 深圳报业集团 深圳报业集团新媒体文化产业基地	2016.01—2018.06	建筑面积约为52000平方米，建筑楼高99米，共24层，主要用于报业集团下属新媒体文化项目及入驻企业的生产和运营。 福田区莲花街道商报路商报大厦内	44,192		5,000	社会投资5,000	土石方桩基础工程，主体建设。	福田区政府
50	S2014R8500005 深圳报业集团 报业集团传媒科技产业园	2016.03—2020.03	用地面积82707.76平方米，计入容积率建筑面积215038平方米，主要设立印务中心、3D打印研发生产中心、数字印刷中心、电子商务区、综合配套服务区等功能区域。 龙华新区龙华办事处龙华清湖工业园区	94,363		3,000	社会投资3,000	基础工程施工。	龙华新区管委会

（续表）

序号	项目代码， 建设单位及项目名称	建设周期	建设规模及建设地址	总投资	至上年止完成投资	本年度计划完成投资	资金来源	本年度建设内容	协调推进牵头单位
51	S2013M7300009 深圳市建筑科学研究院股份有限公司 中美低碳建筑与社区创新实验中心	2016.05—2019.03	主要建设内容包括研发办公、实验检测、专家公寓及相关配套设施等。 龙岗区坪地街道高桥村	42,688		3,000	社会投资 3,000	土方施工、基础施工、地下室施工等。	龙岗区政府
52	S2015C39210014 深圳市特发信息光网科技股份有限公司 特发光网 ODN 系统产业园	2016.10—2018.10	建设一栋约15层的建筑，包括厂房、办公、配套设施等，主要生产光通讯产品、电力电子产品、通信器件等产品。 光明新区公明办事处公明街道公明薯田埔地区科裕一路以东，科裕七路以北园区	32,510		3,000	社会投资 3,000	桩基础及地下室建设。	光明新区管委会
53	S2014C3900053 荣德昌包装制品（深圳）有限公司 荣丰国际盈创科技园	2016.08—2017.06	用地面积21294.09平方米，拟建设企业总部大厦、研发设计综合楼等，打造集总部办公、研发设计、创意设计等功能的新一代信息技术产业基地。 龙岗区坂田街道雪象村中浩工业城片区	50,602		5,000	社会投资 5,000	完成方案设计等前期工作，项目开工建设。	龙岗区政府
54	S2014k70900004 深圳深九国际物流有限公司 深九国际产业升级项目	2016.01—2018.06	规划建设4栋产业用房、产业配套用房及设施，打造保税区的总部研发、金融互联网及创客中心等。 福田区福保街道槟榔道3号	220,000		20,000	社会投资 20,000	开挖基坑、土方外运、桩基、地下室施工、主体施工。	福田区政府

（续表）

序号	项目代码，建设单位及项目名称	建设周期	建设规模及建设地址	总投资	至上年止完成投资	本年度计划完成投资	资金来源	本年度建设内容	协调推进牵头单位
55	S2015M73200026 深圳华科育成科技开发有限公司 中科院育成总部基地	2016.07 — 2018.07	建设大型产业育成中心，主要集聚生物与生命健康产业、新能源产业、互联网产业、新材料产业等。 龙岗区平湖街道平湖金融基地园区	120,000		2,000	社会投资2,000	现场详勘、基坑施工、桩基础施工等。	龙岗区政府
56	S2015M75130013 深圳市宗正汽车贸易有限公司 深圳市宗正新能源汽车和轻量化材料（关键零部件）研产及销售服务	2016.01 — 2018.01	建设内容包括研发、设计、中试、检测、产品展示、财务结算中心、总部办公等，用于新能源汽车和轻量化材料（关键零部件）研、产及销售、服务等。 南山区桃源街道龙珠大道80号	54,991		5,000	社会投资5,000	基础施工及主体工程建设。	南山区政府
57	S2013C3300002 深圳百泰投资控股集团有限公司 坪山新区百泰黄金珠宝生产基地建设	2016.04 — 2018.01	用地面积28504.09平方米，建设114010平方米的百泰总部大厦（含黄金珠宝交易中心、创意设计中心、行政办公中心、物流仓储配送中心、珠宝学院等）、黄金珠宝生产中心、员工宿舍生活配套中心等。 坪山新区坪山办事处聚龙山地区G14209-0173地块	69,231		10,000	社会投资10,000	进行桩基础及主体建设。	坪山新区管委会
58	S2013R8700021 周大生珠宝股份有限公司 坪山新区周大生珠宝产业园	2016.09 — 2018.09	用地面积28515.46平方米，建筑面积114060平方米，拟建设周大生全国连锁经营管理中心、生产制造中心、创意设计中心、供应链管理服务中心等。 坪山新区坪山办事处翠景路以西、丹梓大道以南	86,472		20,000	社会投资20,000	完成施工图设计，进行桩基础施工。	坪山新区管委会

（续表）

序号	项目代码，建设单位及项目名称	建设周期	建设规模及建设地址	总投资	至上年止完成投资	本年度计划完成投资	资金来源	本年度建设内容	协调推进牵头单位
现代服务业 55 项				20,726,214	9,274,429	2,689,546			
续建 47 项				17,936,565	9,274,429	2,248,546			
59	QH2014H005、006、007 华润置地前海有限公司、希润（深圳）地产有限公司、润福（深圳）地产有限公司 前海华润金融中心	2013 12—2018 10	用地面积 61831.29 平方米，计容建筑面积为 50.3 万平方米，包括商业 82660 平方米、办公 339450 平方米、商务公寓 55950 平方米、酒店 5 万平方米等。 南山区南山街道前海合作区	1,992,434	1,229,586	200,000	社会投资 200,000	T4、T5 封顶。T1、T2 主体施工。	前海管理局
60	301200700882 深圳平安金融中心建设发展有限公司 平安金融中心	2009.08—2018.01	用地面积 30439.02 平方米，计容建筑面积 507480 平方米，建设商业、办公及酒店，其中北楼拟建高度 588 米，地上 115 层；南楼 48 层。 福田区福田街道福华三路与益田路交汇处	1,254,540	766,538	110,000	社会投资 110,000	北塔整体完成施工，并投入使用。南塔完成主体和裙房结构施工，进行局部楼层幕墙、机电安装等。	福田区政府
61	S2014J6700006 中信证券股份有限公司 中信金融中心	2014.09—2018.09	用地面积 31463.77 平方米，计入容积率建筑面积 24.1 万平方米，建设金融业服务用楼及附属配套市政道路，集对外商业服务及对外业务用房与一体的综合性建筑物。 南山区沙河街道白石四道以南	849,834	575,717	100,000	社会投资 100,000	完成土方工程，进行基坑支护及桩基施工。	南山区政府
62	301201003810 国信证券股份有限公司 国信金融大厦	2012.09—2018.12	用地面积 5454.78 平方米，总建筑面积 104998 平方米，建设高度不超过 208 米的自用型综合性营运大厦。 福田区福田街道福田区福华路与民田路交界处西北角	192,370	76,855	10,000	社会投资 10,000	塔楼主体结构施工。	福田区政府

（续表）

序号	项目代码，建设单位及项目名称	建设周期	建设规模及建设地址	总投资	至上年止完成投资	本年度计划完成投资	资金来源	本年度建设内容	协调推进牵头单位
63	S201102848 安信证券股份有限公司、民太安保险公估集团股份有限公司 安信金融大厦	2014.12 — 2019.07	用地面积 4813.45 平方米，计入容积率建筑面积 7 万平方米，建设 5A 级写字楼，为安信证券和民太安保险公司提供总部办公区、金融业务区、金融会所、金融营业厅等。 福田区福田街道福华一路宗地号 B116-0077	169,287	83,000	10,000	社会投资 10,000	完成桩基础施工，完成地下室施工，进行主体工程施工。	福田区政府
64	S2013J6600004 深圳农村商业银行股份有限公司 信通金融大厦	2014.07 — 2018.12	本项目用地面积 7665.64 平方米，项目总建筑面积 93000 平方米，其中地上建筑面积约 57000 平方米，地下室建筑面积约 36000 平方米。地上 33 层，用途为商务办公和营业。 宝安区新安街道宝安中心区宝兴路与海秀路交叉处	156,004	63,800	18,000	社会投资 18,000	人工挖孔桩开工，主塔地下室完工，核心筒地上部分开始施工。	宝安区政府
65	SZ014J6700004 五矿经易期货有限公司 五矿金融大厦	2015.06 — 2018.06	用地面积 4197.4 平方米，计入容积率建筑面积 3.8 万平方米，拟建一栋总高度约 150 米的写字楼，主要功能设置包括业务用房、商业用房、物业管理用房、停车库等。 南山区南山街道滨海大道与后海滨路交叉口东南	80,863	300	8,000	社会投资 8,000	基坑基础支撑和土方施工，主体工程施工。	南山区政府
66	301200700611 中国建设银行股份有限公司深圳市分行 深圳建行大厦	2013.06 — 2017.12	用地面积 7095.58 平方米，计入容积率建筑面积 77100 平方米，建筑高度 180 米，其中地上 45 层，包括办公区、营业区、大堂、避难层等；地下 5 层。 福田区福田街道福中三路与民田路交汇处	188,000	30,000	35,000	社会投资 35,000	主体结构工程施工。	福田区政府

（续表）

序号	项目代码，建设单位及项目名称	建设周期	建设规模及建设地址	总投资	至上年止完成投资	本年度计划完成投资	资金来源	本年度建设内容	协调推进牵头单位
67	301200700211 招商银行股份有限公司 招商银行深圳分行大厦项目	2011.07—2016.06	用地面积 7593.95 平方米，总建筑面积 107317 平方米，由一座 165 米高塔楼及 3 个裙楼组成。 福田区莲花街道深南大道与鹏程一路交汇处	160,000	148,000	12,000	社会投资 12,000	完成机电安装工程、消防工程、弱电工程、精装修工程、室外工程等，项目竣工投入使用。	福田区政府
68	301200900839 中信银行股份有限公司信用卡中心 中信银行大厦	2011.09—2016.06	中信银行大厦为中信银行股份有限公司信用卡中心自用办公楼，用地面积为 4400.84 平方米，总建筑面积 63670.68 平方米，地上 24 层，地下 4 层。 福田区莲花街道福田中心区 23-2-5	83,976	76,430	7,546	社会投资 7,546	完成数据机房建设，项目竣工投入使用。	福田区政府
69	S2013J6700003 中国中投证券有限责任公司 中投证券大厦	2016.03—2019.12	用地面积 4336.83 平方米，计容建筑面积 5.8 万平方米，拟建设一栋集对外商业服务及高端客户商务出租空间于一体的综合商务五 A 智能化大楼。 南山区粤海街道海德三道与科苑大道交界西南角	157,183	1,951	8,000	社会投资 8,000	进行基坑支护、土石方工程、桩基础工程施工。	南山区政府
70	301200703727 招商证券股份有限公司 招商证券大厦	2010.05—2017.05	用地面积 4847.92 平方米，拟建造一座建筑面积为 60000 平方米的甲级金融证券总部大厦。 福田区福田街道福华一路与民田路交汇处西南角	132,600	104,880	18,000	社会投资 18,000	完成主体工程、幕墙工程、机电安装工程等施工，完成室内精装修工程施工。	福田区政府

（续表）

序号	项目代码，建设单位及项目名称	建设周期	建设规模及建设地址	总投资	至上年止完成投资	本年度计划完成投资	资金来源	本年度建设内容	协调推进牵头单位
71	301201004214 南方基金管理有限公司、博时基金管理有限公司 基金大厦	2011.04—2017.08	用地面积7260.06平方米，计容建筑面积80500平方米，是由南方基金管理有限公司和博时基金管理有限公司联合投资兴建的甲级总部办公写字楼。 福田区福田街道鹏程二路（深南路与益田路交汇处）	129,090	50,322	30,000	社会投资30,000	完成幕墙、设备安装。	福田区政府
72	301201004276 中国人寿保险股份有限公司 中国人寿大厦	2010.10—2016.12	用地面积5009.35平方米，总建筑面积76496.87平方米，集经营业务、商业、办公于一体的高层综合体项目。 福田区福田街道新洲路与福华路交叉口	110,000	100,000	10,000	社会投资10,000	公共区域精装修，剩余部分机电设备安装，完成各专项验收。	福田区政府
73	L201200051 深圳市特区建设发展集团有限公司 平湖金融与现代服务业基地配套服务启动区	2014.06—2018.12	用地面积88831平方米，建设10万平方米公租房，16万平方米安居型商品房，20万平方米酒店、商业、办公等。现代服务业集聚区，商住多功能综合社区。 龙岗区平湖街道玉平大道以西，惠华路两侧，广九线以西	520,928	87,302	70,000	社会投资70,000	一期主体工程和装修工程完工。开展二期前期工作。	龙岗区政府
74	S201102521 深圳市投资控股有限公司 深圳湾科技生态园	2011.12—2020.12	用地面积203080.8平方米，计容积率建筑面积1218270平方米，主体建筑物性质为研发，包括产业用房、办公、商业、酒店、公寓等。项目建筑限高250米，停车位6800个。 南山区粤海街道市高新区南区	1,963,035	1,215,355	160,000	社会投资160,000	完成一区1、4、5栋及二区6、7、8、9栋建设；三区装饰和安装工程完成80%；四区装饰和安装工程完成40%。	南山区政府

（续表）

序号	项目代码，建设单位及项目名称	建设周期	建设规模及建设地址	总投资	至上年止完成投资	本年度计划完成投资	资金来源	本年度建设内容	协调推进牵头单位
75	S2014K7000035/34/39/92/119/89 深圳市万科云城房地产开发有限公司 万科云城一期至六期	2014.02—2018.03	用地面积38万平方米，计入容积率建筑面积1335510平方米，建设研发用房77.5万平方米、商业14.3万平方米、酒店及会议15万平方米等。产业总部和研发为主导的战略性新兴产业总部基地。 南山区西丽街道创科路东面、留光路南面。	1,616,679	303,000	300,000	社会投资300,000	完成一期至六期基础工程，进行主体工程建设。	南山区政府
76	S2013K7000075、76、81 华润深圳湾发展有限公司、华润置地（深圳）发展有限公司、华润万家（深圳）发展有限公司 华润深圳湾国际商业中心	2012.12—2018.12	用地面积6.8万平方米，建设总部办公25.6万平方米、商业8万平方米、商务公寓5万平方米、酒店4万平方米、住宅17万平方米、美术馆3000平方米以及物业管理用房750平方米。 南山区粤海街道后海中心区	1,500,000	150,000	150,000	社会投资150,000	华润总部大厦进行主体工程，住宅进行幕墙工程和室内装修工程，万象汇进行主体工程，瑞府进行地下室工程施工。	南山区政府
77	S2013J6700001 深圳市金龙房地产开发有限公司 南油购物公园	2011.04—2017.06	用地面积53724.71平方米，计容积率建筑面积227500平方米，建设集购物商场、甲级办公楼、酒店式服务公寓为一体的综合性开发项目。 南山区粤海街道南海大道与创业路交汇处	324,998	252,529	45,000	社会投资45,000	完成来福士广场综合机电安装、幕墙施工、精装修施工；完成公园一号广场机电安装等。	南山区政府
78	301200601609 深圳市特区建设发展集团有限公司 翡翠岛广场项目	2012.11—2018.03	用地面积55114.97平方米，计容积率建筑面积129799.68平方米，包括甲级写字楼、特色商业、星级酒店、文化展示中心等。 盐田区盐田街道西山吓	201,900	101,629	40,000	社会投资40,000	完成土建工程完、建筑电气、给排水、智能化、空调、电梯、景观工程等施工，进行精装修工程施工。	盐田区政府

（续表）

序号	项目代码， 建设单位及项目名称	建设周期	建设规模及建设地址	总投资	至上年止完成投资	本年度计划完成投资	资金来源	本年度建设内容	协调推进牵头单位
79	S201200716 壹方置业（深圳）有限公司 壹方商业中心	2012.08 — 2018.02	一期用地面积 52676.72 平方米，计容积率建筑面积 283592 平方米，包括商业裙楼 9100 平方米、地下商业 1 万平方米、两栋办公塔楼 11.5 万平方米，塔楼 67592 平方米。 宝安区新安街道新湖路西面与创业一路南面交汇处	366,231	160,952	50,000	社会投资 50,000	主体工程、设备安装工程。	宝安区政府
80	301201100460 中国海洋石油总公司 中海油大厦	2011.04 — 2016.06	用地面积 12712.51 平方米，总建筑面积 252764 平方米，建设集生产指挥中心、应急指挥中心、研发中心于一体的中国海油南方区域总部大厦。 南山区粤海街道后海滨路与创业路交汇处东南角	347,000	275,000	72,000	社会投资 72,000	完成室内机电设备、设施安装、调试，室内、外精装修工程等，项目竣工投入使用。	南山区政府
81	S2014J6600003 深圳市创新投资集团有限公司 红土创新广场	2015.04 — 2019.12	用地面积 10438.7 平方米，总建筑面积 14 万平方米，包括金融业务用房 96300 平方米，商业 12000 平方米。 南山区粤海街道科苑南路与海德三道交汇处	238,000	103,000	10,000	社会投资 10,000	桩基础施工。	南山区政府
82	S2014K70100037/S2014K70100038 深圳市金洪实业投资发展有限公司 观澜商业中心改造项目	2014.06 — 2017.12	拟拆除重建用地面积 66417 平方米，计容建筑面积 181520 平方米，建设包括住宅（含保障性住房）、商业、商务公寓、公共配套设施等。 龙华新区观澜办事处泗黎路与悦兴路交汇处西南角	240,548	195,000	30,000	社会投资 30,000	二期地下室结构施工、二期裙楼施工、二期标准层施工。	龙华新区管委会

（续表）

序号	项目代码，建设单位及项目名称	建设周期	建设规模及建设地址	总投资	至上年止完成投资	本年度计划完成投资	资金来源	本年度建设内容	协调推进牵头单位
83	S201200242 深圳市明泰润投资发展有限公司 水贝珠宝总部大厦	2013.10 — 2017.12	用地面积 21428.82 平方米，计容建筑面积 162860 平方米，建设产业用房、产业配套用房、公共配套设施、地下商业用房等，集珠宝设计研发、生产加工、产品交易、会展等功能于一体。 罗湖区东晓街道布心路 3008 号	170,000	120,000	38,000	社会投资 38,000	主体塔楼封顶，进行玻璃幕墙施工，电梯工程、空调工程、消防工程安装等。	罗湖区政府
84	S2013E4800003 深圳市市政工程总公司 天健科技大厦	2014.01 — 2017.12	用地面积 23588.76 平方米，计容建筑面积 71100 平方米，拟建设大型智能化绿色产业研发基地和配套商业，打造大、中型科技企业智能化绿色总部基地和城市综合体。 南山区沙河街道北环大道南侧广深高速东侧	150,060	26,867	22,000	社会投资 22,000	主体结构封顶，完成玻璃幕墙施工等。	南山区政府
85	S201200804 海信南方有限公司 海信南方大厦	2013.12 — 2017.03	项目占地 4322.29 平方米，计容建筑面积 66927.8 平方米。建设建筑高度 150 米的海信在南方区域的销售总部、研发中心、区域性研究与决策总部、展示接待和公关总部、深圳市本地的产业公司管理总部。 南山区粤海街道创业路与后海滨路交汇处东南侧	139,000	80,000	20,000	社会投资 20,000	完成主体建设，基本完成室内安装。	南山区政府
86	S2013R8600006 深圳华谊兄弟文化创意产业有限公司 华谊兄弟文化城（一期）	2015.11 — 2018.11	用地面积 18.32 万平方米，计容建筑面积 474440 平方米，主要建设摄影棚及相关配套用房、影视产业办公配套、大师工作室等。 坪山新区坪山办事处碧岭片区	99,624	20,160	25,000	社会投资 25,000	完成项目基坑支护、桩基础工程施工，进行主体工程施工。	坪山新区管委会

（续表）

序号	项目代码，建设单位及项目名称	建设周期	建设规模及建设地址	总投资	至上年止完成投资	本年度计划完成投资	资金来源	本年度建设内容	协调推进牵头单位
87	S201200415 深圳市万科滨海房地产有限公司 壹海城3#地块	2014.03—2016.12	用地面积41600.88平方米，计入容积率建筑面积22万平方米，其中酒店5.5万平方米，办公7万平方米，商务公寓6.5万平方米，商业2.97万平方米。 盐田区海山街道海山路与海景二路交汇处	76,915	61,915	15,000	社会投资15,000	完成主体工程、装修工程施工，项目竣工投入使用。	盐田区政府
88	L201200001 深圳市盐田区建筑工程事务局 盐田现代产业服务中心	2013.08—2017.12	用地面积19153.38平方米，总建筑面积119278.06平方米，集办公及商业为一体的超高层综合体，其中地上建筑面积86777.44平方米，地下建筑面积32500.62平方米。 盐田区沙头角街道沙盐路	73,000	44,000	14,000	政府投资14,000	基本完成土建装饰、强弱电安装、消防安装、暖通安装工程施工。	盐田区政府
89	301200703687 深圳市长城物流有限公司 长城国际物流中心	2014.04—2018.12	建设用地面积66454.22平方米，总建筑面积293900万平方米，包含物流仓储功能189840平方米，商务公寓44000平方米，商业性办公60000平方米等。 罗湖区笋岗街道宝岗北路笋岗库一区	560,000	240,000	65,000	社会投资65,000	完成土石方、桩基坑工程、地下室结构工程施工，进行1至7栋主体工程施工。	罗湖区政府
90	301200800082 深圳深业物流集团股份有限公司 深业物流中心	2013.03—2017.08	用地面积59313.62平方米，计入容积率建筑面积406000平方米，建设国际物流采购中心、国际物流总部基地及配套设施。 罗湖区笋岗街道宝安北路与梨园路交汇处东南侧	423,094	290,000	80,000	社会投资80,000	大宗商品采购中心完工并投入使用；完成国际物流总部基地塔楼主体施工。	罗湖区政府

（续表）

序号	项目代码，建设单位及项目名称	建设周期	建设规模及建设地址	总投资	至上年止完成投资	本年度计划完成投资	资金来源	本年度建设内容	协调推进牵头单位
91	301200602222 深圳市农产品股份有限公司 深圳国际农产品物流园	2008.08—2018.08	用地面积303000平方米，总建筑面积820000平方米，主要建设冷链存储及物流区、交易及配送加工区、综合配套及服务区。 龙岗区平湖街道白坭坑社区	180,000	163,949	16,000	社会投资16,000	进行主体施工、安装工程、装修工程、屋面绿化工程，及配套相关工程建设。	龙岗区政府
92	QH2014B007 深圳市信利康电商科技有限公司 信利康电商大厦	2014.10—2017.12	项目占地面积5277.75平方米，总建筑面积69800平方米，拟建设1栋150米的5A级写字楼，作企业供应链管理、金融服务、信捷网电商服务、产业链上下游客户办公等。 前海合作区19单元3街坊04号地块	180,000	111,095	30,000	社会投资30,000	进行地上结构及初装、外墙工程等建设，包括裙楼、塔楼、幕墙工程等。	前海管理局
93	S2015G56110001 东海航空有限公司 东海航空产业中心（普通出勤楼、高级出勤楼、深圳主运营基地综合配套设施）	2015.03—2017.05	东海航空产业中心拟建设集客运、货运、公务飞行、航空维修配套、培训、配餐、金融、旅游等为一体的产业基地。本项目为其中的普通出勤楼、高级出勤楼、航空器材大楼、机务大楼等，用地面积98448.13平方米，计容建筑面积14.8万平方米。 宝安区福永街道航站四路3009号	142,596	15,000	70,000	社会投资70,000	完成高级出勤楼、普通出勤楼土建及装修工程建设；完成深圳主运营基地综合配套设施的方案设计等前期工作。	宝安区政府

（续表）

序号	项目代码，建设单位及项目名称	建设周期	建设规模及建设地址	总投资	至上年止完成投资	本年度计划完成投资	资金来源	本年度建设内容	协调推进牵头单位
94	S2015G59900008 深圳市盐田港集团有限公司 盐田港现代物流中心二期	2016.02—2018.02	总建筑面积约23.3万平方米，主要建设4栋仓库、进出库区盘道和行车道、配套办公等，以保税展示交易为主，配套提供跨境电子商务、现代物流供应链、配套金融等服务等。 盐田区盐田街道盐田港保税物流园区北片区	106,690		15,000	社会投资15,000	基坑支护、桩基、地下室工程等施工。	盐田区政府
95	S201200637 深圳市美泰国际物流有限公司 龙岗公路货运枢纽工程	2010.05—2020.05	用地面积49323.39平方米，总建筑面积153136.22平方米，主要建设公路货运信息交易中心，物流总部及电子商务、供应链管理中心，仓库，装卸作业平台，装卸作业场，停车场等。 龙岗区南湾街道下李朗村	85,000	54,000	10,000	社会投资10,000	货运信息交易中心、物流总部、电子商务供应链管理中心主体施工。	龙岗区政府
96	S201102729 深圳海源恒业投资有限公司 海源恒业高端塑胶商贸物流基地	2015.01—2017.06	项目用地面积25741.11平方米，计容建筑面积102964平方米，建设商贸物流及设计研发基地、物流控制及电子商务总部办公、生活服务配套、地下室等。 龙岗区平湖街道富安大道北侧	80,000	5,000	18,000	社会投资18,000	地下室结构、地上主体、消防工程、室内暖通、景观工程、人防、电梯、幕墙等工程施工。	龙岗区政府

（续表）

序号	项目代码，建设单位及项目名称	建设周期	建设规模及建设地址	总投资	至上年止完成投资	本年度计划完成投资	资金来源	本年度建设内容	协调推进牵头单位
97	S2014G900009 深圳市铭可达物流有限公司 铭可达物流企业总部基地建设	2014.01 — 2017.04	用地面积219940.4平方米，建设钢结构一层仓库10栋、2栋四层仓库及4栋员工宿舍楼及配套等。为物流经营企业、部门提供办公场所。 龙华新区观澜办事处环观南路19号	65,000	53,080	8,000	社会投资8,000	完成员工宿舍C\D栋的主体工程建设。	龙华新区管委会
98	S2013G5900003 深圳康利置地有限公司 康利物联谷大厦	2014.03 — 2017.03	用地面积35008.23平方米，总建筑面积7万平方米，拟建设展示、研发、信息技术、电子商务、“云”服务等中心及配套等。提供信息技术、电子商务、物流解决方案。 龙岗区南湾街道平吉大道与友信路东南侧	65,405	30,000	30,000	社会投资30,000	完成全部安装工程，幕墙，内装外装及园林景观等工程施工。	龙岗区政府
99	S2014G5900020 华南国际工业原料城（深圳）有限公司 华南国际电子工业原材料物流区（一期）	2015.03 — 2017.05	用地面积54631平方米，计容积率建筑面积12万平方米，建设一个集物流仓储、配套办公、商业展示及停车等一体的仓储物流商业展示交易中心，包括四栋塔楼和一栋裙楼。 龙岗区平湖街道平吉大道上木古村	48,606	12,217	30,000	社会投资30,000	桩基、主体施工，设备安装等。	龙岗区政府

（续表）

序号	项目代码， 建设单位及项目名称	建设周期	建设规模及建设地址	总投资	至上年止完成投资	本年度计划完成投资	资金来源	本年度建设内容	协调推进牵头单位
100	S201200063 中国长安汽车集团深圳投资有限公司 观澜汽车整车、零部件展示及售后维保项目	2014.11 — 2017.05	占地面积70608平方米，总建筑面积15.9万平方米，建设高端品牌4S店4.66万平方米、综合楼8.19万平方米、商业楼1.2万平方米等；是长安标致雪铁龙整车厂项目的配套项目之一。 龙华新区观澜办事处观光路南侧	47,394	25,000	15,000	社会投资 15,000	主体工程完工，完成装修工程施工，进行设备安装。	龙华新区管委会
101	S2015081900001 深圳市朗华供应链服务有限公司 朗华国际智慧物流产业园	2015.12 — 2017.08	占地面积34495.3平方米，建设智能E仓（生产E仓和生活E仓）、商务E所等七大建筑群，打造中国重点行业成品及半成品采购与分拨平台、中国工业制造设（装）备展示与交易平台。 龙岗区南湾街道下李朗	45,400	1,000	24,000	社会投资 24,000	桩基础、主体施工。	龙岗区政府
102	S2014G59900008 深业泰富物流集团股份有限公司 清水河国际汽车物流产业园三期——博丰大厦	2015.10 — 2017.03	清水河国际汽车物流产业园拟建设集设计研发、汽车物流配送、零配件供应、展示服务、总部办公、信息平台于一体的产业园。本项目为三期，用地面积6553.28平方米，总建筑面积39861.8平方米，包括仓储物流10180平方米，办公建筑面积15920平方米。 罗湖区清水河街道清水河一路	40,000	1,000	25,000	社会投资 25,000	主体工程建设。	罗湖区政府

（续表）

序号	项目代码，建设单位及项目名称	建设周期	建设规模及建设地址	总投资	至上年止完成投资	本年度计划完成投资	资金来源	本年度建设内容	协调推进牵头单位
103	S2014G5900006 深圳市海格物流股份有限公司 海格零售物流中心	2015.08—2017.11	用地面积21564平方米，项目拟购置57台设备，新建2座仓储大楼，集仓储、配送、运输、集散、加工、物流信息服务于一体的自营综合性物流中心。 盐田区盐田街道东部沿海高速公路与明珠大道交汇处	30,099	8,000	10,000	社会投资10,000	完成桩基础工程，进行主体工程、幕墙工程等施工。	盐田区政府
104	S2014G5900019 深圳市朗华供应链服务有限公司 朗华（物流）供应链外包基地与虚拟生产中心	2015.11—2017.08	用地面积5000.56平方米，总建筑面积22000平方米，建设企业在全国和全球的供应链业务流程外包操作、虚拟生产运营管理中心，具备普通仓储、保税仓、出口监管仓、信息系统管理及相关海关监管等功能。 龙岗区南湾街道下李朗	30,000	1,000	15,000	社会投资15,000	主体工程施工、设备安装等。	龙岗区政府
105	S201200392 深圳招商房地产有限公司 海上世界城市综合体	2010.04—2017.12	用地面积43.9万平方米，总建筑面积104.5万平方米，建设环船广场、船尾广场、船后广场、女娲广场、金融中心二期、文化艺术中心、滨水岸线等。 南山区招商街道蛇口海上世界	2,123,182	1,760,000	150,000	社会投资150,000	南海意库梦工场大厦完工；文化艺术中心进行主体施工和装饰装修；船头广场开工建设。	南山区政府
	新建 8 项			2,789,649		441,000			

（续表）

序号	项目代码，建设单位及项目名称	建设周期	建设规模及建设地址	总投资	至上年止完成投资	本年度计划完成投资	资金来源	本年度建设内容	协调推进牵头单位
106	S2013J6600005 中国工商银行股份有限公司深圳市分行 深圳工商银行大厦	2016.03—2019.03	用地面积4953.74平方米，计入容积率面积61500平方米，建设集产业研发用房、产业服务用房、商业、员工餐厅等配套于一体的产业服务中心；大厦建设高度180米。 南山区粤海街道海德三道南面中心路东面	152,890		5,000	社会投资5,000	开展基坑支护、土石方及桩基础施工。	南山区政府
107	QH2014B002 深圳前海冠泽投资有限公司 前海T201-0077地块项目（暂命名）	2016.01—2019.12	用地面积为49152.18平方米，计容建筑面积32.04万平方米，建设办公、商业、公寓、酒店。 南山区南山街道桂湾片区二单元0077地块	1,020,000		70,000	社会投资70,000	土方工程、基坑支护工程、桩基础工程、地下室工程等施工。	前海管理局
108	S201308100006 深圳市宝运达物流有限公司 现代物流研发基地	2016.06—2018.10	更新单元拆除用地面积18532.2平方米，其中开发建设用地面积15532.1平方米。建设产业研发用房77930平方米（含创新型产业用房3900平方米），产业配套用房14000平方米（全部为小型商业服务业设施）。 宝安区西乡街道凤凰岗社区水库路和春蕾路交汇处	80,000		15,000	社会投资15,000	基础施工完成，主体施工至5层	宝安区政府

（续表）

序号	项目代码，建设单位及项目名称	建设周期	建设规模及建设地址	总投资	至上年止完成投资	本年度计划完成投资	资金来源	本年度建设内容	协调推进牵头单位
109	S2015K70100102 深圳市德瀚投资发展有限公司 中外运长航物流中心	2016.06—2020.06	项目更新单元用地面积 59652.8 平方米，开发建设用地面积 46699.6 平方米，总建筑面积约 49 万平方米，共有 9 栋 100 至 250 米的塔楼，是集办公、商业、公寓为一体的大型城市综合体项目。 罗湖区笋岗街道梨园路 333 号	1,110,000		300,000	社会投资 300,000	进行桩基础、地下室、塔楼施工。	罗湖区政府
110	301201004073 深圳市南方农产品物流有限公司 深圳国际农产品物流园西区项目（南方集联国际物流中心）	2016.06—2018.03	用地面积 100899.27 平方米，建筑面积 302600 平方米，建设集大宗农产品批发、肉类批发、干货批发、水产品批发、大型农产品加工配送、花卉集散等功能的综合性农产品物流园区。 龙岗区平湖街道平东大道与联李路交汇处西北侧	216,126		20,000	社会投资 20,000	进行项目一期基础工程及地下室施工。	龙岗区政府
111	S201201008 深圳市大铲湾港口投资发展有限公司 大铲湾港区集装箱码头辅建区 2#楼、3#楼	2016.01—2020.12	总占地面积 9.7 万平方米，建设用地面积约 7.6 万平方米，计容建筑面积 10.9 万平方米，拟规划建设专业储存仓库、产品展销仓库、企业总部用房、产业配套服务用房、地下车库等，打造集物流仓储、流通加工、展示交易、综合配套服务等多功能于一体的“港口新型商贸物流中心”。 宝安区西乡街道大铲湾港区辅建区	97,640		1,000	社会投资 1,000	土方开挖、基坑支护工程施工。	宝安区政府

（续表）

序号	项目代码，建设单位及项目名称	建设周期	建设规模及建设地址	总投资	至上年止完成投资	本年度计划完成投资	资金来源	本年度建设内容	协调推进牵头单位
112	S2013G590011 深圳市泛亚物流有限公司 泛亚生鲜物流厂区	2016.03—2018.01	用地面积31687.27平方米，总建筑面积79878.58平方米，建设仓库(配送)58750平方米、配套办公（营运中心）1850平方米、食堂及单身宿舍2770平方米、地下建筑面积16508.58平方米。 龙岗区平湖街道新木社区	45,000		20,000	社会投资20,000	开展土石方工程、桩基础工程、地下室工程，主体建筑工程施工。	龙岗区政府
113	S2015G59900012 深圳腾邦盐田港国际物流配送中心有限公司 腾邦海捣网跨境商品展示交易中心	2016.06—2018.12	用地面积23034.89平方米，总建筑面积75359.06平方米，建设海捣网全球采购中心、品牌专属展示厅、特种仓储区、创新研发及配套办公区。 盐田区盐田街道盐田保税区盐田港后方陆域宗地号J306-0012	67,993		10,000	社会投资10,000	开始桩基础工程、地下室施工。	盐田区政府
高技术制造业 27 项				9,448,493	4,163,314	1,191,310			
续建 16 项				8,693,231	4,163,314	1,091,067			
114	S2013C3900082 深圳市华星光电技术有限公司 深圳市华星光电技术有限公司第8.5代TFT-LCD（含氧化物半导体及AMOLED）生产线建设项目	2013.11—2018.06	用地面积546532平方米，建设第8.5代非晶硅半导体技术（含氧化物半导体及AMOLED）的TFT-LCD液晶显示器件生产线。 光明新区光明办事处塘明大道9-2号	2,440,000	1,100,000	496,000	社会投资496,000	二期项目建设。	光明新区管委会

（续表）

序号	项目代码，建设单位及项目名称	建设周期	建设规模及建设地址	总投资	至上年止完成投资	本年度计划完成投资	资金来源	本年度建设内容	协调推进牵头单位
115	301200500336 创维平面显示科技（深圳）有限公司 创维科技工业园二期	2013.08 — 2017.12	二期用地面积约11万平方米，建筑面积约54万平方米，主要建设内容为厂房、研发楼、培训楼、办公楼、宿舍楼，共分为三个标段施工。 宝安区石岩街道塘头村18号	220,000	35,000	25,000	社会投资 25,000	一标段室内装饰及安装工程施工，二标段主体工程施工，三标段开始动工。	宝安区政府
116	L201400040 中芯国际集成电路制造（深圳）有限公司 超大规模集成电路芯片生产线建设项目	2014.03 — 2016.12	用地面积200060平方米，建筑面积227068平方米，建设1条8英寸，线宽0.35um～90nm集成电路芯片生产线。 坪山新区坪山办事处出口加工区启二路	275,000	207,900	100,000	社会投资 100,000	生产线产能扩充。	坪山新区管委会
117	301201002806 长安标致雪铁龙汽车有限公司 长安标致雪铁龙合资项目	2011.11 — 2020.12	用地137万平方米，总建筑面积约163万平方米。包括整车基地、研发中心及仓储中心等。 龙华新区观澜办事处原哈飞汽车工业园	1,360,800	904,000	54,175	社会投资 54,175	仓储中心开工建设，整车基地三期和研发中心三期开始方案设计等行政审批。	龙华新区管委会
118	301201101542 深圳市奋达科技股份有限公司 奋达工业园二期工程	2014.01 — 2017.06	用地面积80000平方米，建筑面积202100平方米，二期建设厂房、宿舍及研发办公楼。 宝安区石岩街道洲石路奋达科技园	106,061	46,600	39,461	社会投资 39,461	1、2、3、4#楼主体封顶，装修及验收。3、4#楼投入使用；1、2#设备安装。	宝安区政府

（续表）

序号	项目代码， 建设单位及项目名称	建设周期	建设规模及建设地址	总投资	至上年止完成投资	本年度计划完成投资	资金来源	本年度建设内容	协调推进牵头单位
119	S2014C390078 深圳市利金城投资发展集团有限公司 利金城工业园（二期）建设项目	2015.03 — 2016.12	用地面积 21149 平方米，总建筑面积 129676 平方米，建设厂房、办公楼、宿舍，用于引进新型显示产业链上下游企业，形成高新产业集聚区。 龙华新区龙华办事处工业东路利金城工业园	54,537	27,627	26,910	社会投资 26,910	完成主体土建和安装工程。	龙华新区管委会
120	S201300069 深圳新一代信息技术产业园投资有限公司 深圳福田新一代信息技术产业园	2013.11 — 2018.12	用地面积 32835 平方米，计容建筑面积 262680 平方米，建设内容包括 5 栋研发办公楼及产业配套设施等。 福田区梅林街道中康路 26-446 号	235,000	46,000	18,000	社会投资 18,000	主体工程施工。	福田区政府
121	S2013K7000086 深圳市特区建设发展集团有限公司 光明光电企业产业加速器及高端人才房	2014.09 — 2018.06	用地面积 86850 平方米，总建筑面积 419005 平方米，建设光电企业园区，含厂房，住宅，研发办公楼及商铺等。 光明新区公明办事处光明高新技术产业园	218,590	44,813	20,000	社会投资 20,000	完成基坑及桩基础工程，主体工程施工至地下室负二层顶板。	光明新区管委会
122	S201200062 深圳市盛波光电科技有限公司 TFT-LCD 用偏光片二期项目	2012.09 — 2020.12	用地面积 78323 平方米，建筑面积 133150 平方米，将新建生产厂房、增加设备仪器和相关配套设施，建设两条 1490mm 或以上幅宽（即 6 号线和 7 号线）的 TFT-LCD 用偏光片生产线。 坪山新区坑梓办事处深圳市坪山新区青松西路 8 号盛波光电科技园	147,093	18,593	9,329	社会投资 9,329	签订 6 号线主机设备合同，并开展 6 号线净化装修工程。	坪山新区管委会

（续表）

序号	项目代码，建设单位及项目名称	建设周期	建设规模及建设地址	总投资	至上年止完成投资	本年度计划完成投资	资金来源	本年度建设内容	协调推进牵头单位
123	S2013C3900092 深圳顺络电子股份有限公司 片式电感器扩产项目	2013.09—2017.12	用地面积 2500 平方米，建筑面积 45700 平方米，建设扩产片式电感器的生产线，设备采购安装调试。 龙华新区观澜办事处大富苑工业区顺络观澜工业园	60,770	30,385	15,192	社会投资 15,192	土建装修及购买部分设备仪器。	龙华新区管委会
124	301200600324 中兴发展有限公司 中兴国际研发培训中心	2011.07—2016.08	用地面积 110236 平方米，建筑面积 140846 平方米，建设研发、培训及配套宿舍社区等。 盐田区梅沙街道盐田深华石场片区	68,000	67,500	5,000	社会投资 5,000	高低压变配电工程、园林工程、室外管网工程、弱电工程，项目竣工验收。	盐田区政府
125	S2013M7300008 深圳市讯美科技有限公司 深圳市讯美科技有限公司研发办公总部基地	2012.08—2016.06	总建筑面积 234617 平方米，建设讯美公司研发办公总部基地，用于公司总部办公、研发、中试和检测。 南山区粤海街道深圳市南山区高新园中区科苑大道东侧	120,000	119,000	1,000	社会投资 1,000	研发办公大楼室内精装修，室外园林环境建设，区内交通道路建设完善。	南山区政府
126	S201102578 深圳市科之谷投资有限公司 赛格日立工业区升级改造项目	2010.08—2017.12	总拆迁用地面积为 131935 平方米，规划建设用地面积 121371 平方米，改造后建设成为深业集团创新产业总部基地。 福田区华富街道赛格日立工业区	1,870,000	934,796	150,000	社会投资 150,000	南区一期机电工程、幕墙工程完工，精装修工程完成 90%；南区二期竣工验收完成并移交；南区三期核心筒施工至 79 层。	福田区政府

（续表）

序号	项目代码，建设单位及项目名称	建设周期	建设规模及建设地址	总投资	至上年止完成投资	本年度计划完成投资	资金来源	本年度建设内容	协调推进牵头单位
127	301201100474 深圳雅宝房地产开发有限公司 星河雅宝高科创新园	2011.09—2021.04	建设用地面积20.3万平方米，规划建筑面积105.26万平方米，建设产业用房、配套商业和宿舍等。 龙岗区坂田街道五合大道北侧，民治水库西北侧	1,300,000	441,100	80,000	社会投资80,000	二、五、六号地块施工。	龙岗区政府
128	S2013I6500031 深圳市赛格新城市建设发展有限公司 赛格国际电子产业中心	2015.05—2017.03	项目拟分三期开发，总建筑面积约350000平方米，新建研发办公厂房及配套设施，建设赛格电子元器件研发中心、品牌运营中心及电子商务总部等。 龙岗区布吉街道布龙路18号	150,000	125,000	25,000	社会投资25,000	主体工程完工。	龙岗区政府
129	301201100389 深圳市银星投资集团有限公司 银星产业园	2014.04—2017.01	用地面积66782平方米，总建筑面积200320平方米，拟建设国内一流的激光打印机及配套产品的生产线，形成年产96万台激光打印机的生产能力。 龙华新区观澜办事处观澜银星高科技工业园南侧紧邻	67,380	15,000	26,000	社会投资26,000	一期工程三栋一至十七层封顶，一栋一至十九层封顶；二期工程土石方开挖、桩基础、基坑支护、负一至二层完工。	龙华新区管委会
新建 11 项				755,262		100,243			
130	S2015C39690037 深圳欧菲光科技股份有限公司 欧菲光新型光电元器件生产基地项目	2016.04—2017.12	用地面积30452平方米，建筑面积80119平方米，建成后达年产纯平电容式触摸屏3600万片。 光明新区光明办事处光明高新西区、十二号路西侧，双明大道南侧	54,400		8,000	社会投资8,000	前期工作及土建施工。	光明新区管委会

（续表）

序号	项目代码，建设单位及项目名称	建设周期	建设规模及建设地址	总投资	至上年止完成投资	本年度计划完成投资	资金来源	本年度建设内容	协调推进牵头单位
131	S2015M73200021 深圳市新光联合制药有限公司 富通新光海智创业基地	2016.03—2017.11	用地面积 40036 平方米，计容积率建筑面积为 160142 平方米，将建设成为创新研发、高端制造、海外高端人才创业基地。 龙岗区南湾街道布澜路 17 号	50,000		15,000	社会投资 15,000	项目主体建设。	龙岗区政府
132	S2014C34640001 深圳创维空调科技有限公司 创维集团智能环保空调产业化项目	2016.01—2020.06	建设年产销 300 万台/套的集研发、生产、销售为一体的专业化智能环保空调生产线，建设内容包括研发办公楼、厂房、宿舍楼。 龙岗区龙岗街道宝龙工业城高科大道 12 号	260,639		6,000	社会投资 6,000	现有厂房的改造工程，开展新建厂房的前期报建工作及主体工程。	龙岗区政府
133	S2013C3400004 深圳市捷顺科技实业股份有限公司 捷顺科技总部基地建设项目	2016.06—2019.06	用地面积 24151 平方米，建筑面积 106910 平方米，建设捷顺总部及产业新技术研发基地，含总部大楼，研发办公楼及配套宿舍等。 龙华新区观澜办事处观澜高新科技园（A907-0159 地块）	93,800		22,000	社会投资 22,000	完成施工前所有准备工作，包括方案报建、施工图设计及审批，获取施工许可证等相关政府审批许可，并于年中开工。	龙华新区管委会
134	S2015081900002 深圳市万丰昌实业有限公司 万锦智慧环保汽车产业生态园	2016.12—2019.01	用地面积 21765 平方米，规划建筑面积逾 15 万平方米，拟建成为专业化、集成化、网络化、市场化的汽车产业链智能化综合服务平台。 龙华新区观澜办事处福前路南侧	30,000		2,000	社会投资 2,000	建设项目施工围墙、整改项目周边环境及旧厂房拆迁。	龙华新区管委会

（续表）

序号	项目代码，建设单位及项目名称	建设周期	建设规模及建设地址	总投资	至上年止完成投资	本年度计划完成投资	资金来源	本年度建设内容	协调推进牵头单位
135	S2014M7300003 深圳市银台实业集团有限公司 银台低碳环保科技产业园	2016.10—2017.12	用地面积22862平方米，总建筑面积80073平方米，包括工业厂房、配套办公楼、宿舍、配套商业、食堂等。 龙岗区龙城街道回龙埔片区	40,887		8,000	社会投资8,000	开展设计及招标等前期工作；完成土方开挖、基坑支护，开始地下室建设工作。	龙岗区政府
136	S2015C39690004 深圳市三利谱光电科技股份有限公司 三利谱科技厂区	2016.01—2017.07	用地面积31406平方米，总建筑面积80636平方米，拟建设一条宽幅偏光片全制程生产线，包括项目厂房的建设、装修工程，生产设备的购置和安装、办公、宿舍食堂及其他配套设施。 龙岗区坪地街道高桥园区	55,249		8,420	社会投资8,420	完成主体土建工程。	龙岗区政府
137	S2014C3900040 深圳市飞音通讯技术实业有限公司 无线局域网络接入产品生产基地	2016.03—2018.12	主要建设内容为完成厂区基础设施建设和生产线建设，由研发办公区与生产厂房以及其他相关设施组成，生产线及设备安装调试将按照厂房结构分布进行设计。 光明新区公明办事处高新技术产业园区西片区	45,000		12,000	社会投资12,000	建筑主体部分施工，完成部分设备订购。	光明新区管委会
138	S2015E47000013 深圳市杰美特科技股份有限公司 移动智能终端配件产品扩产项目	2016.04—2018.04	用地面积4555平方米，总建筑面积39000平方米，计容建筑面积27300平方米，项目为集研发办公及商业一体化综合楼。 龙岗区平湖街道惠华路与中环大道交叉路口东北侧	35,230		4,500	社会投资4,500	基础工程、地下室工程及主体结构施工。	龙岗区政府

（续表）

序号	项目代码，建设单位及项目名称	建设周期	建设规模及建设地址	总投资	至上年止完成投资	本年度计划完成投资	资金来源	本年度建设内容	协调推进牵头单位
139	S2014C3900059 深圳典邦科技有限公司 多功能集成图像传感器AMOLED微显示器研发和产业化项目	2016.01—2017.12	用地面积12544平方米，总建筑面积40770平方米，新建研发生产用房及研发生产设备，建设AMOLED微显示及器件研发生产基地。 光明新区光明办事处	60,021		11,323	社会投资11,323	开展主体工程建设等相关工作。	光明新区管委会
140	S2014M7400009 深圳市金凤凰家具集团有限公司 现代经典家具研发培训中心	2016.05—2018.11	用地面积14091平方米，总建筑面积56365平方米，拟建设集开发设计、教育培训、展示为一体的专业化、现代化家具研发基地和成品转化交易中心。 龙岗区龙岗街道新生村	30,036		3,000	社会投资3,000	设计方案等审批，项目开工建设。	龙岗区政府
轨道交通 32 项				29,220,563	8,286,970	2,228,700			
续建 28 项				26,585,677	8,286,970	2,053,700			
141	301201001659 深圳市地铁集团有限公司 深圳市轨道交通11号线工程	2012.08—2016.06	起于福田站，止于碧头站，线路全长51.7公里，共设车站17座，其中地下站13座，高架站4座，设松岗车辆段1座，机场北停车场1座，全线设主变电所4座。 福田区，南山区，宝安区	3,332,200	2,440,000	150,000	社会投资150,000	开展安装装修收尾及设备调试工程，开展政府专项验收，开通试运营。	市地铁集团
142	301201001658 深圳市地铁集团有限公司 深圳市轨道交通7号线工程	2012.08—2016.12	起于南山区丽水站，止于罗湖区太安站，线路全长约30.256公里，全部为地下线，共设站28座，其中换乘站11座，设车辆段与停车场各1处，主变电站3座（新建2座）。 福田区，罗湖区，南山区	2,716,701	1,611,000	180,000	政府投资40,000 社会投资140,000	开展设备安装调试及车站装修工程。	市地铁集团

（续表）

序号	项目代码，建设单位及项目名称	建设周期	建设规模及建设地址	总投资	至上年止完成投资	本年度计划完成投资	资金来源	本年度建设内容	协调推进牵头单位
143	301201000452 深圳市地铁集团有限公司 深圳市轨道交通 9 号线工程	2012.08—2016.12	西起深圳湾，止于罗湖文锦路，全长约 25.35 公里，全部为地下线路，设站 22 座，其中换乘站 10 座，设车辆段和停车场各一处，主变电站 2 座，控制指挥中心 1 座。 福田区，罗湖区，南山区	2,237,100	1,560,000	210,000	政府投资 50,000 社会投资 160,000	开展设备安装调试及车站装修工程，验收试运营。	市地铁集团
144	301201100400 深圳市地铁集团有限公司 深圳市轨道交通 6 号线工程	2015.06—2019.12	起自深圳市北站综合交通枢纽，终于松岗站，全长 37.6 公里，其中高架段长 24.5 公里，设车站 20 座，其中高架站 15 座，设长圳车辆基地 1 处，新建主变电所 2 座。 宝安区，光明新区，龙华新区	1,878,000	10,000	210,000	政府投资 100,000 社会投资 110,000	开展前期规划研究及工程设计、主体施工。	市地铁集团
145	301201100392 深圳市地铁集团有限公司 深圳市轨道交通 8 号线工程	2015.12—2020.12	该项目位于罗湖区及盐田区，自莲塘站（不含）起，途径梧桐山、沙头角、海山、盐田港、深外、盐田站共 6 站 6 区间及望基湖停车场，约 12.3 公里，在盐田站与 8 号线二期换乘。 罗湖区，盐田区	1,080,000	4,200	50,000	政府投资 50,000	配合征地拆迁实施，开展前期及主体施工	市地铁集团
146	z20112596 深圳市地铁集团有限公司 深圳市轨道交通 10 号线工程	2014.12—2019.12	起自福田区福田口岸站，终至龙岗区平湖中心站，全长 29.92km，其中地下线 28.83km，高架线 0.92km，过渡段 0.17km；设站 25 座，地下站 24 座，高架站 1 座，换乘站 9 座。 福田区，龙岗区，龙华新区	2,858,000	30,000	280,000	政府投资 120,000 社会投资 160,000	配合征地拆迁实施，开展前期及主体施工。	市地铁集团

（续表）

序号	项目代码，建设单位及项目名称	建设周期	建设规模及建设地址	总投资	至上年止完成投资	本年度计划完成投资	资金来源	本年度建设内容	协调推进牵头单位
147	L201300052 深圳市地铁集团有限公司 深圳市轨道交通 2 号线东延工程	2015.12—2019.12	轨道交通 2 号线东延（莲塘段）工程由新秀至莲塘片区，线路长约 4 公里，共设 3 座车站与 3 个区间，莲塘口岸站与 8 号线换乘，全部地下敷设。 罗湖区黄贝街道	320,000	200	18,000	政府投资 18,000	配合征地拆迁实施，开展前期及主体施工。	市地铁集团
148	L201300055 深圳市地铁集团有限公司 深圳市轨道交通 3 号线南延工程	2015.12—2019.12	线路自 3 号线益田站引出，往南下穿广深高速后拐入福田保税区红花路，在红花路上设保税区站，全长约 1.45 公里，采用地下敷设方式，共设 1 座车站。 福田区福保街道	101,000	200	26,000	政府投资 10,000 社会投资 16,000	配合征地拆迁实施，开展前期及主体施工。	市地铁集团
149	L201400041 深圳市地铁集团有限公司 深圳市轨道交通 5 号线南延工程	2014.12—2019.12	起自前海合作区前海湾站，终至南山区赤湾站，途经深圳市前海合作区及南山区，线路全长约 7.65 公里，全线采用地下敷设方式；共设 7 座车站，其中换乘站 3 座。 南山区，前海合作区	708,000	30,000	106,000	政府投资 106,000	配合征地拆迁实施，开展前期及主体施工。	市地铁集团
150	L201400042 深圳市地铁集团有限公司 深圳市轨道交通 9 号线西延（含支线）工程	2014.12—2019.12	西延线起自 9 号线红树湾站至前海片区航海路站，长约 10.7 公里，设站 10 座；西延线支线北起南油站，至海上世界站，长约 5 公里，设 5 座车站，采用 Y 线贯通运营；均采用地下敷设方式。 南山区，前海合作区	1,248,000	20,000	96,000	政府投资 96,000	配合征地拆迁实施，开展前期及主体施工。	市地铁集团

（续表）

序号	项目代码，建设单位及项目名称	建设周期	建设规模及建设地址	总投资	至上年止完成投资	本年度计划完成投资	资金来源	本年度建设内容	协调推进牵头单位
151	301201101624 深圳市地铁集团有限公司 深圳市车公庙综合交通枢纽工程	2012.12 — 2018.12	包括主体工程（7、9、11号线车公庙站及其附属设施，约6.06万平方米）、接驳设施（公交首末站5000平方米等）、市政道路（香蜜湖改造等）、既有1号线车公庙占改造及配套景观绿化等。 福田区香蜜湖街道车公庙	360,932	142,000	10,000	政府投资10,000	开展安装装修收尾及设备调试工程，配合7、9、11号线开通试运营。	市地铁集团
152	301200700597 深圳市地铁集团有限公司 深圳市前海综合交通枢纽工程	2014.12 — 2019.12	占地约20公顷，总建筑面积约82.13万平方米，包括1、5、11号线、穗莞深城际线和港深西部快轨的前海湾站，及相关配套设施工程，分近期和远期两期开发，近期工程总投资91.07亿元。 前海合作区前海湾	910,725	90,000	40,000	政府投资40,000	开展基坑地连墙、桩基础施工，1、5号线车站改造工程。	市地铁集团
153	L201500096 深圳市地铁集团有限公司 深圳市轨道交通网络运营控制中心（NOCC）	2014.12 — 2017.06	该项目规模按照25条线路规模考虑，主要建设内容包括建筑主体工程和系统工程两部分，建筑主体工程一次建成，总建筑面积为5.3万平方米，系统工程按照建设时序逐步到位。 南山区沙河街道深云村	102,719	75,000	17,300	政府投资17,300	开展安装装修及设备安装，配合7、9、11号线开通试运营。	市地铁集团
154	L201500113 深圳市地铁集团有限公司 深圳市轨道交通7号线同步建设工程——华强北地下空间项目	2014.01 — 2017.06	包括地下过街通道、地下商业空间及与1号线华强路站连接通道等，总建筑面积42752.9平方米。 福田区华强北街道	105,091	85,000	11,000	政府投资11,000.00	开展地铁车站改造、安装装修等施工。	市地铁集团

（续表）

序号	项目代码，建设单位及项目名称	建设周期	建设规模及建设地址	总投资	至上年止完成投资	本年度计划完成投资	资金来源	本年度建设内容	协调推进牵头单位
155	Z12013CJ0007 深圳市地铁集团有限公司 深圳市地铁文化体育公园及配套工程	2015.12—2019.12	位于深云车辆段上盖，包括文化体育公园和地铁实训基地，总建筑面积129956平方米，计容总建筑面积121953平方米。 南山区沙河街道深云村	117,447	20,000	20,000	政府投资20,000	开展综合楼主体工程施工。	市地铁集团
156	Z201204091 深圳市龙华新区建设管理服务中心 深圳市龙华新区现代有轨电车示范线工程	2015.08—2016.12	南起4号线清湖站，经和平路、清龙路、梅龙路、大和路、人民路、平安路，至观澜大道路口，在环观南路设支线，线路全长11.72公里，设站20座。主线长8.59公里，设站15座，支线长3.13公里。 龙华新区龙华办事处清湖	168,467	11,270	138,000	政府投资138,000	车辆场及上盖物业全部完成；有轨电车本体工程土建全部完成；有轨电车线网、智能化系统、供电设备等全部完成。	龙华新区管委会
157	L201500119 深圳市地铁集团有限公司 深圳市轨道交通二期增购列车项目	2011.11—2017.12	根据发改办基础〔2011〕2726号文要求，合计增购轨道交通1、2、5号线A型车76列/456辆，3号线B型车33列/198辆。其中2016年拟增购1、2号线A型车各6列/36辆，3线B型车8列/48辆。 福田区莲花街道	579,170	510,000	68,000	社会投资68,000	增购1、2号线A型车各6列/36辆，3线B型车8列/48辆，完成列车调试。	市地铁集团
158	301200900925 广深港客运专线有限责任公司 广深港客运专线深圳福田站及相关工程	2008.11—2017.12	广深港客运专线深圳福田站及相关工程起点接深圳北站，终点位于深圳河深港交界处，包括一路基、两隧道（益田路隧道和深港连接段隧道，全长11.419公里。 福田区，龙华新区	667,352	646,000	3,000	社会投资3,000	深港隧道轨道工程、附属工程、皇岗工作井结构施工等。	市地铁集团，福田区政府

（续表）

序号	项目代码， 建设单位及项目名称	建设周期	建设规模及建设地址	总投资	至上年止完成投资	本年度计划完成投资	资金来源	本年度建设内容	协调推进牵头单位
159	L201500112 广东珠三角城际轨道交通有限公司、深圳市地铁集团有限公司 穗莞深城际铁路深圳段	2014.03—2018.06	穗莞深城际铁路全长约74公里，深圳境内长约18.5公里，由东莞市长安金沙至深圳机场，并在T3、T4航站楼设站，远期延伸至前海合作区。 前海合作区，宝安区	576,822	60,000	20,000	社会投资 20,000	进行桩基、承台、路基等线路施工。	市地铁集团，宝安区政府
160	S2014K7000068 深圳市地铁集团有限公司 深圳地铁红树湾物业开发项目	2014.12—2019.12	位于深圳湾超级总部基地，拟建成集办公、商务公寓、商业及酒店于一体的综合体项目。总用地面积68285.89平方米，建设用地54077.82平方米，计容建筑面积41.9万平方米。 南山区南山街道红树湾	1,446,520	15,000	59,000	社会投资 59,000	开展地下室及主体施工。	市地铁集团
161	S2014K70000142 深圳市地铁集团有限公司 深圳北站枢纽城市综合体C2物业开发项目	2014.12—2019.12	位于深圳北站东侧，民塘路与玉龙路交叉口西北角，拟建成集办公、商业于一体的综合体项目，分C2和D2地块。其中，C2地块占地2.03万平方米，计容面积14.24万平方米。 龙华新区民治办事处深圳北站枢纽	307,364	15,000	30,900	社会投资 30,900	地下室及主体工程施工。	市地铁集团
162	L201500095 深圳市地铁集团有限公司 深圳北站枢纽城市综合体D2物业开发项目	2014.12—2019.12	位于深圳北站东侧，民塘路与玉龙路交叉口西北角，拟建成集办公、商业于一体的综合体项目，分C2和D2地块。其中，D2地块占地1.93万平方米，计容面积17.35万平方米。 龙华新区龙华办事处深圳北站	404,067	12,000	34,000	社会投资 34,000	土方外运施工，桩基施工，地下室主体结构施工。	市地铁集团

（续表）

序号	项目代码，建设单位及项目名称	建设周期	建设规模及建设地址	总投资	至上年止完成投资	本年度计划完成投资	资金来源	本年度建设内容	协调推进牵头单位
163	L201500115 深圳市地铁集团有限公司 前海时代项目	2014.01—2018.12	地铁1号线前海车辆段上盖物业，项目总建筑面积约81平方米。 前海合作区	1,400,000	400,000	85,000	社会投资85,000	开展主体工程施工。	市地铁集团
164	L201500114 深圳市地铁集团有限公司 塘朗城项目	2014.01—2018.03	地铁5号线塘朗车辆段区域地铁上盖物业，项目建筑面积约26万平方米。 南山区西丽街道	480,000	200,000	24,300	社会投资24,300	开展主体工程施工。	市地铁集团
165	L201500117 深圳市地铁集团有限公司 横岗锦荟PARK项目	2014.06—2018.09	地铁3号线横岗车辆段区域上盖物业，项目建筑面积约32万平方米。 龙岗区横岗街道	300,000	100,000	74,000	社会投资74,000	开展主体工程建设。	市地铁集团
166	L201500116 深圳市地铁集团有限公司 地铁科技大厦	2014.06—2017.06	地铁1号线深大站上盖，总建筑面积约10万平方米。 南山区粤海街道	230,000	100,000	26,500	社会投资26,500	开展主体工程施工及安装装修等。	市地铁集团
167	L201500118 深圳市地铁集团有限公司 地铁汇通大厦	2014.06—2015.06	地铁1号线车公庙站上盖，总建筑面积约12平方米。 福田区香蜜湖街道	350,000	100,000	20,400	社会投资20,400	开展主体工程施工。	市地铁集团

（续表）

序号	项目代码，建设单位及项目名称	建设周期	建设规模及建设地址	总投资	至上年止完成投资	本年度计划完成投资	资金来源	本年度建设内容	协调推进牵头单位
168	L201500124 深圳市地铁集团有限公司 前海枢纽上盖物业开发项目（一期）	2015.09—2020.12	新建4栋高层建筑（含2栋办公楼、1栋公寓和1栋酒店），地上建筑面积43万平方米，地下建筑面积5万平方米。 前海合作区	1,600,000	100	46,300	社会投资46,300	开展项目设计、缴交地价及工程施工等工作。	市地铁集团
新建 4 项				2,634,886		175,000			
169	L201300055 深圳市地铁集团有限公司 深圳市轨道交通 3 号线东延工程	2016.12—2021.12	该项目位于龙岗区，起点3号线双龙站，终点为六联站，全长9.5公里，共设7座车站。 龙岗区龙岗街道双龙	680,000		9,000	政府投资9,000	开展前期规划研究及工程设计，适时开展招标启动建设。	市地铁集团
170	L201300042 龙华新区发展和财政局 深圳市轨道交通 4 号线北延工程	2016.06—2021.06	线路由清湖站引出，沿和平东路、观澜大道敷设，到达观澜牛湖站，全长约11.2公里，设站8座，新增长坑停车场。 龙华新区观澜办事处	960,000		40,000	政府投资40,000	完成初步设计概算编制和施工图。	市地铁集团
171	L201500097 深圳市地铁集团有限公司 深圳市轨道交通 6 号线南延工程	2016.06—2020.06	线路由三期6号线深圳北站引出，沿新区大道、上步路敷设，止于科学馆站。全线设站6座，其中换乘站5座；设停车场1处，车场用地控制10公顷；线路全长约11.2公里。 福田区,罗湖区,龙华新区	771,000		26,000	政府投资26,000	开展前期规划研究及工程设计，配合征地拆迁实施，开展前期施工。	市地铁集团

（续表）

序号	项目代码，建设单位及项目名称	建设周期	建设规模及建设地址	总投资	至上年止完成投资	本年度计划完成投资	资金来源	本年度建设内容	协调推进牵头单位
172	S2013C3700001 深圳北车轨道车辆有限公司 中国北车深圳轨道交通车辆研发及综合服务基地项目	2016.01—2019.01	包括土地整备和前期工程、主体工程建设，其中主体工程包括新建研发中心、厂房、库房及存车线等相应辅助配套设施。 宝安区松岗街道沙浦围片区	223,886		100,000	社会投资 100,000	完成土地整备，同步开展施工图设计及施工、监理等招标工作；完成前期报建并力争开工建设。	宝安区政府
道路机场港口 21 项				8,414,495	2,741,132	867,015			
续建 16 项				7,539,935	2,741,132	802,015			
173	301200600421 深圳市外环高速公路投资有限公司 深圳外环高速公路深圳段	2014.09—2020.06	深圳外环高速公路西起于广深沿江高速公路，终点与盐坝高速公路相接。外环项目全长93.204公里，其中深圳段全长76.386公里，采用全线6车道高速公路建设标准。 宝安区，龙岗区，光明新区，坪山新区，龙华新区	2,202,097	150,000	295,233	社会投资 295,233	征地拆迁，管线改迁；土建工程。	龙华新区管委会，坪山新区管委会，光明新区管委会，龙岗区政府，宝安区政府
174	301200600704 深圳华昱东部高速公路有限公司 深圳市东部过境高速公路	2014.08—2017.12	本项目全长约33.035公里，采用80公里/小时的高速公路标准建设，双向8车道和双向6车道，大桥、特大桥12256米/26座，中、小桥171米/2座，涵洞99道、隧道5座、互通立交6座，综合服务区1处。 罗湖区，龙岗区，坪山新区	618,158	195,000	130,000	社会投资 130,000	征地拆迁工作，路基、桥梁及构筑物施工。	坪山新区管委会，龙岗区政府，罗湖区政府

（续表）

序号	项目代码，建设单位及项目名称	建设周期	建设规模及建设地址	总投资	至上年止完成投资	本年度计划完成投资	资金来源	本年度建设内容	协调推进牵头单位
175	301200600183 深圳市交通运输委员会 南坪快速路二期 A 段工程	2008.06 — 2017.12	南坪快速路（二期）A 段工程起于南头立交，止于塘朗立交，全长 11.178 公里，道路等级为城市快速路，主车道设计速度 80 公里/小时，双向八车道。 南山区，宝安区	277,317	257,000	20,000	政府投资 20,000	改线段工程预应力砼连续箱梁、简支梁、连续小箱梁、钢盖梁、铁路防护棚以及涉及的铁路复线、铁路信号改造等施工。	市交通运输委
176	301201003575 深圳市交通运输委员会 南坪快速路三期工程	2014.12 — 2018.06	西起水官高速公路横坪立交，东至聚龙路，全长约 22.2 公里，分改造和新建部分，新建桥梁 7 座、改造立交 4 座、远期投建 1 座、保留现状 1 座；新建改造桥梁 20 座；设置分离式隧道 3 座。 龙岗区，坪山新区	427,419	76,890	60,000	政府投资 60,000	交通疏解、土石方开挖、道路软基处理、桥梁下部结构、隧道、路面，管线迁改、绿化迁移等工程施工。	市交通运输委
177	Z12013YS0014 深圳市交通运输委员会 坪盐通道工程	2013.12 — 2020.12	北起坪山新区现状锦龙大道-中山大道交叉口，南至盐田盐坝高速盐港东立交，路线全长约 11.252 公里，采用城市快速路标准建设，双向六车道。 盐田区，坪山新区	452,467	70,000	35,000	政府投资 35,000	桥梁、隧道施工	市交通运输委
178	Z201102563 深圳市交通运输委员会 桂庙路快速化改造（一期）工程	2015.03 — 2017.10	道路全长 4.9 公里，主车道双向 6 车道，按城市快速路标准建设。其中与地铁 11 号线共线段长 3.1 公里，为地铁集团代建；非共线段交委自建，长度 1.8 公里。 南山区南山街道桂庙路	397,546	80,000	50,000	政府投资 50,000	管线迁改、交通疏解工程，隧道维护结构施工，基坑开挖及隧道主体施工等。	市交通运输委

（续表）

序号	项目代码，建设单位及项目名称	建设周期	建设规模及建设地址	总投资	至上年止完成投资	本年度计划完成投资	资金来源	本年度建设内容	协调推进牵头单位
179	301201101219 深圳市交通运输委员会 坂银通道工程	2015.06—2017.12	南起黄木岗立交北侧，止于环城南路路口。全长约10.74公里，工程采用城市主干道标准建设，其中新建道路7.6公里，改造拓宽道路3.14公里。 福田区，罗湖区，龙岗区	328,651	60,000	40,000	政府投资 40,000	桥梁施工，隧道段施工，水库段施工。	市交通运输委
180	Z2014YS0018 深圳市交通运输委员会 鹏坝通道工程	2014.10—2018.12	北起新态路，南至鹏城银滩路，全长约8.5公里，红线宽度32～40米，城市主干道，双向四车道。 大鹏新区大鹏办事处坝光片区、鹏城片区	156,327	12,600	10,000	政府投资 10,000	完成全线初步设计、概算、施工图及预算编制工作，同步推进先行开工段施工工作。	市交通运输委
181	301200822009 深圳市交通运输委员会 深圳市东部过境高速公路连接线工程	2014.11—2017.12	项目西起爱国路立交，以隧道形式与东部过境高速公路近期实施段起点相接，隧道全长6.7公里，主线采用城市快速路标准，双向六车道。 罗湖区东湖街道东湖公园	203,272	62,300	25,000	政府投资 25,000	隧道明挖及暗挖施工，地面道路改造工程施工，管线迁改及交通疏解工程施工，道路改造、机电、交安工程施工。	市交通运输委
182	301200800159 深圳市交通运输委员会 石清大道一期道路工程	2014.12—2018.12	项目全长7.29公里，石岩段长4.5公里，双向八车道；龙华段长2.8公里，双向六车道，设计行车速度50公里/小时。 宝安区，龙华新区	120,829	31,000	5,000	政府投资 5,000	1标段除征地拆迁影响外的主线施工；4标段隧道口及部分路基施工，5标段龙观路至梅龙路道路施工，交通监控标、2、3标进场施工。	市交通运输委

（续表）

序号	项目代码，建设单位及项目名称	建设周期	建设规模及建设地址	总投资	至上年止完成投资	本年度计划完成投资	资金来源	本年度建设内容	协调推进牵头单位
183	301201101655 深圳市交通运输委员会 坪西公路坪山至葵涌段扩建工程	2014.10—2017.12	项目起于坪西公路与东纵路节点，终于坪西公路与盐坝高速节点，长8.09公里，双向6车道，城市主干道计算行车速度50公里/小时，城市快速路计算行车速度60公里/小时。 坪山新区，大鹏新区	85,975	30,500	15,000	政府投资15,000	基本完成路基、路面、桥梁、隧道等主体结构物施工	市交通运输委
184	L201300039 坪山新区建设管理服务中心 龙坪路（坪山新区段）市政工程	2013.12—2017.06	道路全长5.86公里，北接龙坪路（龙岗段），南至南坪三期。道路按城市主干道标准，规划红线宽50米，设计行车速度50公里/小时，主线双向六车道。 坪山新区坪山办事处北接丹梓西路、站前路、兰竹西路和深汕路相交，南接南坪三期。	48,598	30,000	10,000	政府投资10,000	Ⅱ标桥梁工程；Ⅲ标综合管线工程，路基工程，路面工程，交通工程等。	坪山新区管委会
185	301200700895 深圳市机场（集团）有限公司 深圳机场航站区扩建工程	2008.08—2017.12	分为航站区主体工程、航站区配套工程及航站区补充工程。主要包括航站楼工程、停车楼及捷运系统、站前交通工程、供电通信工程、T3配套商务酒店及航空业务综合楼等。 宝安区西乡街道深圳宝安国际机场西航站区	1,385,988	1,233,728	36,862	社会投资36,862	停机坪、航站区扩建工程风景园林绿化工程、机场酒店及停车场工程、道路工程、雨水处理厂工程等。	宝安区政府

（续表）

序号	项目代码，建设单位及项目名称	建设周期	建设规模及建设地址	总投资	至上年止完成投资	本年度计划完成投资	资金来源	本年度建设内容	协调推进牵头单位
186	301200704369 深圳市机场（集团）有限公司 深圳机场飞行区扩建工程	2008.07—2017.12	含机场工程、二跑道（3800 米）、客货码头迁建、油码头迁建、110KV 机场专用变电站输变电（3 条 110KV 供电线路）、供电、供油、空管、海堤等工程。 宝安区西乡街道深圳宝安国际机场西航站区	296,969	233,622	920	政府投资 920	供电调度中心工程、二跑道填土工程、新货站地基病害应急处理工程完成施工，机场专用变电站第三回 110KV 电源接入工程进行施工。	宝安区政府
187	301200700845 深圳盐田西港区码头有限公司 深圳港盐田港区西作业区集装箱码头工程	2010.08—2017.06	新建 4~6 号 3 个 5 万吨级集装箱泊位、扩建 3 号泊位，形成 4 个 5 万吨级集装箱泊位，设计年通过能力为 180 万 TEU，码头岸线长 1142 米。 盐田区盐田街道盐田港区西作业区	383,800	194,667	40,000	社会投资 40,000	6 号泊位及相应配套设施	盐田区政府
188	301200901778 深圳市建筑工务署 莲塘口岸	2013.11—2018.06	项目设计通关量为旅客 3 万人次/日，货车 1.5 万自然车次/日，小汽车 2000 自然车次/日，大巴车 850 自然车次/日。建设内容包括：道路场地、旅检大楼、固定 X 光机房、口岸内其他单位建筑等工程及设备购置。 罗湖区莲塘街道莲塘片区	154,522	23,825	29,000	政府投资 29,000	旅检区旅检大楼结构完成封顶；出入境桥梁完成车行桥上部结构；市政配套工程完成罗沙路以南桥梁上部结构。	市建筑工务署

（续表）

序号	项目代码，建设单位及项目名称	建设周期	建设规模及建设地址	总投资	至上年止完成投资	本年度计划完成投资	资金来源	本年度建设内容	协调推进牵头单位
新建 5 项				874,560		65,000			
189	301200600239 深圳市广深沿江高速公路投资有限公司 广深沿江高速公路（深圳段）项目二期工程	2016.01 — 2019.12	本项目分为两部分：1.机场互通立交及深中通道深圳侧接线起点位于机荷高速公路黄鹤收费站，终点与深中通道隧道敞开段对接，主线全长约 5.6 公里。2.沙井互通立交位于深圳市宝安区福永街道境内，与凤塘大道连接。 宝安区西乡街道福永街道	589,787		20,000	社会投资 20,000	完成征地拆迁工作约 20%；完成先行施工段的部分永久工程施工。	宝安区政府
190	301200813603 深圳市交通运输委员会 龙岗区布坂联络道市政工程	2016.01 — 2018.12	起点接永香路、坂田环城路，终点接龙沙路、布吉三联路，呈东西走向，总长约 3.26 公里，设计车速为 50 公里/小时，双向 6 车道。 龙岗区布吉街道永香路与坂田环城路交界处	92,488		18,000	政府投资 18,000	道路、桥梁、人行通道、隧道、给排水、交通疏解、管线迁改、水土保持、环保工程等。	市交通运输委
191	L201500052 深圳市交通运输委员会 东部过境高速公路市政连接线配套工程	2016.01 — 2020.12	本项目为东部过境高速公路连接线的配套工程，包括布心路改造、爱国路拓宽、罗芳立交和新秀立交改造等内容。 罗湖区东湖街道洪湖立交布心路段至新秀立交沿河南路段	77,977		2,000	政府投资 2,000	完成管线迁改及交通疏解道路施工，主体施工准备。	市交通运输委
192	Z12014YS0011 深圳市交通运输委员会 沙河西路与西部通道侧接线连接工程	2016.01 — 2017.09	从沙河西路新建两条定向匝道，西行全长约 772 米，东行全长 1195 米，均为单向两车道；改造口岸联络通道 C 匝道，全长 317 米，单向单车道。 南山区蛇口街道沙河西路、东滨路	54,992		15,000	政府投资 15,000	开展绿化迁移、管线迁改、交通疏解、箱涵和桩基施工及隧道明挖工程施工。	市交通运输委

（续表）

序号	项目代码，建设单位及项目名称	建设周期	建设规模及建设地址	总投资	至上年止完成投资	本年度计划完成投资	资金来源	本年度建设内容	协调推进牵头单位
193	301201002481 深圳市交通运输委员会 坪山新区横坪公路改造工程	2016.09 — 2018.09	工程起于宝坪路，终点与坪联路相交后接现状金碧路，全长约6公里。双向6车道，设计速度50公里/小时，道路定位为城市主干道。 坪山新区坪山办事处起于宝坪路，接现状金碧路	59,316		10,000	政府投资10,000	新开工建设给水，雨水，污水、电力通信管线迁改，交通疏解，水土保持及环境保护等工程。	市交通运输委
	城市更新 32 项			18,157,657	5,238,700	2,651,506			
	续建 25 项			14,021,866	5,238,700	2,195,991			
194	301201100649 深圳市金地大百汇房地产开发有限公司 岗厦河园片区城中村改造项目	2012.10 — 2018.10	总建筑面积363100平方米，建设包括商业、商务办公、商务公寓、配套设施等。 福田区福田街道岗厦河园片区	1,801,522	630,000	265,000	社会投资265,000	03-1 地块超高层写字楼加建，02-2 地块小学幼儿园用地封顶，05-1、06-1地块动工。	福田区政府
195	S2014K7000057 宝能地产股份有限公司 建业小区北区城市更新单元（宝能城市公馆）	2013.05 — 2017.03	计容建筑面积199800平方米，建设包括普通住宅、安居型商品房、商业、商务公寓、公共配套设施等。 福田区香蜜湖街道竹子林片区建业小区北区	300,000	115,169	35,011	社会投资35,011	第5栋施工建设至封顶，进行外装饰工程施工及室内装饰工程施工。	福田区政府
196	S2014K7000046/S2014K7000047 华润（深圳）地产发展有限公司 银湖三九片区城市更新单元（银湖蓝山润园）	2013.12 — 2016.12	计容建筑面积311970平方米（分A、B两个地块），建设包括住宅（含保障性住房）、商务公寓、商业、公共配套设施等。 罗湖区清水河街道罗湖区北环大道北侧	213,275	169,441	40,000	社会投资40,000	实施一、二期施工以及装修等工程。	罗湖区政府

（续表）

序号	项目代码，建设单位及项目名称	建设周期	建设规模及建设地址	总投资	至上年止完成投资	本年度计划完成投资	资金来源	本年度建设内容	协调推进牵头单位
197	S2013K7000015 新旺实业发展（深圳）有限公司 黄贝岭旧村改造项目（03-01 地块）	2013.04—2017.04	计容建筑面积 337100 平方米，建设包括住宅、商业、托幼、公共配套设施等。 罗湖区黄贝街道深南东路黄贝岭村	522,565	192,148	101,907	社会投资 101,907	一期完成外立面装饰等工程，二期主体封顶。	罗湖区政府
198	S20120004 华润置地（深圳）有限公司 大冲旧村改造项目	2012.03—2020.10	一期工程主要为原村民回迁物业，总建筑面积约 150 万平方米，主要建设内容为住宅和办公楼。 南山区粤海街道大冲村	2,627,536	1,192,907	296,669	社会投资 296,669	六、七、十标段主体工程建设。	南山区政府
199	S201400008 深业沙河（集团）有限公司 鹤塘小区、沙河商城城市更新单元	2015.01—2018.01	计容建筑面积 108900 平方米，建设包括住宅、商业、公寓、公共配套设施等。 南山区沙河街道华侨城核心地段，沙河世纪假日广场北侧	170,590	8,211	20,000	社会投资 20,000	工程设计、工程招标，土石方工程及基坑支护工程施工。	南山区政府
200	S2013C4100033 深圳市方大置业发展有限公司 西丽龙井方大更新单元（方大城）	2014.06—2017.03	项目总建筑面积 290800 平方米，包括产业研发用房（含创新产业用房）、产业配套用房、公共配套设施等。 南山区桃源街道西丽龙珠四路 2 号方大城	153,939	74,657	64,000	社会投资 64,000	进行结构工程、配套工程安装施工及精装修工工作。	南山区政府

（续表）

序号	项目代码，建设单位及项目名称	建设周期	建设规模及建设地址	总投资	至上年止完成投资	本年度计划完成投资	资金来源	本年度建设内容	协调推进牵头单位
201	S2015K70900012/S2015K70100158 深圳市沙浦巨帆投资有限公司 松岗沙浦工业区城市更新项目	2015.09—2020.12	拟拆除重建用地面积379912平方米，建设包括展览展销、设计研发、总部商务办公和住宅等。 宝安区松岗街道沙浦工业片区	600,000	80,000	35,000	社会投资35,000	签订一、二期土地合同，地块内平整，下半年一、二期开工。	宝安区政府
202	L201500122 深圳市中洲宝城置业有限公司 宝城26区（一期）旧改项目	2011.03—2016.07	建筑面积578688平方米，建设包括商住楼、商业及商务公寓综合楼、商业楼、保障性住房以及公共配套设施等。 宝安区新安街道创业二路与公园路交汇处	574,000	517,976	10,000	社会投资10,000	商场部分开业、商务公寓部分预售、室内外装修以及各项验收工作。	宝安区政府
203	SK2014K000045 深圳市宏发房地产开发有限公司 西乡商业中心旧城旧村改造项目（一期）	2014.03—2018.12	计容建筑面积832312平方米，建设包括住宅、商业、商务公寓、公交首末站、其他配套设施等。 宝安区西乡街道碧海片区，由宝安大道、海城路、新湖路、码头路所围合而成	550,000	280,354	210,000	社会投资210,000	01地块完成验收交付入伙，03地块开盘销售，04地块开展基坑工程及相关报建工作。	宝安区政府
204	L201400049 深圳华强永兴投资有限公司、深圳市塘尾股份合作公司 塘尾第一工业区城市更新项目（一期）	2015.11—2020.12	总建筑面积800000平方米，建设包括住宅、商业、办公等。 宝安区福永街道凤塘大道与宝安大道交汇处西南侧	406,000	25,000	81,968	社会投资81,968	完成地下一层结构施工和主体结构2/3。	宝安区政府

（续表）

序号	项目代码，建设单位及项目名称	建设周期	建设规模及建设地址	总投资	至上年止完成投资	本年度计划完成投资	资金来源	本年度建设内容	协调推进牵头单位
205	S2015K70100007 中粮地产集团深圳房地产开发有限公司 宝安22区中粮工业园更新项目（中粮紫云项目）	2015.06—2017.12	拟拆除重建用地面积40597平方米，建设包括住宅、商业办公、配套等。 宝安区新安街道22区新安二路与公园路交汇处	360,000	10,000	78,700	社会投资78,700	主体结构施工至2/3，达到预售条件，南区住宅地块销售开盘。	宝安区政府
206	301201002860/301201100909 深圳市华盛置业有限公司 沙井商业中心改造项目	2010.10—2018.12	总建筑面积298000平方米，建设包括住宅、商业、酒店、办公、公共配套设施等。 宝安区沙井街道新沙路	222,324	152,000	36,000	社会投资36,000	三期地下室结构施工、三期裙楼施工、三期标准层施工。	宝安区政府
207	S201200932/S2013K000019/S2013K7000057 深圳市联投置地有限公司 松岗东方片区更新改造项目	2012.08—2016.12	总建筑面积601399平方米，建设包括住宅、商业、商务公寓、酒店、保障性住、养老院以及配套设施等。 宝安区松岗街道东方大道与松岗大道交汇处	160,000	158,622	12,000	社会投资12,000	02地块联投东方华府进行收尾工程，并进行各项竣工验收后移交给业主。	宝安区政府
208	S2015K70100047/S2015K70100048/S2015K70100049 深圳天安云谷投资发展有限公司 天安岗头城市更新单元（二期）	2015.03—2018.12	二期计容建筑面积542850平方米，建设包括工业及研发用房、产业配套单身宿、产业配套小型商业服务设施、公共配套设施等。 龙岗区坂田街道岗头社区雪岗北路	500,000	70,000	200,000	社会投资200,000	完成桩基、地下室结构施工。	龙岗区政府

（续表）

序号	项目代码，建设单位及项目名称	建设周期	建设规模及建设地址	总投资	至上年止完成投资	本年度计划完成投资	资金来源	本年度建设内容	协调推进牵头单位
209	S2011102678 深圳市茂骏投资有限公司 坪地长美岭工业区更新单元（今日健康产业中心）	2015.01—2020.01	一、二期计容建筑面积 560000 平方米，建设内容包括商业、办公、商务公寓、酒店和公共配套设施配套等。 龙岗区坪地街道坪西社区龙岗大道28号	400,000	115,800	30,000	社会投资 30,000	完善规划用地及报建手续，开展桩基、地下室结构工程施工。	龙岗区政府
210	S2014K7000060 深圳市佳华房地产开发有限公司 坂田村旧工业区更新项目南片区（一期）	2014.06—2017.06	规划建筑面积 140889 平方米，建设包括住宅（含保障性住房）、商业、商业服务业、公共配套设施等。 龙岗区坂田街道五和大道与吉华路交汇处	157,000	124,500	24,600	社会投资 24,600	一期主体结构施工收尾阶段，开展装修工程施工。	龙岗区政府
211	S2015K70100014 深圳市盛隆兴业投资发展有限公司 黄阁新村片区更新项目	2015.09—2018.04	计容建筑面积 197000 平方米，建设包括住宅、商业、商务办公、配套设施等。 龙岗区龙城街道白灰围路与平安路交汇处西北侧	178,000	84,400	30,000	社会投资 30,000	完成项目主体结构施工，装修施工开始。	龙岗区政府
212	S2014K7000133 深圳市德润创展房地产开发有限公司 荣兴工业园城市更新单元（德润荣君府）	2015.04—2017.05	计容建筑面积 98337 平方米，建设包括住宅（含保障性住房）、商业、商务公寓、公共配套设施等。 龙岗区坂田街道布龙路南侧、坂田西路以西 170 米处	156,483	55,742	44,741	社会投资 44,741	主体施工收尾阶段，装修工程及其他相关分包工程，竣工验收工作。	龙岗区政府

（续表）

序号	项目代码，建设单位及项目名称	建设周期	建设规模及建设地址	总投资	至上年止完成投资	本年度计划完成投资	资金来源	本年度建设内容	协调推进牵头单位
213	S2013013580002 深圳市天荣盛房地产开发有限公司 公明商业中心更新单元	2014.12—2019.08	拆迁重建用地面积178579平方米，建设包括住宅（含保障性住房）、商业、商务公寓、办公、酒店、公共配套设施等。 光明新区公明办事处松白路与风景路交汇处	650,000	230,000	60,000	社会投资60,000	一、二期施工，三、四期进行基坑工程及相关报批报建手续。	光明新区管委会
214	S2014K70100034 中粮地产（深圳）实业有限公司 公明新创维电器片区城市更新项目（中粮云景）	2015.05—2018.12	计容建筑面积584068平方米，建设包括工业、商业、居住、安居型商品房等。 光明新区公明办事处松白路与创维路交汇处	326,586	130,000	86,111	社会投资86,111	南区、北区地块竣工，广场地块（08地块）达到预售条件。	光明新区管委会
215	S2014K70100060/S2015K70100046 深圳市鸿荣源实业有限公司 深圳北（龙华）商务中心城市更新单元（壹成中心花园）	2014.05—2020.10	拆除重建用地面积428220.6平方米，建设包括住宅（含保障房）、商业、办公、公共配套设施等。 龙华新区龙华办事处人民北路东侧、建设东路南侧、东环一路西侧、工业路北侧	2,500,000	565,304	350,000	社会投资350,000	实施土方工程、基坑支护工程、基础工程、地下室工程、主体工程。	龙华新区管委会
216	S2015K70100103 深圳市鸿荣源房地产开发有限公司 龙胜建设路工业区更新单元	2015.08—2018.08	拆除重建用地面积42569平方米，建设包括住宅、街铺、公寓（居住性）、保障性住房、公共配套设施等。 龙华新区大浪办事处布龙路与建设路交叉口西北侧	193,287	8,456	41,510	社会投资41,510	实施土方工程、基坑支护工程、基础工程、局部地下室工程、局部主体工程。	龙华新区管委会

（续表）

序号	项目代码，建设单位及项目名称	建设周期	建设规模及建设地址	总投资	至上年止完成投资	本年度计划完成投资	资金来源	本年度建设内容	协调推进牵头单位
217	S2014K7000067 深圳市佳华房地产开发有限公司 观澜旧村（二期）城市更新项目	2014.06—2017.06	计容建筑面积 138410 平方米，建设包括商业、酒店、住宅、保障性住房、商务公寓建筑、公共配套设施等。 龙华新区观澜办事处观澜旧村第二工业区	153,000	124,500	24,000	社会投资 24,000	全面开展一、二期主体工程建设。	龙华新区管委会
218	S2014K7000043 深圳市保利置业房地产开发有限公司 龙华东风汽车厂城市更新项目（保利悦都花园）	2013.12—2016.12	计容总建筑面积 95350 平方米，包括住宅（含保障性住房和物业管理用房）、商业、公共配套设施等。 龙华新区龙华办事处龙观东路与清龙路交汇处	145,759	123,513	18,774	社会投资 18,774	砌体施工、配套工程施工。	龙华新区管委会
新建 7 项				4,135,791		455,515			
219	L201500077 华润（深圳）有限公司 笋岗冷库城市更新项目	2016.01—2020.04	总建筑面积为 312670 平方米，建设包括住宅、公寓、办公及购物中心等。 罗湖区笋岗街道桃园路 128 号	580,000		40,000	社会投资 40,000	土方开挖、桩基工程、地下室施工、主体施工。	罗湖区政府
220	L201500048 深圳市康侨佳城置业投资有限公司 康佳集团总部厂区城市更新项目	2016.06—2021.12	计容建筑面积 260000 平方米，建设包括商业办公、商务公寓、商业服务业、公共配套设施等。 南山区沙河街道华侨城深南大道与汕头街交汇处	669,576		83,370	社会投资 83,370	完成设计工作，签订土地合同，开始基坑开挖及地下室建设（含地下商业和车库）。	南山区政府

（续表）

序号	项目代码， 建设单位及项目名称	建设周期	建设规模及建设地址	总投资	至上年止完成投资	本年度计划完成投资	资金来源	本年度建设内容	协调推进牵头单位
221	S201102762 中粮地产（集团）股份有限公司 中粮深圳大悦城	2016.10 — 2020.12	计容建筑面积约 960000 平方米，建设包括购物中心、写字楼、酒店、住宅（含安居商品房）、公寓等。 宝安区新安街道 25 区城市更新项目	1,694,342		112,145	社会投资 112,145	实施部分地块拆除施工。	宝安区政府
222	L201500071 中粮地产集团深圳房地产开发有限公司 中粮 69 区工业园城市更新项目	2016.02 — 2017.12	计容建筑面积约 140000 平方米，建设包括产业研发用房约（含创新型产业用房）、配套用房、公共配套设施等。 宝安区新安街道 69 区留仙一路与创业二路交汇处	300,000		100,000	社会投资 100,000	地价款缴交；土方开挖及基坑支护工程；桩基础工程施工；地下室结构及裙房工程施工。	宝安区政府
223	L201400014 深圳市臣田股份合作公司 西乡臣田国际汽车城更新	2016.01 — 2021.10	拟拆除重建用地面积 55777 平方米，建设包括商业、办公、商务公寓、酒店、公共配套设施等。 宝安区西乡街道宝田一路 50 号臣田村委办公楼	205,000		30,000	社会投资 30,000	原有建筑物清拆，场地平整，土方开挖，基坑支护，基础施工。	宝安区政府
224	S2015K70100002 深圳市宜泰置业发展有限公司 正山甲单元更新项目（一期）	2016.01 — 2020.01	计容建筑面积 197030 平方米，建设包括住宅、商业、商务公寓、公共配套设施等 坪山新区坪山办事处六和社区	186,873		30,000	社会投资 30,000	实施地下室、主体、销售中心、样板房及展示区工程。	坪山新区管委会

（续表）

序号	项目代码，建设单位及项目名称	建设周期	建设规模及建设地址	总投资	至上年止完成投资	本年度计划完成投资	资金来源	本年度建设内容	协调推进牵头单位
225	L201500091 深圳市宝盛龙悦实业投资有限公司 龙华第八工业区宝龙地块城市更新项目	2016.05—2020.10	拆除重建用地面积42075平方米，建设包括住宅（含保障性住房）、商业、办公、商务公寓、公共配套设施等。 龙华新区龙华办事处东环一路与八一路交汇处西南角	500,000		60,000	社会投资 60,000	办理专项规划报批，桩基础工程开工。	龙华新区管委会
	社会民生 44 项			3,758,594	875,794	676,271			
	续建 35 项			2,709,343	875,794	600,819			
226	301200704355 深圳中海地产有限公司 深圳当代艺术馆与城市规划展览馆	2013.04—2016.12	用地面积 29688 平方米，建筑面积89299.46方米，由当代艺术馆与城市规划展览馆两个馆组成。 福田区莲花街道鹏程四路东侧	156,013	125,892	30,121	社会投资 30,121	精装修，工程完工。	福田区政府
227	L201200012 深圳市龙岗区住房和建设局 龙岗区“三馆”项目	2014.04—2017.04	用地面积14363平方米，计容建筑面积38500平方米，地上5层、地下2层，高度23.9米，包含科技馆、青少年宫、公共艺术馆，兼顾规划展览、文化商业配套等功能。 龙岗区龙城街道龙城广场西侧，北邻龙翔大道及龙岗区政府	82,060	26,000	23,000	政府投资 23,000	结构施工、机电工程、装修工程、幕墙工程、室外工程（管网、园建）。	龙岗区政府
228	20130060701 深圳市坪山新区建设管理服务中心 深圳坪山文化中心	2014.01—2017.11	用地面积73689平方米，总建筑面积118184 平方米，建设内容包括图书馆、书城、影院、美术馆、展览馆、文化活动中心、剧院等。 坪山新区坪山办事处半月环中心公园西侧	117,520	35,000	25,000	政府投资 25,000	幕墙安装、精装修、舞台机械安装、智能化安装等施工。	坪山新区管委会

（续表）

序号	项目代码，建设单位及项目名称	建设周期	建设规模及建设地址	总投资	至上年止完成投资	本年度计划完成投资	资金来源	本年度建设内容	协调推进牵头单位
229	301201101948 深圳市住宅工程管理站 香港中文大学（深圳）（一期）工程	2014.03—2017.12	用地面积为501433平方米，总建筑面积为326918平方米，主要建设内容包括教室、实验室、图书馆、室内体育用房、行政及教师办公楼、会堂、食堂、宿舍、后勤及附属用房，及相关室外工程等。 龙岗区龙城街道大运公园南侧	203,882	74,830	55,000	政府投资55,000	上下园主体结构、室外工程、精装修及安装工程等施工。	市建筑工务署
230	Z32015JY0030 深圳市建筑工务署 深圳北理莫斯科大学过渡校区改造工程	2015.09—2016.09	新建建筑面积13469平方米，改造建筑面积21467平方米，建设内容包括新建宿舍楼、改造C栋旧厂房、改造综合训练馆及游泳馆、室外配套工程等。 龙岗区龙城街道如意路与飞扬路交汇处	17,569	6,200	10,000	政府投资10,000	竣工验收，确保在9月份开学前移交学校使用。	市建筑工务署
231	301201004792 深圳市建筑工务署 哈尔滨工业大学深圳校区扩建工程	2015.10—2018.06	总建筑面积253510平方米，主要包括实训楼、教学楼、办公楼、创新基地、宿舍楼等。 南山区桃源街道西丽大学城西校区西南片区	124,732	20,200	45,000	政府投资45,000	桩基施工，地下室和主体结构施工。	市建筑工务署
232	301200800564 深圳大学 深圳大学扩建工程	2011.08—2019.08	本年度总规模约105万平方米，建设内容含学生宿舍拆建工程、教学楼、实验与信息中心、道路系统改造及景观工程等15个建设项目。 南山区粤海街道南山区南海大道3688号	450,000	85,890	26,620	政府投资26,620	主体工程完成砌体结构，装饰装修、安装工程完成60%，室外工程完成60%；道路系统改造及景观工程竣工验收并投入使用。	市建筑工务署

（续表）

序号	项目代码，建设单位及项目名称	建设周期	建设规模及建设地址	总投资	至上年止完成投资	本年度计划完成投资	资金来源	本年度建设内容	协调推进牵头单位
233	301200822831 深圳市建筑工务署 深圳大学西丽校区建设工程（一期）项目	2014.11—2017.04	用地面积 260905 平方米，总建筑面积 27.5 万平方米，建设生化及临床医学药学大楼、医学院图书馆综合楼、食堂与宿舍楼等。 南山区桃源街道学苑大道北	158,634	66,750	85,000	政府投资 85,000	外墙抹灰、幕墙和室内装修、机电安装、室外工程等。	市建筑工务署
234	Z201203594 深圳市宝安区沙井街道办事处 深圳市第七高级中学	2014.04—2016.08	用地面积 97552 平方米，建筑面积 72059 平方米，建设 60 个班/3000 个高中学位的全寄宿制高中。 宝安区沙井街道锦绣路与民主大道交汇处	29,197	27,197	2,000	政府投资 2,000	主体工程施工，竣工验收。	宝安区政府
235	301200502310 深圳市建筑工务署 深圳市第八高级中学	2015.06—2017.07	总建筑面积 68477 平方米，规划 3000 学位，建设内容包括教学办公楼、教职工与学生食堂、学生宿舍、其他配套用房以及室外配套工程等。 龙华新区观澜办事处环观南路与清湖路交接处	35,393	18,700	12,000	政府投资 12,000	主体工程完工。	市建筑工务署
236	301200502311 坪山新区建设管理服务中心 深圳市第九高级中学	2015.06—2016.07	用地面积 96301 平方米，总建筑面积 68547 平方米，含图书馆、办公楼、阶梯教室、教学楼、文体楼、学生和教工宿舍、食堂等。 坪山新区坪山办事处坪山街道兰景南路以东、金田路以北	28,876	20,876	8,000	政府投资 8,000	工程完工及竣工验收。	坪山新区管委会

（续表）

序号	项目代码，建设单位及项目名称	建设周期	建设规模及建设地址	总投资	至上年止完成投资	本年度计划完成投资	资金来源	本年度建设内容	协调推进牵头单位
237	Z201200504 深圳市光明新区建筑工务和土地开发中心 深圳市第十高级中学	2015.07—2017.07	总用地面积74488平方米，总建筑面积70473平方米，包括教学综合楼、图书馆、体育馆、宿舍、行政楼、钟塔、运动场地及室外配套等。 光明新区光明办事处公园路新城公园西北	30,441	10,800	10,000	政府投资10,000	完成地下室工程，主体工程土建完成90%，安装工程完成20%。	光明新区管委会
238	Z201200566 深圳市大鹏新区建设管理服务中心 深圳市第十一高级中学	2015.06—2017.07	总用地面积为100098平方米，总建筑面积为67567平方米，新建1所60个班共3000学位全寄宿制普通高级中学。 大鹏新区葵涌办事处溪涌社区洞背片区	31,187	12,600	8,000	政府投资8,000	完成工程总体形象进度80%。	大鹏新区管委会
239	L201400027 深圳市盐田区建筑工程事务局 盐田实验学校（东港中学）	2015.02—2016.09	用地面积27097平方米，建筑面积31698平方米，该项目按初中36个班的办学规模设计，每班50人。 盐田区盐田街道永安路	15,930	10,000	5,930	政府投资5,930	完成室内装饰装修工程、室外工程，办理竣工验收及项目移交手续。	盐田区政府
240	LH2015000088 深圳市龙华新区建设管理服务中心 上塘片区九年一贯制学校	2015.11—2016.10	用地面积38743平方米，总建筑面积39525平方米，包括体育馆及教学楼、图书信息中心楼、阶梯教室、食堂及教工宿舍和地下室。 龙华新区民治办事处上塘片区	17,939	2,500	15,439	政府投资15,439	主体工程建设。	龙华新区管委会

（续表）

序号	项目代码，建设单位及项目名称	建设周期	建设规模及建设地址	总投资	至上年止完成投资	本年度计划完成投资	资金来源	本年度建设内容	协调推进牵头单位
241	301201004059 深圳证券交易所 中国资本市场学院建设工程	2013.03—2016.06	用地面积 100501 平方米，总建筑面积 113620 平方米，建成后首期可形成 500 学位的办学规模。 南山区西丽街道动物园路与沁园路交汇处 T403-0275 地块	101,828	45,143	56,685	社会投资 56,685	部分机电设备采购安装调试及收尾工作；室内精装修施工；室外园林景观、泛光照明及室外配套工程施工；工程验收等。	南山区政府
242	301201100484 深圳市住宅工程管理站 深圳市职工继续教育学院新校区建设工程	2015.04—2017.05	用地面积 87653 平方米，总建筑面积 80767 平方米，建设教学楼、实训楼、宿舍楼、图书馆、职工继续教育综合楼等。 坪山新区坪山办事处创景南路	31,634	10,000	10,000	社会投资 10,000	主体封顶，机电完成 70%、装修完成 30%。	市建筑工务署
243	301201004148 深圳市住宅工程管理站 深圳职业技术学院西校区综合楼工程	2014.07—2017.06	用地 6352 平方米，总建筑面积 33563 平方米，建设学校综合楼，教师宿舍楼等，总高度 88.1 米。 南山区西丽街道留仙大道深职院西校区	16,614	8,200	6,000	政府投资 6,000	完成地下室设备安装、主体土建部分的砌筑、建筑装饰施工；内装工程完成至 90%。	市建筑工务署
244	301200900852 深圳市建筑工务署 深圳市人民医院内科住院大楼项目	2015.05—2019.02	用地面积 15913 平方米，总建筑面积为 10.72 万平方米，设计床位 1200 张，新建内科住院大楼及相关配套。 罗湖区翠竹街道田贝一路人民医院内西北角	70,092	9,000	10,000	政府投资 10,000	基坑支护及土石方施工；地下室结构施工。	市建筑工务署

（续表）

序号	项目代码，建设单位及项目名称	建设周期	建设规模及建设地址	总投资	至上年止完成投资	本年度计划完成投资	资金来源	本年度建设内容	协调推进牵头单位
245	301200703493 深圳市建筑工务署 深圳大学附属医院	2013.12—2017.03	用地面积 89828 平方米，总建筑面积 135665 平方米，建设拥有 800 床位规模的医院。 南山区西丽街道大学城	79,383	35,500	22,700	政府投资 22,700	室外工程及室内精装修，机电设备管线安装等。	市建筑工务署
246	z201200029 深圳市建筑工务署 深圳市妇幼保健院福强院区住院大楼	2015.12—2019.12	总建筑面积 69880 平方米，设计床位 650 张。 福田区福保街道福强路北	47,495	2,500	5,000	政府投资 5,000	完成基坑支护工程，土石方工程完成 70%，桩基工程完成 50%。	市建筑工务署
247	301200702060 深圳市住宅工程管理站 深圳市健宁医院	2014.12—2018.08	总建筑面积 133744 平方米，建设规模为 800 张病床，项目定位于集医疗、教学、科研和康复为一体的现代化精神疾病专科医院。 坪山新区坪山办事处汤坑社区	78,487	26,800	10,000	政府投资 10,000	主体结构封顶，装饰装修工程完成 15%，机电安装工程完成 20%，室外工程完成 15%。	市建筑工务署
248	301200900790 深圳市建筑工务署 中山大学附属第七医院（原市新明医院）	2013.04—2017.03	用地面积 80503 平方米，总建筑面积 137900 平方米，建筑规模 800 床位。主要建设内容包括新建诊疗业务区、行政后勤综合楼及配套建筑物。 光明新区光明办事处凤新路东侧	80,661	42,500	13,500	政府投资 13,500	医技楼精装修完成 80%，净化工程完成 80%，其余工程基本完工。	市建筑工务署

（续表）

序号	项目代码，建设单位及项目名称	建设周期	建设规模及建设地址	总投资	至上年止完成投资	本年度计划完成投资	资金来源	本年度建设内容	协调推进牵头单位
249	Z12013WS0004 深圳市建筑工务署 深圳市第三人民医院改扩建工程	2015.08—2018.08	总建筑面积68098平方米，建设内容包括门急诊、医技用房、住院病房、教学科研用房、地下室等。 龙岗区布吉街道布澜路29号	41,880	3,000	10,000	政府投资10,000	桩基工程完成，主体结构施工至15层。	市建筑工务署
250	301201000021 深圳市罗湖区建筑工务局 罗湖区中医院莲塘新院建设工程	2012.12—2018.06	用地面积24903平方米，总建筑面积72600平方米，规划床位400张。 罗湖区莲塘街道北部39—02地块	49,849	10,000	3,000	政府投资3,000	完成住院楼、门诊楼主体结构封顶；外墙施工完成30%；室内水、电工程完成30%。	罗湖区政府
251	301200602792 坪山新区建设管理服务中心 市萨米国际医疗中心医疗设备购置（一期）项目（原市聚龙医院）	2015.01—2016.12	用地面积67945平方米，总建筑面积133040平方米，设计病床600张，建设包括住院楼、医技楼和门诊楼。 坪山新区坪山办事处燕子岭片区	17,376	7,376	10,000	政府投资10,000	完成工程建设并移交使用。	坪山新区管委会
252	Z12014CJ0053 深圳市住宅工程管理站 深圳监狱保障性住房项目	2015.01—2018.11	用地面积11165平方米，总建筑面积64050平方米，共建3栋塔楼，1、2栋31层，3栋33层，总高度约98米，含保障性住房944套。 坪山新区坪山办事处祥心路东侧	31,650	8,000	1,800	政府投资1,800	施工图设计完成；桩基工程完成；地下室结构完成至90%。	市建筑工务署

（续表）

序号	项目代码，建设单位及项目名称	建设周期	建设规模及建设地址	总投资	至上年止完成投资	本年度计划完成投资	资金来源	本年度建设内容	协调推进牵头单位
253	S2015K70100136、137、138、139 深圳矽感光电有限公司 石岩（福田）保障性住房项目	2015.01 — 2019.12	用地面积为115393平方米，计容积率建筑面积为622230平方米，项目建设内容包括14栋高层住宅、1栋高层商务公寓、2栋高层办公楼及相关配套设施、2栋幼儿园。 宝安区石岩街道水田社区德政路	400,000	60,000	40,000	社会投资 40,000	地块一、二地下室完工，建设裙房及部分塔楼；地块三土方工程、桩基础及部分地下室结构工程。	宝安区政府
254	Z12013D20002 深圳市住宅工程管理站 深圳市社会福利中心（新址）建设工程（一期）项目	2013.12 — 2016.09	用地面积32311平方米，总建筑面积44861平方米，儿童福利院700床位，老人颐养院300床位。 龙华新区观澜办事处观澜街道观光路北侧	20,897	18,897	2,000	政府投资 2,000	工程竣工验收完成并交付使用。	市建筑工务署
255	Z12013D20003 深圳市住宅工程管理站 深圳市养老护理院	2013.12 — 2016.09	用地面积10000平方米，总建筑面积39922平方米，共800张床位，新建老年人用房、行政办公用房以及室外配套工程等。 南山区桃源街道龙珠七路与龙苑路交汇处（龙珠医院西门对面）	19,093	17,093	2,000	政府投资 2,000	工程竣工验收完成并交付使用。	市建筑工务署
256	S201200171 深圳市康馨养老事业投资发展有限公司 罗湖康馨养老院	2015.12 — 2018.01	用地面积约6600平方米，总建筑面积为52630平方米，拟建设集养老、休闲、医护等专业设施配套于一体的养老服务中心。 罗湖区莲塘街道莲塘东片区，北临仙桐路，南侧为仙桐御景小区	35,013	4,000	15,024	社会投资 15,024	基坑开挖及土石方工程，完成施工图设计后主体工程全面开工建设。	罗湖区政府

（续表）

序号	项目代码，建设单位及项目名称	建设周期	建设规模及建设地址	总投资	至上年止完成投资	本年度计划完成投资	资金来源	本年度建设内容	协调推进牵头单位
257	L201400048 深圳市福田区城市管理局 香蜜公园建设工程项目	2015.05 — 2017.05	用地面积约42万平方米，建筑面积为6500 平方米，主要内容包括园林工程、活动中心、自然展览厅、公园管理服务中心、文物保护工程等。 福田区香蜜湖街道04-05区块	25,645	4,500	16,000	政府投资16,000	完成公园总体建设工作。	福田区政府
258	301200822198 深圳市民政局 深圳市殡仪馆改扩建项目	2015.12 — 2021.02	用地面积15.54万平方米，建筑面积为50978平方米，建设主要为办公楼、食堂及值班用房、业务楼等。 龙岗区南湾街道龙岗大道拖田坑549号	32,198	4,550	2,000	政府投资2,000	完成第一阶段工程，主要包括：搭建临时办公板房，拆除现有办公楼，新建1#、2#业务楼，3#生活综合楼及1#变配电室。	市建筑工务署
259	301201001307 深圳市住宅工程管理站 深圳大学城会议中心	2015.12 — 2017.06	用地面积7469平方米，总建筑面积21707平方米，地下2层，地上3层，主要设置报告厅、舞台、商务中心、会议厅、多功能厅、社团办公室、会议室、机房、灯光室、控制室等。 南山区西丽街道大学城公共核心区的学苑路与春华路交汇处	15,365	5,300	2,000	政府投资2,000	土石方及基坑支护完成，施工总承包招标完成，二层主体施工完成。	市建筑工务署

（续表）

序号	项目代码，建设单位及项目名称	建设周期	建设规模及建设地址	总投资	至上年止完成投资	本年度计划完成投资	资金来源	本年度建设内容	协调推进牵头单位
260	L201500089 深圳市建筑工务署 南方科技大学B、C栋实验楼建设工程	2015.12—2017.06	用地面积14450平方米，总建筑面积29856平方米，新建B栋实验楼1栋，地下一层，地上五层，建筑高度23.5米；新建C栋实验楼1栋，地上五层，建筑高度23.5米。A、B、C栋实验楼一层有连廊连接。 南山区西丽街道南方科技大学校园西南角	14,810	10,000	2,000	政府投资2,000	完成项目地基基础和主体结构施工，幕墙工程、外墙涂料、防水工程、室内精装修工程、机电安装工程、室外工程基本完成。	市建筑工务署
新建 9 项				1,049,251		75,452			
261	Z12014JY0021 深圳市建筑工务署 深圳北理莫斯科大学建设工程	2016.01—2022.12	新建深圳北理莫斯科大学校舍，新建建筑面积为227150平方米（其中，地上建筑面积为210470平方米，地下建筑面积16680平方米）；道路、绿化等室外工程等。 龙岗区龙城街道深圳市龙岗区大运新城西南部，水官高速—盐龙大道西北侧，自行车赛场路及龙岗区体育中心南侧	117,678		10,000	政府投资10,000	学校一期基础完成，进入结构施工阶段。	市建筑工务署
262	301200900745 深圳出版发行集团公司 深圳书城龙岗城	2016.01—2018.10	总建筑面积35000平方米，建设出版物卖场、创意生活空间区域型的文化阅读生活中心。 龙岗区龙城街道龙城广场	22,633		6,000	政府投资5,000 社会投资1,000	建设图书出版物大卖场，数字影院及相关配套服务设施，停车场，设备用房等。	龙岗区政府

（续表）

序号	项目代码，建设单位及项目名称	建设周期	建设规模及建设地址	总投资	至上年止完成投资	本年度计划完成投资	资金来源	本年度建设内容	协调推进牵头单位
263	Z2013DZ0035 深圳市教育局 深圳教育云	2016.05—2018.07	云基础建设、云支撑平台建设、云应用服务软件建设、云信息安全保障体系建设、云运营机制与服务体系建设和云服务标准规范体系建设。 罗湖区桂园街道罗湖区红岭中路1042号	16,260		8,000	政府投资8,000	工程招标，开工建设。	市教育局
264	L201500047 深圳市龙华新区建设管理服务中心 白石龙九年一贯制学校工程	2016.01—2017.01	用地面积31201平方米，总建筑面积49866平方米，规划为54班九年一贯制学校，其中小学36个班，初中18个班，总学位2520个。 龙华新区民治办事处民繁路与民宝路交汇处	21,790		15,700	政府投资15,700	初中部、小学部及办公楼、艺术楼、风雨操场、图书信息中心、食堂和宿舍、地下室、电梯安装工程及相关室外配套工程等。	龙华新区管委会
265	L201500090 深圳市盐田区建筑工程事务局 沙头角中学总体改造工程	2016.01—2018.02	用地面积26870方米，总建筑面积33662平方米，建设内容主要是对沙头角中学进行拆除重建，重建后办学规模为36班初中，1800学位。 盐田区沙头角街道东和路	16,146		6,000	政府投资6,000	基坑开挖及地下室施工，主体结构施工。	盐田区政府
266	L201500044 龙岗区建筑工务局 深圳市平湖医院	2016.02—2019.12	用地面积49468平方米，总建筑面积约309000平方米，一期按照1500床规模建设。 龙岗区平湖街道鹅公岭社区	204,000		8,300	政府投资8,300	完成土方开挖、外弃和基坑支护。	龙岗区政府

（续表）

序号	项目代码，建设单位及项目名称	建设周期	建设规模及建设地址	总投资	至上年止完成投资	本年度计划完成投资	资金来源	本年度建设内容	协调推进牵头单位
267	301201000023 深圳市新建市属医院筹备办公室 市吉华医院(原市肿瘤医院)	2016.01—2019.12	规划建设3000张床位的综合医院。 龙岗区坂田街道吉华路南侧	552,825		5,000	政府投资5,000	高压线改迁等前期工作，项目开工建设。	市卫生计生委
268	LHZ2014000001 深圳市龙华新区建设管理服务中心 观澜体育公园	2016.05—2018.12	用地面积64350平方米，建筑总面积38679平方米，设计为一座以标准游泳池为主体，附设室内羽毛球场、乒乓球场的多功能馆，室外配套有篮球场、网球场等。 龙华新区观澜办事处观光路以南、观兴东路以西、新丹路以北	38,206		5,000	政府投资5,000	完成施工图设计、预算编制、招投标并开工建设。	龙华新区管委会
269	S201408100002 深圳市前海幸福之家投资管理有限公司 幸福之家养老院	2016.02—2017.10	用地面积为10861平方米，总建筑面积33400平方米，全部为老人用房及附属设施用房。 宝安区新安街道新安六路南侧	59,713		11,452	社会投资11,452	桩基础工程、主体结构工程。	宝安区政府
城市安全环境资源 20 项				6,429,043	2,260,988	888,956			
续建 15 项				3,988,370	2,260,988	453,355			
270	L201500036 深圳市龙岗区环境保护和水务局 四联河地面坍塌隐患治理及水环境综合整治工程	2015.02—2017.12	治理范围包括干流和一条右支流，干流的治理范围从红棉立交至勤富路，长约5645米，右支流起点位于黄竹坑水库大坝下游，长约1567米，总长度7212米。 龙岗区横岗街道四联社区	46,547	7,000	10,000	社会投资10,000	全面开展四联河地面坍塌隐患治理及上游水环境整治工作 。	龙岗区政府

（续表）

序号	项目代码，建设单位及项目名称	建设周期	建设规模及建设地址	总投资	至上年止完成投资	本年度计划完成投资	资金来源	本年度建设内容	协调推进牵头单位
271	301200822605 深圳市水务局 深圳市清林径引水调蓄工程	2010.08—2017.06	总库容 1.86 亿立方米，校核蓄水位 80 米，龙清输水规模 60 万 m^3/d，东清输水规模 40 万 m^3/d。 龙岗区龙城街道、横岗街道、坪地街道	116,075	57,644	14,000	政府投资 14,000	坝体填筑和回填；坝顶构筑物施工；防汛路修筑；帷幕灌浆、隧洞掘进、衬砌；泵房及管理房主体结构施工。	市水务局
272	301200901268 深圳市水务局 公明供水调蓄工程	2007.10—2017.10	由原横江水库扩建工程、连通隧洞、供水隧洞和雨洪利用工程组成。主要建筑物包括大坝、溢洪道、放水隧洞和输水隧洞等。正常蓄水位为 59.7 米，正常库容 1.42 亿立方米。 光明新区光明办事处、公明、石岩	101,286	78,178	8,000	政府投资 8,000	闸室、交通桥施工、外电安装、坝顶工程施工及水保、光缆铺设、清库、围网安装等。	市水务局
273	301201004443 深圳市水务局 深圳市布吉河（特区内）水环境综合整治工程（第二阶段）	2012.09—2018.12	工程建设内容为整治笋岗桥以下河道 2.76km，主要工程建设内容包括护岸改造、河口水闸工程、调蓄池工程及景观绿化、水质改善等。 福田区，罗湖区	68,108	30,000	8,000	政府投资 8,000	完成水闸主体结构、水闸上下游连接段、罗雨泵站出水口改造等；完成调节池基坑支护及开挖、地基处理、调节池底板及侧墙施工。	市水务局
274	301200812864 深圳市水务局 铜锣径水库扩建工程	2008.08—2018.09	扩建后总库容 2400 万立方米，主要建设内容包括 4 座大坝、2 条隧洞、11 处库岸整治、横岗支线工程、三洲田水库 1 号坝加固、大康泵站扩建、生产调度中心等。 龙岗区横岗街道简龙村	42,664	32,887	2,700	政府投资 2,700	主坝和 3 座副坝全部完成，库岸防渗全部完成，主体工程的金属结构设备安装基本完成。	市水务局

（续表）

序号	项目代码，建设单位及项目名称	建设周期	建设规模及建设地址	总投资	至上年止完成投资	本年度计划完成投资	资金来源	本年度建设内容	协调推进牵头单位
275	301201003586 深圳市水务局 治理深圳河第四期工程	2013.08—2017.07	该工程起点位于平原河口，终点位于莲塘/香园围口岸上游约 620m，整治长度 4.449 公里。工程实施后河道防洪能力由 2 至 20 年一遇提高到 50 年一遇。 罗湖区莲塘街道深圳河上游（莲塘河）	33,728	12,600	4,000	政府投资 4,000	土方开挖及处置，截污工程，堤防工程，景观绿化工程及配套工程等。	市水务局
276	301200703483 深圳市水务局 深圳市大鹏半岛水源工程—东涌水库工程	2008.10—2017.12	设计总库容 1190.99 万立方米，最大坝高 56 米，主要包括：输水隧洞、东涌改线公路、土方填筑、溢洪道等。 大鹏新区南澳办事处东涌社区	29,604	18,021	5,000	政府投资 5,000	完成大坝填筑施工和管理房建设，开始溢洪道、围网、信息化等项目施工。	市水务局
277	L201200043 深圳市龙华新区建设管理服务中心 观澜河“一河两岸”景观提升工程	2013.03—2017.12	项目长约 14.6 公里。建设内容主要是主干流范围内和两岸各 30 米～135 米范围内的景观改造，涉及范围总面积约为 162900 平方米。 龙华新区观澜办事处、观湖办事处、龙华办事处	24,964	16,199	450	政府投资 450	A-D 段完工；E 段开展施工图设计等工作；F/G/H 段开展方案修改、初步设计、概算编制、施工图设计等工作。	龙华新区管委会
278	301200600349 深圳供电局有限公司 深圳电网重点工程	2010.02—2018.12	2016 年计划共有 186 个子项（含前期 107 项），新增主变容量约 637 万千伏安，线路长约 131 千米，配套线路约 23 千米 福田区，大鹏新区，罗湖区，南山区，宝安区，龙岗区，盐田区，光明新区，坪山新区，龙华新区	1,481,830	685,819	154,497	社会投资 154,497	建设变电容量约 637 万千伏安，线路长约 131 千米，配套线路约 23 千米	市经贸信息委

（续表）

序号	项目代码，建设单位及项目名称	建设周期	建设规模及建设地址	总投资	至上年止完成投资	本年度计划完成投资	资金来源	本年度建设内容	协调推进牵头单位
279	Z200900015 深圳市建筑工务署 深圳电网北环 110kV 架空线改造入地电缆隧道工程	2013.11—2017.09	线路全长约 24.43 公里，主要建设内容包括隧道工程、竖井工程、建构筑物保护工程、管线迁改工程、水土保持工程等。 福田区，罗湖区，南山区	152,194	70,000	20,000	政府投资 20,000	1.交通疏解；2.管线迁改；3.竖井工程；4.隧道区间。	市建筑工务署
280	301200600370 深圳蓄能发电有限公司 深圳抽水蓄能电站	2012.10—2018.09	上水库发电调节库容 825.24 万立方米；下水库发电调节库容 825.24 万立方米。地下厂房内安装 4 台单机容量 300MW 的可逆混流式机组，总装机容量 1200MW，设计年抽水用电量 19.55 亿千瓦/小时，年发电量 15.11 亿千瓦/小时。 盐田区，龙岗区	599,060	236,024	76,009	社会投资 76,009	水道系统混凝土衬砌和灌浆、主机设备到货、机电设备安装、房屋建筑工程开工等。	龙岗区政府，盐田区政府
281	301200812354 中海石油深圳天然气有限公司 深圳液化天然气项目（迭福站址）	2012.12—2016.06	建设 4 座 16 万立方米 LNG 储罐及配套气化等设施，建设 1 个 8 万～26.6 万立方米 LNG 船接卸泊位及接收站取排水口工程。 大鹏新区大鹏办事处大鹏街道迭福路 3 号	807,605	684,746	92,859	社会投资 92,859	开展竣工资料整理及工程结算工作，开始联合调试。	大鹏新区管委会
282	301200704351 深圳市燃气集团股份有限公司 深圳市天然气高压输配系统工程	2009.09—2017.12	项目主要包括 4 座天然气门站，1 座高-次高调压站，5 座高一中压调压站、8 座电厂专用调压站及约 146 公里高压输气管线。 福田区，大鹏新区，罗湖区，南山区，宝安区，龙岗区，盐田区，光明新区，坪山新区，龙华新区	289,920	230,000	6,900	社会投资 6,900	迭福门站及出站管建设；天然气储备与调峰库高压支线工程建设；华电分布式能源高压管工程前期。	大鹏新区管委会，坪山新区管委会

（续表）

序号	项目代码，建设单位及项目名称	建设周期	建设规模及建设地址	总投资	至上年止完成投资	本年度计划完成投资	资金来源	本年度建设内容	协调推进牵头单位
283	301201101336 深圳市燃气集团股份有限公司 深圳市天然气储备与调峰库工程（含华安液化石油气码头改扩建工程）	2014.03—2017.10	8万方LNG储存规模的储罐、LNG气化系统、LNG槽车装卸系统及相应的辅助生产设施，以及通过改扩建现有的华安LPG装卸码头以增加接卸LNG船的功能 大鹏新区葵涌办事处下洞华安液化石油气有限公司	148,134	59,170	49,940	社会投资49,940	设备采购安装；内罐焊接保温工程施工，工艺管道及大型设备基础工作；码头工程疏浚、桩基、水工主体结构及栈桥施工。	大鹏新区管委会
284	301200703308 深圳市燃气集团股份有限公司 深圳市求雨岭天然气安全储备库工程	2014.03—2017.03	项目占地面积约13.5万平方米，拟建设日处理30万方天然气预处理系统、液化系统及其配套设施，单罐容积为2万立方米的LNG储罐，20万Nm^3/h的LNG气化装置、装卸系统及其配套设施等。 龙华新区观澜办事处牛湖社区求雨岭	46,651	42,700	1,000	社会投资1,000	2016年1月-3月进行单机调试、系统调试及联动试车；2016年4月-12月进行竣工验收及全厂试运行。	龙华新区管委会
新建5项				2,440,673		435,601			
285	L201600004 各有关建设单位 2016年地质灾害治理工程	2016.01—2016.12	全市范围内地质灾害治理 福田区，大鹏新区，前海合作区，深汕合作区，罗湖区，南山区，宝安区，龙岗区，盐田区，光明新区，坪山新区，龙华新区	30,000		30,000	政府投资30,000.00	全市范围内地质灾害治理	市城管局

（续表）

序号	项目代码，建设单位及项目名称	建设周期	建设规模及建设地址	总投资	至上年止完成投资	本年度计划完成投资	资金来源	本年度建设内容	协调推进牵头单位
286	L201500120 深圳市宝安区环境保护和水务局 茅洲河流域（宝安片区）水环境综合整治工程	2016.01—2020.12	工程内容包括河道综合整治工程、内涝治理工程、污水管网工程、污水处理设施工程、生态处理工程、补水工程、滨水景观工程等七大类。 宝安区沙井街道松岗街道	1,521,000		300,000	政府投资300,000	茅洲河支流综合整治、雨污分流管网工程、排涝泵站工程建设	宝安区政府
287	301200821990 深圳市坪山新区城市建设局 坪山河流域水环境综合整治工程——坪山河干流综合整治工程	2016.03—2018.12	治理坪山河干流兔岗岭水陂~同裕路桥段，河长13.5公里，整治内容包括防洪工程、水质改善工程以及生态景观工程。 坪山新区坪山办事处坪山河	173,974		30,000	政府投资30,000	进行上游段河道综合整治工程，包括防洪工程、水质改善工程、景观工程。	坪山新区管委会
288	L201400078 中国南方电网有限责任公司超高压输电公司广州局 滇西北至广东特高压直流输电工程（深圳段）	2016.01—2017.12	新建±800千瓦受端换流站，按5000兆瓦规模建设，±800千瓦直流出线一回至云南滇西北地区；新建±800千瓦直流输电线路及配套接地极线路，深圳段线路总长约26公里。 宝安区，光明新区	535,000		20,000	社会投资20,000	新建±800kV受端换流站，新建输电线路深圳段线路总长约26千米。	宝安区政府
289	S201200582 华电国际电力股份有限公司深圳公司 深圳华电坪山分布式能源项目	2016.05—2017.12	用地面积约5.5万平方米，建设3台6FA级燃气—蒸汽联合循环热电联供机组，装机容量321兆瓦，配套建设热网工程。 坪山新区坑梓办事处坪山新区规划九路以东、青松路以北	180,699		55,601	社会投资55,601	土方开挖，混凝土浇筑，主厂房结构封顶。	坪山新区管委会

第三节 2015 年深圳市环境保护和环境建设情况

2015 年，我市以生态文明建设为统领，以提升环境质量为核心，以解决影响科学发展和损害群众健康的突出环境问题为重点，扎实推进人居环境保护和建设各项工作。全市环境质量总体保持良好水平，持续呈现稳中向好的态势。

一、环境质量

全市环境质量总体保持良好水平。环境空气质量指数（AQI）达到国家一级（优）和二级（良）的天数 340 天，占全年监测有效天数（353 天）的 96.3%，比上年上升 0.7 个百分点；空气中首要污染物为细颗粒物。全年灰霾天数 35 天，比上年减少 33 天。二氧化硫、二氧化氮、可吸入颗粒物、细颗粒物、一氧化碳日平均浓度和臭氧日最大 8 小时平均浓度达到二级标准天数比例分别为 100%、99.7%、99.7%、98.6%、100% 和 99.6%。

全年二氧化硫平均浓度为 8 微克/立方米，比上年下降 1 微克/立方米；二氧化氮平均浓度为 33 微克/立方米，比上年下降 2 微克/立方米；可吸入颗粒物（PM10）平均浓度为 49 微克/立方米，比上年下降 4 微克/立方米；细颗粒物（PM2.5）平均浓度为 30 微克/立方米，比上年下降 4 微克/立方米；一氧化碳平均浓度为 0.9 毫克/立方米，比上年下降 0.2 毫克/立方米；臭氧平均浓度为 56 微克/立方米，比上年下降 1 微克/立方米。降水 pH 年平均值为 4.97，比上年上升 0.05；酸雨频率为 50.9%，比上年下降 1.8 个百分点。全市年平均降尘量为 3.0 吨/平方公里·月，比上年下降 0.8 吨/平方公里·月，达到广东省推荐标准。

主要饮用水源水质达到国家地表水 Ⅱ 类标准，全市主要集中式饮用水源地水质达标率为 100%，与上年持平。部分河流上游河段水质相

对较好，主要河流中下游水质仍普遍受到污染，水质劣于国家地表水Ⅴ类标准，主要污染物为氨氮和总磷。东部海域水质为优，达到国家海水水质第一类标准；西部海域水质劣于第四类标准，主要污染物为无机氮和活性磷酸盐。

城市声环境质量基本稳定。全市区域环境噪声等效声级平均值为 56.8 分贝，处于一般（三级）水平，与上年持平。道路交通干线噪声等效声级加权平均值为 69.3 分贝，处于较好（二级）水平，比上年上升 0.5 分贝。辐射环境处于安全状态，各项指标与上年同期相比无明显变化。

二、大气污染防治

完善大气污染防治制度和政策体系。印发《深圳市 2015 年大气环境质量提升补贴办法》。实施《汽车维修行业喷漆涂料及排放废气中挥发性有机化合物含量限值》、《建筑装饰装修涂料和胶粘剂有害物质限量》、《生物质成型燃料及燃烧

设备技术规范》、《在用非道路移动机械用柴油机排气烟度排放限值及测量方法》等一系列技术规范制度和政策。

深化大气污染源治理工作。妈湾电厂完成所有机组深度脱硫和除尘改造，排放达到燃气电厂标准，逐步实施燃煤发电机组点火“油改气”工程，大幅削减机组启动时污染物排放。率先完成高污染锅炉全面改造，完成 62 台污染锅炉的清洁能源改造。在全市范围内推广应用国Ⅴ车用柴油，对汽油车以及公交、环卫、邮政行业的重型柴油车执行国Ⅴ排放标准，累计推广应用新能源汽车 34361 辆，严格执行机动车强制报废制度，实施黄标车提前淘汰经济鼓励政策和第二十一、二十二阶段黄标车限行措施，完成省政府下达的基本淘汰黄标车的任务。全面开展挥发性有机物治理，完成 600 余家企业的废气治理，完成 263 家汽修企业水性漆改造。率先全面开展港口船舶污染治理工作，18 家航运企业共 128 条远洋集装箱船参与转油减排行动，共 619 艘次船舶转用低硫燃油。持续推进扬尘污染专项治理，开展道路尘土量的量化检测和定期通报。大力推进非道路移动机械污染治理，组织完成 580 台非道路移动机械排气检测。

三、水污染防治

开展“雨季行动”，对位于水源保护区内的违法排污口、暴露垃圾和违法养殖回潮进行排查和清理，全市共出动执法人员 9568 人次，累计清理非法养殖 11 处，取缔农家乐 1 处、无证照地下作坊 4 家和废品收购站 44 处，有效减少汛期水库面源污染，切实维护饮用水水源安全。加快推进清林径水库引水调蓄工程和公明供水调蓄工程建设，完成赤坳水库前置库主体工程和西丽水库入库支流河口前置库水生态修复试验示范主体工程。

以污水管网建设为重点，加快全市环境基础设施建设。福田污水处理厂（40 万吨/日）已完成 2 条生产线并通水试运行。加快宝安区西乡街道劳动西乡片区污水支管网完善工程等支管网建设，进一步提升污水收集能力。加强已建污水厂运营管理，提高运行负荷率，强化横岗再生水厂和聚龙山人工湿地运营管理。

推动出台深圳治水提质行动计划，制定《深

圳市 2015 年南粤水更清行动计划》和淡水河、石马河、茅洲河的污染整治实施方案，统筹推进跨界河流治理。加快干支流综合整治。茅洲河中

上游段综合整治主体工程基本完成，白花河、大沙河等整治工程完工，深圳河四期治理工程完成 40%工程量，布吉河水环境综合整治工程第二阶段完成 55%工程量。基本完成深圳湾排污口整治，加快流域排水管网接驳和正本清源。

四、固体废弃物处置

制定《2015 年危险废物规范化管理及考核工作方案》，在全市抽取了 300 家企业进行督查考核，其中 244 家达标、48 家基本达标、8 家不达标，全市总合格率为 92.5%。对全市 13 家危险废物经营企业进行年度审核，加强日常管理，督促各经营单位加大环境投入，提升环境管理水平，有效地减少环境风险隐患。

积极推进危险废物处理处置能力建设。深圳危险废物焚烧处置工程获得省核发的危险废物经营许可证；编写《全市医疗废物应急处置预案》。协调医疗废物处置设施扩建或新建的用地工作。

召开市政府第四次环境形势分析会，编制《第四次环境形势分析会固体废物管理情况专题报告》，对全市固体废物污染防治进行深入研究、全面部署。

出台《深圳市环境基础设施提升改造工作方案（2015—2017 年）》，对 100 个环境基础设施提出了 170 项提升改造计划，内容涵盖生活垃圾的中转、填埋、焚烧设施，以及污水处理、餐厨垃圾处置、危险废物处理处置和医疗废物处置等设施，已完成 21 个环境基础设施的 26 项提升改造工程。

五、自然生态保护

进一步提升园林绿化品质，建设 2 个市属公园，改造 4 个市属公园，新建 22 个社区公园，改造 45 个社区公园；建设生态景观林带 365 公里，共计 85980 亩。

加强对广东内伶仃岛—福田国家级自然保护区、铁岗—石岩湿地市级自然保护区等自然保护区的监管工作，切实维护自然保护区的生态安全。

六、污染减排

顺利通过环保部和省环保厅对全市的 2014 年度污染减排考核，在全省减排考核中名列第一。2015 年度全市化学需氧量、氨氮、二氧化硫和氮氧化物四项主要污染物排放量均在广东省下达全市的年度控制目标范围内，并按期完成省政府下达的“十二五”污染减排目标。

七、环境法规政策

根据新颁布实施的《中华人民共和国环境保护法》、《广东省环境保护条例》等法律法规，结合法规清理工作要求，开展《深圳经济特区环境保护条例》立法后评估，完成《深圳经济特区环境保护条例（修订草案）》、《深圳经济特区大气污染防治条例（草案）》起草论证和征求意见工作。结合环境管理需求，配套制定《深圳市环境科研资金与课题管理办法》、《深圳市环境保护专项资金管理办法》、《深圳市机动车环保检验机构监督管理规定》等规范性文件。

深入推进环境污染责任保险。组织开展重点企业环境风险评估技术指南编制工作，制定电镀、印制电路板、危险化学品、石油库等重点行业企业环境风险评估技术规范，开展环境风险评估和等级复核。加强环境污染责任保险政策宣传培训。全市参加环境污染责任保险的企业 313 家，保额 4.8 亿元，位居全国各城市首位。

健全环境损害鉴定评估体制机制。组建“深圳市环境损害鉴定评估中心”，对本市首例环境污染责任保险赔付案例的损害情况进行鉴定评估。

稳步推进排污权交易。完成排污权交易 COD 和 SO_2 数据库更新、排污权抵押融资政策制度研究、挥发性有机物总量管理制度及其可行性研究、氨氮数据库建设工作。

八、建设项目环境管理

进一步完善市区分级审批，发布《深圳市人居环境委员会审批环境影响评价文件的建设项目名录（2015 年本）》，强化属地审批监管，方便企业办理环评审批手续。继续加强“三同时”建设项目的跟踪管理。印发《建设项目环境影响登记表备案实施办法》，全面推进环评登记表项目备案制。

第四节 2015年城市更新工作情况

2015年，城市更新紧紧围绕深化土地管理制度改革、转变城市发展模式、提升城市发展质量和“作风年”的总体要求，狠抓工作重点难点，质效并重，着力推进城市更新工作有效率、有秩序、有重点发展，并取得显著成效。

一、进一步完善城市更新配套政策

一是落实市政府关于加大城市更新综合整治力度的要求，出台《深圳市综合整治类旧工业区升级改造操作指引（试行）》，鼓励我市优质企业积极参与综合整治类城市更新。二是针对规划审查、地价测算等还出台了《深圳市城市更新单元规划容积率审查技术指引（试行）》、《深圳市城市更新清退用地处置规定》等。三是修订了《深圳市城市更新项目保障性住房配建比例暂行规定》。四是研究制定《深圳市城市更新项目创新型产业用房配建规定》。五是积极推进《深圳经济特区城市更新条例》立法工作。

二、优化城市更新流程和创新城市更新审批改革试点

自2015年9月1日起，全市拆除重建类城市更新项目计划、规划审查事项由市城市更新局直接受理并履行审查（审批）职能，各管理不再受理。新的流程，大幅缩减城市更新审批时限，提高审批效率。

按照《深圳市人民政府关于在罗湖区开展城市更新工作改革试点的决定》，积极配合罗湖区开展城市更新审批改革试点工作。市规划国土委和罗湖区政府联合印发并发布《深圳市罗湖区人民政府 深圳市规划和国土资源委员会关于调整罗湖区城市更新项目业务受理的通告》（罗府

〔2015〕29 号）。

三、有序开展城市更新单元计划审批

2015 年，全市共形成 4 批次 75 项城市更新单元计划，涉及拆除用地面积约 6.96 平方公里。

四、积极推进更新单元规划审批

2015 年，审批通过城市更新单元规划 38 项，涉及拆除用地面积约 3 平方公里。规划批准总建筑面积约 1139 万平方米（含保障性住房约 50 万平方米，创新型产业用房约 45 万平方米）。规划配建中小学校（含九年一贯制）19 所、幼儿园 27 所、社区健康服务中心 22 处、公交首末站 26 处及其他配套设施一批。

五、重点推进城市更新项目实施

2015 年，全市城市更新项目签订土地使用权出让合同 84 份，涉及用地面积约 263.6 公顷，超额完成 2015 年度“城市更新实施”市政府绩效考核任务。至今，城市更新供应用地已连续 4 年突破 200 公顷，有力促进了城市发展和产业转型升级，为我市从快速城市化向深度城市化转变提供了重要的空间资源保障。

另外，2015 年度全市在建城市更新项目及部分前期投资项目完成投资 550 亿元，为我市固定资产投资和稳增长做出了积极贡献。

六、积极推进旧工业区综合整治试点工作

贯彻落实《关于加强和改进城市更新工作的暂行措施》有关精神，将旧工业区综合整治工作作为城市更新的重点工作并积极推进。目前全市已有 19 个旧工业区综合整治项目列入计划，其中 12 个已完工。大鹏新区鸿华印染厂项目作为典型在国土资源报等报道。

第四章　土地市场

第一节　土地资源及利用

一、全市及各区主要地类数据

耕地：4045 公顷（6.07 万亩）

园地：20889 公顷（31.33 万亩）

林地：57890 公顷（86.84 万亩）

草地：2553 公顷（3.83 万亩）

城镇村及工矿用地：83046 公顷（124.57 万亩）

交通运输用地：9987 公顷（14.98 万亩）

水域及水利设施用地：15796 公顷（23.69 万亩）

另外为其他土地。

各区主要地类数据详见下表：

表 4-1　深圳市 2014 年度土地变更调查地类汇总表

（截至 2014 年 12 月 31 日）　　　　单位：公顷（万亩）

地区	耕 地	园 地	林 地	草 地	城镇村及工矿用地	交通运输用地	水域及水利设施用地
深圳市	4045 (6.07)	20889 (31.33)	57890 (86.84)	2553 (3.83)	83046 (124.57)	9987 (14.98)	15796 (23.69)
福田区	8 (0.01)	176 (0.26)	1560 (2.34)	6 (0.01)	4922 (7.38)	388 (0.58)	782 (1.17)
罗湖区	22 (0.03)	339 (0.51)	3417 (5.13)	36 (0.05)	3037 (4.56)	400 (0.60)	580 (0.87)
南山区	87 (0.13)	2998 (4.50)	2531 (3.80)	37 (0.06)	9610 (14.42)	1239 (1.86)	1876 (2.81)
盐田区	10 (0.02)	107 (0.16)	4420 (6.63)	13 (0.02)	1720 (2.58)	799 (1.20)	290 (0.44)
宝安区	763 (1.14)	3176 (4.76)	5831 (8.75)	680 (1.02)	19291 (28.94)	2802 (4.20)	6107 (9.16)
龙岗区	619 (0.93)	3593 (5.39)	9969 (14.95)	365 (0.55)	19626 (29.44)	1987 (2.98)	1718 (2.58)
光明新区	1395 (2.09)	3127 (4.69)	2111 (3.17)	268 (0.40)	5968 (8.95)	697 (1.05)	1075 (1.61)
坪山新区	554 (0.83)	1773 (2.66)	5964 (8.95)	457 (0.69)	5749 (8.62)	409 (0.61)	1042 (1.56)
龙华新区	240 (0.36)	1184 (1.78)	3218 (4.83)	441 (0.66)	10225 (15.34)	826 (1.24)	721 (1.08)
大鹏新区	347 (0.52)	4416 (6.62)	18869 (28.30)	250 (0.38)	2898 (4.35)	440 (0.66)	1605 (2.41)

备注：此表统计数中“园地”包括了林业部门统计为经济林，如山上种植龙眼、荔枝、橡胶、茶树等农作物的范围；“林地”不包括林业部门统计的经济林和县级以上人民政府规划的“宜林地”。2015 年统计数据待国家统计局联合发布后补充。

二、全市耕地分布与质量状况

（一）耕地分布

原特区内耕地面积为 127 公顷(0.19 万亩)，占全市耕地总量的 3.15%。原特区外耕地面积为 3918 公顷（ 5.88 万亩 ），占全市耕地总量的 96.85%。

（二）耕地质量

全市耕地按坡度划分，2 度以下耕地 3117 公顷（ 4.68 万亩 ），占 77.6%；2～6 度耕地 467 公顷（ 0.70 万亩 ），占 11.55%；6～15 度耕地 381 公顷（ 0.57 万亩 ），占 9.42%；15～25 度耕地 55 公顷（ 0.08 万亩 ），占 1.35%；25 度以上耕地 25 公顷（ 0.04 万亩 ），占 0.62%。

全市耕地中，水田 7 公顷（ 0.01 万亩 ），占 0.18%；水浇地公顷 3891（ 5.84 万亩 ），占 96.19%；旱地 147 公顷(0.22 万亩)，占 3.63%。

三、坚持实行最严格的耕地保护制度，确保我市实有耕地数量基本稳定

2014 年变更调查数据显示，2014 年全市耕地 4045 公顷（ 6.07 万亩 ），比 2013 年 4096 公顷(6.14 万亩)减少 51 公顷(0.07 万亩)，主要是建设项目占用耕地。

我市耕地保有量虽然超过国家下达任务（2014 年变更调查我市耕地保有量与《广东省土地利用总体规划（2006—2020 年）》下达我市 2020 年耕地保有量任务比较，超出 2.04 万亩 ），但综合考虑现有耕地数量、质量和人口增长、发展用地需求等因素，我市耕地保护形势仍然十分严峻，优质耕地资源和人均耕地面积仍面临减少趋势。因此必须始终坚持“十分珍惜、合理利用土地和切实保护耕地”的基本国策，将耕地保护作为土地管理的首要任务坚决落实。严守耕地红线，确保耕地实有面积基本稳定，质量不下降。

四、节约用地制度，加大盘活存量土地力度

建设用地增加虽与经济社会发展要求相适应，但土地供需矛盾突出，应继续坚持最严格的节约用地制度，加大盘活存量土地力度

2014 年变更调查数据显示，2014 年全市建设用地面积 96831 公顷(145.25 万亩)，比 2013 年 95733 公顷（ 143.60 万亩 ）增加 1098 公顷（ 1.65 万亩 ）。

近年来，我市经济社会发展对新增建设用地的依赖程度逐渐降低，土地利用逐步由新增建设向存量土地二次开发转型，存量土地供应量持续增长，新增建设用地呈减量发展趋势。除此之外，现状建设用地中存在批而未用土地、空闲地、临时用地等尚未实施建设的土地，未来一段时间内仍可为经济社会发展提供支撑。

建设用地增加与我市经济社会发展要求是相适应的，但部分地区建设用地利用粗放、效率不高的情况依然存在。2014 年变更调查全市建设用地总量与《广东省土地利用总体规划（2006—2020 年）》下达深圳市 2020 年的建设用地规模比较，还有 769 公顷（1.15 万亩）净增建设用地指标,但部分地区建设用地总量已接近或超过 2020 年规划控制目标数。继续保持适度投放增量土地，保障我市经济社会发展对增量用地的需求，同时进一步加大盘活存量土地力度，加强节约集约用地，推进城市更新、土地整备、建设用地清退工作，促进经济转型发展和质量提升。

第二节　土地储备

一、储备土地管理机构

深圳市土地储备中心是我市土地储备工作的承办机构，主要履行以下职责：根据本市国民经济发展计划、城市近期建设规划，负责组织对全市土地供需状况的调查，为政府职能部门编制全市土地储备计划、土地储备年度计划提供服务。根据土地储备年度计划制定具体地块的土地储备方案，经报批后组织实施。受政府委托依法适时收购土地。对政府征用、转用、收回、收购、土地整备的建设用地及地上建（构）筑物、附着物进行管理；对城市更新项目中按规定移交政府的建设用地进行管理。负责筹集和管理土地储备资金；受托承担土地投融资职责；作为储备土地权利人代表，申办储备土地房地产证书，作为借款主体开展储备土地的融资工作。参与编制土地

整备专项规划、整备项目评审和验收、整备成本核算等工作。

二、2015年土地储备情况

截至2015年12月，全市已纳入储备机构管理的土地共计约212平方公里，主要分布于：原特区内40.62平方公里，龙岗37.35平方公里，宝安20.55平方公里，龙华21.66平方公里，滨海55.25平方公里，坪山33.63平方公里，光明2.86平方公里。

三、储备土地管理

市土地储备中心严格按《深圳市土地储备管理办法》的规定，通过招标的方式委托物业服务公司或保安服务公司日常看管储备土地、委托辖区街道管理储备土地及自行管理储备土地等三种管理方式对全市储备土地实施了统一、全覆盖式管理。

2015年，市土地储备中心继续保持高压态势，采取制止、报告、报警、24小时死守、案件移送、依托管理单位力量自行组织。

清理等多种手段加强储备土地管理，严厉打击违法侵占行为，有效遏制新增违法侵占。2015年，全市各区共计制止违法倒土、乱倒淤泥渣土、各类违法侵占行为120余起，制止在储备土地上非法动工建设行为25起，配合专项执法行动40多次，协调辖区政府组织查处泥头车专项行动5次，发送清场通知书200多份，发送检查通知书32份，整改通知书30多份，移送执法函件26份。

另外，2015年，市土地储备中心继续推进政府储备土地清理专项行动，进一步向辖区管理局核实了待执法清理储备土地权属，明确了执法对象，在市规划土地监察支队的统筹领导下，各区土地监察大队及街道执法大队的大力支持下，截至2015年12月，全市共计完成约2.8平方公里的建（构）筑物、窝棚、乱种养等清理工作。

四、储备土地综合整治

2015年，为提升储备土地管理效果，消除各类安全隐患，中心开展了各类整治工程，完成围墙2.1627万米；围网3.2万米；垃圾清运3.2万立方米；清理临时建筑、种养场、菜地共约0.27万平方米；绿化裸土20.5万平方米；对存在安全隐患、侵占风险的地块竖立各类标识牌及警示牌共计1000多块。

五、地籍调查与土地登记

依据《深圳市政府储备土地地籍调查和土地总登记试点实施方案》，为保障储备土地总登记试点实践工作的顺利进行，中心抽调相关业务骨干组成储备土地总登记项目组，专门负责储备土地总登记试点实践工作。2015年中旬，初步划定储备土地试点地块的范围，根据计划选取17.6平方公里的储备土地作为试点地块。除完成试点范围内储备土地的地籍调查工作外，中心还积极探索土地登记造册或发证的程序、范围、要求等。

六、储备土地确权

截止到2015年年底，我中心已确权土地185宗，面积为681.15公顷。其中已经办理房地产权登记证书的有93宗土地，面积为258.24公顷。由于规划项目需要，涉及确权储备土地的出让，2015年办理2宗已登记储备土地的注销，面积1.076公顷；办理2宗储备土地变更登记，变更面积为0.31公顷。已经评估的储备土地49宗，面积为131.2公顷，评估总价值为345.72亿元。

七、服务土地整备

在土地整备信息平台建设方面，为规范土地整备地块验收入库手续办理程序，在市土地整备局的统筹主导下，中心积极配合整备验收入库的信息化平台建设，土地整备信息平台的验收入库手续办理已启用；在土地整备项目协议签订及资金拨付方面，配合推进我市整备工作的开展，2015年度，我中心共协助推进签订盐田、南山、龙华、龙岗、坪山共计11个土地整备项目的资金拨付协议（包干协议），整备项目概算费用合计31.7亿元左右；在配合开展整备验收入库方面，截至2015年12月，经我中心验收合格并入库的土地面积339.3万平方米，其中南山区面积180万平方米；盐田区面积40万平方米；光明新区面积108万平方米；龙岗区面积3.4万平方米；宝安区面积7.4万平方米；坪山新区无入库土地。

八、土地储备相关法律政策文件

《土地储备管理办法》国土资源部、财政部、中国人民银行联合发布，2007年11月19日开始实施。

《深圳市土地储备管理办法》（深圳市人民政府令153号），2006年8月1日起施行。

《深圳市土地储备管理办法实施细则》（深国房〔2006〕775号），2007年1月1日起实施。

《深圳市土地收购实施细则》（深国房〔2007〕628号）。

《深圳市国有未出让土地管理暂行办法》（深府〔2010〕122号），从2010年11月1日起施行。

《关于推进土地整备工作的若干意见》（深府〔2011〕102号）

《深圳市储备土地登记规程》（深规土〔2011〕341号）

《关于做好土地整备地块验收和移交入库工作的通知》（深规土〔2012〕180号）。

第三节 土地出让

一、协议出让用地工作

2015 年 1–12 月，共审批或报批建设项目用地 113 宗（不含前海），用地面积 166.4 公顷，包括交通设施用地 94.2 公顷，市政公用设施用地 5.6 公顷，公共管理与服务设施用地 66.6 公顷。

表 4-2 2015 年 1-12 月公共基础设施用地审批情况

（单位：公顷）

	公共管理与服务设施用地	交通设施用地	公用设施用地	合计
2015 年实施计划	**315**	**575**	**75**	**965**
累计协议出让项目数	32	68	13	113
累计使用指标面积	66.6	94.2	5.6	166.4
累计完成率（%）	**21.14**	**16.38**	**7.47**	**17.24**

二、招拍挂出让用地工作

招拍挂出让方面，1–12 月招拍挂出让用地 64 宗（不含前海），用地面积 132.8 公顷，土地出让金合同总额 379 亿元，其中工业用地 46 宗，土地面积 102.6 公顷，出让金合同总额 102.53 亿元；商业服务业用地 12 宗，土地面积 14.7 公顷，出让金合同金额 177.92 亿元；居住用地 4 宗，土地面积 13.3 公顷，出让金合同金额 96.18 亿元；其他用地（教育用地和加油站用地）2 宗，土地面积 2.2 公顷，出让金合同金额 2.37 亿元。

表 4-3　2015 年 1-12 月实际成交招拍挂用地分类情况（不含前海）

用地种类	供应地块数量（宗）	土地面积（公顷）	出让金合同总额（亿元）
工业用地	46	102.6	102.53
商服用地	12	14.7	177.92
居住用地	4	13.3	96.18
其他用地	2	2.2	2.37
合计	64	132.8	379

三、土地使用权出让合同签订工作

土地出让合同签订方面，2015 年 1–12 月已签订土地使用权出让合同 214 宗，用地面积 449.92 公顷，合同总地价 643.12 亿元（详见表 4–4、表 4–5）。

表 4-4　深圳市历年签订土地出让合同情况（按出让方式分）

单位：宗、公顷、万元

年份	合计			其中							
	宗数	面积	合同地价	协议		招标		拍卖		挂牌	
				宗数	面积	宗数	面积	宗数	面积	宗数	面积
1987—1993	1636	3782.93		1574	3739.65	59	42.33	3	0.95	—	—
1994	500	1351.00		495	1342.93	3	4.27	2	3.80	—	—
1995	739	1878.55		739	1878.55	—	—	—	—	—	—
1996	668	1249.83		666	1247.14	2	2.69	—	—	—	—
1997	573	1272.73	705005.00	573	1272.73	—	—	—	—	—	—
1998	560	1978.86	573178.00	556	1968.47	2	5.81	2	4.58	—	—
1999	590	969.67	465915.00	584	934.40	6	35.27			—	—
2000	502	1076.58	519649.71	491	1034.29	7	15.56	4	26.73	—	—
2001	524	1250.99	799422.01	514	1146.03	6	79.90	4	25.06	—	—
2002	427	1332.32	428330.00	415	1273.09	2	7.61	10	51.62	—	—
2003	332	1409.62	592594.00	322	1301.60	—	—	10	108.02	—	—
2004	326	1072.97	756300.00	303	938.56	—	—	12	104.67	11	29.74
2005	288	918.92	534862.23	278	856.28	—	—	5	50.70	5	11.94
2006	368	1688.97	1348305.82	342	1570.04	9	65.38	8	34.79	9	18.76
2007	517	1899.27	1615342.08	487	1787.90	2	5.31	—	—	28	106.05
2008	260	543.48	1273288.08	201	264.91	1	2.95	—	—	58	275.62
2009	232	629.31	1266256.49	176	394.67	—	—	3	18.07	53	216.57
2010	305	1035.97	1317358.19	223	559.50	1	2.40	5	14.45	76	459.62
2011	221	622.95	1413097.70	153	352.90	—	—	—	—	68	270.05
2012	241	768.09	2948044.53	177	512.29	—	—	—	—	64	255.80
2013	219	568.01	5763103.42	170	389.41	0	0	1	0.4223	48	178.18
2014	232	579.03	6945824.19	191	401.32	0	0	5	13.33	36	164.38
2015	214	449.92	6431228.22	166	334.91	-	-	5	6.40	43	108.61

表 4-5　深圳市历年签订土地出让合同情况（按土地用途分）

单位：宗、公顷

年份	合计		其中																	
	宗数	面积	商服用地		工矿仓储用地		公用设施用地		公共建筑用地		住宅用地				交通运输用地		水利设施用地		特殊用地	
			宗数	面积	宗数	面积	宗数	面积	宗数	面积	宗数	面积	经济适用房	宿舍	宗数	面积	宗数	面积	宗数	面积
1987～1993	1690	3784.00	231	151.80	596	1635.45	131（宗）		760.55（公顷）		689	1198.75	—	45.24	13	17.05	—	—	30	20.40
1994	500	1351.01	84	152.29	179	350.73	66（宗）		509.97（公顷）		149	315.54	—	6.70	7	4.42	—	—	15	18.06
1995	739	1878.54	128	96.14	226	451.72	53（宗）		763.85（公顷）		317	542.63	—	6.61	11	10.03	—	—	4	14.17
1996	668	1249.83	97	53.85	180	396.20	103（宗）		191.44（公顷）		266	459.29	—	9.95	19	147.51	—	—	3	1.54
1997	573	1272.72	105	100.67	113	177.70	65（宗）		87.91（公顷）		258	361.33	—	10.91	27	524.16	—	—	5	20.95
1998	560	1976.80	79	79.54	155	332.25	38（宗）		197.75（公顷）		233	404.23	—	9.80	4	1.16	18	703.64	33	258.23
1999	590	969.65	71	91.34	268	402.21	17（宗）		9.29（公顷）		188	226.65	—	5.78	7	6.37	2	1.81	37	231.98
2000	502	1076.58	65	42.33	139	359.24	30（宗）		64.28（公顷）		176	259.51	—	1.62	8	140.17	11	11.08	73	199.97
2001	524	1250.94	68	40.70	167	513.23	55（宗）		100.53（公顷）		154	359.02	—	2.00	16	81.64	10	7.42	54	148.40
2002	427	1332.32	57	61.64	143	389.22	28（宗）		289.94（公顷）		112	244.24	—	—	29	86.04	6	2.29	52	258.95
2003	332	1409.62	29	34.47	105	449.75	46	91.18	26	15.43	98	261.56	25.12	—	9	34.35	—	—	19	522.88
2004	326	1072.97	37	62.81	144	539.92	15	58.19	58	162.64	63	177.77	13.16	—	2	63.17	—	—	7	8.47
2005	288	918.92	16	19.90	127	427.94	38	84.86	42	207.36	58	136.14	4.32	0.92	6	12.68	—	—	1	30.04
2006	368	1688.97	47	331.72	150	519.64	55	248.73	34	94.24	68	232.08	—	2.99	11	258.97	—	—	3	3.59
2007	517	1899.27	22	20.59	291	1397.63	74	76.17	48	114.65	57	136.98	0.50	—	19	146.07	1	0.45	5	6.70
2008	260	543.48	33	20.33	43	154.61	48	39.67	69	146.69	41	122.11	1.70	—	20	52.57	—	—	6	7.50
2009	232	629.31	20	12.33	37	175.09	47	44.96	49	203.89	49	136.84	—	—	24	47.91	—	—	6	8.29
2010	305	1035.97	31	85.37	67	382.65	68	58.95	57	146.46	63	145.78	29.71	—	17	192.20	—	—	2	24.56
2011	218	542.86	20	21.78	45	161.21	22	37.49	30	59.98	90	258.43	77.73	—	9	3.01	1	0.15	1	0.80
2012	241	768.09	38	131.93	61	145.37	16	22.08	42	240.18	76	221.94	7	14.84	5	2.76	1	0.06	2	3.77
2013	219	568.01	39	103.16	44	111.02	25	87.95	25	59.21	80	200.70	3.44	—	6	5.98	0	0	0	0
2014	232	579.03	52	192.09	51	97.72	23	35.58	24	72.36	82	180.70	0.58	-	-	-	-	-	-	-
2015	214	449.69	45	58.56	53	137.04	19	9.41	36	89.10	57	135.67	2	2.20	2	17.94	-	-	-	-

注：因土地分类标准发生变化，2002 年及以前的土地分类按以下方式转换为新的地类。原住宅用地、宿舍用地以及以住宅为主的综合楼用地计入新分类标准的住宅用地；原商业、经营性办公用地以及以办公或商业为主的综合楼用地计入商服用地；原工业、仓储用地计入工矿仓储用地；原能源水利用地计入水利设施用地；原非经营性办公用地、公益用地合并计入公用设施用地、公共建筑用地的合并项目中；原交通用地计入交通运输用地；原其他用地均计入特殊用地。

第四节 土地转让

2015 年，深圳市通过有形土地市场转让土地 1 宗，转让土地面积共 3.84hm^2，成交金额共 83983.55 万元。其中，港口用地 1 宗，实际交易土地面积 3.84hm^2，成交金额 83983.55 万元。

表 4-6 深圳市历年土地转让情况

单位：hm^2、万元

年份	合计		其中							
	面积	金额	商服用地		工矿仓储用地		住宅用地		其他用地	
			面积	金额	面积	金额	面积	金额	面积	金额
2001	34.24	50686.60	0.52	1850.00	7.49	6290.60	26.23	42546.00	—	—
2002	62.72	94922.64	8.29	40148.40	15.72	6374.20	38.71	48400.04	—	—
2003	141.14	283900.00	5.44	44770.00	16.29	11590.50	114.01	219529.50	5.40	8010.00
2004	68.84	182182.15	—	—	18.29	8542.00	50.55	173640.15	—	—
2005	24.70	51206.80	0.67	965.00	5.20	3748.00	14.18	31589.80	4.65	14904.00
2006	4.77	47462.50	1.82	31800.00	1.50	1660.00	1.45	14002.50	—	—
2007	0.95	6931.00	—	—	0.03	81.00	0.92	6850.00	—	—
2008	2.67	2311.00	—	—	2.47	2011.00	0.20	300.00	—	—
2009	3.33	9656.15	1.00	6912	2.25	2444.15	0.08	300.00	—	—
2010	0.04	2216.00	—	—	—	—	0.04	2216.00	—	—
2011	2.74	15836.00	—	—	2.3	7000.00	0.44	8836.00	—	—
2012	4.94	3550.52	—	—	4.25	2888.52	—	—	0.69	662
2013	0.18	40509	0.17	40500	0.01	9	—	—	—	—
2014	3.77	8985.65	—	—	3.77	8985.65	—	—	—	—
2015	3.84	83983.55	—	—	—	—	—	—	3.84	83983.55

表 4-7 深圳市 2015 年公开拍卖、挂牌转让土地使用权项目一览

交易日期	标的名称	交易方式	用途	位置	宗地土地总面积（m²）	实际交易土地面积（m²）	宗地总建筑面积（m²）	实际交易建筑面积（m²）	成交金额（万元）
2015-12-30	J249-0002	挂牌	港口用地	盐田区	383837.06	383837.06	10000	10000	83983.55

第五节　土地市场管理

一、狠抓顶层设计，完善出让制度

1. 制定产业用地供需服务平台实施办法。认真按照 2014 年底国家土地专项审计意见、省委巡视组巡视整改意见、省国土厅土地出让公告多次督察意见要求，结合供需平台一年多的实际运行情况，通过征求市政府各相关部门、区政府意见，对供需平台运行方案进行了调整优化，上报市政府《关于产业用地供需服务平台工作方案有关问题的请示》（深规土〔2014〕723 号）获市政府专题会议原则通过，并根据会议要求加快修订出台的精神，组织进行了多次讨论和反复修改，设计和推出了产业用地土地整备制度、准入行业类别清单制度、用地供应信息提前公开制

度、产业用地需求常态化申报制度、竞买人产业准入条件核实制度，明确和规范了供需平台出让产业用地各事项和程序，重点是强化了竞买人资格审查，规定竞买人产业准入条件须于竞买前咨询和竞得后申请核实，产业部门转变政府职能由审批变为服务，已形成《深圳市产业用地供需服务平台实施办法》（送审稿），正在报市政府审议。

2. 制定重大重点项目用地出让办法。根据我市新的形势发展需要，以推进深圳湾总部基地建设为契机，通过比较和吸收上海、杭州等地的先进经验和做法，结合我市未来引进项目的方向和特点，提出重点产业项目建设用地准入条件和要求，探索以招拍挂组合方式出让用地保障重点项目用地需求的新路子，促进我市优先发展的重大重点产业项目落地建设，起草的相关办法已融入委员会相关研究课题，形成《深圳市重点工业及其他产业项目加上用地使用权出让暂行办法》，正在征求意见加紧完善按程序报市政府审批。

二、拓宽宣传渠道，扩大出让影响

1. 通过信息快报宣传供需平台。在供需平台日益发挥效用的时候，选择市委市政府办公厅《信息快报》，于 2015 年 3 月在《信息快报》第 39 期（总第 5210 期）头条位置刊登《市规划国土委创新用地供应模式服务产业转型发展》重要信息，详细介绍供需平台实现用地供需有效对接、助力产业结构转型升级、推动政府职能由审批型向服务型转变、简化出让流程提升行政效能等方面的作用和效果，扩大了供需平台的影响力。

2. 通过展会展示推广供需平台。推出供需平台和即将组织出让的 10 余宗产业用地作为我市土地主打项目参加 2015 年 8 月在深圳会展中心举办的“2015 房博会・土地展”，全面展示供需平台的意义和功能，以及产业用地需求申报等相关内容，向前来观摩、咨询的全国各参展城市、单位和现场观众尤其是本地观展企业、人士介绍供需平台的背景、作用和产业用地信息，派发相关资料，扩大了供需平台的关注度和知名度。

3. 通过政策宣讲推进需求申报。联合市高新技术产业协会和工业总会，面向全市战略性新兴产业和工业企业，在“2015 房博会・土地展”现场举办声势浩大的产业用地政策宣讲活动，结合产业用地出让，与 200 余家企业代表进行政策

解答、供需平台推广、宗地推介和供需互动，拓展了产业用地需求。

4. 通过电台广告推介用地出让。首次于2015年8月，在深圳广播电台交通频率每天早晚黄金时段各投放15秒广告，连播3个月，宣传我市实行产业用地需求申报的新举措。再次于2015年11月，在深圳广播电台新闻频率和交通频率每天早晚黄金时段各投放15秒广告，连播30天，推介我市年底安排出让教育用地吸纳社会资本参与的特殊做法，加大社会关注度和企业参与度，提高了用地出让的热度和成功率。

三、创新出让程式，提升服务水平

1. 实行供应信息公开。严格按照近期建设与土地利用规划年度实施计划开展用地出让工作，年初在交易中心网站公布纳入年度计划的用地供应信息，采取预公告形式，及时公开选址后的批次具体地块供应信息，方便企业竞买。

2. 开展需求信息申报。在年初动员企业申报需求的基础上，与政策宣讲同步在交易中心网站发布产业用地需求申报通告，申明产业用地公告出让前不设行业类别条件在供需平台公示并接受企业需求申报，告知企业申报需求的益处、意义和途径，引导企业根据轻重缓急和自身发展实际，自行针对性和常态化申报需求。截至2015年12月31日，共收到企业需求申报并审核通过56份，主要为先进制造业和优势传统产业，中小微企业居多。

3. 明确产业导向。各区会同产业部门根据产业规划、政策、环保等要求确定辖区产业用地准入行业类别，要求按《国民经济行业分类与代码》中的“大类”设置，我市未来产业按市政府有关产业发展规划与政策确定的行业大类设置，我市战略性新兴产业等鼓励发展类产业按《深圳市产业结构调整优化和产业导向目录》中“鼓励发展类”的“中类”设置，保证产业导向的规范化、标准化。尝试结合企业需求调整具体地块的产业导向，进一步提高土地供应的针对性、导向性和有效性。

4. 降低准入门槛。贯彻落实省委巡视组巡视整改意见，明确提出并坚持通过供需平台出让产业用地“不设置限制或排斥公平公正竞争的条件”原则，取消营业收入和纳税额设置，规定在深注册和从事行业年限1～5年不等的企业均可参与竞买，最大限度地满足广大企业竞买要求。

5. 推行准入条件核实。将以往竞买资格后审改为竞买准入条件核实，将行政审批事项改为行政服务事项，实行意向竞买企业先向出让公告中明确的产业主管部门咨询是否符合产业准入条件，竞得后再向产业主管部门提交相关证明材料申请产业准入条件核实，产业主管部门在规定的时限内核实后出具产业准入条件核实文件，提升了工作效能，加强了服务型政府建设。

四、突出重点项目，确保用地需求

1. 大力推出鹿丹村首宗旧改居住用地上市交易。创新竞价模式，对首个由政府主导的旧住宅小区改造项目，首次采用定地价和回迁物业建筑面积、向下竞可售商品住房建筑面积的办法挂牌出让，吸引8家主流房企参与竞争。经过现场近70轮激烈争夺，最终中海地产以8.88亿元、可售商品房面积 39900 平方米（挂牌起始面积 90485.51 平方米）竞得，创我市旧改居住用地出让先河，缓解了民生用地压力。

2. 成功组织首宗教育用途“农地”出让。盘活社区存量土地，加大教育投资力度，引入社会资本参与建设，推出首宗原村集体教育设施用地出让，乘兴而来的 52 家企业经过 41 轮竞价，万科兴业公司以 2.21 亿元最后胜出。这是“1+6”文件实施以来，我市第 2 宗“农地”、首宗教育设施用地入市交易，也是继 2014 年 4 月首宗养老用地入市后我市又一宗教育设施用地引社会资本进民生领域的再尝试，意义非凡。按规定，扣除挂牌起始价和交易费用，溢价部分近 2 亿元全部归原农村集体经济组织。一方面，大力推动了社区转型发展；另一方面，拓展了土地供应来源，为社会经济发展提供了空间载体。

3. 重点保障我市重大重点项目落地。积极协调落实重大重点项目用地相关事项，加快推进招拍挂出让前期工作，优先安排重大重点项目用地进入出让程序，精心组织招拍挂出让各项工作。截至 2015 年 12 月 29 日，我市组织出让产业用地 49 宗，其中重大重点项目用地 14 宗；组织出让经营性用地 13 宗，其中重大重点项目用地 5 宗，确保了翰宇药业、北邮网络、国民技术、宇龙计算机、欧菲光科技、华科育成科技、阳光保险、易尚数字技术、中意富华、怡亚通供应链等一大批重大重点项目用地顺利出让。

经统计，截至 2015 年 12 月 31 日，我市全年共发布出让公告（含前海）31 次，交易宗地 73 宗，成交 66 宗（含前海），未成交 6 宗，正在公告 1 宗，成交土地面积 136.86 公顷，成交总地价 427.41 亿元。其中，经营性用地交易 23 宗，成交 19 宗，未成交 3 宗，正在公告 1 宗，成交土地面积 32.26 公顷，建筑面积 169 万平方米，成交金额 322.67 亿元；产业用地交易 50 宗，成交 47 宗，未成交 3 宗，成交土地面积 104.6 公顷，建筑面积 343.47 万平方米，成交金额 104.74 亿元。其中通过供需平台出让的 30 宗产业用地，成交土地面积 63.公顷，9 宗溢价成交，最高溢价率达 284%。

第六节　地价指数

一、指数编制说明

（一）编制对象

深圳市综合地价指数、深圳市住宅用地地价指数、深圳市商业用地地价指数、深圳市工业用地地价指数；罗湖区、福田区、南山区、盐田区的居住、商业、工业用地的地价指数。

（二）指数基期

以 2000 年 12 月 31 日为基期，各类用地类型的指数其基期均设为 100。

（三）指数编制的数据来源

国土资源部部署的深圳市城市地价动态监测项目始于 2007 年，全市 2007 年以后（含 2007 年）的地价指数编制的数据来源于该项目；2007 年以前的数据来自深圳市规划国土委发布的深圳市地价指数。

（四）指数编制办法

由于编制指数所采用的数据分别来自城市地价动态监测和深圳市地价指数，二者的地价水平值的内涵虽然不同，但均能正确反映深圳市土地价格的变化趋势。通过适当的数据处理手段，将两个时期的地价水平值调整为连续可比，并以此计算各期的地价指数。

表 4-8　深圳市历年地价动态监测的土地评估价值指数

年度 \ 类型	2000	2006	2007	2008	2009	2010	2011	2012	2013	2014	2015			
	4 季	4 季	4 季	4 季	4 季	4 季	4 季	4 季	4 季	4 季	1 季	2 季	3 季	4 季
综合	100	137.13	305.65	208.82	278.07	343.43	408.46	424.59	504.96	537.24	541.11	573.64	589.99	614.54
住宅	100	145.79	268.99	204.62	279.64	300.08	338.34	359.78	433.68	480.93	480.80	520.41	537.99	565.02
商业	100	116.59	329.40	213.36	282.05	418.66	533.71	536.92	632.34	627.36	638.52	658.18	672.12	692.73
工业	100	126.49	269.79	158.19	167.13	199.04	207.87	228.76	255.92	293.46	297.08	307.55	314.32	322.10

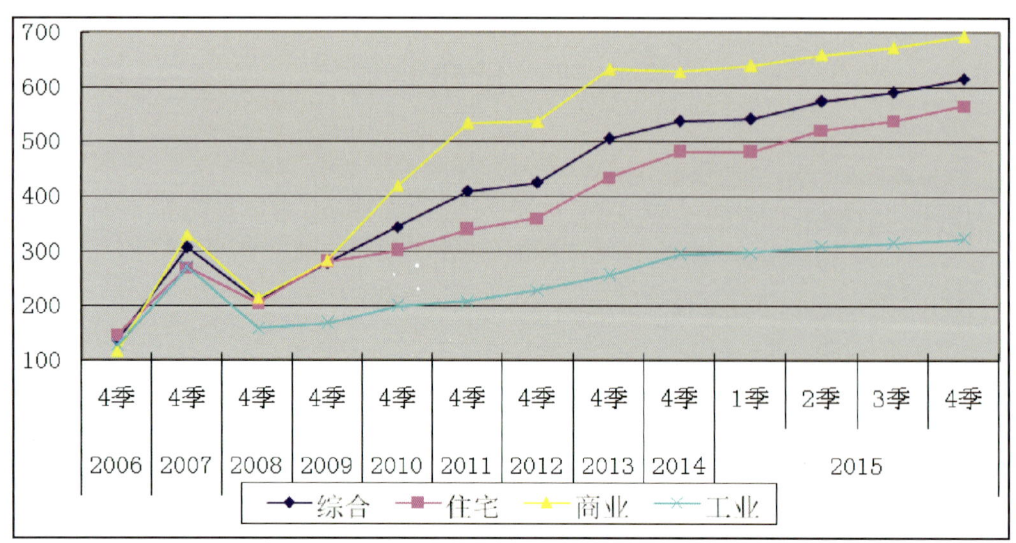

图 4-1 深圳市历年地价动态监测的土地评估价值指数趋势图

表 4-9 深圳经济特区历年居住用地地价动态监测的土地评估价值指数

年度 区域	2000	2006	2007	2008	2009	2010	2011	2012	2013	2014	2015
	4 季	4 季	4 季	4 季	4 季	4 季	4 季	4 季	4 季	4 季	4 季
福田区	100	147.96	279.69	260.21	344.72	335.67	358.36	395.24	465.91	515.81	617.68
罗湖区	100	133.66	214.59	198.84	221.75	266.78	233.94	240.33	277.22	314.74	378.75
南山区	100	156.04	417.29	245.77	378.07	413.70	515.78	549.82	631.03	693.41	814.82
盐田区	100	128.44	242.20	218.52	422.47	445.55	425.33	447.06	485.09	520.03	564.83

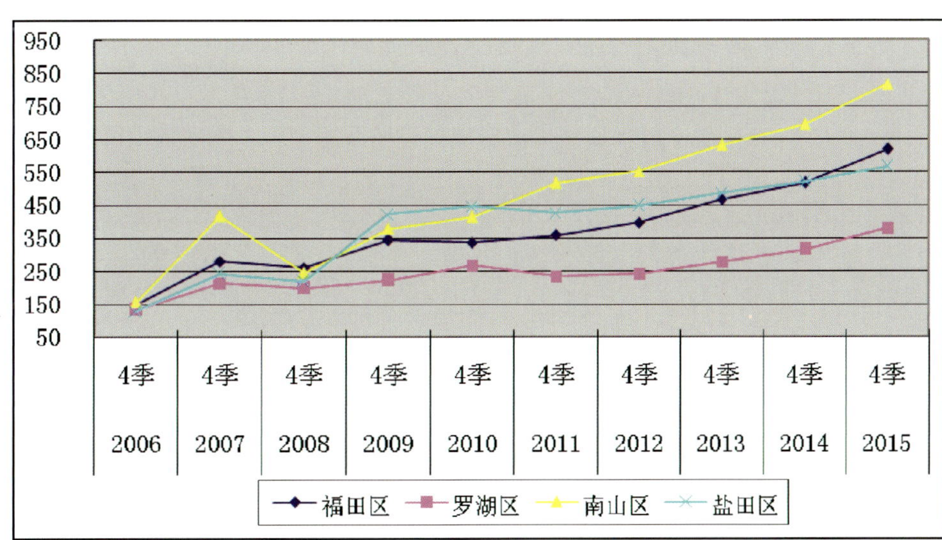

图 4-2 深圳经济特区历年居住用地动态监测的土地评估价值指数示意图

表 4-10 深圳经济特区历年商业用地地价动态监测的土地评估价值指数

年度 区域	2000	2006	2007	2008	2009	2010	2011	2012	2013	2014	2015
	4 季	4 季	4 季	4 季	4 季	4 季	4 季	4 季	4 季	4 季	4 季
福田区	100	114.64	354.06	247.78	318.90	486.82	662.00	679.15	715.65	752.83	797.40
罗湖区	100	101.54	254.47	221.37	220.72	243.85	231.45	229.51	234.32	248.78	273.98
南山区	100	116.09	381.57	246.37	390.31	641.24	857.70	831.63	1180.00	1090.62	1204.19
盐田区	100	101.18	239.11	211.84	197.54	216.32	215.37	230.94	259.93	273.58	302.78

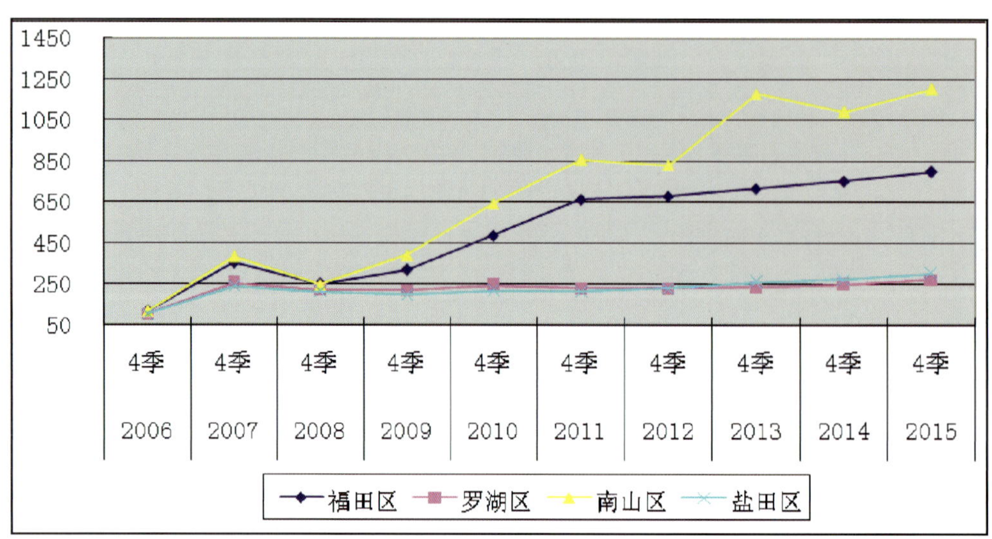

图 4-3　深圳经济特区历年商业用地动态监测的土地评估价值指数示意图

表 4-11　　深圳经济特区历年工业用地地价动态监测的土地评估价值指数

年度 / 区域	2000	2006	2007	2008	2009	2010	2011	2012	2013	2014	2015
	4 季	4 季	4 季	4 季	4 季	4 季	4 季	4 季	4 季	4 季	4 季
福田区	100	140.78	327.28	182.44	181.69	224.33	309.82	333.86	334.81	421.37	460.83
罗湖区	100	119.69	164.23	154.97	143.47	153.71	143.75	158.66	181.64	187.16	215.57
南山区	100	117.42	442.21	157.83	153.65	188.60	197.49	230.69	262.93	302.28	329.72
盐田区	100	123.59	183.06	162.41	165.02	181.07	165.64	189.91	207.89	213.59	249.85

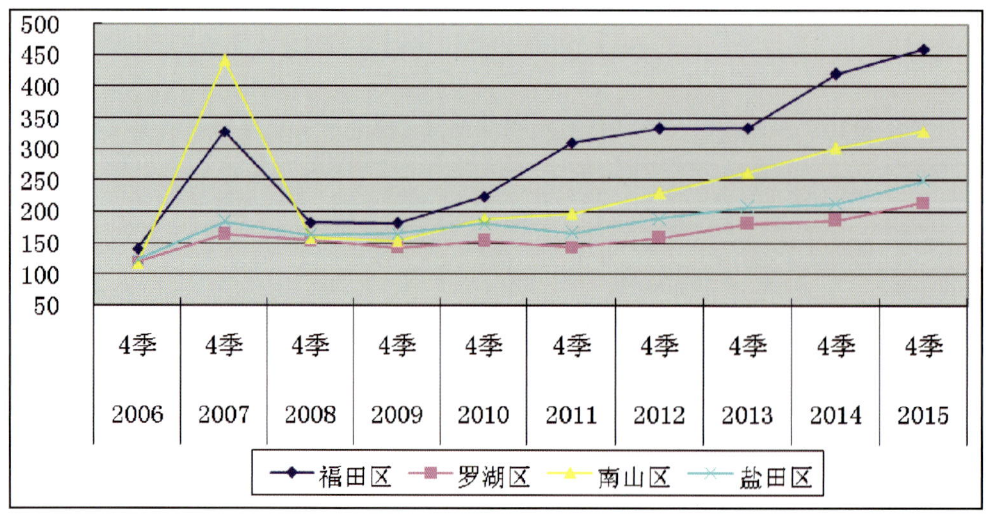

图 4-4　深圳经济特区历年工业用地动态监测的土地评估价值指数示意图

深圳市住宅用地基准楼面地价图

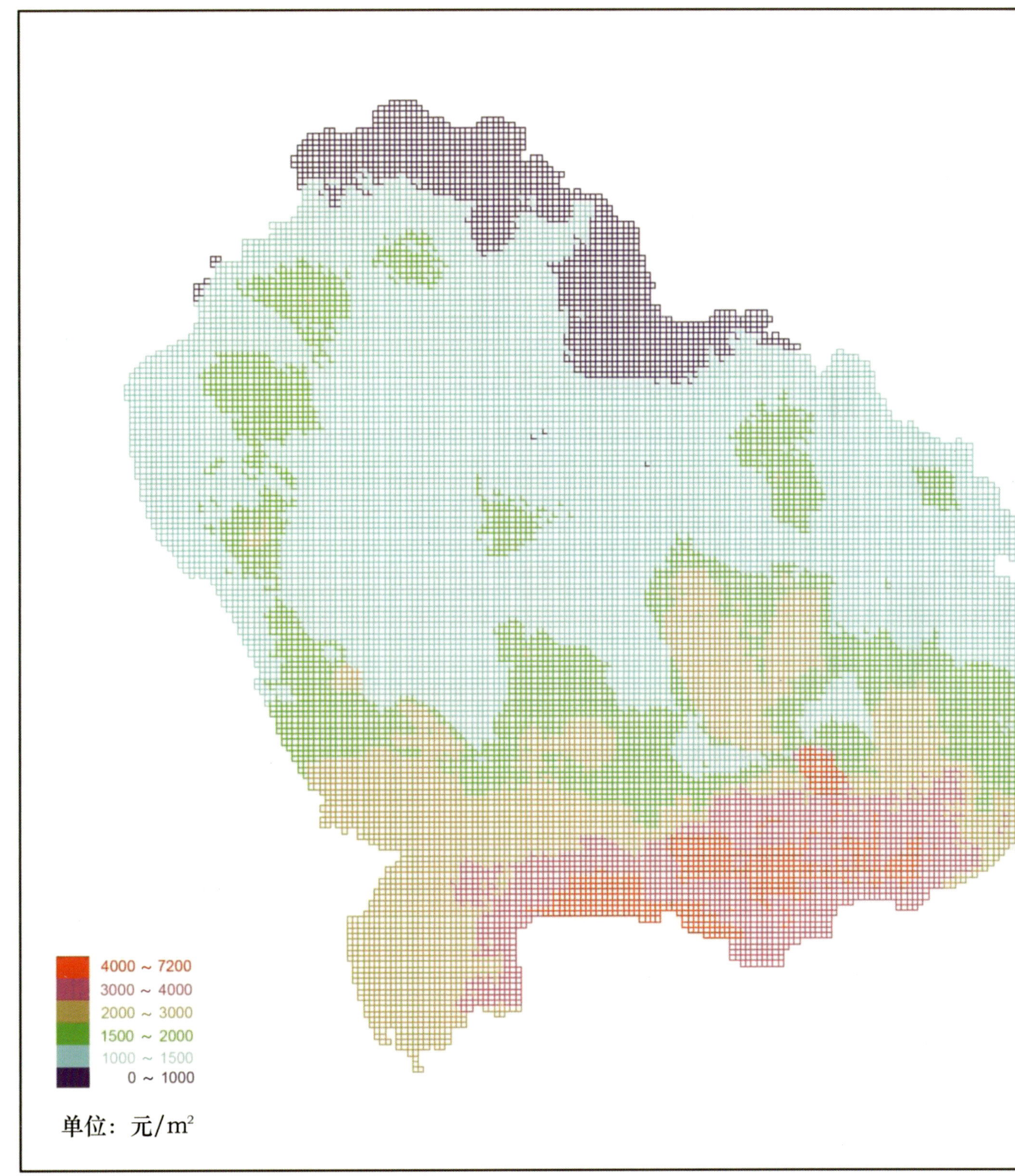

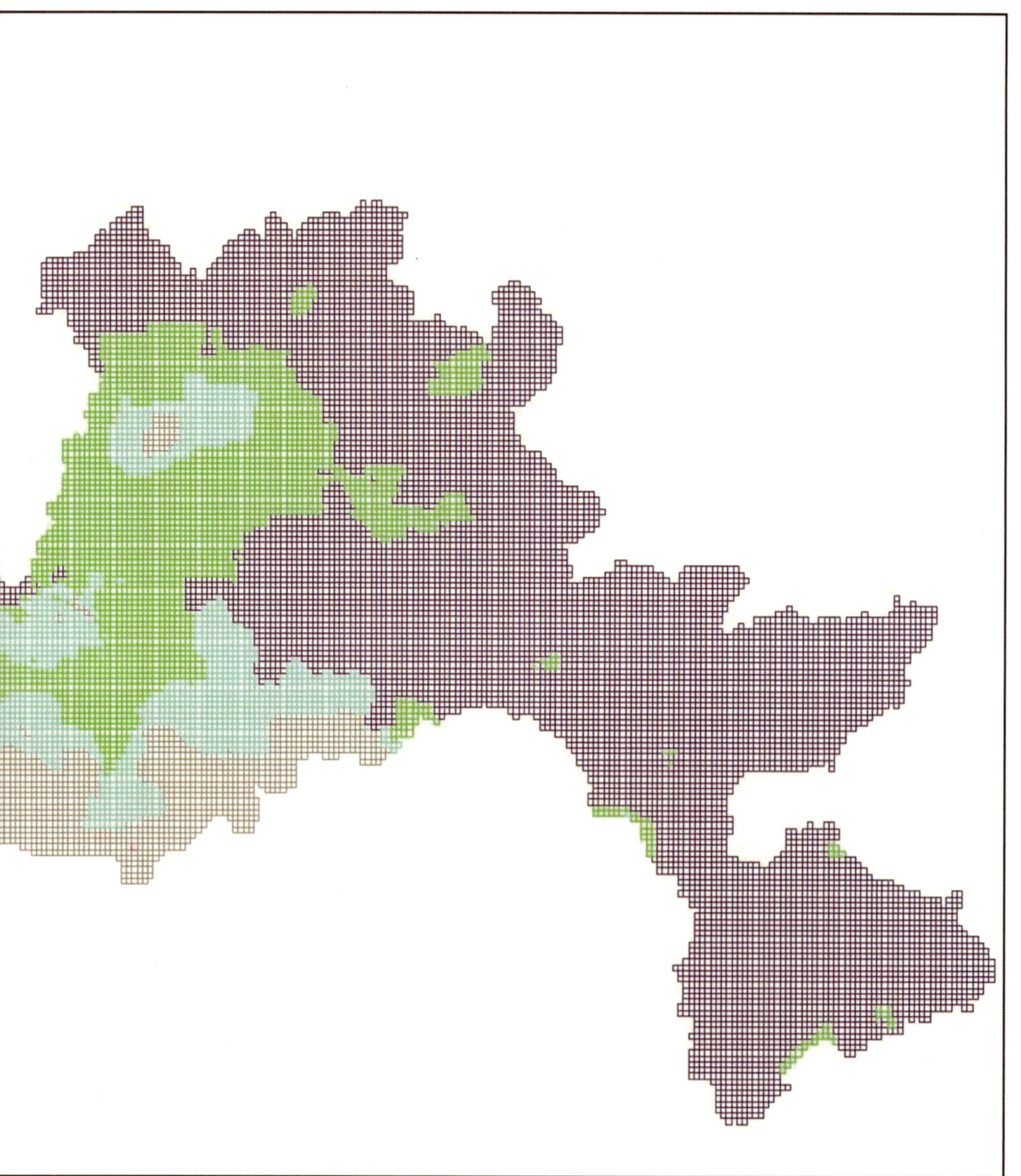

深圳市办公用地基准楼面地价图

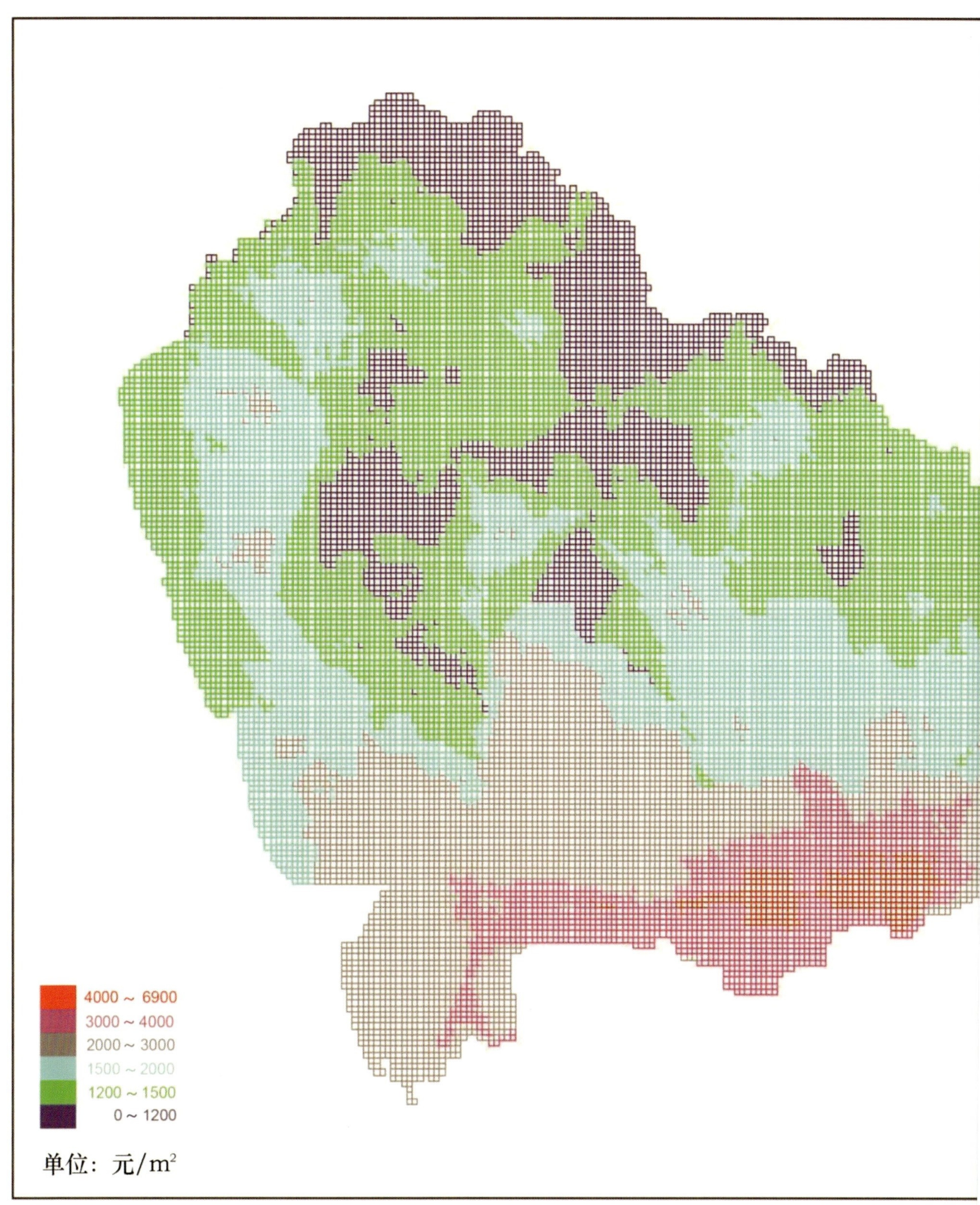

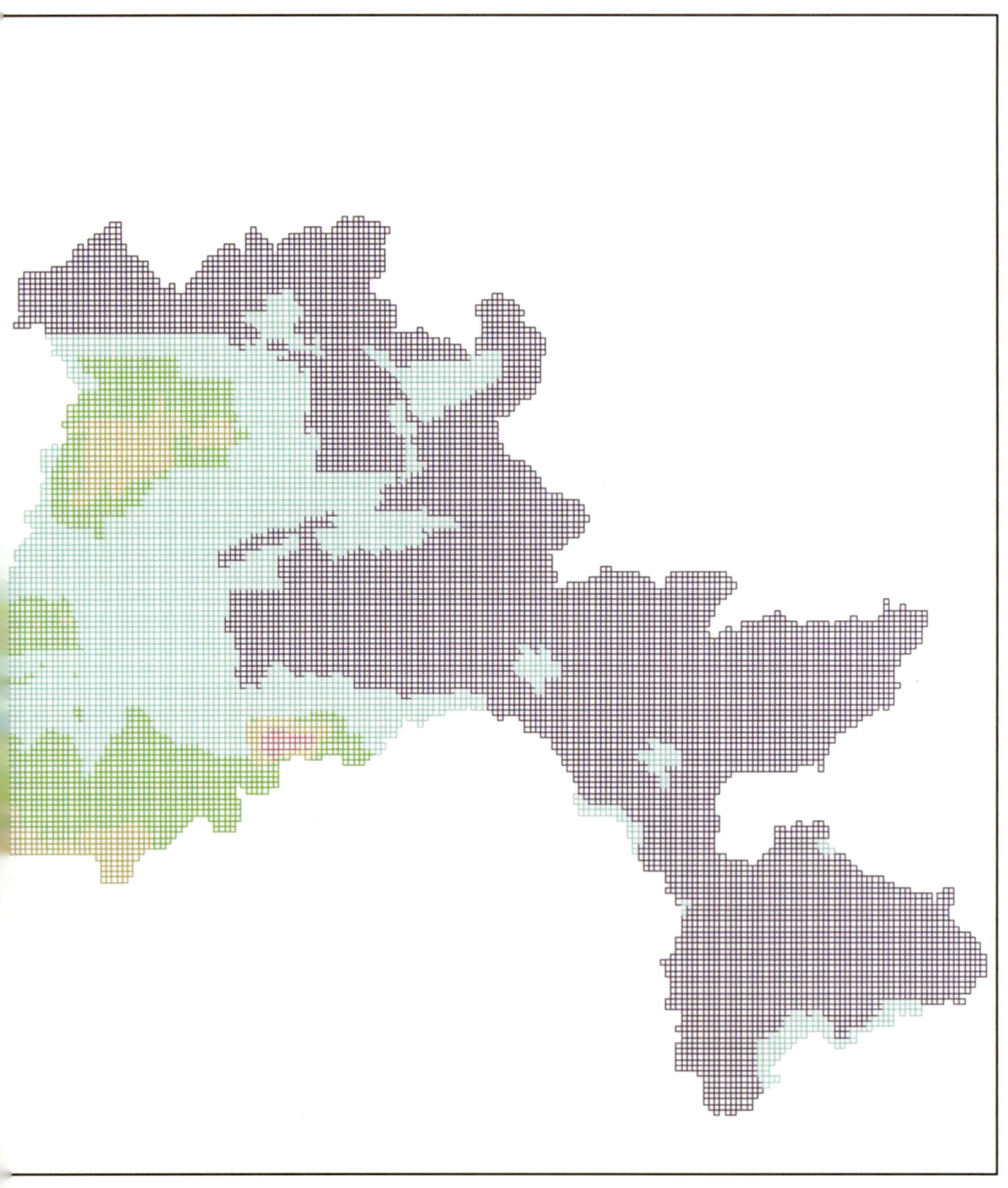

深圳市工业用地基准楼面地价图

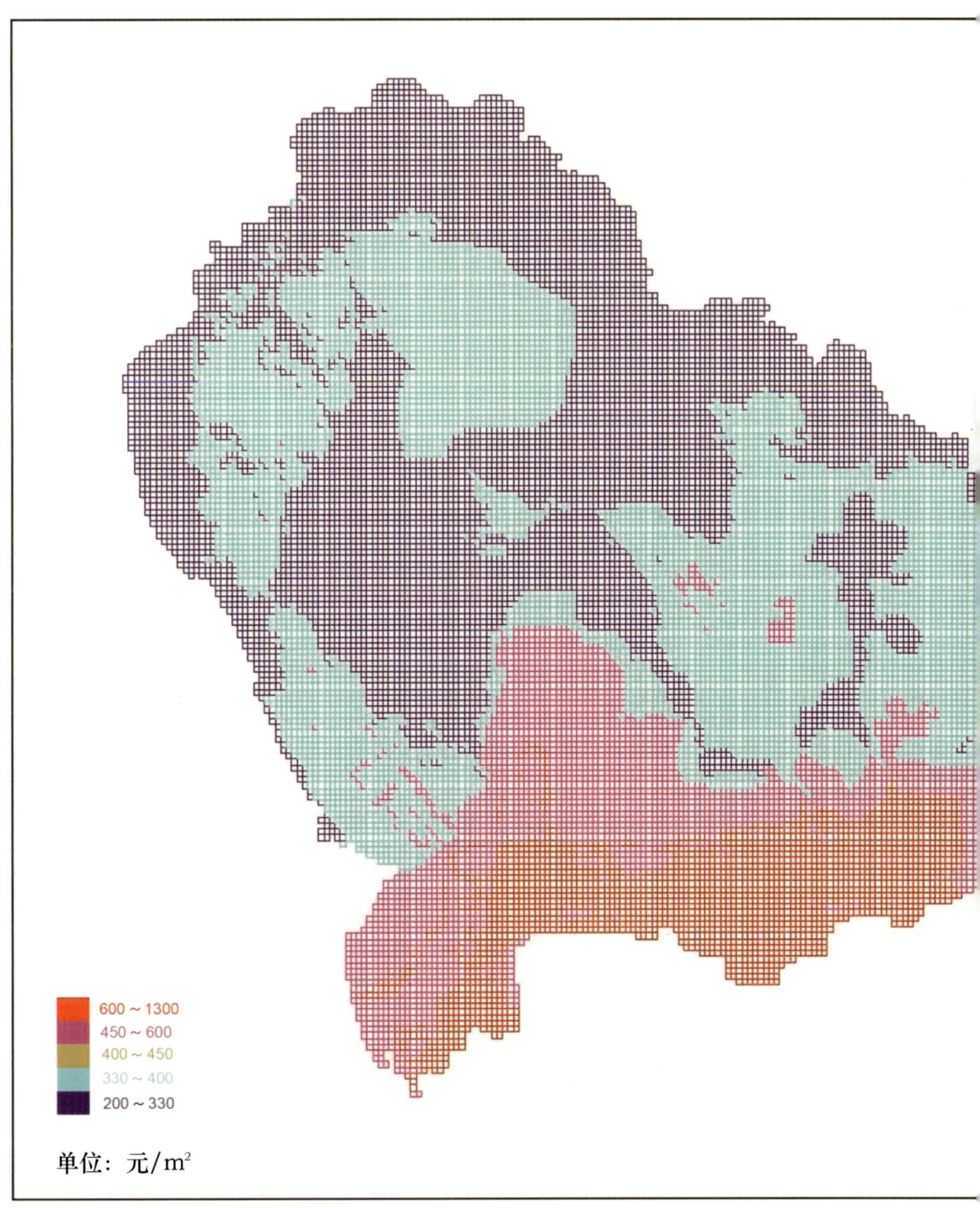

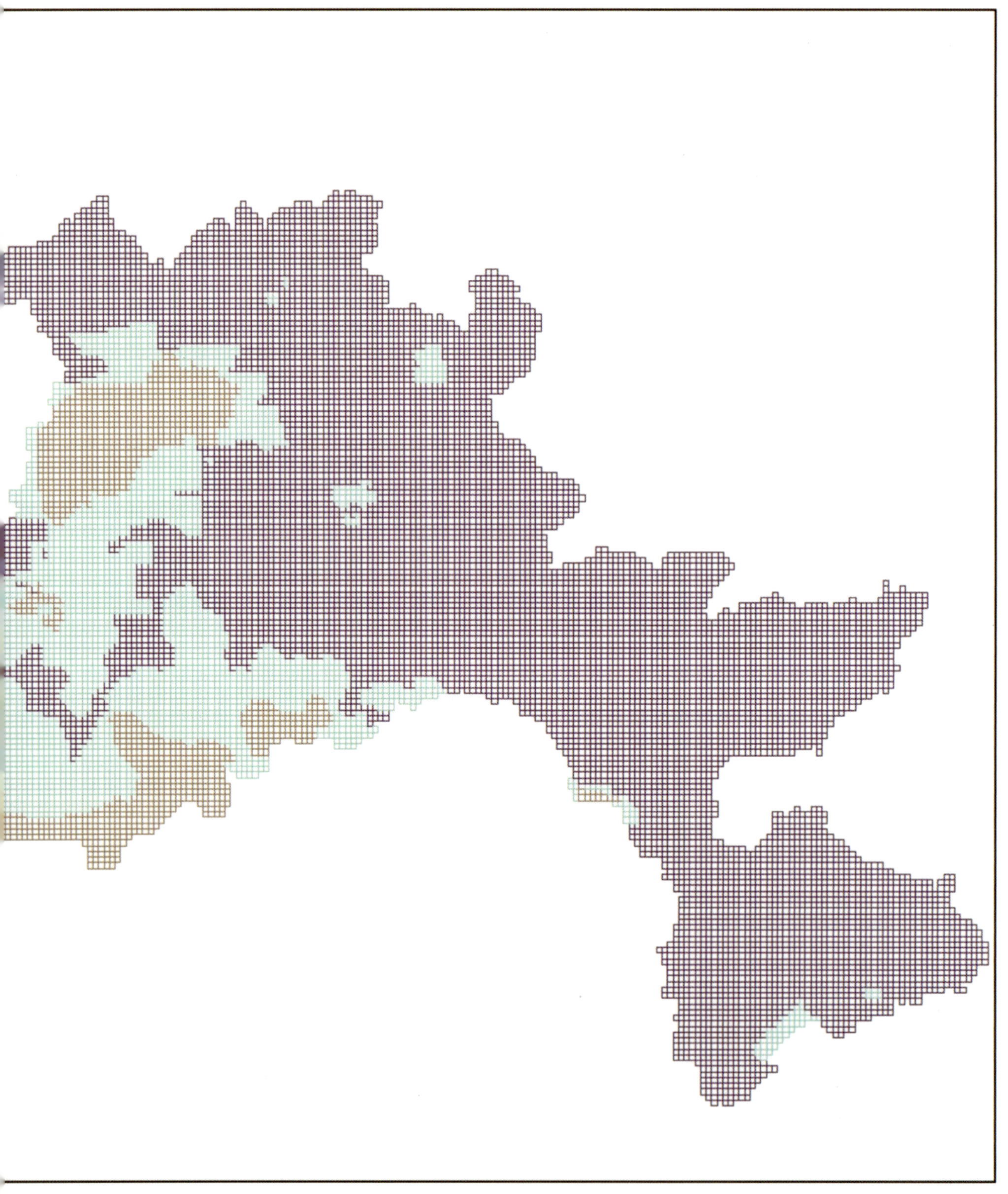

深圳市商业用地基准楼面地价图

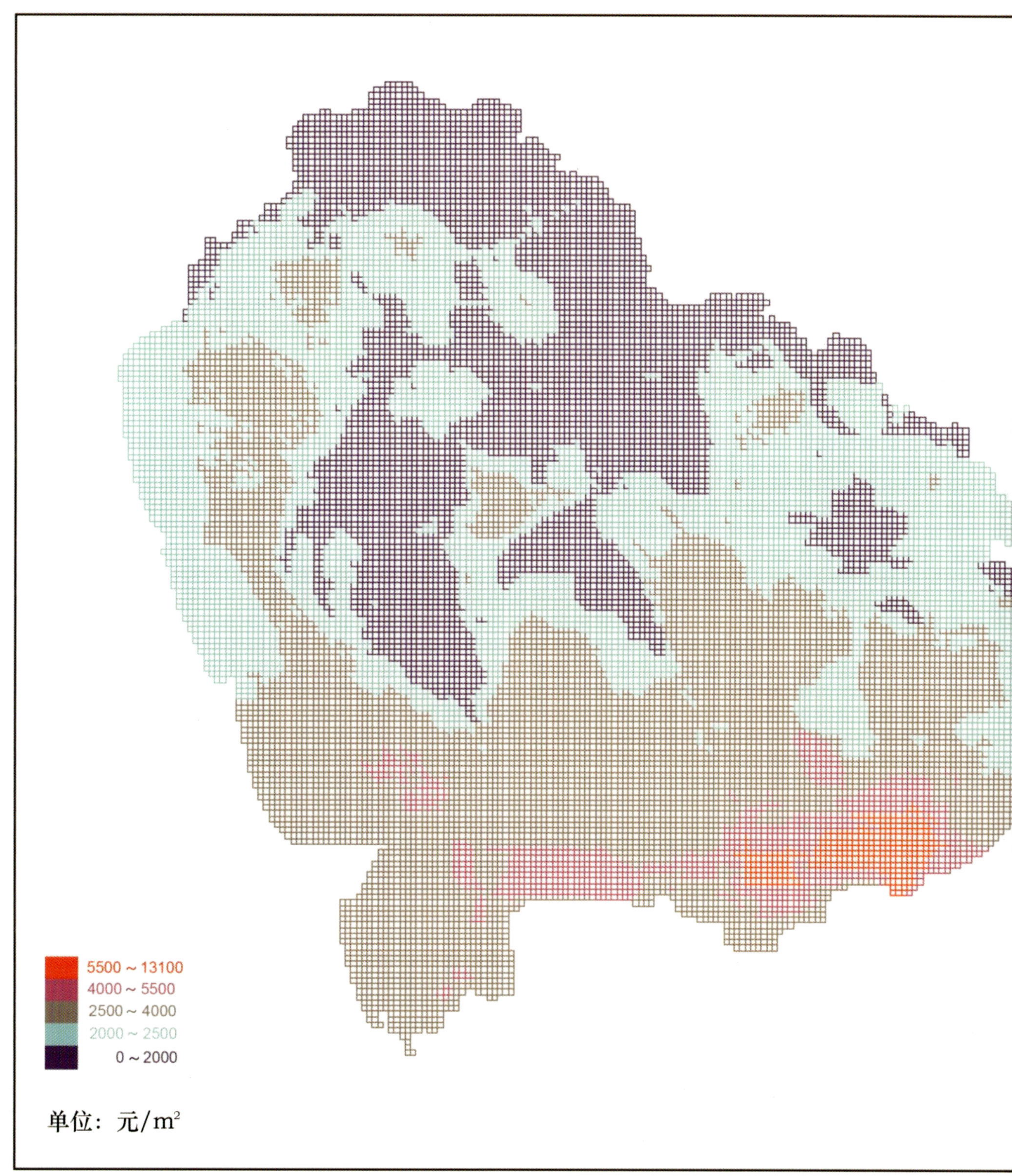

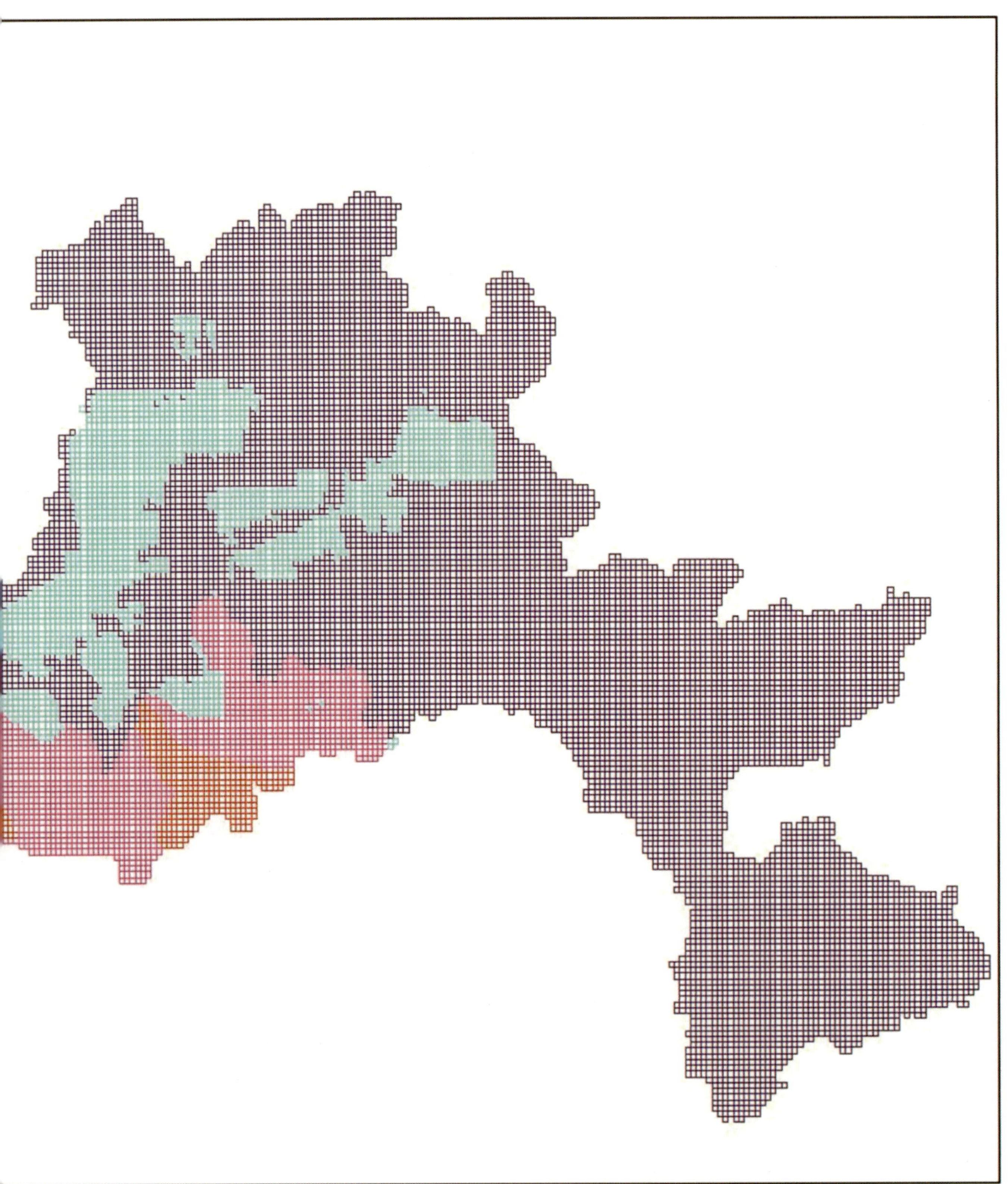

第五章　房地产开发

第一节　房地产开发投资

一、完成投资情况

2015 年，深圳市共完成房地产开发投资 1331.03 亿元，同比增加 24.46%。从用途结构来看，住宅完成投资 897.17 亿元，同比增加 22.85%。其中，90 平方米以下住宅投资 562.22 亿元，同比增加 39.81%；办公楼投资 158.84 亿元，同比增加 52.41%；商业用房投资 142.72 亿元，同比增加 20.72%；其他用房投资 132.34 亿元，同比减少 13.34%。从投资计划来看，2014 年，全市房地产计划总投资 6686.61 亿元，同比增加 22.18%。实际完成房地产开发投资额 1331.03 亿元，占年度计划总投资比例的 19.91 %，同比增加 0.37 个百分点。

总体而言，2015 年全市的房地产开发投资呈现以下特点：一是全市房地产开发投资仍以住宅为主，住宅所占份额为 67.4%，低于上年 0.9 个百分点。90 平方米以下住宅投资额所占份额 42.2%，比上年提高 4.6 个百分点；二是办公楼投资占比份额较上年有所上升，所占份额为 11.9%，较上年提高 2.2 个百分点；三是商业用房和其他类商品房份额也有所变化，商业用房所占份额 10.72%，同比下降 0.33 个百分点，其他类用房包括工业厂房、仓储、研发等物业投资所占份额为 9.94%，较上年减少 0.98 个百分点。

表 5-1　深圳市历年房地产开发完成投资构成（按房屋用途分）

单位：亿元

年份	本年完成投资	其中					
		住宅			办公楼	商业用房	其他
			普通住宅	别墅、高档住宅			
1996	124.83						
1997	136.65	85.50			18.18	14.78	18.19
1998	181.01	117.15			16.45	16.82	30.59
1999	261.45	184.25			19.34	21.34	36.52
2000	271.02	193.96			11.61	23.97	41.48
2001	322.85	220.34			9.25	27.30	65.96
2002	410.36	282.81			16.61	36.99	73.95
2003	449.05	308.76			19.20	49.60	71.49
2004	434.24	255.84	251.36	4.48	24.51	57.44	96.46
2005	423.69	265.53	229.57	35.96	28.04	53.07	77.04
2006	462.09	325.05	252.30	72.75	30.63	67.39	39.02
2007	461.05	331.73	276.25	55.48	30.08	53.53	45.71
2008	440.49	314.98	227.47	6.08	26.12	51.97	47.42
2009	437.46	289.78	284.29	5.49	35.34	53.22	59.12
2010	458.47	304.89	296.01	8.87	37.90	59.36	56.32
2011	590.21	393.35	381.22	12.13	40.55	70.68	85.63
2012	736.84	474.60	264.57	32.64	26.99	90.11	145.13
2013	887.71	594.10	538.27	55.83	64.63	90.22	138.76
2014	1069.49	730.28	650.95	79.33	104.22	118.22	116.77
2015	1331.03	897.13	562.22	334.91	158.84	142.72	132.34

注：从 2005 年 12 月起，深圳市国土资源和房产管理局、深圳市统计局分别取消了原房地产统计系统，统一使用新的统计系统，致使 2005 年统计口径较以前年度发生变化。目前，已对 2004 年度的统计数据做了追溯调整，调整后的口径与 2005 年相同，2003 年及以前年度数据不作调整，下同。

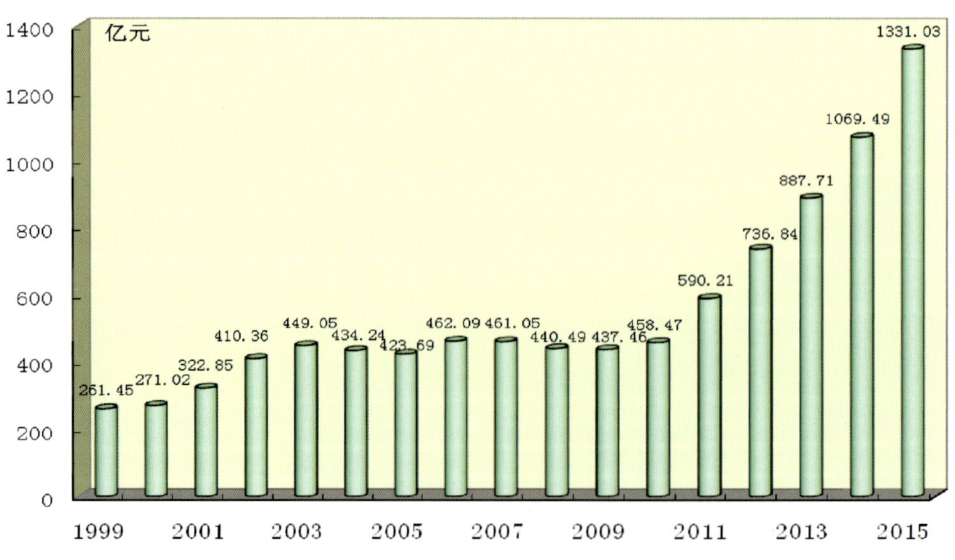

图 5-1　深圳市历年房地产开发完成投资示意图

表 5-2 深圳市历年房地产开发完成投资构成（按投资去向分）

单位：亿元

年 份	本 年 完成投资	其 中				
		商品房建设投资	土地开发投资	土地购置费	旧建筑物购置费（2004 年以前） 配套工程投资（2004 年以后）	其 他（2004 年以前）
1985 年及以前	35.27	29.27	6.00		—	—
1986	9.71	8.04	1.67		—	—
1987	9.02	6.94	1.54		—	0.54
1988	6.80	5.58	1.22		—	—
1989	12.16	9.37	1.06		—	3
1990	11.12	9.39	1.73		—	—
1991	25.56	15.42	9.18		—	0.96
1992	71.49	33.83	35.14		—	2.52
1993	102.77	69.96	26.98		—	5.83
1994	130.46	90.17	30.17		—	10.12
1995	103.04	91.45	11.11		—	0.48
1996	124.82	99.26	9.26	5.72	—	10.58
1997	136.65	109.91	7.78	13.52	—	5.44
1998	181.02	125.40	18.68	34.10	—	2.84
1999	261.45	198.95	16.11	42.46	—	3.93
2000	271.02	196.54	25.24	47.57	—	1.67
2001	322.85	217.57	25.07	80.21	—	—
2002	411.12	304.00	26.25	72.42	1.02	7.43
2003	449.05	321.04	37.63	90.38	—	—
2004	434.24	343.93	11.69	71.80	6.82	
2005	423.69	325.57	24.84	64.05	9.23	
2006	462.09	399.58	6.71	43.86	11.95	
2007	461.05	369.46	10.23	62.22	19.14	
2008	440.49	357.27	6.67	65.98	10.57	
2009	437.46	364.42	7.31	45.25	20.49	
2010	458.47	370.88	5.96	60.99	15.75	
2011	590.21	—	—	111.03	14.38	
2012	736.84	—	—	129.77	14.96	
2013	887.71	—	—	98.88	22.07	
2014	1069.49	—	—	195.67	11.22	
2015	1331.03	142.72		316.76	11.38	

注：自 2011 年 1 月起，国家统计局和深圳市统计局取消了对商品房建设投资、土地开发投资两项指标的统计。

二、开发资金来源

2015 年，全市商品房开发资金来源合计为 3622.03 亿元，同比增加 58.6%，其中：上年结余 683.50 亿元，同比增加 4.9%，占年度总资金来源的 18.9%；在新增资金中，国内贷款 730.79 亿元，同比增加 26.4%，占新增资金的 24.9%；利用外资 3.21 亿元；自筹资金 783.13 亿元，同比增加 43.5%；其他资金来源 1421.41 亿元，同比增加 169.3%。

表 5-3　深圳市历年房地产开发资金来源构成

单位：亿元

年份＼开发资金	合 计	上年末结余资金	本年资金来源小计	国内贷款	银行贷款	非银行机构贷款	利用外资	国家预算内资金	自筹资金	自有资金	其他资金来源	集资（2005年以前）/个人按揭贷款（2005年以后）	定金及预收款
1992			97.16	25.37					28.99	28.99	42.80		22.54
1993			175.06	39.05					49.14	49.14	86.87		66.01
1994			189.90	40.01					63.56	63.56	86.33		40.43
1995			194.13	31.43					34.94	34.94	127.76		33.77
1996			187.92	29.46					45.49	45.49	112.97		39.43
1997			207.66	30.91					61.19	61.19	115.56		47.28
1998	309.21	59.43	249.78	60.20			12.50		103.69	59.00	73.39	0.77	62.00
1999	391.66	62.22	329.44	85.56			13.91		95.94	56.59	134.03	4.90	107.45
2000	472.68	85.16	387.52	84.09			15.40		125.91	66.74	162.12	4.75	119.33
2001	638.43	127.16	511.27	129.04			9.99		177.42	94.40	194.82	3.33	153.79
2002	737.97	141.87	596.10	152.99			8.62	6.96	165.23	90.71	262.30	6.72	208.01
2003	715.15	125.45	589.70	163.32			5.23	5.92	163.90	100.32	251.32	9.85	210.79
2004	842.35	179.00	663.35	149.33			7.03	—	197.98	120.34	309.00	2.06	254.21
2005	867.74	173.73	694.01	159.87	152.98	6.88	2.38	—	216.49	132.76	315.27	72.96	184.10
2006	1008.19	170.34	837.85	229.39	220.61	8.78	8.94	—	174.78	128.64	424.74	158.3	213.91
2007	1043.45	195.53	847.92	169.83	163.91	5.92	11.78	—	241.43	176.60	424.88	154.54	223.97
2008	1016.59	262.22	754.37	289.14	269.55	19.6	1.49	—	203.35	149.52	260.39	97.37	134.64
2009	1054.08	172.32	881.76	258.83	236.39	22.44	1.39	—	171.95	115.09	449.59	223.16	205.02
2010	1044.72	271.63	773.09	199.89	177.72	22.16	10.33	—	203.97	157.18	358.90	184.44	154.67
2011	1205.73	314.88	890.85	220.02	189.62	30.40	2.06	—	342.60	281.23	326.17	105.32	203.69
2012	1577.11	386.15	1190.97	302.88	283.07	19.82	—	—	473.24	242.45	414.84	169.20	227.26
2013	2255.87	568.96	1686.91	441.09	417.44	23.65	0.12	—	456.97	223.65	788.73	489.61	242.49
2014	2283.25	651.35	1631.90	538.02	450.77	87.26	20.46	—	545.65	311.14	527.77	175.26	303.22
2015	3622.03	683.50	2938.53	730.79	695.42	35.37	3.21	—	783.13	482.77	1421.41	476.33	906.82

注： 按 2005 年新的统计口径，删除原“债券”项；原“国内贷款”项包含“银行贷款”和“非银行机构贷款”项，“其他”项包含“定金及预收款”和“集资”项，其中“集资”项改为“个人按揭贷款”项。

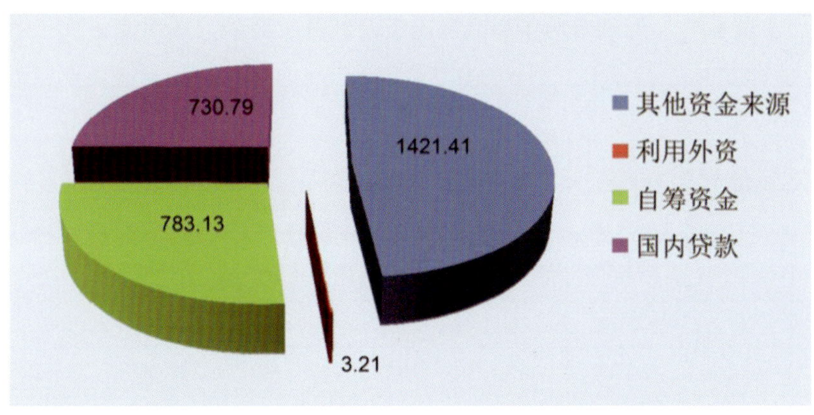

图 5-2 深圳市 2015 年房地产开发资金来源构成示意图（亿元）

第二节 商品房开发

一、施工情况

2015 年，全市商品房施工面积 4978.41 万平方米，同比增加 10.82%。按用途分，住宅 3156.99 万平方米，同比增加 10.00%；办公楼 467.48 万平方米，同比增加 38.57%；商业用房 153.91 万平方米，同比增加 30.44%；其他用房 150.24 万平方米，同比减少 13.59%。从区域分布看，罗湖区 227.63 万平方米，同比减少 8.2%；福田区 547.92522.37 万平方米，同比增加 4.9%；南山区 688.22 万平方米，同比增加 23.3%；盐田区 136.88 万平方米，同比减少 18.6%；宝安区 666.83 万平方米，同比增加 17.1%；龙岗区 1483.34 万平方米，同比增加 1.8%；光明新区 258.50 万平方米；龙华新区 691.75 万平方米；坪山新区 173.94 万平方米；大鹏新区 76.40 万平方米。

2015 年，全市商品房新开工面积 1208.27 万平方米，同比减少 29.55%。按用途分，住宅 777.32 万平方米，同比增加 41.46%；办公楼 126.79 万平方米，同比增加 38.87%；商业用房 153.91 万平方米，同比增加 30.44%；其他用房 150.24 万平方米，同比减少 13.59%。

表 5-4　深圳市历年商品房施工及新开工面积（按用途分）

单位：万平方米

面积 年份	施工面积		其中							
		新开工	住宅	新开工	办公楼	新开工	商业用房	新开工	其他	新开工
1985 年及以前	1091.95	—	711.19	—	121.38	—	148.51	—	110.87	—
1986	503.65	—	327.37	—	51.37	—	58.49	—	66.42	—
1987	331.12	—	201.23	—	33.77	—	45.03	—	51.09	—
1988	345.93	—	193.17	—	45.28	—	57.05	—	50.41	—
1989	392.33	—	201.29	—	55.00	—	63.35	—	72.69	—
1990	304.62	—	192.15	—	31.07	—	41.43	—	39.97	—
1991	467.82	—	279.00	—	47.72	—	73.62	—	67.48	—
1992	950.06	—	601.10	—	101.91	—	139.21	—	107.84	—
1993	1396.44	—	909.51	—	152.43	—	199.92	—	134.58	—
1994	1298.82	—	868.86	—	132.75	—	176.36	—	120.85	—
1995	1371.06	—	844.20	—	214.51	—	187.71	—	124.64	—
1996	1495.27	337.43	940.61	233.99	238.93	—	193.68	—	122.05	—
1997	1454.17	386.35	966.18	300.60	181.76	—	185.17	—	121.05	—
1998	1646.38	490.17	1218.86	393.52	130.58	17.86	180.07	39.46	116.87	39.33
1999	2142.88	745.15	1629.11	620.05	140.44	13.44	245.46	56.49	127.87	55.17
2000	2182.66	737.56	1661.57	577.62	111.56	26.05	230.30	68.83	179.23	65.06
2001	2462.75	884.86	1916.02	712.40	97.26	22.88	240.43	69.52	209.04	80.06
2002	2672.46	944.54	2100.82	730.94	100.54	44.13	251.47	104.85	219.63	64.62
2003	2737.48	957.62	2053.24	715.42	136.82	25.96	291.97	102.43	255.46	113.80
2004	3120.25	1025.55	2257.68	766.91	147.78	25.32	379.15	123.24	335.64	110.09
2005	3058.90	1054.19	2152.58	753.90	155.67	39.90	370.34	127.15	380.31	133.25
2006	3122.09	798.12	2157.39	609.46	171.88	19.91	385.71	69.98	407.11	98.77
2007	3160.94	876.40	2185.53	621.91	189.65	40.06	337.42	72.94	448.34	141.49
2008	3276.30	752.60	2210.36	471.80	201.55	46.61	346.45	84.90	517.94	149.28
2009	3112.36	489.18	2087.47	328.04	189.09	29.82	328.27	60.70	507.53	70.63
2010	2939.94	470.96	2025.14	355.17	182.36	15.26	298.62	38.69	433.82	61.85
2011	3082.46	628.47	2089.87	417.49	194.57	25.89	325.14	64.46	472.88	120.63
2012	3216.69	905.24	2107.59	561.89	156.93	50.69	339.25	103.47	612.92	189.18
2013	4003.49	1366.40	2608.29	910.13	261.51	114.88	383.62	120.68	750.06	220.70
2014	4492.18	932.68	2870.00	549.50	337.32	91.30	481.78	118.00	803.09	173.87
2015	4978.41	1208.27	3156.99	777.32	467.48	126.79	614.59	153.91	739.35	150.24

表 5-5 深圳市历年商品房施工及新开工面积（按区域分）

单位：万平方米

年度	全市合计		其中																			
			罗湖区		福田区		南山区		盐田区		宝安区		龙岗区		光明新区		龙华新区		坪山新区		大鹏新区	
	施工面积	新开工	施工面积	新开工	施工面积	新开工	施工面积	新开工	施工面积	新开工	施工面积	新开工	施工面积	新开工	施工面积	新开工	施工面积	新开工	施工面积	新开工	施工面积	新开工
1997	1454.17	386.35	435.48	—	445.27	—	214.29	—	—	—	163.51	—	195.62	—	—	—	—	—	—	—	—	—
1998	1646.38	490.17	418.11	86.01	494.91	164.04	330.98	97.96	36.94	17.82	165.19	64.86	200.25	59.49	—	—	—	—	—	—	—	—
1999	2142.88	745.15	453.11	89.92	730.92	299.14	424.17	150.99	30.59	3.87	211.46	84.27	292.63	116.96	—	—	—	—	—	—	—	—
2000	2182.66	737.56	397.62	96.85	805.69	228.35	427.64	167.59	35.94	15.31	218.4	100.26	297.37	129.19	—	—	—	—	—	—	—	—
2001	2462.75	884.86	362.1	78.05	826.86	246.27	573.9	264.05	24.95	8.43	282.69	150.85	392.25	137.21	—	—	—	—	—	—	—	—
2002	2672.46	944.54	462.31	138.63	786.34	259.01	639	244.53	65.08	48.46	328.44	90.18	391.29	163.73	—	—	—	—	—	—	—	—
2003	2737.48	957.62	397.26	127.68	824.59	216.22	703.52	241.24	43	21.99	422.07	214.23	347.05	136.26	—	—	—	—	—	—	—	—
2004	3120.25	1025.55	468.19	107.02	780.8	151.1	734.89	211.49	75.24	33.25	631.78	300.11	429.35	222.57	—	—	—	—	—	—	—	—
2005	3058.9	1054.19	333.72	24.81	667.26	208.29	513.84	205.98	76.9	37.99	865.27	319.96	601.91	257.17	—	—	—	—	—	—	—	—
2006	3122.1	798.12	329.37	15.49	517.48	68.99	586.94	123.74	94.44	42.61	859.65	271.85	734.22	275.43	—	—	—	—	—	—	—	—
2007	3160.94	876.4	192.83	36.93	399.24	38.69	605.41	211.7	98.01	25.03	895.09	203.18	970.36	360.87	—	—	—	—	—	—	—	—
2008	3276.3	752.6	251.5	87.76	314.7	52.23	689.7	153.94	125	57.6	880.4	195.6	1015	205.47	—	—	—	—	—	—	—	—
2009	3112.36	489.18	236.45	44.61	315.12	24.29	547.83	144.97	138.36	34.27	823.3	126.67	1051.31	114.36	—	—	—	—	—	—	—	—
2010	2939.94	470.96	208.69	4.15	252.01	25.97	503.31	70.63	147.81	9.97	777.9	225.07	1050.23	135.17	—	—	—	—	—	—	—	—
2011	3082.46	628.47	244.06	16.33	275.52	39.36	404.86	49.13	146.24	41.42	933.96	269.74	1077.81	212.49	—	—	—	—	—	—	—	—
2012	3216.69	905.24	199.69	58.62	261.24	93.28	369.77	88.02	151.13	61.26	948.14	195.98	1286.72	408.08	—	—	—	—	—	—	—	—
2013	4003.49	1366.40	311.03	103.63	404.18	187.83	344.80	87.39	145.12	16.11	525.70	117.16	1454.39	568.88	90.80	50.21	516.54	141.30	177.82	88.31	33.10	5.57
2014	4492.18	932.68	247.94	28.91	522.37	91.01	558.18	227.56	168.10	24.91	569.65	145.68	1457.18	178.28	119.64	57.16	618.05	161.34	169.95	9.64	61.13	8.18
2015	4978.41	1208.27	227.63	14.33	547.92	159.92	688.22	176.85	136.88	11.25	666.83	221.40	1483.34	343.42	258.50	84.04	691.75	163.39	173.94	25.48	76.40	8.20

单位：万平方米

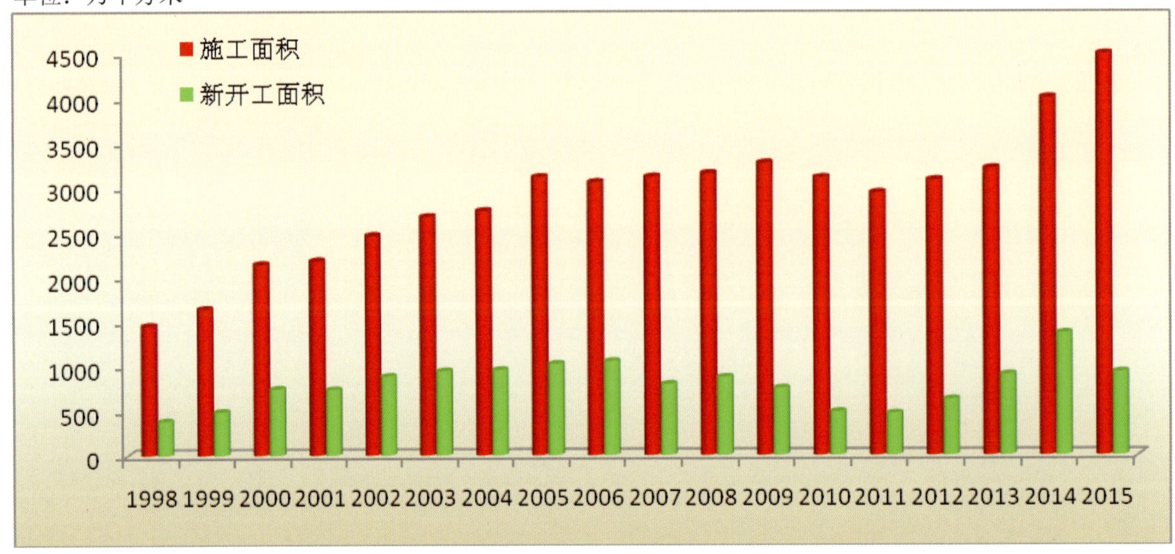

图 5-3 深圳市历年商品房施工及新开工面积示意图

表 5-6 深圳市历年商品住宅施工及新开工面积（按区域分）

单位：万平方米

年度	全市合计		其中																			
			罗湖区		福田区		南山区		盐田区		宝安区		龙岗区		光明新区		龙华新区		坪山新区		大鹏新区	
	施工面积	新开工	施工面积	新开工	施工面积	新开工	施工面积	新开工	施工面积	新开工	施工面积	新开工	施工面积	新开工	施工面积	新开工	施工面积	新开工	施工面积	新开工	施工面积	新开工
1997	966.19	300.60	237.37	81.16	273.69	93.19	165.71	42.08	—	—	128.07	36.07	161.35	48.10	—	—	—	—	—	—	—	—
1998	1218.86	393.52	260.12	73.49	374.92	127.10	270.92	87.25	10.97	4.20	142.18	53.03	159.75	48.45	—	—	—	—	—	—	—	—
1999	1629.11	620.05	296.32	71.19	554.69	239.43	342.16	133.76	19.92	2.87	175.80	71.47	240.23	101.33	—	—	—	—	—	—	—	—
2000	1661.57	577.62	285.72	89.65	597.46	162.23	332.88	125.67	27.39	10.63	175.48	78.10	242.65	111.34	—	—	—	—	—	—	—	—
2001	1916.02	712.40	275.80	55.96	601.09	193.36	462.80	214.99	21.84	7.36	239.78	128.77	314.71	111.96	—	—	—	—	—	—	—	—
2002	2100.82	730.94	355.90	91.73	597.23	197.49	515.49	204.67	56.80	41.30	259.59	69.78	315.80	125.97	—	—	—	—	—	—	—	—
2003	2053.24	715.42	301.35	100.55	558.07	149.27	578.47	186.29	34.06	15.93	334.69	172.03	246.60	91.35	—	—	—	—	—	—	—	—
2004	2257.68	766.91	338.23	74.16	475.46	104.10	588.86	157.97	59.12	23.84	475.38	224.27	320.63	182.57	—	—	—	—	—	—	—	—
2005	2152.58	753.90	223.81	15.85	381.07	118.42	386.88	148.67	62.14	29.63	649.78	241.17	448.90	200.17	—	—	—	—	—	—	—	—
2006	2157.39	609.46	214.92	11.94	234.09	39.79	427.71	91.89	65.28	33.06	664.24	216.75	551.16	216.03	—	—	—	—	—	—	—	—
2007	2185.53	621.91	140.07	29.85	164.23	14.68	410.94	139.10	62.79	14.20	686.70	180.82	720.80	243.26	—	—	—	—	—	—	—	—
2008	2210.36	471.80	150.37	43.58	117.13	25.99	448.52	83.14	89.86	48.16	677.53	139.01	726.95	131.92	—	—	—	—	—	—	—	—
2009	2087.47	328.04	141.77	28.92	123.98	17.16	351.73	78.30	101.65	31.58	627.46	87.05	740.88	85.03	—	—	—	—	—	—	—	—
2010	2025.14	355.17	118.27	2.80	95.00	11.90	338.69	56.73	111.41	7.68	602.01	185.16	759.76	90.89	—	—	—	—	—	—	—	—
2011	2089.87	417.49	166.35	14.67	106.19	9.16	273.11	33.48	97.42	24.68	701.39	200.78	745.41	134.73	—	—	—	—	—	—	—	—
2012	2107.59	561.89	115.53	28.30	115.16	36.42	248.07	59.77	92.88	31.95	702.31	134.61	833.64	270.85	—	—	—	—	—	—	—	—
2013	2608.29	910.13	187.12	64.00	173.72	74.54	209.76	52.60	88.88	11.17	349.69	71.35	992.83	426.01	62.39	29.70	399.59	109.80	130.59	65.41	13.71	5.55
2014	2870.00	549.50	166.71	14.98	223.80	61.86	263.21	79.46	102.30	15.55	392.22	90.17	1009.18	106.23	80.60	42.21	437.05	112.49	142.75	8.73	42.17	7.82
2015	3156.99	777.32	153.79	11.89	251.04	71.87	351.48	104.62	75.36	1.10	436.85	150.38	1053.62	254.25	162.54	56.30	497.37	115.50	135.91	11.41	39.02	0

单位：万平方米

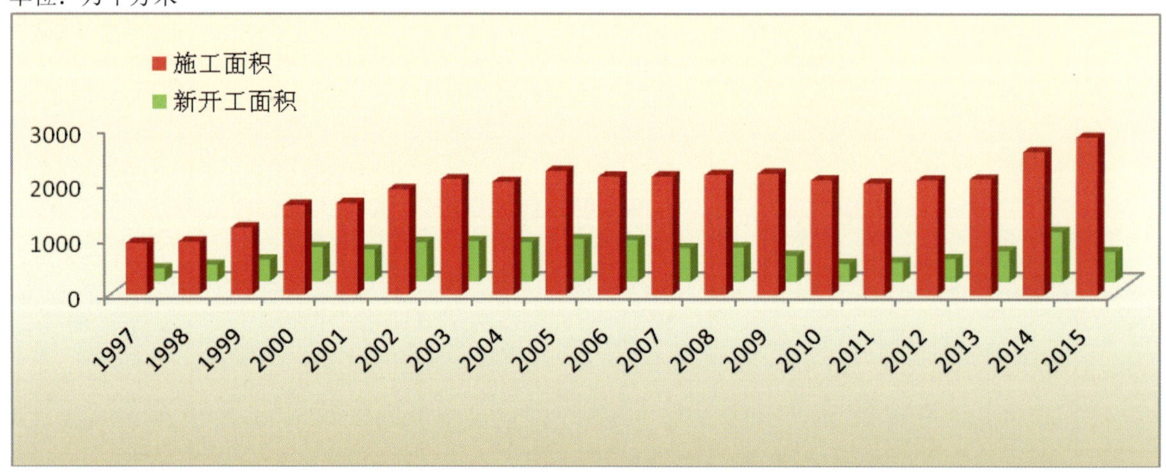

图 5-4　深圳市历年商品住宅施工及新开工面积示意图

单位：万平方米

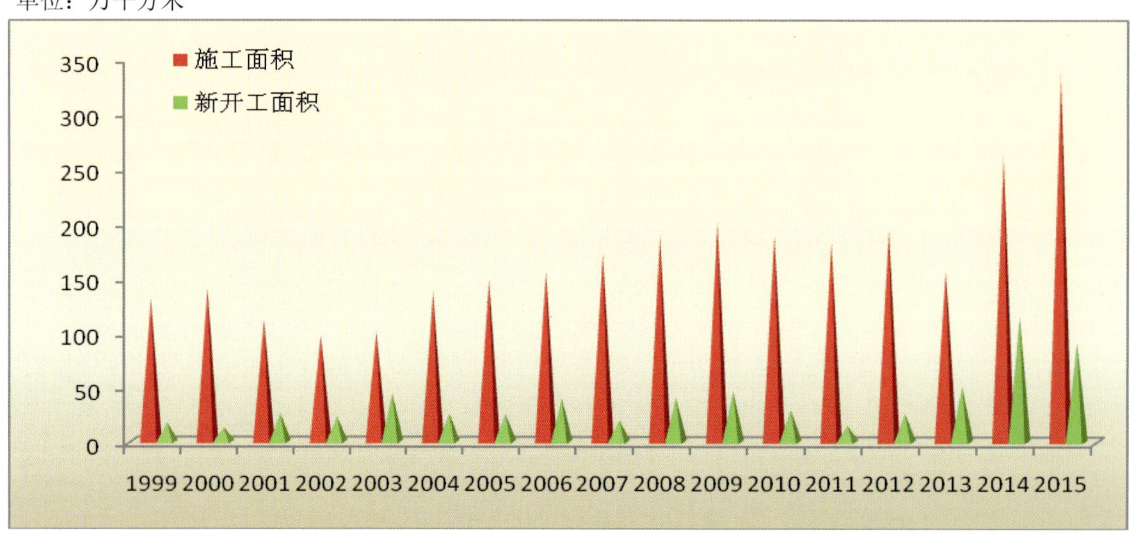

图 5-5　深圳市历年办公楼施工及新开工面积示意图

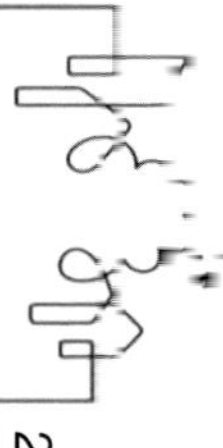

表 5-7 深圳市历年办公楼施工及新开工面积（按区域分）

单位：万平方米

年度	全市合计		其中																			
			罗湖区		福田区		南山区		盐田区		宝安区		龙岗区		光明新区		龙华新区		坪山新区		大鹏新区	
	施工面积	新开工	施工面积	新开工	施工面积	新开工	施工面积	新开工	施工面积	新开工	施工面积	新开工	施工面积	新开工	施工面积	新开工	施工面积	新开工	施工面积	新开工	施工面积	新开工
1997	181.76	—	99.39	—	61.49	—	14.36	—	—	—	2.58	—	3.94	—	—	—	—	—	—	—	—	—
1998	130.58	17.86	57.46	0.43	36.35	11.05	18.99	1.9	8.12	0.03	0.87	0.85	8.79	3.6	—	—	—	—	—	—	—	—
1999	140.44	13.44	50.09	5.03	55.7	4.12	20.59	2.11	1.19	0.05	1.84	0.77	11.03	1.36	—	—	—	—	—	—	—	—
2000	111.56	26.05	32.05	0.03	54.09	18.3	17.92	5.19	0.47	—	3.41	2.54	3.62	—	—	—	—	—	—	—	—	—
2001	97.26	22.88	18.13	3.59	52.75	13.26	15.55	4.37	—	—	2.58	1.02	8.25	0.64	—	—	—	—	—	—	—	—
2002	100.54	44.13	23.01	10.74	56.2	26.67	9.59	2.48	1.67	1.67	2.46	1.05	7.61	1.52	—	—	—	—	—	—	—	—
2003	136.82	25.96	22.01	1.29	91.07	18.11	12.98	4.54	—	—	3.16	—	7.59	2.01	—	—	—	—	—	—	—	—
2004	147.78	25.32	21.17	7.27	115.78	16.42	9.57	1.53	0.33	0.07	0.24	—	0.69	0.03	—	—	—	—	—	—	—	—
2005	155.67	39.9	15.55	—	119.23	34.31	9.78	0.47	0.38	0.07	6.52	1.24	4.2	3.81	—	—	—	—	—	—	—	—
2006	171.88	19.91	19.52	—	125.87	10.94	18.38	6.75	0.38	—	6.76	2.22	0.98	—	—	—	—	—	—	—	—	—
2007	189.65	40.06	5.72	0.7	119.12	9.06	35.08	15.53	8.02	8.02	16.03	1.17	5.69	5.58	—	—	—	—	—	—	—	—
2008	201.55	46.61	24.6	18.5	106.45	9.95	33	10.79	2.6	—	23.5	5.57	11.4	1.8	—	—	—	—	—	—	—	—
2009	189.09	29.82	26.58	5.68	94.99	—	47.18	20.22	2.88	0.28	13.91	2.01	3.56	1.63	—	—	—	—	—	—	—	—
2010	182.36	15.26	26.28	—	84.96	1.91	41.9	0.9	1.46	—	13.18	2.44	14.58	10	—	—	—	—	—	—	—	—
2011	194.57	25.89	26.28	—	77.21	1.91	40.41	6.1	9.11	7.65	15.59	5.2	25.05	5.03	—	—	—	—	—	—	—	—
2012	156.93	50.69	22.60	2.00	37.59	18.85	31.65	4.55	21.56	13.33	15.59	5.65	27.94	6.31	—	—	—	—	—	—	—	—
2013	261.51	114.88	32.58	7.02	90.77	55.48	43.72	11.78	21.29	—	12.81	8.53	57.13	32.07	0.13	—	3.09	—	—	—	—	—
2014	337.32	91.30	16.44	4.87	114.87	15.72	72.97	26.98	17.85	0	17.73	4.52	87.28	35.96	0.13	0	9.35	3.25	0.70	0	0	
2015	467.48	126.79	12.45	0.15	158.95	47.16	79.96	17.45	17.36	0	55.51	22.23	110.55	11.36	6.98	0.33	15.54	10.41	10.18	9.48	0	0

表 5-8　深圳市历年商业用房施工及新开工面积（按区域分）

单位：万平方米

年度	全市合计		其中																			
			罗湖区		福田区		南山区		盐田区		宝安区		龙岗区		光明新区		龙华新区		坪山新区		大鹏新区	
	施工面积	新开工	施工面积	新开工	施工面积	新开工	施工面积	新开工	施工面积	新开工	施工面积	新开工	施工面积	新开工	施工面积	新开工	施工面积	新开工	施工面积	新开工	施工面积	新开工
1997	185.17	—	62.89	—	61.58	—	18.7	—	—	—	26.51	—	15.49	—	—	—	—	—	—	—	—	—
1998	180.07	39.46	57.86	5.74	42.27	11.37	28.81	4.18	1.53	1.01	20.75	10.01	28.84	7.17	—	—	—	—	—	—	—	—
1999	245.46	56.49	66.93	6.81	69.45	24.45	41.35	7.75	8.7	0.95	24.79	5.8	34.23	10.92	—	—	—	—	—	—	—	—
2000	230.3	68.83	52.91	5.04	62.6		44.46	15.29	3.42	1.61	31.57		35.34	13.36	—	—	—	—	—	—	—	—
2001	240.43	69.52	38.04	10.57	80.12	17.4	41.55	13.62	2.14	0.37	28.29	13.08	50.29	14.48	—	—	—	—	—	—	—	—
2002	251.47	104.85		22.61	63.64	23.02	44.27	18.08	3.54	2.99	38.15	7.63	48.43	30.52	—	—	—	—	—	—	—	—
2003	291.97	102.43	45.37	14.75	83.88	15.35	45.24	21.53	4.91	2.56	46.7	17.36	65.87	30.88	—	—	—	—	—	—	—	—
2004	379.15	123.24	60.86	18.33	86.03	9.68	72.14	32.05	8.61	4.68	75.81	33.54	75.7	24.96	—	—	—	—	—	—	—	—
2005	370.34	127.15	56.37	6.73	75.16	28.61	59.54	27.14	8.63	6.13	92.1	39.72	78.55	18.81	—	—	—	—	—	—	—	—
2006	385.71	69.98	58.66	1.18	77.29	10.57	71.82	7.47	19.22	3.35	68.53	16.84	90.2	30.57	—	—	—	—	—	—	—	—
2007	337.42	72.94	35.15	5.4	51.99	7.17	70.47	21.67	12.94	1.29	68.82	14.75	98.05	22.66	—	—	—	—	—	—	—	—
2008	346.45	84.9	43.78	13.49	44.37	10.95	77.56	17.31	16.49	5.76	67.5	17.28	96.75	20.11	—	—	—	—	—	—	—	—
2009	328.27	60.7	41.75	2.51	45.36	1.29	51.54	17.79	17.54	1.06	70.18	23.82	101.91	14.23	—	—	—	—	—	—	—	—
2010	298.62	38.69	43.59	1.31	37.83	2.97	42.96	2.55	14.65	1.39	52.61	7.13	106.97	23.34	—	—	—	—	—	—	—	—
2011	325.14	64.46	27.5	0.34	42.64	3.51	30.93	2.03	19.42	6.43	69.43	22.5	135.22	29.65	—	—	—	—	—	—	—	—
2012	339.25	103.47	26.12	11.58	41.85	7.54	35.60	10.66	19.92	10.72	82.11	26.84	133.65	36.14	—	—	—	—	—	—	—	—
2013	383.62	120.68	35.88	12.69	64.57	25.91	34.28	9.11	18.54	0.12	51.31	8.64	112.27	46.85	6.79	4.03	34.69	7.39	13.92	5.95	11.38	—
2014	481.78	118.00	20.06	6.76	92.77	12.75	57.72	20.12	27.34	1.35	61.01	17.79	116.34	16.77	23.61	10.33	54.54	31.14	16.72	0.70	11.69	0.28
2015	614.59	153.91	18.75	0.98	97.75	31.79	149.85	16.85	14.46	1.70	74.95	23.51	135.94	45.93	30.73	10.80	61.84	19.35	18.53	3.00	11.78	0

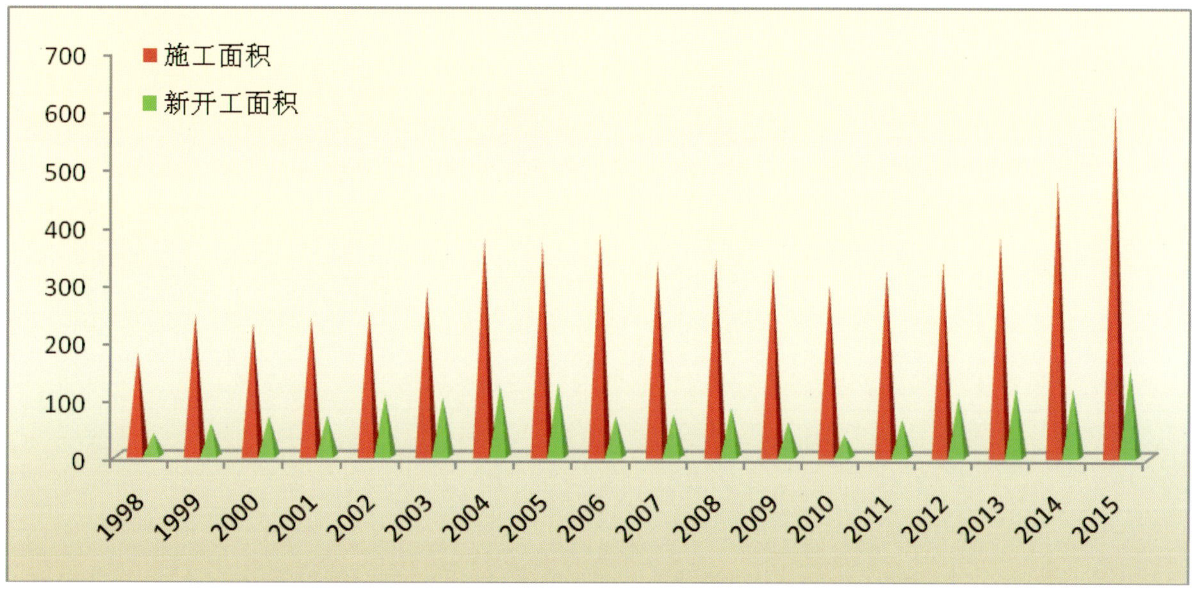

图 5-6　深圳市历年商业用房施工及新开工面积示意图

二、竣工情况

2015 年，全市商品房竣工面积 360.21 万平方米，同比减少 15.31%。按用途分，住宅 202.37 万平方米，同比减少 24.84%；办公楼 49.53 万平方米，同比增加 351.44%；商业用房 31.69 万平方米，同比减少 19.19%；其他用房 78.67 万平方米，同比减少 25.68%。

从区域分布看，罗湖区 24.72 万平方米，同比增加 0.3%；福田区 80.07 万平方米，同比增加 465.1%；南山区 47.81 万平方米，同比减少 34.5%；宝安区 14.36 万平方米，同比减少 42.6%；龙岗区 52.60 万平方米，同比减少 52.3%；龙华新区 106 万平方米，同比减少 2.9%；坪山新区 1 万平方米，同比减少 81.2%。

表 5-9 深圳市历年商品房竣工面积（按用途分）

单位：万平方米

年 份	竣工面积	其 中			
		住 宅	办公楼	商业用房	其 他
1985 年及以前	434.91	238.71	54.38	54.82	87.00
1986	181.27	97.37	24.19	12.57	47.14
1987	134.37	84.80	10.96	4.28	34.33
1988	103.90	62.33	5.19	7.27	29.11
1989	180.29	109.11	9.01	12.62	49.55
1990	133.41	84.40	8.67	12.34	28.00
1991	150.44	91.22	7.93	11.21	40.08
1992	198.40	130.90	9.20	14.70	43.60
1993	281.46	196.75	11.51	21.32	51.88
1994	311.10	206.50	10.01	39.90	54.69
1995	311.55	216.38	34.24	36.98	23.95
1996	394.32	250.51	42.50	48.58	52.73
1997	327.04	243.19	34.22	29.57	20.06
1998	441.97	353.29	24.86	39.79	24.03
1999	571.46	467.36	20.03	59.16	24.91
2000	652.26	551.59	13.54	49.01	38.12
2001	770.58	621.91	24.06	68.65	55.96
2002	915.30	763.64	13.16	65.70	72.80
2003	994.52	778.34	46.08	88.66	81.44
2004	1012.39	772.20	35.66	105.54	99.00
2005	945.78	704.44	18.70	96.67	125.97
2006	848.89	581.87	36.83	126.63	103.56
2007	630.46	434.70	32.38	73.74	89.64
2008	629.73	443.77	27.55	59.79	98.62
2009	402.01	269.54	25.05	32.2	75.22
2010	344.43	251.11	32.05	25.27	36.00
2011	343.36	247.29	20.97	36.39	38.71
2012	425.75	289.40	12.30	39.75	84.31
2013	353.55	196.33	30.84	53.35	73.03
2014	425.31	269.26	10.97	39.22	105.85
2015	360.21	202.37	49.53	31.69	78.67

表 5-10 深圳市历年商品房竣工面积（按区域分）

单位：万平方米

年份	竣工面积	其中									
		罗湖区	福田区	南山区	盐田区	宝安区	龙岗区	光明新区	龙华新区	坪山新区	大鹏新区
1997	327.04	81.31	109.89	68.72	—	30.75	36.37	—	—	—	—
1998	441.97	96.18	114.30	83.48	6.89	62.93	78.19	—	—	—	—
1999	571.46	108.78	158.01	107.54	12.57	75.17	109.39	—	—	—	—
2000	652.26	117.03	209.42	112.43	6.45	94.59	112.34	—	—	—	—
2001	770.58	113.04	270.78	171.80	4.15	82.00	128.81	—	—	—	—
2002	915.30	179.76	199.15	261.14	20.64	125.41	129.20	—	—	—	—
2003	994.52	130.51	275.03	264.51	14.16	161.53	148.77	—	—	—	—
2004	1012.39	105.71	263.55	341.72	21.06	172.83	107.52	—	—	—	—
2005	945.78	149.96	203.91	157.39	37.16	213.11	184.24	—	—	—	—
2006	848.89	91.89	176.36	159.17	27.36	228.39	165.71	—	—	—	—
2007	630.46	15.02	109.78	125.57	25.78	243.53	110.78	—	—	—	—
2008	629.73	58.10	32.20	214.3	8.10	179.03	138.00	—	—	—	—
2009	402.01	0.57	58.69	93.58	26.98	100.63	121.56	—	—	—	—
2010	344.43	0.24	20.12	70.61	9.85	120.97	122.64	—	—	—	—
2011	343.36	69.34	25.48	22.99	16.90	60.6	148.05	—	—	—	—
2012	425.75	8.28	50.32	73.97	6.41	151.25	135.52	—	—	—	—
2013	353.55	68.79	53.21	35.39	—	67.56	70.18	—	30.52	27.90	—
2014	425.31	24.65	14.47	73.03	35.91	25.02	110.29	27.46	109.16	5.31	—
2015	360.21	24.72	80.07	47.81	19.02	14.36	52.60	0	106	1	14.62

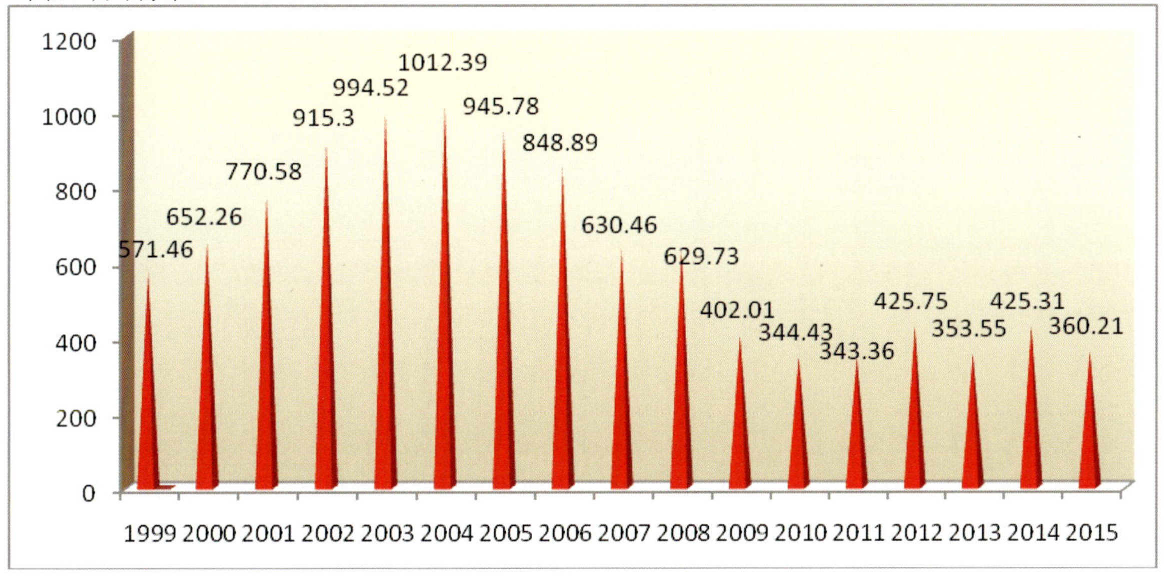

图 5-7　深圳市历年商品房竣工面积示意图

表 5-11　深圳市历年商品住宅竣工面积（按区域分）

单位：万平方米

年份	竣工面积	其中									
		罗湖区	福田区	南山区	盐田区	宝安区	龙岗区	光明新区	龙华新区	坪山新区	大鹏新区
1997	243.19	51.59	83.56	55.52	—	23.33	29.19	—	—	—	—
1998	353.29	61.74	96.47	69.53	3.25	53.92	68.38	—	—	—	—
1999	467.36	83.17	120.98	95.03	5.85	66.52	95.81	—	—	—	—
2000	551.59	102.27	175.02	90.83	5.55	82.66	95.26	—	—	—	—
2001	621.91	90.65	208.59	137.61	3.39	70.56	111.11	—	—	—	—
2002	763.64	156.59	170.49	202.54	18.97	101.34	113.71	—	—	—	—
2003	778.34	91.36	212.78	219.75	12.11	125.88	116.45	—	—	—	—
2004	772.2	92.29	174	276.8	16.82	124.06	88.22	—	—	—	—
2005	704.44	91.43	156.66	124.72	31.95	159.97	139.7	—	—	—	—
2006	581.87	52.86	93.92	106.94	18.52	170.58	139.04	—	—	—	—
2007	434.7	10.9	53.34	87.83	14.2	180.82	87.6	—	—	—	—
2008	443.77	41.3	17	126.3	7.13	150.03	102.01	—	—	—	—
2009	269.54	0	26.41	58.75	9.91	87.17	87.3	—	—	—	—
2010	251.11	0.24	4.05	47.05	9.35	98.34	92.07	—	—	—	—
2011	247.29	55.84	2.52	15.1	10.56	49.21	114.06	—	—	—	—
2012	289.40	4.44	14.07	50.16	5.96	118.33	96.44	—	—	—	—
2013	196.33	18.4	17.52	32.29	—	51.35	33.33	—	26.36	17.08	—
2014	269.26	19.98	11.51	56.40	21.02	18.02	61.02	16.79	60.67	3.86	0
2015	202.37	17.46	14.50	19.89	12.08	6.16	37.80	0	85.02	0.70	8.75

单位：万平方米

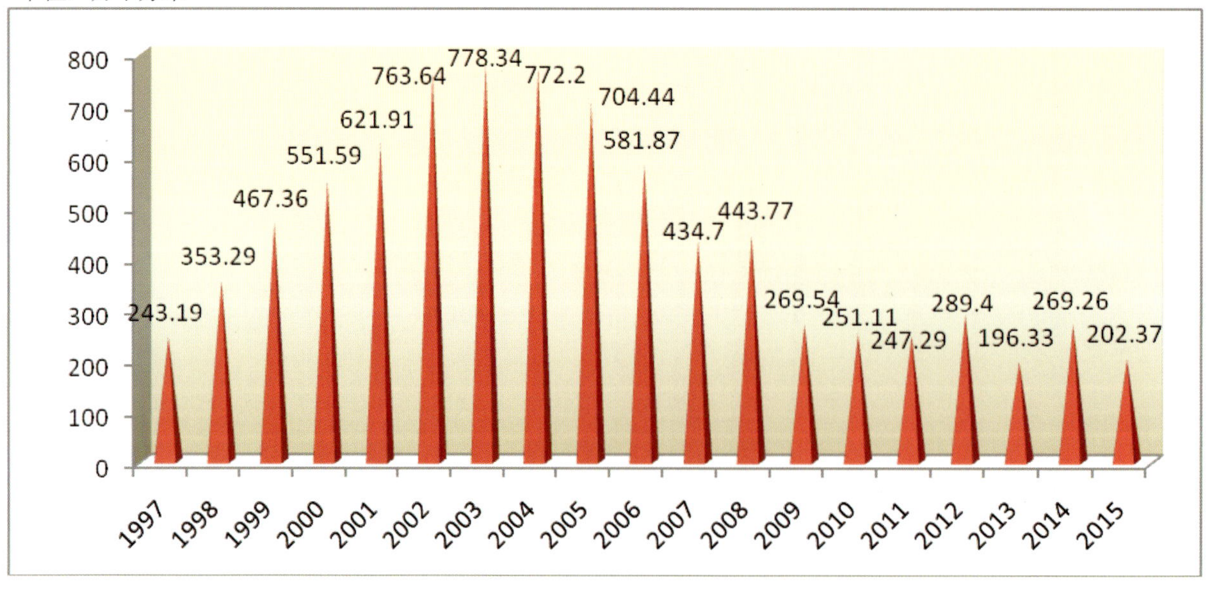

图 5-8　深圳市历年商品住宅竣工面积示意图

表 5-12　深圳市历年办公楼竣工面积（按区域分）

单位：万平方米

年份	竣工面积	其中									
		罗湖区	福田区	南山区	盐田区	宝安区	龙岗区	光明新区	龙华新区	坪山新区	大鹏新区
1997	34.22	18	12.51	2.77	—	0.45	0.49	—	—	—	—
1998	24.86	11.44	5.15	7.54	0.15	—	0.58	—	—	—	—
1999	20.03	5.79	11.67	0.67	0.86	0.59	0.45	—	—	—	—
2000	13.54	0.53	6.9	2.79	0.29	0.38	2.65	—	—	—	—
2001	24.06	5.52	8.18	10	—	0.31	0.05	—	—	—	—
2002	13.16	1.21	5.14	6.01	—	0.8	—	—	—	—	—
2003	46.08	16.42	23.15	4.62	—	1.89	—	—	—	—	—
2004	35.66	0.15	30.18	4.57	—	0.24	0.52	—	—	—	—
2005	18.71	10.83	4.09	3.49	0.07	—	0.23	—	—	—	—
2006	36.83	7.85	24.73	3.6	0.37	0.29	—	—	—	—	—
2007	32.38	0.75	16.26	12.13	—	3.23	—	—	—	—	—
2008	27.55	—	7.76	16.13	—	0.94	2.72	—	—	—	—
2009	25.05	—	15.37	6.18	2.6	0.9	—	—	—	—	—
2010	32.05	—	9.9	8.17	—	3.97	10.01	—	—	—	—
2011	20.97	—	16.35	4.62	—	—	—	—	—	—	—
2012	12.30	—	7.9	1.42	0.28	2.69	—	—	—	—	—
2013	30.84	19.53	7.91	—	—	—	3.4	—	—	—	—
2014	10.97	1.52	0.16	—	3.00	1.80	—	0.12	4.22	—	—
2015	49.53	0	37.97	7.03	0.47	0.65	13.53	0	0	0	0

单位：万平方米

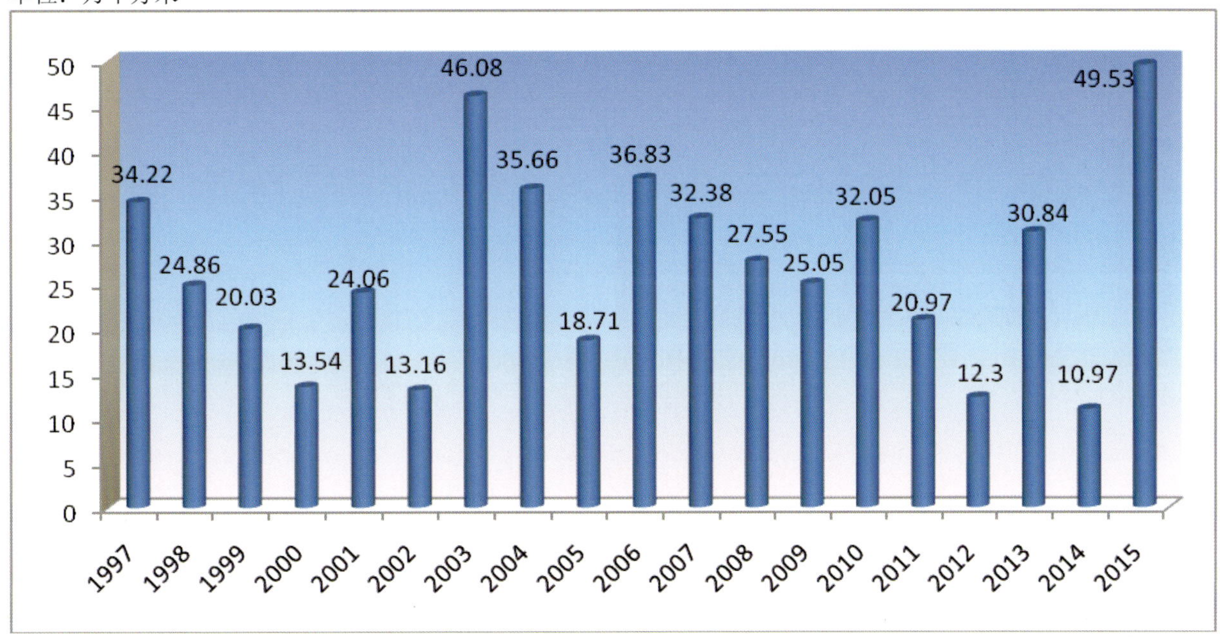

图 5-9　深圳市历年办公楼竣工面积示意图

表 5-13　深圳市历年商业用房竣工面积（按区域分）

单位：万平方米

年份	竣工面积	其中									
		罗湖区	福田区	南山区	盐田区	宝安区	龙岗区	光明新区	龙华新区	坪山新区	大鹏新区
1997	29.57	7.66	8.18	6.68	—	4.3	2.75	—	—	—	—
1998	39.79	13.7	6.51	2.87	—	8.89	7.82	—	—	—	—
1999	59.16	12.27	15.79	7.32	5.72	6.48	11.57	—	—	—	—
2000	49.01	8.68	12.86	9.9	0.26	8.08	9.23	—	—	—	—
2001	68.65	11.9	21.45	14.13	0.49	8.12	12.56	—	—	—	—
2002	65.7	11.87	10.85	20.16	1.22	11.88	9.72	—	—	—	—
2003	88.66	13.53	13.98	12.96	1.52	24.22	22.44	—	—	—	—
2004	105.54	7.25	21.35	32.05	1.95	31.58	11.36	—	—	—	—
2005	96.67	27.33	17.37	13.26	1.69	11.26	25.76	—	—	—	—
2006	126.63	21.74	32	25.15	5.65	27.82	14.27	—	—	—	—
2007	73.74	1.2	15.25	19.56	8.88	16.66	12.18	—	—	—	—
2008	59.79	2.79	1.3	35.49	0.57	10.47	9.17	—	—	—	—
2009	32.2	0.57	1.05	8.45	9.38	5.21	7.56	—	—	—	—
2010	25.27	—	0.38	9.5	0.51	7.41	7.47	—	—	—	—
2011	36.39	7.92	1.17	0.21	4.01	3.33	19.75	—	—	—	—
2012	39.75	2.80	7.08	4.30	0.15	11.71	13.71	—	—	—	—
2013	53.35	17.87	15.84	1.39	—	2.45	8.88	—	2.64	4.28	—
2014	39.22	0.84	0.79	1.24	9.81	2.00	12.40	0.50	11.53	1.0	—
2015	31.69	0.14	12.95	5.70	1.75	1.79	5.75	0	3.19	0.31	0.13

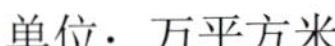
单位：万平方米

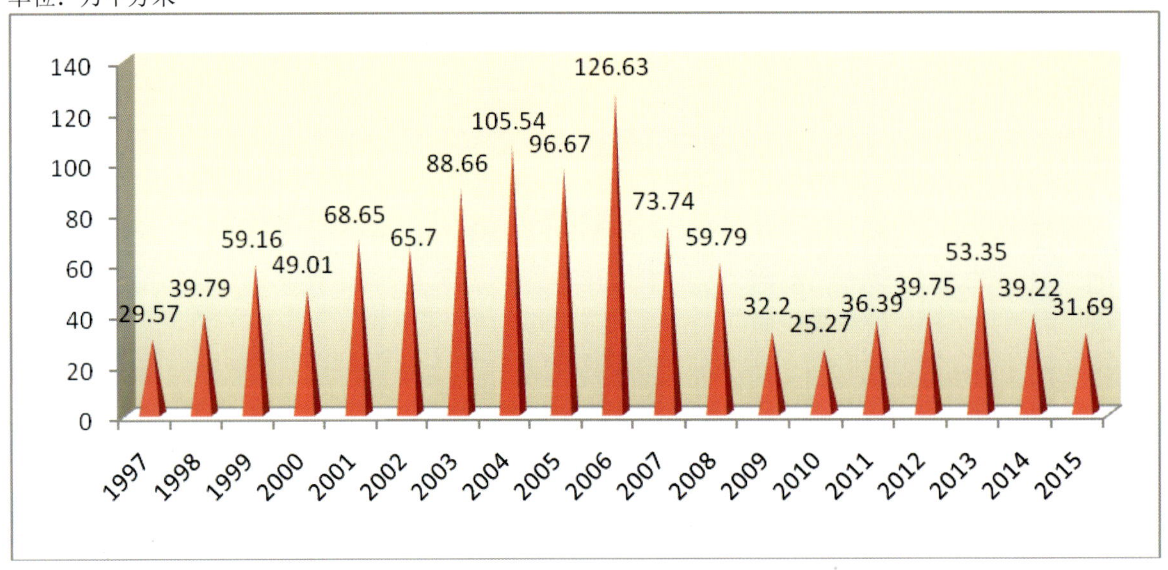

图 5-10　深圳市历年商业用房竣工面积示意图

第三节 开发成本

深圳市建设工程造价管理站自 2006 年 6 月起，以该月各类建设工程单位工程造价为基期（基期指数定为 100）按月发布新的造价指数。同时，以 1993 年 12 月为基期的造价指数终止发布。

表 5-14 深圳市建设工程 2006 年 6 月基期造价

类别	项目	基期指数	平均成本（元/平方米）	样本成本区间（元/平方米）
建安工程	多层住宅	100	1282	860～1620
	高层住宅	100	1961	1568～2553
	多层写字楼	100	1900	1210～2280
	高层写字楼	100	2488	1990～3100
	工业建筑	100	1175	940～1411
	公共建筑	100	1451	866～1914
市政工程	给水管道工程	100	1861	1428～2190
	排水管道工程	100	1737	1319～2024
	道路工程（沥青混凝土路面）	100	6030	5567～6796
	道路工程（混凝土路面）	100	6233	5789～7076
	高架桥工程	100	60330	54290～66380

表 5-15　深圳市 2015 年建筑工程造价指数

类别	建安工程						市政工程				
项目	多层住宅	高层住宅	多层写字楼	高层写字楼	工业建筑	公共建筑	给水管道工程	排水管道工程	道路工程（沥青混凝土路面）	道路工程（混凝土路面）	高架桥工程
月份／基数	2006 年 6 月为 100										
1	161.55	154.78	147.26	144.40	151.40	153.57	134.49	178.91	179.12	167.44	147.67
2	160.65	154.36	146.93	144.10	151.21	152.85	133.65	178.91	179.08	167.43	147.52
3	162.88	156.24	148.50	145.51	152.88	154.66	134.32	181.81	182.12	170.41	148.98
4	162.50	155.96	148.35	145.37	152.59	154.46	134.76	182.68	182.18	170.52	149.01
5	162.09	155.78	148.24	145.27	152.52	154.51	134.50	182.75	181.92	170.28	149.03
6	162.94	156.89	149.47	146.56	153.73	155.77	134.64	183.32	183.36	171.52	150.14
7	162.71	156.82	149.32	146.49	153.65	155.73	133.07	185.12	182.62	171.29	150.00
8	163.52	157.07	149.41	146.72	153.90	155.86	133.59	184.94	181.73	170.95	150.19
9	165.85	158.81	151.02	148.34	155.90	157.67	133.76	185.27	183.30	172.27	151.76
10	165.23	158.47	150.81	148.18	155.67	157.38	132.35	185.15	183.23	172.20	151.73
11	164.79	158.14	150.56	147.96	155.30	157.07	132.14	184.14	182.88	171.06	151.68
12	164.10	157.82	150.68	148.44	155.63	156.59	132.09	184.27	182.95	171.38	151.52

表 5-16　深圳市 2015 年建安和市政工程材料费指数

类别	建安工程	市政工程
基数／月份	2006 年 6 月为 100	
1	112.20	116.11
2	111.64	115.80
3	111.77	115.69
4	111.43	115.72
5	111.36	115.63
6	111.24	115.55
7	111.12	115.44
8	111.10	115.51
9	111.02	115.38
10	110.65	115.05
11	110.23	114.80
12	110.56	114.67

表 5-17 深圳市 2015 年建设成本费用占总投资比率

单位：%

序号	费用项目	内容说明	多层住宅	高层住宅
一	**施工前期费**	**如果是有偿使用政府已开发好的土地，可在计入地价的同时扣除下列1、2 项费用。**	**14.31**	**13.30**
1	征地及拆迁补偿费	征地费和红线内需要拆迁的原有各种建筑物、构筑物、青苗、树木、鱼塘、养殖场等的补偿和拆迁。	7.28	5.97
2	土地平整及临时设施费	按设计需要挖、填的土石方工程费、场地平整费（如有挡土墙的应算在内），临时道路、临时供水、供电设施（含临时发电机发电、打井抽水等）以及建设单位发生的设施费用。	2.21	1.96
3	勘查设计费	进行工程水文、地质勘查和红线坐标测量、定点、埋设桩界等发生的各项费用；土地开发工程、建设安装工程及区内配套工程的设计、审图费用。	3.15	3.82
4	其他规费	包括安检、监理、咨询等费用。	1.67	1.55
二	**建筑安装费**	**指单位项目的土建、安装工程费用。**	**70.51**	**67.89**
1	桩基础工程费	包括沉管灌注桩、冲孔桩、钻孔桩、挖孔桩、钢板、管桩等（如是天然基础则并入主体工程费，此项不存在）。	5.83	5.81
2	土建工程费	包括结构工程和室内外装修工程，如天然基础、混凝土及钢筋混凝土工程、砖石工程、楼地面工程、屋面工程、装饰工程、钢结构工程、门窗工程及其他零星工程等，外加脚手架搭设费用。 关于二次设计、二次装修的工程费用，若由开发企业负责，费用计算在内；若由业主自行装修，费用不能算入。	55.32	50.48
3	安装工程费	主要指水、电、煤气、空调、消防、电梯等设备购置及其安装的工程费用，通讯部分目前只包括电话线的埋管，其余由深大电话公司负责；水电安装应包括洁具、厨具和公用天线的费用，室外线管计至建筑物2 米以内；水包括供水、排水、污水；消防包括烟感、温感、喷淋等。	9.36	11.60
三	**区内配套工程费**	**指小区内的配套工程。**	**7.88**	**9.89**
1	区内道路工程	指区内小道（非市政道路），多数为混凝土路面，宽度在 10 米以内，包括路灯等设施。	1.67	1.84
2	区内给排水工程	指建筑物 2 米以外的区内供水管道、阀门及井、消防栓，如有水泵房、储水池亦应包括在内，建筑物 2 米以外的区内污水、排水管道、污水井、雨水井、化粪池、排水沟、渠（明渠、暗渠）等。	1.33	1.51
3	区内供电工程	包括变、配电所的设备、材料及安装费用、土建工程、辅助工程费用，供电部分的电线、电缆、变压器、开关、电缆沟等。	1.34	1.53
4	区内园林绿化费	包括区内绿化场地的花草、树木各项费用。	1.61	1.76
5	区内公共设施费	区内设置公共娱乐设施所支付的费用，如环廊、街心公园、凉亭、游泳池、篮球场、网球场、羽毛球场、停车场。	1.93	3.25
四	**管理费、利息**	**——**	**7.29**	**8.91**
1	管理费	开发、建设过程中的管理费用。	2.56	2.54
2	利息	未收预售款的按施工前期费、建筑安装工程费、区内配套工程费之和计息。工期包括施工前期的时间。	4.73	6.37

表 5-18　深圳市近年各类建筑工程成本费用增加值

项　目		增　加　值				
		2011 年	2012 年	2013 年	2014 年	2015 年
1. 桩基础	多层建筑	55～66	55～66	55～66	55～66	55~66
	高层建筑	90～120	90～120	90～120	90～120	90~120
2. 基础土方（运距 5 公里内）		12～18	12～18	12～18	12～18	12～18
3. 一般水电安装	住宅	106～128	106～128	106～128	106～128	106~128
	厂房	70～80	70～80	70～80	70～80	70~80
	高层建筑	220～265	220～265	220～265	220～265	220~265
4. 电梯	商品住宅	150～180	150～180	150～180	150～180	150~180
	手扶梯	200	200	200	200	200
5. 空调（元/冷吨）		8000～11000	8000～11000	8000～11000	8000～11000	8000～11000
6. 消防		60～80	60～80	60～80	60～80	60～80
7. 通讯		10～20	10～20	10～20	10～20	10～20
8. 室外配套		110～150	110～150	110～150	110～150	110～150
9. 煤气管道		10～20	10～20	10～20	10～20	10～20
10. 玻璃幕墙（明框）		450～800	450～800	450～800	450～800	450～800
11. 玻璃幕墙（隐框）		900～1300	900～1300	900～1300	900～1300	900～1300
12. 对讲机系统		15～25	15～25	15～25	15～25	15～25
13. 电视天线		4～8	4～8	4～8	4～8	4～8
14. 勘察、设计费用		50～80	50～80	50～80	50～80	50～80

注：各类建筑的装饰标准和特征详见深圳市建设工程造价管理站编写的《深圳建设工程价格信息》2006 年第 6 期“工程项目特征”。

第四节 住宅产业化

2015 年度住宅产业化工作情况

2015 年，我市住宅产业化（建筑工业化）工作以“保障建筑质量、提升绿色建筑发展水平”为目标，以“政策、标准、示范”为工作重点，搭建了良好的发展基础，通过政府引导与市场运作的双引擎推进，形成住宅产业化的“深圳模式”。

一、政策制度情况

市住建局、规土委、人居委联合发布了《关于加快推进深圳住宅产业化的指导意见（试行）》（以下简称《指导意见》），明确了新出让住宅用地项目和政府投资建设的保障性住房项目采用产业化方式建造，通过建筑面积奖励、提前办理预售等措施鼓励开发商在自有土地中开展住宅产业化工作。

为配合政策落地，市住建局发布了《深圳市住宅产业化项目预制率和装配率计算细则（试行）》（深建字〔2015〕106 号）、《深圳市建筑工业化（建筑产业化）专家委员会管理办法（试行）》（深建字〔2015〕172 号），同时组织编制《关于加快促进深圳建筑工业化发展的若干措施》、《深圳市建筑工业化示范基地和项目申报指引》等规范性文件。

在鼓励和引导措施的带动下，万科，中海、招商、华润、花样年等深圳本土的开发企业纷纷希望加入到建筑工业化（住宅产业化）的建设中，但《指导意见》中的建筑面积奖励措施目前尚未有具体操作细则，开发商由于担心操作流程周期长，奖励政策最终无法落地，甚至影响项目正常开发，大部分开发商仍处于观望，在一定程度上也影响了政策的有效落地。

二、技术标准情况

深圳市保障性住房标准化设计研究课题由孟建民院士组建了200多人的研究团队，从“标准化、精细化设计”入手，系统研究了“工业化建造、BIM信息化技术、绿色建筑、成本控制”等方面在保障性住房中的应用。核心成果《深圳市保障性住房标准化设计图集》（含六册，SJG27–2015）于2015年4月24日正式发布实施。该图集的发布标志着我市推出了保障性住房工业化产品1.0，为我市保障性住房实施建筑工业化提供完整解决方案。

三、试点示范推广情况

2015年我市新增6个建筑工业化示范基地和1个示范项目，华阳国际成为全国首家被授予“国家住宅产业化基地”的设计型企业，截止目前我市已有4个国家级示范基地。基地组成覆盖开发、设计、施工、部品生产全产业链。2015年我市新开工的建筑工业化项目超过100万平方米，比2014年增长了近40%，2016年我市将落实近190万平方米的建筑工业化项目，建设规模是历年已竣工项目的近一倍。而且项目实施范围已从低层住宅建筑拓展到高层住宅建筑，从住宅领域扩大到学校公寓、商业办公楼等公共建筑领域。

目前我市的建筑工业化（住宅产业化）项目大部分是新出让土地住宅项目和保障性住房项目，但我市的大部分建设用地以城市更新为主，城市更新项目可参考新出让土地项目，在城市更新计划批复中对符合条件的项目应采用建筑工业化（住宅产业化）方式建造，将更有利于我市建筑工业化（住宅产业化）的规模化发展。

第六章　房地产二级市场

第一节　市场管理

一、市场监管

2015年，在中央化解房地产库存、促进房地产业持续发展、推进住房制度改革等精神指导下，根据国家关于分类调控、减少行政干预、理性回归市场、促进住房消费等要求和政策部署，我市认真贯彻国家和广东省的有关指示，积极采取有效措施，引导房地产市场平稳健康发展。

（一）贯彻落实国家房地产新政，积极推动房地产市场稳定健康发展

今年3月，国土资源部、住房城乡建设部发布了《关于优化2015年住房及用地供应结构促进房地产市场平稳健康发展的通知》（国土资发〔2015〕37号），我市积极落实，通过城市更新、存量挖潜和土地二次开发，实现土地资源的节约集约利用，上半年公布了《深圳市住房建设规划2015年度实施计划》，安排2015年居住用地170公顷（商品住房和保障性住房各85公顷），优化了住房用地供应规模、结构，取消了套型结构控制，支持居民自住和改善性的住房需求。

"3.30"信贷和税收新政发布后，我市积极响应国家支持自住和改善性住房需求的精神，根据本地实际情况贯彻落实政策指示。为降低居民购房成本，促进改善性住房需求，我市地税局在4月1日转发了财税39号文，并明确提出营业税免征期"5年改2年"的政策于3月31日起实施。

9月，调整了享受优惠政策的普通住房标准。为支持居民自住和改善性住房消费，2015年10月1日起，全市实施了新的享受优惠政策的普通住房标准（如南山区由390万调至490万，各区均相应上调），使更多住房享受个人所得税、契税和营业税等的减免优惠，降低了刚需购房成本，满足合理住房需求和扩大住房消费，并可以缓冲因计税参考价上调而带来的税负增加和对成交的不利影响。

（二）加强市场监测与分析，及时掌握市场发展新动态

在贯彻落实国家房地产宏观政策的同时，我市密切跟踪监测房地产市场运行情况。一方面，

深入基层开展房地产市场调研活动，重点对大中型房地产开发企业在售项目的销售情况、存在问题等进行实地调研，了解市场的真实状况，为制定宏观调控政策获取基础数据；另一方面，定期召开房地产市场调控分析会，及时掌握市场运行情况，研判市场形势。

（三）全力落实房地产开发投资任务，确保宏观经济稳定发展

根据全市工作部署，本年度确保完成房地产开发投资 1197 亿元，同比增长 11.9%。为全力抓好落实工作，市规划国土委制定了《市规划国土委关于分解落实 2015 年度房地产开发投资计划任务工作方案》（深规土〔2015〕306 号），将工作任务落实到土地出让、规划许可审批、城市更新项目、闲置土地处置、土地整备和房屋征收等各业务环节，并已纳入绩效考核督察督办，加快房地产项目审批和投资落地进度，及时分析和处置有关情况，全年房地产累计开发投资完成额为 1331.03 亿元，同比增长 24.5%，超额完成了本年度房地产开发投资任务。

（四）加快批准预售和用地供应，为市场成交创造有利条件

在近期供需两旺的市场情况下，我市商品住房销售库存周期缩短，住房供应面临压力，房地产主管部门一方面开通绿色通道，加快商品住房批准预售进入市场的速度，在政策利好等综合作用下，商品房累计批准预售面积和套数分别为 928.12 万平方米，同比分别增长 26.8%；另一方面，稳定供应预期，为成交创造有利条件，加强了城市更新为主渠道的居住用地供应。

（五）查处违法违规销售行为，稳定市场交易秩序

结合“3.30”以来我市房地产市场成交活跃的情况，我市迅速升级房地产市场监管措施，对新批准预售项目销售现场进行检查，对房地产开发企业在商品房销售过程中存在的违法违规行为予以调查并依法处理，特别是针对媒体报道宣传的“日光盘”以及即将开盘的房地产项目，对其是否存在以囤积截留房源、捂盘惜售等方式限制销售数量、操纵价格的行为进行重点检查和查处，对违规行为予以纠正和责令整改。

（六）加快推进房地产行业诚信清单建设，建立行业管理新机制

房地产行业诚信体系建设已纳入 2015 年全市改革工作中。诚信清单建设旨在通过一整套诚信评价指标和企业诚信档案的建立，对企业的经营行为进行诚信评价，对行业内的违法违规行为予以曝光，并将企业的诚信状态及时对外公示，进而通过市场化方式推动企业和从业人员规范、诚信经营。推进诚信清单建设工作，目前已形成《关于继续深化改革，建立以“诚信清单”为基础的房地产行业诚信体系工作方案》以及《深圳市房地产行业信用信息目录表》（6 套）。

此外，按照住房城乡建设部有关要求，我市拟订了开展培育和发展住房租赁试点工作方案（已报市政府），为全面培育和发展住房租赁市场积累经验；同时，按照省住房建设厅有关要求，继续推进房地产现售试点，我市已确定一宗现售试点用地，正加快出让。

（七）开展“十三五”住房规划编制工作，科学制定“十三五”住房发展目标

在对“十二五”住房规划执行情况分析评估

的基础上，通过大量的前期调研和基础性研究，初步形成了“十三五”住房规划草案。“十三五”期间，我市住房建设规划工作思路将顺应新的市场发展形势，拟将工作重点转移到完善住房供应体系、提升存量住房利用效率、规范和发展住房租赁市场、推动住宅产业化和提升居住质量等方面上来。

二、商品房预售管理

2015 年，全市商品房批准预售面积 928.12 万平方米，同比增加 26.78%。其中，住宅 703.73 万平方米，同比增加 27.73%；办公楼 48.72 万平方米，同比减少 0.15%；商业用房 136.16 万平方米，同比增加 32.85%；其他类用房 39.51 万平方米，同比增加 32.40%。从全市商品房批准预售的区域分布来看，罗湖区 34.60 万平方米，同比增加 91.58%；福田区 39.49 万平方米，同比减少 31.41%；南山区 170.40 万平方米，同比增加 91.82%；盐田区 14.75 万平方米，同比减少 22.94%；宝安区 186.32 万平方米，同比增加 32.50；龙岗区 225.71 万平方米，同比减少 1.71%；光明新区 40.09 万平方米，同比减少 21.65%;龙华新区 160.60 万平方米，同比增加 191.38%；坪山新区 40.02 万平方米，同比减少 28.81%；大鹏新区 16.13 万平方米，同比增加 92.57%。

表 6-1 深圳市历年商品房批准预售面积（按用途分）

单位：万平方米

年 度	批准预售面积	其中			
		住 宅	办公楼	商业用房	其 他
1992	134.00	96.45	16.68	13.96	6.91
1993	281.62	211.21	22.70	39.04	8.67
1994	425.06	241.30	103.15	53.94	26.67
1995	331.80	248.07	23.94	48.73	11.06
1996	463.30	305.63	88.57	64.43	4.67
1997	429.68	349.54	24.00	43.77	12.37
1998	603.64	498.60	28.73	70.87	5.44
1999	616.86	538.77	26.54	44.97	6.58
2000	660.45	577.90	12.34	50.45	19.76
2001	722.46	647.14	3.32	65.02	6.98
2002	1058.29	961.42	23.75	71.88	1.24
2003	870.29	716.90	44.69	98.45	10.25
2004	953.19	806.48	30.34	82.84	33.53
2005	894.35	711.58	40.02	101.44	41.31
2006	807.28	694.57	34.40	72.81	5.49
2007	646.17	589.20	9.91	47.06	—
2008	778.54	666.47	20.34	60.40	31.33
2009	572.18	471.96	43.84	45.56	10.83
2010	482.03	393.42	15.72	47.96	24.93
2011	440.31	380.45	14.49	45.37	—
2012	648.79	502.81	21.64	94.39	29.94
2013	776.66	608.43	35.96	120.16	12.11
2014	732.09	550.95	48.79	102.50	29.84
2015	928.12	703.73	48.72	136.16	39.51

表 6-2　深圳市历年商品房批准预售面积（按区域分）

单位：万平方米

年度	批准预售面积	其中									
		罗湖区	福田区	南山区	盐田区	宝安区	龙岗区	光明新区	龙华新区	坪山新区	大鹏新区
1992	134.04	76.26	31.40	26.36	—	—	—	—	—	—	—
1993	281.62	115.81	107.7	58.11	—	—	—	—	—	—	—
1994	425.06	140.39	124.29	51.56	—	80.70	28.12	—	—	—	—
1995	331.80	60.97	50.05	67.10	—	79.89	73.79	—	—	—	—
1996	463.30	103.62	152.31	48.75	—	63.76	94.86	—	—	—	—
1997	429.68	82.30	127.51	64.91	—	79.86	75.10	—	—	—	—
1998	603.64	162.91	180.54	103.6	—	73.15	83.44	—	—	—	—
1999	616.86	149.86	217.97	78.38	6.44	49.07	115.16	—	—	—	—
2000	660.45	92.76	208.81	153.05	22.14	72.91	110.78	—	—	—	—
2001	722.46	142.22	150.86	147.19	11.97	135.17	135.05	—	—	—	—
2002	1058.29	107.47	306.64	258.03	26.05	165.86	194.24	—	—	—	—
2003	870.29	88.97	169.51	318.81	28.34	155.41	109.25	—	—	—	—
2004	953.19	91.54	222.42	220.48	13.41	207.3	198.04	—	—	—	—
2005	894.35	99.14	159.21	122.10	24.09	285.71	204.09	—	—	—	—
2006	807.28	44.17	103.00	158.38	28.18	285.59	187.95	—	—	—	—
2007	646.17	17.96	53.88	111.76	25.75	190.11	246.71	—	—	—	—
2008	778.54	30.24	51.12	129.76	23.18	299.64	244.6	—	—	—	—
2009	572.18	30.74	66.03	143.23	16.01	113.38	202.79	—	—	—	—
2010	482.03	19.84	19.80	85.23	6.82	148.70	201.65	—	—	—	—
2011	440.31	2.86	39.63	68.04	14.51	154.83	160.44	—	—	—	—
2012	648.79	8.98	63.45	53.25	15.19	237.57	270.34	—	—	—	—
2013	776.66	2.00	81.86	69.24	21.38	98.31	295.23	15.13	155.79	27.95	9.77
2014	732.09	18.06	57.57	88.83	19.15	140.61	229.64	51.17	55.12	56.22	8.38
2015	928.12	34.60	39.49	170.40	14.75	186.32	225.71	40.09	160.60	40.02	16.13

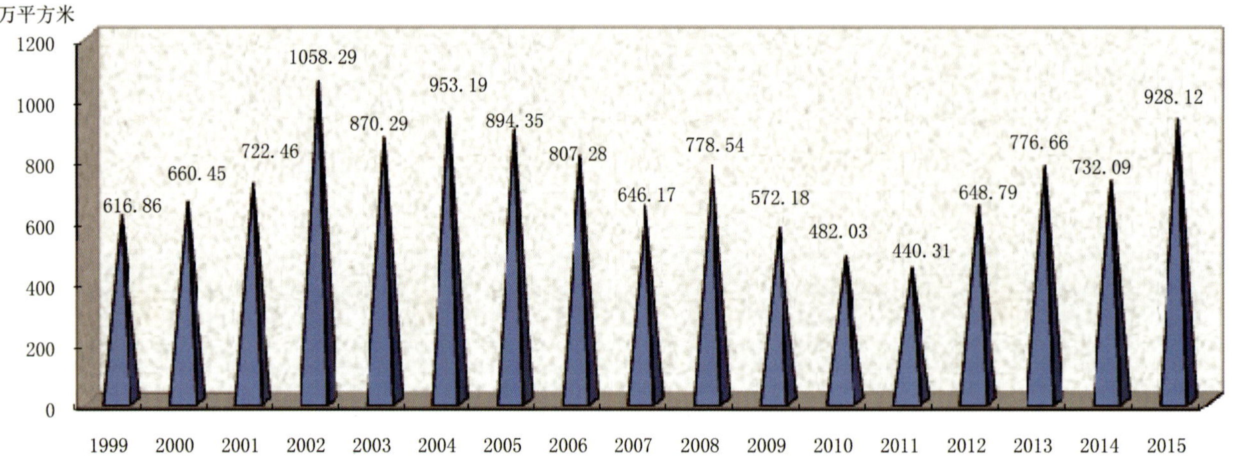

图 6-1　深圳市历年商品房批准预售面积示意图

表 6-3　深圳市历年商品住宅批准预售面积（按区域分）

单位：万平方米

年度	批准预	其中									
	售面积	罗湖区	福田区	南山区	盐田区	宝安区	龙岗区	光明新区	龙华新区	坪山新区	大鹏新区
1992	96.45	54.90	24.41	17.14	—	—	—	—	—	—	—
1993	211.21	85.48	79.58	46.15	—	—	—	—	—	—	—
1994	241.30	78.17	70.24	46.86	—	21.59	24.44	—	—	—	—
1995	248.07	35.97	33.87	55.39	—	64.15	58.69	—	—	—	—
1996	305.63	34.29	95.23	41.75	—	51.20	83.14	—	—	—	—
1997	349.54	54.54	107.23	53.71	—	67.03	67.03	—	—	—	—
1998	498.60	129.12	143.61	90.00	—	64.80	71.07	—	—	—	—
1999	538.77	129.34	186.06	71.07	5.22	44.46	102.62	—	—	—	—
2000	577.90	83.17	176.34	139.29	18.41	64.48	96.21	—	—	—	—
2001	647.14	132.10	139.08	135.39	10.68	117.86	112.03	—	—	—	—
2002	961.42	99.98	271.90	242.95	25.10	150.29	171.20	—	—	—	—
2003	716.90	75.35	116.65	281.66	23.44	134.31	85.49	—	—	—	—
2004	806.48	85.39	163.56	205.14	12.22	177.13	163.04	—	—	—	—
2005	711.58	83.13	88.43	108.64	19.17	240.38	171.84	—	—	—	—
2006	694.57	39.50	68.53	128.40	25.04	262.59	170.51	—	—	—	—
2007	589.20	15.95	46.34	98.24	24.99	177.28	226.40	—	—	—	—
2008	666.47	24.73	28.57	115.18	21.55	266.13	210.30	—	—	—	—
2009	471.96	29.70	22.53	120.74	13.49	106.89	178.61	—	—	—	—
2010	393.42	13.49	15.56	56.14	5.81	126.91	175.51	—	—	—	—
2011	380.45	2.06	20.58	51.93	12.87	147.54	145.47	—	—	—	—
2012	502.81	8.97	11.38	40.20	1.31	211.58	229.36	—	—	—	—
2013	608.43	—	31.16	52.62	7.40	83.49	238.55	14.31	149.42	26.12	5.36
2014	550.95	11.18	25.23	55.11	12.69	101.76	190.38	42.33	53.66	45.43	5.85
2015	703.73	26.86	9.74	115.66	10.48	133.77	191.62	26.28	145.69	28.26	15.36

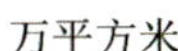

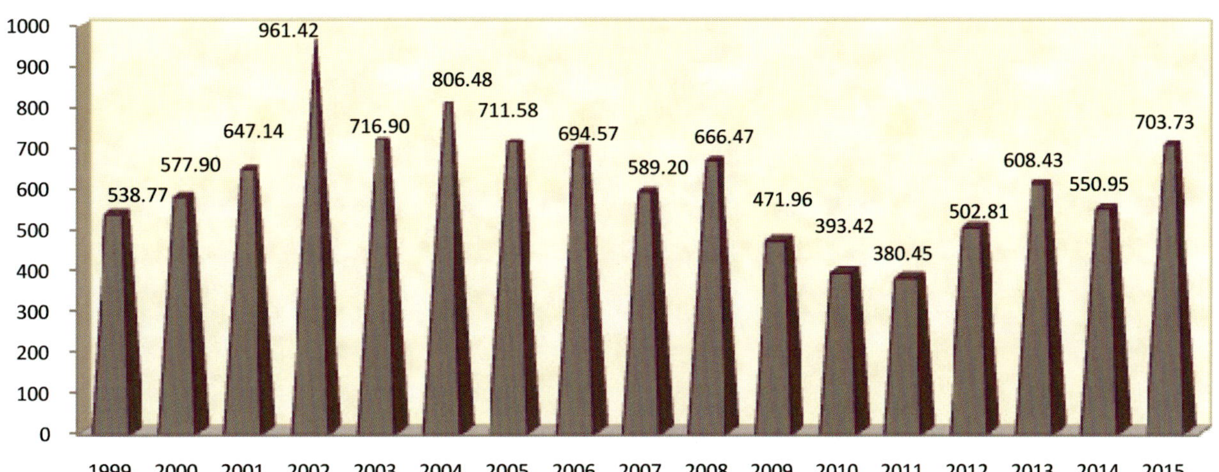

图 6-2　深圳市历年商品住宅批准预售面积示意图

表 6-4　深圳市历年办公楼批准预售面积（按区域分）

单位：万平方米

年　度	批准预售面积	其中									
		罗湖区	福田区	南山区	盐田区	宝安区	龙岗区	光明新区	龙华新区	坪山新区	大鹏新区
1992	16.69	13.54	—	3.15	—	—	—	—	—	—	—
1993	22.70	11.97	8.75	1.98	—	—	—	—	—	—	—
1994	103.15	36.37	24.86	0.39	—	41.53	—	—	—	—	—
1995	23.94	12.21	10.74	0.64	—	0.15	0.20	—	—	—	—
1996	88.57	49.07	31.01	3.85	—	4.36	0.28	—	—	—	—
1997	24.00	13.70	5.44	4.86	—	—	—	—	—	—	—
1998	28.73	10.14	15.24	3.29	—	—	0.06	—	—	—	—
1999	26.54	8.03	14.72	1.25	0.88	0.19	1.47	—	—	—	—
2000	12.34	2.35	5.07	2.85	1.85	—	0.22	—	—	—	—
2001	3.32	0.72	1.96	0.30	—	—	0.34	—	—	—	—
2002	23.75	—	20.85	1.91	—	—	0.99	—	—	—	—
2003	44.69	0.69	35.39	6.46	0.12	1.26	0.77	—	—	—	—
2004	30.34	0.39	26.08	2.24	—	0.31	1.32	—	—	—	—
2005	40.02	0.18	34.53	3.70	0.10	—	1.51	—	—	—	—
2006	34.40	0.93	26.95	5.09	—	0.95	0.49	—	—	—	—
2007	9.91	—	3.00	6.91	—	—	—	—	—	—	—
2008	20.34	—	12.54	0.83	—	6.96	—	—	—	—	—
2009	43.84	—	30.35	8.72	—	1.96	2.81	—	—	—	—
2010	15.73	4.71	—	5.73	—	1.99	3.30	—	—	—	—
2011	14.49	—	7.72	6.77	—	—	—	—	—	—	—
2012	21.64	—	7.85	5.97	2.99	0.58	4.26	—	—	—	—
2013	35.96	1.52	22.58	0.87	—	—	10.99	—	—	—	—
2014	48.79	—	28.32	5.57	—	7.22	5.69	—	—	1.99	—
2015	48.72	2.33	9.22	20.46	2.98	5.49	4.30	3.23	—	0.70	—

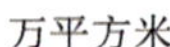

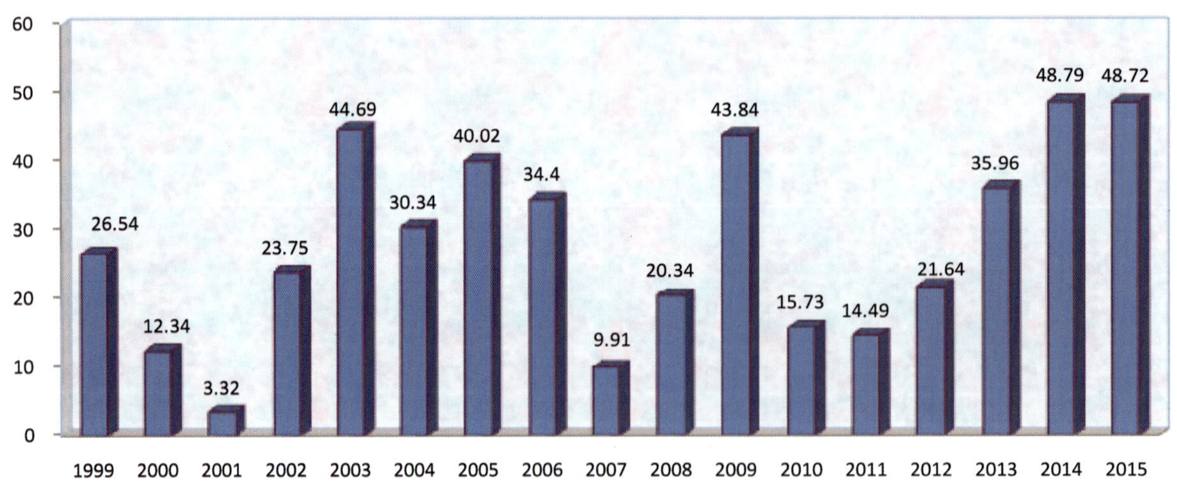

图 6-3　深圳市历年办公楼批准预售面积示意图

表 6-5 深圳市历年商业用房批准预售面积（按区域分）

单位：万平方米

年度	批准预售面积	其中									
		罗湖区	福田区	南山区	盐田区	宝安区	龙岗区	光明新区	龙华新区	坪山新区	大鹏新区
1992	13.96	7.82	3.30	2.84	—	—	—	—	—	—	—
1993	39.04	18.37	12.94	7.73	—	—	—	—	—	—	—
1994	53.94	17.67	17.06	2.01	—	13.52	3.68	—	—	—	—
1995	48.73	12.79	5.43	6.90	—	13.55	10.06	—	—	—	—
1996	64.43	20.26	21.42	3.15	—	8.19	11.41	—	—	—	—
1997	43.77	14.06	4.44	4.72	—	12.83	7.72	—	—	—	—
1998	70.87	23.66	16.29	10.32	—	8.35	12.25	—	—	—	—
1999	44.97	12.49	14.41	2.25	0.33	4.41	11.08	—	—	—	—
2000	50.45	6.75	8.14	10.90	1.88	8.43	14.35	—	—	—	—
2001	65.02	9.40	9.82	7.21	1.29	17.31	19.99	—	—	—	—
2002	71.88	7.49	12.65	13.17	0.95	15.57	22.05	—	—	—	—
2003	98.45	10.36	16.00	28.98	3.04	18.34	21.73	—	—	—	—
2004	82.84	5.06	9.13	11.96	0.28	24.17	32.24	—	—	—	—
2005	101.44	5.45	10.60	7.60	2.89	42.49	32.41	—	—	—	—
2006	72.81	2.09	7.44	24.55	3.14	21.65	13.95	—	—	—	—
2007	47.06	2.01	4.53	6.61	0.76	12.83	20.31	—	—	—	—
2008	60.40	5.51	4.43	7.73	1.63	26.54	14.55	—	—	—	—
2009	45.56	1.04	6.50	13.51	—	4.53	19.98	—	—	—	—
2010	47.96	1.64	0.06	11.90	1.01	17.57	15.78	—	—	—	—
2011	45.37	0.80	11.33	9.34	1.64	7.29	14.97	—	—	—	—
2012	94.39	—	28.87	7.10	10.89	25.42	22.12	—	—	—	—
2013	120.16	0.48	28.12	3.64	13.98	14.82	45.70	0.82	6.37	1.83	4.40
2014	102.50	4.72	4.02	20.61	6.45	31.64	16.03	8.73	1.46	8.80	0.04
2015	136.16	5.40	5.77	24.74	1.29	31.84	29.79	10.58	14.92	11.06	0.77

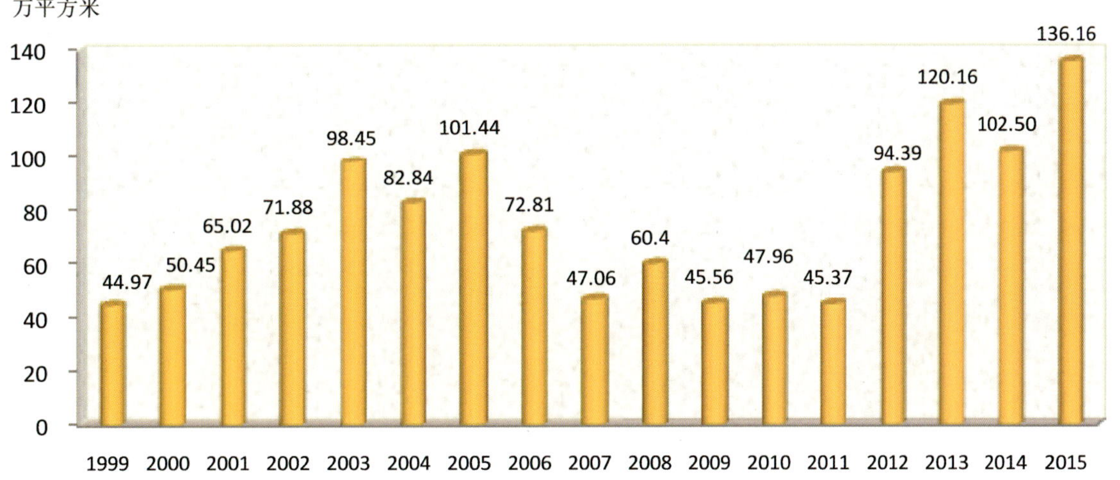

图 6-4 深圳市历年商业用房批准预售面积示意图

表 6-6 深圳市 2015 年颁发《房地产预售许可证》项目一览

单位：平方米

序号	预售许可证号	项目名称	项目位置	开发企业	批准预售	其中			
					面积	住宅	办公楼	商业	其他
1	深房许字（2015）宝安 001 号	同和凤凰花苑	宝安区福永街道	深圳市同和工贸有限公司	79653.06	72154.99	—	7498.07	—
2	深房许字（2015）宝安 002 号	中洲华府商业大厦	宝安区新安街道	深圳市中洲宝城置业有限公司	92173.02	—	—	92173.02	—
3	深房许字（2015）宝安 003 号	深业世纪工业中心	宝安区西乡街道	深业沙河(集团)有限公司	113964.99	—	—	4554.54	109410.45
4	深房许字（2015）宝安 004 号	壹方商业中心	宝安区新安街道	壹方置业（深圳）有限公司	195397.33	190515.07	—	4882.26	—
5	深房许字（2015）宝安 005 号	雍和园	宝安区西乡街道	深圳市君成投资发展有限公司	103844.45	86949.26	—	16895.19	—
6	深房许字（2015）宝安 006 号	领丽花园	宝安区西乡街道	深圳机场地产有限公司	44608.13	42413.09	—	2195.04	—
7	深房许字（2015）宝安 007 号	天福华府（B 区）	宝安区西乡街道	深圳市泉堂实业发展有限公司	55466.09	50716.06	—	4750.03	—
8	深房许字（2015）宝安 008 号	松茂御龙湾雅苑（二期）	宝安区西乡街道	深圳市松茂房地产集团有限公司	91007.4	84835.61	—	6171.79	—
9	深房许字（2015）宝安 009 号	领航城领尚华府	宝安区西乡街道	深圳机场地产有限公司	47378.29	45679.88	—	1698.41	—
10	深房许字（2015）宝安 010 号	联投东方华府（二期）	宝安区松岗街道	深圳市联投置地有限公司	170158.83	137674.2	—	32484.63	—
11	深房许字（2015）宝安 011 号	宏发世纪花园（A712-0638）	宝安区石岩街道	深圳市宏发房地产开发有限公司	65078.11	56637.04	—	8441.07	—
12	深房许字（2015）宝安 012 号	卓越宝中时代广场（一期）	宝安区新安街道	深圳市卓越宝中房地产开发有限公司	56817.94	—	54932.88	1885.06	—
13	深房许字（2015）宝安 013 号	华联城市全景花园	宝安区新安街道	华联控股股份有限公司	170395.85	132313.52	—	38082.33	—

（续表）

序号	预售许可证号	项目名称	项目位置	开发企业	批准预售面积	其中			
						住宅	办公楼	商业	其他
14	深房许字（2015）宝安 014 号	满京华艺峦大厦	宝安区西乡街道	深圳市美宝田实业有限公司	50332.4	—	—	7545.22	42787.18
15	深房许字（2015）宝安 015 号	松河瑞园（二期）	宝安区松岗街道	深圳市喜盈盈投资有限公司	91821.87	50045.12	—	41776.75	—
16	深房许字（2015）宝安 016 号	中粮凤凰里花苑	宝安区福永街道	中粮地产（集团）股份有限公司	124091.42	115516.57	—	8574.85	—
17	深房许字（2015）宝安 017 号	领航城领秀花园	宝安区西乡街道	深圳机场地产有限公司	119082.33	117288.83	—	1793.5	—
18	深房许字（2015）宝安 018 号	幸福港湾尚品居	宝安区西乡街道	深圳市福中福房地产开发有限公司	102605.89	78698.76	—	23907.13	—
19	深房许字（2015）宝安 019 号	怀德峰景南园	宝安区福永街道	深圳市怀德房地产开发有限公司	58777.33	57399.23	—	1378.1	—
20	深房许字（2015）宝安 020 号	前城滨海花园（A105-1687）	宝安区西乡街道	深圳市宏发房地产开发有限公司	18824.75	18824.75	—	—	—
21	深房许字（2015）宝安 021 号	彩云轩	宝安区西乡街道	万菱实业（深圳）有限公司	11695.78	—	—	11695.78	—
22	深房许字（2015）大鹏 001 号	金众金域半山花园	大鹏新区葵涌办事处丰树山路北面	深圳市金众地产集团有限公司	161340.86	153613.58	—	7727.28	—
23	深房许字（2015）福田 001 号	岗厦天元花园（02-1地块）	河园路东侧	深圳市金地大百汇房地产开发有限公司	51531.24	—	—	51531.24	—
24	深房许字（2015）福田 002 号	海岸环庆大厦	福田路 24 号	深圳市海岸融通投资有限公司	62275.99	—	56097.83	6178.16	—
25	深房许字（2015）福田 003 号	京基滨河时代广场北区（二期）	滨河大道 9289 号	深圳市京基房地产股份有限公司	36132.78	—	36132.78	—	—
26	深房许字（2015）福田 004 号	深业上城（南区）（二期）	皇岗路 5001 号	深圳市科之谷投资有限公司	147501.74	—	—	—	147501.74
27	深房许字（2015）福田 005 号	宝能城市公馆（一、二期）	农林路 21 号	宝能地产股份有限公司	97434.92	97434.92	—	—	—

（续表）

序号	预售许可证号	项目名称	项目位置	开发企业	批准预售面积	其中			
						住宅	办公楼	商业	其他
28	深房许字（2015）福田 006 号	岗厦皇庭大厦	金田路东福华路北	深圳市皇庭房地产开发有限公司	84401.92	—	84401.92	—	—
29	深房许字（2015）光明 001 号	宏发嘉域花园（一期）	光明新区公明办事处松白路与马田路交汇处	深圳市宏发投资集团有限公司	107511.96	63221.95	—	44290.01	—
30	深房许字（2015）光明 002 号	宏发嘉域花园（二期）	光明新区公明办事处松白路以南，福前路以北，马田路以西	深圳市宏发投资集团有限公司	29679.74	23798.83	—	5880.91	—
31	深房许字（2015）光明 003 号	正兆景嘉园	光明新区双明大道北侧、龙大高速路东侧	深圳市新生辉投资有限公司	69968.24	69968.24	—	—	—
32	深房许字（2015）光明 004 号	峰荟花园（二期）	光明新区公明办事处南环大道南侧、振发路西侧	深圳市秋铭投资发展有限公司	42949.69	41263	—	1686.69	—
33	深房许字（2015）光明 005 号	新地中央广场	光明新区光明大道与河心南路交汇处东南侧	深圳市光明商业中心开发有限公司	111520.9	—	32324.77	79196.13	—
34	深房许字（2015）光明 006 号	盛迪嘉光明壹号花园（三期）	光明高新西区科发路西侧、十七号路南侧	深圳市盛迪嘉房地产开发有限公司	67795.71	65159.25	—	2636.46	—
35	深房许字（2015）龙岗 001 号	中骏蓝湾翠岭花园（一期）	龙岗区龙岗街道	深圳泛亚房地产开发有限公司	63969.91	61098.25	—	2871.66	—
36	深房许字（2015）龙岗 002 号	仙岭居	龙岗区龙岗街道南联碧新路	深圳市腾龙达实业有限公司	19621.4	13702	—	5919.4	—
37	深房许字（2015）龙岗 003 号	岭宏健康家园	龙岗区南湾街道	深圳市宇宏投资集团有限公司	59649.43	59649.43	—	—	—
38	深房许字（2015）龙岗 004 号	信义荔山御园	龙岗区布吉街道	深圳市信旺房地产开发有限公司	93120.16	93120.16	—	—	—
39	深房许字（2015）龙岗 005 号	同创九著院	龙岗区龙城街道龙平西路与悦城路交汇处	深圳市盘龙投资发展有限公司	9464.83	9464.83	—	—	—
40	深房许字（2015）龙岗 006 号	金域揽峰花园	龙岗区布吉街道	深圳市万联嘉投资发展有限公司	27463.96	26970.71	—	493.25	—

（续表）

序号	预售许可证号	项目名称	项目位置	开发企业	批准预售面积	其中			
						住宅	办公楼	商业	其他
41	深房许字（2015）龙岗 007 号	全盛紫悦龙庭	龙岗区龙城街道	深圳市地业乐安房地产有限公司	42514.17	29526.6	—	12987.57	—
42	深房许字（2015）龙岗 008 号	东城中心花园（二期）	深圳市龙岗区横岗街道龙岗大道路北面宇华街西面	深圳市麟恒投资发展有限公司	84763.33	57470.73	—	27292.6	—
43	深房许字（2015）龙岗 009 号	岭宏健康家园	龙岗区南湾街道	深圳市宇宏投资集团有限公司	32110.07	32110.07	—	—	—
44	深房许字（2015）龙岗 010 号	万科天誉花园（二期）	龙岗区龙城街道	深圳市九州房地产开发有限公司	61999.15	28424.99	—	33574.16	—
45	深房许字（2015）龙岗 011 号	美地里园	龙岗区龙城街道	民生东都深圳房地产开发有限公司	13195	13195	—	—	—
46	深房许字（2015）龙岗 012 号	尚峰花园	龙岗区南湾街道	深圳市南岭新力佳投资有限公司	81751.68	81751.68	—	—	—
47	深房许字（2015）龙岗 013 号	荣德雨馨公寓	龙岗区横岗街道办	深圳市中爱联实业有限公司	36909.08	—	—	36909.08	—
48	深房许字（2015）龙岗 014 号	高发悦驰苑	布吉镇雪象村（该宗地需合并到 G03502-11 宗地中）	深圳市高发投资控股有限公司	4919.92	4919.92	—	—	—
49	深房许字（2015）龙岗 015 号	中骏蓝湾翠岭花园（一期）	龙岗区龙岗街道	深圳泛亚房地产开发有限公司	1149.58	—	—	1149.58	—
50	深房许字（2015）龙岗 016 号	中骏蓝湾翠岭花园（一期）	龙岗区龙岗街道	深圳泛亚房地产开发有限公司	1347.54	—	-	1347.54	—
51	深房许字（2015）龙岗 017 号	全盛紫悦龙庭	龙岗区龙城街道	深圳市地业乐安房地产有限公司	55737.73	51750.98	—	3986.75	—
52	深房许字（2015）龙岗 018 号	尚水天成花园	龙岗区布吉街道	深圳市生良房地产开发有限公司	41610.56	41610.56	—	—	—
53	深房许字（2015）龙岗 019 号	颐安都会中央花园	龙岗区龙城街道	深圳市红荷庭苑房地产开发有限公司	137945.74	137945.74	—	—	—

（续表）

序号	预售许可证号	项目名称	项目位置	开发企业	批准预售面积	其中			
						住宅	办公楼	商业	其他
54	深房许字（2015）龙岗 020 号	万科天誉花园（二期）	龙岗区龙城街道	深圳市九州房地产开发有限公司	47195.92	42549.18	—	4646.74	—
55	深房许字（2015）龙岗 021 号	岭宏健康家园	龙岗区南湾街道	深圳市宇宏投资集团有限公司	29813.23	29813.23	—	—	—
56	深房许字（2015）龙岗 022 号	尚峰花园	龙岗区南湾街道	深圳市南岭新力佳投资有限公司	85830.09	85830.09	—	—	—
57	深房许字（2015）龙岗 023 号	荣超新成大厦	龙岗区龙城街道	深圳市新屋吓英隆房地产开发有限公司	34907.79	—	34907.79	—	—
58	深房许字（2015）龙岗 024 号	平安里家园	龙岗区龙城街道龙平西路与愉龙路交汇处	深圳市文宝峰投资发展有限公司	48820.02	48820.02	—	—	—
59	深房许字（2015）龙岗 025 号	万科天誉花园（二期）	龙岗区龙城街道	深圳市九州房地产开发有限公司	31627.21	29399.04	—	2228.17	—
60	深房许字（2015）龙岗 026 号	佳华领汇广场（一期）	龙岗区坂田街道办	深圳市佳华房地产开发有限公司	50283.4	50283.4	—	—	—
61	深房许字（2015）龙岗 027 号	公园里花园（四期）	南湾街道樟树布社区	深圳市聚龙湾投资发展有限公司	56467.51	56467.51	—	—	—
62	深房许字（2015）龙岗 028 号	岭宏健康家园	龙岗区南湾街道	深圳市宇宏投资集团有限公司	27845.81	27845.81	—	—	—
63	深房许字（2015）龙岗 029 号	金地凯旋广场	龙岗街道龙城南路西面龙岗大道路南面	深圳市淞江康纳投资有限公司	25691.54	—	—	25691.54	—
64	深房许字（2015）龙岗 030 号	金地凯旋广场	龙岗街道龙城南路西面龙岗大道路南面	深圳市淞江康纳投资有限公司	63394.79	56779.56	—	6615.23	—
65	深房许字（2015）龙岗 031 号	嘉悦山花园	龙岗区坂田街道	深圳市世基房地产开发有限公司	19578.85	19134.38	—	444.47	—

（续表）

序号	预售许可证号	项目名称	项目位置	开发企业	批准预售面积	其中			
						住宅	办公楼	商业	其他
66	深房许字（2015）龙岗 032 号	森泉雅轩	龙岗区横岗街道办	深圳市红荷森泉置业发展有限公司	9978.98	9978.98	—	—	—
67	深房许字（2015）龙岗 033 号	太阳雨家园	坂田街道坂雪岗大道东面	深圳市志天下实业有限公司	47074.45	45278.7	—	1795.75	—
68	深房许字（2015）龙岗 034 号	全盛紫悦龙庭	龙岗区龙城街道	深圳市地业乐安房地产有限公司	14413.96	14413.96	—	—	—
69	深房许字（2015）龙岗 036 号	骏雅居	龙岗区坂田街道办	深圳市儒骏泰峰房地产开发有限公司	33848.59	23687.73	—	10160.86	—
70	深房许字（2015）龙岗 037 号	万科时代广场	龙岗区龙城街道	深圳市龙城广场房地产开发有限公司	20690.34	—	—	20690.34	—
71	深房许字（2015）龙岗 038 号	公园里花园（四期）	南湾街道樟树布社区	深圳市聚龙湾投资发展有限公司	18308.55	18308.55	—	—	—
72	深房许字（2015）龙岗 039 号	港信达银信广场	龙岗区横岗街道	深圳市港信达投资发展有限公司	54681.34	31323.08	8084.94	15273.32	—
73	深房许字（2015）龙岗 040 号	荣德雨辰公寓	龙岗区横岗街道办	深圳市中爱联实业有限公司	34905.95	—	—	34905.95	—
74	深房许字（2015）龙岗 041 号	国香山翡翠华庭	龙岗区南湾街道	深圳市吉厦房地产开发有限公司	22340.69	22340.69	—	—	—
75	深房许字（2015）龙岗 042 号	爵悦公馆	龙城街道仙岭路与清霞路交汇处	深圳市合裕房地产开发有限公司	25826.27	25826.27	—	—	—
76	深房许字（2015）龙岗 043 号	万科天誉花园（二期）	龙岗区龙城街道	深圳市九州房地产开发有限公司	31090.93	29321.28	—	1769.65	—
77	深房许字（2015）龙岗 044 号	联美新天地华府	龙岗区布吉街道	深圳市鹏龙实业有限公司	22951.55	22951.55	—	—	—
78	深房许字（2015）龙岗 045 号	德润荣君府	龙岗区坂田街道	深圳市德润创展房地产开发有限公司	27175.85	27175.85	—	—	—

（续表）

序号	预售许可证号	项目名称	项目位置	开发企业	批准预售面积	其中			
						住宅	办公楼	商业	其他
79	深房许字（2015）龙岗 046 号	水门逸欣园	龙岗区平湖街道	深圳市新南水门投资有限公司	45103.07	29120.32	—	15982.75	—
80	深房许字（2015）龙岗 047 号	恒地悦山湖花园	横岗街道怡锦社区水官高速南面	深圳市恒地投资有限公司	61977.15	59704.39	—	2272.76	—
81	深房许字（2015）龙岗 048 号	恒地悦山湖花园	横岗街道怡锦社区水官高速南面	深圳市恒地投资有限公司	130027.5	124320.8	—	5706.73	—
82	深房许字（2015）龙岗 049 号	地铁锦上花园	龙岗区横岗街道	深圳市地铁集团有限公司	85407.46	85407.46	—	—	—
83	深房许字（2015）龙岗 050 号	德润荣君府	龙岗区坂田街道	深圳市德润创展房地产开发有限公司	56066.52	37035.25	—	19031.27	—
84	深房许字（2015）龙岗 051 号	岭宏健康家园	龙岗区南湾街道	深圳市宇宏投资集团有限公司	28809.74	28809.74	—	—	—
85	深房许字（2015）龙岗 052 号	金地名郡园	龙岗街道龙城南路西面龙岗大道南面	深圳市淞江康纳投资有限公司	61746.12	57573.96	—	4172.16	—
86	深房许字（2015）龙华 001 号	悠山美地家园	龙华新区大浪街道三合村石观路与华繁路交汇处	深圳市鹏宝东物业发展有限公司	73820.55	73820.55	—	—	—
87	深房许字（2015）龙华 002 号	仁山智水花园（三期）	龙华新区观澜办事处环观南路北侧	深圳市城市建设开发（集团）有限公司	82648.62	82648.62	—	—	—
88	深房许字（2015）龙华 003 号	金域九悦花园（中区）	龙华新区观澜办事处	深圳市万疆城投资发展有限公司	15218.45	9052.59	—	6165.86	—
89	深房许字（2015）龙华 004 号	荟港尊邸（一期）	大浪街道布龙路与和平西路交汇处	港铁物业发展（深圳）有限公司	31546.56	31546.56	—	—	—
90	深房许字（2015）龙华 005 号	荟港尊邸（二期）	大浪街道布龙路与和平西路交汇处	港铁物业发展（深圳）有限公司	87394.53	87394.53	—	—	—

（续表）

序号	预售许可证号	项目名称	项目位置	开发企业	批准预售	其中			
					面积	住宅	办公楼	商业	其他
91	深房许字（2015）龙华 006 号	中海锦城花园北区	民治办事处	深圳中海地产有限公司	75157.27	69216.47	—	5940.8	—
92	深房许字（2015）龙华 007 号	保利悦都花园（A835-0361）	深圳市龙华新区龙华办事处龙观东路以南，清龙路以西。	深圳市保利置地房地产开发有限公司	65934.78	44779.6	—	21155.18	—
93	深房许字（2015）龙华 008 号	保利悦都花园（A835-0362）	深圳市龙华新区龙华办事处龙观东路以南，清龙路以西。	深圳市保利置地房地产开发有限公司	15484.13	10947.67	—	4536.46	—
94	深房许字（2015）龙华 009 号	金地塞拉维花园南区	观澜办事处	深圳市金地北城房地产开发有限公司	53077.38	53077.38	—	—	—
95	深房许字（2015）龙华 010 号	深业泰然观澜玫瑰苑	龙华新区观澜办事处辖区	深圳市国惠康国泰房地产开发有限公司	53311.65	53311.65	—	—	—
96	深房许字（2015）龙华 011 号	银江春晓家园	观澜街道大和路	深圳市银江置地开发有限公司	36217.46	29260.38	—	6957.08	—
97	深房许字（2015）龙华 012 号	金域九悦花园（南区）	龙华新区观澜办事处	深圳市万疆城投资发展有限公司	71410.23	70609.49	—	800.74	—
98	深房许字（2015）龙华 013 号	华盛峰荟名庭（一期）	龙华新区泗黎路与悦兴路交汇处	深圳市金洪实业投资发展有限公司	58896.96	24557.46	—	34339.5	—
99	深房许字（2015）龙华 014 号	“星河传奇花园”（二期）	龙华新区民治上塘	深圳市瑞和佳源房地产开发有限公司	48979.71	34183.21	—	14796.5	—
100	深房许字（2015）龙华 015 号	盛荟居	民治办事处	深圳市龙华龙屋投资有限公司	25376.28	17396.96	—	7979.32	—
101	深房许字（2015）龙华 016 号	富士嘉园	观澜办事处华中街	深圳市富士投资（集团）有限公司	94626.83	94626.83	—	—	—
102	深房许字（2015）龙华 017 号	中海锦城花园西区	龙华新区民治街道	深圳中海地产有限公司	142660.7	98006.65	—	44654.06	—

（续表）

序号	预售许可证号	项目名称	项目位置	开发企业	批准预售	其中			
					面积	住宅	办公楼	商业	其他
103	深房许字（2015）龙华 018 号	荟港尊邸（二期）	大浪街道布龙路与和平西路交汇处	港铁物业发展（深圳）有限公司	72421.91	72421.91	—	—	—
104	深房许字（2015）龙华 019 号	珑门名苑（A924—0173）	龙华新区观澜办事处豆腐坳	深圳市鹏城置业投资发展有限公司	56527.64	56527.64	—	—	—
105	深房许字（2015）龙华 020 号	玖龙玺花园（二期）南区	龙华新区新区大道与白石龙路交汇处	深圳市金骏房地产有限公司	32158.87	27575.9	—	4582.97	—
106	深房许字（2015）龙华 021 号	和平里花园（二期）	民治办事处和平路	深圳市特发集团有限公司	69212.91	69212.91	—	—	—
107	深房许字（2015）龙华 022 号	壹成中心花园（A824—0117）	龙华新区龙华街道人民北路旁	深圳市鸿荣源实业有限公司	161443.69	161443.69	—	—	—
108	深房许字（2015）龙华 023 号	卓能雅苑	龙华新区民治街道布龙路北侧	雄伟房地产开发（深圳）有限公司	54029.91	54029.91	—	—	—
109	深房许字（2015）龙华 024 号	金域九悦花园（北区）	龙华新区观澜办事处	深圳市万疆城投资发展有限公司	54579.96	54579.96	—	—	—
110	深房许字（2015）龙华 025 号	奥宸观壹城华府（A928—0468）	龙华新区观澜办事处松元厦旧村	深圳市奥宸房地产开发有限公司	77431.69	77431.69	—	—	—
111	深房许字（2015）龙华 026 号	玖龙玺花园（二期）北区	龙华新区新区大道与白石龙路交汇处	深圳市金骏房地产有限公司	109449.92	77658.08	—	31791.84	—
112	深房许字（2015）罗湖 001 号	龙园创展大厦	宝安南路与解放路交汇处东南角	深圳市龙园凯利恒丰房地产股份有限公司	61830.58	—	23336.67	38493.91	—
113	深房许字（2015）罗湖 002 号	锦缘里嘉园	沿河南路 3026 号	深圳亘富投资有限公司	49849.71	36709.74	—	13139.97	—
114	深房许字（2015）罗湖 003 号	靖轩豪苑	凤凰路东侧	深圳市黄贝岭靖轩实业股份有限公司	50306.43	50306.43	—	—	—
115	深房许字（2015）罗湖 004 号	塑和公园华府	人民北路书院街	深圳市市建置业有限公司	6946.44	6946.44	—	—	—

（续表）

序号	预售许可证号	项目名称	项目位置	开发企业	批准预售面积	其中			
						住宅	办公楼	商业	其他
116	深房许字（2015）罗湖 005 号	银湖蓝山润园（二期）	北环大道 1028 号	华润（深圳）地产发展有限公司	131238.28	131238.28	—	—	—
117	深房许字（2015）罗湖 006 号	中海鹿丹名苑	红岭南路与滨河大道交汇处东南侧	深圳市毅骏房地产开发有限公司	37742.42	35396.74	—	2345.68	—
118	深房许字（2015）罗湖 007 号	宝丰苑	金稻田路与东湖交汇处西侧	深圳仙诺制药有限公司	8050.53	8050.53	—	—	—
119	深房许字（2015）南山 001 号	水映山岸公馆	望海路与金世纪路交汇处	深圳市博住置业有限公司	8329.51	8329.51	—	—	—
120	深房许字（2015）南山 002 号	曦湾天馥名苑	后海滨路与工业八路交汇处	深圳市曦湾名苑地产有限公司	8740.04	8740.04	—	—	—
121	深房许字（2015）南山 003 号	海上世界双玺花园（二期）	蛇口望海路南侧	深圳招商房地产有限公司	123997.48	123997.48	—	—	—
122	深房许字（2015）南山 004 号	月亮湾山庄（三期）	兴海大道与前海路交汇处	深圳市南油开发建设有限公司	38450.68	—	33679.47	2520.67	2250.54
123	深房许字（2015）南山 005 号	塘朗城广场（东区）	留仙大道与塘朗地铁站交汇处	深圳市朗通房地产开发有限公司	55939.45	55939.45	—	—	—
124	深房许字（2015）南山 006 号	博林天瑞花园（二期）	留仙大道和平山一路交汇处	深圳博林集团有限公司	114040.98	114040.98	—	—	—
125	深房许字（2015）南山 007 号	燕晗山苑	侨香路	深圳华侨城房地产有限公司	32967.15	32967.15	—	—	—
126	深房许字（2015）南山 008 号	海王星辰大厦	东滨路与后海滨路交汇处	深圳市海王星辰实业有限公司	17737.5	—	9887.95	7849.55	—
127	深房许字（2015）南山 009 号	万科云城（一期）	南山区石鼓路	深圳市万科云城房地产开发有限公司	39565.29	—	—	39565.29	—

（续表）

序号	预售许可证号	项目名称	项目位置	开发企业	批准预售	其中			
					面积	住宅	办公楼	商业	其他
128	深房许字（2015）南山 010 号	华润城润府（三、四期）	新世界豪园路与铜鼓路交汇处	华润置地（深圳）有限公司	95298.87	73236.64	—	22062.23	—
129	深房许字（2015）南山 011 号	龙瑞佳园	兴海大道东侧	深圳市地铁集团有限公司	44792.67	44792.67	—	—	—
130	深房许字（2015）南山 012 号	香山美墅花园	香山中街	深圳华侨城房地产有限公司	21815.78	21815.78	—	—	—
131	深房许字（2015）南山 014 号	水湾壹玖柒玖广场（二期）	荔园路与太子路交汇处	深圳市诚品地产有限公司	35312.67	—	35312.67	—	—
132	深房许字（2015）南山 015 号	中熙香山美林苑	东滨路与南光路交汇处	深圳市中熙房地产开发有限公司	46545.98	46545.98	—	—	—
133	深房许字（2015）南山 016 号	公园一号广场	南海大道与创业路交汇处	深圳市金龙房地产开发有限公司	73891.33	—	3184.92	70706.41	—
134	深房许字（2015）南山 017 号	水湾壹玖柒玖广场（一期）	荔园路与太子路交汇处	深圳市诚品地产有限公司	17500.97	—	—	17500.97	—
135	深房许字（2015）南山 018 号	赤湾海鹏阁	华英路南面	中国南山开发（集团）股份有限公司	5586.17	5586.17	—	—	—
136	深房许字（2015）南山 019 号	万科云城(一期)	南山区石鼓路	深圳市万科云城房地产开发有限公司	46075.23	—	—	46075.23	—
137	深房许字（2015）南山 020 号	深圳湾科技生态园	南山区白石路与沙河西路交汇处	深圳市投资控股有限公司	40697.81	40697.81	—	—	—
138	深房许字（2015）南山 021 号	鹏瑞深圳湾壹号广场（南地块二期）	科苑大道与东滨路交汇处	深圳市鹏瑞地产开发有限公司	18185.29	—	—	18185.29	—
139	深房许字（2015）南山 022 号	恒裕滨城花园（二期）	后海滨路和招商东路交汇处	深圳市银海实业有限公司	124583.12	124583.12	—	—	—

（续表）

序号	预售许可证号	项目名称	项目位置	开发企业	批准预售面积	其中			
						住宅	办公楼	商业	其他
140	深房许字（2015）南山 023 号	华润城润府（二期）（一区）	铜鼓路东面科发路北面	华润置地（深圳）有限公司	64123.92	64123.92	—	—	—
141	深房许字（2015）南山 024 号	大新时代大厦	学府路	深圳市大新尚盛投资有限公司	20453.42	—	7577.03	12876.39	—
142	深房许字（2015）南山 025 号	海上世界双玺花园（三期）	望海路	深圳招商房地产有限公司	19677.68	19677.68	—	—	—
143	深房许字（2015）南山 026 号	宝能城花园	留仙大道与塘朗地铁站交汇处	宝能城有限公司	54641.31	54641.31	—	—	—
144	深房许字（2015）南山 027 号	深物业前海港湾花园	月亮湾大道与兴海大道交汇处	深圳市物业发展（集团）股份有限公司	63325.01	63325.01	—	—	—
145	深房许字（2015）南山 028 号	高新区联合总部大厦	学府路与科苑南路交汇处	深圳荣超实业有限公司	10086.04	—	—	10086.04	—
146	深房许字（2015）南山 029 号	前海丹华园	赤湾四路以北、赤湾九路以东	深圳市赤湾投资发展有限公司	33181.43	33181.43	—	—	—
147	深房许字（2015）南山 030 号	方大广场（一期）	龙珠四路与北环大道交汇处	深圳市方大置业发展有限公司	93086.25	—	—	—	93086.25
148	深房许字（2015）南山 031 号	华润城华润置地大厦（二期）	深南大道北面铜鼓路东面	华润置地（深圳）有限公司	30055.09	—	30055.09	—	—
149	深房许字（2015）南山 032 号	柏宁花园	科苑路	华润置地（深圳）发展有限公司	89374.71	89374.71	—	—	—
150	深房许字（2015）坪山 001 号	招商花园	深圳市坪山新区丹梓大道以南、新和二路以东、荷康路以西	深圳坪山招商房地产有限公司	12200.36	12200.36	—	—	—
151	深房许字（2015）坪山 002 号	六和商业广场（一期）	深圳市坪山新区坪山街道深汕公路与东纵路交汇处	深圳市六和房地产开发有限公司	25755.55	25755.55	—	—	—

（续表）

序号	预售许可证号	项目名称	项目位置	开发企业	批准预售	其中			
					面积	住宅	办公楼	商业	其他
152	深房许字（2015）坪山 003 号	天峦湖花园	深圳市坪山新区坪山街道马峦北路东面	深圳市泰富华天峦湖置业有限公司	27310.32	27310.32	—	—	—
153	深房许字（2015）坪山 004 号	六和商业广场（一期）	深圳市坪山新区坪山街道深汕公路与东纵路交汇处	深圳市六和房地产开发有限公司	110951.37	21381.89	6988.24	82581.24	—
154	深房许字（2015）坪山 005 号	招商花园	深圳市坪山新区丹梓大道以南、新和二路以东、荷康路以西	深圳坪山招商房地产有限公司	13597.15	7936.5	—	5660.65	—
155	深房许字（2015）坪山 006 号	京基御景印象家园	深圳市坪山新区坪山街道坪环社区	深圳市京基房地产股份有限公司	121507.89	116955.88	—	4552.01	—
156	深房许字（2015）坪山 007 号	新城东方丽园	深圳市坪山新区坪山街道汤坑社区	广东省水电集团有限公司	3788.52	—	—	3788.52	—
157	深房许字（2015）坪山 008 号	天峦湖花园	深圳市坪山新区坪山街道马峦北路东面	深圳市泰富华天峦湖置业有限公司	28596.87	28596.87	—	—	—
158	深房许字（2015）坪山 009 号	力高君御花园	坪山新区坪山街道中山大道以南，锦龙大道以东	深圳市力高大道置业有限公司	10650.24	10650.24	—	—	—
159	深房许字（2015）坪山 010 号	力高君御花园	坪山新区坪山街道中山大道以南，锦龙大道以东	深圳市力高大道置业有限公司	10640.64	10640.64	—	—	—
160	深房许字（2015）坪山 011 号	力高君御花园	坪山新区坪山街道中山大道以南，锦龙大道以东	深圳市力高大道置业有限公司	29747.02	21264.64	—	8482.38	—
161	深房许字（2015）坪山 012 号	力高君御花园	坪山新区坪山街道中山大道以南，锦龙大道以东	深圳市力高大道置业有限公司	5486.7	—	—	5486.7	—

（续表）

序号	预售许可证号	项目名称	项目位置	开发企业	批准预售面积	其中			
						住宅	办公楼	商业	其他
162	深房许字(2015)前海 001 号	前海卓越金融中心（一期）	深圳市前海深港现代服务业合作区二单元	深圳前海卓越汇康投资有限公司	118640.42	—	118640.42	—	—
163	深房许字(2015)前海 002 号	香江金融大厦	深圳市前海深港现代服务业合作区 19 单元 3 街坊	深圳市香江供应链管理有限公司	21254.48	—	16062.3	5192.18	—
164	深房许字(2015)前海 003 号	地铁前海时代广场（9 号地块）	前海深港现代服务业合作区开发单元五	深圳市地铁集团有限公司	97524.75	97524.75	—	—	—
165	深房许字(2015)盐田 001 号	壹海城三区（一期）	盐田区海景二路	深圳市万科滨海房地产有限公司	5721.07	—	5642.32	78.75	—
166	深房许字(2015)盐田 002 号	壹海城三区（二期）	深圳市盐田区海景二路	深圳市万科滨海房地产有限公司	24121.6	—	24121.6	—	—
167	深房许字(2015)盐田 003 号	上善梧桐苑	深圳市盐田区海山路 98 号	深圳市善嘉置业有限公司	27648.57	27648.57	—	—	—
168	深房许字(2015)盐田 004 号	港城蓝山雅园	盐田后方陆域西南片区	深圳市港城建业房地产开发有限公司	43294.72	43294.72	—	—	—
169	深房许字(2015)盐田 005 号	御景翠峰小区	盐田区沙头角街道盘山公路西面	深圳市合泰地产集团有限公司	46756.27	33886.63	—	12869.64	—

第二节　二级市场转让

一、概述

2015年，全市二级市场商品房销售921.00万平方米。其中，现楼销售84.66万平方米，楼花销售836.34万平方米。从用途结构看，住宅销售727.26万平方米，办公楼59.50万平方米，商业用房108.43万平方米，其他用途房屋25.81万平方米。从区域结构看，罗湖区31.96万平方米；福田区66.79万平方米；南山区139.68万平方米；盐田区21.26万平方米；宝安区138.60万平方米；龙岗区271.36万平方米；光明新区52.75万平方米；龙华新区126.53万平方米；坪山新区55.65万平方米；大鹏新区16.42万平方米。

从销售对象看，个人购房792.29万平方米，所占个人商品房销售比重为91.7%。其中，商品房外销面积28.64万平方米，所占比重为2.8%，其中个人外销面积18.34万平方米，所占比重为2.3%。

2015年，全市二级市场商品房销售套数89949套。按用途区分，住宅71538套，办公楼4160套，商业用房13302套，其他用途房屋949套。

2015年，全市二级市场商品房实现销售收入3214.80亿元。其中，住宅销售收入2420.70亿元，办公楼263.65亿元，商业用房457.37亿元，其他用途房屋73.08亿元。

2015年年末，全市二级市场现楼空置面积336.51万平方米，同比增加6.85%。从用途结构看，住宅231.66万平方米，同比增加23.84%；办公楼14.72万平方米，同比增加12.43%；商业用房65.57万平方米，同比减少29.80%；其他用途房屋24.57万平方米，同比增加14.86%。从区域分布看，罗湖区31.32万平方米，同比增加37.37%；福田区22.26万平方米，同比增加20.39%；南山区33.23万平方米，同比减少27.64%；盐田区15.26万平方米，同比减少40.12%；宝安区57.42万平方米，同比增加17.16%；龙岗区69.93万平方米，同比减少17.50%；光明新区11.32万平方米，同比增加64.76%；龙华新区69.32万平方米，同比增加61.70%；坪山新区8.14万平方米，同比减少23.43%；大鹏新区18.31万平方米，同比增加

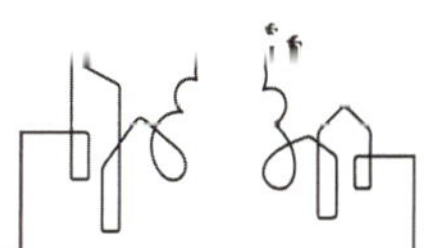

125.54%。

（一）2015 中国深圳国际房地产业博览会暨 2015 中国（深圳）城市土地展

2015 中国深圳国际房地产业博览会（总第 42 届）暨第十届中国（深圳）城市土地展（以下简称“2015 房博会• 土地展”）于 2015 年 8 月 18 日至 20 日在深圳会展中心成功举办。本届房博会•土地展因应互联网+时代地产市场变局，创新推出土地市场的 O2O2O 运营推广模式，开启了“土地社群经济”范式，组织了长三角、珠三角、环渤海、中西部和东北地区 20 省 60 余城市参展，展出土地 1166 宗，展示土地面积约 142.8 平方公里，吸引了 1000 多家品牌房企、金融投资机构近 2000 人积极与会交流,更好地满足了参展城市与单位的精细化需求,促成了土地买卖双方高效对接，推动了土地市场的科学有序发展。

此种模式下，本届展会论坛、推介会等城市推广、行业经验分享、思维碰撞的活动也精彩纷呈。大会组委会举办了深圳市产业用地供需服务平台政策宣讲会，深汕特别合作区、盐城、南充、贵阳等城市和地区现场举办土地推介和招商说明会，另有苏州、岳阳等多个城市在场外举办了土地出让说明交流会，极大扩展了城市土地展外延。本届名家讲坛延续“专业，上升的力量”的精髓，选择具有前瞻性的话题，围绕城市运营、地产创新、城市价值三大板块展开,极大丰富了房博会的思想内涵，对于促进城市创新发展，提升城市运营价值，起到了关键作用。

表 6-7 深圳市历年商品房销售面积（按用途分）

单位：万平方米

年 份	销售面积	其 中			
		住 宅	办公楼	商业用房	其 他
1985 年前	362.25	228.05	34.61	43.30	56.29
1986	63.70	45.29	6.91	3.16	8.34
1987	111.26	73.28	2.82	4.62	30.54
1988	107.39	68.74	6.44	5.37	26.84
1989	90.67	50.77	1.82	2.72	35.36
1990	77.14	56.32	2.31	1.54	16.97
1991	112.54	97.13	2.10	0.63	12.68
1992	151.46	96.00	9.00	10.00	36.46
1993	180.17	140.89	5.85	9.58	23.85
1994	246.93	183.28	13.29	17.14	33.22
1995	274.59	209.07	17.37	16.89	31.26
1996	324.92	261.13	32.33	21.23	10.23
1997	405.44	336.70	28.88	27.40	12.46
1998	432.22	372.38	22.06	19.85	17.93
1999	541.84	492.51	15.02	26.20	8.11
2000	611.37	556.82	12.19	26.32	16.04
2001	643.47	593.72	11.01	27.40	11.34
2002	791.70	724.41	17.94	46.36	2.99
2003	877.85	811.90	19.54	39.37	7.04
2004	908.62	802.58	26.90	58.09	21.05
2005	993.20	901.13	28.49	53.48	10.10
2006	797.65	705.82	38.27	45.96	7.60
2007	555.16	500.40	20.87	30.64	3.25
2008	466.97	413.69	5.59	33.63	14.06
2009	874.18	793.45	24.96	33.70	22.07
2010	472.60	384.09	21.67	40.98	25.86
2011	408.11	332.64	10.59	45.14	19.74
2012	531.45	462.80	12.31	41.71	14.63
2013	680.35	568.38	24.42	65.19	22.36
2014	557.09	435.91	26.26	63.99	30.94
2015	921.00	727.26	59.50	108.43	25.81

注：从 2008 年起，现楼销售由专门的系统单独统计，因此，各类商品房现楼销售量及销售总量的统计口径与以前年度有所不同，下同。

表 6-8　深圳市历年商品房销售面积（按区域分）

单位：万平方米

年份	销售面积	其中									
		罗湖区	福田区	南山区	盐田区	宝安区	龙岗区	光明新区	龙华新区	坪山新区	大鹏新区
1996	324.92	99.68	98.36	55.32	—	25.99	45.47	—	—	—	—
1997	405.44	95.18	126.57	70.27	—	54.48	58.94	—	—	—	—
1998	432.22	90.89	135.99	75.68	7.69	54.63	67.34	—	—	—	—
1999	541.84	118.53	162.69	94.89	12.10	71.62	82.01	—	—	—	—
2000	611.37	86.13	200.59	125.39	7.57	78.65	113.04	—	—	—	—
2001	643.47	110.75	165.28	140.62	9.01	95.21	122.6	—	—	—	—
2002	791.70	129.45	206.81	182.60	9.67	127.22	135.95	—	—	—	—
2003	877.85	120.49	206.3	236.85	25.45	149.76	139.01	—	—	—	—
2004	908.62	83.90	164.74	285.04	17.32	186.4	171.22	—	—	—	—
2005	993.2	103.11	210.36	171.05	22.85	283.84	210.99	—	—	—	—
2006	797.65	54.19	124.47	131.46	18.64	258.76	210.12	—	—	—	—
2007	555.16	35.27	69.30	72.47	17.96	189.16	171.00	—	—	—	—
2008*	466.97	19.00	28.54	81.75	15.59	169.12	152.98	—	—	—	—
2009	874.18	45.46	69.72	190.53	20.20	263.34	284.93	—	—	—	—
2010	472.60	15.86	37.56	95.67	13.52	127.10	182.88	—	—	—	—
2011	408.11	8.86	27.23	56.05	14.71	120.49	180.77	—	—	—	—
2012	531.45	16.87	33.90	71.84	15.25	215.45	178.13	—	—	—	—
2013	680.35	13.81	63.20	77.57	15.62	90.92	248.00	14.71	129.53	23.53	3.44
2014	557.09	18.04	39.32	73.81	15.20	97.11	220.92	11.44	43.38	35.59	2.29
2015	921.00	31.96	66.79	139.68	21.26	138.60	271.36	52.75	126.53	55.65	16.42

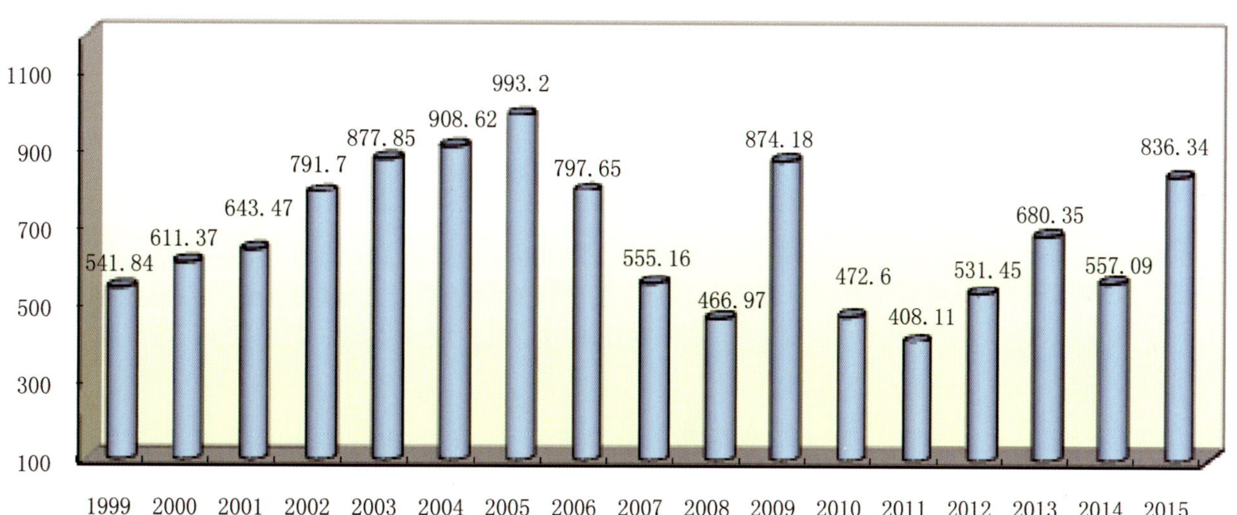

图 6-5　深圳市历年商品房销售面积示意图

表 6-9 深圳市历年商品房现楼销售面积（按用途分）

单位：万平方米

年 份	销售面积	其中			
		住 宅	办公楼	商业用房	其 他
1993 年及以前	1256.53	856.47	71.86	80.92	247.28
1994	150.29	108.21	3.93	10.21	27.94
1995	167.32	130.42	3.23	10.41	23.26
1996	186.46	150.65	21.90	9.53	4.38
1997	243.68	199.41	19.17	15.41	9.69
1998	265.34	228.30	11.31	11.25	14.48
1999	213.18	190.37	5.77	14.44	2.60
2000	236.66	205.57	5.18	17.31	8.60
2001	259.87	241.16	3.13	10.02	5.56
2002	308.10	276.74	9.24	20.64	1.48
2003	335.62	299.61	8.85	21.44	5.72
2004	359.52	312.39	12.95	26.94	7.24
2005	140.61	125.80	1.13	11.16	2.53
2006	195.82	182.12	0.31	12.88	0.51
2007	86.74	60.85	10.05	14.59	1.25
2008	49.30	24.43	0.71	15.73	8.43
2009	161.62	133.20	2.75	19.36	6.30
2010	109.94	70.95	3.33	25.64	10.03
2011	102.35	61.82	4.03	24.54	11.96
2012	132.66	102.27	6.73	17.69	5.97
2013	151.51	128.11	3.09	15.00	5.30
2014	90.89	52.23	4.31	12.33	22.03
2015	84.66	61.39	6.61	13.35	3.31

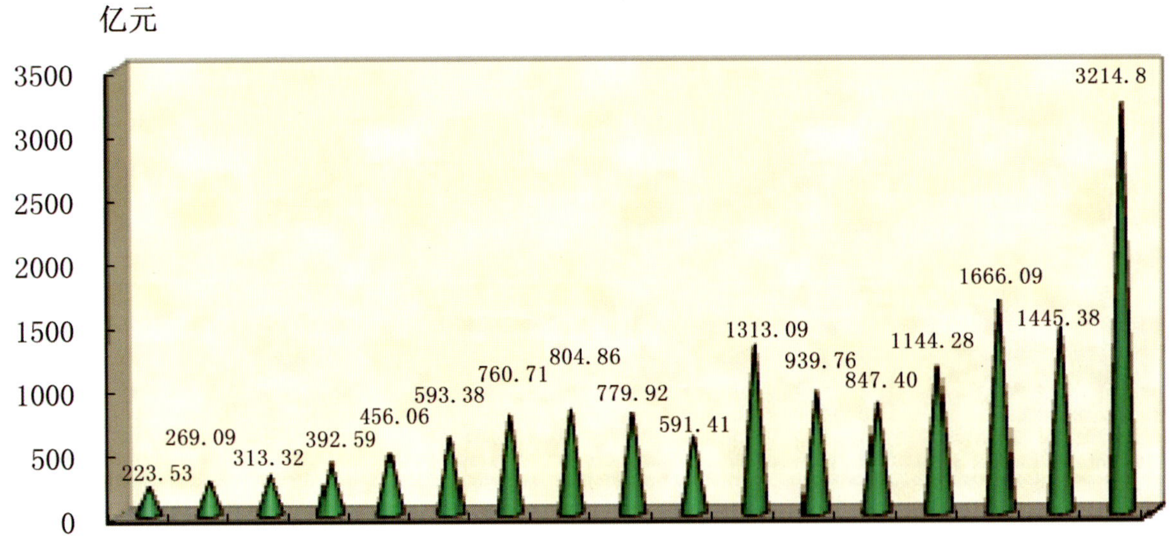

图 6-6 深圳市历年商品房销售收入示意图

表 6-10　深圳市历年商品房楼花销售面积（按用途分）

单位：万平方米

年　份	销售面积	其　中			
		住　宅	办公楼	商业用房	其　他
1994	96.64	75.07	9.36	6.93	5.28
1995	107.27	78.65	14.14	6.48	8.00
1996	138.46	110.48	10.43	11.70	5.85
1997	161.76	137.29	9.71	11.99	2.77
1998	166.88	144.08	10.75	8.60	3.45
1999	328.66	302.14	9.25	11.76	5.51
2000	374.71	351.25	7.01	9.01	7.44
2001	383.60	352.56	7.88	17.38	5.78
2002	483.60	447.67	8.70	25.72	1.51
2003	542.23	512.29	10.69	17.93	1.32
2004	549.10	500.58	13.18	26.72	8.62
2005	852.59	775.33	27.36	42.32	7.57
2006	601.83	523.78	37.96	33.08	7.01
2007	468.42	439.55	10.82	16.05	2.00
2008	417.67	389.26	4.88	17.90	5.63
2009	712.56	660.25	22.2	14.33	15.77
2010	362.66	313.15	18.34	15.34	15.84
2011	305.76	270.82	6.56	20.60	7.78
2012	398.79	360.53	5.59	24.02	8.66
2013	528.84	440.26	21.33	50.19	17.06
2014	466.20	383.68	21.96	51.66	8.91
2015	836.34	665.87	52.90	95.07	22.50

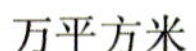

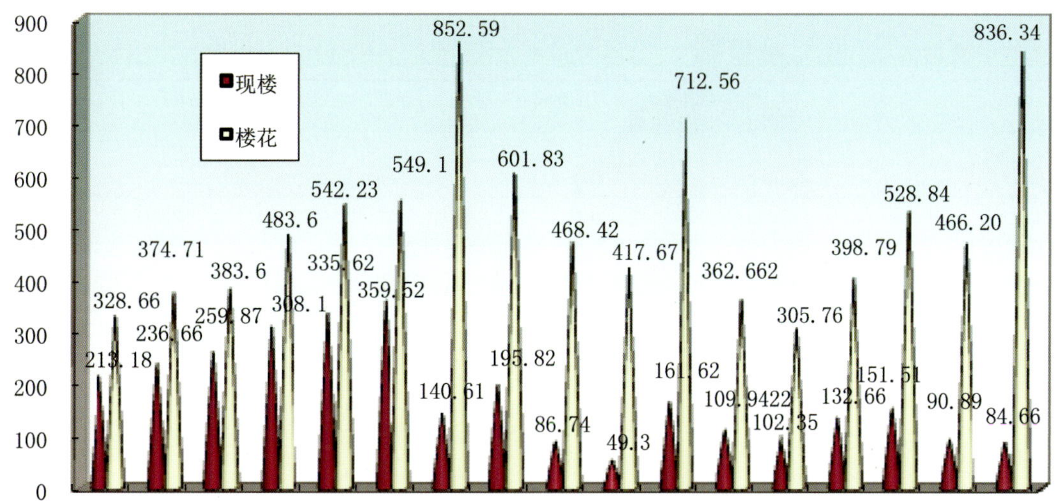

图 6-7　深圳市历年商品房现楼、楼花销售面积示意图

表 6-11 深圳市历年商品房现楼空置面积（按用途分）

单位：万平方米

年份	空置面积	其中			
		住宅	办公楼	商业用房	其他
1996	328.68	191.94	40.31	55.20	41.23
1997	258.69	137.34	48.69	48.66	24.00
1998	332.38	205.42	49.26	52.99	24.71
1999	274.80	154.77	50.21	57.02	12.81
2000	251.48	158.29	33.69	46.65	12.85
2001	228.53	143.41	18.77	53.77	12.58
2002	246.84	169.18	12.72	46.81	18.13
2003	241.06	161.02	21.60	46.49	11.95
2004	251.53	138.15	21.62	71.25	20.51
2005	191.51	90.24	14.38	63.44	23.45
2006	185.41	69.63	23.98	66.41	25.39
2007	152.66	59.22	15.81	55.30	22.33
2008	231.58	121.16	15.02	69.22	26.18
2009	141.64	63.60	15.41	49.56	13.08
2010	134.36	53.15	9.00	51.83	20.38
2011	261.44	148.54	6.95	85.93	20.02
2012	310.05	188.94	16.89	80.14	24.09
2013	351.66	203.06	14.08	103.06	31.47
2014	314.95	187.07	13.09	93.40	21.39
2015	336.51	231.66	14.72	65.57	24.57

表 6-12 深圳市历年商品房现楼空置面积（按区域分）

单位：万平方米

年 份	空置面积	其中									
		罗湖区	福田区	南山区	盐田区	宝安区	龙岗区	光明新区	龙华新区	坪山新区	大鹏新区
1996	328.68	105.18	92.03	55.88	—	49.30	26.29	—	—	—	—
1997	258.69	78.56	55.41	59.13	—	37.47	28.12	—	—	—	—
1998	332.38	77.15	80.62	78.33	3.97	62.03	30.28	—	—	—	—
1999	274.80	81.96	56.63	53.07	8.37	38.42	36.35	—	—	—	—
2000	251.48	71.08	72.25	39.54	3.43	32.28	32.90	—	—	—	—
2001	228.53	67.79	49.88	35.32	3.56	39.22	32.76	—	—	—	—
2002	246.84	62.09	57.45	45.90	7.40	38.24	35.76	—	—	—	—
2003	242.06	57.37	76.70	39.98	7.28	38.91	21.82	—	—	—	—
2004	251.53	60.11	79.83	42.42	12.13	22.00	35.05	—	—	—	—
2005	191.51	46.46	56.42	21.81	11.26	30.27	25.29	—	—	—	—
2006	185.41	48.47	57.02	26.31	7.40	12.79	33.42	—	—	—	—
2007	152.66	32.39	42.48	21.38	3.50	16.29	36.32	—	—	—	—
2008	231.58	33.72	36.14	43.70	6.87	46.78	64.37	—	—	—	—
2009	141.64	28.45	34.65	29.3	3.57	19.38	26.29	—	—	—	—
2010	134.36	23.01	31.52	16.52	8.71	33.35	21.25	—	—	—	—
2011	261.44	22.97	37.82	10.88	13.87	107.66	68.24	—	—	—	—
2012	310.05	20.36	45.64	18.01	16.51	93.40	116.13	—	—	—	—
2013	351.66	37.87	34.72	40.92	18.44	54.89	101.81	0.33	49.45	6.16	7.09
2014	314.95	22.80	18.49	45.92	25.48	49.01	84.76	6.87	42.87	10.63	8.12
2015	336.51	31.32	22.26	33.23	15.26	57.42	69.93	11.32	69.32	8.14	18.31

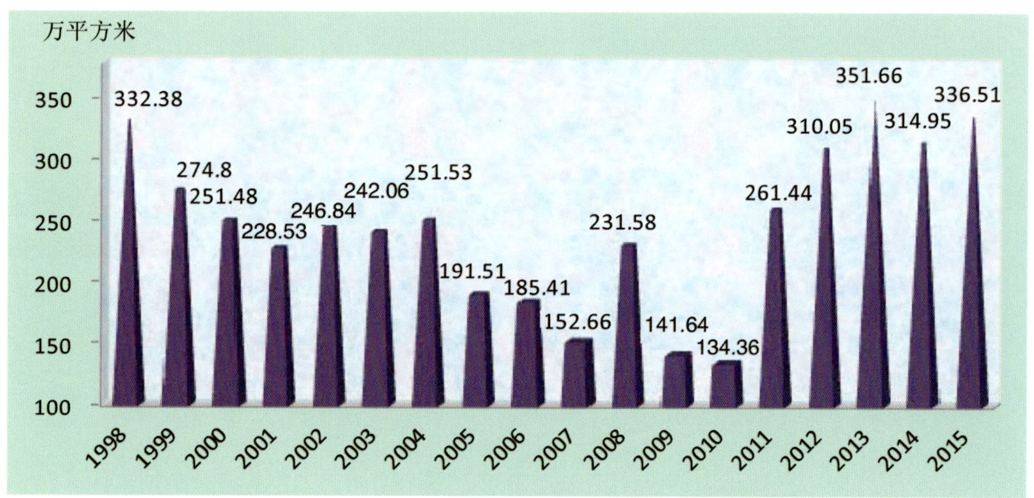

图 6-8 深圳市历年商品房现楼空置面积示意图

二、住宅

2015 年，全市住宅销售面积 727.26 万平方米。从区域结构看，罗湖区 26.32 平方米，福田区 23.09 万平方米，南山区 100.51 万平方米，盐田区 12.48 万平方米，宝安区 110.15 万平方米，龙岗区 231.05 万平方米，光明新区 40.97 万平方米，龙华新区 116.66 万平方米，坪山新区 49.61 万平方米，大鹏新区 16.42 万平方米。龙岗区住宅销售面积居全市首位，占全市销售量的 32%；其次是龙华新区占 16%；宝安区位列第三，占 15%。

2015 年，住宅（由于现楼系统暂未统计户型数据，户型结构数据均为楼花销售数据）的销售户型结构以二房、三房、一房住宅为主。其中，单身公寓占 0.03%，一房占 12.8%，二房占 45.8%，三房占 3.5%，四房占 23.6%，四房以上的占 9.7%，复式占 3.8%，其他户型占 0.8%。从销售对象看，2015 年个人住房购房占住宅销售比重为 98.8%。全年实现个人住宅外销面积 18.40 万平方米，占住宅销售比重的 1.8%。

2015 年末，全市住宅空置面积 231.66 万平方米，较上年末增加 44.59 万平方米。其中，罗湖区空置 22.90 万平方米，比上年末增加 12.52 万平方米；福田区 5.79 万平方米，比上年末减少 3.69 万平方米；南山区 22.98 万平方米，比上年末减少 6.68 万平方米；盐田区 11.88 万平方米，比上年末减少 0.73 万平方米；宝安区 29.14 万平方米，比上年末增加 8.60 万平方米；龙岗区 48.34 万平方米，比上年末减少 3.82 万平方米；光明新区 10.78 万平方米，比上年末增加 4.73 万平方米；龙华新区 58.76 万平方米，比上年末增加 28.14 万平方米；坪山新区 6.45 万平方米，比上年末减少 3.86 万平方米；大鹏新区 14.63 万平方米，比上年末增加 9.37 万平方米。

表 6-13 深圳市历年商品住宅销售面积（按区域分）

单位：万平方米

年份	销售面积	其中									
		罗湖区	福田区	南山区	盐田区	宝安区	龙岗区	光明新区	龙华新区	坪山新区	大鹏新区
1996	261.13	71.87	82.35	43.19	—	21.26	42.46	—	—	—	—
1997	336.70	71.23	106.75	61.63	—	43.31	53.78	—	—	—	—
1998	372.38	75.29	111.06	70.61	3.80	50.07	61.55	—	—	—	—
1999	492.51	109.57	147.54	88.59	6.36	64.24	76.21	—	—	—	—
2000	556.82	77.17	181.94	114.95	6.80	69.70	106.26	—	—	—	—
2001	593.72	97.85	155.44	135.20	7.97	86.75	110.51	—	—	—	—
2002	724.41	119.80	186.29	173.18	9.38	111.31	124.45	—	—	—	—
2003	811.90	111.08	186.59	222.60	24.29	142.53	124.82	—	—	—	—
2004	802.58	83.78	125.29	270.81	17.26	167.84	137.60	—	—	—	—
2005	901.13	100.15	172.73	157.75	21.77	266.25	182.49	—	—	—	—
2006	705.82	53.30	78.88	120.27	17.28	243.20	192.90	—	—	—	—
2007	500.40	31.37	49.23	63.83	17.55	176.40	162.02	—	—	—	—
2008	413.69	22.53	24.78	64.60	13.83	150.67	137.28	—	—	—	—
2009	793.44	44.26	42.71	177.04	23.21	244.09	262.13	—	—	—	—
2010	384.09	8.42	18.63	75.55	13.23	111.33	156.94	—	—	—	—
2011	332.64	5.66	13.61	44.52	12.90	104.52	151.44	—	—	—	—
2012	462.80	12.59	16.14	58.97	8.53	203.91	162.66	—	—	—	—
2013	568.38	11.96	32.07	59.52	6.76	81.50	212.44	14.66	124.27	24.45	0.75
2014	435.91	13.93	16.11	53.61	6.35	84.59	176.07	10.41	40.45	32.57	1.82
2015	727.26	26.32	23.09	100.51	12.48	110.15	231.05	40.97	116.66	49.61	16.42

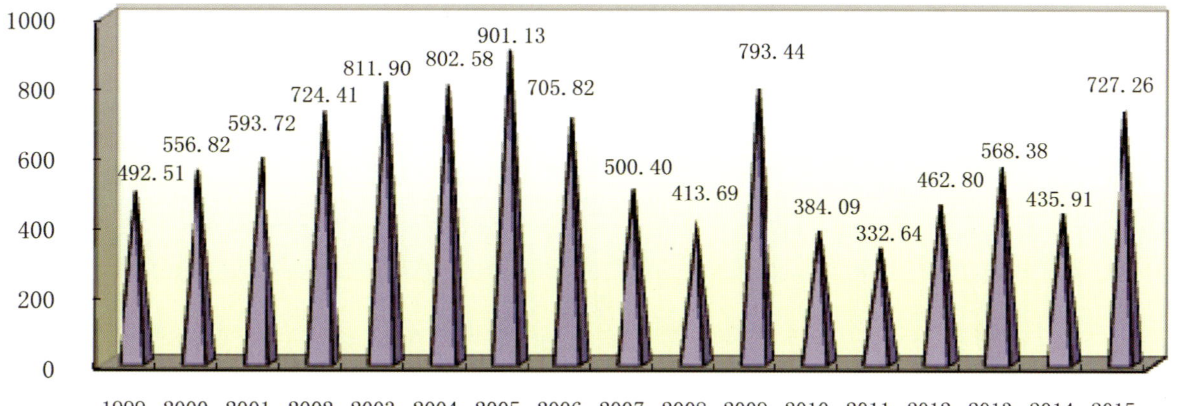

图 6-9 深圳市历年商品住宅销售面积示意图

表 6-14　深圳市历年商品住宅现楼销售面积（按区域分）

单位：万平方米

年　份	销售面积	其中									
		罗湖区	福田区	南山区	盐田区	宝安区	龙岗区	光明新区	龙华新区	坪山新区	大鹏新区
1996	150.65	38.04	42.85	32.09	—	12.08	25.59	—	—	—	—
1997	199.41	46.59	60.74	41.39	—	25.77	24.92	—	—	—	—
1998	228.30	33.39	65.48	50.50	0.95	36.82	41.16	—	—	—	—
1999	190.37	31.98	55.66	39.39	1.26	36.77	25.31	—	—	—	—
2000	205.57	36.01	54.04	43.20	3.47	36.98	31.87	—	—	—	—
2001	241.16	33.51	69.15	63.12	1.58	41.41	32.39	—	—	—	—
2002	276.74	64.07	71.04	40.58	2.59	53.86	44.60	—	—	—	—
2003	299.61	44.95	67.40	76.40	10.12	40.46	60.29	—	—	—	—
2004	312.39	36.32	102.26	84.18	7.52	53.37	28.74	—	—	—	—
2005	125.80	22.10	49.78	18.47	6.31	5.72	23.41	—	—	—	—
2006	182.12	10.66	22.09	36.08	5.18	60.80	47.31	—	—	—	—
2007	60.85	9.45	6.56	21.30	1.13	8.78	13.64	—	—	—	—
2008	24.43	6.04	3.67	7.14	0.78	3.99	2.81	—	—	—	—
2009	133.19	10.36	10.48	36.78	3.59	33.62	38.36	—	—	—	—
2010	70.95	2.42	6.17	19.28	5.70	18.49	18.88	—	—	—	—
2011	61.82	2.58	4.78	11.57	2.58	14.23	26.08	—	—	—	—
2012	102.27	7.57	4.63	21.63	6.71	23.46	38.27	—	—	—	—
2013	128.11	4.18	9.86	29.91	3.59	16.18	42.87	0.66	18.71	1.96	0.18
2014	52.23	3.00	4.35	12.00	2.28	6.85	13.26	0.22	8.30	1.92	0.04
2015	727.26	26.32	23.09	100.51	12.48	110.15	231.05	40.97	116.66	49.61	16.42

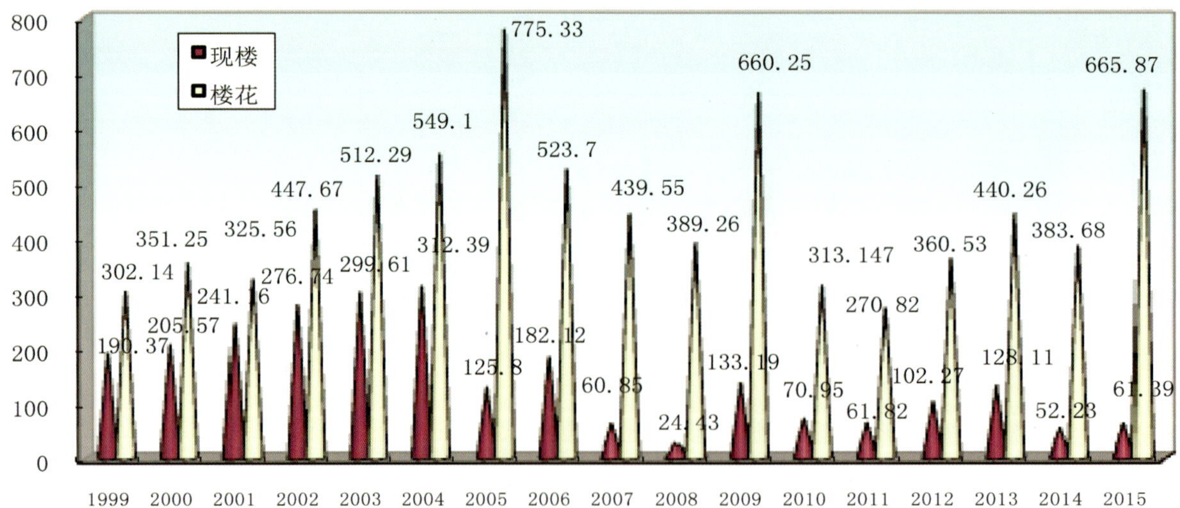

图 6-10　深圳市历年商品住宅现楼、楼花销售面积示意图

表 6-15　深圳市历年商品住宅楼花销售面积（按区域分）

单位：万平方米

年份	销售面积	其中									
		罗湖区	福田区	南山区	盐田区	宝安区	龙岗区	光明新区	龙华新区	坪山新区	大鹏新区
1996	110.48	33.83	39.50	11.10	—	9.18	16.87	—	—	—	—
1997	137.29	24.64	46.01	20.24	—	17.54	28.86	—	—	—	—
1998	144.08	41.90	45.58	20.11	2.86	13.25	20.38	—	—	—	—
1999	302.14	77.59	91.88	49.20	5.09	27.48	50.90	—	—	—	—
2000	351.25	41.16	127.9	71.75	3.33	32.72	74.39	—	—	—	—
2001	352.56	64.34	86.29	72.08	6.39	45.34	78.12	—	—	—	—
2002	447.67	55.73	115.25	132.60	6.79	57.45	79.85	—	—	—	—
2003	512.29	66.13	119.19	146.20	14.17	102.07	64.53	—	—	—	—
2004	549.10	68.68	92.44	186.22	13.06	115.09	73.61	—	—	—	—
2005	775.33	85.26	144.65	136.29	18.47	233.85	156.81	—	—	—	—
2006	523.70	42.64	56.79	84.19	12.10	182.40	145.59	—	—	—	—
2007	439.55	21.92	42.67	42.53	16.42	167.62	148.38	—	—	—	—
2008	389.26	16.49	21.11	57.46	13.05	146.68	134.47	—	—	—	—
2009	660.25	33.90	32.23	140.26	19.62	210.47	223.77	—	—	—	—
2010	313.15	6.00	12.45	56.27	7.53	92.83	138.06	—	—	—	—
2011	270.82	3.08	8.83	32.95	10.32	90.29	125.36	—	—	—	—
2012	360.53	5.02	11.51	37.34	1.82	180.45	124.39	—	—	—	—
2013	440.26	7.78	22.21	29.60	3.17	65.31	169.57	14.00	105.56	22.49	0.57
2014	383.68	10.93	11.75	41.60	4.07	77.73	162.81	10.18	32.15	30.65	1.78
2015	665.87	25.08	18.83	87.41	10.69	99.16	214.56	37.31	110.31	46.48	16.04

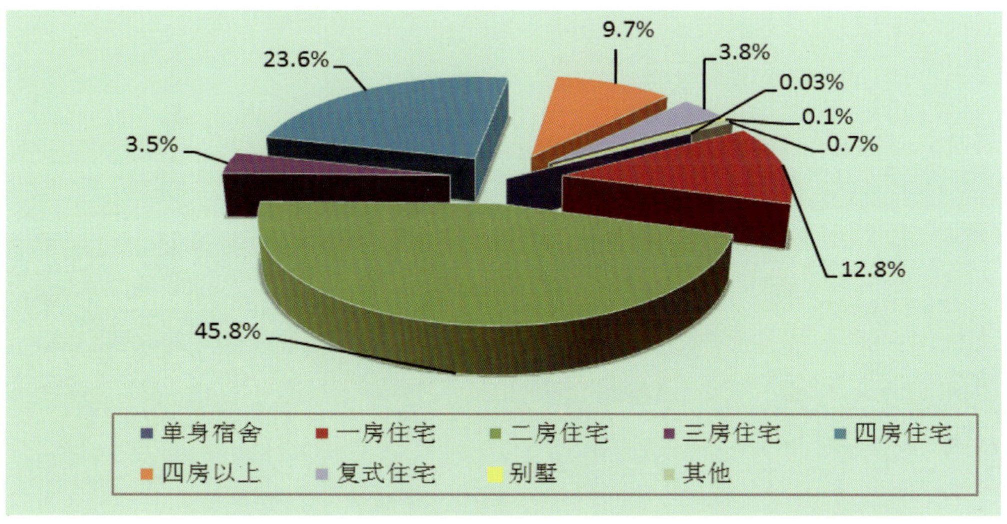

图 6-11　深圳市 2015 年已售楼花商品住宅户型构成示意图（按建筑面积）

表 6-16　深圳市历年商品房外销面积（按区域分）

单位：　万平方米

年　份	销售面积	其	中		
		住宅	办公楼	商业用房	其他
2012	19.16	17.72	0.39	0.32	0.73
2013	21.34	19.01	0.64	0.86	0.82
2014	20.33	13.55	2.38	0.43	3.87
2015	28.65	18.63	2.80	5.73	1.49
注：由于现楼系统暂不能统计十区的商品房外销面积，故本年调整为各类商品房外销数据。					

万平方米

70
60
50
40
30
20
10
0

28.95 48.33 58.48 52.01 52.9 54.63 41.07 56.76 44.5 32.27 16.73 39.36 19.68 14.76 17.72 19.01 20.33 28.65

1998 1999 2000 2001 2002 2003 2004 2005 2006 2007 2008 2009 2010 2011 2012 2013 2014 2015

图 6-12　深圳市历年商品住宅外销面积示意图

表 6-17　深圳市历年商品住宅空置面积（按区域分）

单位：万平方米

年份	空置面积	其中									
		罗湖区	福田区	南山区	盐田区	宝安区	龙岗区	光明新区	龙华新区	坪山新区	大鹏新区
1996	191.94	50.38	55.04	36.60	—	33.67	16.25	—	—	—	—
1997	137.34	31.22	22.39	43.28	—	25.27	15.18	—	—	—	—
1998	205.42	32.16	50.64	50.29	2.40	47.26	22.67	—	—	—	—
1999	154.77	29.17	27.88	38.86	2.17	28.02	28.67	—	—	—	—
2000	158.29	29.77	46.36	27.92	2.62	25.73	25.89	—	—	—	—
2001	143.41	38.50	30.56	20.61	2.83	29.58	21.33	—	—	—	—
2002	169.18	38.62	34.84	30.68	6.91	32.07	26.06	—	—	—	—
2003	161.02	29.30	54.17	29.89	6.35	28.74	12.57	—	—	—	—
2004	138.15	27.21	34.63	27.36	8.85	16.31	23.79	—	—	—	—
2005	90.24	20.20	17.95	9.71	6.77	24.97	10.64	—	—	—	—
2006	69.63	22.8	12.26	11.59	1.85	6.80	14.33	—	—	—	—
2007	59.22	11.41	7.26	14.17	0.48	7.00	18.90	—	—	—	—
2008	121.16	9.66	9.40	35.8	3.90	32.30	30.10	—	—	—	—
2009	63.60	9.08	16.23	14.87	0.58	13.05	9.79	—	—	—	—
2010	53.15	5.59	11.45	7.15	5.72	17.96	5.25	—	—	—	—
2011	148.54	7.70	16.57	6.24	9.62	66.84	41.57	—	—	—	—
2012	188.94	4.79	19.68	10.59	12.91	59.53	81.44	—	—	—	—
2013	203.06	19.49	14.33	24.77	14.07	23.89	62.23	—	40.16	1.97	2.15
2014	187.07	10.38	9.48	29.66	12.61	20.54	52.16	6.05	30.62	10.31	5.26
2015	231.66	22.90	5.79	22.98	11.88	29.14	48.34	10.78	58.76	6.45	14.63

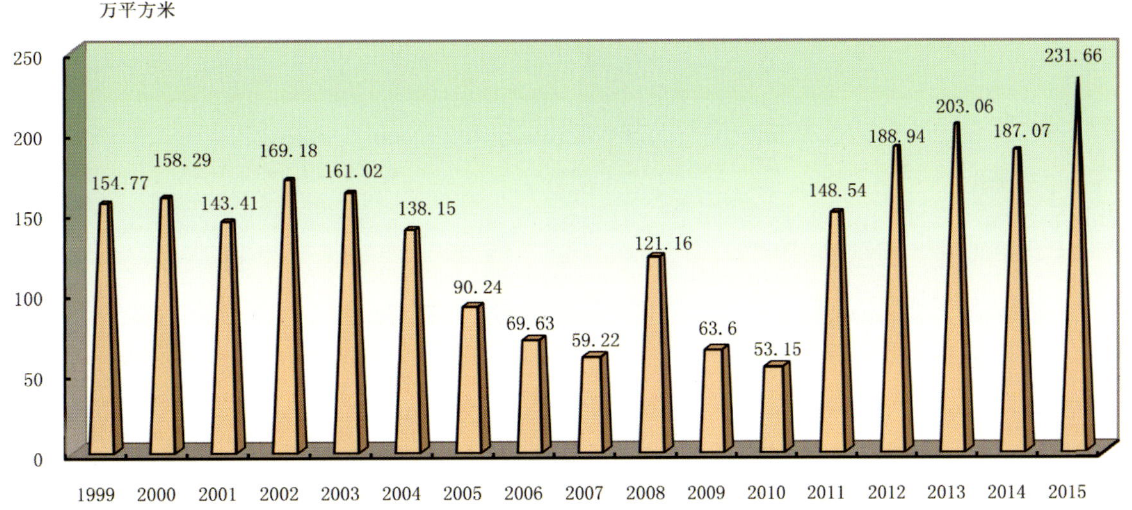

图 6-13　深圳市历年商品住宅空置面积示意图

三、办公楼

2015 年，全市办公楼销售面积 59.50 万平方米。其中，罗湖区 1.90 万平方米，福田区 23.59 万平方米，南山区 13.99 万平方米，盐田区 1.87 万平方米；宝安区 5.66 万平方米，龙岗区 8.70 万平方米，光明新区 1.10 万平方米，龙华新区 2.43 万平方米，坪山新区 0.27 万平方米，其他区域无销售面积。

2015 年，深圳办公楼空置 14.72 万平方米，比上年末增加 12.43 万平方米。从空置的区域分布看，罗湖区 1.248 万平方米，比上年末减少 2.54 万平方米；福田区 12.28 万平方米，增加 207.23 万平方米；南山区 1.04 万平方米，减少 75.05 万平方米；龙华新区 0.14 万平方米，减少 90.21 万平方米。其他区域无空置面积。

表 6-18 深圳市历年办公楼销售面积（按区域分）

单位：万平方米

年 份	销售面积	其中									
		罗湖区	福田区	南山区	盐田区	宝安区	龙岗区	光明新区	龙华新区	坪山新区	大鹏新区
1996	32.33	14.35	8.80	9.18	—	—	—	—	—	—	—
1997	28.88	13.06	9.34	3.59	—	1.39	1.50	—	—	—	—
1998	22.06	7.60	12.11	0.94	0.31	—	1.10	—	—	—	—
1999	15.02	3.70	9.30	0.63	1.33	0.06	—	—	—	—	—
2000	12.19	3.95	6.15	1.50	0.05	0.13	0.41	—	—	—	—
2001	11.01	5.77	2.91	0.66	0.14	0.01	1.52	—	—	—	—
2002	17.94	3.39	12.63	1.37	0.29	0.02	0.24	—	—	—	—
2003	19.54	2.16	13.72	1.69	—	1.45	0.53	—	—	—	—
2004	26.90	—	23.11	3.66	—	0.01	0.12	—	—	—	—
2005	28.49	—	22.19	5.04	—	0.54	0.72	—	—	—	—
2006	38.27	0.06	32.32	5.64	—	—	0.25	—	—	—	—
2007	20.87	0.61	15.51	3.80	—	0.87	0.08	—	—	—	—
2008	5.60	0.07	1.89	1.96	—	1.68	—	—	—	—	—
2009	25.01	0.02	17.20	3.21	—	4.17	0.41	—	—	—	—
2010	21.67	5.16	7.86	4.43	—	2.04	2.18	—	—	—	—
2011	10.59	0.65	5.79	2.76	—	1.03	0.36	—	—	—	—
2012	12.31	0.47	4.66	1.23	—	0.08	0.29	—	—	—	—
2013	24.42	0.18	13.59	3.73	—	—	5.38	—	—	—	—
2014	26.26	0.60	10.18	4.39	0.87	2.15	8.07	—	—	—	—
2015	59.50	1.90	23.59	13.99	1.87	5.66	8.70	1.10	2.43	0.27	—

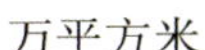

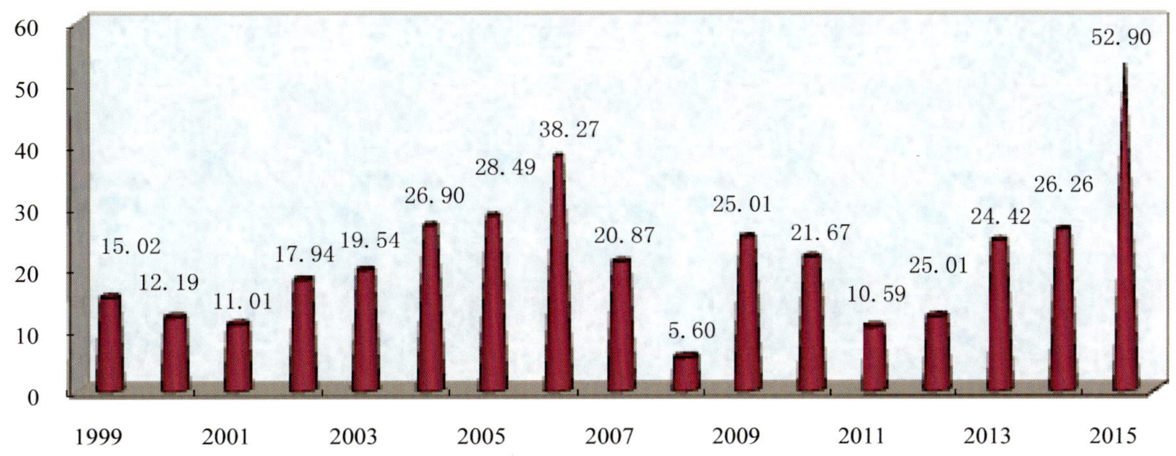

图 6-14 深圳市历年办公楼销售面积示意图

表 6-19　深圳市历年办公楼现楼销售面积（按区域分）

单位：万平方米

年份	销售面积	其中									
		罗湖区	福田区	南山区	盐田区	宝安区	龙岗区	光明新区	龙华新区	坪山新区	大鹏新区
1996	21.90	5.78	6.94	9.18	—	—	—	—	—	—	—
1997	19.17	4.57	9.04	2.67	—	1.39	1.50	—	—	—	—
1998	11.31	2.64	6.79	0.94	0.31	—	0.63	—	—	—	—
1999	5.77	1.11	2.64	0.63	1.33	0.06	—	—	—	—	—
2000	5.18	1.24	2.43	1.00	—	0.10	0.41	—	—	—	—
2001	3.13	0.67	1.57	0.19	0.14	0.01	0.55	—	—	—	—
2002	9.24	2.69	5.84	0.28	0.29	—	0.14	—	—	—	—
2003	8.85	2.16	5.36	0.30	—	1.03	—	—	—	—	—
2004	13.72	—	13.06	0.54	—	—	0.12	—	—	—	—
2005	1.13	—	0.95	—	—	—	0.18	—	—	—	—
2006	0.31	0.01	0.22	0.08	—	—	—	—	—	—	—
2007	10.05	0.15	9.51	0.39	—	—	—	—	—	—	—
2008	0.71	0.07	0.33	0.31	—	—	—	—	—	—	—
2009	2.76	0.02	1.26	0.81	—	0.67	—	—	—	—	—
2010	3.33	1.02	0.88	1.01	—	0.42	—	—	—	—	—
2011	6.56	0.51	3.75	2.13	—	—	0.17	—	—	—	—
2012	6.73	0.47	4.66	1.23	—	0.08	0.29	—	—	—	—
2013	3.09	0.01	0.99	1.20	—	—	0.88	—	—	—	—
2014	4.31	0.05	1.30	1.82	0.25	0.27	0.61	—	—	—	—
2015	6.61	0.26	1.39	0.38	—	0.01	2.14	—	2.43	—	—

表 6-20　深圳市历年办公楼楼花销售面积（按区域分）

单位：万平方米

年份	销售面积	其中									
		罗湖区	福田区	南山区	盐田区	宝安区	龙岗区	光明新区	龙华新区	坪山新区	大鹏新区
1996	10.43	8.57	1.86	—	—	—	—	—	—	—	—
1997	9.71	8.49	0.30	0.92	—	—	—	—	—	—	—
1998	10.75	4.96	5.32	—	—	—	0.47	—	—	—	—
1999	9.25	2.59	6.66	—	—	—	—	—	—	—	—
2000	7.01	2.71	3.72	0.50	0.05	0.03	—	—	—	—	—
2001	7.88	5.10	1.34	0.47	—	—	0.97	—	—	—	—
2002	8.70	0.70	6.79	1.09	—	0.02	0.10	—	—	—	—
2003	10.69	—	8.36	1.39	—	0.42	0.53	—	—	—	—
2004	13.18	—	10.05	3.12	—	0.01	—	—	—	—	—
2005	27.36	—	21.24	5.04	—	0.54	0.54	—	—	—	—
2006	37.96	0.05	32.10	5.56	—	—	0.25	—	—	—	—
2007	10.82	0.46	6.00	3.41	—	0.87	0.08	—	—	—	—
2008	4.88	—	1.56	1.65	—	1.68	—	—	—	—	—
2009	22.25	—	15.94	2.40	—	3.50	0.41	—	—	—	—
2010	18.34	4.14	6.98	3.42	—	1.62	2.18	—	—	—	—
2011	4.03	0.14	2.04	0.63	—	1.03	0.19	—	—	—	—
2012	5.59	—	1.68	3.54	0.37	—	—	—	—	—	—
2013	21.33	0.17	12.60	2.52	1.53	—	4.50	—	—	—	—
2014	21.95	0.54	8.88	2.57	0.62	1.87	7.46	—	—	—	—
2015	52.90	1.64	22.20	13.60	1.87	5.65	6.56	1.10	—	0.27	—

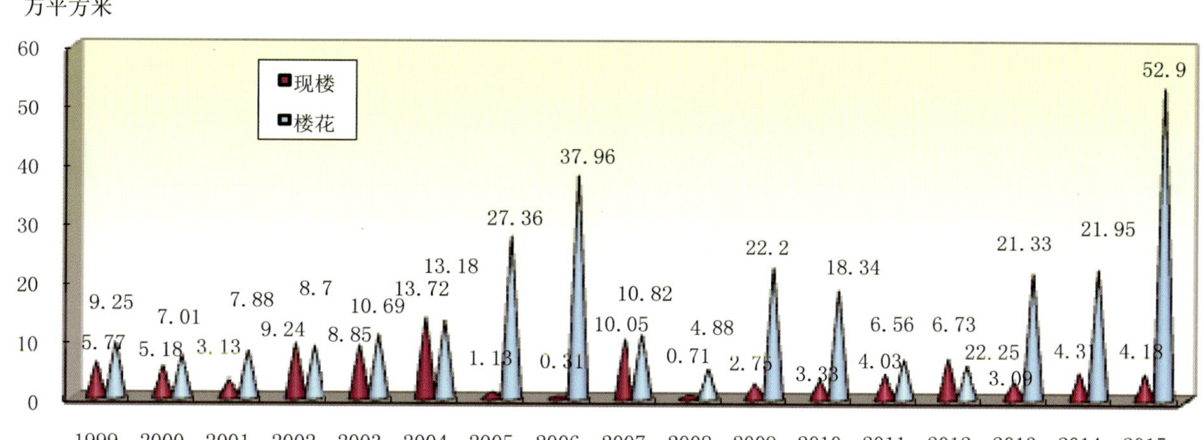

图 6-15　深圳市历年办公楼现楼、楼花销售面积示意图

表 6-21　深圳市历年办公楼现楼空置面积（按区域分）

单位：万平方米

年份	空置面积	其中									
		罗湖区	福田区	南山区	盐田区	宝安区	龙岗区	光明新区	龙华新区	坪山新区	大鹏新区
1996	40.31	28.49	3.96	6.09	—	1.77	—	—	—	—	—
1997	48.69	29.01	11.92	4.76	—	1.25	1.75	—	—	—	—
1998	49.26	26.86	12.15	9.65	0.49	0.06	0.05	—	—	—	—
1999	50.21	25.95	12.93	5.25	4.80	0.90	0.38	—	—	—	—
2000	33.69	18.48	10.01	1.83	0.35	0.33	2.69	—	—	—	—
2001	18.77	3.48	8.62	2.87	0.38	0.29	3.13	—	—	—	—
2002	12.72	5.57	4.25	2.49	0.37	—	0.04	—	—	—	—
2003	21.60	9.98	8.12	1.41	—	0.89	1.19	—	—	—	—
2004	21.62	9.63	9.00	1.25	—	0.24	1.51	—	—	—	—
2005	14.38	5.17	6.83	0.79	0.07	0.91	0.62	—	—	—	—
2006	23.98	7.39	15.50	0.52	—	—	0.58	—	—	—	—
2007	15.81	3.76	11.23	0.06	—	—	0.76	—	—	—	—
2008	15.02	7.40	6.76	0.19	—	—	0.67	—	—	—	—
2009	15.41	3.75	3.73	7.66	—	0.12	0.15	—	—	—	—
2010	9.00	3.20	0.88	4.14	—	0.63	0.15	—	—	—	—
2011	6.95	3.21	0.18	1.80	—	1.61	0.15	—	—	—	—
2012	16.89	3.21	7.88	0.43	—	1.11	4.26	—	—	—	—
2013	14.08	3.77	2.71	2.59	—	—	5.01	—	—	—	—
2014	13.09	1.28	4.00	4.15	—	0.70	1.48	—	1.48	—	—
2015	14.72	1.248	12.28	1.04	—	—	—	—	0.14	—	—

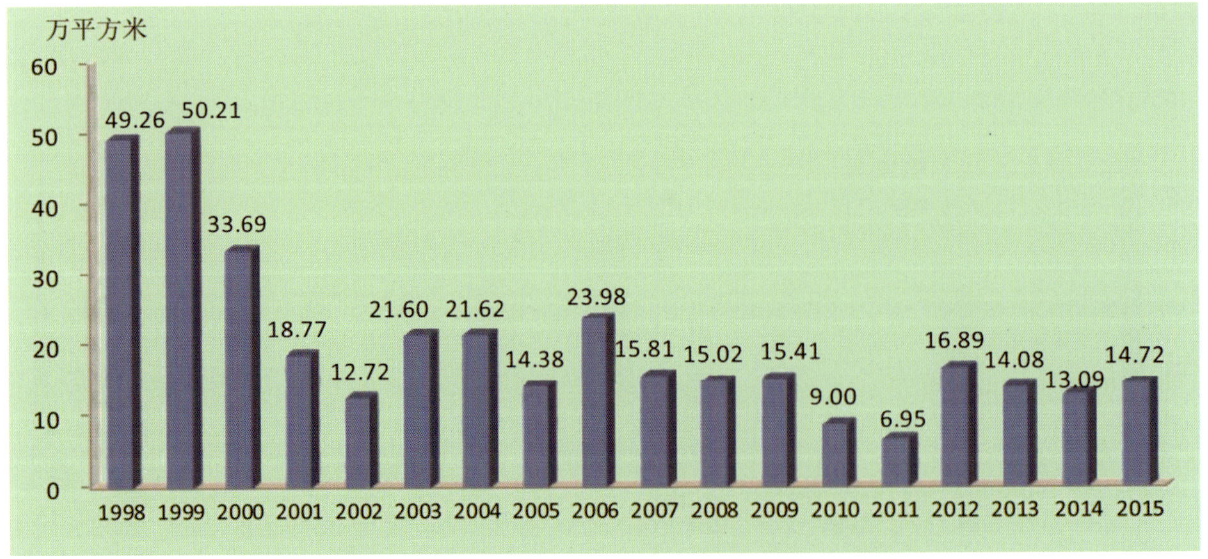

图 6-16　深圳市历年办公楼现楼空置面积示意图

四、商业用房

2015 年，全市共销售商业用房 108.43 万平方米，罗湖区 3.54 万平方米，福田区 16.63 万平方米，南山区 19.97 万平方米，盐田区 6.80 万平方米，宝安区 15.52 万平方米，龙岗区 22.10 万平方米，光明新区 10.68 万平方米，龙华新区 7.44 万平方米，坪山新区 5.77 万平方米，大鹏新区无销售面积。

2015 末，全市商业用房空置面积 65.57 万平方米，比上年末减少 27.83 万平方米。其中，罗湖区 6.98 万平方米，比上年末减少 2.90 万平方米；福田区 3.53 万平方米，减少 0.69 万平方米；南山区 7.90 万平方米，减少 2.95 万平方米；盐田区 2.13 万平方米，减少 6.44 万平方米；宝安区 8.45 万平方米，减少 10.59 万平方米；龙岗区 20.54 万平方米，减少 9.32 万平方米；光明新区 0.54 万平方米，减少 0.29 万平方米；龙华新区 10.14 万平方米，增加 0.30 万平方米；坪山新区 1.68 万平方米，增加 1.36 万平方米；大鹏新区 3.68 万平方米，增加 3.68 万平方米。

表 6-22　深圳市历年商业用房销售面积（按区域分）

单位：万平方米

年份	销售面积	其中									
		罗湖区	福田区	南山区	盐田区	宝安区	龙岗区	光明新区	龙华新区	坪山新区	大鹏新区
1996	21.23	11.49	2.66	1.32	—	4.38	1.38	—	—	—	—
1997	27.40	8.75	4.48	2.48	—	9.54	2.15	—	—	—	—
1998	19.85	5.34	3.70	2.00	0.08	4.04	4.69	—	—	—	—
1999	26.20	5.26	2.15	2.91	4.43	5.85	5.60	—	—	—	—
2000	26.32	3.21	3.88	4.64	0.72	7.57	6.30	—	—	—	—
2001	27.40	4.92	3.42	2.59	0.28	8.23	7.96	—	—	—	—
2002	46.36	6.15	6.52	6.53	—	15.89	11.27	—	—	—	—
2003	39.37	6.61	4.82	7.62	1.16	5.51	13.66	—	—	—	—
2004	58.09	0.94	8.16	9.66	0.15	17.79	21.39	—	—	—	—
2005	53.48	2.93	9.20	8.55	1.17	16.77	14.86	—	—	—	—
2006	45.96	0.72	7.88	6.92	1.16	15.02	14.26	—	—	—	—
2007	30.64	3.28	1.64	4.85	0.41	11.89	8.57	—	—	—	—
2008	33.63	0.83	2.49	10.26	0.60	7.30	12.15	—	—	—	—
2009	33.69	0.74	3.65	3.85	0.82	14.90	9.73	—	—	—	—
2010	40.98	1.71	2.95	8.17	0.29	12.84	15.02	—	—	—	—
2011	45.14	1.66	7.82	8.81	1.37	12.78	13.39	—	—	—	—
2012	65.72	2.45	7.99	10.19	10.05	16.51	18.52	—	—	—	—
2013	65.19	1.66	12.78	6.94	7.32	9.43	20.44	0.05	4.81	1.33	0.44
2014	63.99	2.90	12.41	7.94	7.97	10.22	15.11	1.03	2.92	3.02	0.47
2015	108.43	3.54	16.63	19.97	6.80	15.52	22.10	10.68	7.44	5.77	—

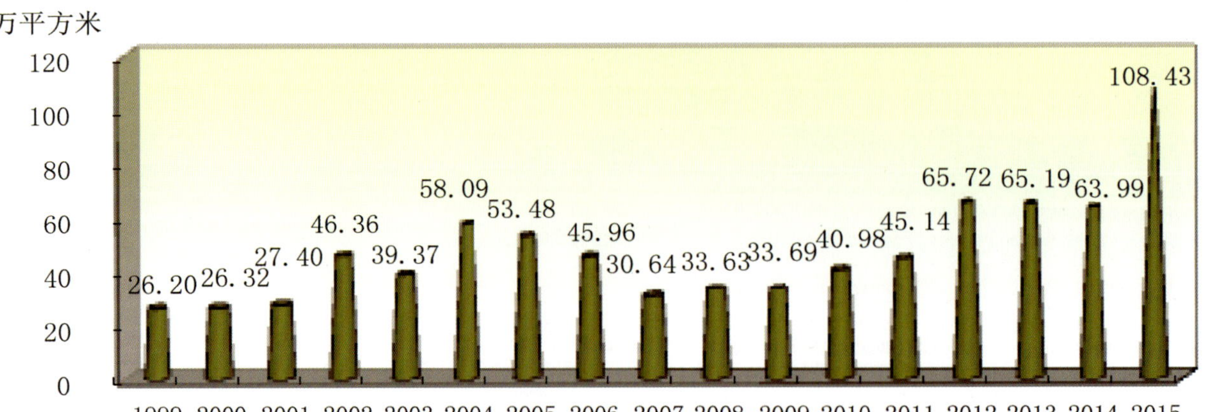

图 6-17　深圳市历年商业用房销售面积示意图

表 6-23　深圳市历年商业用房现楼销售面积（按区域分）

单位：万平方米

年份	销售面积	其中									
		罗湖区	福田区	南山区	盐田区	宝安区	龙岗区	光明新区	龙华新区	坪山新区	大鹏新区
1996	9.53	3.48	2.22	0.79	—	2.47	0.57	—	—	—	—
1997	15.41	3.56	4.17	1.46	—	4.82	1.40	—	—	—	—
1998	11.25	2.69	1.64	1.71	0.05	2.90	2.26	—	—	—	—
1999	14.44	2.01	0.82	1.24	4.23	3.64	2.50	—	—	—	—
2000	17.31	2.41	2.36	2.79	0.25	5.17	4.33	—	—	—	—
2001	10.02	1.26	2.52	1.25	0.09	4.35	0.55	—	—	—	—
2002	20.64	3.31	4.68	3.98	—	5.69	2.98	—	—	—	—
2003	21.44	5.02	3.38	4.88	1.16	2.10	4.91	—	—	—	—
2004	26.94	0.94	5.83	4.93	0.15	10.19	4.90	—	—	—	—
2005	11.16	1.82	3.17	0.40	0.16	2.02	3.58	—	—	—	—
2006	12.88	—	2.31	3.89	0.02	3.49	3.17	—	—	—	—
2007	14.59	2.86	0.54	2.18	0.24	3.70	5.07	—	—	—	—
2008	15.73	0.60	1.06	8.07	0.09	2.45	3.46	—	—	—	—
2009	19.36	0.57	1.91	3.09	0.67	7.75	5.37	—	—	—	—
2010	25.64	0.85	1.23	6.94	0.23	7.07	9.33	—	—	—	—
2011	24.54	0.74	2.30	5.13	1.00	7.37	7.98	—	—	—	—
2012	72.34	—	10.42	6.95	2.31	28.34	24.32	—	—	—	—
2013	15.00	1.23	1.85	1.87	1.34	3.44	3.90	—	0.88	0.49	0.01
2014	12.33	0.44	2.93	0.74	0.42	3.66	2.72	—	0.96	0.46	—
2015	13.35	0.90	3.46	1.21	0.78	3.11	2.81	0.12	0.91	0.04	—

表 6-24　深圳市历年商业用房楼花销售面积（按区域分）

单位：万平方米

年份	销售面积	其中									
		罗湖区	福田区	南山区	盐田区	宝安区	龙岗区	光明新区	龙华新区	坪山新区	大鹏新区
1996	11.70	7.99	0.44	0.55	—	1.91	0.81	—	—	—	—
1997	11.99	5.19	0.31	1.02	—	4.72	0.75	—	—	—	—
1998	8.60	2.65	2.06	0.29	0.03	1.14	2.43	—	—	—	—
1999	11.76	3.25	1.32	1.67	0.20	2.21	3.11	—	—	—	—
2000	9.01	0.80	1.52	1.85	0.47	2.40	1.97	—	—	—	—
2001	17.38	3.66	0.90	1.34	0.19	3.88	7.41	—	—	—	—
2002	25.72	2.84	1.84	2.55	—	10.20	8.29	—	—	—	—
2003	17.93	1.59	1.44	2.74	—	3.41	8.75	—	—	—	—
2004	31.15	—	2.33	4.73	—	7.60	16.49	—	—	—	—
2005	42.32	1.11	6.03	8.15	1.01	14.75	11.28	—	—	—	—
2006	33.08	0.72	5.57	3.03	1.14	11.53	11.09	—	—	—	—
2007	16.05	0.42	1.10	2.67	0.17	8.19	3.50	—	—	—	—
2008	17.90	0.23	1.43	2.19	0.51	4.85	8.69	—	—	—	—
2009	14.33	0.17	1.74	0.76	0.15	7.15	4.36	—	—	—	—
2010	15.34	0.86	1.72	1.23	0.07	5.77	5.70	—	—	—	—
2011	20.60	0.92	5.52	2.98	0.37	5.40	5.41	—	—	—	—
2012	24.02	0.54	3.59	2.75	4.06	5.56	7.52	—	—	—	—
2013	50.19	0.43	10.92	5.07	5.98	5.99	16.54	0.05	3.92	0.84	0.43
2014	51.66	2.46	9.48	7.19	7.55	6.56	12.39	1.03	1.96	2.56	0.47
2015	95.07	2.64	13.16	18.76	6.01	12.41	19.29	10.56	6.53	5.72	—

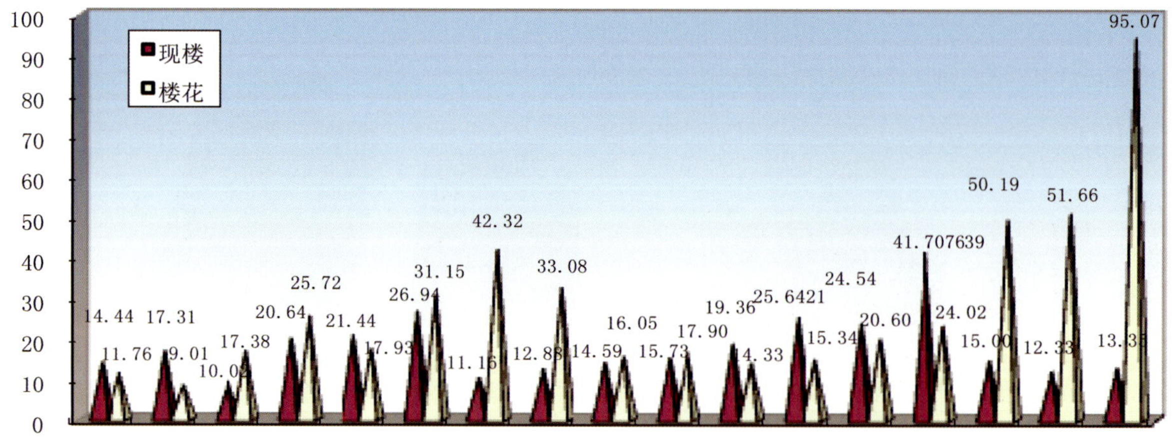

图 6-18　深圳市历年商业用房现楼、楼花销售面积示意图

表 6-28　深圳市历年各区商品住宅楼花交易均价

单位：元/平方米

区域 年份	全 市	罗湖区	福田区	南山区	盐田区	宝安区	龙岗区	光明新区	龙华新区	坪山新区	大鹏新区
2005	7040.10	8310.06	9091.75	8699.96	7806.48	5386.20	5287.98	—	—	—	—
2006	9230.35	10000.89	13844.69	12122.02	9454.05	8318.74	6456.87	—	—	—	—
2007	13369.62	16945.31	18442.15	18012.20	14183.50	12214.13	10477.11	—	—	—	—
2008	12794.20	18745.32	18691.89	17500.49	25786.33	11651.80	9112.44	—	—	—	—
2009	14857.68	22607.77	23216.16	19636.5	25366.62	13726.51	9626.79	—	—	—	—
2010	20296.97	23469.94	29248.26	30848.57	40860.07	19943.70	14166.39	—	—	—	—
2011	19038.45	24655.57	29866.35	35369.67	19392.36	17804.66	14705.27	—	—	—	—
2012	18725.21	30519.97	30015.14	34216.11	22954.53	17742.34	13918.01	—	—	—	—
2013	22116.98	36364.43	40854.82	43346.86	19676.48	21232.36	17814.36	17591.33	21526.32	11794.96	17793.60
2014	24640.37	41172.80	42415.11	44313.03	28511.50	25029.22	19503.82	19190.30	24096.00	13625.21	19258.10
2015	33405.79	48636.08	54460.55	56463.13	30497.62	35840.94	27230.48	18791.37	32834.6	16014.34	17050.73

表 6-29　深圳市历年商品住宅二级市场楼花交易均价

单位：元/平方米

月份 年份	1	2	3	4	5	6	7	8	9	10	11	12
2004	6076.95	5939.06	5780.40	5827.59	5788.30	5843.72	5841.06	5867.65	5918.63	5915.99	5946.10	5997.52
2005	6184.40	6354.15	6415.99	6443.18	6527.51	6547.90	6558.48	6585.33	6639.64	6716.84	6958.43	7040.10
2006	7949.54	8032.86	8126.14	8075.54	8421.07	8638.46	8744.26	8911.35	8952.97	8992.94	9081.24	9230.35
2007	10871.73	11039.67	11377.87	11339.73	11905.88	12293.15	12564.15	12803.17	13069.93	13211.62	13281.03	13369.62
2008	15080.25	15321.35	14699.39	13628.66	12815.94	12789.26	13276.58	13428.99	13289.13	13216.88	13254.92	12794.20
2009	11458.58	11175.43	11085.63	11458.65	11723.15	12184.68	12571.14	13069.02	13388.79	13977.99	14426.46	14857.68
2010	23117.28	23496.97	22675.94	21911.58	21582.77	21194.68	20901.37	20574.71	20578.42	20416.42	20451.90	20296.97
2011	19366.29	19569.38	19692.32	19502.71	19204.28	18704.62	18706.88	19170.67	19165.75	19142.77	19214.78	19038.45
2012	16319.24	16257.23	16395.77	16661.49	16921.38	17299.21	17559.59	18259.68	18618.91	18735.78	18840.54	18725.21
2013	19248.34	19377.11	19508.94	19905.25	20511.39	21183.45	21275.94	21458.57	21741.10	21801.64	21997.62	22116.98
2014	20097.89	24771.53	26752.73	26259.89	25815.02	25314.02	24840.82	24665.38	24409.23	24322.09	24221.40	24640.37
2015	26622.06	26898.85	26761.58	26662.79	27124.97	28000.42	29205.86	30116.79	30633.71	30934.24	32295.40	33405.79

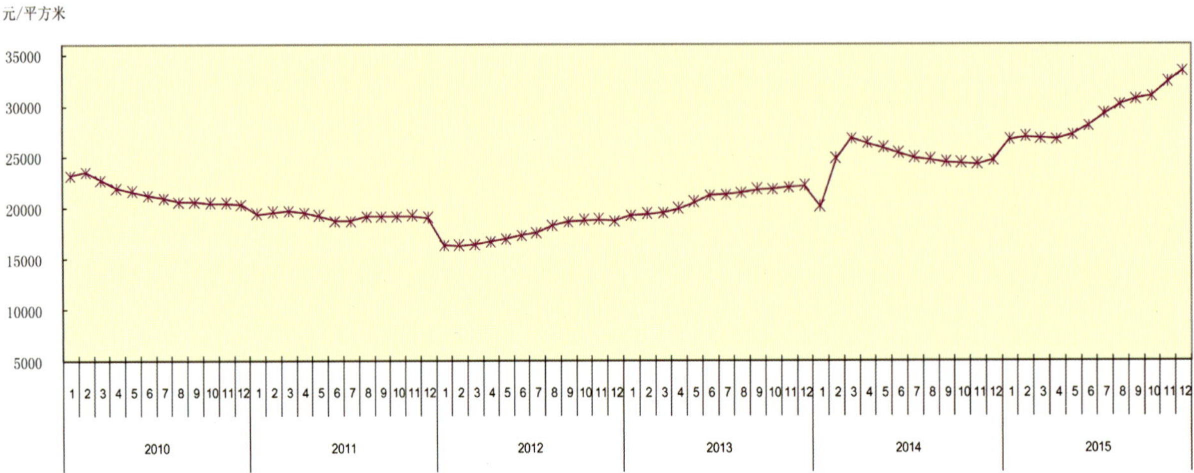

图 6-22　深圳市历年商品住宅二级市场交易均价走势示意图

表 6-30　深圳市历年办公楼二级市场楼花交易均价

单位：元/平方米

月份 年份	1	2	3	4	5	6	7	8	9	10	11	12
2004	9048.94	8921.50	9106.34	9202.17	9468.89	9713.42	9728.49	9694.10	9388.63	9371.56	9534.22	10016.14
2005	11349.76	12401.15	11754.07	11416.34	11416.16	11659.97	11691.22	11749.71	11715.96	11806.02	11919.81	12490.88
2006	13769.71	13609.60	14953.27	14717.61	14681.74	14259.21	14541.70	14547.47	14818.20	14901.88	15260.07	16014.52
2007	22401.55	22725.95	22478.15	22134.05	22714.38	22571.37	22981.82	23256.66	23745.90	23783.97	23563.47	23534.82
2008	29119.30	26011.77	26432.08	20679.83	20572.23	20426.08	20415.95	20607.17	20614.95	21154.59	20605.49	20397.43
2009	24523.80	24209.51	23425.56	22812.03	22774.31	20929.29	18453.42	19051.31	22271.49	22999.63	23660.57	23919.90
2010	22911.75	24151.91	23764.47	25756.19	25233.58	25595.00	25828.30	25576.42	24045.28	24161.99	24557.87	24797.27
2011	43266.68	41349.09	37959.34	37054.45	36186.90	41854.69	41601.74	41357.74	43193.42	43153.46	44344.76	39481.04
2012	—	—	37077.39	38692.49	38849.25	38986.07	38949.78	38949.95	38882.08	38826.52	38138.11	37895.68
2013	36115.54	42411.20	42200.43	42056.46	41415.50	40687.50	40325.07	40434.79	40513.71	40266.45	38562.62	36695.99
2014	29563.24	28169.14	29607.50	31486.49	31870.80	31631.33	31357.43	32658.41	32363.56	32336.15	31802.51	31816.73
2015	39029.6	37433.6	38723.1	38069	48011.1	47566.4	46843.9	45997.6	46341	46361.6	45912.1	46326.76

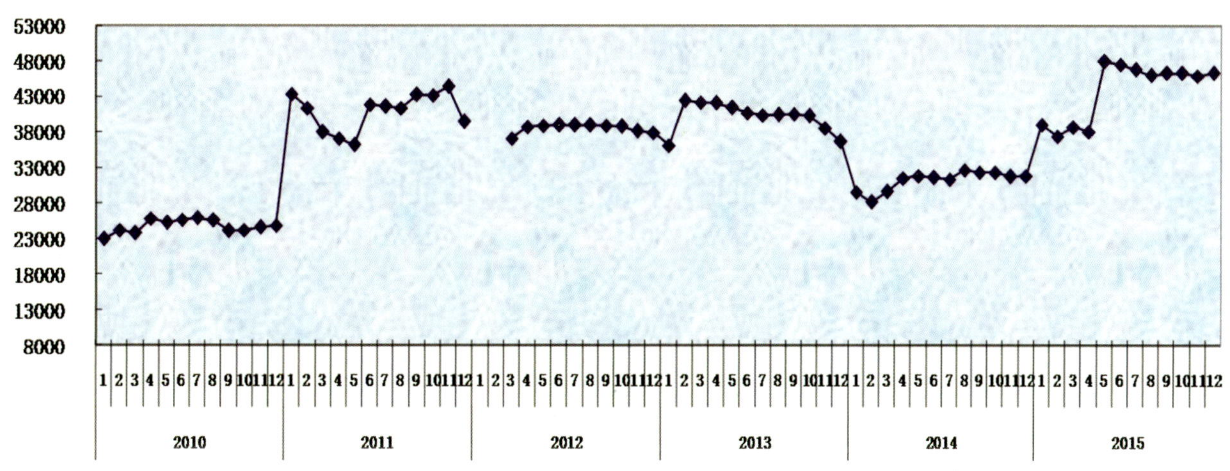

图 6-23　深圳市历年办公楼二级市场交易均价走势示意图

表 6-31　深圳市历年商业用房二级市场楼花交易均价

单位：元/平方米

月份 年份	1	2	3	4	5	6	7	8	9	10	11	12
2004	12127.96	11033.18	12768.96	12159.84	11980.09	12332.23	12481.55	12483.56	13294.31	12887.17	12827.27	12426.49
2005	17303.51	16156.49	15121.70	14937.23	14833.24	14332.43	14247.38	14626.88	14972.97	15179.91	15292.44	15611.48
2006	12412.66	13084.52	13093.38	15389.65	16711.27	17218.37	16639.35	16939.03	17537.66	18038.86	17846.76	18409.63
2007	18086.30	18313.70	18626.85	17948.96	19508.59	21417.10	21554.25	21119.08	19568.83	19233.34	19233.74	19102.28
2008	14568.35	15122.11	10534.65	10539.73	10955.56	11190.83	12155.84	12533.49	12764.77	12511.31	12127.07	12832.98
2009	14807.03	15423.39	18423.15	18442.40	18830.06	19518.77	18649.21	19843.65	19568.39	19680.20	20209.16	20826.52
2010	38837.22	38250.56	33606.93	29047.55	29780.52	27893.56	21679.38	22092.99	21982.44	21653.55	22515.77	23346.27
2011	33591.95	34777.80	34935.13	31954.51	32181.63	31991.23	31933.26	34615.94	31619.45	32485.87	31917.22	31654.18
2012	36372.07	35744.59	33779.26	31886.87	30491.67	30329.84	30007.49	29426.94	29046.67	29119.69	29371.33	30030.92
2013	23041.07	23510.27	25012.10	25978.08	27255.92	29660.56	30860.45	31773.90	31941.68	32783.62	32890.24	32990.83
2014	36819.49	36814.81	35126.03	34781.70	34530.05	34311.41	33958.13	33722.72	33087.58	32995.59	33047.84	32987.62
2015	32573.61	32644.54	34222.04	35635.71	35992.78	38362.56	40583.01	41545.35	41861.26	42259.68	42512.94	42551.88

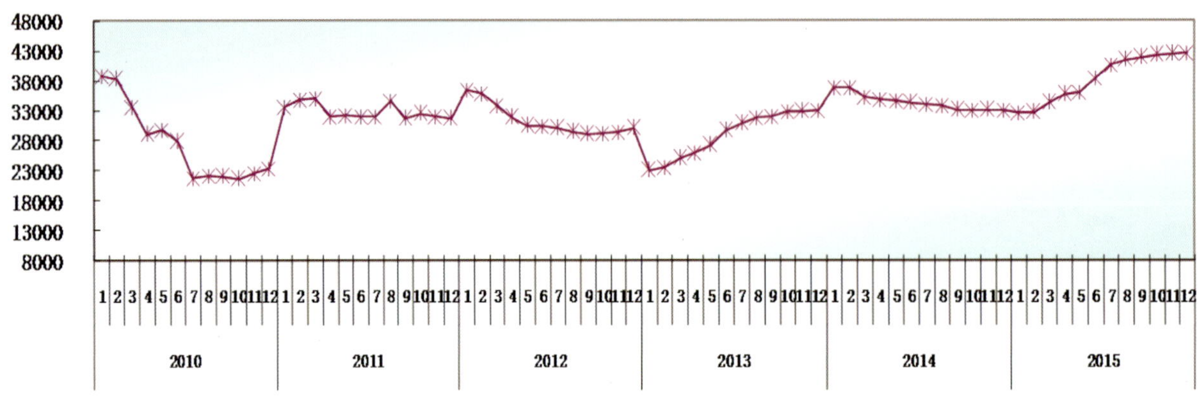

图 6-24　深圳市历年商业用房二级市场交易均价走势示意图

二、现楼均价

2015 年，在全市现楼交易中，住宅均价（按建筑面积，下同）31979.11 元/平方米，同比下降 8.37%，办公楼 28148.04 元/平方米，下降 20.38%，商业用房 39545.09 元/平方米，上涨 33.28%。

在全市现楼住宅交易价格结构方面。从价位结构看，8000 元/平方米以下的商品住宅套均面积为 124.86 平方米，销售面积占住宅销售总面积的 12.5%；8000～12000 元/平方米的套均面积为 91.36 平方米，占 4.4%；12000～14000 元/平方米的套均面积为 97.73 平方米，占 5.1%；14000～16000 元/平方米的套均面积 96.96 平方米，占 6.7%；16000～18000 元/平方米以上的套均面积为 100.75 平方米，占 7.4%；18000～20000 元/平方米的套均面积为 101.60 平方米，占 4.5%；20000 元/平方米以上的套均面积为 134.34 平方米，占 59.4%。从区域结构看，罗湖区均价 37508.08 元/平方米；福田区 22136.47 元/平方米；南山区 57546.44 元/平方米；盐田区 42362.08 元/平方米；宝安区 29112.89 元/平方米；龙岗区 17789.55 元/平方米；光明新区 23304.76 元/平方米；龙华新区 35058.67 元/平方米；坪山新区 19372.85 元/平方米；大鹏新区 28779.19 元/平方米。

表 6-32 深圳市 2015 年商品住宅现楼价位结构

单位：%

万平方米	全市	罗湖区	福田区	南山区	盐田区	宝安区	龙岗区	龙华新区	光明新区	坪山新区	大鹏新区
8000	12.51	2.43	55.38	1.17	4.26	43.42	1.24	0.00	0.00	2.32	2.90
8000-12000	4.40	4.99	0.77	0.00	1.08	0.60	8.46	0.75	0.00	34.56	0.00
12000-14000	5.11	1.91	0.19	0.00	1.53	0.26	14.45	1.40	0.00	18.25	1.62
14000-16000	6.74	4.45	0.00	0.00	0.00	3.17	20.40	0.61	1.43	5.79	26.19
16000-18000	7.38	1.83	0.20	0.00	1.23	1.51	16.16	1.73	38.73	3.14	6.75
18000-20000	4.48	0.34	0.00	0.00	1.68	1.41	10.83	3.49	13.37	0.00	17.57
20000 以上	59.37	84.05	43.46	98.83	90.23	49.63	28.47	92.02	46.47	35.94	44.97
合计	100.00	100.00	100.00	100.00	100.00	100.00	100.00	100.00	100.00	100.00	100.00

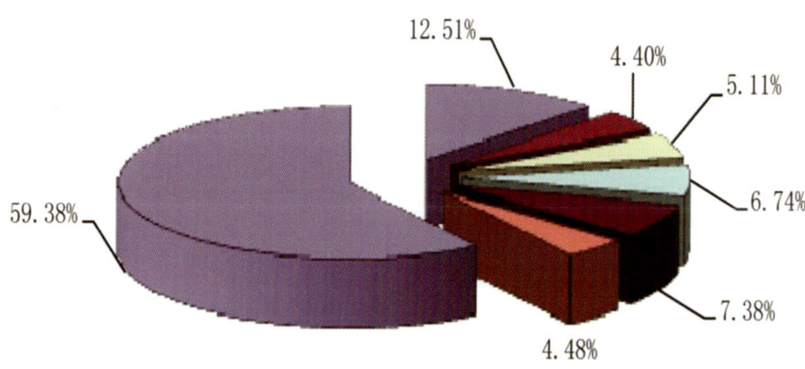

图 6-25 深圳市 2015 年商品住宅现楼价位结构示意图

表 6-33　深圳市 2015 年各区商品住宅现楼交易均价

单位：元/平方米

月份	罗湖区	福田区	南山区	盐田区	宝安区	龙岗区	光明新区	龙华新区	坪山新区	大鹏新区
1	33146.13	34848.68	42604.28	37314.05	36304.31	17383.9	19162.37	38769.81	20655.9	—
2	29071.01	35200.18	46209.24	34971.72	32540.12	16800.35	19162.37	38836.1	24354.27	—
3	23783.87	33185.39	49471.82	32324.18	31299.81	16660.23	20508.19	38731.97	23716.18	—
4	29923.96	32332.64	48328.24	31977.28	30753.81	16470.63	19414.97	35904.34	23207.9	—
5	30959.59	36946.72	48306.69	32303.58	23237.61	16139.72	18787.07	34021.26	21337	—
6	33264.41	38821.23	48335.87	35438.64	24434.29	16135.99	18979.2	35891.68	24813.82	8000
7	32558.69	39440.58	50387.8	36941.98	26853.31	16597.61	19830.42	34932.97	24537.18	8000
8	33635.25	39456.38	52053.63	39851.38	27319.5	16694.4	20962.22	34562.55	23152.9	8000
9	34234.51	39879.21	54044.32	39759.23	26858.55	16780.27	21768.71	34801.88	22010.79	8000
10	37493.88	40634.64	54849.57	41059.92	28416.53	16913.36	22333.34	34858.87	21341.75	8000
11	37134.65	38946.71	57154.53	40219.48	28020.19	17409.35	22969.77	34625.97	20958.42	8000
12	37508.08	22136.47	57546.44	42362.08	29112.89	17789.55	23304.76	35058.67	19372.85	28779.19

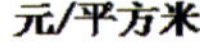

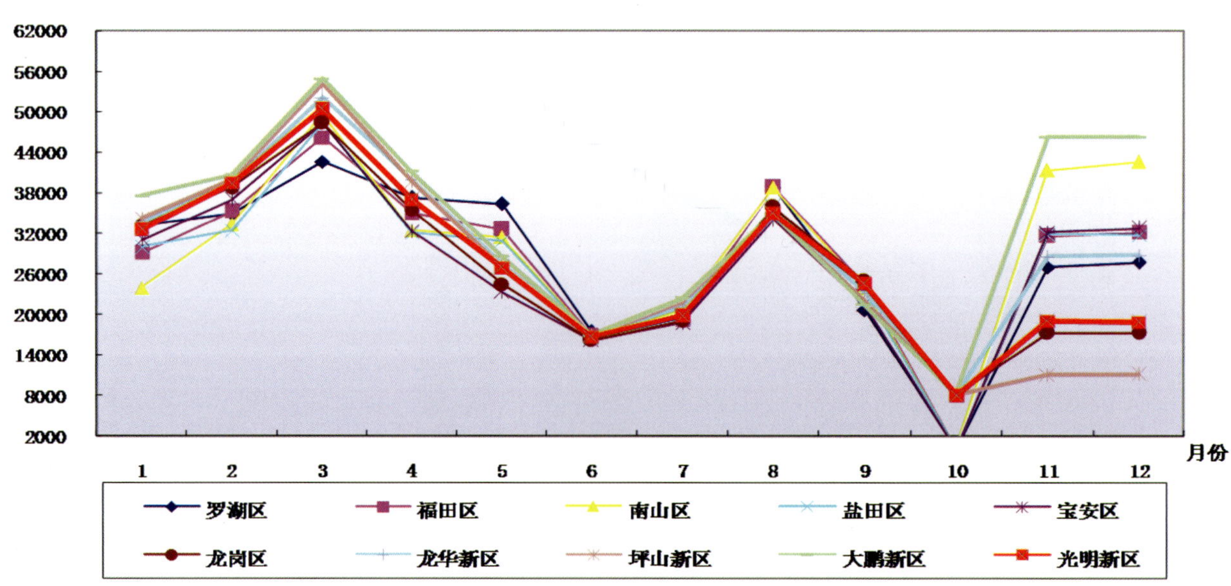

图 6-26　深圳市 2015 年各区商品住宅现楼交易均价走势示意图

表 6-34　深圳市历年各区商品住宅现楼交易均价

单位：元/平方米

区域 年份	全　市	罗湖区	福田区	南山区	盐田区	宝安区	龙岗区	光明新区	龙华新区	坪山新区	大鹏新区
2009	14315.29	17676.25	11938.96	18538.87	20757.03	16024.26	7907.31	—	—	—	—
2010	19243.06	16760.10	20994.53	31485.82	15798.90	15638.85	11061.08	—	—	—	—
2011	23918.53	13951.88	30222.65	42063.53	25999.84	24048.91	15424.06	—	—	—	—
2012	25498.98	17951.26	25319.70	40069.08	29417.13	29608.25	15574.23	—	—	—	—
2013	27300.63	21572.39	31859.87	36238.64	38576.30	34293.41	17280.82	16863.55	28815.29	10158.03	35737.35
2014	34901.20	27643.47	32052.45	42479.15	31656.10	32701.64	17269.46	18803.76	28693.45	11080.84	46200.05
2015	31979.11	37508.08	22136.47	57546.44	42362.08	29112.89	17789.55	23304.76	35058.67	19372.85	28779.19

表 6-35　深圳市历年商品住宅二级市场现楼交易均价

单位：元/平方米

月份 年份	1	2	3	4	5	6	7	8	9	10	11	12
2004	6076.95	5939.06	5780.40	5827.59	5788.30	5843.72	5841.06	5867.65	5918.63	5915.99	5946.10	5997.52
2005	6184.40	6354.15	6415.99	6443.18	6527.51	6547.90	6558.48	6585.33	6639.64	6716.84	6958.43	7040.10
2006	7949.54	8032.86	8126.14	8075.54	8421.07	8638.46	8744.26	8911.35	8952.97	8992.94	9081.24	9230.35
2007	10871.73	11039.67	11377.87	11339.73	11905.88	12293.15	12564.15	12803.17	13069.93	13211.62	13281.03	13369.62
2008	15080.25	15321.35	14699.39	13628.66	12815.94	12789.26	13276.58	13428.99	13289.13	13216.88	13254.92	12794.20
2009	12301.37	13346.81	13121.84	13069.25	12826.54	13155.57	13337.52	13792.32	13983.16	13977.83	14007.14	14284.25
2010	13054.52	14018.55	15543.11	15730.43	15905.65	16398.65	16381.53	16920.46	17750.62	17908.99	18083.10	19243.08
2011	20885.72	21193.10	21993.78	22731.60	22503.67	22503.67	22457.19	22939.75	23367.91	23267.90	23502.59	23918.53
2012	35117.86	32769.24	27187.24	26480.34	25816.70	25974.90	25372.52	25105.62	25114.60	24949.25	25070.84	25498.98
2013	26858.37	26436.39	25070.18	25387.38	25923.33	26101.99	26139.79	26410.03	26704.57	26866.55	27186.31	27300.63
2014	29551.87	29735.08	29875.50	29386.12	29435.82	28428.67	28475.42	36906.41	36089.52	35659.15	35221.41	34901.20
2015	31836.77	32783.61	33989.38	33077.50	31111.71	31509.70	31219.83	31452.02	31917.33	32483.68	32957.09	31979.11

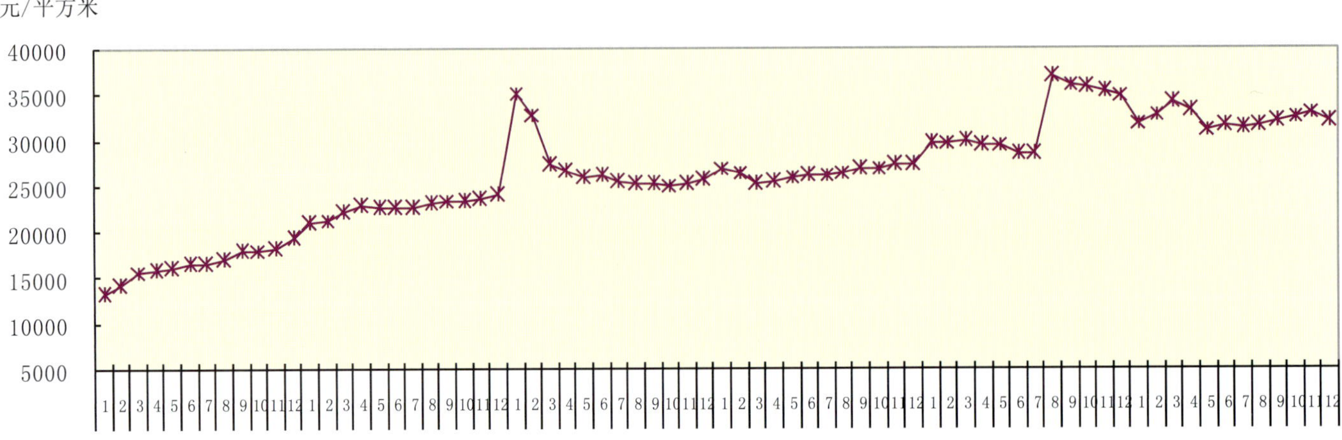

图 6-27 深圳市历年商品住宅二级市场现楼交易均价走势示意图

表 6-36 深圳历年各区办公楼现楼交易均价

单位：元/平方米

区域 年份	全 市	罗湖区	福田区	南山区	盐田区	宝安区	龙岗区	光明新区	龙华新区	坪山新区	大鹏新区
2009	21256.21	905.50	23576.51	20267.91	—	18563.54	—	—	—	—	—
2010	15112.29	3107.97	23627.77	17699.03	—	19983.26	—	—	—	—	—
2011	24810.93	12267.73	30993.51	31062.29	—	12195.87	15340.55	—	—	—	—
2012	37895.68	—	38610.98	38687.27	27095.10	—	—	—	—	—	—
2013	34009.55	26949.71	45813.82	30129.70	—	—	26144.86	—	—	—	—
2014	35354.67	4000.00	48072.68	32462.70	30133.46	26436.92	25784.79	—	—	—	—
2015	28148	30863.9	42419.2	34579	—	—	—	—	—	—	—

表 6-37 深圳市历年各区商业用房现楼交易均价

单位：元/平方米

年份\区域	全 市	罗湖区	福田区	南山区	盐田区	宝安区	龙岗区	光明新区	龙华新区	坪山新区	大鹏新区
2009	12413.04	14495.20	24791.43	13991.30	20834.05	9571.36	9927.42	—	—	—	—
2010	12010.54	28168.67	30365.89	13454.24	23139.00	9677.91	8548.85	—	—	—	—
2011	16410.70	10278.48	9158.24	36206.17	11051.37	11647.64	11418.90	—	—	—	—
2012	27096.08	20067.85	50223.96	34237.42	26144.19	30354.22	10339.49	—	—	—	—
2013	21991.08	20971.24	32870.08	38015.63	20518.74	16185.18	16492.41	—	16252.62	21164.03	23896.94
2013	29670.00	28623.08	35986.23	84672.43	11308.17	26625.67	16535.99	—	28340.36	23232.42	—
2014	29670.00	28623.08	35986.23	84672.43	11308.17	26625.67	16535.99	—	28340.36	23232.42	—
2015	39545.09	29748.72	63544.43	62909.98	34776.93	31861.01	17232.52	45110.20	25680.31	33990.21	—

三、价格指数

系统升级说明：深房地指数系统经过几年的运行，起到了一定的反映房地产市场形势、辅助宏观调控的效果。从 2007 年 1 月起，深房地指数与深圳房地产综合指数系统的价格指数部分一致，每季度或每年结束后 15 天内发布。由于数据库的不断完善，现进行全面的系统升级，自 2009 年开始，对 2001 年至今的全部数据进行了梳理，优化了计算方法。除了二手住宅价格指数外，此次指数均为重新计算所得。其中，新建住宅价格指数、商业及办公价格指数均根据特征根价格法进行价格修正后计算，但不同物业类型，其价格影响因素均有所不同；考虑到不同类型的物业价格存在较大差异及不同质现象，不再进行综合价格指数的计算。

价格指数计算说明：价格指数计算采用了特征根价格法，新建住宅价格指数选用的标准住房为：罗湖区 10 楼（多层为 4 楼）100 平方米的三房，即将所有交易数据均修正到标准住房的水平再进行计算和比较，以期获得剔除了地段、面积、楼层和户型等影响的价格，获得单纯由市场变化而引起的价格波动。商业价格指数选用的标准物业为：位于四类商圈一层的裙楼商铺；办公价格指数选用的标准物业为：位于三类办公区域临近地铁 15 楼的办公楼，另外，由于办公楼交易主要集中于福田和南山，区域办公楼价格指数计算只计算该两区。

编制对象：深圳市新建住宅、二手住宅、新建办公楼和新建商业用房。

样点来源：新建住宅价格指数、新建办公价格指数、新建商业价格指数数据来源为备案登记系统；二手住宅价格指数来源为房地产权登记系统。

样点信息：每个样本点共采集物业类型、建筑时间、成交时间、楼层总数、样点所在楼层、建筑面积、户型、所在位置、X 坐标和 Y 坐标等 10 个指标信息。

指数基期：以 2001 年第一季度为基期，基期指数均设定为 100 点，基期新建住宅标准价格为 6250 元/平方米，基期二手住宅标准价格为 3871 元/平方米，基期商业标准价格为 12540 元/平方米，基期办公楼标准价格为 8922 元/平方米。

发布内容：深圳市各行政区及全市的新建住宅价格指数、二手住宅价格指数、新建商业价格指数及新建办公楼价格指数。受统计方法和样本采集因素，2013 年价格指数保持六区（包含四个新区）统计。

表 6-38　深圳市历年二级市场房价指数

年度	季度	住宅	办公	商业
2001	Q1	100.0	100.0	100.0
	Q2	100.3	98.4	100.0
	Q3	100.1	96.8	110.8
	Q4	100.6	95.1	115.3
2002	Q1	101.2	93.5	126.9
	Q2	104.2	91.9	136.9
	Q3	103.6	90.3	133.3
	Q4	101.5	89.1	128.3
2003	Q1	109.0	85.4	125.0
	Q2	111.7	90.7	128.0
	Q3	112.4	96.1	130.5
	Q4	116.1	101.1	133.9
2004	Q1	116.4	103.8	138.1
	Q2	119.1	107.2	139.4
	Q3	120.4	105.9	137.1
	Q4	123.7	103.0	136.7
2005	Q1	120.6	97.4	149.7
	Q2	123.8	94.3	158.1
	Q3	131.5	91.1	174.3
	Q4	137.7	94.7	184.7
2006	Q1	132.0	101.6	196.6
	Q2	149.7	113.7	206.4
	Q3	159.6	117.7	215.7
	Q4	170.1	121.7	221.5
2007	Q1	188.3	127.6	224.4
	Q2	216.9	144.5	234.8
	Q3	256.6	175.9	259.6
	Q4	267.2	202.6	256.0
2008	Q1	278.4	236.6	233.7
	Q2	268.7	244.0	213.4
	Q3	258.9	251.7	225.1
	Q4	236.2	228.8	229.3
2009	Q1	239.9	227.4	214.7
	Q2	246.7	226.0	200.2
	Q3	260.8	239.4	217.2
	Q4	288.1	269.4	234.6
2010	Q1	317.3	285.6	242.8
	Q2	300.3	309.8	256.1
	Q3	329.1	294.0	234.9
	Q4	342.7	298.4	253.4
2011	Q1	349.2	316.5	277.7
	Q2	317.6	324.4	246.1
	Q3	331.9	325.0	248.6
	Q4	312.4	319.3	242.2
2012	Q1	300.7	324.8	239.9
	Q2	318.6	352.4	251.1
	Q3	334.3	369.9	228.4
	Q4	352.5	346.9	204.9
2013	Q1	375.2	297.3	152.5
	Q2	387.3	336.7	212.0
	Q3	388.4	324.4	251.8
	Q4	390.7	331.1	275.8
2014	Q1	419.5	339.7	280.1
	Q2	403.5	339.1	307.7
	Q3	384.4	348.1	262.6
	Q4	412.1	352.3	228.5
2015	Q1	434.6	389.5	204.2
	Q2	454.2	410.1	231.0
	Q3	538.1	444.4	267.4
	Q4	546.6	479.4	340.3

注：由于新建办公楼数据从 2002 年开始，2002 年以前数据为指数平滑处理所得。

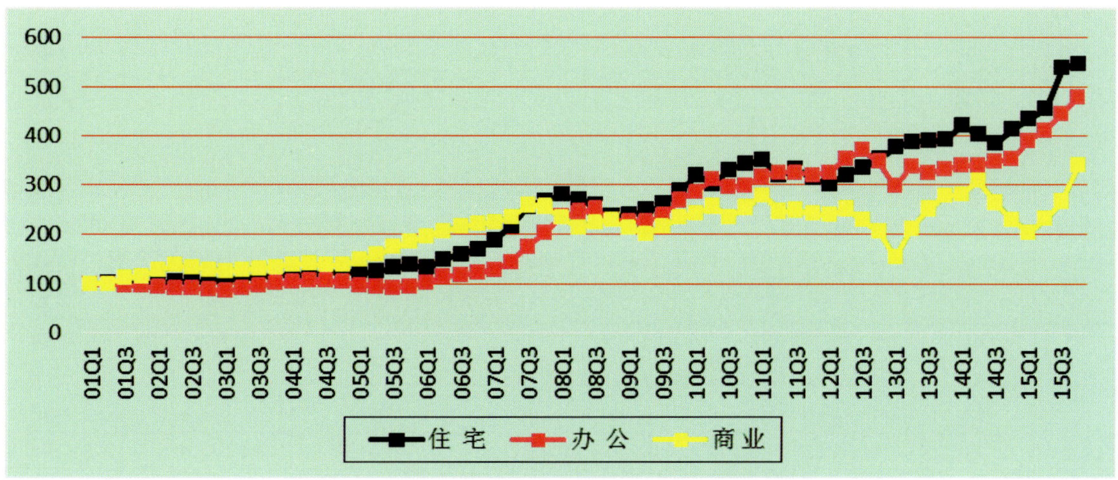

图 6-28 深圳市二级市场房价指数示意图

表 6-39 深圳市历年住宅二级市场价格指数

年度	季度	罗湖区	福田区	南山区	盐田区	宝安区	龙岗区
2001	Q1	91.8	99.6	101.0	60.3	53.8	69.7
	Q2	91.8	99.6	101.0	60.3	53.8	63.1
	Q3	93.8	99.6	91.7	60.3	54.7	62.6
	Q4	98.0	114.2	93.7	75.7	55.5	61.2
2002	Q1	103.0	114.8	81.4	94.1	58.7	60.1
	Q2	105.0	112.3	85.9	89.1	66.0	62.5
	Q3	106.8	110.1	86.3	81.4	61.6	64.0
	Q4	107.1	109.0	83.9	83.9	60.9	62.4
2003	Q1	108.3	104.6	80.9	79.5	60.8	63.3
	Q2	110.9	112.2	83.2	91.6	60.0	63.3
	Q3	114.2	111.9	83.6	87.3	58.9	61.7
	Q4	121.6	113.2	84.3	95.1	62.0	64.2
2004	Q1	120.2	109.5	82.5	108.3	61.3	65.3
	Q2	122.0	121.3	84.7	118.9	62.1	63.9
	Q3	121.0	115.9	86.7	130.5	63.8	66.4
	Q4	121.4	108.7	94.2	140.3	68.5	71.5
2005	Q1	133.0	117.4	95.8	138.4	74.9	74.3
	Q2	127.1	121.9	104.4	110.3	76.6	75.3
	Q3	124.7	119.8	146.9	97.4	82.2	79.2
	Q4	129.9	154.2	131.1	94.2	81.9	86.2
2006	Q_1	136.9	164.7	129.1	90.3	89.1	82.8
	Q_2	136.3	183.3	169	95.3	98.2	92.8
	Q_3	150.8	190	158.3	139.4	110.8	100.6
	Q_4	161.8	222.5	151.2	179.6	123.6	105.4
2007	Q_1	160.7	212.1	149.6	145.9	117.9	106.3
	Q_2	224.8	239.4	191.9	155.5	148.2	130.0
	Q_3	253.7	287.1	271.6	244	170.2	159.9
	Q_4	285.6	330.3	364.5	262.3	215.4	144.2

（续表）

2008	Q_1	295.4	333.5	257.1	233.5	169.2	145.8
	Q_2	277.0	289.5	232.9	194.9	149.0	137.0
	Q_3	287.1	287.9	239.5	206.1	136.2	125.2
	Q_4	220.2	235.9	213.1	172.0	123.2	113.5
2009	Q_1	223.7	257.2	211.9	180.9	130.1	107.4
	Q_2	213.3	272.9	224.0	188.5	139.6	119.4
	Q_3	242.1	329.4	254.6	206.7	161.2	121.8
	Q_4	257.4	333.1	286.3	214.1	180.6	145.0
2010	Q_1	298.5	340.5	325.4	234.2	200.1	150.0
	Q_2	293.4	359.2	284.9	249.0	196.5	155.6
	Q_3	313.0	356.6	331.9	257.7	194.9	176.8
	Q_4	345.3	402.8	357.5	261.6	175.0	197.2
2011	Q_1	357.1	460.8	357.3	257.0	217.9	213.0
	Q_2	318.7	408.6	408.6	257.9	170.0	172.3
	Q_3	320.1	423.3	376.8	237.1	191.9	151.3
	Q_4	293.4	410.2	349.7	265.4	212.5	139.4
2012	Q1	311.6	421.0	319.5	216.8	170.3	130.2
	Q2	307.3	456.8	359.7	208.8	193.9	134.1
	Q3	361.8	404.0	385.1	134.3	220.0	125.1
	Q4	409.2	474.0	400.6	237.6	215.0	133.7
2013	Q1	382.8	488.6	382.4	177.4	236.4	166.1
	Q2	384.3	503.9	401.5	164.1	238.7	165.1
	Q3	416.9	487.7	428.6	181.8	231.6	174.2
	Q4	427.7	458.1	440.9	190.6	234.7	183.6
2014	Q1	404.2	444.4	473.8	228.7	246.4	201.3
	Q2	401.0	467.3	356.3	199.0	262.8	189.0
	Q3	405.1	545.6	404.1	192.0	244.7	164.7
	Q4	470.6	480.2	447.1	146.6	253.7	191.7
2015	Q1	483	498.7	487.5	150	275.7	202.6
	Q2	506.8	534.9	558.5	165.4	285.1	217.5
	Q3	600.5	588.9	635.2	208.9	355.3	268.6
	Q4	652	709.6	665.2	248.4	393.3	287.2

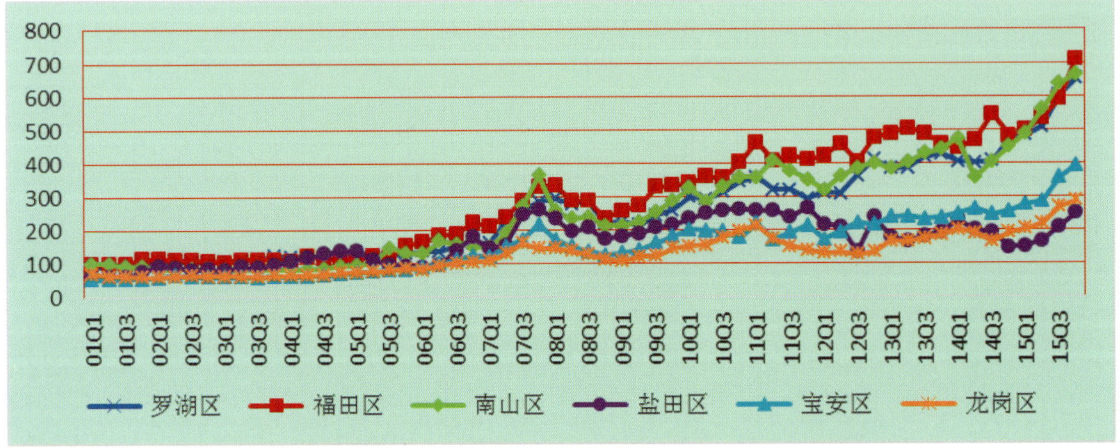

图 6-29　深圳市历年住宅二级市场价格指数示意图

第四节 房地产金融

一、总体概况

2015 年，由于住房市场供需关系紧张、房地产调控政策趋于宽松等方面原因，深圳住房市场成交面积较 2014 年大增七成，成交均价较 2014 年上涨逾四成，受此影响，住房贷款大幅增长，在房地产贷款中的占比明显增加。相比之下，房地产开发贷款增长有限。整体看，房地产贷款利率有所下降，贷款质量有向好趋势。

（一）房地产贷款大幅长

2015 年末，深圳市本外币房地产贷款余额 10377.01 亿元，首破万亿元大关，同比增加 2341.35 亿元，增长 29.14%。其中，购房贷款余额 8375.60 亿元，占比 80.71%，较 2014 年高 4.83 个百分点，同比增加 2278.16 亿元，增长 37.36%；房地产开发贷款余额 1980.27 亿元，占比 19.08%，较 2014 年低 4.98 个百分点，同比增加 46.59 亿元，增长 2.41%。障性住房开发贷款明显下降，年末余额 131.69 亿元，较 2014 年减少 28.39%。

（二）房地产贷款余额占各项贷款余额的比重增加

2015 年末，深圳本外币房地产贷款余额占本外币贷款余额的 31.98%，同比增加 3.42 个百分点；新增房地产贷款占新增各项贷款的 54.25%，该比例较 2014 年增加 34.34 个百分点；新增额中，97.30% 为购房贷款，反映出在住房市场趋热情况下，银行信贷资金开始向该领域倾斜。

（三）个人住房贷款快速增长

2015 年末，深圳个人住房贷款余额 7505.95 亿元，同比增长 39.74%，增速较上年高 31.45 个百分点。其中，新建个人住房贷款余额 3795.59 亿元，同比增长 36.57%，增速较上年高 25.81 个百分点；再交易住房贷款余额 3710.36 亿元，同比增长 43.14%，增速较上年高 37.38 个百分点。

(四) 房地产贷款利率及首付款比例有所下降

受基准利率多次下调影响，个人住房贷款利率及房地产开发贷款利率均有所下降。12 月份`，深圳个人住房贷款平均利率为基准利率的 0.92 倍，即 4.51%，同比降低 22.82%，反映出购房成本大幅下降。从首付款比例看，12 月份为 35%，同比低 3.24 个百分点，反映出贷款成数加大，购房贷款杠杆有所增加。

(五) 房地产贷款质量良好

2015 年末，深圳银行业房地产贷款余额为 23.75 亿元，比年初增加 1.02 亿元，不良率为 0.22%，同比下降 0.05 个百分点；房地产开发贷款余额为 1.82 亿元，同比减少 2.47 亿元，不良率为 0.11%，同比下降 0.13 个百分点；个人住房贷款余额为 14.88 亿元，同比增加 1.17 亿元，不良率为 0.20%，同比下降 0.06 个百分点。反映出在整体贷款质量有所下降的背景下，房地产贷款质量仍然向好，风险整体可控。

二、金融机构存贷款情况

2015 年末，深圳市金融机构（含外资金融机构）本外币存款余额 57778.90 亿元，贷款余额 32449.04 亿元。

表 6-40　深圳市历年金融机构存贷款情况

单位：亿元

年份	存款余额	贷款余额
1979	1.01	0.75
1980	2.03	1.35
1981	4.37	2.39
1982	6.37	6.30
1983	11.26	11.95
1984	34.98	45.10
1985	30.26	53.70
1986	55.11	73.09
1987	80.85	106.52
1988	131.74	153.62
1989	137.63	178.98
1990	194.69	238.62
1991	300.92	279.75
1992	550.46	370.71
1993	657.35	501.59
1994	933.37	642.14
1995	1202.92	786.34
1996	1533.46	965.20
1997	1822.70	1202.58
1998	2216.32	1551.60
1999	2558.99	1848.16
2000	3168.85	2291.52
2001	4091.17	2859.54
2002	4952.73	3512.48
2003	6145.75	4618.41
2004	7197.41	5355.25
2005	9486.71	7596.75
2006	10616.01	8353.80
2007	12729.68	10121.37
2008	14260.94	11234.05
2009	18357.47	14783.39
2010	21937.89	16808.12
2011	25095.78	19248.73
2012	29662.40	21808.34
2013	39343.15	24680.07
2014	37350.50	27922.13
2015	57778.90	32449.04

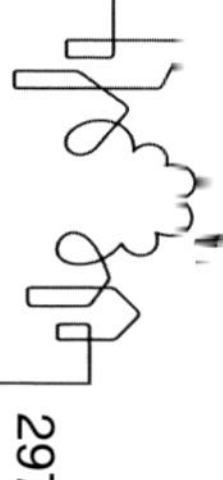

表 6-41　深圳市历年金融机构贷款利率

利率执行起始时间	短期贷款（流动资金贷款）（年利率%）		中长期贷款（固定资产贷款）（年利率%）						个人住房贷款（年利率%）					罚息利率（日利率万分之）	
	6 个月以下	6 个月~1 年	1~3 年（含 3 年）		3~5 年（含 5 年）		5 年以上		1~3 年（含 3 年）	3~5 年（含 5 年）	5~10 年（含 10 年）	10~15 年（含 15 年）	15 年以上	逾期	挤占挪用
			技改	基建	技改	基建	技改	基建							
1991.04.21	8.100	8.640	8.480	9.000	8.460	9.540	8.460	9.720	—	—	—	—	—	加息 20%	加息 20%
1993.06.01	9.702	10.296	10.098	11.880	10.098	13.266	10.098	13.464	—	—	—	—	—	加息 20%	加息 20%
1993.07.11	9.900	12.078	12.798	13.464	12.078	15.246	12.078	15.444	—	—	—	—	—	加息 20%	加息 20%
1995.01.01	9.900	12.078	12.798	14.184	12.798	15.966	12.798	16.164	—	—	—	—	—	加息 20%	加息 20%
1995.07.01	11.088	13.266	14.850		16.632		16.830		—	—	—	—	—	4.000~6.000	6.000~8.000
1996.05.01	10.404	11.745	14.058		15.984		16.758		—	—	—	—	—	4.000	6.000
1996.08.23	9.828	10.791	11.754		12.519		13.293		—	—	—	—	—	4.000	6.000
1997.10.23	8.415	9.504	10.017		10.593		11.268		9.504	10.017	10.593	11.268	—	4.000	6.000
1998.03.25	7.722	8.712	9.630		10.404		11.079		8.712	9.630	10.404	11.079	11.304	4.000	6.000
1998.07.01	7.227	7.623	7.677		8.037		8.172		7.623	7.677	8.037	8.172	8.334	4.000	6.000
1998.12.07	6.732	7.029	7.227		7.587		7.722		7.029	7.227	7.587	7.722	7.812	3.000	6.000
1999.06.10	5.580	5.850	5.940		6.030		6.210		5.85	5.940	6.030	6.211	6.331	2.100	5.000
1999.09.21			5.940		6.030		6.210		5.31		5.58			2.100	5.000
2002.02.21	5.040	5.310	5.490		5.580		5.760		4.77		5.04			2.100	5.000
2004.10.29	5.221	5.581	5.760		5.850		6.120		4.95		5.31				
2005.03.17									5.184	5.265	5.51				
2006.04.28	5.40	5.85	6.03		6.12		6.39		5.427	5.508	5.751				
2006.08.19	5.58	6.12	6.30		6.48		6.84		5.355	5.508	5.814				
2007.03.18	5.67	6.39	6.57		6.75		7.11		5.585	5.738	6.044				
2007.05.19	5.85	6.57	6.75		6.93		7.19		执行相应档次法定贷款利率						
2007.07.21	6.03	6.84	7.02		7.20		7.38								
2007.08.22	6.21	7.02	7.20		7.38		7.56								
2007.09.15	6.48	7.29	7.47		7.65		7.83								
2007.12.21	6.57	7.47	7.56		7.74		7.83								

注：2009 年金融机构贷款利率未作调整

（续表）

利率执行起始时间	短期贷款（流动资金贷款）（年利率%）		中长期贷款（固定资产贷款）（年利率%）						个人住房贷款（年利率%）					罚息利率（日利率万分之）	
	6个月以下	6个月~1年	1~3年（含3年）		3~5年（含5年）		5年以上		1~3年（含3年）	3~5年（含5年）	5~10年（含10年）	10~15年（含15年）	15年以上	逾期	挤占挪用
			技改	基建	技改	基建	技改	基建							
2008.09.16	6.21	7.20	7.29		7.56		7.74		个人住房贷款利率下限为相应档次贷款基准利率的0.85倍						
2008.10.09	6.12	6.93	7.02		7.29		7.47								
2008.10.27	6.12	6.93	7.02		7.29		7.47		个人住房贷款利率下限为相应档次贷款基准利率的0.7倍						
2008.10.30	6.03	6.66	6.75		7.02		7.20								
2008.11.27	5.04	5.58	5.67		5.94		6.12								
2008.12.23	4.86	5.31	5.40		5.76		5.94								
2010.10.20	5.10	5.56	5.60		5.96		6.14		未变化						
2010.12.26	5.35	5.81	5.85		6.22		6.40								
2011.2.9	5.60	6.06	5.40		5.76		5.94		未变化						
2011.4.6	5.85	6.31	6.4		6.65		6.80		未变化						
2011.7.7	6.10	6.56	6.65		6.90		7.05		未变化						
2012.6.8	5.85	6.31	6.40		6.65		6.80		未变化						
2012.7.6	5.60	6.00	6.15		6.40		6.55		未变化						
2014.11.22	5.6	5.6	6.00		6.00		6.15		对拥有1套住房并已结清相应购房贷款的家庭，为改善居住条件再次申请贷款购买普通商品住房，银行业金融机构执行首套房贷款政策。						
2015.3.1	5.35	5.35	5.75		5.75		5.90		未变化						
2015.5.11	5.10	5.10	5.50		5.50		5.65		未变化						
2015.6.28	4.85	4.85	5.25		5.25		5.40		未变化						
2015.8.26	4.60	4.60	5.00		5.00		5.15		未变化						
2015.10.23	4.35	4.75	4.75		4.75		4.90		未变化						

注：2009年金融机构贷款利率未作调整

第七章　房地产三级市场

第一节　三级市场转让

一、三级市场交易情况

2015 年，全市三级市场交易 135783 宗，同比增加 116.64%；面积 1138.55 万平方米，同比增加 114.59%。其中，住宅 1030 万平方米，增加 124.16%；办公楼 21.15 万平方米，增加 59.26%；商业用房 47.73 万平方米，同比增加 49.40%；其他用途房屋 41.67 万平方米，同比增加 53.25%。

从区域结构看，罗湖区 24305 宗、面积 170.14 万平方米，同比分别增加 108.99%、103.32%；福田区 25883 宗、216.41 万平方米，同比分别增加 95.56%、85.11%；南山区 20680 宗、189.74 万平方米，同比分别增加 102.01 %、106.85 %；盐田区 3918 宗、32.24 万平方米，同比分别增加 120.98 %、127.04 %；宝安区 27221 宗、面积 240.95 万平方米，同比分别增加 120.54 %、129.52 %；龙岗区 33776 宗、289.07 万平方米，同比分别增加 150.95 %、142.75 %。（由于三级市场系统暂未按十区统计，故区域分类继续以六区进行。）

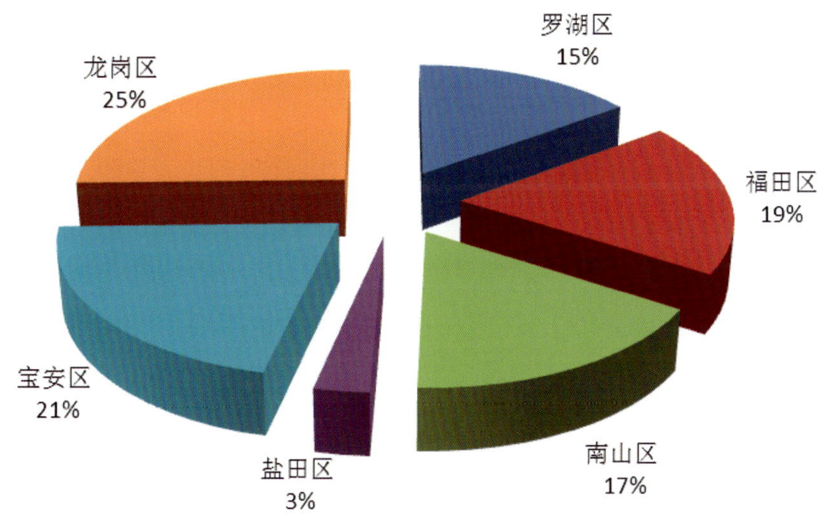

图 7-1　深圳市 2015 年房地产三级市场交易面积区域分布示意图

表 7-1 深圳市历年房地产三级市场交易情况（按区域分）

单位：宗、万平方米

年份	合计		罗湖区		福田区		南山区		盐田区		宝安区		龙岗区	
	宗数	面积	宗数	面积	宗数	面积	宗数	面积	宗数	面积	宗数	面积	宗数	面积
1996	2649	40.61	1560	20.63	431	5.21	416	5.99	—	—	187	1.49	55	7.29
1997	4851	55.23	2508	31.54	1396	9.76	625	9.04	—	—	241	3.16	81	1.73
1998	5987	100.40	2423	39.00	1720	24.00	1034	22.00	144	3.40	367	3.00	299	9.00
1999	7565	149.40	2820	53.60	2151	47.70	1408	22.20	160	7.40	542	8.40	484	10.10
2000	11277	196.60	4565	69.80	2821	43.00	2029	44.00	207	2.70	801	15.90	854	21.20
2001	18853	249.88	6458	76.15	4910	68.80	3629	42.54	465	6.74	1651	29.74	1740	25.91
2002	26629	340.49	8163	91.35	8054	96.34	4776	58.85	537	10.74	2283	40.94	2816	42.27
2003	40899	496.83	11851	133.71	11775	122.61	7233	83.72	1223	18.64	3563	69.13	5254	68.99
2004	59871	732.71	15239	160.62	16055	177.99	11924	127.35	1212	30.21	6131	99.99	9310	136.54
2005	73532	841.29	15827	162.70	20449	227.35	15750	167.62	1401	14.95	8757	108.71	11348	159.97
2006	95506	1013.16	21585	201.11	25085	260.29	19000	192.60	2100	19.41	13197	155.20	14539	184.55
2007*	119957	1089.01	27094	206.84	29074	265.7	21574	200.95	3198	25.88	20703	192.36	18314	197.28
2008*	45851	495.43	10860	97.69	10902	111.53	7888	93.74	1168	10.50	7509	93.21	7524	88.76
2009	157495	1405.27	35000	263.31	36476	332.33	25676	244.14	3551	30.93	27446	263.62	29346	270.94
2010	123669	1119.40	24069	195.32	26220	232.93	20686	200.80	3166	28.08	23804	228.78	25724	233.49
2011	73067	681.52	13314	115.49	15232	148.82	11408	111.82	1915	26.28	15182	137.38	16016	141.73
2012	64361	592.20	11829	95.49	12500	119.38	11121	102.49	1399	13.09	12880	128.02	14632	133.73
2013	94650	850.30	16652	127.45	19372	169.41	15689	147.63	2219	17.29	18246	162.06	22472	226.46
2014	62677	530.58	11630	83.68	13235	116.91	10237	91.73	1773	14.2	12343	104.98	13459	119.08
2015	135783	1138.55	24305	170.14	25883	216.41	20680	189.74	3918	32.24	27221	240.95	33776	289.07

注：①2008 年三级市场数据统计口径变更为只包含市场交易数据，不包括其他产权转移数据，2007 年的数据按变更后新的可比口径进行调整，2006 年及以前年度数据未作调整，下同。②因市规划和国土资源委员会数据信息库暂未对 4 个新区的三级市场数据进行分类，故保持原 6 个行政区统计数据。

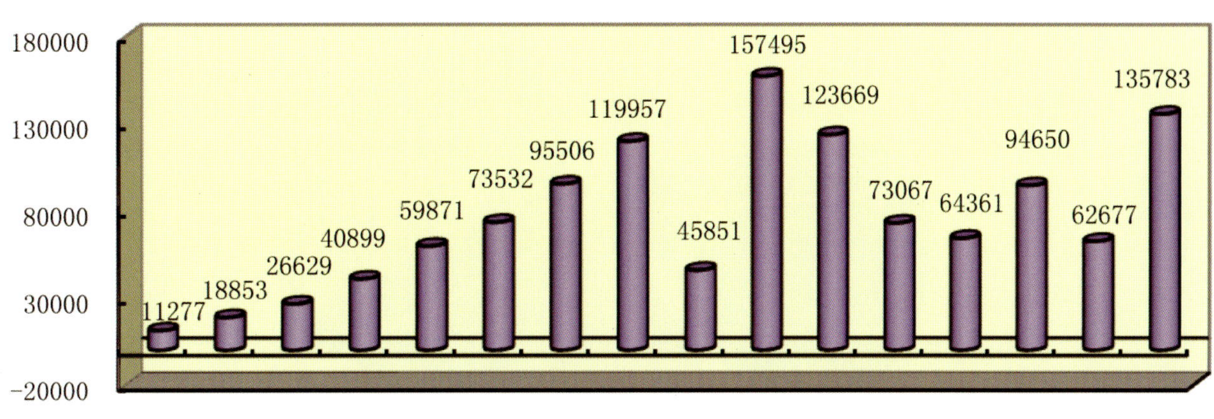

图 7-2 深圳市历年房地产三级市场交易宗数示意图

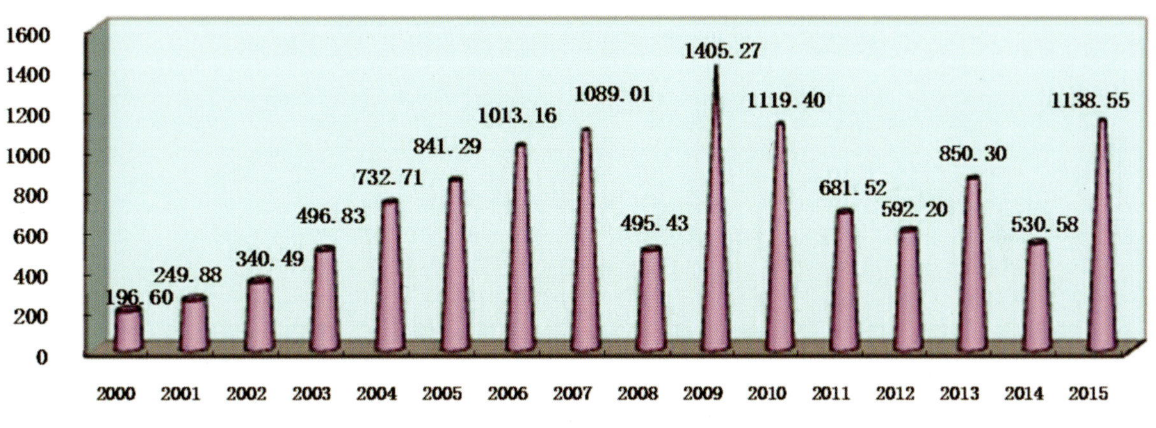

图 7-3 深圳市历年房地产三级市场交易面积示意图

二、三级市场住宅交易情况

2014 年，全市三级市场住宅交易123547 宗、面积 1030 万平方米，同比分别增加 127.18%、124.16%。从区域结构看，罗湖区 21596 宗、面积 150.61 万平方米，同比分别增加 120.71%、115.96%；福田区 23352 宗、面积 191.54 万平方米，同比分别增加 101.41%、96.98%；南山区 19247 宗、面积 173.91 万平方米，同比分别增加 110.51%、111.36%；盐田区 3672 宗、面积221.13 万平方米，同比分别增加 127.37%、135.52%；宝安区24935 宗、面积221.13 万平方米，同比分别 139.87%、135.52%；龙岗区 30745 宗、面积 264.54 万平方米，同比分别增加 159.45%、154.07%。

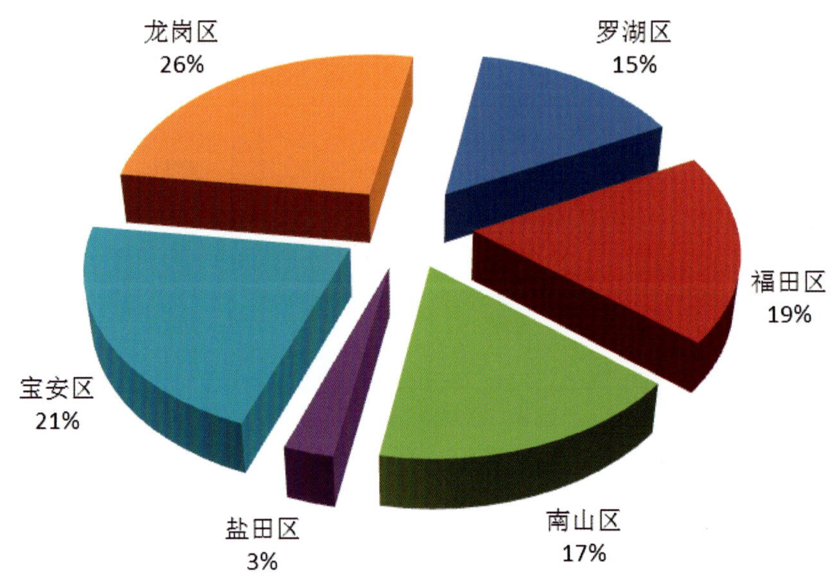

图 7-4 深圳市 2015 年三级市场住宅交易面积区域分布示意图

表 7-2 深圳市历年三级市场住宅交易情况（按区域分）

单位：宗、万平方米

年份	合计		罗湖区		福田区		南山区		盐田区		宝安区		龙岗区	
	宗数	面积	宗数	面积	宗数	面积	宗数	面积	宗数	面积	宗数	面积	宗数	面积
2004	53259	474.53	13103	107.78	14612	130.62	10757	99.81	1212	9.55	4993	47.48	8582	79.29
2005	65541	595.67	13601	109.48	18483	170.33	13986	129.97	1251	10.19	7555	72.81	10665	102.89
2006	84976	737.63	18670	141.59	22268	198.54	17377	160.13	1858	15.11	11062	101.25	13741	121.01
2007*	108270	884.61	23957	164.66	25960	213.68	20000	178.26	2925	21.99	18037	157.82	17391	148.2
2008*	41307	350.93	9475	69.18	9730	86.25	7139	65.93	1114	8.30	6793	60.77	7056	60.50
2009	145863	1226.58	32214	225.40	33139	280.06	23758	219.02	3350	26.52	25646	237.26	27756	238.32
2010	111121	923.40	21338	151.45	22690	186.07	19000	166.92	2860	21.70	21839	195.06	23394	202.20
2011	60013	511.09	10734	78.04	12205	105.07	9719	88.43	1717	13.55	12152	108.75	13486	117.25
2012	55841	468.40	10065	72.48	10961	90.93	8983	79.76	1262	10.34	11172	100.29	13398	114.60
2013	86335	727.10	15111	108.13	17626	144.50	13866	125.54	2144	16.06	16954	149.78	20634	183.09
2014	54382	459.5	9785	69.74	11594	97.24	9143	82.28	1615	12.23	10395	93.89	11850	104.12
2015	123547	1030	21596	150.61	23352	191.54	19247	173.91	3672	28.27	24935	221.13	30745	264.54

第二节 三级市场交易价格

2015 年，全市三级市场交易均价 16039.68 元/平方米(按建筑面积，下同)，同比上涨 4.57%。其中，住宅 15905.24 元/平方米，同比上涨 6.33%；办公楼 23608.04 元/平方米，上涨 4.28%；商业用房 22368.47 元/平方米，同比下降 1.98%。

从区域结构看，罗湖区 14993.06 元/平方米，同比上涨 2.19%；福田区 20761.38 元/平方米，同比上涨 6.31%；南山区 21710.24 元/平方米，同比上涨 7.56%；盐田区 14755.27 元/平方米，同比上涨 7.94%；宝安区 14635.78 元/平方米，同比上涨 7.27%；龙岗区 10712.25 元/平方米，同比上涨 10.95%。

表 7-3 深圳市 2015 年房地产三级市场交易均价（按区域分）

单位：元/平方米

	全市	罗湖区	福田区	南山区	盐田区	宝安区	龙岗区
全市均价	16039.68	14993.06	20761.38	21710.24	14755.27	14635.78	10712.25
住宅	15905.24	14798.42	20116.89	21801.85	14774.32	14668.7	10763.97
办公楼	23608.04	16509.75	27668.43	27693.04	14636.36	23078.77	11575.13
商业用房	22368.47	18639.85	27407.19	25702.42	19517.24	23338.52	18185.78
其他	8575.95	11788	18787.94	11583.47	11672.2	3859.63	4911.38

表 7-4　深圳市历年房地产三级市场交易均价（按区域分）

单位：元/平方米

年份＼区域	全市	罗湖区	福田区	南山区	盐田区	宝安区	龙岗区
2000	3144.97	3699.96	4541.55	2789.46	2492.46	1706.90	1121.99
2001	3022.28	4220.35	4021.27	2826.65	2489.55	1250.62	1107.58
2002	3038.43	3812.62	4239.49	3013.03	1696.71	1303.90	1317.78
2003	3157.20	3937.37	4562.50	3406.51	1872.98	1521.34	1526.44
2004	3527.27	4075.46	4929.10	4007.70	1991.06	1804.08	2198.62
2005	4052.59	4671.36	5417.90	4459.49	3527.09	2331.80	2274.80
2006	4507.34	5331.01	6111.64	4819.21	5035.03	2716.95	2471.42
2007	5385.14	6214.27	7051.68	5763.52	5387.17	3597.34	3629.06
2008	5263.65	5557.52	6623.92	6367.83	4953.33	3470.12	3985.13
2009	5902.88	6300.56	7123.67	6537.4	5687.68	5212.62	4143.46
2010	6055.04	6446.24	7354.1	6763.94	6378.92	5342.21	4481.73
2011	7564.28	7815.57	9366.21	8884.37	6643.07	6692.97	5441.33
2012	11191.02	11347.99	14721.56	15052.69	9459.89	8877.21	7352.13
2013	12873.10	12848.80	17047.28	17092.33	12120.88	11597.62	7983.75
2014	15338.95	14672.32	19529.12	20184.24	13669.72	13643.74	9654.69
2015	16039.68	14993.06	20761.38	21710.24	14755.27	14635.78	10712.25

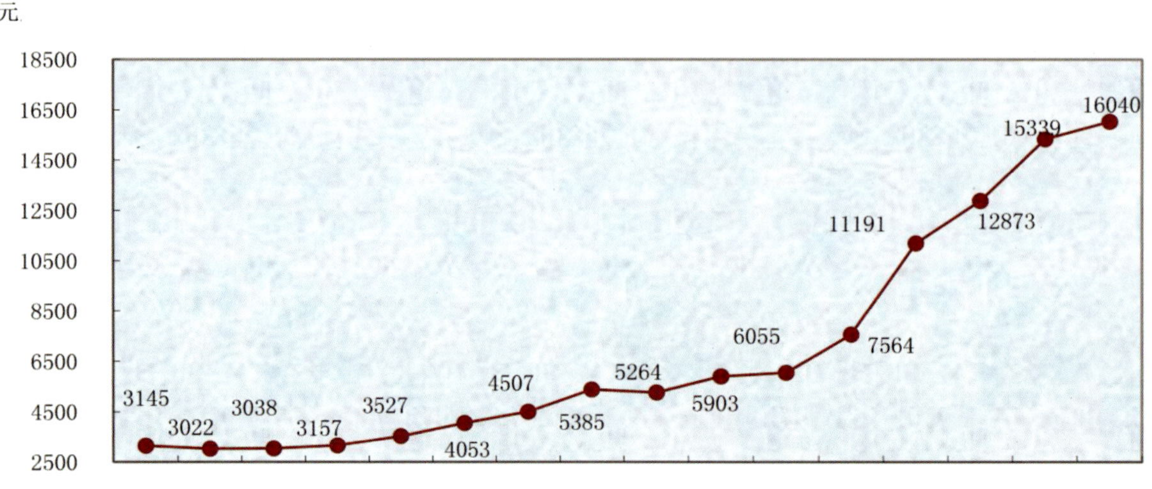

图 7-5　深圳市历年房地产三级市场交易均价走势示意图

表 7-5　深圳市历年三级市场住宅交易均价

单位：元/平方米

年度 \ 月份	1	2	3	4	5	6	7	8	9	10	11	12
2004	3585.33	3612.09	3713.55	3722.33	3763.00	3792.94	3817.49	3839.75	3834.70	3852.88	3861.68	3890.80
2005	4096.30	4111.35	4123.85	4177.97	4254.87	4312.14	4302.17	4307.50	4281.01	4288.64	4301.50	4283.92
2006	4447.64	4437.87	4441.44	4503.55	4593.31	4639.78	4658.58	4665.77	4679.03	4711.06	4730.08	4757.79
2007	4994.33	5117.97	5191.14	5194.74	5230.22	5311.56	5388.82	5390.95	5394.63	5395.71	5407.29	5402.00
2008	5571.40	5638.48	5794.97	5898.32	5951.03	5943.05	5863.68	5836.53	5826.00	5792.96	5761.64	5682.30
2009	5584.20	5584.20	5657.67	5678.22	5694.7	5738.78	5759.72	5811.46	5787.4	5784.71	5772.90	5777.54
2010	5867.83	5805.64	5762.86	5728.45	5782.53	5789.15	5773.91	5761.47	5793.11	5807.20	5834.21	5835.82
2011	6203.17	6147.78	6215.22	6262.59	6258.93	6295.14	6404.85	6531.06	6716.84	6873.42	7049.32	7204.35
2012	10857.02	11260.68	11452.66	11603.83	11621.50	11700.05	11679.32	11699.58	11682.57	11699.25	11769.42	11818.60
2013	12325.52	12432.20	12696.58	12682.99	12680.93	12688.50	12679.04	12683.02	12708.99	12793.94	12917.97	13005.65
2014	14471.92	14538.61	14689.91	14639.38	14702.36	14723.19	14825.47	14835.63	14872.14	14883.08	14918.28	14958.96
2015	15299.50	15678.73	15561.70	15569.33	15430.29	15377.18	15346.47	15267.68	15246.32	15314.93	15543.93	15905.24

元/平方米

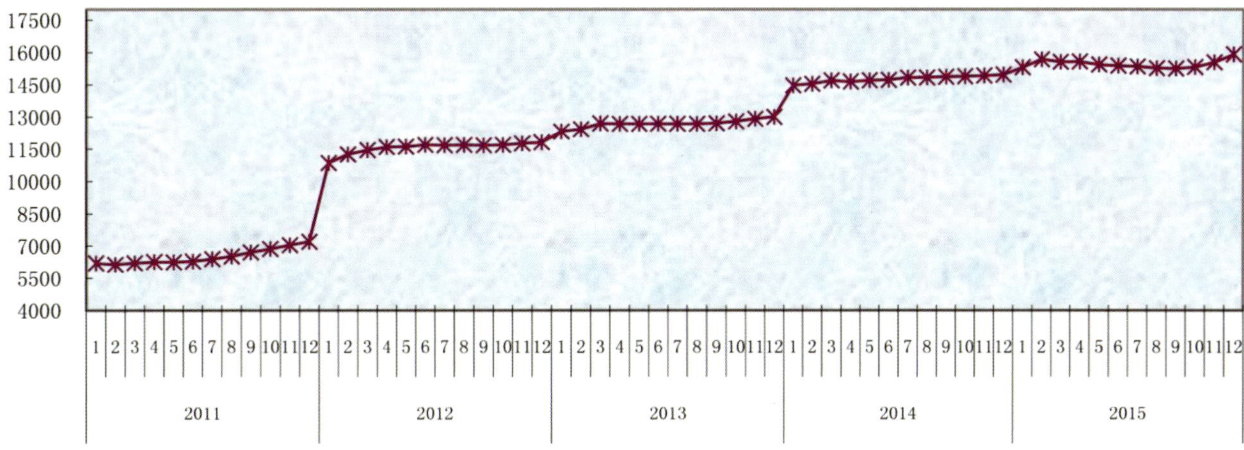

图 7-6　深圳市历年三级市场住宅交易均价走势示意图

表 7-6　二手住宅抽样

单位：平方米　　元/平方米

区域	项目名称	位置	房屋类型	总面积	挂牌月份	挂牌价
罗湖区	金翠园	罗湖区田贝二路	高层	85.82	11	62009
	凯悦华庭	罗湖区春风路	高层	84.78	12	37112
	深港花园	罗湖区深南东路	高层	64.17	7	26519
	荔景大厦	深圳市罗湖区红岭中路	高层	162	9	24343
	交运综合楼	深圳市罗湖区罗芳路新秀村	多层	96.02	11	21027
	大信大厦	深圳市罗湖区宝安南路	高层	129	2	16496
	荣兴大厦	深圳市罗湖区沿河路	高层	91.09	4	20166.5
	金园	罗湖区宝安路松园东二巷 1 号	小高层	33.13	8	31884
	汇锦名园	罗湖区凤凰路深港一支路	高层	76.46	6	31651
	翠丽居	罗湖区翠竹路	小高层	85.09	5	22307
	威登别墅	罗湖区红桂路	小高层	120.96	11	33730
	海丽大厦	罗湖区红桂路	高层	75.12	1	22403.5
	口岸公安大院	深圳市罗湖区渔民村	多层	132.98	10	19991
	双御雅轩	罗湖区翠竹路和太白路交叉口	高层	62.34	10	44153.99
	鹏城合正星园	深圳市罗湖区贝丽南路以西	高层	105.49	3	40938
福田区	御河堤花园	福田区红岭南路	高层	127.79	11	51361
	上梅林综合楼	北环路上梅林	小高层	89.69	2	17693
	英龙展业大厦	福田区深南路与泰然九路交汇处	高层	53.12	4	31531
	新中苑	福田区新洲三路	多层	97.13	10	28105
	紫薇阁	福田区北环路与景田北路交汇处	小高层	55.08	7	35257.01
	汇港名苑	福田区滨河路东、赤尾村以西	高层	187.62	6	34035
	景龙大厦	福田区新洲路北环梅林立交西南侧	高层	112.32	5	29632
	天安高尔夫海景花园	福田区深南路车公庙	高层	150.88	3	30290.5
	城市主场公寓	福田区上步北路东、八卦二路南	高层	45.27	8	40541.99
	华安园	福田区梅林梅华路	小高层	34.05	12	37083.99
	江苏大厦	福田区益田路	高层	388.19	3	31211
	葵花公寓	福田区滨河大道与石厦北一街交界	高层	35.89	9	64729.01
	天健阳光华苑	福田区益田路	高层	111.88	7	53051
	东海十八居	深南大道农科中心内	高层	136.52	11	72122
	香蜜湖豪庭	福田区莲花西路	小高层	68.69	1	59199.57

（续表）

区域	项目名称	位置	房屋类型	总面积	挂牌月份	挂牌价
南山区	侨城馨苑	南山区香山西街与沙河东路交汇处	高层	62.4	7	37084.01
	青春家园	南山区商业文化中心区	高层	94.43	3	42228.5
	明海苑	南山区蛇口东角头后海大道	小高层	107.09	6	27272
	桃苑单身公寓	南山区南山大道西、学府路北	小高层	29.68	4	22335.98
	四海公寓	南山区蛇口湾厦村北侧	高层	34.62	11	54916
	百丽湾花园	南山区蛇口东填海区	小高层	179.39	11	54487
	光彩新天地公寓	南山区桂庙路以北、南山大道以东	高层	197.79	6	27198
	假日湾华庭	深圳市南山区华侨城潮洲街西路	高层	128.27	5	40765
	南山豪庭	南山区红花路北	小高层	96.07	9	36723.5
	三湘海尚花园（二期）	南山区工业八路	高层	87.31	2	63478
	皇庭港湾花园	南山区后海中心路与招商东路交汇处	高层	325.81	4	37751
	金海岸大厦	南山区创业路南侧，南园路西侧	高层	64.05	9	48786
	天马综合楼	南山区南新路	多层	78.73	11	25445
	深圳湾畔花园	南山区深南大道北、沙河东路东	高层	99.07	5	37089
	宝能华府	留仙大道北	高层	118	3	31402
盐田区	海都花园	罗湖区泥岗西路	高层	82.32	4	18901
	桐海雅庭	盐田区沙头角	小高层	93.05	6	20389
	海滨假日雅居	盐田区北山大道南	高层	33.19	7	29358.99
	海世界公寓	盐田区大梅沙片区内	小高层	52	4	25660
	诗宁多层公寓	沙头角东和路	多层	92.96	10	17078
	园林综合楼	盐田区沙头角园林路	多层	13.97	5	16911.02
	蓝色海月居	盐田区沙头角梧桐路	小高层	97.28	8	25894
	关前楼	沙头角桥东街 16 号	多层	88.16	5	15320
	棕榈湾	盐田区沙头角填海区海景路侧	小高层	122.09	11	37264
	海语东园	深圳市盐田区大梅沙内环路西侧	多层	100.8	5	21425
	倚山时代雅居	盐田区北山道	高层	33.46	3	24904.99
	万科东海岸社区（一期）	盐田区大梅沙高速公路北侧	小高层	52.46	6	12689
	泊岸雅苑	盐田区大梅沙金沙街	小高层	214.78	2	28458
	花样年花港家园	盐田区明珠大道	高层	60	4	17874
	梧桐海景苑	沙头角梧桐山路与深盐路交汇处	高层	122.62	11	19990

（续表）

区域	项目名称	位置	房屋类型	总面积	挂牌月份	挂牌价
龙岗区	信义湛宝大厦	龙岗区横岗镇	高层	88.69	6	21929
	愉园新苑	龙岗区中心城	小高层	183.44	12	17153
	茂业城花园大厦	龙岗区布吉镇大芬村	高层	52.81	9	22581.5
	翡翠星光园	布吉镇白鸽笼	高层	43.17	1	21712
	布吉中心花园	布吉镇中心城区	高层	83.03	4	22496.5
	千禧大厦	龙岗区大鹏镇迎宾路	小高层	117.05	11	11604
	深华业大厦	龙岗区平湖镇双拥街	小高层	115.19	3	10509
	富民阁	龙岗区坪地镇	小高层	79.16	7	12217
	大都汇大厦	布吉镇南门墩深惠公路桥侧	高层	82.95	5	23638.67
	万科天誉花园（一期）	龙岗区龙城街道	高层	166.75	11	36482
	和成世纪名园	龙岗区坂田街道	高层	90.22	6	34567.67
	阅山公馆	龙岗区龙城街道中心城 24 区	高层	87.29	8	20495.01
	东城中心花园	龙岗区横岗街道	高层	140.26	10	31823.67
	豪方菁园	坪山新区金牛西路与燕子岭三路交汇处	高层	50.42	3	15019.99
	鸿润豪苑	布吉镇沙湾樟树布村	高层	57.39	8	20346.99
宝安区	财富港大厦	宝安区西乡街道宝源路	高层	62.48	5	39185.89
	海滨城广场	宝安区新安街道宝安大道与裕安路交汇处	多层	108.3	10	30081
	风采轩（二期）	深圳市宝安区新安镇二十三区	小高层	110.96	8	36654.5
	嘉华花园	宝安区西乡镇流塘路	多层	96.57	7	20585
	花样年花郡家园	宝安区新安镇	高层	27.49	12	45520.99
	绿景香颂花园	宝安区民治街道民治大道西侧	高层	124.87	7	45419.33
	万科翡逸郡园	宝安区沙井街道	高层	87.63	12	28174
	西城雅筑花苑	宝安区新安街道新湖路西侧	高层	82.92	5	48030.25
	天御豪庭	宝安区新安街道	高层	233.7	1	52928
	公馆一八六六花园（北区）	宝安区民治街道梅龙路西侧	高层	221.24	4	34574
	腾阁	宝安区新安街道宝民路	高层	69.37	2	33003.5
	城市峰尚花园	宝安区西乡街道西乡大道北侧	小高层	74.45	8	36091
	天健时尚空间名苑	宝安区新安街道兴华西路	高层	69.64	9	61744.49
	碧涛苑	深圳市宝安区新安办宝民路宝城十三区	小高层	86.7	3	17014
	花乡家园	宝安区宝安大道与玉律路交汇处	高层	34.67	11	49331.01

表 7-7 商业办公楼抽样

单位：平方米　　元/平方米

区域	项目名称	位置	物业类型	房屋类型	面积	挂牌月份	挂牌价
罗湖	联华大厦	深圳市罗湖区人民南路	写字楼	高层	120	8	73.33333333
	名阳阁	罗湖区文锦中路 2 号	商铺	高层	22.86	3	262.4671916
	工纺大厦	深圳市罗湖区文锦路	写字楼	高层	42	2	71.42857143
	庆安大厦	深圳市罗湖区南湖路	写字楼	高层	84	11	57.14285714
	国都花园	深圳市罗湖区宝安路	商铺	高层	167	5	215.5688623
福田	雕塑家园	北环大道	写字楼	高层	144	3	23819.44444
	雕塑家园	北环大道	写字楼	高层	72	6	13583.33333
	润鹏花园	莲花北路	商铺	高层	404.41	1	29920.13056
	合正瑞园	福田区八卦四路	商铺	高层	400	11	52.5
	先科机电大厦	福田区八卦四路	写字楼	高层	39	3	58.97435897
	彩田居	福田区莲花路	商铺	高层	60	5	166.6666667
	鹏基商务时空大厦	八卦岭	写字楼	高层	60	4	91.66666667
	新天世纪商务中心	福田区石厦北二街西	写字楼	高层	88	12	180.1136364
	新天世纪商务中心	福田区石厦北二街西	写字楼	高层	81	8	98.7654321
南山	梅州大厦	南山区西丽龙珠大道北	写字楼	高层	45.48	3	70.36059807
	梅州大厦	南山区西丽龙珠大道北	写字楼	高层	48	9	68.75
	梅州大厦	南山区西丽龙珠大道北	写字楼	高层	55	3	36.36363636
	粤海大厦	深圳市罗湖区深南东路	写字楼	高层	123	6	48.7804878
	研祥科技大厦	南山区高新中四道与麒麟路交汇处	写字楼	高层	232.67	3	134.9997851
	丽湾商务公寓	南山区兴海大道	写字楼	高层	46.02	4	32594.52412
	北科大厦	南山区科园路东	写字楼	高层	220	2	120
	南园枫叶大厦	南山区南山大道东南侧	写字楼	高层	168.16	3	191.4322669
龙岗	港信达横岗大厦	龙岗区横岗镇	写字楼	高层	128	1	50
	港信达横岗大厦	龙岗区横岗镇	写字楼	高层	80	11	78.75
	港信达横岗大厦	龙岗区横岗镇	写字楼	高层	189.02	9	59.99365147
	港信达横岗大厦	龙岗区横岗镇	写字楼	高层	64	1	71.875
	润创兴时代公寓	龙岗区坂田街道	写字楼	高层	50.92	11	117.8318932
宝安	万骏经贸大厦	宝安区新安街道宝兴路西侧	写字楼	高层	100	1	193.4

第三节　房地产转让税费

房地产转让税费分为二级市场转让税费、三级市场转让税费和政策性住房换证登记税费。房地产二级市场转让税费，是指房地产建设方作为转让人对所建房地产的第一次转让过程中所发生的税费；房地产三级市场转让税费，是指在房地产二级市场转让后再转让过程中发生的税费；政策性住房换证登记税费，是指符合规定条件的政策性住房转商品房登记过程中发生的税费。

表 7-8　深圳市 2015 年房地产二级市场转让税费

序号	税（费）名称	税（费）率	计算基数	收取对象	征收部门
1	销售营业税	5%	合同销售价	转让方	税务机关
2	城市建设维护税	7%	营业税	转让方	税务机关
3	教育费附加	3%	营业税	转让方	税务机关
4	地方教育费附加	2%	营业税	转让方	税务机关
5	印花税	0.05%	合同销售价	双方	登记部门(代征)
6	房地产证贴花	5 元	本	受让方	登记部门(代征)
7	企业所得税	15%	所得额	转让方	税务机关
8	契税	1%、1.5%或 3%	合同销售价	受让方	登记部门(代征)
9	土地增值税	别墅、度假村、酒店式公寓 1%；其他房地产 0.5%	销售收入	转让方	税务机关
10	房地产转让（交易）手续费	住房 2 元/平方米 非住房 4 元/平方米	建筑面积	住房为转让方、非住房为双方各 50%	登记部门
11	登记费	住房 80 元 非住房 550 元	件	受让方	登记部门

注：

1. 城市维护建设税及教育费附加：

（1）根据《深圳市地方税务局关于城市维护建设税和教育费附加政策调整的函》（深地税函〔2010〕344 号），对深圳市城市维护建设税和教育费附加的征收政策作以下变动：①自 2010 年 12 月 1 日起，对深圳的外资企业和外籍个人征收城市维护建设税和教育费附加。②根据《中华人民共和国城市维护建设税暂行条例》的有关规定，自 2010 年 12 月 1 日起，深圳市城市维护建设税税率由 1%调整为 7%。

（2）根据《深圳市地方税务局关于代征地方教育附加的通告》（深地税告〔2011〕6 号），从 2011 年 1 月 1 日起，深圳市行政区域内缴纳增值税、营业税、消费税的单位和个人（包括外商投资企业、外国企业及外籍个人），按实际缴纳增值税、营业税、消费税税额的 2%缴纳地方教育附加。

2. 印花税：（1）个人销售或购买住房暂免征收印花税；（2）其他情形按登记价值 0.05%计征。

3. 契税：个人购买 90 平方米以下（含 90 平方米）普通住房，且该住房属于家庭（成员范围包括购房人、配偶以及未成年子女）唯一住房的适用税率为 1%；个人购买 90 平方米以上 144 平方米以下（含 144 平方米）普通住房，且该住房属于家庭（成员范围包括购房人、配偶以及未成年子女）唯一住房的，适用税率为 1.5%；其他情况适用税率为 3%。

*上述“普通住房”的执行标准具体为：同时满足以下条件的为“普通住房”，即住宅小区建筑容积率在 1.0（含）以上；单套住房套内建筑面积 120（含本数）平方米以下或单套建筑面积 144（含本数）平方米以下；实际成交价格低于所在区域普通住房价格标准。

4. 房地产转让（交易）手续费：

（1）根据粤发改价格函〔2015〕4555号文，自2015年10月15日起，新建商品住房由现行每平方米3元降为每平方米2元，存量住房由现行每平方米6元降为每平方米4元；住房以外的其他房地产转让（交易）手续费，由现行的每平方米6元降为每平方米4元。

（2）经济适用房、安居型商品房等保障性住房减半收取。

5. 登记费：住房登记收费标准为每件80元；非住房房屋登记收费标准为每件550元。住房登记一套为一件；非住房登记的房屋权利人按规定申请并完成一次登记的为一件。房屋登记收费标准中包含一本房屋权属证书工本费。

表 7-9 深圳市 2015 年政策性住房换证登记税费

序号	税（费）名称	税（费）率	计算基数	收取对象	征收部门
1	国有土地收益金	1%	房改购买价	权利人	登记部门（代收）
2	印花税	0.05%	计税价格	权利人	登记部门（代征）
3	登记费	80 元	件	权利人	登记部门

表 7-10 深圳市 2015 年房地产三级市场转让税费

序号	税（费）名称	税（费）率	计算基数	收取对象	征 收 部 门
1	销售营业税	5%	计税价格全额或者计税价格减去购买房屋的价款后的差额	转让方	登记部门（代征）
2	城市建设维护税	7%	营业税	转让方	登记部门（代征）
3	教育费附加	3%	营业税	转让方	登记部门（代征）
4	地方教育费附加	2%	营业税	转让方	登记部门（代征）
5	印花税	0.05%	计税价格	转让方	登记部门（代征）
		0.05%		受让方	
6	《房地产证》贴花	5 元	本	受让方	登记部门（代征）
7	个人所得税	20%	核实：计税价格-房产原值-转让过程缴纳的税金、合理费用	转让方	税务机关或登记部门（代征）
		1%、1.5%或3%	核定：计税价格		登记部门（代征）
8	企业所得税	15%	所得额	转让方	税务机关
9	契税	1%、1.5%或3%	计税价格	受让方	登记部门（代征）
10	土地增值税	30%～60%	核实：计税价格减除该房地产原价以及转让环节发生的各项税费后的余额	转让方	税务机关
		5%或 10%	核定：计税价格		登记部门（代征）
11	房地产转让（交易）手续费	2 元/平方米	建筑面积	转让方	登记部门
		2 元/平方米		受让方	
12	登记费	住房 50 元 非住房 80 元	件	受让方	登记部门

（续表）

注：

1. 计税价格确定方式

（1）我市对存量房（即二手房）交易实行计税参考价格的征收方式。计税参考价格由市国土房产评估发展中心根据我市房地产市场交易情况定期更新，经主管税务部门确认后执行。

（2）纳税人申报的存量房买卖成交价格高于或等于计税参考价格的，以纳税人申报的成交价格作为计税价格征税；纳税人申报的存量房买卖成交价格低于计税参考价格的，以计税参考价格作为计税价格征税。

（3）同一套房买卖双方均采用同一计税价格。

（4）因人民法院裁定、判决或仲裁委员会裁决取得房屋权属的，以司法裁定价格作为计税价格征税。

（5）通过公开拍卖取得房屋权属的，以拍卖的实际成交价格作为计税价格征税。

2. 销售营业税

（1）自2015年3月31日起，个人将购买不足2年的住房对外销售的，全额征收营业税；

（2）个人将购买超过2年（含2年）的非普通住房对外销售的，按照其销售收入减去购买房屋的价款后的差额征收营业税；

（3）个人将购买超过2年（含2年）的普通住房对外销售的，免征营业税。

（4）个人将购买的非住宅类房产对外销售的，或法人团体、企事业单位转让房产的，按照其销售收入减去购买房屋的价款后的差额征收营业税。

3. 城市维护建设税及教育费附加

（1）根据《深圳市地方税务局关于城市维护建设税和教育费附加政策调整的函》（深地税函〔2010〕344号），对深圳市城市维护建设税和教育费附加的征收政策作以下变动：①自2010年12月1日起，对深圳的外资企业和外籍个人征收城市维护建设税和教育费附加。②根据《中华人民共和国城市维护建设税暂行条例》的有关规定，自2010年12月1日起，深圳市城市维护建设税税率由1%调整为7%。

（2）根据《深圳市地方税务局关于代征地方教育附加的通告》（深地税告〔2011〕6号），从2011年1月1日起，深圳市行政区域内缴纳增值税、营业税、消费税的单位和个人（包括外商投资企业、外国企业及外籍个人），按实际缴纳增值税、营业税、消费税税额的2%缴纳地方教育附加。

4. 印花税

（1）个人销售或购买住房暂免征收印花税；

（2）其他情形按0.05%计征。

5. 个人所得税（个人所得税采用核实征收方式的，有房产原值凭证，又有费用凭证的，由纳税人先到房产所在地主管税务机关办理核实手续。其他均由登记中心直接代征。）

（1）核定征收方式：应纳个人所得税＝计税价格×1%（或1.5%、3%）

*我市个人住房转让个人所得税核定征收率标准为：普通住房为1%，非普通住房或非住宅类房产为1.5%，拍卖房为3%。

（2）核实征收方式：应纳个人所得税＝（计税价格-房地产原值-转让过程缴纳的税金-合理费用）×20%。

（3）根据财税字〔1999〕278号文，对于个人转让自用5年以上、并且是家庭唯一生活用房取得的所得，继续免征个人所得税。

6. 契税

（1）个人购买90平方米以下（含90平方米）普通住房，且该住房属于家庭（成员范围包括购房人、配偶以及未成年子女）唯一住房的适用税率为1%；

（2）个人购买90平方米以上144平方米以下（含144平方米）普通住房，且该住房属于家庭（成员范围包括购房人、配偶以及未成年子女）唯一住房的，适用税率为1.5%。

（3）经济适用房的契税征收，按照深地税函〔2012〕191号文执行。

（4）其他情况适用税率为3%。

7. 土地增值税（个人转让非住宅类房产的“核定征收方式”由登记中心代征，其他均由纳税人自行到房地产所在地主管税务机关缴纳或办理核实手续后由登记中心代征。）

（1）对个人销售住房暂免征收土地增值税。

（2）核定征收方式：应纳土地增值税额＝计税价格×核定征收率

*我市土地增值税核定征收率标准：商铺、写字楼、酒店为10%，其他非住宅类房产为5%。

8. 登记费：住房登记收费标准为每件80元；非住房房屋登记收费标准为每件550元。住房登记一套为一件；非住房登记的房屋权利人按规定申请并完成一次登记的为一件。房屋登记收费标准中包含一本房屋权属证书工本费。

9. 房地产交易手续费（按建筑面积收取）收费标准为：新建商品住房每平方米2元，经济适用房减半计收，手续费由转让方承担；存量住房（二手房）和住房以外的房地产交易手续费为每平方米4元，由交易双方各承担50%。

10. 其他说明

（1）上述“普通住房”的执行标准具体为：同时满足以下条件的为“普通住房”，即住宅小区建筑容积率在1.0（含）以上；单套住房套内建筑面积120（含本数）平方米以下或单套建筑面积144（含本数）平方米以下；实际成交价格低于所在区域普通住房价格标准。

（2）各项税费均按现行规定计算，如有最新规定，按新规定执行。

第八章 房屋租赁

第一节 租赁管理

一、概述

2015年，我市房屋租赁管理系统在市委政法委的领导下，在各有关部门的支持帮助下，全面贯彻落实中央、省、市关于加强社会建设、创新社会治理的指示精神，紧紧围绕全市政法综治工作的中心任务，以推进社区网格化管理、完善楼长制、创建宜居出租屋等各项长效管理措施，全面做好房屋租赁管理和服务管理工作。

（一）完善制度，深化服务，依法做好房屋租赁管理和税费征收

一年来，我们继续深化服务。一是适时调整业务规范，为抵消《深圳经济特区房屋租赁条例》（以下简称条例）废止带来的不利影响，

维护租赁市场的稳定，结合各区租赁所反映的情况，重新修订《深圳市房屋租赁管理业务规范》（试行），按照国家和省的相关规定调整管理内容，并公告告知相关政府职能部门适时调整工作内容。二是推行便民服务。宝安区积极创建群众满意窗口，增加窗口办事时间，方便上班族轻松办事，服务前移，将业务办理权限下放到社区，送服务上门，实现零距离服务。大鹏新区推广“优质服务岗”专项创建活动，在窗口增设电子评价器，确保了服务质量。三是加强租赁业务监督管理，严格规范业务操作程序，定期开展租赁合同业务督查工作，及时通报检查结果，加强对租赁业务窗口规范化建设。2015年管理的有效房屋租赁合同56.7万份，面积4.7亿平方米，较上年同期下降4.1%。四是不断加大私房租赁税代征力度，增加财政收入，一年来，全市共征收房屋租赁税10.6亿元，同比下降3.6%。五是积极进行纠纷调解，服务群众，全年调解租赁纠纷336宗，涉及金额达823.74万元。六是及时测算公布了全市2015年度房屋指导租金标准，有效地发挥了市场引导作用。

（二）加强培训，完善考核，着力提升队伍整体素质和能力

为做好群众服务工作，适应新工作需求，我办定期举行房屋租赁业务培训，随后各区也根据实际，积极开展区内业务轮训工作，确保了窗口工作人员的工作质量。培训结束后，我办将通过考试，电话抽查，业务检查等形式，了解各区工作人员对租赁业务的熟悉程度；对各区反映上来的业务问题，积极解答，做好全市统一引导工作。

（三）积极应对《深圳经济特区房屋租赁条例》废止带来的各方影响。

《深圳经济特区房屋租赁条例》自 9 月 1 号废止后，给我市房屋租赁工作带来很大影响，9 月 1 日前，我市房屋租赁按照《条例》的规定，认真履行职责，积极开展房屋租赁登记备案及租赁纠纷调解工作，通过以房管人、人房共管的模式有效地维护了我市房屋租赁市场的秩序。《条例》废止后，我市房屋租赁管理工作目前依据国家和省的相关规定进行，目前只针对具有合法产权的房屋进行登记，对无合法产权和改变用途的房屋不予以登记备案，这给广大人民群众生产、生活带来了极大不便，出现了较多问题，例如：工厂企业因无法办理房屋租赁合同登记备案，致使无法通过环评、年审及货物进出口，适龄儿童因无法办理租赁合同登记备案凭证而不能入学等，尤其是宝安、龙岗两地，许多大型企业因无合法产权办理不了房屋租赁登记备案，纷纷面临巨额的违约退租风险，给社会稳定带来严重影响，市办针对目前的严峻形势，迅速组织从市场经济、社会管理、便民服务等多个方面，对产权手续不齐全房屋租赁纳管服务工作进行深入调研，提出了一系列的应对之策，与各相关职能部门进行了深入沟通，并两度向市委、市政府请示报告，引起市领导及相关部门的高度关注。比如宝安区政府已率先担当起产权手续不齐全房屋租赁准入的管理责任，以会议纪要形式为全市租赁纳管僵局打开了突破口。其他各区也针对《条例》废止后的租赁工作积极与相关职能部门做好衔接工作，确保租赁市场秩序的稳定。

二、租赁管理情况

2015 年，全市共新增办理房屋租赁合同 321397 份，2015 年 1-8 月共办理房屋租赁合同 286779 份，《条例》取消后，9 月份合同办理量开始急剧下降，较往年同期下降 62%，环比 8 月下降 53%，10 月合同办理量环比 9 月下降 51%。

纳入管理的房屋出租总面积 23855.11 万平方米，较上年下降 4.7%。按区域分，原特区内 4299.19 万平方米、占 18.0%，原特区外 19555.92 万平方米、占 82.0%；按房屋所有权性质分，私人出租 9955.63 万平方米、占 41.7%，单位（含行政事业、各类企业、经济组织、社会团体等）出租 13899.48 万平方米、占 58.3%；按房屋用途分，住宅 6085.50 万平方米，办公用房 1891.75 万平方米，商业用房 3887.54 万平方米，厂房 9636.29 万平方米，仓库 239.96 万平方米，其他用房（含综合）2114.07 万平方米。

2015 年，全市房屋租金交易总额 831.8 亿元。管理部门代征私人房屋租赁税 10.6 亿元，较上年下降 3.6%.

2015 年，全市共办结行政处罚案 1770 件宗，罚款 1183.94 万元，追缴租赁税费 46.22 万元；调解租赁纠纷 336 宗，涉及金额 823.74 万元。

截至 2015 年 12 月底，全市共登记住宅出租屋 606.7 万套(间)，采集录入居住人口信息 1668 万人。

表 8-1 深圳市 2015 年房屋租赁管理情况

单位：万平方米

分类			面积
市场出租房屋	全市		23855.11
	其中	原特区内	4299.19
		原特区外	19555.92

表 8-2 深圳市历年房屋租赁管理面积（按区域分）

单位：万平方米

年份	出租面积	其中									
		罗湖区	福田区	南山区	盐田区	宝安区	龙岗区	光明新区	坪山新区	龙华新区	大鹏新区
2005 年	10390.54	684.71	1129.41	996.63	166.50	4905.39	2507.90				
2006 年	14883.91	977.12	1750.07	1331.28	278.69	6371.99	4174.76				
2007 年	17531.05	1053.60	1876.00	1420.91	280.77	6945.58	5109.89	844.30			
2008 年	19646.72	1074.37	1666.00	1536.25	311.15	7868.26	6229.31	961.38			
2009 年	19448.13	1081.29	1618.01	1598.41	307.09	8439.56	5365.09	1038.68	1513.26		
2010 年	22075.32	1081.29	1835.09	1654.09	282.67	9716.37	6306.74	1199.07	1681.83		
2011 年	19836.97	1441.89	1710.44	1463.71	231.65	9811.57	3772.79	1404.92	1526.20		
2012 年	24402.86	1279.54	1743.50	1594.43	235.16	8405.94	3701.31	1448.13	1596.81	4191.79	206.25
2013 年	22905.11	1189.46	1685.17	1614.71	231.13	7859.10	3710.35	1527.99	1092.60	3820.03	174.57
2014 年	25021.04	1049.96	1933.73	1506.84	219.62	9860.19	3108.58	1717.91	737.66	4719.69	166.86
2015 年	23855.11	953.40	1896.45	1449.34	205.33	9752.31	2852.13	1675.56	706.86	4210.00	153.73

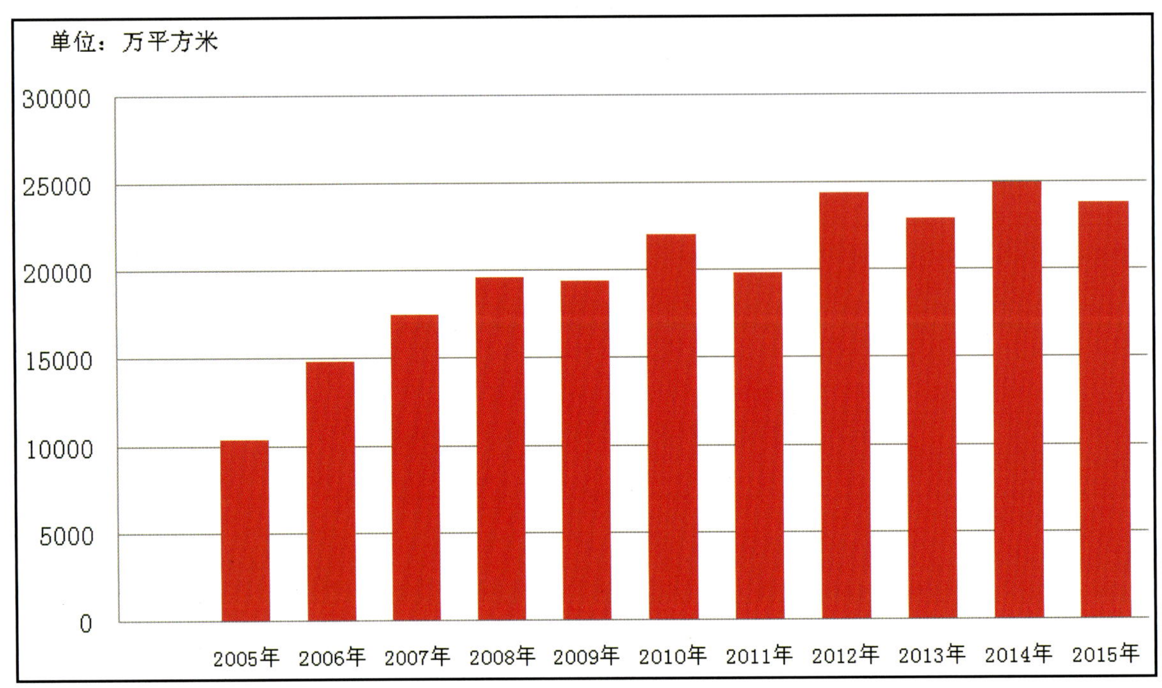

图 8-1 深圳市历年房屋租赁管理面积示意图

表 8-3 深圳市历年房屋租赁管理面积（按性质分）

单位：万平方米

年 份	出租面积	其中			
		私人出租	占比	单位出租	占比
2005 年	10390.54	1602.57	15.4%	8787.97	84.6%
2006 年	14883.91	3892.16	26.2%	10991.75	73.8%
2007 年	17531.05	4699.4	26.8%	12831.65	73.2%
2008 年	19646.72	5453.53	27.8%	14193.19	72.2%
2009 年	20961.39	6240.65	29.8%	14720.74	70.2%
2010 年	23757.15	7328.48	30.8%	16428.67	69.2%
2011 年	21363.17	7757.31	36.3%	13605.86	63.7%
2012 年	24402.86	9713.76	39.8%	14689.1	60.2%
2013 年	22905.11	8286.46	36.2%	14618.65	63.8%
2014 年	25021.04	10342.3	41.3%	14678.74	58.7%
2015 年	23855.11	9955.63	41.7%	13899.48	58.3%

表 8-4　深圳市历年房屋租赁管理面积（按用途分）

单位：万平方米

年 份	出租面积	其中				
		住宅	办公楼	商业用房	厂房仓库	其他
2005 年	10390.54	657.56	816.41	1952.75		6963.82
2006 年	14883.91	2240.70	996.30	2389.68	8975.47	281.76
2007 年	17531.05	2621.25	1286.72	2908.72	10416.95	297.41
2008 年	19646.72	3079.00	1307.77	3427.27	11500.75	331.93
2009 年	20961.39	3803.94	1409.12	3631.89	11741.51	374.93
2010 年	23757.15	3845.27	1814.31	4421.18	13220.78	455.61
2011 年	21363.17	4202.95	1726.73	4064.94	10445.28	923.27
2012 年	24402.86	5758.82	1821.62	4218.56	11210.62	1393.24
2013 年	22905.11	4762.72	1840.27	4026.33	10937.29	1338.50
2014 年	25021.04	6325.23	1971.26	3982.21	10769.23	1973.11
2015 年	23855.11	6085.5	1891.75	3887.54	9876.25	2114.07

表 8-5　深圳市历年房屋租赁纠纷调解一览表

年 份	调解租赁纠纷（宗）	涉及金额（万元）
2005 年	499	3031.55
2006 年	404	3268.62
2007 年	219	538.75
2008 年	231	497.71
2009 年	333	445.85
2010 年	571	396.77
2011 年	365	691.54
2012 年	301	801.63
2013 年	359	547.7
2014 年	528	1394.2797
2015 年	336	823.74

表 8-6　深圳市 2015 年私人房屋租赁税一览表

2015 年

税率	计算基数	收取对象	征收范围
4%（月租金收入≤30000 元）	租金	出租人	出租房屋的自然人
6.12%（月租金收入>30000 元）	租金	出租人	出租房屋的自然人

第二节　租赁价格

一、租金整体呈普涨态势

受楼市大环境影响，今年住宅类租金整体小幅上涨，毗邻市区租金上涨趋势明显。

根据调查分析，房屋租赁市场中住宅类房屋需求持续升温。其中，南山片区的住宅租金增幅最大，平均月租金由上半年的 42.8 元/平方米上升到 44.8 元/平方米，半年的时间，升幅高达 4.7%。而对比 2014 年住宅平均月租金 40.1 元/平方米，同比上升 11.7%。龙岗区因毗邻市区，大运城周边环境的改造，城中村抓紧契机，进一步改造以此优化

了居住环境，吸引了大量务工人员的青睐，住宅类出租屋租金悄然上升，由年初租金的 16.7 元/平方米升为 17.2 元/平方米，各类型住宅出租屋环比升幅约 3%。周边配套设施齐全，教育资源较为丰富的福田、罗湖、南山等老城区，在租金价格上占据优势，住宅类商品房月平均租金都在 35 元/平方米至 40 元/平方米之间徘徊。相比较而言，其他行政区域的住宅类租金水平相对平稳。另外，受义务教育免费资格申请政策的影响，公办学校附近住宅房屋出租率明显上升，适合家庭居住的二居室、三居室较受欢迎，租金市场较为活跃。另一方面，宝安辖区中心地带及周边区域受高档住宅区开盘入伙影响，其租金涨幅也较大，例如沙井万科翡丽郡、西荟城等地段，其租金水平较同一区域同用途出租屋租金水平高出很多，推动了平均租金的升高。

二、关内写字楼租金升幅潜力较大，关外租金水平略有下降

目前深圳市正大力推进总部经济，甲级写字楼相对集中的福田中心区写字楼空置率处于历史低点。另一方面，由于西部通道沿江高速开通，前海片区甲级写字楼未来升值潜力较大，加之政府广泛宣传，备受投资者追捧。全市办公类租金环比升幅在 0.5%，商圈较成熟的福田区和罗湖区的高层办公楼仍然保持高昂态势，平均月租金直逼 70 元/平方米。近年来，盐田区政府着力打

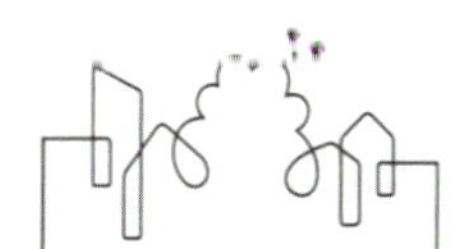

造国家生态文明示范区，优美的自然环境和稳定的社会治安，吸引不少新业主前来置业办公，高层办公楼租金略有上涨。纵观关外写字楼，租金升幅不大，普遍趋于平稳。其中，龙华新区随着二线关撤关、梅观高速市政化改造和一批交通要道的打通，写字楼租金略有攀升，近两年来月平均租金在 15 元/平方米上下波动。

三、商业类租金打破僵局，整体月租金上扬

上一年年底，商业类出租屋租金整体下滑，按同比租金分析，接近 60%的区域受影响，加上路段优化改造，地铁施工等造成交通不便，春节期间，人流量锐减等原因，商业类出租屋租金下跌明显。但半年过后，商业类租金逐步打破僵局，迎来了上涨幅度 1.8%的“开门红”。使用功能较强的中心区域，商铺的出售价格和租金涨幅明显。其中，环比上涨幅度较大的当属南山区，该片区受政策利好影响，商业租金涨幅 5%左右。综合整体租金情况而言，全市租金平稳，由上半年的 46.8 元/平方米上升到 47.6 元/平方米，中心区域有上涨趋势迅猛。

四、产业转型升级，厂房仓库类租金稳中有升

全市工业厂房及仓库类房屋，受地域、园区规模、产业密集度、产业结构调整等因素影响，平均租金稳中有升。规模较大的工业园区，产业链较完善、配套性较好，园区内规划比较科学，管理、服务也较为规范，吸引了龙头企业进驻。诸如坪山新区等关外新兴企业如雨后春笋般出现，发展速度迅猛，新增电子信息、生物医药等大型企业带动周边仓储和配送物流行业的发展，租金与出租率上升租金走势小幅上扬，涨跌共存。另外，随着产业结构升级转型的步伐进一步加快，厂房业主也加大力度对厂房进行功能更新和提升，部分地区厂房干脆拆除重新投入房地产市场，使工业用房的总体保有量出现了下降，加之新建和改造升级提高了配套水平，基础条件更加优良先进，经济回升向好，新开工厂增加，厂房需求量增大，从而增加了业主成本投入，租金也随之上涨，全市厂房仓库类租金基本持平，租金约在 15 元/平方米至 19 元/平方米之间。

表 8-7　深圳市 2015 年多层住宅租赁价格抽样

单位：元/平方米·月

位置	物业名称	楼层	租金	位置	物业名称	楼层	租金
罗湖区							
东晓街道	布心单身宿舍楼	5	28	桂园街道	松园西街 52 号	7	30
东湖街道	大望村	4	20	翠竹街道	水贝村 18 号	7	24
笋岗街道	笋岗村 24 号	6	30	清水河街道	樟輋村	5	26
黄贝街道	文锦花园	4	30	南湖街道	海关宿舍	5	28
莲塘街道	坳下村 48 号	5	25	东门街道	粮食公司宿舍	1	18
福田区							
园岭街道	深华单身公寓	7	37	沙头街道	沙尾西村	2	45
梅林街道	梅林一村	3	35	福田街道	发展兴苑 2 号楼	9	40
南园街道	巴登村 72 号	4	37	华富街道	莲花一村	1	35
华强北街道	振华路	3	53	莲花街道	莲花北	2	35
福保街道	石厦东村 8 号	7	43	香蜜湖街道	香荔绿洲	3	42
南山区							
粤海街道	朗景园 F 栋	4	49	南山街道	北头村东街	3	28
招商街道	赤湾村 5 栋	3	26	桃源街道	新屋村	6	25
南头街道	侨新路豪园	3	32	沙河街道	石洲东一坊	2	50
西丽街道	白芒村北	5	20	蛇口街道	百花苑	6	46
盐田区							
沙头角街道	南天花园	2	17	盐田街道	南方明珠花园	8	18
海山街道	海涛花园	3	28	梅沙街道	海怡轩	1	43
宝安区							
福永街道	兴华路北 98 号	4	20	松岗街道	南边头新村	3	12
西乡街道	福中福花园	4	16	沙井街道	涌兴裕路 10 号	2	11
新安街道	甲岸村南 27 号	5	15	石岩街道	石龙新村	8	11
龙岗区							
龙城街道	金华西二巷	6	12	平湖街道	塘滩路	4	10
南湾街道	中兆花园	7	20	坂田街道	荔园新村	3	19
布吉街道	老圩村	2	20	横岗街道	井下七巷	4	10
坪地街道	鹤鸣东路	2	6	龙岗街道	三和街 10 号	5	20
光明新区							
公明办事处	东五巷 2 号	1	11	光明办事处	清怡	6	9
坪山新区							
坪山办事处	日立环球生活宿舍	1	16	坑梓办事处	池屋街 4 号	7	6
龙华新区							
龙华办事处	富茂新村	1	14	民治办事处	新村西二巷	8	20
观澜办事处	裕安苑	2	13	大浪办事处	下岭排 13 巷	7	18
大鹏新区							
南澳办事处	黄泥湾	1	7	大鹏办事处	新屋园二巷	4	9
葵涌办事处	新源路四巷	3	12				

表 8-8　深圳市 2015 年高层住宅租赁价格抽样

单位：元/平方米·月

位置	物业名称	楼层	租金	位置	物业名称	楼层	租金
罗湖区							
东晓街道	泰和花园	26	22	桂园街道	松园南小区 8 栋	18	30
东湖街道	大望村 536 号	1	50	翠竹街道	逸湖居	17	40
笋岗街道	兴华花园 A 座	13	20	清水河街道	龙园山庄	9	33
黄贝街道	锦上花家园	25	30	南湖街道	云景豪园	10	59
莲塘街道	仙湖枫景家园	5	31	东门街道	新龙坊 3 栋	4	25
福田区							
园岭街道	长城大厦 7 栋	20	53	沙头街道	新洲花园 9 栋	15	27
梅林街道	梅林润裕山景豪苑叠翠居	22	27	福田街道	城中雅苑 B 栋	2	107
南园街道	巴登村	10	44	华富街道	美莲花园	4	32
华强北街道	中泰燕南名庭	10	55	莲花街道	莲花北村 42 栋	9	35
福保街道	众孚新村 3 栋	20	26	香蜜湖街道	香荔绿洲	7	85
南山区							
粤海街道	大冲城市花园 5 栋	15	30	南山街道	北头豪苑	5	44
招商街道	赤湾村	1	40	桃源街道	丽岛茗园	3	50
南头街道	金牛广场	19	76	沙河街道	御景东方花园	10	114
西丽街道	白芒村南	1	42	蛇口街道	滨海苑 4 栋	2	52
盐田区							
沙头角街道	华侨新村 13 栋	3	18	盐田街道	泊郡雅苑 C 座	2	45
海山街道	东埔海景花园	7	16	梅沙街道	大梅沙村	4	30
宝安区							
福永街道	天欣花园	5	45	松岗街道	金棕苑	6	35
西乡街道	福中福花园 3 栋	2	15	沙井街道	翡丽郡花园	4	57
新安街道	新安湖花园	7	45	石岩街道	龙老村	3	22
龙岗区							
龙城街道	星河时代花园	5	23	平湖街道	白坭坑社区	2	20
南湾街道	中兆花园	4	30	坂田街道	中海月朗苑	10	27
布吉街道	慢城四期 4 栋	1	30	横岗街道	雅景苑二期 4 栋	3	12
坪地街道	中航鼎尚华庭	6	12	龙岗街道	锦城星苑	3	20
光明新区							
公明办事处	宏发美域花园	2	10	光明办事处	清怡花园	7	9
坪山新区							
坪山办事处	豪方菁园	8	40	坑梓办事处	深业御园	4	20
龙华新区							
龙华办事处	民清路	7	26	民治办事处	塘水围三区	2	18
观澜办事处	招商观园	8	35	大浪办事处	下岭排 22 区	4	14
大鹏新区							
南澳办事处	马坑村 19 号	3	11	大鹏办事处	刘生楼	4	15
葵涌办事处	海语山林	13	34				

表 8-9 深圳市 2015 年办公用房租赁价格抽样

单位：元/平方米·月

位置	物业名称	楼层	租金	位置	物业名称	楼层	租金
罗湖区							
东晓街道	布心工业区	3	56	桂园街道	鸿翔花园	1	215
东湖街道	大望村	6	44	翠竹街道	茂名大厦	12	40
笋岗街道	笋岗大厦	5	45	清水河街道	博兴大厦	2	80
黄贝街道	文华大厦	3	48	南湖街道	粤运大厦	6	52
莲塘街道	桐馨园 3 号	1	88	东门街道	粮食大厦	4	41
福田区							
园岭街道	长盛大厦	27	136	沙头街道	嘉葆润金座家园	16	33
梅林街道	下梅林文体中心二区	1	35	福田街道	卓越时代广场	15	230
南园街道	滨江新村	4	45	华富街道	莲芳阁	1	160
华强北街道	赛格广场	8	90	莲花街道	北民宁园办公楼	6	82
福保街道	新天世纪商务中心	12	100	香蜜湖街道	财富广场	24	135
南山区							
粤海街道	深圳产学研大楼	4	68	南山街道	南新路 1173	6	55
招商街道	赤湾石油大厦	3	120	桃源街道	南山智园 C3 栋	18	50
南头街道	智恒战略性新兴产业园	5	70	沙河街道	沙河国际市长交流中心	17	90
西丽街道	百旺研发公寓	10	50	蛇口街道	海湾路二号大院	5	70
盐田区							
沙头角街道	水务综合楼	1	41	盐田街道	中铁物流大厦	5	38
海山街道	东和大厦	4	66	梅沙街道	皇庭玺园	2	100
宝安区							
福永街道	福兴达物流园	4	21	松岗街道	东方雾岗工业区	1	16
西乡街道	雅涛花园	20	36	沙井街道	共和第三工业区	1	13
新安街道	高新奇厂房	1	22	石岩街道	石龙工业区	1	10
龙岗区							
龙城街道	星河时代 COCOPARK	4	260	平湖街道	丹农路	1	61
南湾街道	桂芳园六期	1	350	坂田街道	江灏（坂田）工业厂区	1	25
布吉街道	西门街 52 号	6	25	横岗街道	吉华高新科技园	3	13
坪地街道	年丰社区友谊北路	1	7	龙岗街道	银龙工业区	2	11
光明新区							
公明办事处	金海润工业园	1	17	光明办事处	深房传麒山 4 号楼	1	180
坪山新区							
坪山办事处	华瀚科技工业园	5	13	梓横西路	康哲药业 5 号楼	1	19
龙华新区							
龙华办事处	香缇雅苑	5	80	民治办事处	书香门第上河坊广场 4 栋	1	55
观澜办事处	布新路	3	32	大浪办事处	明君商务中心	7	38
大鹏新区							
南澳办事处	大碓村	1	53	大鹏办事处	新桥三巷 5 号	1	8
葵涌办事处	丰树山西路	1	18				

表 8-10　深圳市 2015 年商业用房租赁价格抽样

单位：元/平方米·月

位置	物业名称	楼层	租金	位置	物业名称	楼层	租金
罗湖区							
东晓街道	金迪名苑	1	145	桂园街道	鸿翔花园	12	170
东湖街道	金洲花园	1	25	翠竹街道	南贝丽花园	4	150
笋岗街道	祥福雅居	1	200	清水河街道	龙园山庄	1	78
黄贝街道	金安大厦	1	70	南湖街道	云景豪园裙楼	1	140
莲塘街道	莲塘村委轻工厂房	1	25	东门街道	粮食大厦主楼	1	125
福田区							
园岭街道	长城大厦	1	330	沙头街道	金福苑	1	278
梅林街道	润华苑	1	350	福田街道	卓越大厦	1	100
南园街道	台湾花园大厦	8	130	华富街道	彩电工业区工业厂房	1	35
华强北街道	汽车大厦	1	70	莲花街道	公交大厦 1 栋	1	95
福保街道	石厦新天地	1	254	香蜜湖街道	丰盛町地下阳光街 A 区	3	280
南山区							
粤海街道	京武浪琴半岛	1	271	沙河街道	御景东方花园	1	210
招商街道	榆园 1 栋	1	134	桃源街道	德意名居(二期)	1	63
南山街道	西海花园 E 栋	1	80	南头街道	田厦国际中心	12	216
西丽街道	百旺研发公寓	1	55	蛇口街道	蛇口新街 82 号	16	98
盐田区							
沙头角街道	诗宁大厦	2	209	盐田街道	东海丽景花园	2	41
海山街道	海涛花园 41 栋	1	60	梅沙街道	海丽晶商住园	1	72
宝安区							
福永街道	永利大厦	1	60	松岗街道	宝利豪庭	1	50
西乡街道	福中福商业城一栋	1	34	沙井街道	华盛新沙荟茗庭	1	85
新安街道	宝蓝旅业大楼	1	63	石岩街道	裕同电子厂厂房	1	15
龙岗区							
龙城街道	星河时代花园	1	50	平湖街道	塘滩路 39 号	1	16
南湾街道	颂雅苑	1	169	坂田街道	吉华高新科技园	1	18
布吉街道	布吉广场商铺	1	108	横岗街道	坳二新村	1	12
坪地街道	中航鼎尚华庭	1	15	龙岗街道	银龙工业区	1	10
光明新区							
公明办事处	玉律社区综合楼	1	15	光明办事处	高正苑	1	56
坪山新区							
坪山办事处	豪方菁园	1	46	坑梓办事处	金沙路 79 号	1	17
龙华新区							
龙华办事处	新围新村	1	86	民治办事处	书香门第上河坊广场	1	55
观澜办事处	高尔夫大道 8 号	1	80	大浪办事处	新围新村	1	86
大鹏新区							
南澳办事处	高源商业城	1	28	大鹏办事处	迎宾路 68 号	1	8
葵涌办事处	高源商业城	1	30				

表 8-11　深圳市 2015 年工业厂房租赁价格抽样

单位：元/平方米 • 月

位置	物业名称	楼层	租金	位置	物业名称	楼层	租金
罗湖区							
东晓街道	工艺制品厂	1	45	桂园街道	/	/	/
东湖街道	梧桐山茂仔村	1	20	翠竹街道	水贝工业区	1	80
笋岗街道	美芝大华电视厂	1	70	清水河街道	红岗路	3	30
黄贝街道	新秀南区厂房	3	36	南湖街道	渔民村工业大厦	1	22
莲塘街道	爱得威工业园	1	30	东门街道	机床数控大楼	1	50
福田区							
园岭街道	八卦岭厂房	1	53	沙头街道	深业泰然大厦	16	90
梅林街道	龙尾路牛门地工业园	1	46	福田街道	福兴楼	1	45
南园街道	上步综合楼	1	40	华富街道	理光厂房	3	40
华强北街道	桑达工业区 404 栋	6	60	莲花街道	深圳商报、深圳晚报印务楼	1	70
福保街道	/	/	/	香蜜湖街道	/	/	/
南山区							
粤海街道	后海工业区	1	30	南山街道	深圳动漫园	1	85
招商街道	兴华工业大厦	2	52	桃源街道	同富裕工业城 3 号厂房	2	30
南头街道	新兴产业园	2	48	沙河街道	新街港湾厂房	3	40
西丽街道	源兴科技大厦	1	40	蛇口街道	港湾厂房	1	28
盐田区							
沙头角街道	中昌工业大楼	1	21	盐田街道	北山工业区 3 栋	1	22
海山街道	太平洋工业区 3 栋厂房	4	21	梅沙街道	小梅沙村	1	16
宝安区							
福永街道	华丽工业园厂房	1	15	松岗街道	大田洋工业区	1	15
西乡街道	旺业工业厂区	4	10	沙井街道	第一工业区	1	15
新安街道	新柯城工业园厂房	1	24	石岩街道	水田第三工业区	1	20
龙岗区							
龙城街道	留学生创业园	2	13	平湖街道	宝盛工业区	1	17
南湾街道	和通工业厂房	4	18	坂田街道	吉通工业区	1	20
布吉街道	宝电工业区 7 号厂房	1	17	横岗街道	涌鑫工业厂区	1	23
坪地街道	鹤坑工业区	1	14	龙岗街道	银龙工业城	1	15
光明新区							
公明办事处	长兴科技工业园	1	15	光明办事处	唯科科技大楼	2	27
坪山新区							
坪山办事处	新世纪科技工业园	1	20	坑梓办事处	城冠工业厂房	1	15
龙华新区							
龙华办事处	东吴工业园	1	24	民治办事处	民乐工业园	1	23
观澜办事处	佳怡工业园	1	17	大浪办事处	华联工业园	1	25
大鹏新区							
南澳办事处	海滨南路 42 号	1	6	大鹏办事处	水头第一工业区	1	8
葵涌办事处	第三工业区	1	9				

第九章　房地产权登记

不动产登记，是指不动产登记机构依当事人的申请、有关国家机关的嘱托或依据法律的规定，将不动产的自然状况、权利状况及其他依法应登记的事项记载于不动产登记簿加以规定的活动，主要包括不动产首次登记、变更登记、转移登记、注销登记、更正登记、异议登记等。

2015 年，深圳市不动产登记部门紧紧围绕实现登记机构、登记簿册、登记依据和信息平台"四统一"，顺利完成了我市不动产统一登记的机构组建、职责与人员的整合工作，"深圳市不动产登记中心"于 9 月 22 日顺利挂牌；根据国土资源部委托，负责起草国家层面的《不动产登记技术规程》和《不动产登记格式文书》，得到国土资源部及部不动产登记中心领导充分肯定和高度好评；制定《深圳市不动产登记操作规范（暂行）》，实现新旧登记业务衔接平稳过渡；完成《不动产登记机构沿革研究》和《房地产权证制度研究》专题研究工作；原房地产权登记中心各受理窗口顺利转为不动产登记中心受理窗口，并按照"统一窗口受理、业务流程内部流转、统一窗口发证"的模式，实现不动产登记"一个窗口进、一个窗口出"；加强与住建部门沟通，形成《关于政策性住房办理房地产证有关问题的会议纪要》，理顺政策性住房办文流程；全力推进 204 宗（含新增 135 宗）复议及诉讼案件复议的答复和应诉工作，2015 年，新增的 135 宗案件，

已审结胜诉13宗，败诉案件1宗，败诉率低于1%；强化数据整理人员责任意识，努力推进数据清理工作，2015年，清理产权数据124宗，清理旧的产权登记数据53801条。认真做好档案的收集、保管查询与利用工作，2015年，查档16.23万份，同比增长54%；先后解决了金丰豪庭、鸿颖大厦、金鹏商业广场等问题，消除影响社会和谐稳定的不安因素；先后建立信访事项督查督办、信访文分类处理流转机制，规范涉法涉诉信访事项与普通信访事项分离指引机制，厘清中心信访事项权责边界，推进依法信访，2015年，接待现场咨询51260人次，接待信访群众共899批1565人次，处理投诉402宗；开展典当当事人申请办理房地产典当抵押登记业务，更好地满足中小微企业融资需求和居民应急需要，有效促进我市典当行业健康、有序发展；根据《关于进一步规范(无)婚姻登记记录证明相关工作的通知》，坚决砍掉各类无谓的证明和繁琐的手续，在审查限购中不再要求当事人提供婚姻证明，改由当事人签订《承诺书》，进一步减少由申请人提供的证明材料，提高办事效率；结合当前互联网发展有利时机，以群众的需求为根本，以网络便民办理不动产登记业务为切入点，充分运用线上服务平台、升级叫号系统、加大网上预约号量、开通证书和登记证明领取预约服务事项、安装领证自助取号机和开通微信公众号，全面提升不动产登记服务质量与效能，2015年，不动产登记网上在线总受理量为54.5万份，网上申办率约为63.3%；按照市规划国土委编制权力清单、责任清单、负面清单以及规范行政审批行为等相关工作计划，对不动产登记66项公共服务事项进行全面梳理，2015年，全面梳理66项行政职权事项，并逐项编制办事指南，列明办理依据、受理单位、基本流程、申请材料、示范文本及常见错误示例、收费依据及标准、办理时限、咨询方式等内容。

第一节　初始登记

《不动产登记暂行条例实施细则》规定，不动产首次登记，是指不动产权利第一次登记。未办理不动产首次登记的，不得办理不动产其他类型登记，但法律、行政法规另有规定的除外。

2015年，全市共办理房地产权初始登记647宗，面积为1451.5万平方米。其中，罗湖17宗、面积55.14万平方米；福田14宗、面积170.56万平方米；南山40宗、面积245.62万平方米；盐田12宗、面积48.34万平方米；宝安423宗、面积498.91万平方米；龙岗110宗、面积334.05万平方米。

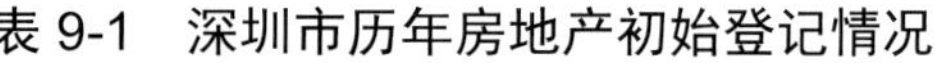

表 9-1 深圳市历年房地产初始登记情况

单位：宗、万平方米

年份	辖区	宗数	面积	用途分类						
				住宅	工业仓储（2004年以前） （2004年以后）		商业金融	公共建筑	市政绿化	其他
					办公楼	工业仓储				
1993	全　市	846	962.60	618.04	202.88		95.31	9.04	—	37.33
1994	全　市	1551	1921.76	1274.02	376.55		201.47	43.44	2.82	23.46
1995	全　市	5003	7232.31	3818.10	838.82		129.50	153.47	28.54	2263.88
1996	全　市	9028	5844.83	927.85	608.51		61.02	172.16	33.69	4041.60
1997	全　市	13502	4235.97	1040.45	722.77		470.49	55.61	2.65	1944.00
1998	全　市	1403	1838.77	827.63	497.96		90.38	50.99	—	371.81
1999	全　市	5106	1920.80	1365.70	442.40		38.14	9.48	0.52	64.54
2000	全　市	2132	882.19	—	—		—	—	—	—
2001	全　市	1368	3210.95	1144.82	1502.44		163.41	13.10	—	387.18
2002	全　市	3097	5374.75	1209.70	3244.56		195.46	9.00	—	716.03
2003	全　市	1683	1865.93	1064.19	267.46		340.39	27.68	—	166.21
2004	全　市	7067	1871.78	507.6	144.95		53.46	8.30	—	59.13
2005	全　市	4601	1553.13	634.74	70.81	463.17	268.72	1.61	0.64	113.44
2006	全　市	3900	1132.95	390.34	41.55	475.28	50.93	3.19	—	171.66
2007	全　市	4612	1532.41	369.22	38.31	928.31	64.27	1.64	—	130.67
2008	罗湖区	3	14.64	7.69	2.23	—	2.85	—	—	1.87
	福田区	10	40.40	8.12	—	4.52	—	0.26	—	27.49
	南山区	22	43.26	3.93	—	11.78	9.47	—	—	18.08
	盐田区	11	13.03	—	0.58	3.03	5.99	—	—	3.42
	宝安区	393	955.45	268.80	11.85	530.48	9.78	0.15	—	134.39
	龙岗区	1007	255.59	37.26	4.39	198.20	2.23	—	—	13.51
	全　市	1446	1322.37	325.80	19.05	748.01	30.32	0.41	—	198.76
2009	罗湖区	8	14.55	12.33	—	0.96	0.69	—	—	0.57
	福田区	10	38.34	19	0.46	3.16	15.38	—	—	0.35
	南山区	25	73.08	23.16	11.12	23.87	4.92	0.07	—	9.94
	盐田区	5	9.62	0.58	0.85	5.44	0.21	—	—	2.53
	宝安区	400	885.79	232.07	20.71	562.9	5	0.26	—	64.88
	龙岗区	1157	688.56	33.7	8.66	615.6	1.48	0.79	—	28.33
	全　市	1605	1709.94	320.84	41.8	1212	27.68	1.12	—	106.6

(续表)

年份	辖区	宗 数	面 积	用 途 分 类						
				住宅	工业仓储（2004 年以前） （2004 年以后）		商业金融	公共建筑	市政绿化	其 他
					办公楼	工业仓储				
2010	罗湖区	10	28.5	14.83	0	0.3	2.34	—	—	11.03
	福田区	17	41.62	2.97	7.68	3.31	20.51	—	—	7.16
	南山区	22	73.18	31.99	—	22.02	6.82	—	—	12.35
	盐田区	6	9.24	1.49	—	7.07	0	—	—	0.68
	宝安区	564	904.58	178.07	14.05	633.86	4.77	0.78	—	73.04
	龙岗区	686	393.46	24.91	2.8	348.37	7.16	0.8	—	7.43
	全 市	1305	1450.58	254.26	24.53	1014.93	41.6	1.58	—	111.69
2011	罗湖区	7	18.33	6.02	—	—	—	—	—	12.31
	福田区	11	37.21	9.55	6.1	2.15	5.32	—	—	14.09
	南山区	20	61.74	0.96	0.96	14.54	11.06	—	—	34.21
	盐田区	5	9.92	0.33	—	2.56	0.73	—	—	6.3
	宝安区	1761	872.11	188.4	8.73	562.35	2.67	—	—	109.97
	龙岗区	466	471.08	66.73	1.42	395.45	5.53	—	—	1.96
	全 市	2270	1470.39	271.99	17.21	977.05	25.3	—	—	178.83
2012	罗湖区	7	28.26	0.6	—	2.41	—	—	—	25.25
	福田区	23	79.7	24.29	13.68	2.86	18.32	—	—	20.55
	南山区	45	148.72	71.06	11.45	37.47	0.22	—	—	28.51
	盐田区	16	70.09	33.71	—	15.55	3.29	—	—	17.54
	宝安区	1372	691.13	230.06	2.04	378.17	2.96	0.61	—	77.29
	龙岗区	209	309.25	36.78	0.07	249.44	8.73	—	—	14.23
	全 市	1733	1381.13	400.82	29.37	727.4	33.25	0.61	—	189.42
2013	罗湖区	17	52.32	26.49	0.41	5.05	0	5.22	0	15.16
	福田区	28	110.16	42.69	2.81	6.4	0	15.73	0	42.54
	南山区	37	133.51	56.8	13.98	4.62	0	31.58	0	26.52
	盐田区	12	31.48	8.38	0.51	2.98	0	17.51	0	2.1
	宝安区	2216	662.5	333.08	12.99	10.63	0.58	238.19	0	67.03
	龙岗区	178	203.93	14.91	1.16	1.6	0	183.98	0	2.29
	全 市	2532	1254.79	502.42	32.03	31.28	0.59	527.25	0	161.23
2014	罗湖区	14	37.55	20.94	1.78	0	4.42	0	0	10.41
	福田区	13	85.05	33.98	10.34	3.26	0.01	0	0	37.46
	南山区	38	142.59	73.87	19.42	30.7	4.19	0	0	14.41
	盐田区	10	29.04	5.84	0	7.21	7.68	0	0	8.32
	宝安区	643	375.06	197.27	7.41	101.14	3.79	0.33	0	65.13
	龙岗区	104	128.51	16.48	2.94	107.13	0.97	0	0	0.99
	全 市	884	1008.14	375.67	42.28	425.59	21.04	0.33	0	143.23

(续表)

年份	辖区	宗 数	面 积	用 途 分 类						
				住宅	工业仓储 (2004 年以前) (2004 年以后)		商业金融	公共建筑	市政绿化	其 他
					办公楼	工业 仓储				
2015	罗湖区	17	55.14	7.97	3.45	3.16	2.4	0	0	38.17
	福田区	14	170.56	76.47	0	16.93	7.37	0	0	69.79
	南山区	40	245.62	101.4	6.09	26.13	0.67	0	0	111.32
	盐田区	12	48.34	24.16	6.48	0	0.93	0	0	16.76
	宝安区	423	498.91	288.95	6.59	124.7	27.28	0.25	0	51.15
	龙岗区	110	334.05	66.27	5.83	243.86	10.8	0.27	0	7.02
	全　市	647	1451.5	577.36	28.96	449.18	49.44	0.52	0	346.03

注：根据系统统计，本章数据仍按六区进行统计，新四区数据已经归并在内。

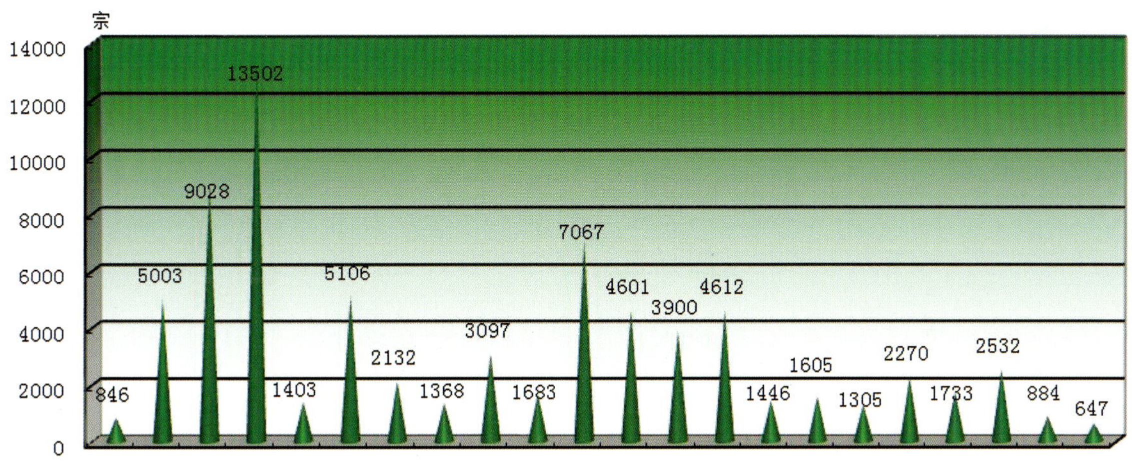

图 9-1　深圳市历年房地产初始登记宗数示意图

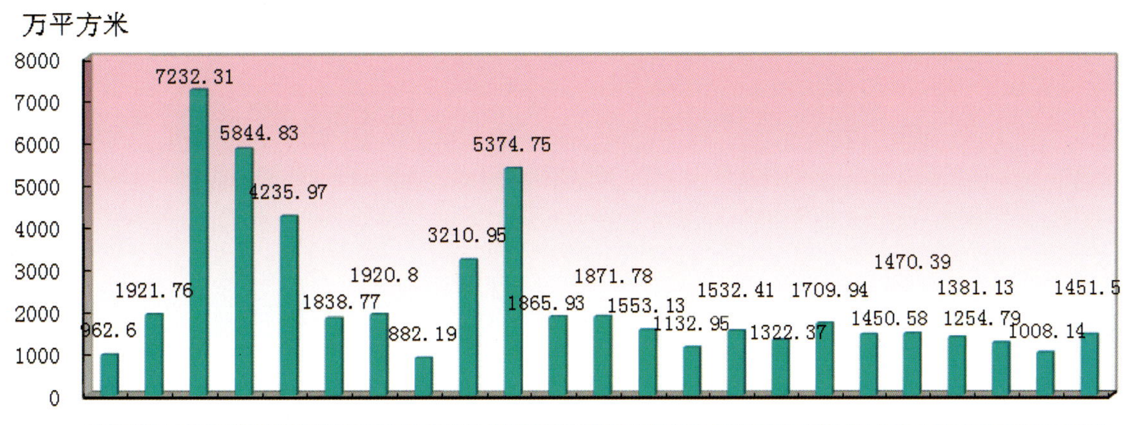

图 9-2　深圳市历年房地产初始登记面积示意图

第二节　转移登记

一、二级市场转移登记

根据《不动产登记暂行条例实施细则》，下列情形导致不动产权利转移的，当事人可以向不动产登记机构申请转移登记：一是买卖、互换、赠与不动产的；二是以不动产作价出资（入股）的；三是法人或其他组织因合并、分立等原因致使不动产权利发生转移的；四是不动产分割、合并导致权利发生转移的；五是继承、受遗赠导致权利人发生转移的；六是共有人增加或者减少以及共有不动产份额变化的；七是因人民法院、仲裁委员会的生效法律文书导致不动产权利发生转移的；八是因主债权转移引起不动产抵押权转移的；九是因需役地不动产权利转移引起地役权转移的；十是法律、行政法规规定的其他不动产权利转移情形。

2015 全市共办理二市场转移登记 65618 宗、登记建筑面积 686.57 万平方米。其中，罗湖 3001 宗、面积 23.63 万平方米；福田 5172 宗、面积 64.64 万平方米；南山 6768 宗、面积 88.09 万平方米；盐田 1133 宗、面积 15.92 万平方米；宝安 18396 宗、面积 196.51 万平方米；龙岗 28819 宗、面积 275.1 万平方米。

表 9-2　深圳市历年房地产二级市场转移登记情况

年份	辖区	宗数	面积（万平方米）	登记金额（亿元）		
				人民币	港币	美元
1993	全市	4304	70.56	3.810	4.200	0.003
1994	全市	13634	97.01	34.350	11.820	0.350
1995	全市	45731	760.95	119.950	23.400	—
1996	全市	42579	1097.08	77.560	8.980	—
1997	全市	43804	514.86	176.480	47.620	—
1998	全市	70982	775.60	286.480	53.470	0.047
1999	全市	52005	516.70	169.100	23.900	0.024
2000	全市	44773	617.30	167.000	13.200	0.040
2001	全市	88776	856.75	398.730	26.450	—
2002	全市	122936	947.14	490.020	10.700	—
2003	全市	129573	1247.82	647.800	16.880	—
2004	全市	158290	1040.60	467.900	34.900	25.200
2005	全市	120842	1145.29	664.480	14.007	0.207
2006	全市	127370	1147.81	771.115	14.265	0.073
2007	全市	104934	1001.15	939.839	5.060	0.190
2008	罗湖区	6904	58.77	62.368	0.299	—
	福田区	12838	111.99	176.728	0.106	—
2008	南山区	13369	131.06	172.546	0.360	—
	盐田区	1864	17.19	22.732	0.055	—
	宝安区	23791	251.31	247.503	0.757	—
	龙岗区	19543	166.76	153.339	0.059	—
	全市	78309	737.08	835.216	1.636	—
2009	罗湖区	7612	69.82	83.291	0.142	—
	福田区	8746	85.13	116.176	0.067	—
	南山区	15362	165.83	257.064	0.23	—
	盐田区	2993	25.87	48.127	0.59	—
	宝安区	22551	243.92	291.457	0.266	—
	龙岗区	28416	270	218.748	0.133	—
	全市	85680	860.57	1014.863	1.428	—
2010	罗湖区	7520	73.15	107.935	0.123	—
	福田区	6686	77.16	119.015	0.046	0.002
	南山区	18159	156.8	281.519	0.013	—
	盐田区	1705	16.37	30.422	—	—
	宝安区	21635	216.94	258.2	0.068	—
	龙岗区	27499	266.74	241.814	0.091	—
	全市	83204	807.16	1038.905	0.341	0.002

（续表）

年份	辖区	宗数	面积（万平方米）	登记金额（亿元）		
				人民币	港币	美元
2011	罗湖区	4829	49.41	56.364	1.184	—
	福田区	6469	70.55	142.892	0.028	—
	南山区	13304	111.96	287.339	0.009	—
	盐田区	916	13	37.626	0.008	—
	宝安区	15174	143	260.33	0.058	—
	龙岗区	22069	260.61	259.076	0.017	—
	全市	62761	648.53	1043.628	1.304	—
2012	罗湖区	4466	45.74	65.647	0.329	—
	福田区	5590	65.43	128.706	0.033	0.002
	南山区	9411	97.74	304.23	0.02	—
	盐田区	3189	30.02	64.404	0.002	—
	宝安区	15815	135.84	277.491	0.037	—
	龙岗区	17898	199.27	247.731	0.059	—
	全市	56376	574.44	1088.454	0.48	0.002
2013	罗湖区	1807	20.12	32.413	0.197	0
	福田区	6299	64.24	156.858	0.008	0
	南山区	9444	88.51	288.002	0.01	0
	盐田区	1151	9.37	26.228	0.001	0
	宝安区	17383	174.25	328.392	0.02	0
	龙岗区	16516	158.36	230.219	0.033	0
	全市	53750	525.51	1076.499	0.27	0
2014	罗湖区	2611	31.22	66.03	0.285	0
	福田区	5770	68.33	253.768	0.072	0
	南山区	5076	55.47	203.203	0.028	0
	盐田区	1258	16.36	46.874	0	0
	宝安区	19970	188.65	374.708	0.026	0
	龙岗区	24978	244.29	313.784	0.013	0
	全市	59985	606.14	1260.397	0.424	0
2015	罗湖区	3001	23.63	70.81	0.012	0
	福田区	5172	64.64	215.952	0	0
	南山区	6768	88.09	349.851	0.033	0
	盐田区	1133	15.92	49.17	0.001	0
	宝安区	18396	196.51	409.312	0.039	0
	龙岗区	28819	275.1	411.214	0.013	0
	全市	65618	686.57	1551.446	0.098	0

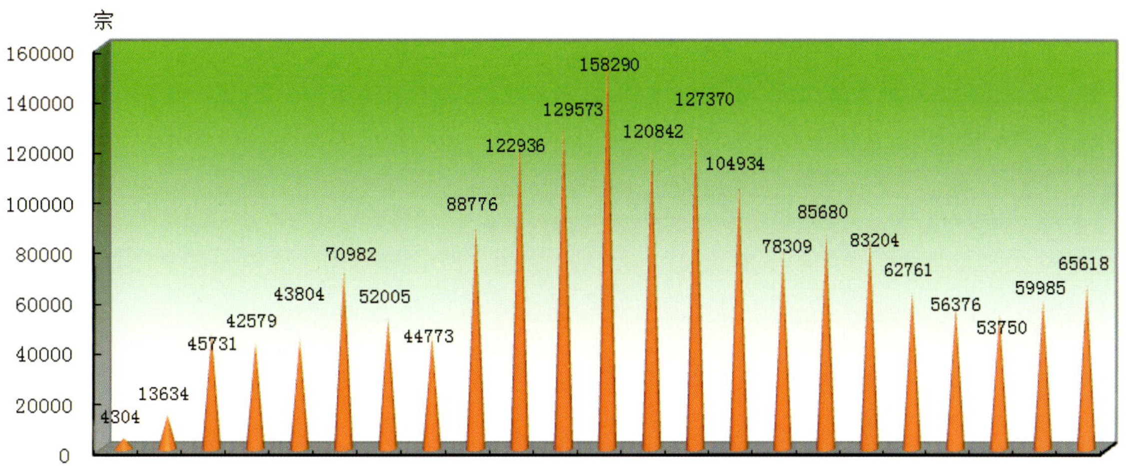

图 9-3　深圳市历年房地产二级市场转移登记宗数示意图

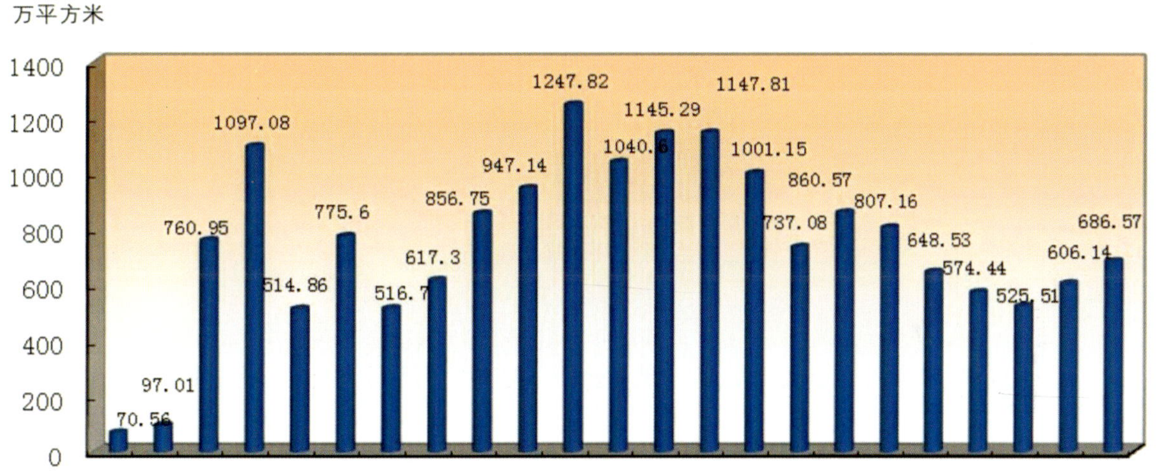

图 9-4　深圳市历年房地产二级市场转移登记面积示意图

二、三级市场转移登记

《深圳经济特区房地产转让条例》规定，凡房地产在已办理二级市场转移登记后又发生转移的，应再次办理转移登记，如房地产买卖、赠与、交换、继承，人民法院判决、裁定的强制性转移和依照法律、法规规定作出的其他强制性转移登记，以及《深圳经济特区房地产转让条例》中规定的其他视为转让的情况等。一般此类及其以后发生的转移登记称之为三级市场转移登记。

2015 年，全市共办理三级市场转移登记 146799 宗，登记建筑面积 1303.49 万平方米。其中，罗湖 26424 宗、面积 194.35 万平方米；福田 28477 宗、面积 248.33 万平方米；南山 22787 宗、面积 218.51 万平方米；盐田 4169 宗、面积 35.41 万平方米；宝安 29213 宗、面积 277.1 万平方米；龙岗 35729 宗、面积 329.79 万平方米。

表 9-3　深圳市历年房地产三级市场转移登记情况

年份	区域		宗数	面积（万平方米）
1993	全市		364	2.96
1994	全市		388	4.82
1995	全市		1421	16.99
1996	全市		2592	28.23
1997	全市		4858	55.23
1998	全市		5987	100.40
1999	全市		7565	149.40
2000	全市		11277	196.60
2001	全市		18853	249.88
2002	全市		26629	340.49
2003	全市		40899	496.83
2004	全市		60047	602.04
2005	全市		73532	841.29
2006	全市		95506	1013.16
2007	全市		126690	1253.08
2008	**全市**		**50776**	**595.44**
	其中	罗湖区	12381	118.52
		福田区	12204	134.15
		南山区	8743	103.76
		盐田区	1284	17.41
		宝安区	8126	114.20
		龙岗区	8038	107.40
2009	**全市**		**162876**	**1544.19**
	其中	罗湖区	36713	289.7
		福田区	37697	352.23
		南山区	26556	268.05
		盐田区	3673	32.81
		宝安区	28076	288.95
		龙岗区	30161	312.45
2010	**全市**		**129271**	**1263.15**
	其中	罗湖区	25503	211.42
		福田区	27659	254.6
		南山区	21770	221.47
		盐田区	3179	35.29
		宝安区	24516	269.38
		龙岗区	26644	270.99

（续表）

年 份	区 域		宗 数	面积（万平方米）
2011	全市		79620	857.53
	其中	罗湖区	14776	131.97
		福田区	16915	180.34
		南山区	12836	161.48
		盐田区	2073	27.81
		宝安区	16020	180.28
		龙岗区	17000	175.62
2012	全市		73204	757.57
	其中	罗湖区	13796	117.06
		福田区	14728	142.27
		南山区	13063	129.92
		盐田区	1603	19.92
		宝安区	14224	177.95
		龙岗区	15790	170.45
2013	全市		104395	1038.55
	其中	罗湖区	18594	148.02
		福田区	21899	203.32
		南山区	15688	147.63
		盐田区	2219	17.29
		宝安区	19758	193.51
		龙岗区	24117	282.61
2014	全市		71088	682.58
	其中	罗湖区	13408	99.87
		福田区	15593	164.01
		南山区	11237	131.93
		盐田区	1957	16.12
		宝安区	13895	130.85
		龙岗区	14998	157.8
2015	全市		146799	1303.49
	其中	罗湖区	26424	194.35
		福田区	28477	248.33
		南山区	22787	218.51
		盐田区	4169	35.41
		宝安区	29213	277.1
		龙岗区	35729	329.79

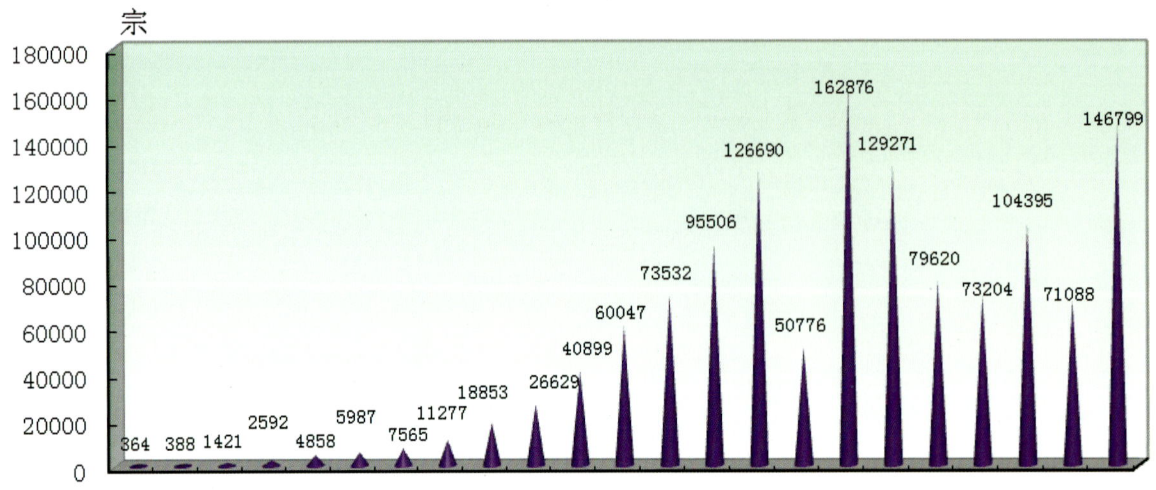

图 9-5　深圳市历年房地产三级市场转移登记宗数示意图

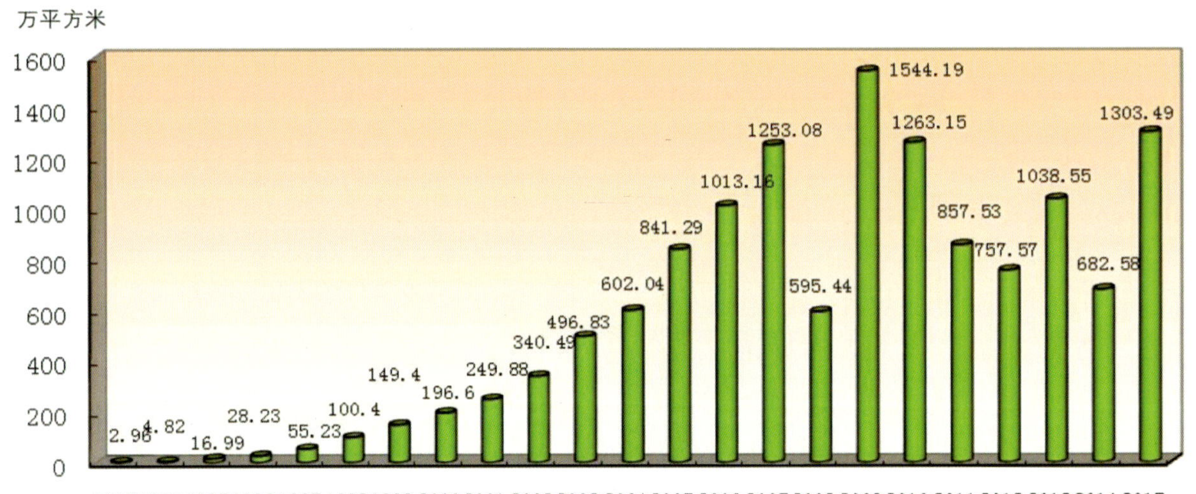

图 9-6　深圳市历年房地产三级市场转移登记面积示意图

第三节　安居房换证登记

《深圳市国家机关事业单位住房制度改革若干规定》（市政府第 88 号令）规定，从 2007 年 7 月 1 日起，深圳市安居房在经批准后可取得全部产权并进入市场。

2015 年，全市共办理安居房上市登记 3840 份，登记建筑面积 35.69 万平方米。其中，罗湖 981 份、面积 9.61 万平方米；福田 1451 份、面积 13.28 万平方米；南山 947 份、面积 8.2 万平方米；盐田 88 份、面积 0.75 万平方米；宝安 350 份、面积 3.64 万平方米 ；龙岗 23 份、面积 0.22 万平方米。

第十章　测绘地籍管理

第一节　测绘行业与市场管理

一、测绘资质管理

截至2015年底，全市共53家测绘资质单位，其中甲级17家（升级2家）、乙级24家、丙级10家（新增1家）、丁级2家。按新《测绘资质管理》规定要求，于2015年3月组织完成全市乙、丙、丁级测绘单位的年度报告公示工作。

二、地图市场监管

建立了互联网地图服务常态监控和地图市场日常巡查制度，每季度开展1次地图市场巡查工作，重点巡查大型书城及机场、火车站、汽车站、关口等重要交通枢纽周边的地图售卖点；每月15日重点监控25家互联网服务及政府门户网站，登记《网上地图检查记录表》。基本实现了对全市地理信息市场持续监测和跟踪。

三、测绘质量监督检查

正常开展《2015年度深圳市测绘质量监督检查》年度项目。（1）成立测绘质量监督检查工作领导小组；（2）开展日常测绘产品质量监督检查工作。对8家承担深圳市数字化地形图和地下管线动态修补测工作的测绘单位的基础测绘成果质量进行成果类的监督检查；（3）配合广东省测绘产品质量监督检验中心对抽检的深圳市20家甲乙级测绘资质单位进行测绘产品质量监督检查，包括检查工作安排、接送安排、具体检查工作等。同时深圳市规划和国土资源委员会对本市11家丙丁级测绘资质单位质量监督检查工作，对从业单位的资质、人员、成果等方面的自查表逐一审核对比评分，然后再对其测绘产品随机抽样进行外业检测，形成测绘产品质量监督检

查报告和总结。

四、测绘地理信息市场信用体系建设

依据《深圳市测绘地理信息诚信评价考核标准（试行）》和《2014 年度深圳市测绘地理信息信用信息征集规范》，组织完成 49 家测绘资质单位 2014—2015 年的测绘地理信息信用信息评价与考核工作。同时，开展深圳市测绘信息信用管理系统平台与国家地理信息市场信用信息管理系统平台对接工作，初步实现两个平台信息数据互通，为下一步评价信用信息共享打好基础。

五、涉密成果保密管理

2015 年 5–8 月，联合市国家保密局，组织全市 52 家测绘资质单位和 10 家涉密测绘成果领取单位开展自查，并对其中 12 家单位进行现场抽查，对检查发现存在泄密隐患的 5 家单位出具了《整改通知书》。2015 年 6 月，组织全市 122 名涉密岗位管理人员参加全省涉密测绘成果管理培训班，有效提高各相关单位的测绘成果管理水平，保障地理信息安全。

六、法制宣传

8 月 29 日是第 23 个全国测绘法宣传日，活动以“深入宣传测绘法及其配套法律法规”为核心，紧密围绕“监测地理国情为国为家，发展地信产业利国利民”的宣传主题，结合深圳实际，设计制作有深圳代表性的宣传资料，通过丰富多彩的宣传形式向市民展示测绘地理信息文化，让市民在玩乐中学习、了解测绘地理信息法律法规及工作重要性，为测绘地理信息事业发展营造良好的法治环境。

第二节　基础测绘

一、完善测绘基准体系

继续做好 SZCORS 系统日常维护和推广应用工作，目前 CORS 用户已经达到 230 个。研制 CORS 在线坐标转换系统，实现外业用户的实时三维坐标获取。“深圳市北斗地基增强系统建设”项目 5 个基准站点的建设工作有序开展。

二、基础地理数据获取情况

2015 年度完成 1:1000 地形图更新入库 80 平方公里和地下管线修补测数据更新入库 2.2 万公里。

组织获取了全市范围的 0.2 米分辨率的航空影像数据，并已作为地理国情普查主要数据源投入使用。《深圳市影像挂图》编制工作正常开展。

完成我市 2013 年、2014 年航空影像的深圳独立坐标系与国家坐标系的转换工作；因地理国情普查工作所需，累计完成影像转换工作 700GB；完成基础地理信息数据的入库坐标转换工作，累计完成 500G；完成全市宗地界址点坐标与国家坐标系的转换工作，协助完成土地动态监测系统界址坐标录入工作，累计完成 33915 个界址点；为其他工程项目进行坐标转换 5000

个；提供 187 个控制点。

三、数字深圳建设

与深圳市多个委办局展开深入的地理信息技术合作，着力推进深圳市“织网工程”、“全口径人口库”等重大信息化项目的 GIS 应用，实现 220 万条商事实体等数据的落图工作；拓展空间平台地图应用框架，实现二、三维数据一体化展示；开展地理国情普查、人口、市情、规划等专题图的制作和发布。截至目前，数字深圳空间基础信息平台服务覆盖我市各委办局和机关事业单位共计 65 家，比上年增加 3 家。编制完成了《深圳市空间地理基础信息资源管理暂行办法》，作为《深圳市电子政务公共资源管理暂行办法》配套文件。

四、积极开展“天地图 · 深圳”建设

根据《关于加快数字城市公众服务系统接入“天地图”主节点工作的通知》等要求，在数字深圳空间基础信息平台基础上，完成电子地图、影像地图、地理实体、地名地址等深圳节点数据建设及系统搭建工作；生产完成满足市级节点对接要求的 1:500，1:1000 和 1:2000 三个尺度的二维矢量、二维影像数据及全市域地名地址数据，并通过国家接入评估。

五、地理国情普查工作

按期完成数据采集工作并通过验收；结合我市具体情况，扩展调查了部分地理国情要素，采集了全市无人岛的国情数据，拓展了部分地表覆盖分类的属性项，细化了部分指标，提高了部分要素的采集精度，形成具有我市特色的地理市情成果。立足 21 家市政府组成部门的业务工作及应用需求，开展了数据挖掘和需求分析工作，形成地理国情指标拓展建议和需求征集机制；通过专题网站、现场活动、在线访谈、问卷调查等多种形式宣传地理国情普查内容与要求。

开展地理国情普查数据应用试点工作，完成《深圳市第一次全国地理国情普查大鹏半岛自然生态环境及评价》和《深圳市第一次全国地理国情普查土地利用变化与覆盖变化监测》两个监测试点项目，形成相应的研究报告和系列专题图件，为大鹏半岛自然生态环境保护和南山区土地管理提供决策参考，为常态化开展监测工作提供思路。

第三节　日常地籍

一、成立深圳市不动产籍管理和测绘局

2015 年 9 月 18 日，深圳市编委印发《关于不动产登记有关机构编制事项的批复》（深编〔2015〕29 号），同意在我委内设深圳市不动产籍管理和测绘局，主要负责全市土地、房屋、海域、林地等不动产登记的管理和指导监督以及不动产籍、测绘、地理信息管理等职责；《批复》同时同意市房地产权登记中心更名为市不动产登记中心，具体承担土地、房屋、海域、林地等各类不动产登记工作。

深圳市机构编制委员会文件

深编〔2015〕29 号

★

深圳市机构编制委员会关于不动产登记有关机构编制事项的批复

市规划和国土资源委员会：

你委深规土函〔2015〕1483 号文收悉。经研究，批复如下：

一、同意你委内设深圳市不动产籍管理和测绘局（副局级），局长由你委 1 名委领导兼任。该局主要负责全市土地、房屋、海域、林地等不动产登记的管理和指导监督以及不动产籍、测绘、地理信息管理等职责。

二、同意在你委现有内设机构总量中调整设立不动产籍管理处、测绘处（均按正处级），由市不动产籍管理和测绘局管理。

三、同意市房地产权登记中心更名为深圳市不动产登记中心，具体承担土地、房屋、海域、林地等各类不动产的登记工作。

四、同意市地籍测绘大队增加海域、林地等调查与测绘职责。

请你委根据上述要求提出具体内设机构设置及人员编制分配方案，报市编办备案。

附件：深圳市不动产籍管理和测绘局主要职责

深圳市机构编制委员会
2015 年 9 月 18 日

附件

深圳市不动产籍管理和测绘局主要职责

负责研究拟定不动产籍管理相关政策、规则、办法及标准，并提出政策建议。负责全市土地、房屋、林地、海域等不动产登记管理。建立不动产籍信息基础平台，指导相关资料管理和查询工作。会同有关部门开展不动产确权和权属争议调处工作。负责全市性土地、房屋调查，变更调查工作，组织开展不动产籍调查工作。负责开展全市遥感监测、测绘及地理信息工作，并开展相关行业监管，承担上级交办的其他事项。

图 10-1　《关于不动产登记有关机构编制事项的批复》（深编〔2015〕29 号）

9 月 22 日，市不动产籍管理和测绘局和市不动产登记中心已正式揭牌，市不动产登记中心已完成内部部门和人员调整，正式开展不动产登记业务受理和发证工作。国土资源部党组成员、副部长王广华同志，深圳市委副书记、市长许勤同志，国家土地督察局广州局局长吴海洋同志，国土资源部不动产登记局常务副局长冷宏志同志，省国土资源厅党组副书记、副厅长涂高坤同志，以及国土资源部、省国土资源厅相关部门负责同志出席揭牌仪式，仪式由杨洪常委主持，并共同为“深圳市不动产籍管理和测绘局”揭牌。随后，在金湖文化中心大厦，王广华副部长等领导为“深圳市不动产登记中心”揭牌。

图 10-2 深圳市不动产籍管理和测绘局挂牌

根据《关于深圳市实施不动产统一登记的公告》，深圳市不动产登记中心自公告之日起颁发《不动产权证书》和《不动产登记证明》；此前依法颁发的不动产权属证书继续有效，不变不换。深圳市房地产权登记中心各受理窗口转为深圳市不动产登记中心受理窗口，受理不动产登记业务。当天 9 点 30 分，在深圳市不动产登记中心三楼发证大厅，王广华副部长为当天申请领证的市民颁发了全市第一本《不动产权证》(证书编号：D44130000001)，这标志着我市不动产统一登记工作正式全面实施。

图 10-3 国土资源部不动产登记局王光华局长颁发我市第一本《不动产权证》

在不动产统一登记的基础上，深圳借鉴国际先进经验，结合自身实际，创新提出不动产籍的统一管理，并进一步整合测绘管理职责，旨在推进“一平台五统一”，即建立统一的不动产籍信息基础平台，实现不动产籍信息的统一调查、统一测绘、统一确权、统一登记和统一服务，具有重大创新意义。不动产籍管理和测绘职能的整合，有利于促进信息共享、提供更精准的大数据服务，将是构建智慧城市、落实创新驱动发展战略、建成现代化国际化创新型城市的重要支撑。

二、全面推进地籍调查和土地总登记前期准备工作

（一）研究制定地籍调查和土地总登记相关政策规程

一是研究制定了《深圳市地籍调查规程（实行）》、《深圳市地籍调查前期清查规则（实行）》、《深圳市地籍调查底图编制规则（实行）》等附属规程，已正式印发，填补了我市地籍调查方面的技术空白。

二是研究制定地籍调查和土地总登记工作方案、关于地籍调查若干问题的意见等相关政策文件，明确地籍调查的工作目标、技术路线、工作方法、成果形式，并就涉及的一些具体政策问题进行研究分析，给出处理的政策意见。

（二）推动落实地籍调查和土地总登记经费

组织编制《深圳市地籍调查和土地总登记经费预算方案》及各年详细工程计划，已经市政府五届一百三十次常务会议审议，确定了我市地籍调查和土地总登记预算资金总盘子，具体项目根据实际情况分年度核定后安排。会议同时决定地籍调查和土地总登记信息化建设经费纳入地籍调查和土地总登记资金总盘子。信息化建设项目立项审查已完成，我委对地籍调查和土地总登记年度计划安排调整说明已报市财政委并获批准。

（三）组织开展地籍调查和土地总登记试点工作

组织制定了《市规划国土委地籍调查和土地总登记试点实施方案》，明确试点的目标、内容、主要技术方法、组织分工及任务要求。指导相关管理局及事业单位开展龙华、光明、宝安、盐田及储备土地、基本农田等地籍调查和土地总登记

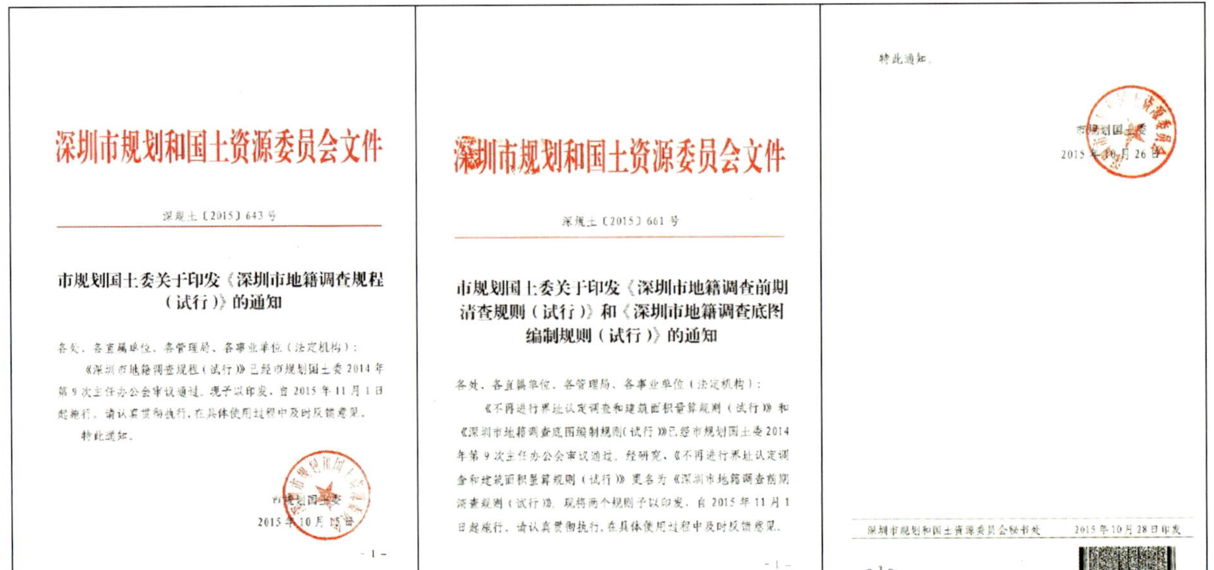
深圳市规划和国土资源委员会文件

深规土〔2015〕643号

市规划国土委关于印发《深圳市地籍调查规程（试行）》的通知

各处、各直属单位、各管理局、各事业单位（法定机构）：

《深圳市地籍调查规程（试行）》已经市规划国土委2014年第9次主任办公会审议通过，现予以印发，自2015年11月1日起施行。请认真贯彻执行，在具体使用过程中及时反馈意见。

特此通知。

市规划国土委
2015年10月15日

- 1 -

深圳市规划和国土资源委员会文件

深规土〔2015〕661号

市规划国土委关于印发《深圳市地籍调查前期清查规则（试行）》和《深圳市地籍调查底图编制规则（试行）》的通知

各处、各直属单位、各管理局、各事业单位（法定机构）：

《不再进行界址认定调查和建筑面积量算规则（试行）》和《深圳市地籍调查底图编制规则（试行）》已经市规划国土委2014年第9次主任办公会审议通过，经研究，《不再进行界址认定调查和建筑面积量算规则（试行）》更名为《深圳市地籍调查前期清查规则（试行）》，现将两个规则予以印发，自2015年11月1日起施行，请认真贯彻执行，在具体使用过程中及时反馈意见。

- 1 -

特此通知。

市规划国土委
2015年10月26日

深圳市规划和国土资源委员会秘书处　　2015年10月28日印发

- 2 -

图 10-4　规程发布文件

试点工作，组织制定试点实施方案，明确相关工作要求。目前龙华、宝安、光明等试点片区已完成前期清查工作，为地籍调查规程及有关政策文件的制定提供了宝贵经验。

三、有序推进年度土地变更调查工作

（一）完成 2014 年度土地变更调查

按照国土资源部和广东省国土资源厅的统一部署，我市于 2014 年 7 月启动深圳市 2014 年度土地变更调查（以下简称变更调查）工作，于 2015 年 6 月全面完成了变更调查任务，并以 2014 年 12 月 31 日为标准时点更新调查数据，

深圳市规划和国土资源委员会
深　圳　市　统　计　局　文件

深规土〔2015〕471 号

深圳市规划和国土资源委员会 深圳市统计局
关于深圳市 2014 年度土地变更调查
主要数据成果的公报

按照国土资源部和广东省国土资源厅的统一部署，我市于 2014 年 7 月启动深圳市 2014 年度土地变更调查（以下简称变更调查）工作。我市变更调查严格按照国土资源部和广东省国土资源厅的工作要求，充分应用卫星遥感技术和计算机网络技术等现代科技手段，于 2015 年 6 月全面完成了变更调查任务，并以 2014 年 12 月 31 日为标准时点更新调查数据，全面查清了全市土地利用状况，掌握了各类土地资源家底，现将主要数据成果公布如下：

－ 1 －

图 10-5 深圳市规划和国土资源委员会 深圳市统计局关于深圳市 2014 年度土地变更调查主要数据成果的公报

全面查清了全市土地利用状况，掌握了各类土地资源家底，为科学规划、合理利用、有效保护土地资源，实施最严格的耕地保护制度，加强和改善宏观调控提供依据。为充分共享应用变更调查成果，为各级政府、各有关部门编制、调整相关规划和计划提供基础数据，2015 年 7 月向市政府报送《关于我市第二次土地调查以来土地利用现状变化情况分析的报告》，并于 2015 年 8 月 3 日印发《深圳市规划和国土资源委员会 深圳市统计局关于深圳市 2014 年度土地变更调查主要数据成果的公报》。

（二）启动 2015 年度土地变更调查

2015 年 7 月，我市启动 2015 年度土地变更调查，开展前期准备、用地管理信息收集、人员培训、数据预处理、外业调查等工作，初步查清 2015 年度土地利用变化情况。

（三）制定土地分类转换和调查技术规范

为明确国土用地分类与规划用地分类的对照转换关系，为土地调查、规划、审批、统计、登记及信息化管理等工作中土地利用与城市用地现状数据的转换提供依据，便于统一调查、监测，实现一查多用，根据相关分类标准，结合深圳市年度土地变更及城市建设用地更新调查实践经验，研究制定《深圳市土地利用现状分类与城市用地分类对照转换规则（试行）》，于 2015 年 6 月 30 日以委员会规范性文件印发，自 8 月 1 日起施行。

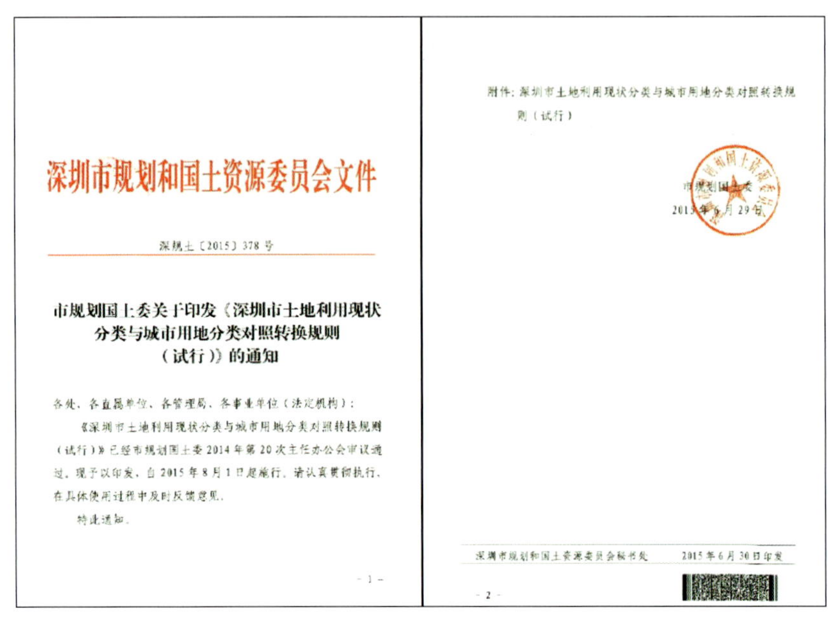

深圳市规划和国土资源委员会文件

深规土〔2015〕378号

市规划国土委关于印发《深圳市土地利用现状分类与城市用地分类对照转换规则（试行）》的通知

各处、各直属单位、各管理局、各事业单位（法定机构）：

《深圳市土地利用现状分类与城市用地分类对照转换规则（试行）》已经市规划国土委2014年第20次主任办公会审议通过，现予以印发，自2015年8月1日起施行，请认真贯彻执行，在具体使用过程中及时反馈意见。

特此通知。

- 1 -

附件：深圳市土地利用现状分类与城市用地分类对照转换规则（试行）

市规划国土委

2015年6月29日

深圳市规划和国土资源委员会秘书处　　2015年6月30日印发

- 2 -

图 10-6　市规划国土委关于印发《深圳市土地利用现状分类与城市用地分类对照转换规则（试行）》的通知

为规范深圳市土地变更及城市建设用地更新调查的内容、流程、方法及要求，保证调查成果质量，促进土地变更及城市建设用地更新调查数据的管理和应用，根据国家相关技术性文件，结合深圳市年度土地变更及城市建设用地更新调查实践经验，从调查内容、分类标准、调查步骤、调查精度、更新周期等方面对国家相关技术规范进行拓展和完善，研究制定《深圳市土地变更调查技术规范（试行）》，于2015年10月14日以委员会规范性文件印发，自11月1日起施行。

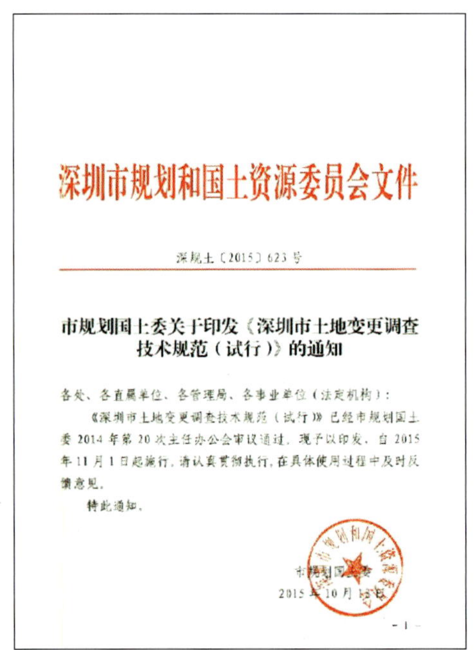

深圳市规划和国土资源委员会文件

深规土〔2015〕623号

市规划国土委关于印发《深圳市土地变更调查技术规范（试行）》的通知

各处、各直属单位、各管理局、各事业单位（法定机构）：

《深圳市土地变更调查技术规范（试行）》已经市规划国土委2014年第20次主任办公会审议通过，现予以印发，自2015年11月1日起施行，请认真贯彻执行，在具体使用过程中及时反馈意见。

特此通知。

市规划国土委

2015年10月[illegible]日

- 1 -

图 10-7　市规划国土委关于印发《深圳市土地变更调查技术规范（试行）》的通知

（四）整合规划与国土现状基础数据

开展数据转换及整合工作，将国土分类口径与规划分类口径的土地利用现状数据合二为一，形成 2009-2012 年土地利用及城市建设用地现状数据库和分类汇总表，建立了土地利用现状“一张图”，丰富和完善了规划国土“一张图”，为土地调查、规划编制、多规合一、数据统计等规划国土管理业务工作提供了统一的现状数据平台，为解决规划、国土行业管理部门数据口径不一致的问题打下基础，对于促进规划国土深度融合具有重要意义。

（五）积极开展土地调查相关研究工作

1. 开展土地与建筑统一调查机制研究

根据委员会关于探索建立统一调查机制的要求，结合往年土地变更调查与建筑更新调查两项工作开展的实际情况，深入分析两项工作的区别与联系、融合的可行性，从工作组织、工作流程、技术标准等方面着手，构建以规划国土管理需求为导向，调查对象涵盖土地和建筑，统一组织、统一标准、协调推进的土地建筑统一调查机制，并制定了指导统一调查实施的技术指引，为今后统一开展两项工作指明了方向。

2. 探索制定适应城市发展和管理需求的高度城市化地区土地分类标准

按为贯彻落实《深圳市土地管理制度改革总体方案》的要求，探索制定适应深圳城市发展和管理需求的高度城市化地区土地分类和调查标准，通过实地调研、专题会议、专家咨询等方式，在国家土地分类标准基础上，进一步深化、细化高度城市化地区土地分类标准研究，重点从土地用途管制、规土合一、生态文明建设等角度制定三级分类体系。一级类提出可支撑生态用地管制的农用地、生态用地、建设用地新三大类分类体系；二级类提出可支撑经济社会发展规划、城市规划、土地利用规划、环境保护规划“四规合一”的新规划用途分类体系；三级类提出可支撑全覆盖国土空间监测的调查监测分类体系及不同分类体系之间对照转换的一般技术方法。目前，该项工作已形成土地分类体系的初步成果，包括《高度城市化地区土地利用现状分类》、《高度城市化地区土地规划用途分类》、《〈土地利用现状分类〉、〈调查监测用地分类〉、〈深圳市城市用地分类〉对照表》，上述成果已提交委员会审查。

四、推进地铁地下空间使用权确权登记试点实践

为落实市政府会议纪要和我委土地管理制度改革工作计划要求，我委会同市轨道办、地铁集团等单位，联合拟定了《深圳市地铁空间综合开发与登记暂行办法》（送审稿），在地铁地下空间的权利设置、利益分配与三维登记等环节取得创新性研究成果。

一是创新地铁空间权利设置类型与方法。根据形成原因，将地铁空间具体分为地铁功能区及通道空间、地铁施工自然形成的空间以及与地铁连通的独立地下经营性空间，明确各类地铁空间权利类型与出让方式。

二是鼓励地铁空间综合开发。运用捆绑综合

开发、开发成本加合理利润补偿、优惠地价政策等多重手段，鼓励地铁空间充分利用地铁修建的时机，将地铁修建与综合开发同步实施。

三是创新地铁地下空间预告登记方法。考虑到地下工程具有较大的不确定性，创新性地提出了设立预告登记环节，即在空间形成之前进行预告登记，空间形成之后再进行初始登记，一方面解决了变更登记的认定问题，一方面还为地铁项目开发主体进行抵押贷款提供了便利。

《深圳市地铁空间综合开发与登记暂行办法》（送审稿）已经报送至市法制办，在全市征求意见后，将纳入立法程序。

五、探索完善土地租税费体系

按照《国家税务总局国土资源部关于深化以地控税以税节地工作的通知》的要求，我委会同地税部门制定了《深圳市深化以地控税以税节地工作方案》，构建了与地税部门合作的长效机制，将地籍信息运用于税收实践。相关试点范围由宝安、龙岗两区扩大至龙华、光明、坪山、大鹏等地，并明确了具体工作任务。该方案目前已呈送国家地税总局和国土资源部。接下来我委将按照该方案部署，积极做好与市地税局的数据交换与共享工作。

第四节　地籍、房产与拆迁测绘

一、地籍测绘

地籍测绘包括地籍核查、建设用地地界测放点、宗地图与宗地附图制作、变更调查及地籍数据清理等内容。2015 年度，共完成地籍测绘任务 687 项，其中制作宗地图与证书附图 401 宗；完成地界放桩 461 宗，测放点 5532 个。

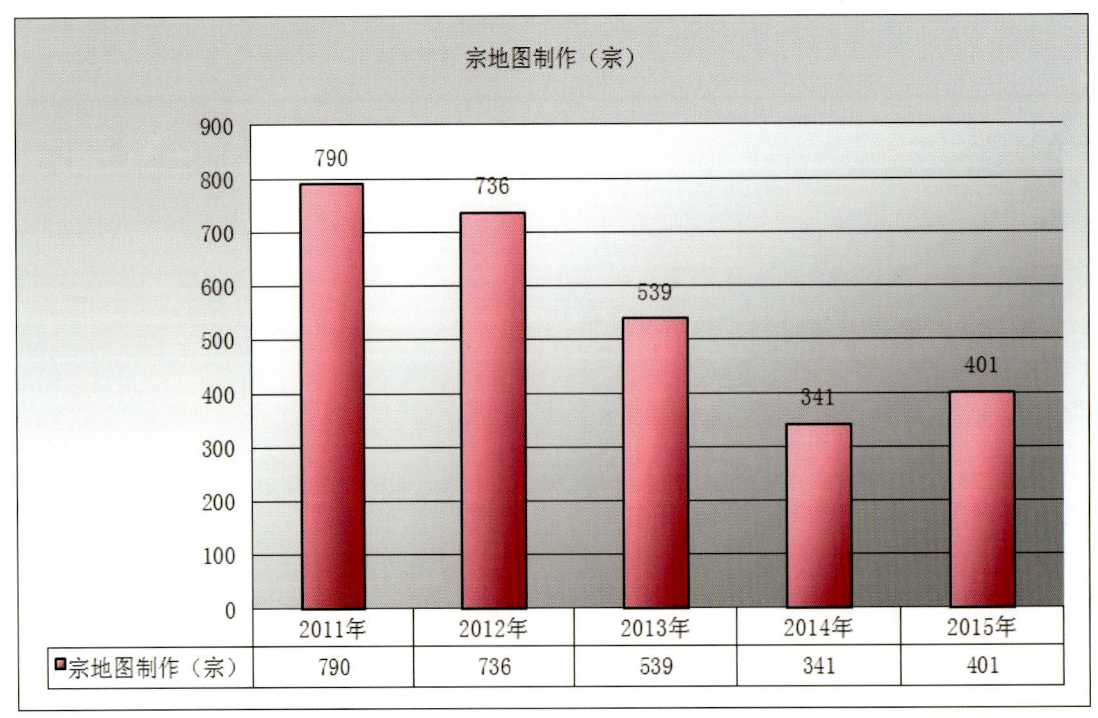

图 10-8　近 5 年完成宗地图制作情况

二、房产测绘

2015 年度共计完成房产测绘业务 1204 件，建筑面积约 6996 万平方米。完成施工图测算项目 169 项，约 1606 万平方米；预售测绘项目共 212 项，建筑面积 2340 万平方米；竣工查丈项目共 422 项，约 2468 万平方米；现状测绘、分割测绘及测绘修改项目共 401 项，约 582 万平方米。

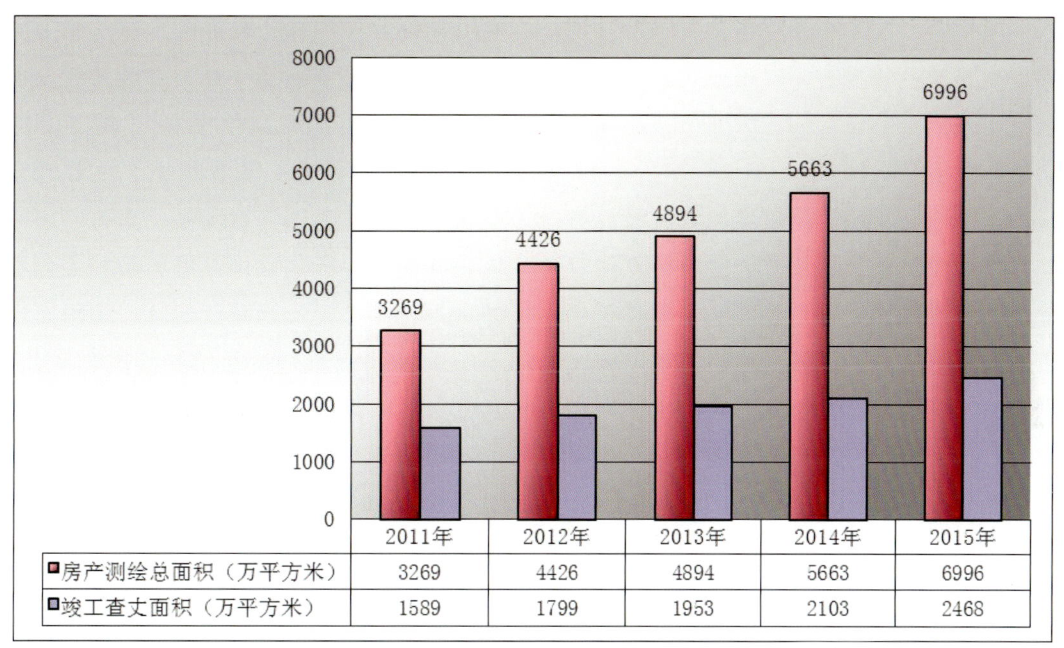

	2011年	2012年	2013年	2014年	2015年
房产测绘总面积（万平方米）	3269	4426	4894	5663	6996
竣工查丈面积（万平方米）	1589	1799	1953	2103	2468

图 10-9 近 5 年完成房产测绘情况

三、拆迁测绘

2007 年 2 月，深圳市人民政府发布第 161 号令，自当年 3 月 5 日起执行《深圳市公共基础设施建设项目房屋拆迁管理办法》，规定："公共基础设施建设项目房屋拆迁中的查勘、测绘工作应当委托市政府设立的地籍测绘机构实施。法律、法规另有规定或者特殊情况需要的，拆迁人可以委托具备法定自治和良好信誉的其他测绘机构进行查勘、测绘。"2015 年度，深圳市地籍测绘大队共完成收地拆迁测绘业务共 29 项。

第五节 城市规划测量

一、城市规划测量的主要内容

城市规划测量的依据是《广东省实施中华人民共和国城市规划法办法》和《深圳市城市规划条例》。

1. 建设工程开工验线。即批准的建筑设计方案在实地放桩定位后的复核工作，主要检查建筑物定位是否与批准的建筑设计图相符，是否符合《深圳市建设用地规划许可证》或相关规划设计要点（退红线要求）。验线合格需要在《深圳市建设工程规划许可证》或《桩基础报建证明书》上作记录。

2. 建设工程竣工测量。主要为建设工程规划、消防、人防等验收提供具有法律效力的基础数据，主要成果包括《建设工程竣工测量报告》和《房屋建筑面积测绘报告》（竣工测绘）两部分。《建设工程竣工测量报告》主要内容有：测量说明、建筑物退红线距离、层数、层高、现状图，并在图上标注宗地红线和界桩点坐标、室内外地坪标高、建筑物基底形状、房角点坐标及四至范围等；《房屋建筑面积测绘报告》（竣工测绘）包括计算（复核）说明、建筑面积汇总表、公用面积分户汇总表、房屋建筑面积分户汇总表、分户平面图、分户编号及位置图等。

3. 市政工程竣工测量。检查城市规划区内的道路、桥梁、隧道、轨道、交通设施等公共设施工程的竣工是否符合《建设工程规划许可证》及经核准的施工图（如发生对规划有影响的设计变更，手续是否完备合法）中有关规划方面的指标和内容。

二、2015年完成城市规划测量情况

2015年共完成工程验线360项；完成建设工程竣工验收（规划监督）测量422项，面积2468万平方米；完成市政工程竣工测绘86项。

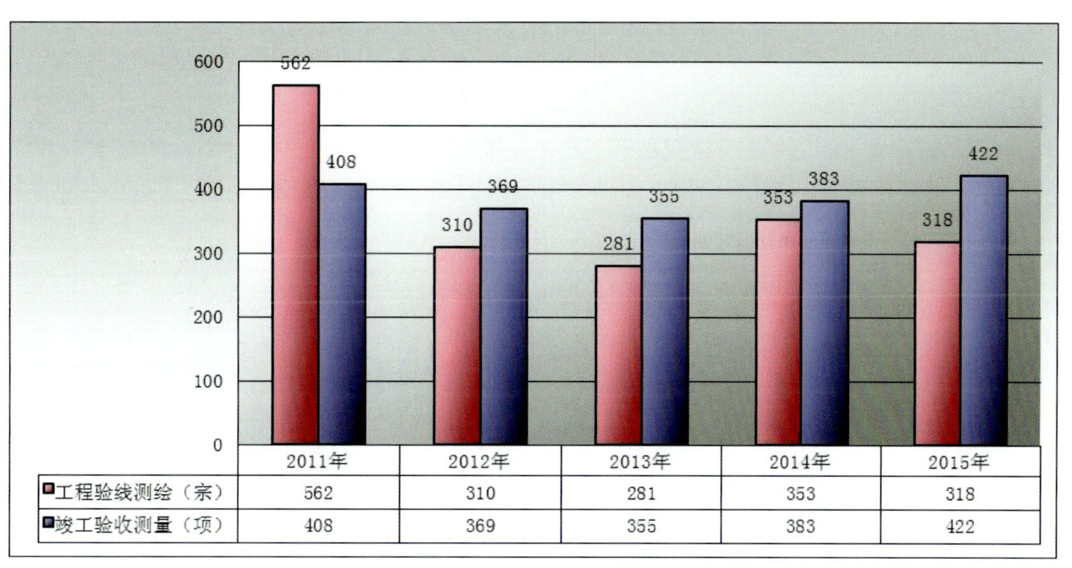

	2011年	2012年	2013年	2014年	2015年
工程验线测绘（家）	562	310	281	353	318
竣工验收测量（项）	408	369	355	383	422

图10-10 近5年完成城市规划测量情况

第六节 行业协会

一、深圳市测绘学会简介

深圳市测绘学会成立于1997年5月，是由深圳市测绘科学技术工作者以及有关专家、学者、科研单位和企业自愿结成的地方性、学术性、非营利性社会组织。2010年5月，学会召开第四次会员代表大会(暨换届大会)，选举产生第四届理事会，市规划和国土资源委员会副主任、我会第三届理事长郭仁忠当选第四届理事长，理事会设7名副理事长和23名常务理事及正副秘书长，理事62名。目前，我会拥有会员单位46家、个人会员388人。

学会成立17年来，在市规划和国土资源委员会、市民政局和市科协的正确领导和大力支持下，在各位常务理事、理事和会员的共同努力下，结合行业特点和我市实际情况，多渠道开展学会活动，积极发挥政府、社会、企业和测绘科技工作者之间的桥梁纽带作用，在当好助手、搭建桥梁方面取得了一定成绩，在探索学会工作新路子、努力创品牌学会的实践中，向前迈进了一步。历年来，学会多次被评为“年度学会工作先进集体”，学会会员多次获评“先进个人”、“优秀测绘工作者”等。

二、2015年工作情况

1. 人才队伍建设

根据广东省国尽快将慢慢就寂寞寂寞，土资

源厅《关于我省执业注册测绘师注册工作事宜的通知》要求，配合省厅完成注册测绘师注册工作，截至 2015 年年底，我市已完成注册的注册测绘师 112 人。

2. 科技奖励申报工作

积极组织 2015 年全国优秀测绘工程奖和科技进步奖申报工作，经评选公示，我市本年度共获奖项 33 项，较 2014 年度增加 3%。其中：

（1）中国测绘学会颁发 20 项。分别为全国优秀测绘工程奖银奖 5 项、铜奖 14 项，共 19 项；测绘科技进步奖二等奖 1 项。

（2）中国地理信息产业协会颁发 13 项。分别为：2015 地理信息科技进步奖一、二、三等奖各 1 项，共 3 项； 2015 中国地理信息产业优秀工程奖金奖 2 项、银奖 7 项、铜奖 1 项，共 10 项。

3. 文化体育建设

7 月 19 日，由中国大学生体育协会和中国测绘地理信息学会联合主办的“中国四维杯”第十一届全国测绘地理信息职工定向越野赛在吉林省长白山保护开发区举行，来自全国测绘地理信息系统共计 39 家单位的 400 余名运动员参赛，我会组织我市测绘企业共 32 人参加，并拿下 9 项大奖，我会连续第二年获优秀组织奖。

4. 交流活动

积极组织会员单位参加各类行业交流活动，增进互动，开阔视野。

3 月 18 日，组织参加全国测绘地理信息学会工作会议暨团体会员工作会议；5 月 14 日，组织参加由全国倾斜摄影技术联盟主办的全国倾斜摄影技术联盟百城巡展暨 2015 SuperMapGIS 自主创新与应用研讨会；10 月 22 日至 24 日，组织参加中国测绘地理信息学会 2015 年学术年会暨第五届全国测绘地理信息技术装备展览会、第二届中国地图文化节；11 月 9 日–11 日，组织参加在北京国际会议中心召开的以“创新驱动 转型升级 科学发展”为主题的中国地理信息产业大会；11 月 19 日–20 日，组织参加在海南省海口市举行的全国测绘科技信息网中南分网第二十九次测绘科技信息交流会。

第十一章　房地产行业管理

第一节　资质管理

一、开发企业资质管理情况

截至 2015 年 12 月 31 日，我市具有开发资质的企业为 857 家。其中，一级资质企业 13 家，二级资质企业 17 家，三级资质企业 466 家，四级资质企业 241 家，暂定资质企业 120 家。具体名单见下表：

表 11-1　一级资质企业名单

序号	企业名称
1	佳兆业集团（深圳）有限公司
2	中粮地产（集团）股份有限公司
3	卓越置业集团有限公司
4	深圳市东部开发（集团）有限公司
5	龙光地产股份有限公司
6	深圳市天健房地产开发实业有限公司
7	深圳市富通房地产集团有限公司

（续表）

序号	企业名称
8	万科企业股份有限公司
9	招商局地产控股股份有限公司
10	深圳市鸿荣源房地产开发有限公司
11	深业鹏基（集团）有限公司
12	深圳市京基房地产股份有限公司
13	广东锦峰地产投资有限公司

表 11-2　二级资质企业名单

序号	企业名称
1	深圳市益田集团股份有限公司
2	招商局蛇口工业区控股股份有限公司
3	深圳市绿景房地产开发有限公司
4	沙河实业股份有限公司
5	中航地产股份有限公司
6	深圳市金众地产集团有限公司
7	宝能地产股份有限公司
8	深圳市勤诚达集团有限公司
9	宝安鸿基地产集团股份有限公司

（续表）

序号	企业名称
10	深圳市物业发展（集团）股份有限公司
11	深圳市宇宏投资集团有限公司
12	深圳市阳基房地产开发有限公司
13	深圳市新天时代投资有限公司
14	深圳市皇庭房地产开发有限公司
15	深圳市信义房地产开发有限公司
16	深圳锦峰集团有限公司
17	深圳市锦绣江南投资有限公司

表 11-3　三级资质企业名单

（续表）

序号	企业名称
1	深圳市联投置地有限公司
2	深圳市嘉福房地产开发有限公司
3	深圳天安骏业投资发展有限公司
4	深圳市恒裕实业（集团）有限公司
5	中粮地产集团深圳房地产开发有限公司
6	中粮地产（集团）股份有限公司
7	中航地产股份有限公司
8	正兴隆房地产（深圳）有限公司
9	新锦安实业发展（深圳）有限公司
10	天安数码城（集团）有限公司
11	深圳玮鹏实业有限公司
12	深圳卓越酒店管理有限公司
13	深圳信德丰房地产有限公司
14	深圳新亚洲实业发展有限公司
15	深圳厦飞龙置业发展有限公司
16	深圳万科华昱花园房地产开发有限公司
17	深圳万科第五园房地产有限公司
18	深圳万科城房地产开发有限公司
19	深圳市中洲投资控股股份有限公司
20	深圳市中林实业发展有限公司
21	深圳市展远房地产开发有限公司
22	深圳市永长润实业有限公司
23	深圳市银星房地产开发有限公司
24	深圳市益田集团股份有限公司
25	深圳市阳基房地产开发有限公司
26	深圳市旭道房地产开发有限公司
27	深圳市信义房地产开发有限公司
28	深圳市物业发展(集团)股份有限公司
29	深圳市万悦房地产开发有限公司
30	深圳市万龙靓投资发展有限公司
31	深圳市万联嘉投资发展有限公司
32	深圳市万科兴业房地产开发有限公司
33	深圳市万科南城房地产有限公司
34	深圳市万科九州房地产开发有限公司
35	深圳市万科道霖投资发展有限公司
36	深圳市万科城市风景房地产开发有限公司
37	深圳市万鸿嘉投资发展有限公司
38	深圳市天居置业有限公司
39	深圳市天健房地产开发实业有限公司

序号	企业名称
40	深圳市深沙保（集团）有限公司
41	深圳市深福保（集团）有限公司
42	深圳市勤诚达集团有限公司
43	深圳市鹏润达置业集团有限公司
44	深圳市名爵房地产开发有限公司
45	深圳市美地佳置业有限公司
46	深圳市龙康弘投资发展有限公司
47	深圳市力基房地产有限公司
48	深圳市利丰房地产开发有限公司
49	深圳市康达尔（集团）房地产开发有限公司
50	深圳市聚龙湾投资发展有限公司
51	深圳市景诚园投资有限公司
52	深圳市京基房地产股份有限公司
53	深圳市京地投资发展有限公司
54	深圳市锦绣江南投资有限公司
55	深圳市金地利投资有限公司
56	深圳市建安（集团）股份有限公司
57	深圳市皇庭房地产开发有限公司
58	深圳市华讯伟业房地产开发有限公司
59	深圳市华盛置业有限公司
60	深圳市宏发房地产开发有限公司
61	深圳市合能房地产开发有限公司
62	深圳市合成隆实业开发有限公司
63	深圳市和诚鸿业投资发展有限公司
64	深圳市禾田居投资有限公司
65	深圳市禾田居投资发展有限公司
66	深圳市广田置业有限公司
67	深圳市光彩置业有限公司
68	深圳市光彩红投资控股有限公司
69	深圳市观澜物业发展有限公司
70	深圳市港城豪庭实业发展有限公司
71	深圳市福田环庆实业股份有限公司
72	深圳市方华房地产开发有限公司
73	深圳市东部开发（集团）有限公司
74	深圳市登程投资开发有限公司
75	深圳市承翰投资开发集团有限公司
76	深圳市百纳投资有限公司
77	深圳市安业置业发展有限公司
78	深圳润恒房地产开发集团有限公司

（续表）

序号	企业名称
79	深圳融发投资有限公司
80	深圳龙岗大鹏长城实业发展有限公司
81	深圳经济特区工业园开发公司
82	深圳锦峰集团有限公司
83	深圳华讯伟鸿房地产开发有限公司
84	深圳华强广场控股有限公司
85	深圳冠洋房地产有限公司
86	深圳东部华侨城有限公司
87	深圳宝能置业有限公司
88	深业泰然（集团）股份有限公司
89	深业南方地产（集团）有限公司
90	沙河实业股份有限公司
91	民生东都深圳房地产开发有限公司
92	君豪实业发展（深圳）有限公司
93	今盛工程管理咨询（深圳）有限公司
94	佳兆业集团（深圳）有限公司
95	丰隆集团有限公司
96	东港实业发展（深圳）有限公司
97	大中华国际集团（中国）有限公司
98	宝能地产股份有限公司
99	宝安鸿基地产集团股份有限公司
100	中海地产集团有限公司
101	振宇物业发展（深圳）有限公司
102	深圳中核集团有限公司
103	深圳招商房地产有限公司
104	深圳兴辽实业有限公司
105	深圳新浩房地产有限公司
106	深圳拓劲房地产开发有限公司
107	深圳市卓越康达贸易有限公司
108	深圳市众冠股份有限公司
109	深圳市中航城置业发展有限公司
110	深圳市振业（集团）股份有限公司
111	深圳市屹海达投资有限公司
112	深圳市盐田港集团有限公司
113	深圳市星河房地产开发有限公司
114	深圳市心海投资发展有限公司
115	深圳市新豪方房地产有限公司
116	深圳市物业房地产开发有限公司

（续表）

序号	企业名称
117	深圳市旺海怡康实业发展有限公司
118	深圳市水榭花都房地产有限公司
119	深圳市绿景房地产开发有限公司
120	深圳市龙华经济发展有限公司
121	深圳市龙光房地产有限公司
122	深圳市联泰房地产开发有限公司
123	深圳市朗钜实业集团有限公司
124	深圳市蓝基实业有限公司
125	深圳市君成投资发展有限公司
126	深圳市金众地产集团有限公司
127	深圳市金龙房地产开发有限公司
128	深圳市金亨利实业集团有限公司
129	深圳市会淇投资发展有限公司
130	深圳市宏发投资集团有限公司
131	深圳市鸿荣源房地产开发有限公司
132	深圳市恒基泰投资集团有限公司
133	深圳市海源实业股份有限公司
134	深圳市发中实业有限公司
135	深圳市德业基投资集团有限公司
136	深圳市大冲实业股份有限公司
137	深圳南油房地产有限公司
138	深圳机场地产有限公司
139	深圳冠懋房地产集团有限公司
140	深圳东海集团有限公司
141	深业鹏基（集团）有限公司
142	澳达实业发展（深圳）有限公司
143	信和（深圳）实业发展有限公司
144	深圳中海投资管理有限公司
145	深圳市万科城市建设管理有限公司
146	深圳市卓越康合投资发展有限公司
147	深圳市中洲宝城置业有限公司
148	深圳市中核兴业实业有限公司
149	深圳市致远房地产开发有限公司
150	深圳市志联佳实业有限公司
151	深圳市玉湖房地产开发有限公司
152	深圳市英龙置业有限公司
153	深圳市屹海达实业有限公司
154	深圳市艺园投资发展有限公司

（续表）

序号	企业名称
155	深圳市雅豪园投资有限公司
156	深圳市维百盛房地产开发有限公司
157	深圳市万泽房地产开发集团有限公司
158	深圳市万科溪之谷房地产有限公司
159	深圳市万科南苑房地产开发有限公司
160	深圳市万科房地产有限公司
161	深圳市万科滨海房地产有限公司
162	深圳市万达裕实业发展有限公司
163	深圳市天集开投资发展有限公司
164	深圳市水围实业股份有限公司
165	深圳市尚模发展有限公司
166	深圳市赛格地产投资股份有限公司
167	深圳市前海股份有限公司
168	深圳市鹏瑞地产开发有限公司
169	深圳市彭成地产有限公司
170	深圳市农科房地产开发有限公司
171	深圳市铭景实业有限公司
172	深圳市龙岗鸿基房地产开发有限公司
173	深圳市联城地产发展有限公司
174	深圳市锦新明集团有限公司
175	深圳市锦年基础工程有限公司
176	深圳市津联泰投资有限公司
177	深圳市金华南巴士股份有限公司
178	深圳市金海港实业有限公司
179	深圳市建设控股龙岗房地产有限公司
180	卓越置业集团有限公司
181	深圳市嘉旺城投资有限公司
182	深圳市皇城地产有限公司
183	深圳市华熙房地产有限公司
184	深圳市花样年房地产开发有限公司
185	深圳市鸿荣源实业有限公司
186	深圳市恒隆泰房地产开发有限公司
187	深圳市恒江地产开发有限公司
188	深圳市合正锦湖投资有限公司
189	深圳市海轩投资发展有限公司
190	深圳市广盛荣投资有限公司
191	深圳市富春东方房地产开发有限公司
192	深圳市方鼎实业投资发展有限公司

（续表）

序号	企业名称
193	深圳市东浩荣房地产开发有限公司
194	深圳市东方欣悦实业有限公司
195	深圳市大工业区（深圳出口加工区）开发管理集团有限公司
196	深圳市城市建设开发（集团）有限公司
197	深圳市宝利来贸易有限公司
198	深圳市宝安宝利来实业有限公司
199	深圳市奥康德投资开发有限公司
200	深圳华逸园房地产开发有限公司
201	深圳华侨城房地产有限公司
202	深圳航空城（东部）实业有限公司
203	三科控股集团有限公司
204	佳峰房地产开发（深圳）有限公司
205	嘉里置业（深圳）有限公司
206	广东城脉地产有限公司
207	百仕达地产有限公司
208	中信华南（集团）深圳有限公司
209	中国南山开发（集团）股份有限公司
210	永泰辉印刷（深圳）有限公司
211	深圳中信航城房地产有限公司
212	深圳中航城发展有限公司
213	深圳信和（集团）有限公司
214	深圳西京实业发展有限公司
215	深圳万泽碧轩房地产开发有限公司
216	深圳市榕江实业有限公司
217	深圳市众联业贸易有限公司
218	深圳市中云投资发展有限公司
219	深圳市中盛投资开发有限公司
220	深圳市中海海景山庄物业发展有限公司
221	深圳市志健实业有限公司
222	深圳市宇宏投资集团有限公司
223	深圳市耀凯房地产投资发展有限公司
224	深圳市信贤房地产开发有限公司
225	深圳市新世界投资有限公司
226	深圳市新润园房地产开发有限公司
227	深圳市田厦房地产开发有限公司
228	深圳市天健龙岗房地产开发有限公司
229	深圳市天地（集团）股份有限公司

（续表）

序号	企业名称
230	深圳市特发集团有限公司
231	深圳市世博海滨实业发展有限公司
232	深圳市时代财富实业集团有限公司
233	深圳市深润川实业有限公司
234	深圳市深宝实业股份有限公司
235	深圳市三泰投资有限公司
236	深圳市瑞荣达实业有限公司
237	深圳市荣超房地产开发有限公司
238	深圳市仁贵投资发展有限公司
239	深圳市鹏宝东物业发展有限公司
240	深圳市南油开发建设有限公司
241	深圳市铭兴实业集团有限公司
242	深圳市闽泰房地产开发有限公司
243	深圳市满京华投资集团有限公司
244	深圳市龙岗天安数码新城有限公司
245	深圳市联路投资管理有限公司
246	深圳市兰江房地产开发有限公司
247	深圳市科之谷投资有限公司
248	深圳市俊城房地产开发有限公司
249	深圳市巨银诚信投资发展有限公司
250	深圳市津房物业发展有限公司
251	深圳市建艺实业股份有限公司
252	深圳市建设（集团）有限公司
253	深圳市华业投资开发有限公司
254	深圳市华盛业投资有限公司
255	深圳市华明辉置业有限公司
256	深圳市花样年地产集团有限公司
257	深圳市恒运泰控股集团有限公司
258	深圳市广森投资集团有限公司
259	深圳市富德义房地产综合开发有限公司
260	深圳市福中福房地产开发有限公司
261	深圳市福东龙投资有限公司
262	深圳市恩地房地产有限公司
263	深圳市东华实业（集团）有限公司
264	深圳市鼎胜投资有限公司
265	深圳市大综艺房地产开发有限公司
266	深圳市大康投资集团有限公司
267	深圳市创建业房地产开发有限公司

（续表）

序号	企业名称
268	深圳市创城投资有限公司
269	深圳市楚山实业有限公司
270	深圳市城市建设投资发展有限公司
271	深圳市城龙房地产开发有限公司
272	深圳市安业房地产开发有限公司
273	深圳市安联投资有限公司
274	深圳世纪星源物业发展有限公司
275	深圳深国投房地产开发有限公司
276	深圳茂业（集团）股份有限公司
277	深圳中金康发房地产开发有限公司
278	深圳经济特区房地产（集团）股份有限公司
279	深圳惠名房地产开发有限公司
280	深圳观澜湖房地产开发有限公司
281	深圳富霖房地产开发有限公司
282	深圳城盛房地产开发有限公司
283	莱蒙房地产（深圳）有限公司
284	莱华商置有限公司
285	俊荣发展（深圳）有限公司
286	金地（集团）股份有限公司
287	广东省水电集团有限公司深圳分公司
288	广东恒丰投资集团有限公司
289	中建蛇口发展有限公司
290	招商局蛇口工业区控股股份有限公司
291	运泰实业（深圳）有限公司
292	太阳世纪地产集团有限公司
293	深圳天俊实业股份有限公司
294	深圳市中洲置地有限公司
295	深圳市知本投资集团有限公司
296	深圳市招商创业有限公司
297	深圳市粤宝实业发展有限公司
298	深圳市裕德丰投资发展有限公司
299	深圳市阳光丽安投资有限公司
300	深圳市阳光华艺房地产有限公司
301	深圳市雄江投资发展有限公司
302	深圳市新洲实业股份有限公司
303	深圳市新天时代投资有限公司
304	深圳市新世界房地产开发有限公司
305	深圳市投资控股有限公司

（续表）

序号	企业名称
306	深圳市同和工贸有限公司
307	深圳市田厦实业股份有限公司
308	深圳市天麒房地产发展有限公司
309	深圳市世纪丰源投资发展有限公司
310	深圳市深冠华投资发展有限公司
311	深圳市鹏业房地产有限公司
312	深圳市鹏达房地产开发有限公司
313	深圳市名居房地产有限公司
314	深圳市蓝湾房地产开发有限公司
315	深圳市坤宜实业发展有限公司
316	深圳市金洲房地产开发有限公司
317	深圳市金盛丰贸易有限公司
318	深圳市金地源房地产开发有限公司
319	深圳市佳华房地产开发有限公司
320	深圳市嘉晨房地产投资有限公司
321	深圳市华联置业集团有限公司
322	深圳市恒宝达房地产开发有限公司
323	深圳市海怡湾畔房地产开发有限公司
324	深圳市海岸投资集团有限公司
325	深圳市广兴源投资发展有限公司
326	深圳市高发投资控股有限公司
327	深圳市岗宏集团有限公司
328	深圳市富通房地产开发投资有限公司
329	深圳市富通房地产集团有限公司
330	深圳市东埔实业集团有限公司
331	深圳市鼎宏投资发展有限公司
332	深圳市鼎昌实业有限公司
333	深圳市地铁远为房地产开发有限公司
334	深圳市地铁集团有限公司
335	深圳经济特区新华城有限公司
336	深圳和记黄埔中航地产有限公司
337	深圳和记黄埔龙岗地产有限公司
338	深圳和记黄埔观澜地产有限公司
339	深圳广容丰投资发展有限公司
340	华业发展（深圳）有限公司
341	和记黄埔地产（深圳）有限公司
342	中海月朗苑物业发展（深圳）有限公司
343	中海宝松物业发展（深圳）有限公司

（续表）

序号	企业名称
344	中国宝安集团股份有限公司
345	泰华房地产（中国）有限公司
346	世纪海景集团（深圳）有限公司
347	深圳卓越世纪城房地产开发有限公司
348	深圳卓越房地产开发有限公司
349	深圳中海信和地产开发有限公司
350	深圳中海地产有限公司
351	深圳置富房地产开发有限公司
352	深圳兆科房地产有限公司
353	深圳招商华侨城投资有限公司
354	深圳一冶南方实业有限公司
355	深圳耀华创建房地产发展有限公司
356	深圳新安湖实业有限公司
357	深圳祥祺房地产开发有限公司
358	深圳拓万房地产开发有限公司
359	深圳天利地产集团有限公司
360	深圳市麟恒投资发展有限公司
361	深圳市翡翠花园房地产开发有限公司
362	深圳市圳宝实业有限公司
363	深圳市紫瑞房地产开发有限公司
364	深圳市卓越维港房地产开发有限公司
365	深圳市卓弘房地产开发有限公司
366	深圳市中银信置业有限公司
367	深圳市中熙房地产开发有限公司
368	深圳市中海深圳湾房地产开发有限公司
369	深圳市中海日辉台物业发展有限公司
370	深圳市中爱联实业有限公司
371	深圳市优地房地产开发有限公司
372	深圳市永晋盈投资有限公司
373	深圳市银台实业集团有限公司
374	深圳市银海实业有限公司
375	深圳市盐田区城建集团有限公司
376	深圳市雪霖集团有限公司
377	深圳市旭飞实业有限公司
378	深圳市新生辉投资有限公司
379	深圳市香江置业有限公司
380	深圳市西城雅筑置业有限公司
381	深圳市武龙源房地产开发有限公司

（续表）

序号	企业名称
382	深圳市桐林房地产开发有限公司
383	深圳市塘泰投资发展有限公司
384	深圳市颂德房地产开发有限公司
385	深圳市松茂房地产集团有限公司
386	深圳市世之鼎实业有限公司
387	深圳市世纪汇鑫实业集团有限公司
388	深圳市盛善投资有限公司
389	深圳市深港数码科技有限公司
390	深圳市深房集团龙岗开发有限公司
391	深圳市蛇口湾厦实业股份有限公司
392	深圳市汕源新实业有限公司
393	深圳市山海园林有限公司
394	深圳市森之润投资发展有限公司
395	深圳市桑泰房地产开发有限公司
396	深圳市三新房地产开发有限公司
397	深圳市瑞恒投资发展有限公司
398	深圳市荣津实业集团有限公司
399	深圳市坪宇物业发展有限公司
400	深圳市鹏锦生投资发展有限公司
401	深圳市鹏城港水产批发市场有限公司
402	深圳市南园枫叶投资有限公司
403	深圳市南山罐头厂有限公司
404	深圳市南岭华业投资有限公司
405	深圳市民华投资有限公司
406	深圳市罗沙工程开发有限公司
407	深圳市龙园山庄实业发展有限公司
408	深圳市中海凯骊酒店管理有限公司
409	深圳市琳珠园林有限公司
410	深圳市京武房地产开发有限公司
411	深圳市金海港房地产开发有限公司
412	深圳市金光华地产开发有限公司
413	深圳市金安城房地产开发有限公司
414	深圳市建业房地产开发有限公司
415	深圳市佳家豪投资发展有限公司
416	深圳市嘉葆润房地产有限公司
417	深圳市嘉盈鑫实业有限公司
418	深圳市汇泰实业有限公司
419	深圳市华嵘投资集团有限公司

（续表）

序号	企业名称
420	深圳市华兴昌实业有限公司
421	深圳市华来利投资控股（集团）有限公司
422	深圳市恒祥基房地产开发建设有限公司
423	深圳市恒和基房地产开发有限公司
424	深圳市恒丰浩森房地产有限公司
425	深圳市合正房地产集团有限公司
426	深圳市荷康城房地产开发有限公司
427	深圳市汉森房地产开发有限公司
428	深圳市海华实业有限公司
429	深圳市海岸融通投资有限公司
430	深圳市海岸房地产开发有限公司
431	深圳市国正向前投资发展有限公司
432	深圳市国野股份有限公司
433	深圳市广业成投资发展有限公司
434	深圳市广海投资有限公司
435	深圳市福田房地产有限公司
436	深圳市福城投资（集团）有限公司
437	深圳市东方置地集团有限公司
438	深圳市地业房地产有限公司
439	深圳市大贸股份有限公司
440	深圳市创展置地实业发展有限公司
441	深圳市诚略实业发展有限公司
442	深圳市超卓投资发展有限公司
443	深圳市草围投资有限公司
444	深圳市博众投资有限公司
445	深圳市宝发投资有限公司
446	深圳深业物流集团股份有限公司
447	深圳勤诚达地产有限公司
448	深圳兰亭房地产开发有限公司
449	深圳凯南房地产开发有限公司
450	深圳金光华实业集团有限公司
451	深圳宏达房地产开发有限公司
452	深圳恒丰房地产有限公司
453	深圳恒安房地产开发有限公司
454	深圳航天地产发展有限公司
455	深圳海滨房产有限公司
456	深圳博林集团有限公司
457	深圳半岛城邦房地产开发有限公司

（续表）

序号	企业名称
458	深业泰富物流集团股份有限公司
459	深联实业（深圳）有限公司
460	润杨集团（深圳）有限公司
461	仁恒置地（深圳）有限公司
462	华润（深圳）有限公司

（续表）

序号	企业名称
463	华南国际工业原料城（深圳）有限公司
464	鸿荣源置业集团(深圳)有限公司
465	鼎太风华房地产开发(深圳)有限公司
466	鼎太房地产开发（深圳）有限公司

表 11-4　四级资质企业名单

序号	企业名称
1	深圳市红荷新城房地产开发有限公司
2	华联控股股份有限公司
3	深圳市南岭新力佳投资有限公司
4	深圳市盐田港置业有限公司
5	深圳市保利置地房地产开发有限公司
6	深圳市中海德投资发展有限公司
7	深圳市合泰地产集团有限公司
8	深圳市龙志投资发展有限公司
9	深圳市祥华投资发展有限公司
10	深圳市朗通房地产开发有限公司
11	深圳市铖源实业发展有限公司
12	综合信兴盐保物流（深圳）有限公司
13	中国长安汽车集团深圳投资有限公司
14	深圳市中兴投资有限公司
15	深圳市友盛地产有限公司
16	深圳市新辉大实业发展有限公司
17	深圳市世纪旭源投资发展有限公司
18	深圳市清水河实业有限公司
19	深圳市龙井实业股份有限公司
20	深圳市金城光明房地产有限公司
21	深圳市建鹏达房地产开发有限公司
22	深圳市嘉霖房地产有限公司
23	深圳市集泰实业发展有限公司
24	深圳市和正泰投资发展有限公司
25	深圳市港信达投资发展有限公司
26	深圳市富腾投资发展有限公司
27	深圳市地业乐安房地产有限公司
28	深圳市大鹏佳兆业房地产开发有限公司

（续表）

序号	企业名称
29	彭年中外企业家俱乐部（深圳）有限公司
30	港铁物业发展（深圳）有限公司
31	宝吉工艺品（深圳）有限公司
32	深圳市万博仕科技有限公司
33	中国中电国际信息服务有限公司
34	深圳雅宝房地产开发有限公司
35	深圳市夏浦光电技术有限公司
36	深圳市五联将军帽房地产开发有限公司
37	深圳市美地置业发展有限公司
38	深圳市龙岗德兴房地产开发有限公司
39	深圳市莲塘房地产开发有限公司
40	深圳市大沙河创新走廊建设投资管理有限公司
41	深圳市宝嘉新投资有限公司
42	深圳市宝安东海实业有限公司
43	深圳荣超实业有限公司
44	深圳宏明国际地产集团有限公司
45	鸿硕房地产开发（深圳）有限公司
46	宝城物业管理（深圳）有限公司
47	深圳市曦湾名苑地产有限公司
48	深圳市卓越康华贸易有限公司
49	深业沙河(集团)有限公司
50	深圳市翔奥投资发展有限公司
51	深圳市鹏润达投资发展有限公司
52	深圳市鲤鱼门投资发展有限公司
53	深圳市恒豪实业有限公司
54	深圳市恒地投资有限公司
55	深圳市崇诚房地产有限公司
56	深圳市滨海置业有限公司

（续表）

序号	企业名称
57	深圳市宝鼎威物流有限公司
58	深圳市宝安石鸿工贸有限公司
59	深圳市安鸿业房地产开发有限公司
60	深圳市厚华投资有限公司
61	深圳市运发集团股份有限公司
62	杨富实业（深圳）有限公司
63	雄伟房地产开发（深圳）有限公司
64	万菱实业（深圳）有限公司
65	深圳豫盛投资发展有限公司
66	深圳万庭房地产开发有限公司
67	深圳万骏房地产开发有限公司
68	深圳市中添威商贸有限公司
69	深圳市中航城投资有限公司
70	深圳市中富田房地产开发有限公司
71	深圳市粤国投资发展有限公司
72	深圳市新屋吓英隆房地产开发有限公司
73	深圳市下水径投资有限公司
74	深圳市田心实业股份有限公司
75	深圳市天勤房地产开发有限公司
76	深圳市天就房地产开发有限公司
77	深圳市泰富华天峦湖置业有限公司
78	深圳市润创兴投资有限公司
79	深圳市荣超英隆房地产开发有限公司
80	深圳市龙泉别墅投资发展有限公司
81	深圳市乐丰投资发展有限公司
82	深圳市康年科技有限公司
83	深圳市金泽实业发展有限公司
84	深圳市金地北城房地产开发有限公司
85	深圳市佳米基投资有限公司
86	深圳市吉厦房地产开发有限公司
87	深圳市湖润房地产开发有限公司
88	深圳市湖贝实业股份有限公司
89	深圳市红荷森泉置业发展有限公司
90	深圳市红荷房地产开发有限公司
91	深圳市弘金地网球俱乐部有限公司
92	深圳市鸿翔实业有限公司
93	深圳市海之湾科技有限公司

（续表）

序号	企业名称
94	深圳市光明商业中心开发有限公司
95	深圳市光明房地产开发公司
96	深圳市富源房地产开发有限公司
97	深圳市福田实业发展有限公司
98	深圳市东海成投资有限公司
99	深圳市德涵投资发展有限公司
100	深圳市长庆房地产开发有限公司
101	深圳市宝盛实业有限公司
102	深圳市百富隆新投资有限公司
103	深圳麓园房地产开发有限公司
104	丽廷实业（深圳）有限公司
105	江胜房地产开发（深圳）有限公司
106	亨德来实业发展（深圳）有限公司
107	深圳中铁粤丰置业有限公司
108	深圳市银江置地开发有限公司
109	深圳市信旺房地产开发有限公司
110	深圳市新建投资发展有限公司
111	深圳市天耀投资发展有限公司
112	北方工业深圳投资有限公司
113	深圳市鹏城置业投资发展有限公司
114	深圳市金地大百汇房地产开发有限公司
115	深圳市建合恒投资有限公司
116	深圳市海科兴留学生产业基地投资有限公司
117	深圳市海汇房地产开发有限公司
118	深圳市广晟置业有限公司
119	深圳市光明集团有限公司
120	深圳市福盈置地控股有限公司
121	深圳市诚品地产有限公司
122	深圳邦兆房地产开发有限公司
123	华润置地（深圳）有限公司
124	华润置地（深圳）发展有限公司
125	华润（深圳）地产发展有限公司
126	运泰建业置业（深圳）有限公司
127	深圳西丽高尔夫球俱乐部有限公司
128	深圳市中航长泰投资发展有限公司
129	深圳市裕兴顺房地产开发有限公司
130	深圳市雨霖投资有限公司

（续表）

序号	企业名称
131	深圳市阳光海滨投资有限公司
132	深圳市新安上合股份合作公司
133	深圳市天悦房地产开发有限公司
134	深圳市特区建设发展集团有限公司
135	深圳市桃花园置业有限公司
136	深圳市市建置业有限公司
137	深圳市山海情置业有限公司
138	深圳市荣丰源投资发展有限公司
139	深圳市荣超投资发展有限公司
140	深圳市平日上房地产开发有限公司
141	深圳市美宝田实业有限公司
142	深圳市绿色满庭芳实业发展有限公司
143	深圳市林江房地产有限公司
144	深圳市康达尔（集团）股份有限公司
145	深圳市骏泰房地产开发有限公司
146	深圳市金地宝城房地产开发有限公司
147	深圳市华佳业房地产开发有限公司
148	深圳市宏达同实业有限公司
149	深圳市鼎丰泰投资有限公司
150	深圳市地健工程有限公司
151	深圳市大族基业房地产开发有限公司
152	深圳市创佶置业有限公司
153	深圳市长城物流有限公司
154	深圳市博住置业有限公司
155	深圳九矿企业机械地盘工程公司
156	深圳华强高新产业园投资发展有限公司
157	深圳泛亚房地产开发有限公司
158	清蓝实业（深圳）有限公司
159	华银通宝投资有限公司
160	和黄地产（深圳宝安）有限公司
161	宝能城有限公司
162	中海信科技开发（深圳）有限公司
163	振昌实业（深圳）有限公司
164	壹方置业（深圳）有限公司
165	新旺实业发展（深圳）有限公司
166	天基房地产开发（深圳）有限公司
167	深圳亘富投资有限公司

（续表）

序号	企业名称
168	深圳正中商业管理有限公司
169	深圳西帝房地产开发有限公司
170	深圳湾游艇会有限公司
171	深圳腾鸿投资有限公司
172	深圳市鑫地置业有限公司
173	深圳市中平实业有限公司
174	深圳市中航华城置业发展有限公司
175	深圳市中海富地物业发展有限公司
176	深圳市志天下实业有限公司
177	深圳市正中房地产开发有限公司
178	深圳市正展实业有限公司
179	深圳市正大国利投资有限公司
180	深圳市兆和置地投资有限公司
181	深圳市粤长辉实业发展有限公司
182	深圳市渔丰实业股份有限公司
183	深圳市永利鸿盈投资有限公司
184	深圳市永和投资发展有限公司
185	深圳市银浩实业有限公司
186	深圳市耀都房地产开发有限公司
187	深圳市宣威田丰贸易有限公司
188	深圳市星都置业有限公司
189	深圳市新创基投资发展有限公司
190	深圳市祥盛房地产开发有限公司
191	深圳市厦村房地产开发有限公司
192	深圳市西湖股份有限公司
193	深圳市五联百合房地产开发有限公司
194	深圳市维时科技实业发展有限公司
195	深圳市腾龙达实业有限公司
196	深圳市泰业投资有限公司
197	深圳市盛迪嘉房地产开发有限公司
198	深圳市生良房地产开发有限公司
199	深圳市蛇口湾厦置业有限公司
200	深圳市润恒尚园房地产开发有限公司
201	深圳市泉堂实业发展有限公司
202	深圳市鹏龙实业有限公司
203	深圳市明泰润投资发展有限公司
204	深圳市罗兰斯宝物业发展有限公司

（续表）

序号	企业名称
205	深圳市绿洲丰和投资发展有限公司
206	深圳市龙盛豪庭投资有限公司
207	深圳市六和房地产开发有限公司
208	深圳市霖梓投资发展有限公司
209	深圳市联合建业投资发展有限公司
210	深圳市锦成龙实业有限公司
211	深圳市金益田实业发展有限公司
212	深圳市金地住宅开发有限公司
213	深圳市金地新城房地产开发有限公司
214	深圳市金地旧城改造开发有限公司
215	深圳市教新实业有限公司
216	深圳市建信锋源实业有限公司
217	深圳市坚得利实业有限公司
218	深圳市嘉鑫辉煌房地产有限公司
219	深圳市嘉盛城投资有限公司
220	深圳市汇港城投资有限公司
221	深圳市华园房地产开发有限公司
222	深圳市华兴广实业有限公司
223	深圳市红荷庭苑房地产开发有限公司

（续表）

序号	企业名称
224	深圳市弘都投资有限公司
225	深圳市合正景园实业有限公司
226	深圳市海王星辰实业有限公司
227	深圳市港城建业房地产开发有限公司
228	深圳市富基投资集团有限公司
229	深圳市东部实业股份有限公司
230	深圳市大新尚盛投资有限公司
231	深圳市传承房地产开发有限公司
232	深圳市潮商东部投资有限公司
233	深圳市昌盛投资发展有限公司
234	深圳市博林房地产开发有限公司
235	深圳市博厚实业有限公司
236	深圳市宝安区福永物业发展总公司
237	深圳市安泰城投资发展有限公司
238	深圳妈湾电力有限公司
239	深圳海王集团股份有限公司
240	深圳宝源创建有限公司
241	华润深圳湾发展有限公司

表 11-5　暂定资质企业名单

序号	企业名称
1	深圳市创浩通房地产开发有限公司
2	深圳市宁佳置业有限公司
3	深圳华强永兴投资有限公司
4	深圳市比亚迪实业发展有限公司
5	深圳市深岛实业有限公司
6	深圳市百年春投资发展有限公司
7	深圳市丰盛投资集团有限公司
8	深圳市鹏华达实业有限公司
9	深圳市华昌贸易有限公司
10	深圳市锦福源投资发展有限公司
11	深圳棕科置业有限公司
12	深圳市心海腾楗投资发展有限公司
13	海信南方有限公司

（续表）

序号	企业名称
14	深圳市毅骏房地产开发有限公司
15	深圳天安云谷投资发展有限公司
16	深圳市东方尊峪房地产开发有限公司
17	深圳市福民合建投资有限公司
18	深圳市嘉兴福房地产开发有限公司
19	深圳市国速房地产开发有限公司
20	深圳市南联投资发展有限公司
21	深圳市富驰房地产开发有限公司
22	深圳市盛隆兴业投资发展有限公司
23	深圳仙诺制药有限公司
24	深圳市嘉信润丰投资有限公司
25	深圳市华中城房地产开发有限公司
26	深业进智物流发展有限公司

（续表）

序号	企业名称
27	深圳市丹晟恒丰投资有限公司
28	深圳市金中池投资发展有限公司
29	深圳市龙城广场房地产开发有限公司
30	深圳朗泓房地产有限公司
31	深圳市迅和投资发展有限公司
32	深圳市鹏广达投资发展有限公司
33	深圳市高力特房地产开发有限公司
34	深圳市承翰信息咨询有限公司
35	深圳市众驰伟业投资发展有限公司
36	深圳市悦峰投资有限公司
37	深圳市盐田佳兆业房地产开发有限公司
38	深圳市泰新利物业管理有限公司
39	深圳市秋铭投资发展有限公司
40	深圳市九州房地产开发有限公司
41	深圳市金安轩投资发展有限公司
42	深圳市佳昌业投资有限公司
43	深圳市汇东房地产投资管理有限公司
44	深圳金利通投资有限公司
45	深圳华谊兄弟文化创意产业有限公司
46	深圳市家乐实业发展公司
47	深圳市锦福城房地产开发有限公司
48	深圳市沙浦巨帆投资有限公司
49	威新地产（深圳）有限公司
50	深圳市儒骏泰峰房地产开发有限公司
51	深圳市龙华海荣实业有限公司
52	深圳市金骏房地产有限公司
53	深圳市黄贝岭靖轩实业股份有限公司
54	深圳市国惠康国泰房地产开发有限公司
55	深圳市安鸿兴投资发展有限公司
56	深圳坪山招商房地产有限公司
57	深圳市卓越宝中房地产开发有限公司
58	深圳市中通永安置地有限公司
59	深圳市中天美景地产投资有限公司
60	深圳市鹏广达商业管理有限公司
61	深圳市向西雍睦豪庭房地产开发有限公司
62	深圳市万科云城置地有限公司
63	深圳市万科云城商业有限公司

（续表）

序号	企业名称
64	深圳市万科云城房地产开发有限公司
65	深圳市万疆城投资发展有限公司
66	深圳市世基房地产开发有限公司
67	深圳市山厦股份合作公司
68	深圳市润科房地产开发有限公司
69	深圳市瑞和佳源房地产开发有限公司
70	深圳市盘龙投资发展有限公司
71	深圳市浪骑游艇会有限公司
72	深圳市金利居房地产开发有限公司
73	深圳市怀德房地产开发有限公司
74	深圳市恒明珠房地产开发有限公司
75	深圳市大新常盛投资有限公司
76	深圳市奥宸房地产开发有限公司
77	深圳金域融泰投资发展有限公司
78	深圳市向南枫叶投资有限公司
79	深圳市太子广场置业有限公司
80	深圳市新南水门投资有限公司
81	深圳市深信西部房地产有限公司
82	深圳市善嘉置业有限公司
83	深圳市龙嘉房地产有限公司
84	深圳市合裕房地产开发有限公司
85	深圳市国威科技创新服务有限公司
86	加福投资（深圳）有限公司
87	深圳市天荣盛房地产开发有限公司
88	中粮地产（深圳）实业有限公司
89	深圳市富士投资（集团）有限公司
90	深圳市荣超前海发展有限公司
91	深圳市淞江康纳投资有限公司
92	深圳市远为科技发展有限公司
93	深圳市德欣房地产开发有限公司
94	深圳市磐业科技开发有限公司
95	深圳市赤湾投资发展有限公司
96	深圳深中润投资控股有限公司
97	深圳市径腾投资发展有限公司
98	深圳市赛格新城市建设发展有限公司
99	深圳市赤湾房地产开发有限公司
100	深圳市喜盈盈投资有限公司

（续表）

序号	企业名称
101	深圳市文宝峰投资发展有限公司
102	深圳市天居基业投资有限公司
103	深圳市深业中城有限公司
104	深圳市坪山新区城市建设投资有限公司
105	深圳市华茂嘉投资有限公司
106	耀骏贸易（深圳）有限公司
107	深圳市市政工程总公司
108	深圳市鹏广达置业有限公司
109	深圳市鹏广达广场商业发展有限公司
110	深圳市龙园凯利恒丰房地产股份有限公司

（续表）

序号	企业名称
111	深圳市龙华龙屋投资有限公司
112	深圳市力高大道置业有限公司
113	深圳市喀斯特中环星苑置业有限公司
114	深圳市金洪实业投资发展有限公司
115	深圳市红荷缇居房地产开发有限公司
116	深圳市方大置业发展有限公司
117	深圳市德润创展房地产开发有限公司
118	深圳市大汉王置业有限公司
119	深圳海雅（集团）有限公司
120	美洲联冠置业（深圳）有限公司

二、房地产（土地）价格评估机构资质管理情况

截止 2015 年 12 月 31 日，我市房地产（土地）价格评估机构共 54 家，其中取得房地产价格评估一级资质的 38 家，二级资质的 8 家，三级资质的 8 家；取得土地价格评估全国范围执业的 12 家，广东省范围执业的 12 家，深圳市范围执业的 4 家。详见下表。

表 11-6 深圳市 2015 年房地产评估机构资质年鉴情况

公司名称	房地产价格评估资质等级	土地价格评估执业范围
国众联资产评估土地房地产估价有限公司	一级	全国
深圳市长基房地产评估交易有限公司	一级	无
深圳市戴德梁行土地房地产评估有限公司	一级	全国
深圳市东昊房地产评估有限公司	一级	无
深圳市格衡土地房地产评估咨询有限公司	一级	全国
深圳市广衡房地产和土地估价有限公司	一级	全国
深圳市国策房地产土地估价有限公司	一级	全国
深圳市国房土地房地产评估咨询有限公司	一级	全国
深圳市国浩土地房地产评估经纪有限公司	一级	广东省
深圳市国量行土地房地产估价顾问有限公司	一级	深圳市
深圳市国潼联土地房地产评估有限公司	一级	广东省
深圳市国誉房地产土地估价顾问有限公司	一级	广东省
深圳市国政房地产土地评估有限公司	一级	无
深圳市国咨土地房地产评估有限公司	一级	全国
深圳市国资源土地房地产资产评估有限公司	一级	全国
深圳市和达房地产评估咨询有限公司	一级	无

（续表）

公司名称	房地产价格评估资质等级	土地价格评估执业范围
深圳市乐居行土地房地产估价顾问有限公司	一级	无
深圳市龙房地土地房地产评估咨询有限公司	一级	无
深圳市鹏建土地房地产评估有限公司	一级	无
深圳市鹏信资产评估土地房地产估价有限公司	一级	全国
深圳市融泽源资产评估土地房地产估价有限公司	一级	无
深圳市儒骏辉土地房地产评估有限公司	一级	广东省
深圳市深信房地产评估有限公司	一级	无
深圳市世纪中盛房地产评估有限公司	一级	无
深圳市世联土地房地产评估有限公司	一级	全国
深圳市世鹏资产评估房地产土地估价顾问有限公司	一级	全国
深圳市遂兴房地产评估有限公司	一级	无
深圳市同致诚土地房地产估价顾问有限公司	一级	全国
深圳市文集土地与房地产评估经纪有限公司	一级	广东省
深圳市新峰土地房地产评估有限公司	一级	广东省
深圳市新永基土地房地产评估顾问有限公司	一级	深圳市
深圳市一统土地房地产评估有限公司	一级	广东省
深圳市英联土地房地产估价顾问有限公司	一级	广东省
深圳市友达康土地房地产评估顾问有限公司	一级	广东省
深圳市中诚达土地房地产评估顾问有限公司	一级	深圳市
深圳市中联房地产评估有限公司	一级	无
深圳市中项资产评估房地产土地估价有限公司	一级	广东省
深圳市尊量行土地房地产估价有限公司	一级	广东省
深圳德永房地产评估有限公司	二级	无
深圳市建诚信土地房地产评估咨询有限公司	二级	广东省
深圳市润泰阳房地产经纪评估有限公司	二级	无
深圳市深美林房地产评估有限公司	二级	无
深圳市通泰衡房地产估价有限公司	二级	无
深圳市懿元百年房地产土地咨询评估有限公司	二级	无
深圳市永信资产评估房地产估价有限公司	二级	无
深圳市正中联行土地房地产评估有限公司	二级	无
深圳市百象房地产评估有限公司	三级	无
深圳市国信房地产土地评估咨询有限公司	三级	无
深圳市鹏晨房地产土地资产评估有限公司	三级	深圳市
深圳市世华房地产土地资产评估有限公司	三级	无
深圳市中正房地产评估有限公司	三级	无
深圳信瑞行房地产估价有限公司	三级	无
深圳中信通房地产评估顾问有限公司	三级	无
深圳市大成土地房地产资产评估有限公司	三级（暂定）	无

三、房地产经纪机构资质管理情况

（一）备案情况

2015 年，深圳市共有有效备案机构 402 家，有效备案分支机构 1815 间，有效从业房地产经纪人员 39945 名。

（二）2015 年(2014 年度)检查情况

1. 本年度共有 304 家房地产经纪机构、1433 间分支机构在规定时间内提交了年检材料，经协会初审，及深圳市规划和国土资源委员会确认无异议，准予通过年检。

2. 从各机构年检分支机构数量来看，中原地产代理（深圳）有限公司、深圳市世华房地产投资顾问有限公司、深圳链家房地产经纪有限公司、美联物业代理(深圳)有限公司、深圳市家家顺房产交易有限公司五家机构地铺总量合计达 1178 间，占全市年检机构地铺总量的 82%。

3. 从各行政辖区申报年检的房地产经纪机构及分支机构分布情况来看：

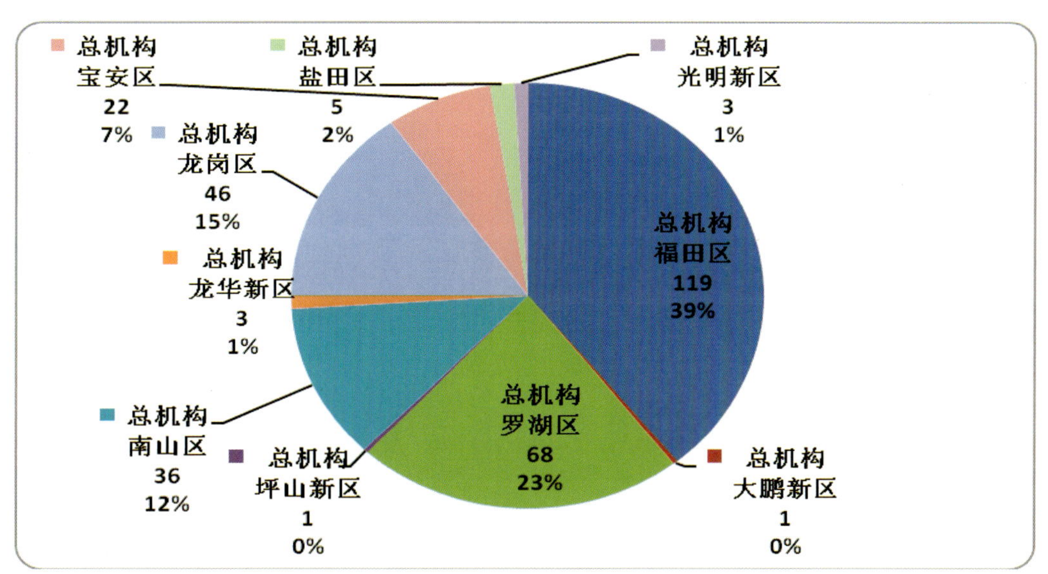

图 11-1　经纪机构总部分区情况一览（截至 2015 年 4 月）

各经纪机构总部仍主要以福田、罗湖为主，其中福田区经纪机构总量最多，占全部年检机构的 39%。

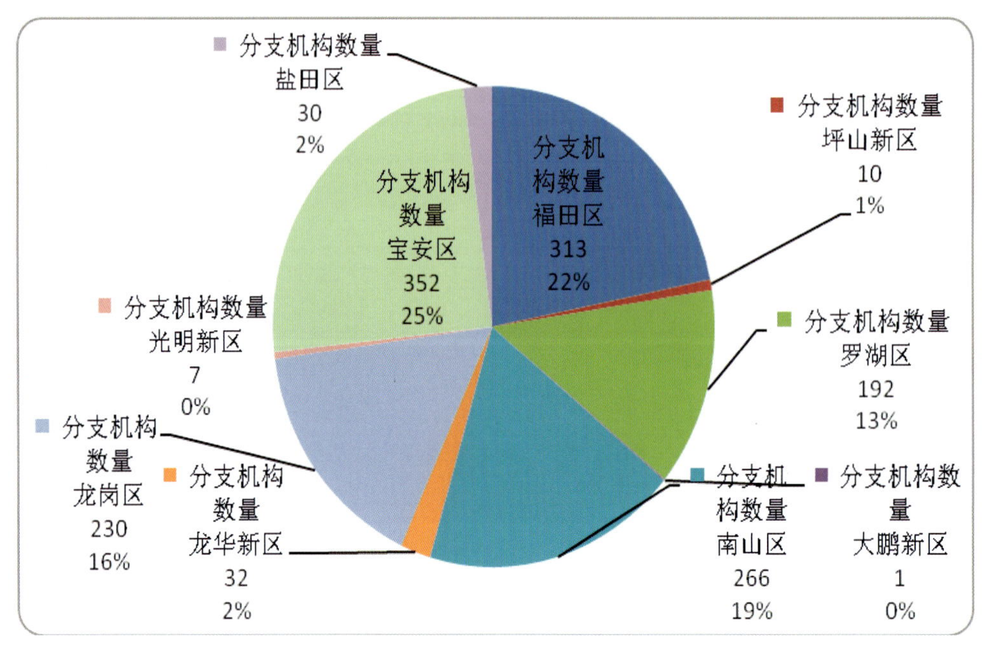

图 11-2　分支机构分区情况一览（截至 2015 年 4 月）

各分支机构分布相对较为平均，其中宝安区后来居上，已成为经纪机构地铺最为密集的地区，地铺总量达 352 间，占全市地铺总量的 24.6%；其次为福田区，数量也超 300 间以上。市场占有率排行前 5 名的经纪机构拥有的门店数量都在百家以上。

各区具体分布情况请见下表：

表 11-7　各区机构数量

序号	区域	总机构数量	分支机构数量	总机构不在该区的分支机构数量
1	福田区	119	313	50
2	罗湖区	68	192	132
3	南山区	36	266	220
4	龙岗区	46	230	215
5	宝安区	22	352	328
6	盐田区	5	30	29
7	坪山新区	1	10	10
8	光明新区	3	7	7
9	龙华新区	3	32	29
10	大鹏新区	1	1	1

表 11-8　通过 2015 年（2014 年度）年检及新备案房地产经纪机构名单

序号	经纪机构名称	备案证书号
1	中原地产代理（深圳）有限公司	深房经字(2015)001 号
2	深圳市世华房地产投资顾问有限公司	深房经字(2015)002 号
3	深圳链家房地产经纪有限公司	深房经字(2015)003 号
4	美联物业代理(深圳)有限公司	深房经字(2015)004 号
5	深圳市家家顺房产交易有限公司	深房经字(2015)005 号
6	深圳市盛联行投资发展有限公司	深房经字(2015)006 号
7	深圳市海王城房地产投资顾问有限公司	深房经字(2015)007 号
8	深圳市万福房地产投资顾问有限公司	深房经字(2015)008 号
9	深圳市成宏房地产经纪有限公司	深房经字(2015)009 号
10	深圳市龙城房地产经纪有限公司	深房经字(2015)010 号
11	深圳市阳光置业房地产投资顾问有限公司	深房经字(2015)011 号
12	深圳市招商置业顾问有限公司	深房经字(2015)012 号
13	深圳市世联行房地产经纪有限公司	深房经字(2015)013 号
14	深圳市万科物业服务有限公司	深房经字(2015)014 号
15	深圳市中运房地产经纪有限公司	深房经字(2015)015 号
16	深圳市汉龙房地产经纪有限公司	深房经字(2015)016 号
17	深圳市星联地产顾问有限公司	深房经字(2015)017 号
18	深圳市超然房地产经纪有限公司	深房经字(2015)018 号
19	深圳市中部房地产有限公司	深房经字(2015)019 号
20	深圳市云房网络科技有限公司	深房经字(2015)020 号
21	深圳市港达房地产经纪有限公司	深房经字(2015)021 号
22	深圳市招华房地产经纪有限公司	深房经字(2015)022 号
23	深圳市鹏置房地产经纪有限公司	深房经字(2015)023 号
24	深圳市至祥置业有限公司	深房经字(2015)024 号
25	深圳市中发房地产经纪有限公司	深房经字(2015)025 号
26	深圳市港都房地产经纪有限公司	深房经字(2015)026 号
27	深圳合富辉煌房地产顾问有限公司	深房经字(2015)027 号
28	深圳市尚策房地产经纪有限公司	深房经字(2015)028 号
29	深圳建华地产顾问有限公司	深房经字(2015)029 号
30	深圳市广天地房地产交易评估有限公司	深房经字(2015)030 号
31	深圳市天赋房地产顾问有限公司	深房经字(2015)031 号
32	深圳市罗湖区蔡屋围金龙实业公司	深房经字(2015)032 号
33	深圳置业行房地产经纪有限公司	深房经字(2015)033 号
34	深圳世联行地产顾问股份有限公司	深房经字(2015)034 号
35	港置地产代理（深圳）有限公司	深房经字(2015)035 号
36	深圳市亿家房地产经纪有限公司	深房经字(2015)036 号
37	深圳市腾辉联邦投资发展有限公司	深房经字(2015)037 号

（续表）

序号	经纪机构名称	备案证书号
38	深圳市海宏房地产经纪有限公司	深房经字(2015)038 号
39	深圳市尊地地产咨询有限公司	深房经字(2015)039 号
40	深圳市志诚物业管理有限公司	深房经字(2015)040 号
41	深圳市中投房地产经纪有限公司	深房经字(2015)041 号
42	戴德梁行房地产顾问（深圳）有限公司	深房经字(2015)042 号
43	深圳市世洲房地产经纪有限公司	深房经字(2015)043 号
44	深圳市家家发房屋理财中心有限公司	深房经字(2015)044 号
45	深圳市瑞意置业有限公司	深房经字(2015)045 号
46	深圳市航天置业顾问有限公司	深房经字(2015)046 号
47	深圳中原物业顾问有限公司	深房经字(2015)047 号
48	深圳市鼎泰投资咨询有限公司	深房经字(2015)048 号
49	中原（中国）房地产代理有限公司	深房经字(2015)049 号
50	深圳市同致行物业顾问有限公司	深房经字(2015)050 号
51	深圳市邻里家房地产经纪有限公司	深房经字(2015)051 号
52	启迪爱地（深圳）投资管理有限公司	深房经字(2015)052 号
53	深圳市家园房地产经纪有限公司	深房经字(2015)053 号
54	深圳市我爱我家房地产经纪有限公司	深房经字(2015)054 号
55	深圳市春鹏房地产经纪有限公司	深房经字(2015)055 号
56	深圳市信之诺房地产经纪有限公司	深房经字(2015)056 号
57	深圳市万田房地产经纪有限公司	深房经字(2015)057 号
58	深圳市金地物业管理有限公司	深房经字(2015)058 号
59	深圳市卓越地产顾问有限公司	深房经字(2015)059 号
60	深圳市汇诚行房地产顾问有限公司	深房经字(2015)060 号
61	深圳市广天地新兴经济信息咨询有限公司	深房经字(2015)061 号
62	深圳市中跃房地产有限公司	深房经字(2015)062 号
63	深圳市万德房地产经纪有限公司	深房经字(2015)063 号
64	深圳市尺度房地产经纪有限公司	深房经字(2015)064 号
65	深圳市中信物业管理有限公司	深房经字(2015)065 号
66	深圳市创建欣业房地产经纪有限公司	深房经字(2015)066 号
67	深圳市全策行地产顾问有限公司	深房经字(2015)067 号
68	中海物业管理有限公司深圳分公司	深房经字(2015)068 号
69	深圳市环球商机地产顾问有限公司	深房经字(2015)069 号
70	深圳市百年创道房地产投资顾问有限公司	深房经字(2015)070 号
71	深圳市易菲房地产经纪有限公司	深房经字(2015)071 号
72	深圳市广天地联盟房地产交易有限公司	深房经字(2015)072 号
73	美格行商业经营管理（深圳）有限公司	深房经字(2015)073 号
74	森拓普商业地产顾问（深圳）有限公司	深房经字(2015)074 号

（续表）

序号	经纪机构名称	备案证书号
75	深圳市智恒房地产经纪有限公司	深房经字(2015)075 号
76	深圳一方天房地产经纪有限公司	深房经字(2015)076 号
77	深圳市邦宏行房地产投资顾问有限公司	深房经字(2015)077 号
78	深圳市世鹏资产评估房地产土地估价顾问有限公司	深房经字(2015)078 号
79	深圳市德思勤置业有限公司	深房经字(2015)079 号
80	深圳市华信行房地产经纪有限公司	深房经字(2015)080 号
81	深圳市满都投资发展有限公司	深房经字(2015)081 号
82	深圳市宝房房地产代理有限公司	深房经字(2015)082 号
83	深圳鸿中源地产经纪有限公司	深房经字(2015)083 号
84	深圳市天骜投资策划有限公司	深房经字(2015)084 号
85	深圳市金明投资发展有限公司	深房经字(2015)085 号
86	深圳市深房联房地产经纪有限公司	深房经字(2015)086 号
87	深圳市房多多网络科技有限公司	深房经字(2015)087 号
88	深圳市港建地产投资顾问有限公司	深房经字(2015)088 号
89	深圳市金冠房地产经纪服务部	深房经字(2015)089 号
90	深圳市佳业房地产经纪有限公司	深房经字(2015)090 号
91	深圳市大家业房地产经纪有限公司	深房经字(2015)091 号
92	深圳市祥盛源房地产投资顾问有限公司	深房经字(2015)092 号
93	深圳市博兴志鸿房地产经纪有限公司	深房经字(2015)093 号
94	深圳信誉家房地产代理有限公司	深房经字(2015)094 号
95	深圳市明华房地产投资顾问有限公司	深房经字(2015)095 号
96	深圳市前海置业经纪有限公司	深房经字(2015)096 号
97	深圳市大晟资产管理有限公司	深房经字(2015)097 号
98	深圳市星彦行置业有限公司	深房经字(2015)098 号
99	深圳市创丰房地产经纪有限公司	深房经字(2015)099 号
100	深圳市华厦城房地产交易有限公司	深房经字(2015)100 号
101	深圳首选置业顾问有限公司	深房经字(2015)101 号
102	深圳市远洋星投资实业有限公司	深房经字(2015)102 号
103	深圳市吉泰房地产经纪有限公司	深房经字(2015)103 号
104	深圳市鼎盛基商务服务有限公司	深房经字(2015)104 号
105	深圳市奥通地产顾问有限公司	深房经字(2015)105 号
106	深圳市远洋星电子商务有限公司	深房经字(2015)106 号
107	深圳市众致行房地产经纪有限公司	深房经字(2015)107 号
108	深圳市亨通置业有限公司	深房经字(2015)108 号
109	深圳先锋居善科技有限公司	深房经字(2015)109 号
110	深圳市中仕达房地产经纪有限公司	深房经字(2015)110 号
111	深圳市达观房地产顾问有限公司	深房经字(2015)111 号

（续表）

序号	经纪机构名称	备案证书号
112	深圳市鸿策舫实业有限公司	深房经字(2015)112 号
113	深圳市固诚房地产经纪有限公司	深房经字(2015)113 号
114	深圳市富家房地产经纪有限公司	深房经字(2015)114 号
115	深圳市景宏房地产经纪有限公司	深房经字(2015)115 号
116	深圳市天安房地产经纪有限公司	深房经字(2015)116 号
117	深圳市众厦实业发展有限公司	深房经字(2015)117 号
118	深圳市方辰房地产经纪有限公司	深房经字(2015)118 号
119	深圳节奏置业有限公司	深房经字(2015)119 号
120	深圳市众和鑫房地产经纪有限公司	深房经字(2015)120 号
121	深圳市崇基兴房地产经纪有限公司	深房经字(2015)121 号
122	深圳市深天地房地产经纪有限公司	深房经字(2015)122 号
123	深圳市根基房地产经纪有限公司	深房经字(2015)123 号
124	深圳市丰盛町物业服务有限公司	深房经字(2015)124 号
125	深圳市坤润房地产经纪有限公司	深房经字(2015)125 号
126	深圳市尚邻房地产经纪有限公司	深房经字(2015)126 号
127	深圳市朝阳房地产经纪有限公司	深房经字(2015)127 号
128	深圳市家盈房地产经纪有限公司	深房经字(2015)128 号
129	深圳市博信有家房地产经纪有限公司	深房经字(2015)129 号
130	深圳市嘉信泰房地产经纪有限公司	深房经字(2015)130 号
131	深圳市吉屋网络技术有限公司	深房经字(2015)131 号
132	国众联资产评估土地房地产估价有限公司	深房经字(2015)132 号
133	深圳市荣华亿按揭代理有限公司	深房经字(2015)133 号
134	深圳市道诚房地产顾问有限公司	深房经字(2015)134 号
135	深圳世联兴业资产管理有限公司	深房经字(2015)135 号
136	深圳市安基房地产交易有限公司	深房经字(2015)136 号
137	深圳瑞信行地产顾问有限公司	深房经字(2015)137 号
138	深圳市星雅舍物业咨询有限公司	深房经字(2015)138 号
139	深圳市众厦地产顾问有限公司	深房经字(2015)139 号
140	深圳金丰易居置业有限公司	深房经字(2015)140 号
141	深圳市天骥行房地产顾问有限公司	深房经字(2015)141 号
142	深圳市信保房地产经纪有限公司	深房经字(2015)142 号
143	深圳市明阳基业房地产顾问有限公司	深房经字(2015)143 号
144	深圳粤商国际投资有限公司	深房经字(2015)144 号
145	深圳市鸿荣置业有限公司	深房经字(2015)145 号
146	深圳市协兴房地产顾问有限公司	深房经字(2015)146 号
147	深圳市远航远通房地产经纪有限公司	深房经字(2015)147 号
148	深圳市广天地庭院房地产经纪服务部	深房经字(2015)148 号

（续表）

序号	经纪机构名称	备案证书号
149	深圳市仁雅房地产经纪有限公司	深房经字(2015)149 号
150	深圳市好居家房地产经纪有限公司	深房经字(2015)150 号
151	深圳市正宏置业顾问有限公司	深房经字(2015)151 号
152	深圳市科海置业有限公司	深房经字(2015)152 号
153	深圳市鼎强房地产经纪有限公司	深房经字(2015)153 号
154	深圳市侨香地产顾问有限公司	深房经字(2015)154 号
155	深圳市全洲房地产经纪有限公司	深房经字(2015)155 号
156	深圳市国业房地产经纪有限公司	深房经字(2015)156 号
157	深圳市泰阳房地产经纪有限公司	深房经字(2015)157 号
158	深圳市英联国际不动产有限公司	深房经字(2015)158 号
159	深圳市大通土地房地产评估经纪有限公司	深房经字(2015)159 号
160	深圳市联杰房地产经纪有限公司	深房经字(2015)160 号
161	深圳市来福房地产经纪有限公司	深房经字(2015)161 号
162	深圳市联策行房地产经纪有限公司	深房经字(2015)162 号
163	深圳市朗耀房地产经纪有限公司	深房经字(2015)163 号
164	深圳市美庭房地产经纪有限公司	深房经字(2015)164 号
165	深圳市天为房地产顾问有限公司	深房经字(2015)165 号
166	深圳市嘉诚房地产经纪有限公司	深房经字(2015)166 号
167	深业集团(深圳)物业管理有限公司	深房经字(2015)167 号
168	深圳市明智置业顾问有限公司	深房经字(2015)168 号
169	深圳市京联物业顾问有限公司	深房经字(2015)169 号
170	深圳市国联物业代理有限公司	深房经字(2015)170 号
171	深圳市生生房地产投资顾问有限公司	深房经字(2015)171 号
172	深圳冠恒地产经纪有限公司	深房经字(2015)172 号
173	深圳市览众房地产经纪有限公司	深房经字(2015)173 号
174	深圳市宝城家园房地产顾问有限公司	深房经字(2015)174 号
175	深圳市天盛房地产经纪有限公司	深房经字(2015)175 号
176	深圳市鑫元宝房地产经纪有限公司	深房经字(2015)176 号
177	深圳市信德成房地产顾问有限公司	深房经字(2015)177 号
178	深圳市长福房地产经纪行	深房经字(2015)178 号
179	深圳市华睿行商业地产顾问有限公司	深房经字(2015)179 号
180	深圳市世耀置业顾问有限公司	深房经字(2015)180 号
181	深圳中建投置业顾问有限公司	深房经字(2015)181 号
182	深圳市鸿宇房地产经纪有限公司	深房经字(2015)182 号
183	深圳市兴佳保房地产经纪有限公司	深房经字(2015)183 号
184	招商局物业管理有限公司	深房经字(2015)184 号
185	深圳市乐家房地产经纪有限公司	深房经字(2015)185 号

（续表）

序号	经纪机构名称	备案证书号
186	深圳市智航地产代理有限公司	深房经字(2015)186 号
187	深圳市华振地产顾问有限公司	深房经字(2015)187 号
188	深圳市开诚房地产经纪有限公司	深房经字(2015)188 号
189	深圳国际房地产咨询股份有限公司	深房经字(2015)189 号
190	深圳市鸿顺房地产经纪有限公司	深房经字(2015)190 号
191	深圳市金隆昌地产发展有限公司	深房经字(2015)191 号
192	深圳市大宇行房地产经纪有限公司	深房经字(2015)192 号
193	深圳市汇丰深惠房地产经纪服务部	深房经字(2015)193 号
194	深圳市联冠地产顾问有限公司	深房经字(2015)194 号
195	深圳市海燕置业有限公司	深房经字(2015)195 号
196	深圳市领汇行房地产顾问有限公司	深房经字(2015)196 号
197	深圳市旭辉置业顾问有限公司	深房经字(2015)197 号
198	深圳市金大地房地产经纪有限公司	深房经字(2015)198 号
199	深圳市城市策略地产顾问有限公司	深房经字(2015)199 号
200	深圳市中驰置业顾问有限公司	深房经字(2015)200 号
201	深圳市金港原房地产投资顾问有限公司	深房经字(2015)201 号
202	深圳市吉盛房地产经纪有限公司	深房经字(2015)202 号
203	深圳市华睿行营销策划有限公司	深房经字(2015)203 号
204	深圳市凯田房地产经纪有限公司	深房经字(2015)204 号
205	深圳三通世纪资产管理有限公司	深房经字(2015)205 号
206	佳兆业物业管理（深圳）有限公司	深房经字(2015)206 号
207	深圳市新峰地产顾问有限公司	深房经字(2015)207 号
208	深圳市格衡土地房地产评估咨询有限公司	深房经字(2015)208 号
209	深圳市合强地产顾问有限公司	深房经字(2015)209 号
210	深圳市美馨园房地产经纪有限公司	深房经字(2015)210 号
211	深圳市信丰房地产经纪有限公司	深房经字(2015)211 号
212	深圳市文集土地与房地产评估经纪有限公司	深房经字(2015)212 号
213	深圳市宝盈房地产经纪有限公司	深房经字(2015)213 号
214	深圳市深原创展房地产经纪有限公司	深房经字(2015)214 号
215	深圳市住隆市场策划顾问有限公司	深房经字(2015)215 号
216	深圳市万年好房地产投资顾问有限公司	深房经字(2015)216 号
217	深圳市龙房地土地房地产评估咨询有限公司	深房经字(2015)217 号
218	深圳市亿联房地产经纪有限公司	深房经字(2015)218 号
219	深圳家多宏房地产经纪有限公司	深房经字(2015)219 号
220	深圳市成昊房地产经纪有限公司	深房经字(2015)220 号
221	深圳市环凯置业房地产有限公司	深房经字(2015)221 号
222	深圳市深宏房地产经纪有限公司	深房经字(2015)222 号

（续表）

序号	经纪机构名称	备案证书号
223	深圳市同道商业地产顾问有限公司	深房经字(2015)223 号
224	深圳市广家发实业有限公司	深房经字(2015)224 号
225	深圳市方天房地产顾问有限公司	深房经字(2015)225 号
226	深圳市雅玛房地产经纪有限公司	深房经字(2015)226 号
227	深圳市国房土地房地产评估咨询有限公司	深房经字(2015)227 号
228	深圳市世嘉行投资发展有限公司	深房经字(2015)228 号
229	深圳市城策地产顾问有限公司	深房经字(2015)229 号
230	深圳市开元国际物业管理有限公司	深房经字(2015)230 号
231	深圳市华夏伟业房地产咨询有限公司	深房经字(2015)231 号
232	深圳市星原房地产经纪有限公司	深房经字(2015)232 号
233	深圳市涛益地产顾问有限公司	深房经字(2015)233 号
234	深圳市仁什置业有限公司	深房经字(2015)234 号
235	深圳市信联房地产经纪有限公司	深房经字(2015)235 号
236	深圳市滨城置业经纪有限公司	深房经字(2015)236 号
237	深圳市思勤房地产顾问有限公司	深房经字(2015)237 号
238	深圳市易搜房房地产经纪评估有限公司	深房经字(2015)238 号
239	深圳市中诚达土地房地产评估顾问有限公司	深房经字(2015)239 号
240	深圳市新峰土地房地产评估有限公司	深房经字(2015)240 号
241	深圳市置盛房地产经纪有限公司	深房经字(2015)241 号
242	深圳市琳烨房地产经纪有限公司	深房经字(2015)242 号
243	深圳市公元房地产经纪有限公司	深房经字(2015)243 号
244	深圳市华彦房地产顾问有限公司	深房经字(2015)244 号
245	深圳市智锐房地产经纪有限公司	深房经字(2015)245 号
246	深圳市鑫日房地产经纪有限公司	深房经字(2015)246 号
247	深圳市瑞家房地产经纪有限公司	深房经字(2015)247 号
248	新昌物业管理（深圳）有限公司	深房经字(2015)248 号
249	深圳市天安云谷房地产经纪有限公司	深房经字(2015)249 号
250	深圳市聚祥企业管理咨询服务有限公司	深房经字(2015)250 号
251	深圳市中天盛世房地产经纪有限公司	深房经字(2015)251 号
252	深圳市中睿房地产经纪有限公司	深房经字(2015)252 号
253	深圳思行合一地产顾问有限公司	深房经字(2015)253 号
254	深圳市鼎煌房地产投资顾问有限公司	深房经字(2015)254 号
255	深圳市鸿诚置业顾问有限公司	深房经字(2015)255 号
256	深圳市润泽房地产经纪有限公司	深房经字(2015)256 号
257	深圳市潮源居房地产经纪有限公司	深房经字(2015)257 号
258	深圳中耀投资控股有限公司	深房经字(2015)258 号
259	深圳通城房地产顾问有限公司	深房经字(2015)259 号

（续表）

序号	经纪机构名称	备案证书号
260	深圳市云联地产有限公司	深房经字(2015)260 号
261	创世纪海外投资顾问（深圳）有限公司	深房经字(2015)261 号
262	深圳百赢百立房地产营销有限公司	深房经字(2015)262 号
263	深圳好屋网信息技术有限公司	深房经字(2015)263 号
264	深圳巨房房地产信息咨询有限公司	深房经字(2015)264 号
265	深圳前海博科尼投资顾问有限公司	深房经字(2015)265 号
266	深圳市名置房地产经纪有限公司	深房经字(2015)266 号
267	深圳市荣联地产顾问投资有限公司	深房经字(2015)267 号
268	深圳市吾易置业网络科技有限公司	深房经字(2015)268 号
269	深圳市新永基地产经纪有限公司	深房经字(2015)269 号
270	深圳市幸福万家地产置业顾问有限公司	深房经字(2015)270 号
271	深圳市真房房地产咨询有限公司	深房经字(2015)271 号
272	深圳市中美房地产投资顾问有限公司	深房经字(2015)272 号
273	深圳鑫顺域商务信息服务有限公司	深房经字(2015)273 号
274	深圳市金辉地产经纪有限公司	深房经字(2015)274 号
275	深圳市广业达房地产经纪有限公司	深房经字(2015)275 号
276	创富房地产信息咨询（深圳）有限公司	深房经字(2015)276 号
277	深圳联合产权交易所股份有限公司	深房经字(2015)277 号
278	深圳市别致廊投资顾问有限公司	深房经字(2015)278 号
279	深圳市大置汇地产经纪有限公司	深房经字(2015)279 号
280	深圳市东方伟度置业有限公司	深房经字(2015)280 号
281	深圳市飞悦房地产经纪有限公司	深房经字(2015)281 号
282	深圳市枫华房地产有限公司	深房经字(2015)282 号
283	深圳市富鼎达房地产经纪有限公司	深房经字(2015)283 号
284	深圳市广富房地产经纪有限公司	深房经字(2015)284 号
285	深圳市国源居房地产经纪有限公司	深房经字(2015)285 号
286	深圳市豪星屋物业代理有限公司	深房经字(2015)286 号
287	深圳市佳兴行实业发展有限公司	深房经字(2015)287 号
288	深圳市家家好房地产经纪有限公司	深房经字(2015)288 号
289	深圳市结信房地产经纪有限公司	深房经字(2015)289 号
290	深圳市景河田置业有限公司	深房经字(2015)290 号
291	深圳市瑞邦置业顾问有限公司	深房经字(2015)291 号
292	深圳市世方商业地产顾问有限公司	深房经字(2015)292 号
293	深圳市世鑫房地产经纪有限公司	深房经字(2015)293 号
294	深圳市台环房地产经纪有限公司	深房经字(2015)294 号
295	深圳市泰辰置业顾问有限公司	深房经字(2015)295 号
296	深圳市腾龙置富房地产经纪有限公司	深房经字(2015)296 号

（续表）

序号	经纪机构名称	备案证书号
297	深圳市天安新城房地产经纪有限公司	深房经字(2015)297 号
298	深圳市天锦鸿泰房地产顾问有限公司	深房经字(2015)298 号
299	深圳市我爱宜家投资有限公司	深房经字(2015)299 号
300	深圳市新联创富投资发展有限公司	深房经字(2015)300 号
301	深圳市中诚致房地产经纪有限公司	深房经字(2015)301 号
302	深圳市怡安信实业发展有限公司	深房经字(2015)302 号
303	深圳市钜邺房地产投资有限公司	深房经字(2015)303 号
304	深圳信纳海地产顾问有限公司	深房经字(2015)304 号
305	深圳房朝房地产经纪有限公司	深房经字(2015)311 号
306	深圳金宏房地产经纪有限公司	深房经字(2015)312 号
307	深圳市城投房地产经纪有限公司	深房经字(2015)313 号
308	深圳市盛世中深置业顾问有限公司	深房经字(2015)314 号
309	深圳市合家兴房地产经纪有限公司	深房经字(2015)315 号
310	深圳市和信安房地产经纪有限公司	深房经字(2015)316 号
311	深圳楼多多地产代理有限公司	深房经字(2015)317 号
312	深圳市聚一家房地产有限公司	深房经字(2015)318 号
313	深圳市建润房地产投资咨询有限公司	深房经字(2015)319 号
314	深圳市房谱网络科技服务有限公司	深房经字(2015)320 号
315	深圳华夏同邦企业管理有限公司	深房经字(2015)321 号
316	深圳市登科盛世房地产投资顾问有限公司	深房经字(2015)322 号
317	深圳市同乐房地产经纪有限公司	深房经字(2015)323 号
318	深圳市和记地产代理有限公司	深房经字(2015)324 号
319	深圳市想念家房地产投资顾问有限公司	深房经字(2015)325 号
320	深圳创耀房产交易有限公司	深房经字(2015)326 号
321	深圳市汉家房地产经纪有限公司	深房经字(2015)327 号
322	深圳市坪新房地产经纪有限公司	深房经字(2015)328 号
323	深圳市大联合房地产信息管理有限公司	深房经字(2015)329 号
324	深圳市深龙联投资发展有限公司	深房经字(2015)330 号
325	深圳市友源房地产经纪有限公司	深房经字(2015)331 号
326	深圳市元江投资有限公司	深房经字(2015)332 号
327	深圳市中航物业资产管理有限公司	深房经字(2015)333 号
328	深圳熙盛房地产代理有限公司	深房经字(2015)334 号
329	深圳满懿房地产经纪有限公司	深房经字(2015)335 号
330	深圳市世可房地产投资顾问有限公司	深房经字(2015)336 号
331	深圳市微众地产代理有限公司	深房经字(2015)337 号
332	深圳市金港房地产顾问有限公司	深房经字(2015)338 号
333	深圳市金楚原房地产投资顾问有限公司	深房经字(2015)339 号

（续表）

序号	经纪机构名称	备案证书号
334	深圳市世纪通泰房地产经纪有限公司	深房经字(2015)341 号
335	深圳东晟房地产投资发展有限公司	深房经字(2015)342 号
336	深圳市港兴房地产经纪有限公司	深房经字(2015)343 号
337	深圳市坤城房地产代理有限公司	深房经字(2015)344 号
338	深圳市国创房地产经纪有限公司	深房经字(2015)345 号
339	深圳市恒创世纪地产顾问有限公司	深房经字(2015)346 号
340	深圳市房贷通置业代理服务有限公司	深房经字(2015)347 号
341	深圳市众华房地产经纪有限公司	深房经字(2015)348 号
342	深圳市中泰达置业发展有限公司	深房经字(2015)349 号
343	深圳市福兴房地产经纪有限公司	深房经字(2015)350 号
344	深圳市金居房地产经纪有限公司	深房经字(2015)351 号
345	深圳市宝华地产投资顾问有限公司	深房经字(2015)352 号
346	深圳市弘兴房地产投资发展有限公司	深房经字(2015)353 号
347	深圳市万家房地产投资顾问有限公司	深房经字(2015)354 号
348	深圳市旭升房地产经纪有限公司	深房经字(2015)355 号
349	深圳市百家福房地产经纪有限公司	深房经字(2015)356 号
350	深圳市润佳地产顾问有限公司	深房经字(2015)357 号
351	深圳思源兴业房地产经纪有限公司	深房经字(2015)358 号
352	深圳市易达行房地产顾问有限公司	深房经字(2015)359 号
353	深圳市鑫通物业代理有限公司	深房经字(2015)360 号
354	深圳市锦鸿置业顾问有限公司	深房经字(2015)361 号
355	深圳房天下房地产经纪有限公司	深房经字(2015)362 号
356	深圳市亚桐房地产咨询有限公司	深房经字(2015)363 号
357	深圳市鼎泰房地产经纪有限公司	深房经字(2015)364 号
358	深圳市前海云房网络科技有限公司	深房经字(2015)365 号
359	深圳市匡宇房地产经纪有限公司	深房经字(2015)366 号
360	深圳市齐鲁置业有限公司	深房经字(2015)367 号
361	深圳市正丰禾地产顾问有限公司	深房经字(2015)368 号
362	深圳市新梦想辉煌房地产投资顾问有限公司	深房经字(2015)369 号
363	深圳市合巨房地产经纪有限公司	深房经字(2015)370 号
364	深圳市盛德安地产有限公司	深房经字(2015)371 号
365	深圳市纽斯凯威地产咨询有限公司	深房经字(2015)372 号
366	深圳市融世房地产顾问有限公司	深房经字(2015)373 号
367	深圳市永乐房地产经纪顾问有限公司	深房经字(2015)374 号
368	深圳市新都实业发展有限公司	深房经字(2015)375 号
369	深圳市嘉纳投资发展有限公司	深房经字(2015)376 号
370	深圳市志信房地产经纪有限公司	深房经字(2015)377 号

（续表）

序号	经纪机构名称	备案证书号
371	深圳市坪达房地产经纪有限公司	深房经字(2015)378 号
372	深圳市汇佳锋华地产顾问有限公司	深房经字(2015)379 号
373	原野房地产（深圳）有限公司	深房经字(2015)380 号
374	深圳市中洲联邦实业有限公司	深房经字(2015)381 号
375	深圳市家家乐地产代理有限公司	深房经字(2015)382 号
376	深圳金明客天下信息技术有限公司	深房经字(2015)383 号
377	深圳市嘉州房地产经纪服务有限公司	深房经字(2015)384 号
378	深圳卡考网络科技有限公司	深房经字(2015)385 号
379	中房网（深圳）控股有限公司	深房经字(2015)386 号
380	深圳市沪港深科技发展有限公司	深房经字(2015)387 号
381	深圳市周周亿房地产投资顾问有限公司	深房经字(2015)388 号
382	深圳市绿景房地产策划有限公司	深房经字(2015)389 号
383	深圳市天润宝金融服务有限公司	深房经字(2015)390 号
384	深圳市信德城市更新房地产服务有限公司	深房经字(2015)391 号
385	深圳市房不剩房网络科技有限公司	深房经字(2015)392 号
386	深圳市群鼎房地产经纪有限公司	深房经字(2015)393 号
387	深圳市奕拓丰投资有限公司	深房经字(2015)394 号
388	深圳市满信房地产经纪有限公司	深房经字(2015)395 号
389	深圳市创富中安房地产经纪顾问有限公司	深房经字(2015)396 号
390	真二（深圳）房产经纪有限公司	深房经字(2015)397 号
391	深圳市圣天宁投资有限公司	深房经字(2015)398 号
392	深圳怡然居客房地产经纪有限公司	深房经字(2015)399 号
393	深圳市中昊恒基房地产投资顾问有限公司	深房经字(2015)400 号
394	深圳市好房汇网络科技有限公司	深房经字(2015)401 号
395	深圳市赤湾物业管理有限公司	深房经字(2015)402 号
396	深圳市景盛房地产置业有限公司	深房经字(2015)403 号
397	深圳全为您房地产经纪有限公司	深房经字(2015)404 号
398	深圳市粤港联盟房地产有限公司	深房经字(2015)405 号
399	深圳市恒德行房地产经纪有限公司	深房经字(2015)406 号
400	深圳市乐诚房地产有限公司	深房经字(2015)407 号
401	深圳市城铁物业发展有限公司	深房经字(2015)408 号
402	深圳市百纳行资产管理有限公司	深房经字(2015)409 号

备注：深房经字(2015)001～304 号为 2015 年(2014 年度)检查合格机构，其余为 2015 年新备案机构。

第二节　行业协会

一、深圳市房地产业协会

（一）协会简介

深圳市房地产业协会，简称深圳房协，英文名称：SHENZHEN REAL ESTATE ASSOCIATION(缩写 SREA)。深圳房协成立于 1989 年 10 月 5 日，深圳市第一家行业协会，登记证号：社证字第 00001 号，是由在深圳市从事房地产开发、与房地产相关的咨询单位以及房地产研究的企事业单位自愿组成的非营利性行业组织。现有会员单位 691 家，其中理事会单位 131 家。

协会是中国房地产业协会常务理事单位，广东省房地产业协会副会长单位，多次受到中国房地产业协会及省、市主管部门的嘉奖，先后被授予“全国房地产行业先进协会”、“广东省先进民间组织”及“深圳市优秀社团”等荣誉称号。2015 年 2 月被评为深圳市 5A 级社会组织。

（二）协会职能

协会在主管部门的指导下，依照法律、法规、规章和行业组织章程，实行房地产行业自律管理，主要职能有：

1.制定并组织实施本行业的行规行约，建立行业自律机制和会员信用记录；

2.对违反行业组织章程或者行规行约、损害行业整体利益者，采取相应的行业自律措施；

3.开展行业培训、交流、咨询、展览等活动，推广应用新材料、新技术、新工艺，提升行业素质以及产品和服务质量；

4.发布市场和行业信息，推荐行业产品或者服务，提供技术咨询；

5.宣传房地产法律法规及相关政策；

6.规范行业行为，客观公正地协调会员之间、会员与非会员之间、会员与政府之间，会员与消费者之间的矛盾纠纷，发挥其维护社会公共利益的作用；

7.协助政府部门开展行业调查、决策咨询及产业政策制订等活动，向政府有关部门反映涉及行业利益的事项，提出意见和建议，维护本行业的利益及会员的合法权益；

8.承担主管部门委托的行业管理工作，对行业行为进行检查和评价；

9.法律、法规、规章授权或者政府部门委托以及行业组织章程规定的其他职能。

深圳市房地产业协会宗旨：代表会员意愿，维护会员合法权益，为会员提供服务；维护行业公平竞争，协调会员之间关系；沟通会员与政府的联系，传达政府政策精神，反映行业意见和诉求；受理行业纠纷投诉，促进市场公平公正；推动建立健康有序的房地产市场，为深圳经济社会发展和城市建设贡献行业力量。

（三）2015 年工作情况

在深圳市规划和国土资源委员会和深圳市

社会组织管理局的指导下，在广大会员单位的大力支持下，协会秉承“服务企业、服务政府、服务社会”宗旨，圆满地完成了 2015 年各项工作任务。

1.突出服务政府宗旨，充分发挥桥梁纽带作用

（1）积极宣贯政府政策，引导行业发展方向。作为政府与企业的桥梁和纽带，全力把政府政策精神传达到全行业，引导行业把握正确发展方向。宣贯《房地产开发企业三级及以下资质核准监管办法》。邀请市规划和国土资源委员会相关部门负责人详细解读《办法》，帮助企业及时掌握最新市场监管政策，避免出现违法违规行为。宣贯房地产企业营改增政策。邀请市国税局有关部门负责人和税务专家对房地产企业营改增政策进行详细解读，帮助 180 余家开发企业掌握房地产行业营改增应对之道，规范企业财务运作，提高运营效益。宣贯《深圳市综合整治类旧工业区升级改造操作指引(试行)》政策。精心承办跨行业综合整治类旧工业区升级改造政策宣讲会，共有 40 余家开发企业和 100 余家工业企业参加，邀请市城市更新局和市经贸信息委相关负责人主讲，帮助开发企业更好参与综合整治类旧工业区升级改造，培养新的业务增长点。

（2）积极参与政策制定，充分反映行业意见。参与《深圳经济特区城市更新条例（送审稿）》专家论证。组织绿景集团、天安骏业、卓越集团高层领导代表参会，吕晋川会长会上积极发表行业意见。参加商品房现售试点及住宅租赁试点工作座谈会。吕晋川会长及万科地产、地铁集团、富通集团、深房集团等 16 家协会副会长单位 30 余人参会发表意见，并与房地产业处、土地利用处就有关政策情况和存在问题进行良好的互动交流。

（3）精心开展行业年度检查，圆满完成政府委托事项。受深圳市规划和国土资源委员会委托，组织开展 2015 年深圳市房地产开发行业年度检查及综合评价工作，完成全市 757 家开发企业的年检资料核实、数据录入、合并统计、综合排序等工作及企业开发经营情况综合评价。撰写《深圳市房地产开发企业 2014 年检查和综合评价报告》、《2014 年深圳市房地产市场发展报告》、《2014 年深圳市房地产开发企业社会责任报告》等，以详实的数据真实地反映深圳市房地产行业发展现状、市场走向、科技发展趋势和企业责任等情况，发布深圳房地产开发企业综合评价及排名，展示深圳房企品牌实力和社会责任成就，成为政府对房地产行业进行监管和服务的有效补充。

（4）统筹开展行业调研，提供政府和企业决策依据。通过对客观真实的一手数据资料的统计分析，协会组织完成了《深圳市房地产开发企业 2014 年度检查报告》、《深圳市房地产开发企业 2014 年度社会责任报告》、《2008 年至 2013 年深圳市房地产项目物业服务用房配置调查项目调查报告》、《2015 年住宅产业现代化数据统计、分析、动态更新研究》的撰写工作，全面反映深圳市房地产开发行业的总体概况、成就和亮点，深入分析存在的困难和问题，提出科学合理的建议对策，为政府制定经济发展和行业政策提供一手参考资料。同时调研成果也为行业和会员单位传递了市场变化、市场预测等方面信息资讯，为企业正确把握政策方向和制定经营策略提

供有益参考。

2.以需求为导向，提供更加全面优质的会员服务

（1）大力发展会员。不断完善协会各项服务，树立良好的协会形象，吸引企业入会，扩大会员单位覆盖面，扩大行业自律范围。2015 年底，协会会员共 691 家，入会企业数量占行业企业总数的 83.66%，深圳市全部大型开发企业和绝大部分中小型开发企业参加协会，行业自律范围不断扩大，协会公信力和影响力持续提升。

（2）成功举办两大重要会议。一是圆满召开会员大会。2015 年会员大会经过充分筹备，公开公平公正选举产生以吕晋川女士为会长的第七届理事会，以中海信科技开发（深圳）有限公司副总裁刘涛为监事长的第七届监事会。审议通过了《深圳市房地产业协会第六届理事会工作报告》、《2014 年深圳市房地产业协会财务报告》和协会章程修改等重要事项。此届会员大会具有承前启后意义，为协会领导班子顺利、稳定过渡奠定了重要基础。市规划和国土资源委员会副主任黄珽、市社会组织管理局副局长李文海出席会议并作讲话。二是成功召开地产年会。2015 年深圳房地产年会暨行业综合评价发布会于 7 月 9 日成功举办，400 多家房地产开发企业参会，特邀业内知名专家施永青、谭华杰、俞平康、左晖作主题演讲，共同探讨行业发展。大会播放深圳房地产行业年度发展专题片，发布 2015 年度深圳房地产行业综合评价报告，对 2015 年深圳房地产开发十强、2015 年深圳房地产开发二十强、2015 年深圳房地产品牌价值十强、2015 年（2014 年度）深圳房地产纳税十强、2015 年深圳房地产创新十强、2015 年（2014 年度）深圳房地产销售十强的 42 家优秀房地产开发企业进行了表彰和颁奖。市规划和国土资源委员会与市社会组织管理局领导分别对协会和行业发展以及年会召开予以了充分肯定。

（3）进一步完善专业委员会设置。顺应我市房地产业绿色发展需要，拓展会员服务广度与深度，5 月 29 日成立协会绿色专业委员会，中银信置业、万科、招商、中海等 13 家企业担任绿色地产创始专业委员。绿色专业委员会筹备期间组织赴青岛考察绿色生态项目，学习青岛先进的绿色建筑发展经验，成立后成功举办 LEED 评价标准讲座，大力推动行业向绿色节能方向发展，促进产业转型升级，提升项目竞争力。目前协会下设的专业委员会达 6 个，会员服务的专业能力得到进一步加强。

（4）主动深入企业走访服务。坚持深入企业靠前服务，与市规土委房地产业处及各管理局联合开展企业走访和市场巡查。通过现场调研、座谈等形式加强与企业的互动，了解企业需求和收集行业意见,现场解答企业咨询的关于资质申报、预售、销售等方面问题，提高行业服务效率。积极配合政府有关主管部门，建立企业与协会、政府部门间的专人专责联络机制和经营监测机制，定期走访行业大型骨干开发企业，针对性收集相关经营数据，整理报送主管部门。全年共走访了企业 84 家，进一步增强了企业与协会的沟通联系。

（5）做好行业培训服务。抓好行业继续教育工作，针对企业营销、管理、财务、工程技术等人员具体专业需求，组织开各类专题培训和讲座，帮助企业提升从业人员业务素质，增强深圳房企的行业竞争实力。一是举办企业年度检查和

综合评价辅导班。为 450 余家开发企业人员提供《房地产开发企业三级及以下资质核准监管办法》解读、年度检查及综合评价要求讲解和现场答疑等培训内容，帮助企业人员掌握最新政策，顺利完成年度检查及综合评价。二是举办房地产营销人员培训。分别以房地产企业营销现状、房地产营销策略的创新、房地产品牌推广与促销策略、房地产互联网品牌传播方法及应用、房地产信息系统主要功能及具体操作等内容为主题举办房地产营销人员培训 6 次，培训人数达 1453 人次，深受企业学员欢迎和认可。三是举办房地产企业在“互联网+”时代下管理体系构建的培训。行业专家给 80 多家会员企业分享了“互联网＋”时代对房地产行业的影响和人才管理、花样年转型和人力资源管理案例等精彩课程，帮助企业开拓行业思路，较好面对“互联网+”时代风口下的竞争压力。四是举办房地产企业《BIM+》技术讲座。组织 80 名会员企业工程技术人员对 BIM 技术的实践和运用进行的学习和交流，帮助开发企业在项目管理、设计及规划中融入更多更智能的解决方案。五是特邀业内专家开展系列优质讲座。全力做好信息资源整合共享工作，会员企业提供学习、研讨、交流平台，相继组织举办了《房地产绿色建筑增量成本控制及设计优化》、《中国绿色建筑新纪元》、《房地产企业债券发行与承销业务》等多场专题讲座，共有 500 多名会员企业高管和负责人参加。

（6）增进会员交流互动。积极组织各类会员活动，增进行业互动交流，广交行业朋友。一是参观考察市内优秀项目。先后组织会员企业考察港铁天颂、中航中心、新浩 E 都、博林天瑞等优秀项目，参观考察活动 10 余次、参加人数共 300 余人次，促进了会员企业间相互借鉴学习优秀项目开发、建设、运营、服务等方面的成功经验。二是跨省交流学习活动。主动走出去，分批组织 40 家会员企业赴江西、上海、贵阳、云南等地考察，了解各地房地产市场情况，吸收省外先进行业管理模式与发展经验。三是赴台学习交流。组织天安骏业、嘉里置业、中银信置业、中洲地产等会员企业的 30 位代表赴台北考察松山文化创意园项目，学习台湾前沿的旧工业区升级改造技术、管理方式和经营理念。四是组织会长交流吧系列活动。探索提供更精细化的会员服务，自 2015 年 6 月起先后组织了 8 次副会长单位交流活动，特邀世联行董事长陈劲松及中原地产郑叔伦等进行当前经济发展前景及市场情况分析，考察学习绿景红树湾壹号、宝能集团、招商双玺等优秀项目，增强了副会长单位间的行业交流与合作。五是举办行业羽毛球赛。继续开展深受会员欢迎的传统羽毛球赛，协会“第七届”羽毛球赛共有 22 家会员单位的 24 支代表队、144 名运动员参加，赛事搭建“以球会友”平台，进一步促进会员单位间的沟通交流，得到了行业的大力支持和充分肯定。六是开展踏青与登山活动。组织会员单位前往万科双月湾实地考察住宅产业化项目和开展户外踏青活动，组织会员单位登塘朗山活动，为会员企业人员在紧张工作之余缓解压力，加深了会员单位之间、会员企业与协会之间感情。

（7）信息共享更加顺畅。继续坚持《深圳房地产》每月出刊，及时传递房地产业法规政策以及政府与行业主管部门对房地产业持续稳定健康发展要求，发布行业信息动态，交流工作经验，收录行业专家的思想理念。完善协会网站平台建设，建立更加全面的数据信息资料库，实现通过互联网向会员传递政策信息、协会通知、协会动态、和会员活动等资讯，提供详细的办事指引和信息查询功能，实现“信息多跑路、企业少跑腿”。进一步活跃 QQ 群、会长吧等微信群、公众账号等网络平台，行业信息共享更加高效，会员间和会员与协会的互动沟通更加紧密。

3.注重履行社会责任，树立更加良好的行业形象

（1）继续推动企业社会责任建设。深入贯彻落实市委市政府《关于进一步促进企业社会责任建设的意见》精神，强化《深圳市房地产开发企业社会责任指引》宣传，把企业履行社会责任情况列入企业综合实力评价和诚信评价指标，坚持连续 5 年撰写《深圳市房地产开发企业社会责任报告》，梳理总结行业社会责任建设情况，并在报纸媒体予以大力宣传，推动深圳房地产企业社会责任建设一直走在全省乃至全国同行的前列。截至 2015 年 11 月，深圳市房地产开发行业社会责任建设迈上了新的台阶，5 年来，共完成房地产投资 4498.83 亿元，商品房建设面积 19704.75 万平方米，销售面积 2572.01 万平方米，参与建设保障房约 13.03 万套。2015 年度商品住宅销售总面积 657.44 万平方米，成交总金额 2135.32 亿元。为推动深圳经济发展、城市建设、生态文明以及社会建设做出了突出贡献，得到了政府和社会的充分肯定。

（2）行业诚信建设取得新进展。加强行业自律，率先建立和完善房地产行业诚信系统，并向社会公示接受市民监督，保障行业健康有序发展。深圳市规划和国土资源委员会于 2015 年 12 月发布《关于印发〈深圳市房地产行业信用信息目录表〉的通知》，协会制定并公示《深圳市房地产开发行业诚信评价规则该评价规则》，已采集、录入全市 1935 家开发企业、3.09 万余名管理人员和营销人员的诚信信息，深圳市房地产诚信评价系统建设准备工作基本完成，正等待上线运行。

（3）积极处理行业投诉。2015 年深圳楼市持续火爆，协会充分发挥无利害关系的“中间人”优势，公平、公正、高效受理行业投诉，积极配合政府处理房地产方面的投诉和行业调查，为政府解决社会矛盾，为购房者维护自身权益，为行业树立良好形象贡献协会力量。协会全年共受理电话投诉 30 余宗、书面投诉 3 宗。近年来协会积极协调处理行业投诉纠纷，有助于房地产开发行业一手纠纷诉讼案件呈现逐年下降趋势。

二、深圳市不动产估价协会

（一）协会简介

深圳市不动产估价协会（以下简称协会）是由深圳市从事不动产估价的机构、从业人员，以及相关专业人士、有关单位自愿组成的学术性、专业性、非营利性社会团体，是依法登记的法人社团组织。协会原名深圳市不动产估价学会，于 1998 年 11 月 28 日成立，2011 年 9 月 30 日经深圳市民政局批准更名为现名，英文名称为 Shenzhen Association of Real Estate Appraisers，英文名称缩写为 SAREA。

协会宗旨是为了适应社会主义市场经济发展的需要，促进估价技术的繁荣和发展，对从事房地产（土地）估价工作的单位和个人进行自律管理，规范房地产（土地）估价执业行为；倡导专业、诚信和履行社会责任，增进社会互信和协

作，发动一切力量，谋求行业发展与合作；引导、监督本会会员正确执行国家的法律、法规，遵守社会道德风尚，遵循专业守则和估价规范；团结组织本会会员进行估价理论与实践的研究，不间断的专业培训，与国内外估价专业组织联系与交流；依法维护国家、企业和个人在房地产方面的权益；研究并采取措施，抵制和打击一切有悖本会利益的违法、违规行为，为本会会员服务，为深圳市房地产市场的健康发展服务。

协会原则为民主、平等、互信、互利、谋求共同发展；通过协商和民主集中寻求共识，协调解决分歧；不采取有悖本会利益的行为；更多地关注和参与公共政策的制定；认真履行本章程及本会框架内通过的其他文件所承担的义务。

（二）2015 年协会工作情况

2015 年，是协会不断深化落实与改革创新的一年。在市规划和国土资源委员会、市社会组织管理局的指导和支持下，在协会第三届、第四

届理事会的领导下，全体会员共同努力，协会以章程为基础，深入学习中共十八届三中、四中全会精神，贯彻落实全面深化改革，紧紧围绕行业发展主线，以支持估价机构做大做强、做精做专为着力点，以提升服务能力为目标开展工作，充分发挥行业组织的职能和作用。

1.完善治理结构，加强组织建设

2015 年，协会第三届理事会任期届满。协会投入大量精力组织换届筹备，充分学习和借鉴国内外相关组织架构，探索实行会长轮值制度。协会第四届会员代表大会第一次会议选举产生了协会新一届理事会和新的领导班子，并通过修订的协会章程。协会内部分工更加明晰，管理体制更加符合发展要求，为更好发挥协会作用打下基础。

2.发挥主体作用，配合开展工作

2015 年，协会理事会和会长办公会充分发挥决策功能，对重大问题的审议履职尽责、认真严谨。在协会理事会的领导下，协会秘书处、各专门委员会按照章程规定的职责范围分工合作，积极配合,以行业发展和协会建设重点工作为中心，加强作风建设和规范化建设，服务和管理能力得到进一步提升。

为满足我市估价行业发展需要，协会通过对章程的修订，强化内部管理制度建设和内部控制，促进工作的合理高效。协会各专门委员会结合各自职责，完成委员会内部分工，明确重点任务，制定了委员会的年度计划和工作时间表，充分发挥各专门委员会的主体作用，展现主观能动性。

3.主动沟通协调，提升服务水平

协会以会员服务为宗旨，坚持探索新的服务机制，充分发挥行业组织的“桥梁、纽带”作用，反映行业诉求，加强对会员合法权益的保障，代表会员利益积极协调，为广大会员办实事，不断提升服务水平。

为更好地服务会员，轮值会长带队到多家会员单位实地调研，了解估价机构及从业人员切实需求、实际困难。在得知估价师密钥权限开放、估价师档案异地存档等问题后，协会迅速与政府相关部门沟通，协调解决。

就会员普遍关注的继续教育培训、课题研究等问题，协会深入开展行业情况摸底调查，充分

听取和征求会员的意见和建议，为协会制定继续教育培训、课题研究方案提供指导。

4.集聚专家资源，扩大行业影响

协会充分利用专家群体优势服务会员、服务政府、服务社会，多次推荐和邀请国内外知名专家协助政府有关单位、部门进行项目评审、评标，并组织专家讲学、参与培训授课、参加业务研讨会议，协助有关单位解决多项技术难题，参与包括投诉处理、专业文件起草、技术标准制定等具体工作。

2015 年，协会接受司法机关、金融机构、政府部门、房企、中介机构以及社会公众的业务咨询 60 多人次，受理多起本市重大项目估价技术咨询，为多宗特殊物业和有争议物业价格评估提供技术援助。

协会理事中的省、市、区政协委员积极参政议政，认真履行职责。作为行业专家，他们围绕行业发展、法治建设、社会保障等提出多项提案，为经济社会与估价行业的发展建言献策，得到政府和社会各界的关注和重视，行业影响不断扩大。

5.注重课题研究，促进学术发展

作为专业性社会组织，学术研究是协会中心工作之一。2015 年，协会立足于我市经济社会发展大局服务，紧密联系行业实际，选取带有全局性、前瞻性、战略性的课题，着力加强应用性、对策性研究，大力培育学术氛围和行业研究力量。

2015 年，协会受托开展了估价技术修正体系构建研究，以及规范估价执业行为、提升估价质量和防范执业风险等多项课题研究。对 7 项已通过结题验收的研究成果，协会集中力量，加强协同攻关，不遗余力地推动成果的实际应用和转化。

6.重视行业人才培养，扶植核心竞争力

协会高度重视行业人才培养，在保证常规培训的基础上，分层次、多角度地开展有针对性的培训，深化培训内容，重视培训实效，努力促进行业人才队伍结构改善和专业服务能力提升，扶植专业服务核心竞争力。

2015 年，协会举办年度估价从业人员继续教育培训，并组织了多期估价主题沙龙、新技术研讨、专业论坛、学术交流和分享活动，进一步提升估价从业人员综合素质、充实专业服务的内涵。

协会注重加强与境内外同行的学习、交流和联系。参加了中国房地产估价师与房地产经纪人协会、中国土地估价师与土地登记代理人协会、香港测量师协会组织的年会、工作会议，拜访了国家、广东省和北京、广州、香港等地估价行业协会。组织会员参加第二届中韩日估价论坛，与韩国、日本、台湾和香港地区以及内地知名房地产估价机构负责人，就三国房地产估价业务的种类及如何实现多元化，房地产估价机构如何从本土企业成长为国际企业，房地产估价机构如何联合发展、如何做强做大，房地产估价机构如何开展境外业务等进行深入交流探讨。

7.热心公益事业，提升行业美誉度

2015 年，为帮助贫困山区学子健康成长，协会携手慈善基金会成功举办行业首次大型户外公益活动。在贯彻落实全民健身精神、健康生活的同时，倡导协会会员发扬积德行善、扶贫济困的传统美德，用自己的爱心，践行“与健康同行，让慈善成为一种生活方式”的理念。

公益活动得到协会会员的积极响应，280 多名会员踊跃参与，共募集善款 16.26 万元以帮扶贫困山区学子，获得良好的社会效应。

8.发挥自律功能，协助行业管理

2015 年，协会协助主管部门完成了 2015 年（2014 年度）估价机构及其从业人员年度检查，发布我市估价行业诚信评价规则和配套清单，配合开展市场巡查、执业意向调查、行业意见征求等工作，撰写行业情况报告、提出行业发展建议，参与行业管理规定等相关政策制度的制定，并就房地产（土地）估价网上管理系统的重建和改进、估价行业的规范管理提出专业意见。

2015 年，协会配合主管部门做好有关新政的宣传动员工作，贯彻文件要求和推动工作落实，并积极协助开展房地产估价机构资质初审、信访投诉调查、违规违纪案件查处及业务咨询工作。

三、深圳市房地产经纪行业协会

（一）深圳市房地产经纪行业协会简介

深圳市房地产经纪行业协会成立于 2008 年 1 月 16 日，是由在深圳从事房地产居间、代理、咨询的企事业单位及从事房地产市场研究的专业机构自愿发起成立的非营利性行业组织。

协会自成立以来即确立了以“维权、服务、协调、自律”为主旨的职能架构，致力于建设诚信、规范、专业的行业大环境，推动本行业的持续、健康、快速发展。

（二）2015 年深圳市房地产经纪行业协会工作情况

2015 年，协会围绕“维权、服务、协调、自律”核心职能，坚持求真务实、科学发展、精细服务的工作思路，坚持维护会员的合法权益，深化行业自律规范体系，提升行业信息化水平，推动诚信体系建设，促进我市房地产经纪行业的健康、稳定发展。

1.提升行业的社会地位，维护会员的合法权益

2015 年，协会共有团体会员 408 家，同比增长 1.2%。为提高行业的社会地位，使房地产经纪服务价值得到认可，协会着力开展了以下：

（1）广泛宣传房地产经纪服务价值。编写、发布大量二手房交易案例与风险提示，解读二手房交易知识，宣扬房地产经纪服务价值。

（2）积极维护会员权益，为会员提供免费的法律咨询、代拟文书等服务；发布和实施《看楼确认书》及《二手房买卖重要事项告知书》示范文本，与市中级人民法院开展座谈，维护行业在司法审裁中的合法权益。

（3）反映行业现状，解决行业瓶颈问题。定期向市规土委提交《内部情况反映》，反馈行业、市场焦点问题，提出合理化建议。

（4）及时传达服务事项及行业政策动态。举办“房地产市场与政策走向”、“二手房买卖纠纷案件若干难点问题”等多专专题讲座，为会员规范经营，规避从业风险提供参考。

（5）开发微信学习平台，实现了星级申请、在线培训等业务的一站式便捷服务；引入分段式学习，使经纪人员能随时随地进行素质提升。2015 年，共计培训新申请星级人员 21449 人次，

培训星级提升人员 18703 人次。

2.推进和完善行业自律体系，促进行业规范发展

从行业长远利益出发，立足全局，深化自律，努力打造诚信、公平、有序的发展环境。

（1）建立房地产经纪机构、地铺、人员星级管理体系，以及诚信管理相互关联的行业自律管理体系，并系统修编了相关管理办法。

（2）主动行使自律职能，打击不诚信行为，对因违规被投诉的 3 家经纪机构及 4 名经纪人员、9 名“不良从业人员”予以惩戒。

（3）发布相关信息，引导行业自律。发布了《关于禁止恶性竞争保障行业健康发展的声明》、《关于坚持贯彻落实房地产经纪人员持牌上岗制度的郑重提示》、《关于在交易高峰期尽职尽责做好服务的郑重提示》等告知、提示信息，提醒消费者防范相关风险，引导行业及时了解政策变化，自觉杜绝违规行为。

3.履行代行政职能，自律规范、行政监管两手兼顾

（1）根据《深圳市房地产市场监管办法》，依市规土委统一安排，发布《关于开展我市房地产经纪机构 2015 年（2014 年度）检查工作的通知》，通过协会自主开发的综合服务系统，完成 2015 年（2014 年度）经纪机构、分支机构年检工作。

（2）协会全年共计受理投诉 241 宗，同比增长 94%。

（3）配合市规土委开展房地产经纪行业年度检查及定期市场巡查。

作为朝阳产业的房地产经纪行业，目前正处于快速发展的初期阶段，特别是近年来互联网对全球各行各业产生了巨大影响，势必会加快房地产经纪行业的发展步伐。在房地产市场行情一片利好之际，行业的发展有着巨大的潜力。在此背景下，协会将坚持以维护行业共同利益为重，以服务会员为先的理念，推动行业进步，建立健全行业自律机制，维护行业公平、开放、健康的秩序，扩大会员交流和发展渠道，开拓创新，为实现倍受尊重的房地产经纪行业这个共同的梦想做出更大的贡献。

第十二章　信息化建设和档案管理

第一节　信息化建设

一、基础环境建设和保障

（一）提供系统运维和运维小管家服务

通过受理委机关的前端热线电话提供运维服务。2015 年共受理各类技术维护请求约 48591 次，其中办文系统维护 13153 次，计算机系统维护 15823 次，各类系统授权 15678 次。 用户的各类需求都得到了有效的响应。继续做好日常网络维护和保障工作。配合物业维修基金中心完成系统及网络整体迁移，并对各网络设备开展了日常巡检工作，保障了日常各类信息系统依赖的网络环境稳定运行。2015 年共计受理完成网络系统维护 578 余次。

关注运维知识热点动态，把握资讯最新潮流，设计制作“信息化运维小管家一期一会”宣传邮件 4 次，关注实用、高效的运维热点，获得用户一致的支持和好评。

（二）全委信息化基础环境运行良好

包括对 13 台精密空调、6 台 UPS、50 多台核心网络及安全设备、30 多台小型机服务器、90 多台物理微机服务器和 300 多台虚拟主机服务器、20 多台存储备份设备及各类软件系统等的日常监控和调试运维工作。积极协调协助派驻各管理局档案信息室，顺利完成各管理局信息化基础设施的日常运行维护工作。2015 年全年各

类信息系统基础设施运行稳定。

做好日常应用更新部署维护工作。2015 年共计受理完成日常应用更新部署工作 1421 余次。

对规划大厦数据机房的 4 台精密空调进行了整体更换，对机房气体消防设施进行的更新，持续开展了网络和服务器系统故障应急演练工作，制定了应急处理方案，提升了故障处理水平。

（三）信息系统安全和保密建设工作得到持续改善和推进

完成了 2015 年季度和年度信息安全指标工作。全年共完成 12 次对网络、服务器和数据库的漏洞扫描、128 次对门户网站（包含下属单位）

和信息系统的应用层扫描和 4 次模拟黑客入侵的渗透测试工作，并针对漏洞扫描和渗透测试发现的中高风险，制定安全整改方案落实安全防护措施。

完成了 2015 年全委 8 个信息系统的安全等级保护测评工作，完成 2015 年全委信息资产的安全风险评估工作，共评估信息资产 326 个，处理高风险 58 个、中风险 37 个。

开展市规划国土委下属各管理局、事业单位人员信息系统培训，举办办文系统操作培训 3 次，培训人数 80 余人；信息安全培训 2 次，培训人数 1000 余人。

二、应用系统建设

（一）深化市土地整备信息平台建设和应用，开创土地整备工作新局面

土地整备信息平台可用于实现土地整备、房屋征收、安置房、轨道交通 4 类项目的项目申报、实施、验收入库的全流程业务管理，实现全市的土地整备数据汇交和共享，建立三大台账(项目进展动态、征收补偿协议、资金划拨使用）。整备项目计划申报与编制、整备项目验收入库、征地拆迁业务管理等功能已在全市推广应用，初步形成全市统一的征转收数据库，实现福田、南山、罗湖、宝安、龙华、坪山、滨海等区征转收数据的共享利用。

（二）完成深圳市地名管理信息系统建设，地名管理服务水平明显提升

实现了深圳市地名管理业务图文结合的智能化审批，可提供丰富的查询统计、便利的数据入库、便民的公众服务等服务。系统进一步规范了地名业务审批流程，使业务审批更加人性化、自动化、智能化。通过建立完善地名数据规范入库与更新机制，制定了地名成果入库数据标准，同时将地名普查数据、地名梳理数据等地名成果整合到地名数据库，建立了全市统一、全面的地名数据库，为深圳市提供权威、及时、准确的地名信息服务奠定了坚实的数据基础。

（三）深化移动办公系统应用，掌上智库为领导提供有效决策支持

自主研发基于 HTML5 的移动基础平台组件，实现移动终端公文办理，提供了法定图则、一书三证等业务信息的图文查询，提升系统安全等级，顺利通过第三方安全测评。开发基于移动终端的核心信息服务系统——掌上智库，实现对业务指标数据的查询、展示、统计和比对，实现基于空间地理的信息查询，提供个人定制服务，创新“图文表并茂、随身携带、随时查阅、及时

更新、交互获取”的信息展示和互动形式，为委领导及时、准确、快捷提供宏观数据和业务数据，辅助领导进行决策，有效推动了移动办公系统的使用。

（四）推进龙华大数据项目建设，建立统一核查系统

2015 年 4 月，配合龙华管理局大数据试点建设，启动统一核查系统开发工作，支持大科室、全链条业务流程改革，10 月 28 日在龙华管理局成功上线试运行。统一核查系统整合提供规划、权属、现状及非图形等数据统一查询，大幅提升了办文效率，提高了办文质量，在龙华管理局的日常管理工作中已初见成效。

（五）落实上级有关不动产统一登记工作等要求，开发实现不动产登记发证功能

落实上级相关要求，配合市不动产籍管理和测绘局挂牌暨深圳市第一张不动产权证书颁发工作，在房地产权登记系统基础上开发不动产登记发证功能，依据不动产簿册证统一样式，完成不动产证、不动产证明信息采集、不动产证明缮证和发证功能。顺利启用新版不动产证、不动产证明系统功能。截至 2015 年 11 月底，已发放近 5 万笔不动产证，7 万笔不动产登记证明。

落实国土资源部不动产登记工作安排，按照国土资源部建立不动产登记信息管理基础平台联系点推进不动产登记工作要求，编制深圳市不动产登记信息平台建设情况工作，完成存量不动产登记数据（新发不动产证）汇交，启动我市不动产登记系统与国家不动产登记信息管理基础平台的接入工作。

（六）初步建立规划国土全文检索门户，提升信息查询效率

针对过去众多分散信息查询功能，建立集业务全文检索、信息公开全文检索、档案查询于一体的规划国土全文检索门户，打造内容归类门户，录入关键字就能查询规划、土地、房地产、监察、现状等数据，提高信息获取效率，系统于 2015 年 12 月在综合效能处进行试用。

三、数据建设与服务

（一）进一步完善全委数据的接收、入库工作，提高数据完整性和时效性

做好基础数据工作，探索大科室改革后加强管理局数据建库的新模式，开展龙华大数据工作的数据整理建库工作，实现各管理局、各区持有数据统一建库。

截至 2015 年 12 月 31 日，全年累计完成规划国土项目成果建库 624 项，同比增加约 24%。

开展在编法定图则草案阶段、公示阶段、图则委阶段、报签阶段成果的核查工作共计 67 次，同比增加 103%。接收编制单位提供的更新单元规划归档成果 49 项，同比增长 32%。对成果文件库中成果分类体系进行优化，调整规划、土地、房产、地质矿产、其他成果的分类，新增海洋成果的分类，共计提供信息服务 64 次，同比增长 12%。

在做好基础数据接收入库的同时，完成 2008—2013 城市更新单元规划成果入库、地铁三维

地籍数据库建设、2011-2013 年土地整备数据整理建库、宝安区征转数据清理及整合入库等专项成果入库工作。

（二）以数据中心建设为核心，带动数据管理和服务能力提升

基本完成数据中心软件开发工作和全委信息资源目录和元数据的梳理工作，开发资源目录管理系统和编制全委数据交换系统设计方案，研究全委数据加密保护技术。

完成地楼房一体化建设，探索全委业务基础数据的整合模式，重新梳理构建地楼房空间数据库，研究房屋测绘数据成果的存储、展示，综合考虑地楼房应用场景及应用的功能需求，并在产权登记系统试点运行。开展 2015 年地籍数据质量监控工作，以一月为一期，进行地籍数据的任务逐宗检查、问题分析、统计、后台更新维护，并根据监控情况编写监控月报以及向各管理局提供咨询分析，有效提高了地籍数据质量。完成统计信息系统建设，实现全委统计报表和统计指标填报的信息化管理。完成全年全委信息共享服务工作，助力我委信息共享排名列全市前列。

四、空间平台建设与服务

（一）建立多样化的数据更新模式，提高空间基础数据的现势性和可用性

积极探索多样化的数据更新模式，结合城市规划、建筑报建等业务数据，建立空间基础数据常态化更新机制，提高空间基础数据的现势性和可用性。2015 年度更新发布了 2 个版本的全市电子地图、4 个版本的重点片区电子地图、3 个版本的全市影像地图，完成 1:1000 地形图更新入库 80 平方公里、地下管线修补测数据更新入库 2.2 万公里。对前海片区、龙华中心区、坪山中心区等重点片区以及岗厦、较场尾等城市更新片区进行三维模型更新，全年累计更新 1.5 万栋。

（二）创新数据服务模式，提升空间平台应用成效

积极探索“数据不落地、应用在云端”的云桌面服务模式，支持罗湖区城市更新、盐田区总体规划修编等城市建设项目的空间地理数据需求，拓展了空间平台的数据服务模式。通过在线服务，支持市发改委全口径人口信息集成系统应用，实现深圳市宏观人口的动态管理；支持市水

务局三防决策支持系统和水务管线三维信息系统应用；支持龙岗区经济服务局产业资源专题图应用。为深圳市地理国情普查、城市轨道交通三期、四期规划、龙华新区电力管网详细规划等项目提供了基础测绘数据服务。通过在线、电话、邮件等方式，全年为70余家用户提供约300次技术支持。2015年新增用户7家，平台总用户达72家。

（三）“天地图·深圳”与国家“天地图”网站联通，提升公共服务水平

“天地图·深圳”通过国家测绘地理信息局的接入测试，正式接入国家“天地图”网站，实现与国家主节点在线数据的互联互通，发布18～20级矢量电子地图、0.5米分辨率影像数据，60多万条地理实体和地名地址数据，为社会公众提供了权威、鲜活、统一、高效的“一站式”地理

信息服务，全面提升深圳市地理信息公共服务水平。

此外，发布《深圳市空间地理基础信息资源管理暂行办法》，推进全市空间地理信息的共建共享。2015年为全市提供基础测绘数据服务260余批次，含地形图数据近2.3万幅、影像数据7千多平方公里、地下管线数据3.4万公里。协助编制《深圳市测绘成果提供使用工作规程（试行）》。完成“织网工程”1800万条人口数据、市场监督管理局200万条商事主体数据、公安局82万条门牌地址数据和11万条路灯数据、地铁集团1、2、5号线路79个站点的三维模型数据的汇交和接收工作。开展全市电力、燃气、通信、给水等8大类地下管线3万多公里测绘数据的分发工作，支持全市10个区政府、5家主管部门、60家权属单位的管线普查工作的开展，目前正在对全市已汇交的6万多公里地下管线数据进行质量检查及评估。

五、重大调查工作

承担深圳市全国第一次地理国情普查工作，完成试点验证和龙岗测区普查工作。普查成果获国家验收通过，在普查工作中涌现出工作模范，先进事迹在国家测绘报刊登，普查工作组被推荐候选广东省普查优秀班组。

完成深圳市第二次全国地名普查试点工作，普查工作从2010年6月至2015年10月，历时5年，查清了深圳市地理实体和人文实体的名称、位置、地名含义、历史沿革等基本信息和属性信息，共计11大类，34小类，普查地名信息共4.6万条，建立了深圳市统一、规范和权威的地名信息库，圆满地完成了第二次全国地名普查试点任务，为深圳市地名管理服务及相关城市管理工作提供了重要的基础信息，对于加强和改善地名管理、提升地名公共服务能力有着十分重要的意义。深圳市第二次全国地名普查和应用工程荣获“2015年中国地理信息产业优秀工程金奖”。

开展全市土地总登记与地籍调查技术设计工作，颁布全市《深圳市地籍调查前期清查规则（试行）》、《深圳市宗地统一代码编制工作规则（试行）》。承担建筑信息更新调查工作，完成

2013、2014 年度建筑物更新调查工作，建筑更新调查数据被我委及全市其他部门诸多业务和项目应用。

六、网站建设

较好地完成了我委门户网、政务内网共 18 个网站的日常维护及技术支持工作。通过网站主动公开 734042 条信息，其中本单位规范性文件 11 条，政策解读 9 条，发布国家、省、市政策文件分别为第 90、22、30 条，通知公告 792 条，其他信息 733094 条。

建设并维护 2015 年民生实事专题 2 个，新建海洋灾害科普手册、鹏城街话、2015 全国测绘法宣传日等一系列政务专题专栏。

开展民意征集 107 期，市政府门户网站同步发布 9 期，征集主题为法定图则修改、城市更新单元计划、城市规划项目公示、政策法规草案等。开展在线访谈 1 期，市政府门户网站同步发布 1 期，访谈主题为“深圳市现状道路名称相关问题在线访谈”。

通过咨询投诉等渠道收到有效咨询投诉信件 5177 封，及时处理 5177 封，主动公开 145 封。

七、“天地网”平台建设

拓展“天地网”平台功能。增强数据统计上报功能，“天地网”平台配合监察支队开展联合交叉巡查检查、储备地清理和共同责任考核等专项行动要求，重点实施违法案件项目管理系统，交叉检查管理系统，机动、重点巡查管理系统，卫片督导检查管理系统，储备地清理验收登记和数据上报等系统建设。拓展了农村城市化历史遗留违法建筑处理系统功能，完善了现有违建处理核心业务流程。

开展移动巡查终端系统建设。在移动终端实现执法任务派发、目的地导航、执法现场记录上传，实施我市数字监察平台与省巡查系统对接。建设普通精度移动巡查终端系统，建设高精度移动巡查终端系统，支撑省厅移动巡查督查考核工作。

优化开展卫星遥感监测。完成 2015 年国土资源部土地卫片执法监督检查、深圳市上半年市卫片执法监督检查、2015 年度住建部规划遥感督察和 2015 年度部卫片自查整改等 4 个批次的违法建设遥感监测工作。编制《2015 年深圳市卫片执法技术支持工作规范》，编制《卫片执法变化图斑提取质量检查表》等质量管理表格体系。

第二节 档案管理

2015 年，深圳市规划国土档案工作以“三个体系”建设为核心，档案资源建设、档案利用服务和档案安全管理全面开展。

档案资源建设。深圳市全年共接收规划、国土、房地产权、基础测绘等各类档案 77.9 万份，同比上年度增长 39%；同步整理归档和数字化扫描档案 68.8 万卷，同比增长 22%。其中，接收房地产权档案 69 万余份，占档案接收总量 88%，同比增加 45%。

表 12-1 2015 年深圳市房地产权档案同步归档接收情况统计表

单位：份

类别	罗湖	福田	南山	盐田	宝安（含光明、龙华）	龙岗（含坪山、大鹏）	合计
缮证档案	33958	41741	36189	6904	59589	74619	253000
初始档案	22	23	116	18	194	189	562
抵押档案	30307	40077	39343	6203	61975	73945	251850
注销档案	25141	33106	27505	4347	34791	42432	167322
查封档案	3823	4062	2484	510	1737	4582	17198
解封档案	1820	1449	1209	223	1066	433	6200
其他	0	0	0	0	0	678	678
合计	95071	120458	106846	18205	159352	196878	696810

口述历史记录整理工作。组织开展 2 次人物访谈，取得了以深圳国有土地制度改革为主题的口述史料。

全市房地产权档案集中迁移。2015 年 3 月 20 日至 7 月 27 日，在深圳市档案局和市公安局的支持配合下，市规划国土委历时 4 个月零 7 天，将分散存放在全市 10 处地点、总量 710.5 万卷的房地产权档案全部迁入市档案中心，实现了全市房地产权档案的集中统一管理。在产权档案集中迁移过程中，市规划国土委周密筹划、精心组织，各项工作安全有序进行，达到了产权档案搬迁工作“档案不丢一件、不损一件、不伤一人，保质保量完成搬迁工作”的目标和任务。

档案利用服务。通过窗口查档服务方式，全年开展档案利用服务 53.4 万人次，同比增长 27%；查询档案 20.3 万卷，同比减少 32%；提供档案复制件（证明）117 万页，数量与上年度基本持平。

深圳市光明新区渣土受纳场“12·20”特别重大滑坡事故发生后，市规划国土委档案部门上下联动，为抢险救援的档案利用工作开辟绿色通道，及时查询、整理和提供档案资料，共查阅相关档案 370 余卷次,复制和提供档案材料 7200 余页，扫描档案 164 卷次 2600 余页。

档案编研。编写《深圳市规划国土海洋管理大事记（2014）》，记事条目 131 条，使用相关图片 128 张。整理汇编深圳市规划和国土资源委员会《市规划和国土资源委员会发文汇编（2014）》（4 种）。

档案安全管理。全年共组织 2 次档案安全全面检查与整改工作，重点检查规划大厦、土地房产交易大厦、档案大厦、市档案中心等 4 处档案库房，现场整治安全隐患，补充配发了一批消防安全设备，档案安全得到保障。

第十三章　房地产法制建设

第一节　立法执法

一、立法

2015年，深圳市规划和国土资源委员会（以下简称主管部门或市规土委）完成了《关于征地安置补偿和收地置换的若干规定（试行）》，并经由深圳市政府（以下简称市政府）批准并颁布施行；完成了《关于促进安居型商品房用地供应暂行规定》、《深圳市养老服务设施用地供应暂行办法》、《深圳市非原村民所建住宅类历史遗留违法建筑临时使用管理办法（试行）》、《关于规范已出让建设用地土地用途变更和容积率调整的处置办法（试行）》、《深圳市城市更新清退用地处置规定》、《关于进一步优化设计推进我市中小学建设的指导意见》、《深圳市基本农田设施建设操作规程》，并经由市法制办审查并颁布施行；组织起草了《深圳经济特区城市规划条例（草案）》，并提请市政府审议；起草了《深圳经济特区城市更新条例（草案）》、《深圳市海域管理条例（草案）》、《深圳市房地产开发项目停车位建设及处分管理办法（草案）》，已经报市法制办审查；稳步推进《深圳经济特区房地产登记条例》（修订）、《建设用地使用权挂牌出让暂行办法》、《深圳市历史风貌保护区和优秀历史建筑管理规定》等重要文件的起草及报审工作。

二、执法

（一）开展最严厉的全市违建拆除专项行动

各区落实属地管辖责任，加大拆除力度和工作保障，共拆除85宗重点违建案件中的38宗6.69万平方米，形成了每天有行动、每周有报道的强力拆除局面。市查违办召开全市违法建筑拆除专项行动现场会，推出最严厉的全市违法建筑拆除专项行动计划，于10月10日、28日组织

开展两次全市集中拆除行动，并全程参与、现场督导各区重点拆除工作，要求坚决依法拆除已作出拆除决定的 85 宗违法建筑，以及新增违法抢建。狠抓巡查防控和案件办理。各区严格日常网格化巡查和案件查处，共立案查处违法建设 893 宗，下发停工通知书 2400 余份，依法履职到位率实现突破。市支队落实并全市推广巡查、办案相对分离，划定市级重点巡查线路 48 条，开展重点巡查 894 次，组织开展市、区联合交叉巡查检查专项行动 45 次，核查涉嫌违法用地图斑 1500 余个，建成使用 90 个固定视频监控点，加强了重点巡查、检查；带头办理重大典型案件，立案查处 2015 年以来全部 9 宗重大案件。严格卫片执法检查。开展年度国土资源部卫片执法监督检查和治理违法违规用地专项行动，及时自查整改消除违法状态；开展住房和城乡建设部规划遥感督察 1 期，图斑 602 个面积 1337.06 万平方米；自行开展 2015 年度市卫片执法监督检查，上半年社会投资类违法建筑面积 73.83 万平方米，同比下降 78%，违法用地 485.6 亩，同比下降 83%，在省政府开展的 2014 年度土地执法监察考核中成绩显著，受到省政府通报表扬。开展各类专项整治行动。统筹开展了政府储备土地清理专项执法行动、秋季校园安全稳定隐患排查整治行动、普通公路路域环境综合整治行动等十项专项整治行动，有力推进了查违工作。

（二）创新工作机制，提升执法效能

创新法治体系。完善并全市推广案件审查的委员会式集体决策机制，增加一线执法员表决权，统一审查标准规范审议程序，有效提高办案质量；落实监察条例，研究将违法建设当事人拒不履行规划土地监察行政处罚信息载入征信机构信用记录；建立全市规划土地监察案卷评查工作制度并全面开展案件评查工作，推动行政处罚执行到位；提请市人大协调法院受理四宗案件强制执行申请、修订自由裁量权标准、研究强制拆除违法建筑的风险评估机制和后续处理规范；开展违法建筑查处责任清单编制试点工作，优化查违执法体制，明晰职责分工。创新综合监管体系。完善数字监察平台，对案件线索管理、台账管理、案件处理管理、督办管理、指挥调度、收发文管理、重大案件上传监察局等系统功能进行维护升级，落实 11 台车载移动执法设备升级改造，采购 150 台手持移动巡查终端，开发移动巡查终端系统，推动“天地网”与省厅对接，开发在线视频监控智能识别系统，实现与 80 个有线视频点的对接，有力保障查违工作。创新完善开放透明

机制。落实典型信访案件通报机制，推动落实信访案件主办责任；广泛开展在线访谈、查违开放日、社区宣讲等活动，主动接受人大、政协和舆论监督；保持 12336 举报投诉热线每天 24 小时畅通，强化查违官方微博、网站实时交流平台作用，市支队全年收集群众举报投诉线索 9802 件次，并第一时间核查处理举报投诉属实 1100 余宗，在市级媒体公告栏刊登 49 宗投诉核实违法案件信息，发布官方微博 54 条和新闻报道 300 多篇，发送查违短信 292 条。创新两法衔接查人查事结合。加强行政执法与刑事司法衔接，完善案件移送标准和程序，制定干扰查违记录制度。严格查处违法建设当事人、腐败渎职的查违公职人员和干扰查违或“打招呼”插手案件查处的党员干部等“三类人”，排除执法干扰。

第二节　法规文件选编

城镇保障性安居工程财政资金绩效评价暂行办法

财综〔2015〕6号

各省、自治区、直辖市、计划单列市财政厅（局）、住房城乡建设厅（局），新疆生产建设兵团财务局、建设局：

为提高城镇保障性安居工程财政资金使用效益，建立健全绩效评价机制，更好实现城镇保障性安居工程建设目标，根据《中华人民共和国预算法》等有关规定，我们制定了《城镇保障性安居工程财政资金绩效评价暂行办法》（附件），现予印发，请遵照执行。

财政部住房城乡建设部

2015年2月25日

第一章　总　则

第一条　为提高城镇保障性安居工程财政资金使用效益，建立健全绩效评价机制，更好实现城镇保障性安居工程建设目标，根据《中华人民共和国预算法》等有关规定，制定本办法。

第二条　本办法所称城镇保障性安居工程财政资金（以下简称财政资金），是指各级财政部门用于城镇低收入住房保障家庭租赁补贴、公共租赁住房和城市棚户区改造以及相关配套基础设施的资金，包括各级财政部门从一般公共预算（含地方政府债券收入）、政府性基金预算、国有资本经营预算中安排用于城镇保障性安居工程建设的资金。

第三条　本办法所称绩效评价，是指各级财政部门会同住房城乡建设等部门，对财政资金支持城镇保障性安居工程绩效目标实现程度进行的综合评价。

第四条　绩效评价遵循以下原则：

（一）目标导向、依法评价。绩效评价以保障性安居工程绩效目标为基础，以财政相关法律法规和保障性安居工程政策规定为评价依据。

（二）科学规范、分级实施。评价方法和指标设计科学合理，评价流程统一规范，评价数据真实准确；实行中央对省、省对市（县）的分级评价制度，建立以财政资金为主线、以地方自评为基础、中央再评相结合的绩效评价机制。

（三）客观公正、公开透明。绩效评价工作坚持实事求是、从客观实际出发，以全面真实的事实和数据为依据，按照公开、公平、公正的原则开展。

第五条　绩效评价以预算年度为周期，对预算年度内各地区城镇保障性安居工程资金管理、项目管理、项目效益情况进行评价。在年度绩效评价的基础上，适时开展以几个预算年度为周期的中期绩效评价。

第二章 评价依据和内容

第六条 绩效评价的依据包括：

（一）《中华人民共和国预算法》、《中华人民共和国预算法实施条例》的相关规定；

（二）预算绩效管理相关规定；

（三）保障性安居工程相关管理制度；

（四）地方各级政府制定的城镇保障性安居工程规划和年度计划；

（五）中央与省级政府签订的目标任务、省级政府与市（县）政府签订的目标任务；

（六）保障性安居工程财政资金管理办法、财务制度、会计核算资料；

（七）审计报告决定、财政监督检查报告及处理决定；

（八）其他相关材料。

第七条 绩效评价的内容包括：

（一）资金管理，包括省级财政部门、住房城乡建设部门申请中央财政城镇保障性安居工程专项资金（以下简称中央专项资金）是否及时、基础数据是否准确，省级财政部门、住房城乡建设部门向市（县）财政下达中央专项资金是否及时，省级财政部门是否安排补助资金，以及资金管理是否合法合规等；

（二）项目管理，包括城镇保障性安居工程质量、规划计划的制定、规划计划和政策公开、开工和基本建成情况公开、保障对象公开，以及地方报送绩效评价报告的及时性和完整性等；

（三）项目效益，包括城镇保障性安居工程带动经济社会发展情况、开工情况、基本建成情况、低收入住房保障家庭租赁补贴发放情况、当年符合分配入住条件的公共租赁住房和城市棚户区改造安置住房的分配入住情况等。

第八条 绩效评价指标体系根据评价内容设置。其中，省级评价指标体系详见《城镇保障性安居工程财政资金绩效评价量化指标表》，市（县）绩效评价指标体系由省级财政部门会同同级住房城乡建设部门设置。

第三章 组织实施

第九条 绩效评价工作由财政部会同住房城乡建设部统一组织、分级实施。

（一）财政部会同住房城乡建设部制定和完善全国财政资金绩效评价办法，统一组织实施全国财政资金绩效评价工作，负责对地方绩效评价结果进行再评价，加强绩效评价结果运用，对地方绩效评价工作进行督促检查和指导；

（二）省级财政部门会同同级住房城乡建设部门制定和完善本地区绩效评价实施细则，组织实施本地区绩效评价工作，指导督促市（县）开展绩效评价工作，加强绩效评价结果运用，按规定向财政部、住房城乡建设部报送本地区绩效自评报告；

（三）市（县）财政部门会同同级住房城乡建设部门组织实施市（县）绩效评价工作，加强绩效评价结果应用，按规定向省级财政部门、住房城乡建设部门报送本市（县）绩效自评报告。

各地区可以根据需要，委托专家、中介机构等第三方参与绩效评价工作。

第十条 绩效评价的工作程序如下：

（一）每年 1~2 月，市（县）财政部门会同同级住房城乡建设部门对本市（县）上年度财政资金绩效评价工作进行自评，于每年 2 月 28 日前将绩效自评报告（加盖两部门印章），分别报省级财政部门和住房城乡建设部门；

（二）省级财政部门会同同级住房城乡建设部门根据市（县）报送的绩效自评报告，对本地区财政资金绩效评价工作开展自评，逐项说明评分理由，附带评分依据，最终形成本地区自评报告，于每年 3 月 31 日前将自评报告加盖两部门印章后，分别报送财政部和住房城乡建设部；

（三）财政部会同住房城乡建设部结合各地区自评报告进行再评价，计算各地区最终得分，

形成全国绩效评价报告。

第十一条　省级财政部门会同同级住房城乡建设部门报送的绩效评价报告应当包括以下内容：

（一）财政资金绩效目标的设立、制定依据和目标调整情况；

（二）本地区自评总体情况；

（三）本地区对所辖市（县）开展绩效评价工作的整体情况；

（四）本地区绩效目标的实现程度及相关绩效分析和说明，其中，应重点评估和说明服务对象满意度和经济社会效益情况；

（五）存在的问题及原因分析；

（六）绩效评价结果及相关合理化建议。

第十二条　市（县）财政部门、住房城乡建设部门报送的绩效评价报告的具体内容，由省级财政部门会同同级住房城乡建设部门确定。

第十三条　县级以上地方财政部门、住房城乡建设部门对本级提供的绩效自评报告和数据的真实性负责。

第四章　评价结果及应用

第十四条　绩效评价结果实行百分制，根据指标因素评价计算得分。

评价结果划分为四个等级：评价总得分在 90 分（含）以上为优秀；75（含）~90 分为良好；60（含）~75 分为合格；60 分以下为不合格。

第十五条　财政部会同住房城乡建设部以适当形式向各地区反馈绩效评价结果。

县级以上地方财政部门会同同级住房城乡建设部门向同级人民政府报告并以适当形式向社会公开本地区的绩效评价自评结果。

第十六条　绩效评价结果将作为各级财政部门会同同级住房城乡建设部门分配以后年度城镇保障性安居工程资金、制定调整相关政策以及加强保障性安居工程建设和运营管理的重要参考依据。

对于得分 60 分以下的地区，中央财政将相应扣减分配该地区的中央专项资金数额，省级财政也相应扣减分配该地区的省级补助资金数额。

第五章　附 则

第十七条　省级财政部门、住房城乡建设部门应当加强本地区财政资金的绩效评价工作，根据实际情况制定本地区的绩效评价实施细则，并报财政部、住房城乡建设部备案。

第十八条　新疆生产建设兵团开展财政资金绩效评价工作，依照本办法规定执行。

第十九条　本办法由财政部会同住房城乡建设部负责解释。

第二十条　本办法自发布之日起施行。

国土资源部住房城乡建设部关于优化2015年住房及用地供应结构促进房地产市场平稳健康发展的通知

国土资发〔2015〕37号

各省、自治区、直辖市国土资源主管部门、住房城乡建设厅（建委、房地局、规划局）：

为切实贯彻国务院关于房地产市场分类调控、因地施策的总要求，进一步加强住房及用地供应分类管理，合理优化住房及用地供应规模、结构，支持居民自住和改善性住房需求，促进房地产市场平稳健康发展，现就有关问题通知如下：

一、合理安排住房及其用地供应规模

（一）科学编制住房建设规划及年度实施计划。省级住房城乡建设主管部门要根据城镇住房发展规划，指导和监督市、县住房城乡建设主管部门依据住房现状调查、需求预测以及在建、在售住房规模等，立足当地经济社会发展和资源、环境、人口等约束条件，加快编制本地区的住房建设规划及年度实施计划，对住房的建设总量、供应结构、空间布局和开发进度等作出统筹安排，因地制宜确定保障性住房和商品住房的供应比例。各类棚户区改造应纳入住房建设规划及年度实施计划，加强实物分类管理。住房供过于求的，要适当控制2015年住房开发建设规模、进度。

（二）加强住房用地年度供应计划编制。省级国土资源主管部门要加强对市、县住房用地年度供应计划编制工作的指导，按照稳定市场的原则，要求和督促各市、县根据住房建设规划及年度实施计划，结合商品住房累积可售面积总量、未开工住宅用地总量等指标，合理确定住宅用地年度供应规模。市、县国土资源主管部门在编制2015年住房用地年度供应计划时，应按市场供求情况，合理确定商品住房用地供应规模，并对保障性安居工程和棚户区改造年度任务所需用地应保尽保。住房供应明显偏多的市、县，或在建住宅用地规模过大的市、县，应明显减少住宅用地供应量直至暂停计划供应；住房供求矛盾比较突出的热点城市，应根据市场实际情况有效增加住宅用地供应规模。

（三）强化住宅用地供应管理。各地国土资源主管部门要根据市场实际情况，控制好住宅用地供应的规模、布局和节奏，将住房用地年度供应计划落实到具体地块，明确上市时间，定期分批推出，稳定、均衡供应住宅用地。要进一步采取措施，灵活确定地块面积、组合不同用途和面积地块搭配供应。综合运用多种供地方式，完善招拍挂手段，减少流标流拍，避免异常高价地，稳定市场预期。

二、优化住房及用地供应结构

（四）优化住房供应套型结构。各地要立足市场实际需求，科学把握住房供应套型结构。对于在建商品住房项目，各地国土资源、城乡规划主管部门在不改变用地性质和容积率等必要规划条件的前提下，允许房地产开发企业适当调整套型结构，对不适应市场需求的住房户型做出调整，满足合理的自住和改善性住房需求。

（五）促进房地产用地结构调整。房地产供应明显偏多或在建房地产用地规模过大的市、县，国土资源主管部门、住房城乡建设、城乡规划主管部门可以根据市场状况，研究制订未开发房地产用地的用途转换方案，通过调整土地用途、规划条件，引导未开发房地产用地转型利用，用于国家支持的新兴产业、养老产业、文化产业、体育产业等项目用途的开发建设，促进其他产业投资。对按照新用途或者新规划条件开发建设的项目，应重新办理相关用地手续，重新核定相应的土地价款。

三、统筹保障性安居工程建设

（六）多渠道筹措房源。省级住房城乡建设主管部门要及时总结地方经验，进一步加大住房保障货币化工作力度，将符合条件的商品住房作为棚改安置房和公共租赁住房房源。整体购买在建房地产项目用于棚改安置房和公共租赁住房，或将尚未开工建设的房地产用地转为棚改安置房和公共租赁住房用地的，允许其适当调整规划建设条件，优化户型结构。

（七）完善配套土地政策和用地手续。将尚未开工房地产项目用地转变用途、调整规划建设条件用于棚改安置房和公共租赁住房建设的，市、县国土资源主管部门应重新核定相应的土地价款，更改土地出让合同。对购买在建、已建成商品住房用于棚改安置房和公共租赁住房的，要签订土地出让补充合同，明确土地分摊、地价款核算等事项。改变尚未开工房地产项目的宗地用途，或整体购买在建、已建成商品住房项目用于公共租赁住房，符合划拨用地条件的，应重新办理划拨用地手续，核发划拨用地决定书。

四、加大市场秩序和供应实施监督力度

（八）加强联动监管。各地住房城乡建设、国土资源主管部门要依法依规，强化房地产开发全过程的联动监管，进一步规范市场秩序。对在房地产开发和交易环节中有严重违法违规行为的房地产开发企业，以及违反有关资质管理规定的房地产开发企业，国土资源主管部门可以根据住房城乡建设主管部门提供的处罚信息，限制或禁止其参与新出让房地产用地的竞买。国土资源主管部门要及时将在土地市场中有违法违规行为的房地产开发企业信息告知住房城乡建设主管部门，住房城乡建设主管部门要依据房地产开发企业资质管理规定，予以相应处罚；情节严重的，依法注销其资质证书。

（九）加强监督检查。省级住房城乡建设、国土资源主管部门要按照省级人民政府负总责，市县人民政府抓落实以及落实地方政府主体责任的有关要求，认真履职，进一步加大对市、县主管部门工作的指导、监督和检查力度，既要防止不作为，又要防止乱作为。住房建设规划、年度实施计划和住房用地供应年度计划要经过专家咨询、科学论证后形成，报同级人民政府审批后实施，同时分别报省级住房城乡建设部门和国土资源主管部门备案，并向社会公开。市、县住房建设规划、年度实施计划和住房用地供应年度计划的完成情况，调整房地产项目的土地用途、改变套型结构等规划建设条件的情况，以及住房开发建设和销售情况，要主动向社会公开，接受社会监督。对措施不落实、工作不到位的，省级住房城乡建设、国土资源主管部门要责成整改，并依法追究有关单位和个人的责任。

国土资源部住房和城乡建设部
2015 年 3 月 25 日

深圳市保障性住房专项资金管理办法

深财规〔2015〕4 号

各有关单位：

为规范我市保障性住房专项资金管理，提高资金使用效益，推进我市住房保障事业可持续发展，根据《深圳市保障性住房条例》和《深圳市市级财政专项资金管理暂行办法》等规定，结合我市实际，市财政委员会、市住房和建设局制定了《深圳市保障性住房专项资金管理办法》，现予印发，请遵照执行。

深圳市财政委员会

深圳市住房和建设局

2015 年 3 月 29 日

第一章　总 则

第一条　为规范我市保障性住房专项资金管理，提高资金使用效益，推进我市住房保障事业可持续发展，根据《深圳市保障性住房条例》和《深圳市市级财政专项资金管理暂行办法》等规定，结合我市实际，制定本办法。

第二条　本办法所称保障性住房专项资金（以下简称住房专项资金）是经市政府批准，主要用于市本级保障性住房筹集、管理以及相关工作开支的专项资金。

本办法所称保障性住房，是指政府投资建设或者通过其他途径筹集的，以限定的标准和价格，向符合条件的住房困难家庭和单身居民出租或者出售的住房，包括公共租赁住房、安居型商品房等多种形式。

本办法所称保障性住房筹集，是指通过新建、收购或租赁等多种方式取得保障性住房。

第三条　本办法适用于市本级住房专项资金归集、管理和使用。

国家对财政专项资金收支管理另有规定的从其规定。

第四条　住房专项资金的归集、管理和使用坚持“公开、公平、公正”原则。住房专项资金纳入预算管理，遵循“以收定支、专款专用、收支平衡、结余结转下年安排使用”原则，实行项目管理，注重资金使用绩效。

第二章　管理职责及分工

第五条　市住房保障主管部门（以下简称市主管部门）是住房专项资金的使用和年度收支计划的编制及执行部门，其主要职责包括：

（一）会同有关部门编制住房保障规划，并根据规划编制住房保障年度工作计划，年度工作计划中应当明确资金需求规模；

（二）根据年度工作计划，与年度部门预算同步编报住房专项资金收支计划，并对专项资金收支计划的合法性、真实性负责，对专项资金计划的执行情况和绩效负责；

（三）执行已批复的住房专项资金收支计划，对住房专项资金支出按项目进行会计核算，负责对批量下达资金的使用进行审核及拨付，并定期与市财政部门对账；

（四）负责跟踪、检查住房专项资金的使用和项目实施情况，对项目开展绩效评价，确保住房专项资金专款专用和绩效目标的实现，并于每年第一季度将上一年度保障性住房项目建设进展情况、住房专项资金计划执行情况以及绩效自评报告报送市财政部门；

（五）组织市级保障性住房及配套设施出租、出售收入的归集，负责向市财政部门通报出售或出租收入归集情况，并及时足额上缴财政；

（六）负责建立健全保障性住房资产管理制度，加强资产的维修和保养；建立市级保障性住房房产档案和使用情况报告制度，做到账账、账实相符；

（七）负责住房专项资金存续期届满或被撤销后必要的清算、资金回收及其他相关后续管理工作；

（八）职能范围内的其他工作事项。

第六条 市财政部门是住房专项资金的安排和管理部门，其主要职责包括：

（一）负责住房专项资金使用的政策研究，会同市主管部门建立健全住房专项资金管理制度；

（二）负责审核、批复住房专项资金年度收支计划；

（三）根据市发展改革部门下达的年度政府投资计划，按照市主管部门的申请批量下达资金；

（四）对住房专项资金进行财务管理和会计核算，与市主管部门做好对账工作；

（五）对保障性住房资产管理工作进行指导和监督；

（六）监督住房专项资金的使用情况，对住房专项资金总体使用情况进行绩效评价；

（七）配合市主管部门开展住房专项资金存续期届满或被撤销后必要的清算工作；

（八）职能范围内的其他工作事项。

第七条 市发展改革部门是保障性住房项目年度政府投资计划的下达部门，其主要职责包括：

（一）根据住房专项资金支出安排，受理、审核、下达保障性住房项目年度投资计划，并将年度投资计划批复文件抄送市财政部门；

（二）职能范围内的其他工作事项。

第八条 市规划国土部门是保障性住房建设规划及用地审批部门，其主要职责包括：

（一）负责制定年度土地使用计划和住房建设计划中统筹安排保障性住房建设总量及用地规模；

（二）职能范围内的其他工作事项。

第三章 资金的归集和使用

第九条 住房专项资金来源包括：

（一）出租、出售保障性住房及其配套设施所得的收益；

（二）土地出让净收益（不含前海合作区土地出让净收益）中按照每年不低于百分之十比例安排的资金；

（三）通过融资取得用于保障性住房筹集的资金；

（四）依据有关规定从市住房公积金增值收益中安排用于保障性住房筹集的资金；

（五）财政预算安排用于保障性住房筹集和管理的资金；

（六）其他依法可纳入住房专项资金使用范畴的资金；

第十条 保障性住房专项资金的使用范围包括：

（一）用于保障性住房筹集的开支；

（二）用于保障性住房项目的日常测算、估价、检测和产权初始登记开支；

（三）用于政府因收回已售保障性住房产权而应当支付的退房款开支；

（四）用于缴交政府拥有产权的保障性住房物业专项维修资金开支，以及未归集物业专项维修资金的保障性住房小区公共设施设备维修改造费用开支；

（五）用于保障性住房的查验接收费用以及保障性住房租、售前后空置期物业管理费用开支；

（六）用于住房保障工作前期费用开支，主要包括：

1. 制订本市住房保障规划、纲要、政策、法规、标准及其配套细则等规范性文件的相关开支；

2. 提供住房保障相关咨询、实施跟踪、评估等服务的相关开支；

3. 开展对本市住房保障工作有重要意义的课题研究的相关开支。

（七）偿还用于保障性住房筹集所需融资的本息开支；

（八）经市政府批准可纳入住房专项资金开支的其他事项。

第十一条 各有关部门和单位应当严格按规定使用保障性住房专项资金，不得自行扩大支出范围。

第四章 收支计划编制与审批

第十二条 住房专项资金年度收支计划应当根据同期的深圳市住房保障发展规划及保障性安居工程年度计划等相关内容编制。

第十三条 住房专项资金年度收支计划应当包括以下主要内容：

（一）收入计划：

1. 收入总额；

2. 收入构成明细；

（二）支出计划：

1. 支出总额；

2. 支出构成：

（1）保障性住房建设资金支出；

（2）保障性住房管理专项支出；

（3）前期费用支出；

（4）经市政府批准的其他支出。

（三）收支计划说明：

1. 收支增减变化的原因；

2. 上年计划执行情况，各类支出计划与上年实际支出对比；

3. 各类支出安排的主要依据；

4. 其他应当说明的情况。

第十四条 住房专项资金收支计划与年度预算同步编报。市主管部门应当在每年 11 月 15 日前将下一年度住房专项资金收支计划报市财政部门审核，市财政部门对市主管部门报送的住房专项资金收支计划进行审核并报市政府审定。

第十五条 市政府审定的住房专项收支计划应当纳入财政预算管理。财政预算经市人民代表大会批准后，市财政部门应当在二十日内向市主管部门批复预算。

第十六条 市主管部门应根据年度工作计划并结合年度资金安排情况，及时将应纳入年度政府投资的项目报市发展改革部门，由市发展改革部门下达保障性住房项目年度政府投资计划。

第五章 资金收支管理

第十七条 住房专项资金实行年度收支计划管理，并严格执行收支两条线管理。

第十八条 市主管部门应严格按照批复的

计划执行，不得擅自调整、变更。如确需调整、变更的，由市主管部门报请市政府批准后进行调整。

第十九条 住房专项资金安排的项目支出，原则上应当在计划年度内实施完毕。因特殊情况，项目支出需要结转的，结转不得超过两年，对结转超过两年的支出项目收回资金重新安排使用。对跨年度实施的项目，应分年度编制滚动计划。

第六章 监督检查

第二十条 市住房保障、财政、发展改革、规划国土、监察和审计部门按照各自职责，依法对住房专项资金收支管理活动进行监督。

各机关、企事业单位、社会团体及个人，对住房专项资金收支管理活动中发生的各种违法行为，可以向相关部门投诉和举报。

第二十一条 住房专项资金的归集、拨付、使用和管理依法接受审计机关的审计监督。

第二十二条 住房专项资金的使用单位或个人必须按规定用途安排使用，不得挪作他用。对违反相关规定使用专项资金的，市财政部门可以停止拨付专项资金，并根据有关法律、法规和规章的规定进行处罚。

市住房保障、财政、发展改革和规划国土部门及其工作人员，在住房专项资金管理活动中滥用职权、玩忽职守、徇私舞弊的，按照《深圳市行政过错责任追究办法》的有关规定追究行政责任；涉嫌犯罪的，依法移交司法机关处理。

第七章 附 则

第二十三条 各区可参照本办法制定保障性住房专项资金的实施办法。

第二十四条 本办法由市财政部门会同市主管部门负责解释。

第二十五条 本办法自 2015 年 4 月 1 日起实施，有效期 5 年。

关于运用政府和社会资本合作模式推进公共租赁住房投资建设和运营管理的通知

财综〔2015〕15 号

各省、自治区、直辖市、计划单列市财政厅（局）、国土资源厅（局）、住房城乡建设厅（委、局），中国人民银行上海总部、各分行、营业管理部、省会（首府）城市中心支行、副省级城市中心支行，各省、自治区、直辖市、计划单列市国家税务局、地方税务局、银监局，新疆生产建设兵团财务局、国土资源局、建设局：

为贯彻落实党的十八届三中全会精神，提高公共租赁住房供给效率，按照《财政部关于推广运用政府和社会资本合作模式有关问题的通知》（财金〔2014〕76 号）和《财政部关于印发政府和社会资本合作模式操作指南（试行）的通知》（财金〔2014〕113 号）有关要求，现就运用政府和社会资本合作模式（Public-Private Partnership）推进公共租赁住房投资建设和运营管理的有关事宜通知如下：

一、充分认识运用政府和社会资本合作模式推进公共租赁住房投资建设和运营管理的重要意义

政府和社会资本合作模式是政府与社会资本在公共服务领域建立的一种长期合作关系，通过这种合作和管理过程，可以更有效率地为社会提供公共服务。运用这种模式推进公共租赁住房投资建设和运营管理，有利于转变政府职能，提升保障性住房资源配置效率；有利于消化库存商品住房，促进房地产市场平稳健康发展；有利于提升政府治理能力，改善住房保障服务。运用政府和社会资本合作模式推进公共租赁住房投资建设和运营管理，作为一项政策创新和制度创新，对于稳增长、调结构、惠民生具有十分重要意义，各地要充分认识这项工作的重要性，积极有序开展试点工作。

二、运用政府和社会资本合作模式推进公共租赁住房投资建设和运营管理的基本目标和原则

（一）基本目标。通过运用政府和社会资本合作模式，发挥政府与社会资本各自优势，把政府的政策意图、住房保障目标和社会资本的运营效率结合起来，逐步建立“企业建房、居民租房、政府补贴、社会管理”的新型公共租赁住房投资建设和运营管理模式，有效提高公共租赁住房服务质量和管理效率。

（二）基本原则。

1.政府组织，社会参与。政府根据本地区公

共租赁住房需求状况，制定公共租赁住房发展规划和年度计划，组织合适的公共租赁住房项目开展政府和社会资本合作试点，选择社会资本参与投资建设和运营管理公共租赁住房。

2.权责清晰，各司其职。在公共租赁住房项目合同中，明确政府与社会资本的各自责任，按照合同约定承担相应的权利、义务、责任和风险。

3.激励相容，提高效率。通过综合运用多种政策手段，建立动态调整的租金价格机制，确保社会资本具有稳定合理的投资回报；建立严格的绩效评价机制，对项目运作、住房保障服务质量和资金使用效率等进行综合考核评价，确保公共租赁住房项目建设运营达到预期效果。

三、公共租赁住房项目政府和社会资本合作模式和条件

（一）公共租赁住房政府和社会资本合作项目的基本模式。运用政府和社会资本合作模式推进公共租赁住房投资建设和运营管理，主要是政府选择社会资本组建公共租赁住房项目公司，项目公司与政府签订合同，负责承担设计、投资建设、运营、维护管理任务，在合同期内通过“承租人支付租金”及必要的“政府政策支持”获得合理投资回报，依法承担相应的风险；政府负责提供政策支持，定期调整公共租赁住房租金价格，加强公共租赁住房工程建设及运营维护质量监管。合同期满后，项目公司终结，并按合同约定作善后处理。政府对项目公司承担有限责任，不提供担保或承诺。

（二）公共租赁住房政府和社会资本合作项目的基本条件。适合运用政府和社会资本合作模式的公共租赁住房项目应当同时具备以下条件：1.已纳入住房保障规划和年度计划。2.项目规划所在区域交通便利，学校、医院等公共基础设施配套齐全。3.户型建筑面积符合公共租赁住房条件。户型建筑面积以 40 平方米左右的小户型为主，单套建筑面积控制在 60 平方米以内。4.承租公共租赁住房的保障对象数量稳定。5.保障对象按市场租金水平向项目公司缴纳住房租金。6.政府按保障对象支付能力给予分档补贴及其他政策支持。7.公共租赁住房运营期限不少于 15 年。

四、公共租赁住房政府和社会资本合作项目的适用范围

适用政府和社会资本合作模式的公共租赁住房项目主要包括：（一）政府自建自管项目；（二）政府收购的符合公共租赁住房条件的存量商品住房项目；（三）符合公共租赁住房条件且手续完备、债务清晰的停工未完工程项目；（四）以企业为主建设管理的公共租赁住房项目。

对于存量和在建的项目，特别是债务规模比较大的政府融资平台公司持有的公共租赁住房，应当在科学评估的基础上，采取招投标、拍卖、挂牌等法律法规规定的方式将公共租赁住房资产整体转让给项目公司，实行规范的政府和社会资本合作模式运作，转让收入优先用于偿还对应的存量政府债务；对于拟新建和收购的项目，从规划、设计、投资建设、运营、管理全过程均可按政府和社会资本合作模式运作。

五、规范运用政府和社会资本合作模式推进公共租赁住房投资建设和运营管理

（一）建立公共租赁住房政府和社会资本合作项目库。各地应认真梳理、科学甄别适合政府和社会资本合作模式的公共租赁住房项目，建立项目储备库。政府和社会资本合作的公共租赁住房项目由市县财政部门会同同级住房保障部门从存量和新增项目中筛选。

（二）做好项目前期论证和准备工作。市县财政部门会同同级住房保障部门引入第三方中介机构和专家，对拟实施政府和社会资本合作的公共租赁住房项目进行必要性、可行性、经济性、合规性评估和物有所值评价，论证项目是否满足

政府和社会资本合作项目的必要条件。在此基础上，财政部门应组织开展政府和社会资本合作项目财政承受能力论证工作，通过识别、测算项目的各项财政支出责任，科学评估项目实施对当前及今后年度财政支出的影响，为项目财政预算管理提供依据，以保障政府切实履行合同义务，有效防范和控制财政风险，促进项目可持续发展。

（三）选择合作伙伴。按照《中华人民共和国政府采购法》、《财政部关于印发〈政府和社会资本合作项目政府采购管理办法〉的通知》（财库〔2014〕215 号）等有关法律法规规定，综合考虑企业资质、经营业绩、技术和管理能力、资金实力、服务质量、信誉等因素，择优选择公共租赁住房项目合作伙伴。

（四）筹组项目公司。按照“政府引导、企业主导、市场运作、利益分享、风险分担”的原则，由合作企业组建项目公司，具体负责公共租赁住房项目的设计、投资、建设、运营、维护和管理。

（五）签订合作合同。合同的主要内容应当包括：公共租赁住房项目名称、建设规模、投资规模、资金筹集、合作期限、户型结构、运营期限、维修维护责任；住房保障服务的数量、质量和标准；公共租赁住房租金价格及调整机制；合同期满后项目移交的内容、方式、程序及验收标准，涉及资产处置的，应当事先约定政府与社会资本收益分享比例；建设和运营管理的风险分担机制；项目终止的条件、流程和终止补偿；违约责任；争议解决方式等内容。

（六）建立监管和绩效评价机制。政府对公共租赁住房政府和社会资本合作项目运作、服务质量和资金使用效率等进行全过程监管和综合考核评价，认真把握和确定服务价格和项目收益指标，加强成本监审、考核评估、价格调整审核，引入第三方进行社会评价，评价结果向社会公示，并作为项目价格、政府补贴、合作期限等调整的依据。

六、构建政府支持政府和社会资本合作模式公共租赁住房的政策体系

（一）财政政策。市县财政部门统筹运用各级政府安排用于公共租赁住房的资金，通过贷款贴息方式支持公共租赁住房政府和社会资本合作项目购建和运营管理，具体贴息办法按照财政部印发的《城镇保障性安居工程贷款贴息办法》（财综〔2014〕76 号）规定执行。同时，根据公共租赁住房保障对象的支付能力给予分档补贴，重点对城镇低收入住房困难家庭发放租赁补贴，配合同级住房保障部门督促保障对象按照合同约定的市场租金水平向项目公司缴纳住房租金。对于试行公共租赁住房政府和社会资本合作项目试点的地区，中央财政不改变城镇保障性安居工程资金分配方式。

（二）税费政策。对公共租赁住房建设按照国家现行有关规定免收各项行政事业性收费和政府性基金；落实现行有关公共租赁住房购建和运营管理税收优惠政策。

（三）土地政策。一是新建公共租赁住房建设用地可以租赁方式取得，租金收入作为土地出让收入纳入政府性基金预算管理。二是对于新建公共租赁住房项目，以及使用划拨建设用地的存量公共租赁住房项目，经市县人民政府批准，政府可以土地作价入股方式注入项目公司，支持公共租赁住房政府和社会资本合作项目，不参与公共租赁住房经营期间收益分享，但拥有对资产的处置收益权。三是在新建公共租赁住房政府和社会资本合作项目中，可以规划建设一定比例建筑面积的配套商业服务设施用于出租和经营，以实现资金平衡并有合理盈利，但不得用于销售和转让。

（四）收购政策。对于收购符合公共租赁住房条件的存量商品住房项目，按照政府搭桥、公司主导、双方自愿、保本不亏的原则确定收购价格；也可以按当地公共租赁住房建设成本及合理

收益率确定收购价格。

（五）融资政策。一是银行业金融机构要在房地产开发贷款大项下建立公共租赁住房开发贷款的明细核算，对公共租赁住房贷款单独核算、单独管理、单独考核，根据自身实际，在依法合规、风险可控的前提下，加大对政府和社会资本合作模式公共租赁住房试点项目的信贷支持力度。二是鼓励社保基金、保险资金等公共基金通过债权、股权等多种方式支持项目公司融资。三是支持项目公司发行企业债券，适当降低中长期企业债券的发行门槛。四是支持以未来收益覆盖融资本息的公共租赁住房资产发行房地产投资信托基金（REITs），探索建立以市场机制为基础、可持续的公共租赁住房投融资模式。

七、扎实做好政府和社会资本合作模式公共租赁住房项目实施工作

（一）落实工作责任。财政部会同住房城乡建设部、国家税务总局等相关部门完善落实财税支持政策；国土资源部会同财政部完善落实土地供应支持政策；人民银行、银监会指导督促金融机构做好金融服务工作。地方各级财政、住房保障、国土、人民银行、银监会等部门，按照职责分工落实工作责任。同时，地方各级财政部门要会同住房保障部门结合本地区实际情况，制定政府和社会资本合作模式公共租赁住房项目试点方案，指导项目具体实施工作。

（二）建立工作机制。各级财政、住房保障、国土、人民银行、银监会等部门，要建立政府和社会资本合作模式公共租赁住房部门联席会议，专门研究解决运用政府和社会资本合作模式推进公共租赁住房投资建设和运营管理过程中出现的问题，联席会议各部门要加强协作，密切配合，确保各项政策措施落到实处，规范开展政府和社会资本合作模式公共租赁住房项目试点。

（三）开展项目试点。2015 年，各地区应当抓紧组织开展政府和社会资本合作模式公共租赁住房项目试点工作，政府和社会资本合作模式公共租赁住房试点项目由市县财政部门会同同级住房保障部门筛选，报省级财政部门会同住房保障部门共同审核确认后实施。对于市县筛选的公共租赁住房项目，每省可选择一定数量的项目开展试点。对于拟实施的试点项目，省级财政部门应当会同住房保障部门将项目区位、投资规模、建筑面积和套数、合作方式、合作期限、资金来源等情况报财政部、住房城乡建设部备案。

财政部 国土资源部 住房城乡建设部
中国人民银行 国家税务总局 银监会
2015 年 4 月 21 日

关于深圳市养老服务设施用地供应暂行办法的通知

市政府各部门、各区政府（新区管委会）：

经市政府同意，现将《深圳市养老服务设施用地供应暂行办法》予以印发，请各单位认真贯彻执行。

特此通知。

深圳市规划和国土资源委员会

2015 年 5 月 6 日

深圳市养老服务设施用地供应暂行办法

第一条 为保障养老服务设施用地供应，规范养老服务设施用地管理，满足多样化养老服务需求，推动养老服务事业和产业发展，保障和改善民生，根据《养老服务设施用地指导意见》、《深圳市人民政府关于加快发展老龄服务事业和产业的意见》及有关规定，结合本市实际，制定本办法。

第二条 本办法所称养老服务设施，是指集中赡养老年人，为老年人提供住宿、生活照料、医疗护理、精神慰藉、临终关怀、心理咨询、紧急救援、文化娱乐等服务所使用的房屋和场地设施。

本办法所称养老服务设施用地，是指满足养老设施专项规划及其他规划要求，可用于建设独立占地的养老服务设施的医疗卫生用地和社会福利用地。

第三条 养老服务设施用地优先纳入我市近期建设与土地利用规划年度实施计划。

市民政部门应根据社会需求、养老设施专项规划及其他相关规划，会同市规划国土主管部门统筹确定近期养老服务设施建设项目计划，纳入我市近期建设与土地利用规划年度实施计划。

第四条 我市养老服务设施用地，采取以下方式供应：

（一）市、区财政全额投资的养老服务设施用地，由市民政部门申请，报市政府批准后，可以采取协议免地价方式出让土地使用权，土地使用权受让人为市、区政府，实际使用单位为市、区民政部门。

（二）产权归政府、引入社会资本举办的养老服务设施用地，由市民政部门申请，报市政府批准后，可以采取协议免地价方式出让土地使用权，土地使用权受让人为市、区政府，实际使用单位为市、区民政部门，由市、区民政部门通过公开方式引进社会资本经营。

（三）社会资本举办的养老服务设施用地，面向所有企业事业单位、社会组织或者个人，采取招拍挂方式公开出让土地使用权。

第五条 原农村集体经济组织继受单位尚未进行开发建设且规划为养老服务设施的合法

用地，鼓励原农村集体经济组织继受单位自行举办养老服务设施，原农村集体经济组织继受单位应与市规划国土主管部门签订土地使用权出让合同或补充协议，免缴地价，土地使用权期限重新计算。也可以采取招拍挂方式公开转让土地使用权，土地使用权期限重新计算，所得收益归原农村集体经济组织继受单位，受让人应与市规划国土主管部门及原农村集体经济组织继受单位签订土地使用权出让合同或补充协议。

第六条 尚未完善征（转）地补偿手续且规划为养老服务设施的用地，可以采取招拍挂方式公开出让土地使用权。所得收益 50%纳入市国土基金，50%归原农村集体经济组织继受单位。原农村集体经济组织继受单位所得收益部分，由竞得单位先支付至市土地房产交易中心账户监管，待土地使用权出让合同等相关手续完善后，再由市土地房产交易中心将监管款项划转至原农村集体经济组织继受单位指定账户。

原农村集体经济组织继受单位应在招拍挂出让前先行理清土地经济利益关系，完成青苗、建筑物及附着物的清理、补偿和拆除，签订相关征（转）地补偿协议，政府不再另行补偿。

第七条 城市更新项目开发建设范围内的养老服务设施用地，不计入城市更新用地移交率的，可一并协议出让。

城市更新项目开发建设用地范围外按规定应移交政府、规划为养老服务设施的用地，由项目实施主体无偿移交政府后按本办法第四条规定执行。

第八条 土地使用权剩余期限不少于 10 年的已批未建合法用地符合规划要求的，原用地单位申请自行举办养老服务设施，按居住用地基准地价、原土地使用权剩余年限补缴地价后实施；也可以采取招拍挂方式公开转让土地使用权，转让后的土地使用权期限为原土地使用权剩余年限，按原土地用途及剩余年限计算的地价为转让底价，成交价高于底价的溢价部分，50%纳入市国土基金，50%归原用地单位。

上述情形涉及闲置土地处置的，应按相关规定先行处理。

第九条 已建住房项目经市规划国土主管部门、市住房保障部门、市民政部门同意，可整体用于举办养老服务设施。此类项目可由市、区民政部门回购用于举办养老服务设施，也可采取公开竞投方式由社会资本持有并经营。

上述情形经批准举办养老服务设施的，土地用途和使用年期不作变更，不需补缴地价，建筑物不得分割处置。

第十条 除第九条规定情形外的其他合法建筑满足环境保护、卫生防疫、消防安全、养老设施建筑设计等规范要求的，可以用于举办养老服务设施。

本办法实施前合法经营性用地上已建成运营的养老服务设施，满足环境保护、卫生防疫、消防安全、养老设施建筑设计等规范要求的，可以向市、区民政部门申请完善手续。

上述情形经批准举办养老服务设施的，权利主体、土地用途和使用年期不作变更，不需补缴地价，建筑物不得分割处置。

第十一条 市民政部门应拟定有关监管协议书，与养老服务设施用地出（转）让公告一并公示。监管协议书应明确养老服务设施的运营宗旨、方式、床位数量、服务对象、收费机制、后续监管等事项，在签署土地使用权出让合同时一并签订。

第十二条 我市养老服务设施用地限整体转让，建筑物不得分割转让，土地使用权出让最高年限为 50 年。

第十三条 本办法自发布之日起施行。

关于促进安居型商品房用地供应暂行规定的通知

市政府各部门、各区政府（新区管委会）：

经市政府同意，现将《关于促进安居型商品房用地供应暂行规定》予以印发，请各单位认真贯彻执行。

特此通知。

深圳市规划和国土资源委员会

2015 年 5 月 6 日

关于促进安居型商品房用地供应暂行规定

第一条 为进一步完善住房保障制度，多渠道供应保障性住房用地，促进我市安居型商品房建设，保障和改善民生，根据《深圳市安居型商品房建设和管理暂行办法》及有关政策法规的规定，结合本市实际，制定本规定。

第二条 市规划国土主管部门会同市住房保障部门，统筹全市保障性住房用地安排，在近期建设与土地利用规划年度实施计划中优先安排安居型商品房及其他保障性住房项目，明确空间布局和具体地块，确保安居型商品房及其他保障性住房用地供应。

第三条 本规定实施前企业通过协议方式取得且尚未开发建设的工业用地、原自用住宅用地，在符合城市规划的前提下，可以申请建设安居型商品房。建设单位应向市住房保障部门提出申请，经市住房保障部门征得市规划国土主管部门同意后,由市住房保障部门决定是否纳入本市保障性住房计划。

此类用地不符合城市规划的，建设单位应先向市规划国土主管部门提交规划调整方案，经市规划国土主管部门研究认为具备可行性的，再向市住房保障部门提出申请，市住房保障部门决定纳入本市保障性住房计划的，市规划国土主管部门按法定程序进行规划调整。

上述情形涉及闲置土地处置的，应按相关规定先行处理。

第四条 本规定实施前协议出让且尚未开发建设的居住用地、商住混合用地符合城市规划用途的，可以申请增加居住建筑面积用于安居型商品房建设。具体程序参照第三条第二款规定执行。

上述情形涉及闲置土地处置的，应按相关规定先行处理。

第五条 尚未完善征（转）地补偿手续且符合城市规划的用地，可以采取以下方式之一建设安居型商品房：

（一）原农村集体经济组织继受单位提出申请，通过市土地房产交易中心，以招拍挂方式公开出让土地使用权，所得收益 60%纳入市国土基金，40%归原农村集体经济组织继受单位。

（二）原农村集体经济组织继受单位提出申请，通过市土地房产交易中心，以招拍挂方式公

开出让土地使用权，所得收益 90%纳入市国土基金，10%归原农村集体经济组织继受单位。选择此方式的，原农村集体经济组织继受单位还可获得不超过总建筑面积 10%的物业。

原农村集体经济组织继受单位所得收益部分，由竞得单位先支付至市土地房产交易中心账户监管，待土地使用权出让合同等相关手续完善后，再由市土地房产交易中心将监管款项划转至原农村集体经济组织继受单位指定账户。

以上述方式进入市场的，原农村集体经济组织继受单位应在招拍挂出让前先行理清土地经济利益关系，完成青苗、建筑物及附着物的清理、补偿和拆除，签订相关征（转）地补偿协议，政府不再另行补偿。

第六条 已出让的公交场站、配电站、消防站等交通设施、公用设施用地，在确保满足规划功能的前提下，可以申请附建安居型商品房或公共租赁住房。具体程序参照本规定第三条第二款规定执行。

第七条 改造为住宅的拆除重建类城市更新项目应按住宅建筑面积配建一定比例的安居型商品房或公共租赁住房，具体比例参照《深圳市城市更新项目保障性住房配建比例暂行规定》。

改造为工业的拆除重建类城市更新项目，在综合考虑产业升级要求、区位条件、基础设施及公共服务设施承载能力的前提下，可通过城市更新单元规划安排一定比例的独立用地，用于保障性住房建设，其中安居型商品房用地的比例不超过 30%，具体比例根据批准的更新单元规划确定。

第八条 经市规划国土主管部门和市住房保障部门同意，公共租赁住房按我市相关规定补缴地价后，可以转为安居型商品房。

第九条 本规定自发布之日起施行。

关于深圳市非原村民所建住宅类历史遗留违法建筑临时使用管理办法（试行）的通知

深规土〔2015〕283 号

各有关组织和个人：

为了规范本市非原村民对其所建住宅类历史遗留违法建筑的临时使用活动，保护人民生命财产安全，维护社会公共利益，根据《〈深圳市人民代表大会常务委员会关于农村城市化历史遗留违法建筑的处理决定〉试点实施办法》第四十条第三款的规定，我委组织制定了《深圳市非原村民所建住宅类历史遗留违法建筑临时使用管理办法（试行）》并经市政府批准，现予印发，请遵照执行。

深圳市规划和国土资源委员会

2015 年 5 月 15 日

深圳市非原村民所建住宅类历史遗留违法建筑临时使用管理办法（试行）

第一条 为了规范本市非原村民对其所建住宅类历史遗留违法建筑的临时使用活动，保护人民生命财产安全，维护社会公共利益，根据《〈深圳市人民代表大会常务委员会关于农村城市化历史遗留违法建筑的处理决定〉试点实施办法》（以下简称《实施办法》）第四十条第三款的规定，制定本办法。

第二条 本办法适用于本市农村城市化历史遗留违法建筑试点区域内，非原村民所建住宅类历史遗留违法建筑的临时使用备案活动。

属于房地产登记历史遗留问题范围的建筑，不适用本办法，按照《深圳市人民政府关于加强房地产登记历史遗留问题处理工作的若干意见》（深府〔2010〕66 号）等相关规定进行处理。

第三条 本办法所称“本市农村城市化历史遗留违法建筑试点区域”，根据《实施办法》及其试点工作方案予以确定。

本办法所称“非原村民”，不包括原农村集体经济组织及其继受单位和其他企业单位，包括：

（一）不具备《深圳市原村民非商品住宅建设暂行办法》（深府〔2006〕105 号）第四条规定原村民身份的个人；

（二）虽具备《深圳市原村民非商品住宅建设暂行办法》（深府〔2006〕105 号）第四条规定的原村民身份，但其所建住宅类历史遗留违法建筑不在其原籍所在原农村集体经济组织范围内、也不在区政府或者街道办事处在其原农村集体经济组织范围外安排的用地范围的个人。

非原村民所建住宅类历史遗留违法建筑，不

包括 1999 年 3 月 5 日之前已建成且已按照《深圳经济特区处理历史遗留违法私房若干规定》申报的情形。

非原村民所建历史遗留违法建筑的住宅类用途，依据当事人普查记录的申报用途确定。

第四条　本办法第三条规定范围内的非原村民所建住宅类历史遗留违法建筑经普查记录后依法处理前，符合《实施办法》规定条件的，应当办理临时使用备案，但依照《实施办法》第二十三条第一款第二项、第二款规定处理的除外。

非原村民所建住宅类历史遗留违法建筑未办理临时使用备案的，不得出租、进行经营性活动；已经办理临时使用备案的，可以出租，但不得进行经营性活动。

第五条　非原村民需要临时使用其所建住宅类历史遗留违法建筑的，应当向历史遗留违法建筑所在区查违办或者其委托的街道办事处提交以下资料，办理临时使用备案：

（一）书面申请书；

（二）当事人或者管理人身份证明；

（三）历史遗留违法建筑申报受理回执；

（四）临时使用的用途；

（五）临时使用承诺书；

（六）房屋安全鉴定机构出具的经区建设主管部门备案的房屋安全鉴定合格的报告；

（七）依照《实施办法》第二十条第二款规定应当由具备法定资质的地质灾害危险性评估机构出具的符合地质安全要求的评价报告；

（八）公安消防部门出具的消防验收或者备案凭证；

（九）申请临时使用的住宅类历史遗留违法建筑所在原农村集体经济组织继受单位出具的同意临时使用的证明。

第六条　本办法第五条第七项、第八项规定的相应凭证、报告参照《实施办法》第二十条、第二十六条规定办理。

本办法第五条第六项资料，申请人无法提供的，可以在提交第五条规定的其他资料后，由区查违办在建设行政主管部门公布的房屋安全鉴定机构名录中通过抽签方式委托鉴定机构办理；申请人持委托书并按规定缴纳鉴定相关费用后，联系办理鉴定事宜并取得鉴定报告。

申请人已有相应的有效凭证、报告，可提交原有有效凭证、报告。

原村民与非原村民共同建设、申报的住宅类历史遗留违法建筑，根据《实施办法》第三十四条第二款规定对非原村民所建部分不予处理确认。非原村民申请临时使用备案的，可以提交该栋建筑原村民所建部分的《农村城市化历史遗留违法建筑拟处理确认通知书》，而不再提交本办法第五条第六项至第八项规定的相应凭证、报告，也可以提交由原村民申办的该栋建筑所取得的第五条第六项至第八项规定的相应凭证、报告。

第七条　非原村民提交的临时使用承诺书，除应当符合《实施办法》第四十二条的规定外，承诺人还应当对下列事项予以确认及同意：

（一）承诺人所建住宅类历史遗留违法建筑，属于《实施办法》规定不予处理确认的情形，承诺人不以持有临时使用备案证明为由，非法转让、赠与该住宅类历史遗留违法建筑，否则，政府有权收回临时使用备案证明，且不再对该住宅类历史遗留违法建筑核发临时使用备案证明，承诺人自行承担由此引起的一切法律后果；

（二）政府核发临时使用备案证明后，任意第三方对该住宅类历史遗留违法建筑提出权益主张的，政府有权在承诺人与第三人争议处理完毕前收回临时使用备案证明，承诺人自行处理并承担由此引起的一切法律后果。

第八条　对备案材料符合本办法规定的，区查违办或者其委托的街道办事处应当在 10 个工作日内出具《非原村民所建住宅类历史遗留违法建筑临时使用备案证明》（简称临时使用备案证明），载明以下内容：

（一）临时使用人；

（二）临时使用用途与期限；

（三）临时使用历史遗留违法建筑普查记录编码；

（四）临时使用承诺书的主要内容；

（五）其他事项。

区查违办或者其委托的街道办事处应当在出具临时使用备案证明后 5 日内，将临时使用备案证明出具情况在历史遗留违法建筑所在社区公示 7 个工作日。

公示期内存在书面异议，且申请人不能在收到区查违办或者其委托的街道办事处转来异议之日起 30 日内妥善处理的，区查违办或者其委托的街道办事处应当收回已经出具的临时使用备案证明。

第九条 非原村民所建住宅类历史遗留违法建筑临时使用备案证明有效期为 5 年。临时使用备案证明有效期届满后，当事人应当向区查违办或者其委托的街道办事处交回临时使用备案证明，并根据本办法或者届时有效的规定办理相应手续。当事人逾期不交回的，由相关区查违办或者其委托的街道办事处迳为注销备案。

临时使用备案证明核发情况应当载入历史遗留违法建筑台账，与本市出租屋租赁管理系统、商事登记系统保持必要信息的互联互通。

第十条 除本办法第四条第二款规定情形外，经备案的非原村民所建住宅类历史遗留违法建筑已经申报为商事主体的住所或者经营场所的，由规划土地监察机构依照《实施办法》第五十九条第三款以擅自改变临时使用功能进行查处，并书面通知消防、环保、文化、卫生、房屋租赁、住房建设等部门。

经备案的非原村民所建住宅类历史遗留违法建筑在临时使用过程中有其他违法行为的，由相关主管部门依照《实施办法》以及相关法律、法规的规定进行查处。

第十一条 同意非原村民所建住宅类历史遗留违法建筑临时使用的原农村集体经济组织继受单位，应当加强对其同意临时使用建筑的管理，督促非原村民履行治安、消防、租赁等法律、法规和规章规定的义务。

第十二条 非原村民非法转让其所建住宅类历史遗留违法建筑临时使用备案证明的，由区查违办或者其委托的街道办事处收回其所转让的临时使用备案证明，并不再对转让双方核发临时使用备案证明。

非原村民非法转让已经取得临时使用备案证明的其所建住宅类历史遗留违法建筑的，由区查违办或者其委托的街道办事处收回已经核发的临时使用备案证明，并不再对转让双方核发临时使用备案证明，由规划土地监察机构依法查处非法转让行为，对非法转让后发生的消防、治安等事故，相关主管部门应当依法追究转让方和受让后实际管理人的法律责任。

第十三条 本办法自发布之日起施行，有效期 5 年。

关于城市地下综合管廊工程规划编制指引的通知

建城〔2015〕70 号

各省、自治区住房城乡建设厅，北京市市政市容委、规划委，天津市城乡建设委员会、规划局，上海市城乡建设和管理委员会、规划和国土资源管理局，重庆市城乡建设委员会、规划局，新疆生产建设兵团建设局：

为了贯彻落实《国务院办公厅关于加强城市地下管线建设管理的指导意见》（国办发〔2014〕27 号），做好城市地下综合管廊工程规划建设工作，我部制定了《城市地下综合管廊工程规划编制指引》。现印发你们，请认真贯彻执行。

中华人民共和国住房和城乡建设部

2015 年 5 月 26 日

城市地下综合管廊工程规划编制指引

第一章 总 则

第一条 为了规范和指导城市地下综合管廊工程规划编制工作，提高规划的科学性，避免盲目、无序建设，制定本指引。

第二条 本指引适用于城市地下综合管廊（以下简称管廊）工程规划编制工作。

第三条 管廊工程规划应根据城市总体规划、地下管线综合规划、控制性详细规划编制，与地下空间规划、道路规划等保持衔接。

第四条 编制管廊工程规划应以统筹地下管线建设、提高工程建设效益、节约利用地下空间、防止道路反复开挖、增强地下管线防灾能力为目的，遵循政府组织、部门合作、科学决策、因地制宜、适度超前的原则。

第二章 一般要求

第五条 管廊工程规划由城市人民政府组织相关部门编制，用于指导和实施管廊工程建设。编制中应听取道路、轨道交通、给水、排水、电力、通信、广电、燃气、供热等行政主管部门及有关单位、社会公众的意见。

第六条 管廊工程规划应合理确定管廊建设区域和时序，划定管廊空间位置、配套设施用地等三维控制线，纳入城市黄线管理。

第七条 管廊建设区域内的所有管线应在管廊内规划布局。

第八条　管廊工程规划应统筹兼顾城市新区和老旧城区。新区管廊工程规划应与新区规划同步编制，老旧城区管廊工程规划应结合旧城改造、棚户区改造、道路改造、河道改造、管线改造、轨道交通建设、人防建设和地下综合体建设等编制。

第九条　管廊工程规划期限应与城市总体规划一致，并考虑长远发展需要。建设目标和重点任务应纳入国民经济和社会发展规划。

第十条　管廊工程规划原则上五年进行一次修订，或根据城市规划和重要地下管线规划的修改及时调整。调整程序按编制管廊工程规划程序执行。

第三章　编制内容

第十一条　规划可行性分析。根据城市经济、人口、用地、地下空间、管线、地质、气象、水文等情况，分析管廊建设的必要性和可行性。

第十二条　规划目标和规模。明确规划总目标和规模、分期建设目标和建设规模。

第十三条　建设区域。敷设两类及以上管线的区域可划为管廊建设区域。

高强度开发和管线密集地区应划为管廊建设区域。主要是：

（一）城市中心区、商业中心、城市地下空间高强度成片集中开发区、重要广场，高铁、机场、港口等重大基础设施所在区域。

（二）交通流量大、地下管线密集的城市主要道路以及景观道路。

（三）配合轨道交通、地下道路、城市地下综合体等建设工程地段和其他不宜开挖路面的路段等。

第十四条　系统布局。根据城市功能分区、空间布局、土地使用、开发建设等，结合道路布局，确定管廊的系统布局和类型等。

第十五条　管线入廊分析。根据管廊建设区域内有关道路、给水、排水、电力、通信、广电、燃气、供热等工程规划和新（改、扩）建计划，以及轨道交通、人防建设规划等，确定入廊管线，分析项目同步实施的可行性，确定管线入廊的时序。

第十六条　管廊断面选型。根据入廊管线种类及规模、建设方式、预留空间等，确定管廊分舱、断面形式及控制尺寸。

第十七条　三维控制线划定。管廊三维控制线应明确管廊的规划平面位置和竖向规划控制要求，引导管廊工程设计。

第十八条　重要节点控制。明确管廊与道路、轨道交通、地下通道、人防工程及其他设施之间的间距控制要求。

第十九条　配套设施。合理确定控制中心、变电所、投料口、通风口、人员出入口等配套设施规模、用地和建设标准，并与周边环境相协调。

第二十条　附属设施。明确消防、通风、供电、照明、监控和报警、排水、标识等相关附属设施的配置原则和要求。

第二十一条　安全防灾。明确综合管廊抗震、防火、防洪等安全防灾的原则、标准和基本措施。

第二十二条　建设时序。根据城市发展需要，合理安排管廊建设的年份、位置、长度等。

第二十三条　投资估算。测算规划期内的管廊建设资金规模。

第二十四条　保障措施。提出组织、政策、资金、技术、管理等措施和建议。

第四章　编制成果

第二十五条　文本

（一）总则

（二）依据

（三）规划可行性分析

（四）规划目标和规模

（五）建设区域

（六）系统布局

（七）管线入廊分析

（八）管廊断面选型

（九）三维控制线划定

（十）重要节点控制

（十一）配套设施

（十二）附属设施

（十三）安全防灾

（十四）建设时序

（十五）投资估算

（十六）保障措施

（十七）附表

第二十六条 图纸

（一）管廊建设区域范围图

（二）管廊建设区域现状图

（三）管廊系统规划图

（四）管廊分期建设规划图

（五）管线入廊时序图

（六）管廊断面示意图

（七）三维控制线划定图

（八）重要节点竖向控制图和三维示意图

（九）配套设施用地图

（十）附属设施示意图

第二十七条 附件

规划说明书、专题研究报告、基础资料汇编等。

第五章 附 则

第二十八条 县人民政府所在地镇、中心镇开展管廊工程规划编制，可参照执行。

关于深圳市前海深港现代服务业合作区共同沟管理暂行办法的通知

深前海〔2015〕141号

各有关单位：

为了有效整合地下管线，合理利用地下空间，提升前海深港现代服务业合作区内城市基础设施现代化水平，根据《深圳市地下空间开发利用暂行办法》《深圳市地下管线管理暂行办法》等规定，我局组织制定了《深圳市前海深港现代服务业合作区共同沟管理暂行办法》，现予印发，请遵照执行。

深圳市前海深港现代服务业合作区管理局

2015年6月23日

深圳市前海深港现代服务业合作区共同沟管理暂行办法

第一章　总　则

第一条　为了有效整合地下管线，合理利用地下空间，提升前海深港现代服务业合作区（以下简称前海合作区）内城市基础设施现代化水平，根据《深圳市地下空间开发利用暂行办法》《深圳市地下管线管理暂行办法》等规定，结合前海合作区实际，制定本办法。

第二条　本办法适用于前海合作区内共同沟的规划、建设、管理、使用和保护活动。

第三条　本办法所称共同沟，是指建设在前海合作区地面以下，用于容纳供水、供电、通信等各类管线，并预留检修空间的隧道结构构筑物及其附属设施（含延伸至地上的附属设施）。

附属设施包括用于维护共同沟正常运行的排水、通风、照明、电气、通讯、监测系统等。

第四条　前海管理局是共同沟管理的主管部门，主要承担以下职责：对共同沟的建设、维护和使用行为进行监管；对共同沟维护管理资金支出进行监督；对维护管理共同沟单位的工作绩效进行考核。

前海管理局可以委托下属国有企业（以下简称维护管理单位）具体负责共同沟的维护和管理。

第五条　共同沟的管理应当坚持统一建设、有偿使用、收益分摊、安全运营、节能环保的原则。

第二章　规划与建设

第六条　共同沟规划由前海管理局组织制定。共同沟规划应当符合前海合作区综合规划，并与给水、电力、通信等地下管线专项规划协调衔接。

已明确纳入共同沟的管线，不再保留另行建设的管线位置。

第七条　共同沟由前海管理局投资，并与道路主体工程同步建设，由道路主体工程建设单位统一办理规划报建、规划验收、施工、竣工验收以及工程档案移交手续。

共同沟的设计容量应当考虑前海合作区开发建设和改造时入沟管线的需要，为共同沟内管线的新建、改建和扩建预留足够的空间。

第八条　共同沟的勘察、设计、施工、监理和测绘，应当符合国家和本市的标准、技术规范要求，委托具有相应资质的单位承担。

第九条　共同沟施工过程中需要穿越轨道交通安全保护区、电力设施保护区、饮用水源保护区、油气管线安全保护范围、军事用地和文物保护区等重点区域的，建设单位应当依照相关法律、法规和规章规定办理手续。

第十条　建设单位应当按照建设工程规划许可和设计文件的要求建设共同沟，不得擅自变更批准内容，确需变更的，依照法定程序报前海管理局批准。

第十一条　建设单位应当在共同沟覆土前及时组织隐蔽工程验收，实施竣工测绘。

第十二条　共同沟建设单位应当在工程竣工后三个月内，将共同沟信息数据报规划国土部门备案并纳入全市地下管线综合信息管理系统。

共同沟建设单位应当将完整的工程档案资料交道路主体工程建设单位，由其在竣工验收合格后六个月内，向城建档案管理部门移交。

第十三条　建设单位应当按照以下规定向维护管理单位移交共同沟：

（一）第一阶段：共同沟分部工程验收合格后，办理分部工程移交；

（二）第二阶段：共同沟与道路主体工程竣工验收合格后，办理单位工程移交；

（三）第三阶段：共同沟监测系统验收合格后，办理监测系统移交。

办理移交手续时，建设单位和维护管理单位应当签订书面移交确认文件。

第三章　管理和使用

第十四条　维护管理单位主要承担以下职责：

（一）遵守与共同沟安全保护相关的法律、法规、规章和技术标准，并接受共同沟主管部门的监督管理；

（二）建立健全共同沟管理规章制度和岗位操作规程，结合入沟管线情况制定共同沟安全事故应急预案并报前海管理局备案，定期进行安全事故应急救援演练；

（三）保持共同沟内的整洁和通风良好，设置共同沟标识和安全警示牌；

（四）开展共同沟的监控、巡查、维护和维修，确保共同沟的正常使用，配合和协助各入沟管线单位进行巡查、维护和维修，发现安全隐患和发生安全事故时及时通知入沟管线单位进行维修和抢修；

（五）制止未经批准人员进入共同沟；

（六）按照价格主管部门有关规定向入沟管线单位收取共同沟使用费；

（七）应当履行的其他职责。

第十五条　共同沟入沟管线单位主要承担以下职责：

（一）遵守前海管理局和维护管理单位关于共同沟管理的规章制度，以及管线使用和维护的相关安全技术标准；

（二）制定入沟管线安全事故应急预案并报维护管理单位备案，定期进行安全事故应急救援演练；

（三）建立入沟管线定期巡查制度，按照相关技术规范要求定期对入沟管线进行巡查、维护和维修，接受前海管理局和维护管理单位的监督检查，为相邻入沟管线单位的巡查、维护和维修提供便利；

（四）保护共同沟内设施的安全，不得有妨碍共同沟安全运行、妨碍其他入沟管线单位正常使用的行为；

（五）在共同沟内实施明火作业的，应当按照规定提出申请并经批准后按照消防要求实施；

（六）按时向维护管理单位缴纳共同沟使用费；

（七）对维护管理单位的维护服务质量进行监督；

（八）应当履行的其他职责。

第十六条 共同沟入沟管线单位人员需要进入共同沟的，应当向维护管理单位申请，维护管理单位应当在 24 小时内予以答复，无正当理由不得拒绝入沟管线单位的申请。进入共同沟应当有维护管理单位人员同时到场。

因应急抢修或者发生安全事故等需要进入共同沟的，可以先行进入，但是事后应当报维护管理单位备案。

未经批准擅自进入共同沟的，维护管理单位应当及时制止，并报告前海管理局。造成共同沟损害的，维护管理单位可以采取必要措施及时处理，所需费用由擅自进入者承担。

第十七条 入沟管线单位需要新建、改建和扩建入沟管线的，应当按照以下程序办理：

（一）按照本办法第十六条的规定向维护管理单位办理入沟手续；

（二）新建、改建和扩建入沟管线涉及相邻入沟管线单位管线调整的，应当与相邻入沟管线单位协商一致；

（三）将入沟管线的信息数据报前海管理局和规划国土部门备案并纳入全市地下管线综合信息管理系统。

第十八条 入沟管线单位废弃入沟管线的，应当及时向维护管理单位报告，采取有效措施防范安全隐患，并自行清理废弃入沟管线。

入沟管线单位拒不清理废弃管线，经维护管理单位催告后仍不清理的，维护管理单位可以采取以下措施：

（一）拒绝入沟管线单位后续入沟申请；

（二）代为清理废弃入沟管线，并向入沟管线单位依法追偿代为清理费用。

第四章 运营管理费用

第十九条 共同沟运营管理费用从入沟管线单位缴纳的共同沟使用费中列支，前海管理局可以予以适当补贴。

共同沟使用费的缴费标准及缴纳方式由维护管理单位按照价格主管部门有关规定执行。

第二十条 维护管理单位应当设立共同沟运营管理费用的专门账户。

入沟管线单位缴纳的共同沟使用费和前海管理局给予的补贴由维护管理单位存入该账户，专款用于共同沟的维护和管理，不得挪作他用。

维护管理单位应当每年定期公布本年度运营管理费用的使用情况。

第二十一条 处理紧急情况所产生的共同沟维修费用由维护管理单位从专门账户先行垫付。因战争、自然灾害或者发生其他不可抗力情形导致共同沟损害的，由发生区域的入沟管线单位共同分摊费用；因管理疏忽导致共同沟损害的，由前海管理局向维护管理单位追偿；因入沟管线单位操作不规范导致共同沟损害的，由维护管理单位向相关入沟管线单位追偿；因其他人为因素导致共同沟损害的，由维护管理单位向相关责任人追偿。

第五章 保护和监督

第二十二条 共同沟保护范围由前海管理局划定并向社会公布。

在共同沟保护范围内，不得从事下列行为：

（一）排放、倾倒腐蚀性物质，堆放易燃、易爆物品；

（二）实施钻探、爆破、机械挖掘等行为；

（三）压占共同沟进行建设；

（四）擅自打桩或者进行顶进作业；

（五）损坏、占用共同沟；

（六）擅自移动、覆盖、涂改、拆除、损坏共同沟和入沟管线的安全警示标识；

（六）擅自接驳入沟管线；

（七）影响共同沟安全和管理的其他行为。

在共同沟保护范围内确需进行挖掘、打桩或者顶进等作业的，应当向维护管理单位查询共同沟现状资料，并与维护管理单位签订维保协议。

由于施工作业导致共同沟破坏的，施工单位应当及时通知维护管理单位，采取措施防止事故扩大，并赔偿相应损失。

第二十三条 共同沟建设、管理、使用和保护过程中，有违反法律、法规及规章行为的，由相关行政主管部门按照规定追究相应责任。

第六章 附则

第二十四条 本办法自 2015 年 7 月 1 日起施行，有效期 3 年。

国务院关于进一步做好城镇棚户区和城乡危房改造及配套基础设施建设有关工作的意见

国发〔2015〕37 号

各省、自治区、直辖市人民政府，国务院各部委、各直属机构：

近年来，各地区、各有关部门认真贯彻落实党中央、国务院决策部署，持续加大城镇棚户区和城乡危房改造力度，有关工作取得显著进展。截至 2014 年底，全国共改造各类棚户区住房 2080 万套、农村危房 1565 万户，其中 2013—2014 年改造各类棚户区住房 820 万套、农村危房 532 万户，有效改善了困难群众的住房条件，发挥了带动消费、扩大投资的积极作用，促进了社会和谐稳定。但也要看到，与党中央、国务院确定的改造约 1 亿人居住的城镇棚户区和城中村的目标相比，任务仍然十分艰巨，特别是待改造的棚户区多为基础差、改造难度大的地块，在创新融资机制、完善配套基础设施等方面还存在不少困难和问题。同时，农村困难群众对改善居住条件、住上安全住房的诉求比较强烈，加快农村危房改造的要求十分迫切。为进一步做好城镇棚户区和城乡危房改造及配套基础设施建设工作，切实解决群众住房困难，有效促进经济增长，现提出以下意见：

一、总体要求

（一）指导思想。深入贯彻党的十八大、十八届二中、三中、四中全会和中央城镇化工作会议精神，全面落实国务院决策部署，坚持走以人为核心的新型城镇化道路，以改善群众住房条件为出发点和落脚点，突出稳增长、惠民生，明确工作责任，创新体制机制，强化政策落实，加大城镇棚户区和城乡危房改造力度，加快配套基础设施建设，扩大有效投资，推动经济社会和谐发展。

（二）工作目标。制定城镇棚户区和城乡危房改造及配套基础设施建设三年计划（2015—2017 年，以下简称三年计划）。2015—2017 年，改造包括城市危房、城中村在内的各类棚户区住房 1800 万套（其中 2015 年 580 万套），农村危房 1060 万户（其中 2015 年 432 万户），加大棚改配套基础设施建设力度，使城市基础设施更加完备，布局合理、运行安全、服务便捷。

二、加大改造建设力度

（一）加快城镇棚户区改造。各地区要抓紧编制 2015—2017 年城镇棚户区改造实施方案并抓好组织落实。一要加快棚改项目建设。依法合规推进棚改，切实做好土地征收、补偿安置等前期工作。建立行政审批快速通道，简化程序，提高效率，对符合相关规定的项目，限期完成立项、规划许可、土地使用、施工许可等审批手续。加强工程质量安全监管，保证工程质量和进度，确

保完成三年计划确定的目标任务。把城市危房改造纳入棚改政策范围。二要积极推进棚改货币化安置。缩短安置周期，节省过渡费用，让群众尽快住上新房，享有更好的居住环境和物业服务，满足群众多样化居住需求。各省（区、市）要因地制宜，抓紧摸清存量商品住房底数，制定推进棚改货币化安置的指导意见和具体安置目标，完善相关政策措施，督促市、县抓好落实，加快安置棚户区居民。

（二）完善配套基础设施。各地区要尽快编制 2015—2017 年棚改配套基础设施建设计划（以下简称配套建设计划），确定棚改安置住房小区配套基础设施项目，以及与棚改项目直接相关的城市道路和公共交通、通信、供电、供水、供气、供热、停车库（场）、污水与垃圾处理等城市基础设施项目，努力做到配套设施与棚户区改造安置住房同步规划、同步报批、同步建设、同步交付使用。各地区要对 2014 年底前已开工的棚改安置房等保障房小区配套基础设施情况进行排查，对配套基础设施不完备的项目要列出清单，并纳入本地区配套建设计划。

（三）推进农村危房改造。各地区要抓紧编制 2015—2017 年农村危房改造实施方案，明确目标任务、资金安排和政策措施，确保年度任务按时完成。落实省级补助资金，将农村危房改造补助资金纳入财政预算，由县级财政直接发放到危房改造农户。严格执行一户一档的要求，做好农村危房改造信息系统录入和管理工作。统筹推进农房抗震改造，加大对 8 度及以上地震高烈度设防地区的改造力度，认真贯彻执行《农村危房改造最低建设要求（试行）》和《农村危房改造抗震安全基本要求（试行）》，确保改造后的住房符合建设及安全标准。加强农房风貌管理和引导，县级住房城乡建设部门应制定符合当地实际的农房设计图和风貌管理要求，指导到户。

三、创新融资体制机制

（一）推动政府购买棚改服务。各省（区、市）应根据棚改目标任务，统筹考虑财政承受能力等因素，制定本地区政府购买棚改服务的管理办法。市、县人民政府要公开择优选择棚改实施主体，并与实施主体签订购买棚改服务协议。市、县人民政府将购买棚改服务资金逐年列入财政预算，并按协议要求向提供棚改服务的实施主体支付。年初预算安排有缺口确需举借政府债务弥补的市、县，可通过省（区、市）人民政府代发地方政府债券予以支持，并优先用于棚改。政府购买棚改服务的范围，限定在政府应当承担的棚改征地拆迁服务以及安置住房筹集、公益性基础设施建设等方面，不包括棚改项目中配套建设的商品房以及经营性基础设施。

（二）推广政府与社会资本合作模式。在城市基础设施建设运营中积极推广特许经营等各种政府与社会资本合作（PPP）模式。各地应建立健全城市基础设施建设财政投入与价格补偿统筹协调机制，合理确定服务价格，深化政府与社会资本合作，推动可持续发展。

（三）构建多元化棚改实施主体。鼓励多种所有制企业作为实施主体承接棚改任务。各地原融资平台公司可通过市场化改制，建立现代企业制度，实现市场化运营，在明确公告今后不再承担政府融资职能的前提下，作为实施主体承接棚改任务。原融资平台公司转型改造后举借的债务实行市场化运作，不纳入政府债务。政府在出资范围内依法履行出资人职责，不对原融资平台公司提供担保。

（四）发挥开发性金融支持作用。承接棚改任务及纳入各地区配套建设计划的项目实施主体，可依据政府购买棚改服务协议、特许经营协议等政府与社会资本合作合同进行市场化融资，开发银行等银行业金融机构据此对符合条件的实施主体发放贷款。在依法合规、风险可控的前提下，开发银行可以通过专项过桥贷款对符合条件的实施主体提供过渡性资金安排。鼓励农业发展银行在其业务范围内对符合条件的实施主体，加大城中村改造、农村危房改造及配套基础设施建设的贷款支持。鼓励商业银行对符合条件的实施主体提供棚改及配套基础设施建设贷款。

四、加强组织领导

（一）落实地方责任。各省（区、市）人民政府对本地区城镇棚户区和城乡危房改造及配套基础设施建设工作负总责，要抓紧组织落实三年计划及相关实施方案，完善工作机制，强化目标责任考核，加大资金投入，落实好税费减免政策。

（二）明确部门职责。住房城乡建设部要会同有关部门督促各地尽快编制和落实三年计划及相关实施方案。发展改革委、财政部要会同有关部门进一步加大中央预算内投资和中央财政支持力度。财政部要会同有关部门安排中央国有资本经营预算资金，对困难中央企业特别是独立工矿区、三线地区和资源枯竭型城市中央企业棚改配套设施建设予以支持。人民银行、财政部、银监会要完善政策措施，支持开发银行、农业发展银行等金融机构加大信贷支持力度。

（三）强化监督检查。住房城乡建设部要会同有关部门建立有效的督查制度，对各地区城镇棚户区和城乡危房改造及配套基础设施建设三年计划实施情况进行督促检查。各地区要加强监督检查，全面落实各项工作任务和政策措施。加强对农村危房改造补助资金使用的监管，严禁截留、挤占、挪用或变相使用。加大考核和问责力度，对态度不积极、工作不主动、进度缓慢、弄虚作假的单位和责任人员予以通报批评，并明确整改期限和要求。

国务院

2015 年 6 月 25 日

关于深圳市经济适用住房取得完全产权和上市交易暂行办法的通知

深建规〔2015〕8号

各有关单位和个人：

为了规范经济适用住房取得完全产权和上市交易活动，根据国家有关政策法规，我局制定了《深圳市经济适用住房取得完全产权和上市交易暂行办法》，经市政府批准，现予印发，请遵照执行。

深圳市住房和建设局

2015年6月30日

深圳市经济适用住房取得完全产权和上市交易暂行办法

第一条　为了规范经济适用住房取得完全产权和上市交易活动，根据《国务院关于解决城市低收入家庭住房困难的若干意见》（国发〔2007〕24号）、《经济适用住房管理办法》（建住房〔2007〕258号）、《深圳市保障性住房条例》、《深圳市住房保障制度改革创新纲要》（深府〔2012〕145号）等有关规定，制定本办法。

第二条　本办法适用于2008年1月18日以后，市、区两级住房保障主管部门或者其他开发建设单位与低收入家庭签订买卖合同的经济适用住房取得完全产权和上市交易的活动。

本办法所称增值收益，是指经济适用住房权利人在申请办理取得完全产权或者上市交易时，该套经济适用住房原购买价格与市场价格之间的差额，即《深圳市保障性住房条例》及其他相关规范性文件所规定的土地收益和房产增值收益等价款。

本办法所称经济适用住房取得完全产权，是指签订买卖合同满5年的经济适用住房，其权利人按照本办法规定缴纳应缴增值收益后取得该套住房占有、使用、收益、处分的全部权利，住房性质变更为普通商品住房的活动。

本办法所称经济适用住房上市交易，是指签订买卖合同满5年的经济适用住房，其权利人按照本办法规定缴纳应缴增值收益后取得完全产权，同时将该套住房性质变更为普通商品住房并转让给第三人的活动。

第三条　签订买卖合同满5年，不申请取得完全产权、不申请上市交易的，不需要缴纳增值收益，经济适用住房有限产权的性质不变。权利人继续持有《房地产证》（绿本），按照《深圳市保障性住房条例》及其他相关规范性文件规定占有、使用该套住房。

第四条　经济适用住房权利人申请取得完全产权或者上市交易，需要同时符合以下条件：

（一）申请人为经济适用住房《房地产证》

（绿本）登记的权利人，且经其他权利人一致书面同意。

（二）签订买卖合同满 5 年。

（三）为了购买该套经济适用住房而按揭贷款并设定抵押的，须经抵押权人书面同意。

（四）无法规、规章规定及合同约定的不得受理其取得住房完全产权或者上市交易申请的情形。

（五）法规、规章和规范性文件规定的其他条件。

第五条 经济适用住房取得完全产权和上市交易申请的受理部门按照以下规则确定：

（一）市住房保障主管部门（以下简称市主管部门）组织售出的经济适用住房申请取得完全产权或者上市交易的，由市主管部门或者其依法委托的相关机构负责受理、审核。

（二）区住房保障主管部门（以下简称区主管部门）组织售出的经济适用住房申请取得完全产权或者上市交易的，由区主管部门或者其依法委托的相关机构负责受理、审核，并报市主管部门备案。

经审核通过的经济适用住房取得完全产权或者上市交易申请，由市主管部门统一按照本办法规定出具批复。

第六条 经济适用住房权利人申请取得完全产权或者上市交易应当按照一定比例向政府缴纳增值收益，具体计算公式为：应缴增值收益=（该套住房市场价格 – 该套住房原购买价格）×50% – 税费。

前款所称的税费，是指经济适用住房权利人在办理经济适用住房房地产证（绿本）时实际支付的税费，包括契税、印花税、交易服务费。

该套住房市场价格按照以下规则确定：

（一）申请取得完全产权的，其市场价格按照申请时该套住房的市场评估价格计算。

（二）申请上市交易的，其市场价格按照申请人申报的交易价格计算，但申报的交易价格低于申请时该套住房的市场评估价格且政府不予优先回购的，按照市场评估价格计算。

该套住房的市场评估价格低于经济适用住房原购买价格的，申请人无需向政府缴纳增值收益。

第七条 市场评估价格按照市房地产评估发展机构测算的市场交易价值合理区间下限执行。每套住房的具体市场评估价格由申请人登录市房地产评估发展机构网站输入身份证号和房地产证号进行查询。申请人对市场评估价格有异议的，可以申请复核。

第八条 经济适用住房权利人申请取得完全产权的，按照以下程序办理：

（一）提出申请。申请人向按照本办法第五条确定的受理部门申请取得经济适用住房完全产权。

（二）受理审核。受理部门按照本办法进行审核，自受理申请之日起 15 个工作日内将审核结果书面告知申请人。经审核符合申请条件的，出具经济适用住房增值收益缴纳通知书（以下简称通知书），载明该套住房的应缴增值收益金额、收款银行账户和缴款期限等信息；经审核不符合申请条件的，驳回其申请并书面说明理由。

（三）准予批复。申请人一次性足额缴纳应缴增值收益后，向市主管部门提交通知书和缴纳凭证。市主管部门于 5 个工作日内出具准予取得经济适用住房完全产权的批复。

申请人未在缴款期限内一次性足额缴纳应缴增值收益并提交缴纳凭证的，视为自动放弃本次申请。

（四）变更登记。申请人持市主管部门出具的批复文件，向市房地产权登记机构申请将该套住房变更登记为普通商品住房，权利人不变。

第九条 经济适用住房权利人申请上市交易的，按照以下程序办理：

（一）提出申请。申请人可以在自行确定该套住房买受人及交易价格后，向按照本办法第五

条确定的受理部门提出上市交易申请，并如实申报已确定的买受人及交易价格。

（二）受理审核。受理部门按照本办法进行审核，自受理申请之日起 15 个工作日内将审核结果书面告知申请人。经审核符合申请条件的，受理部门出具是否按照申请人申报的交易价格优先回购该套住房的书面意见，予以优先回购的按照本条第（三）项规定办理，不予优先回购的按照本条第（四）项规定办理。经审核不符合申请条件的，驳回其申请并书面说明理由。

（三）予以优先回购。受理部门决定优先回购该套住房的，通知申请人签订回购合同，按照申请人申报的交易价格扣除其应缴增值收益后向申请人支付回购款，收回该套住房产权，并将其重新纳入保障性住房房源。

申请人未在通知规定的时间内与受理部门签订回购合同的，视为自动放弃本次申请。

（四）不予优先回购。受理部门决定不予优先回购该套住房的，按照以下程序办理：

1. 受理部门出具通知书，载明该套住房的应缴增值收益金额、收款银行账户和缴款期限等信息。

2. 申请人一次性足额缴纳应缴增值收益后，向市主管部门提交通知书和缴纳凭证。市主管部门于5个工作日内出具准予取得经济适用住房完全产权并上市交易的批复。

申请人未在缴款期限内一次性足额缴纳应缴增值收益并提交缴纳凭证的，视为自动放弃本次申请。

3. 申请人和买受人持市主管部门出具的批复文件，向市房地产权登记机构同时申请办理变更和转移登记，将该套住房性质变更为普通商品住房并登记至买受人名下。

第十条　经济适用住房权利人向市主管部门缴纳的应缴增值收益纳入深圳市保障性住房专项资金。

经济适用住房权利人向区主管部门缴纳的增值收益款的资金用途参照前款规定执行。

第十一条　经济适用住房取得完全产权或者上市交易前发生继承的，继承人可以选择以下方式处理：

（一）继承人具有本市户籍，且在本市无任何形式自有住房或者符合我市住房困难标准的，可以申请将继承的该套住房的产权份额转移登记至其名下。

（二）原经济适用住房买卖合同签订满 5 年的，可以按照本办法规定缴纳应缴增值收益后，取得该套住房的完全产权或者将该套住房上市交易。

（三）向住房保障主管部门申请回购该套住房，并就回购款进行继承。

（四）按照《深圳市保障性住房条例》等相关规定继续占有、使用该套住房。

第十二条　本办法自发布之日起施行，有效期 3 年。

国土资源部住房城乡建设部关于做好不动产统一登记与房屋交易管理衔接的指导意见

国土资发〔2015〕90 号

各省、自治区、直辖市国土资源主管部门、住房城乡建设厅（建委、房地局）：

为贯彻落实《国务院机构改革和职能转变方案》、《中央编办关于整合不动产登记职责的通知》（中央编办发〔2013〕134 号，以下简称《通知》）和《国土资源部中央编办关于地方不动产登记职责整合的指导意见》（国土资发〔2015〕50 号），促进房地产市场平稳健康发展，确保不动产统一登记工作平稳推进，现就做好不动产统一登记与房屋交易管理有序衔接，提出以下指导意见。

一、充分认识不动产统一登记与房屋交易管理有序衔接的重要意义

整合不动产登记职责机构是建立和实施不动产统一登记制度的组织保障，是确保《不动产登记暂行条例》（以下简称《条例》）顺利实施的前提。根据中央要求，房屋登记等不动产登记职责将统一整合到不动产登记机构，房屋交易管理职责继续由房产管理部门承担。不动产统一登记与房屋交易管理关联性强，做好相关工作衔接，有利于保障房屋交易安全，维护房地产权利人合法权益；有利于稳定住房消费，促进房地产市场平稳健康发展；有利于方便群众办事，提升政府治理效率和水平。

各级不动产登记机构、房产管理部门要高度重视，在工作中要加强配合，相互兼顾，统筹协调，按照方便群众办事、保障交易安全、提升管理效率的原则，确保房地产交易市场规范有序，不动产统一登记平稳推进，年底前完成不动产登记职责机构整合。

二、加强房屋交易管理与不动产统一登记

（一）加强房屋交易管理。房屋交易管理是房地产市场监管的基础和核心。各级房产管理部门要强化房屋转让、抵押、租赁、面积管理、房屋交易档案、房屋中介、个人住房信息系统建设等工作，特别是要做好商品房预售许可、房屋买卖合同网签备案、房屋交易资金监管、楼盘表的建立、购房资格审核、房源验核、存量房与政策性住房上市交易管理，以及房屋抵押政策制定及监督执行等交易监管具体工作，实现关联业务有序衔接。

（二）加快不动产统一登记。各省级国土资源主管部门、住房城乡建设主管部门要认真贯彻落实《条例》和《通知》，指导各地充分利用现有资源，将房屋登记的申请、受理、审核、登簿、发证等房屋登记职责统一到不动产登记机构，不得随意拆分房屋登记职责。不动产登记机构要切实做好涉及房屋的所有权、用益物权、担保物权

的首次登记、变更登记、转移登记、注销登记、更正登记、异议登记、预告登记、查封登记等工作。

三、做好不动产统一登记与房屋交易管理有序衔接

各地在加强房屋交易管理、推进不动产统一登记工作中，既要梳理再造登记流程，保证不动产统一登记有序推进，又要加强房屋交易管理，保证交易与登记安全便民。对于房屋交易管理部门与不动产登记机构分设的，要切实做好交易与登记有关工作衔接。

（一）确保业务衔接顺畅。房产管理部门要对新建商品房、二手房，以及保障性等政策性住房的交易活动进行监管，实时将依法办理的房屋转让、抵押等相关交易信息提供给不动产登记机构，不动产登记机构应当依据相关交易信息进行登记。在完成房屋登记后，不动产登记机构也要实时将各类登记信息提供给房产管理部门，有效防范一房多卖、已抵押房屋违规出售等行为的发生，确保交易安全。

（二）实现信息互通共享。不动产登记信息管理基础平台与房屋交易管理信息平台要相互对接，通过交换接口、数据抄送等形式，实现实时互通共享，消除“信息孤岛”，确保相关业务办理的连续、安全、便捷。现阶段尚未建成不动产登记信息管理基础平台的，应当按照职责分工，加快推进不动产登记信息整理、入库和不动产登记信息系统建设。

（三）做好资料移交与共用。不动产登记机构与房屋交易管理部门应当建立房屋登记档案和房屋交易档案查询互用制度，保证房屋登记和交易管理的正常运行。按照《物权法》、《条例》和《通知》的有关规定，房屋登记簿等房屋登记资料由不动产登记机构管理。房产交易资料由房屋交易管理部门管理。

（四）加强服务窗口建设。各地要按照便民利民的原则，切实做好房屋交易、不动产登记窗口服务。房屋交易和登记业务办理尽量在一个服务大厅，进一步优化服务流程，提升服务水平，实现一个窗口受理，“一站式”、规范化服务。对于房屋交易与不动产登记服务大厅分设的，不动产登记机构和房产管理部门要加强沟通协调，可以互设服务窗口，受理相关业务。为方便群众办事，对于能够通过实时互通共享取得的信息，不得要求群众重复提交。

各地要按照本指导意见要求，认真抓好落实。在执行中遇到的有关情况可向国土资源部、住房城乡建设部反映。

中华人民共和国国土资源部
中华人民共和国住房和城乡建设部
2015 年 7 月 10 日

国务院办公厅关于推进城市地下综合管廊建设的指导意见

国办发〔2015〕61 号

各省、自治区、直辖市人民政府，国务院各部委、各直属机构：

地下综合管廊是指在城市地下用于集中敷设电力、通信、广播电视、给水、排水、热力、燃气等市政管线的公共隧道。我国正处在城镇化快速发展时期，地下基础设施建设滞后。推进城市地下综合管廊建设，统筹各类市政管线规划、建设和管理，解决反复开挖路面、架空线网密集、管线事故频发等问题，有利于保障城市安全、完善城市功能、美化城市景观、促进城市集约高效和转型发展，有利于提高城市综合承载能力和城镇化发展质量，有利于增加公共产品有效投资、拉动社会资本投入、打造经济发展新动力。为切实做好城市地下综合管廊建设工作，经国务院同意，现提出以下意见：

一、总体要求

（一）指导思想。全面贯彻落实党的十八大和十八届二中、三中、四中全会精神，按照《国务院关于加强城市基础设施建设的意见》（国发〔2013〕36 号）和《国务院办公厅关于加强城市地下管线建设管理的指导意见》（国办发〔2014〕27 号）有关部署，适应新型城镇化和现代化城市建设的要求，把地下综合管廊建设作为履行政府职能、完善城市基础设施的重要内容，在继续做好试点工程的基础上，总结国内外先进经验和有效做法，逐步提高城市道路配建地下综合管廊的比例，全面推动地下综合管廊建设。

（二）工作目标。到 2020 年，建成一批具有国际先进水平的地下综合管廊并投入运营，反复开挖地面的“马路拉链”问题明显改善，管线安全水平和防灾抗灾能力明显提升，逐步消除主要街道蜘蛛网式架空线，城市地面景观明显好转。

（三）基本原则。

——坚持立足实际，加强顶层设计，积极有序推进，切实提高建设和管理水平。

——坚持规划先行，明确质量标准，完善技术规范，满足基本公共服务功能。

——坚持政府主导，加大政策支持，发挥市场作用，吸引社会资本广泛参与。

二、统筹规划

（四）编制专项规划。各城市人民政府要按照“先规划、后建设”的原则，在地下管线普查的基础上，统筹各类管线实际发展需要，组织编制地下综合管廊建设规划，规划期限原则上应与城市总体规划相一致。结合地下空间开发利用、各类地下管线、道路交通等专项建设规划，合理确定地下综合管廊建设布局、管线种类、断面形式、平面位置、竖向控制等，明确建设规模和时序，综合考虑城市发展远景，预留和控制有关地下空间。建立建设项目储备制度，明确五年项目

滚动规划和年度建设计划，积极、稳妥、有序推进地下综合管廊建设。

（五）完善标准规范。根据城市发展需要抓紧制定和完善地下综合管廊建设和抗震防灾等方面的国家标准。地下综合管廊工程结构设计应考虑各类管线接入、引出支线的需求，满足抗震、人防和综合防灾等需要。地下综合管廊断面应满足所在区域所有管线入廊的需要，符合入廊管线敷设、增容、运行和维护检修的空间要求，并配建行车和行人检修通道，合理设置出入口，便于维修和更换管道。地下综合管廊应配套建设消防、供电、照明、通风、给排水、视频、标识、安全与报警、智能管理等附属设施，提高智能化监控管理水平，确保管廊安全运行。要满足各类管线独立运行维护和安全管理需要，避免产生相互干扰。

三、有序建设

（六）划定建设区域。从 2015 年起，城市新区、各类园区、成片开发区域的新建道路要根据功能需求，同步建设地下综合管廊；老城区要结合旧城更新、道路改造、河道治理、地下空间开发等，因地制宜、统筹安排地下综合管廊建设。在交通流量较大、地下管线密集的城市道路、轨道交通、地下综合体等地段，城市高强度开发区、重要公共空间、主要道路交叉口、道路与铁路或河流的交叉处，以及道路宽度难以单独敷设多种管线的路段，要优先建设地下综合管廊。加快既有地面城市电网、通信网络等架空线入地工程。

（七）明确实施主体。鼓励由企业投资建设和运营管理地下综合管廊。创新投融资模式，推广运用政府和社会资本合作（PPP）模式，通过特许经营、投资补贴、贷款贴息等形式，鼓励社会资本组建项目公司参与城市地下综合管廊建设和运营管理，优化合同管理，确保项目合理稳定回报。优先鼓励入廊管线单位共同组建或与社会资本合作组建股份制公司，或在城市人民政府指导下组成地下综合管廊业主委员会，公开招标选择建设和运营管理单位。积极培育大型专业化地下综合管廊建设和运营管理企业，支持企业跨地区开展业务，提供系统、规范的服务。

（八）确保质量安全。严格履行法定的项目建设程序，规范招投标行为，落实工程建设各方质量安全主体责任，切实把加强质量安全监管贯穿于规划、建设、运营全过程，建设单位要按规定及时报送工程档案。建立地下综合管廊工程质

量终身责任永久性标牌制度，接受社会监督。根据地下综合管廊结构类型、受力条件、使用要求和所处环境等因素，考虑耐久性、可靠性和经济性，科学选择工程材料，主要材料宜采用高性能混凝土和高强钢筋。推进地下综合管廊主体结构构件标准化，积极推广应用预制拼装技术，提高工程质量和安全水平，同时有效带动工业构件生产、施工设备制造等相关产业发展。

四、严格管理

（九）明确入廊要求。城市规划区范围内的各类管线原则上应敷设于地下空间。已建设地下综合管廊的区域，该区域内的所有管线必须入廊。在地下综合管廊以外的位置新建管线的，规划部门不予许可审批，建设部门不予施工许可审

批，市政道路部门不予掘路许可审批。既有管线应根据实际情况逐步有序迁移至地下综合管廊。各行业主管部门和有关企业要积极配合城市人民政府做好各自管线入廊工作。

（十）实行有偿使用。入廊管线单位应向地下综合管廊建设运营单位交纳入廊费和日常维护费，具体收费标准要统筹考虑建设和运营、成本和收益的关系，由地下综合管廊建设运营单位与入廊管线单位根据市场化原则共同协商确定。入廊费主要根据地下综合管廊本体及附属设施建设成本，以及各入廊管线单独敷设和更新改造成本确定。日常维护费主要根据地下综合管廊本体及附属设施维修、更新等维护成本，以及管线占用地下综合管廊空间比例、对附属设施使用强度等因素合理确定。公益性文化企业的有线电视网入廊，有关收费标准可适当给予优惠。由发展改革委会同住房城乡建设部制定指导意见，引导规范供需双方协商确定地下综合管廊收费标准，形成合理的收费机制。在地下综合管廊运营初期不能通过收费弥补成本的，地方人民政府视情给予必要的财政补贴。

（十一）提高管理水平。城市人民政府要制定地下综合管廊具体管理办法，加强工作指导与监督。地下综合管廊运营单位要完善管理制度，与入廊管线单位签订协议，明确入廊管线种类、时间、费用和责权利等内容，确保地下综合管廊正常运行。地下综合管廊本体及附属设施管理由地下综合管廊建设运营单位负责，入廊管线的设施维护及日常管理由各管线单位负责。管廊建设运营单位与入廊管线单位要分工明确，各司其职，相互配合，做好突发事件处置和应急管理等工作。

五、支持政策

（十二）加大政府投入。中央财政要发挥“四两拨千斤”的作用，积极引导地下综合管廊建设，通过现有渠道统筹安排资金予以支持。地方各级人民政府要进一步加大地下综合管廊建设资金投入。省级人民政府要加强地下综合管廊建设资金的统筹，城市人民政府要在年度预算和建设计划中优先安排地下综合管廊项目，并纳入地方政府采购范围。有条件的城市人民政府可对地下综合管廊项目给予贷款贴息。

（十三）完善融资支持。将地下综合管廊建设作为国家重点支持的民生工程，充分发挥开发性金融作用，鼓励相关金融机构积极加大对地下综合管廊建设的信贷支持力度。鼓励银行业金融机构在风险可控、商业可持续的前提下，为地下综合管廊项目提供中长期信贷支持，积极开展特许经营权、收费权和购买服务协议预期收益等担保创新类贷款业务，加大对地下综合管廊项目的支持力度。将地下综合管廊建设列入专项金融债支持范围予以长期投资。支持符合条件的地下综合管廊建设运营企业发行企业债券和项目收益票据，专项用于地下综合管廊建设项目。

城市人民政府是地下综合管廊建设管理工作的责任主体，要加强组织领导，明确主管部门，建立协调机制，扎实推进具体工作；要将地下综合管廊建设纳入政府绩效考核体系，建立有效的督查制度，定期对地下综合管廊建设工作进行督促检查。住房城乡建设部要会同有关部门建立推进地下综合管廊建设工作协调机制，组织设立地下综合管廊专家委员会；抓好地下综合管廊试点工作，尽快形成一批可复制、可推广的示范项目，经验成熟后有效推开，并加强对全国地下综合管廊建设管理工作的指导和监督检查。各管线行业主管部门、管理单位等要各司其职，密切配合，共同有序推动地下综合管廊建设。中央企业、省属企业要配合城市人民政府做好所属管线入地入廊工作。

国务院办公厅
2015 年 8 月 3 日

建设项目环境影响评价资质管理办法

国家环境保护总局令第26号

《建设项目环境影响评价资质管理办法》已由国家环境保护总局局务会议于2005年7月21日通过，现予发布，自2006年1月1日起施行。

1999年3月30日国家环境保护总局发布的《建设项目环境影响评价资格证书管理办法》同时废止。

局　长　解振华

二〇〇五年八月十五日

第一章　总　则

第一条　为加强建设项目环境影响评价管理，提高环境影响评价工作质量，维护环境影响评价行业秩序，根据《中华人民共和国环境影响评价法》和《中华人民共和国行政许可法》的有关规定，制定本办法。

第二条　凡接受委托为建设项目环境影响评价提供技术服务的机构（以下简称“评价机构”），应当按照本办法的规定申请建设项目环境影响评价资质（以下简称“评价资质”），经国家环境保护总局审查合格，取得《建设项目环境影响评价资质证书》（以下简称“资质证书”）后，方可在资质证书规定的资质等级和评价范围内从事环境影响评价技术服务。

第三条　评价资质分为甲、乙两个等级。

国家环境保护总局在确定评价资质等级的同时，根据评价机构专业特长和工作能力，确定相应的评价范围。评价范围分为环境影响报告书的11个小类和环境影响报告表的2个小类（附件一）。

第四条　取得甲级评价资质的评价机构（以下简称“甲级评价机构”），可以在资质证书规定的评价范围之内，承担各级环境保护行政主管部门负责审批的建设项目环境影响报告书和环境影响报告表的编制工作。

取得乙级评价资质的评价机构（以下简称“乙级评价机构”），可以在资质证书规定的评价范围之内，承担省级以下环境保护行政主管部门负责审批的环境影响报告书或环境影响报告表的编制工作。

第五条　国家对甲级评价机构数量实行总量限制。

国家环境保护总局根据建设项目环境影响评价业务的需求等情况确定不同时期的限制数量，并对符合本办法规定条件的申请机构，按照其提交完整申请材料的先后顺序作出是否准予评价资质的决定。

第六条　资质证书包括正本和副本，由国家环境保护总局统一印制并颁发。

资质证书在全国范围内使用，有效期为4年。

第七条　各行业的各级环境监测机构和为建设项目环境影响评价提供技术评估的机构，不得申请评价资质。

第八条 国家鼓励评价机构积极提升技术优势，增强技术实力，采取多种形式改组改制，推进环境影响评价行业向专业化、规模化、市场化发展。

第二章 评价机构的资质条件

第九条 甲级评价机构应当具备下列条件：

（一）在中华人民共和国境内登记的各类所有制企业或事业法人，具有固定的工作场所和工作条件，固定资产不少于 1000 万元，其中企业法人工商注册资金不少于 300 万元；

（二）能够开展规划、重大流域、跨省级行政区域建设项目的环境影响评价；能够独立编制污染因子复杂或生态环境影响重大的建设项目环境影响报告书；能够独立完成建设项目的工程分析、各环境要素和生态环境的现状调查与预测评价以及环境保护措施的经济技术论证；有能力分析、审核协作单位提供的技术报告和监测数据；

（三）具备 20 名以上环境影响评价专职技术人员，其中至少有 10 名登记于该机构的环境影响评价工程师，其他人员应当取得环境影响评价岗位证书。环境影响报告书评价范围包括核工业类的，专职技术人员中还应当至少有 3 名注册于该机构的核安全工程师；

（四）配备工程分析、水环境、大气环境、声环境、生态、固体废物、环境工程、规划、环境经济、工程概算等方面的专业技术人员；

（五）环境影响报告书评价范围内的每个类别应当配备至少 3 名登记于该机构的相应类别的环境影响评价工程师，且至少 2 人主持编制过相应类别省级以上环境保护行政主管部门审批的环境影响报告书。

环境影响报告表评价范围内的特殊项目环境影响报告表类别，应当配备至少 1 名登记于该机构的相应类别的环境影响评价工程师；

（六）近 3 年内主持编制过至少 5 项省级以上环境保护行政主管部门负责审批的环境影响报告书；

（七）具有健全的环境影响评价工作质量保证体系；

（八）配备与评价范围一致的专项仪器设备，具备文件和图档的数字化处理能力，有较完善的计算机网络系统和档案管理系统。

第十条 乙级评价机构应当具备下列条件：

（一）在中华人民共和国境内登记的各类所有制企业或事业法人，具有固定的工作场所和工作条件，固定资产不少于 200 万元，企业法人工商注册资金不少于 50 万元。其中，评价范围为环境影响报告表的评价机构，固定资产不少于 100 万元，企业法人工商注册资金不少于 30 万元；

（二）能够独立编制建设项目的环境影响报告书或环境影响报告表；能够独立完成建设项目的工程分析、各环境要素和生态环境的现状调查与预测评价以及环境保护措施的经济技术论证；有能力分析、审核协作单位提供的技术报告和监测数据；

（三）具备 12 名以上环境影响评价专职技术人员，其中至少有 6 名登记于该机构的环境影响评价工程师，其他人员应当取得环境影响评价岗位证书。环境影响报告书评价范围包括核工业类的，专职技术人员中还应当至少有 2 名注册于该机构的核安全工程师。

评价范围为环境影响报告表的评价机构，应当具备 8 名以上环境影响评价专职技术人员，其中至少有 2 名登记于该机构的环境影响评价工程师，其他人员应当取得环境影响评价岗位证书；

（四）配备工程分析、水环境、大气环境、声环境、生态、固体废物、环境工程等方面的专业技术人员。

评价范围为环境影响报告表的评价机构，需配备工程分析、环境工程、生态等方面的专业技术人员；

（五）环境影响报告书评价范围内的每个类别应当配备至少2名登记于该机构的相应类别的环境影响评价工程师，且至少1人主持编制过相应类别的环境影响报告书。

环境影响报告表评价范围内的特殊项目环境影响报告表类别，应当配备至少1名登记于该机构的相应类别的环境影响评价工程师；

（六）具有健全的环境影响评价工作质量保证体系；

（七）配备与评价范围一致的专项仪器设备，具备文件和图档的数字化处理能力，有较完善的档案管理系统。

第三章 评价资质的申请与审查

第十一条 国家环境保护总局负责受理评价资质的申请。

第十二条 申请评价资质的机构，应当提交下列材料：

（一）书面申请报告；

（二）建设项目环境影响评价资质申请表（附件二）；

（三）企业法人营业执照正、副本复印件或事业单位法人证书正、副本复印件；

（四）工作场所、场地证明；

（五）本机构环境影响评价工程师职业资格证书、环境影响评价岗位证书及身份证件复印件，环境影响评价工程师登记证复印件或拟登记于本机构的环境影响评价工程师登记申请材料；申请核工业类环境影响报告书评价范围的，还需提交本机构核安全工程师执业资格证书、注册证及身份证件复印件；

（六）环境影响评价相关工作业绩证明；

（七）质量管理体系认证证书复印件或环境影响评价工作质量保证体系的其他相关文件。

第十三条 申请机构应当将申请材料一式三份报送国家环境保护总局。国家环境保护总局受理评价资质申请，应当出具受理回执。

第十四条 国家环境保护总局组织对申请材料进行审查，并自受理申请之日起20日内，作出是否准予评价资质的决定。其中专家评审所需时间不计算在内。

决定准予评价资质的，应当自作出准予评价资质的决定之日起10日内，向申请机构颁发资质证书；决定不予评价资质的，应当书面通知申请机构并说明理由。

国家环境保护总局在作出是否准予评价资质的决定之前，可视具体情况征求申请机构所属行业行政主管部门和所在地省级环境保护行政主管部门的意见。

第十五条 评价机构申请评价范围调整，除需提交本办法第十二条（一）、（二）、（五）和（六）项规定的材料外，还需提交现有资质证书正、副本复印件。

第十六条 乙级评价机构申请评价资质晋级，除需提交本办法第十二条规定的材料外，还需提交现有资质证书正、副本复印件。

第十七条 评价机构变更名称的，应当自变更登记之日起60日内申请资质证书的评价机构名称变更。申请时，除需提交本办法第十二条（一）、（二）和（四）项规定的材料外，还需提交下列材料：

（一）名称变更的有关证明文件；

（二）变更后的企业法人营业执照正、副本复印件或事业单位法人证书正、副本复印件；

（三）现有资质证书正、副本复印件。

评价机构因改制、分立或合并等原因申请名称变更的，还需提交本办法第十二条（五）项规定的材料。国家环境保护总局在受理名称变更申请的同时，应当对申请材料进行全面审查，并根据其原评价资质情况以及改制、分立或合并后实际达到的资质条件，重新核定其评价资质等级和评价范围，但不晋升其评价资质等级或扩大其评价范围。

第十八条 资质证书有效期届满，评价机构需要继续从事环境影响评价技术服务的，应当于有效期届满 90 日前申请延续。

申请评价资质延续的机构，应当提交本办法第十二条规定的材料及现有资质证书正、副本原件。

国家环境保护总局组织对申请材料进行审查，在资质证书有效期届满前，作出是否准予延续的决定。

对符合相应评价资质条件和本办法第二十九条规定的，准予延续；对不符合相应评价资质条件或本办法第二十九条规定的，不予延续，书面通知申请机构并说明理由。

第十九条 评价机构有下列情形之一的，国家环境保护总局注销其评价资质：

（一）资质证书有效期满未申请延续的；

（二）法人资格终止的。

第二十条 国家环境保护总局定期公布评价机构名单。

第四章 评价机构的管理

第二十一条 评价机构应当对环境影响评价结论负责。

评价机构所主持编制的环境影响报告书和特殊项目环境影响报告表须由登记于该机构的相应类别的环境影响评价工程师主持；一般项目环境影响报告表须由登记于该机构的环境影响评价工程师主持。

环境影响报告书的各章节和环境影响报告表的各专题应当由本机构的环境影响评价专职技术人员主持。

第二十二条 环境影响报告书和环境影响报告表中应当附编制人员名单表，列出主持该项目及各章节、各专题的环境影响评价专职技术人员的姓名、环境影响评价工程师登记证或环境影响评价岗位证书编号，并附主持该项目的环境影响评价工程师登记证复印件。编制人员应当在名单表中签字，并承担相应责任。

第二十三条 环境影响评价工程师登记证中的评价机构名称与其环境影响评价岗位证书中的评价机构名称应当一致。

第二十四条 评价机构主持编制的环境影响报告书或环境影响报告表，必须附有按原样边长 1/3 缩印的资质证书正本缩印件。缩印件上应当注明所承担项目的名称及环境影响评价文件类型，并加盖评价机构印章和法定代表人名章。

第二十五条 评价机构应当坚持公正、科学、诚信的工作原则，遵守职业道德，讲求专业信誉，对相关社会责任负责，不得违反国家法律、法规、政策及有关管理要求承担环境影响评价工作，不得无任何正当理由拒绝承担环境影响评价工作。

第二十六条 评价机构在环境影响评价工作中，应当执行国家规定的收费标准。

第二十七条 评价机构的经济类型、法定代表人、工作场所和环境影响评价专职技术人员等基本情况发生变化的，应当及时报国家环境保护总局备案。

第二十八条 评价机构在领取新的资质证书时，应当将原资质证书交回国家环境保护总局。

遗失资质证书的，应当在国家环境保护总局指定的公众媒体上声明作废后申请补发。

第二十九条 甲级评价机构在资质证书有效期内应当主持编制完成至少 5 项省级以上环境保护行政主管部门负责审批的环境影响报告书。

乙级评价机构在资质证书有效期内应当主持编制完成至少 5 项环境影响报告书或环境影响报告表；其中，评价范围为环境影响报告表的评价机构，在资质证书有效期内应当主持编制完成至少 5 项环境影响报告表。

第三十条 评价机构每年须填写“建设项目

环境影响评价机构年度业绩报告表”（附件三），于次年 3 月底前报国家环境保护总局，同时抄报所在地省级环境保护行政主管部门。

第五章　评价资质的考核与监督

第三十一条　国家环境保护总局负责对评价机构实施统一监督管理，组织或委托省级环境保护行政主管部门组织对评价机构进行抽查，并向社会公布有关情况。

第三十二条　抽查主要对评价机构的资质条件、环境影响评价工作质量和是否有违法违规行为等进行检查。

在抽查中发现评价机构不符合相应资质条件规定的，国家环境保护总局重新核定其评价资质；发现评价机构有本办法第三十五条至第三十八条所列行为的，由国家环境保护总局按照本办法的有关规定予以处罚。

第三十三条　各级环境保护行政主管部门对在本辖区内承担环境影响评价工作的评价机构负有日常监督检查的职责。

各级环境保护行政主管部门应当加强对评价机构的业务指导，并结合环境影响评价文件审批对评价机构的环境影响评价工作质量进行日常考核。

省级环境保护行政主管部门可组织对本辖区内评价机构的资质条件、环境影响评价工作质量和是否有违法违规行为等进行定期考核。

第三十四条　各级环境保护行政主管部门在日常监督检查或考核中发现评价机构不符合相应资质条件或者有本办法第三十五条至第三十八条所列行为的，应当及时向上级环境保护行政主管部门报告有关情况，并提出处罚建议。

第六章　罚　则

第三十五条　评价机构在环境影响评价工作中不负责任或者弄虚作假，致使环境影响评价文件失实的，国家环境保护总局依据《中华人民共和国环境影响评价法》第三十三条的规定，降低其评价资质等级或者吊销其资质证书，并处所收费用 1 倍以上 3 倍以下的罚款，同时依据有关规定对主持该环境影响评价文件的环境影响评价工程师注销登记。

第三十六条　评价机构有下列行为之一的，国家环境保护总局取消其评价资质：

（一）以欺骗、贿赂等不正当手段取得评价资质的；

（二）涂改、倒卖、出租、出借资质证书的；

（三）超越评价资质等级、评价范围提供环境影响评价技术服务的；

（四）达不到评价资质条件或本办法第二十九条规定的业绩要求的。

申请评价资质的机构隐瞒有关情况或者提供虚假资料申请评价资质的，国家环境保护总局不予受理或者不予评价资质，并给予警告，申请机构 1 年内不得再次申请评价资质。

评价机构以欺骗、贿赂等不正当手段取得评价资质的，除由国家环境保护总局取消其评价资质外，评价机构在3年内不得再次申请评价资质。

第三十七条　评价机构有下列行为之一的，国家环境保护总局视情节轻重，分别给予警告、通报批评、责令限期整改 3 至 12 个月、缩减评价范围、降低资质等级或者取消评价资质，其中责令限期整改的，评价机构在限期整改期间，不得承担环境影响评价工作：

（一）不按规定接受抽查、考核或在抽查、考核中隐瞒有关情况、提供虚假材料的；

（二）不按规定填报或虚报“建设项目环境影响评价机构年度业绩报告表”的；

（三）未按本办法第二十一条至第二十六条的要求承担环境影响评价工作的；

（四）评价机构的经济类型、法定代表人、工作场所和环境影响评价专职技术人员等基本情况发生变化，未及时报国家环境保护总局备案的。

第三十八条 在审批、抽查或考核中发现评价机构主持完成的环境影响报告书或环境影响报告表质量较差，有下列情形之一的，国家环境保护总局视情节轻重，分别给予警告、通报批评、责令限期整改 3 至 12 个月、缩减评价范围或者降低资质等级，其中责令限期整改的，评价机构在限期整改期间，不得承担环境影响评价工作：

（一）建设项目工程分析出现较大失误的；

（二）环境现状描述不清或环境现状监测数据选用有明显错误的；

（三）环境影响识别和评价因子筛选存在较大疏漏的；

（四）环境标准适用错误的；

（五）环境影响预测与评价方法不正确的；

（六）环境影响评价内容不全面、达不到相关技术要求或不足以支持环境影响评价结论的；

（七）所提出的环境保护措施建议不充分、不合理或不可行的；

（八）环境影响评价结论不明确的。

评价机构在环境影响评价工作中不负责任或者弄虚作假，致使环境影响评价结论错误的，按照本办法第三十五条的规定予以处罚。

第三十九条 国家环境保护总局及时向社会公告依据本办法被吊销资质证书、取消评价资质、降低资质等级和缩减评价范围的评价机构。

第七章　附　则

第四十条 评价机构依法承担编制各级海洋行政主管部门负责核准的海洋工程类建设项目环境影响评价文件的，应当按照本办法的规定取得相应资质等级和评价范围；其所编制的环境影响评价文件可视为本办法第九条、第十条和第二十九条规定的环境影响评价业绩。

第四十一条 本办法自 2006 年 1 月 1 日起施行。1999 年 3 月 30 日国家环境保护总局发布的《建设项目环境影响评价资格证书管理办法》即行废止。

关于深圳市基本农田保护区内土地租赁招标投标管理办法的通知

深经贸信息农业字〔2015〕248号

各区人民政府、新区管委会，各有关单位：

现将《深圳市基本农田保护区内土地租赁招标投标管理办法》印发给你们，请遵照执行。

深圳市经济贸易和信息化委员会

2015年9月1日

深圳市基本农田保护区内土地租赁招标投标管理办法

第一章　总 则

第一条　为了规范本市基本农田保护区内土地租赁招标投标活动，根据《中华人民共和国招标投标法》、《中华人民共和国招标投标法实施条例》、《深圳市基本农田保护区管理办法》及有关法律、法规、规章，结合本市实际，制定本办法。

第二条　本市基本农田保护区内土地租赁（以下简称土地租赁）招标投标活动，应当遵循本办法。

前款所称基本农田保护区内土地（以下简称土地），是指基本农田保护区内所有土地及水域，主要包括基本农田及其配套的设施农用地。

第三条　土地租赁公开招标工作应当通过政府集中采购平台或者土地房产交易平台进行。

第二章　职责分工

第四条　市农业主管部门（以下简称市主管部门）负责以下工作：

（一）制定并组织实施土地租赁招标投标管理制度和政策；

（二）指导、监督全市土地租赁招标投标工作；

（三）法律、法规和规章规定的其他工作。

第五条　各区（新区）农业主管部门（以下简称区主管部门）负责以下工作：

（一）编制本区年度土地租赁计划；

（二）编制本区土地租赁项目公开招标方案（以下简称招标方案）；

（三）作为招标人组织实施本区土地租赁公开招标工作；

（四）法律、法规和规章规定的其他工作。

第六条　各区（新区）政府集中采购机构和市土地房产交易中心（以下统称招标机构）负责以下工作：

（一）受理招标人提交的招标方案并对不符合规定的招标方案提出修改意见；

（二）根据招标方案和招标项目的特点编制招标文件；

（三）发布公开招标公告；

（四）接受投标；

（五）组织开标、评标、定标；

（六）公示中标结果；

（七）法律、法规、规章及本办法规定的其他工作。

第三章　招 标

第七条　区（新区）主管部门应当根据本区基本农田变动的情况和本市基本农田保护区功能分区规划编制年度土地租赁计划，报市主管部门审定后组织实施。

市主管部门应当自收到区（新区）主管部门报送的年度土地租赁计划之日起 10 个工作日内完成审定工作并书面反馈意见。

第八条　区（新区）主管部门应当自收到市主管部门反馈的年度土地租赁计划审定意见之日起 30 个工作日内编制招标方案，报市主管部门审定后组织实施。

招标方案应当包含以下内容：

（一）土地基本情况（含位置、面积、四至等）；

（二）土地租赁期限；

（三）土地的功能用途；

（四）水电配套和基础设施配套情况；

（五）附属设施用地面积、位置、建设规模和建设内容；

（六）投标人资格条件；

（七）投标保证金；

（八）标底及确定标底的方法；

（九）评分办法、评分项目和评分标准。

市主管部门应当将招标方案征求市规划国土主管部门意见，并自收到区主管部门报送的招标方案之日起 10 个工作日内完成审核工作并书面回复意见。市规划国土主管部门应当在收到招标方案 5 个工作日内反馈意见。

第九条　区（新区）主管部门应当自收到市主管部门审定意见之日起 30 个工作日内根据审定意见修改完善招标方案并组织开展公开招标工作。

第十条　公开招标公告由招标机构依法发布，公告期限应当符合法律、法规、规章的规定。公开招标公告应当包含以下内容：

（一）招标人的名称和地址；

（二）土地的基本情况、租赁期限、功能用途、水电配套、基础设施配套情况以及附属设施用地面积、位置、建设规模和建设内容；

（三）投标人的资格要求；

（四）索取招标文件的时间、地点和方式；

（五）投标时间、地点、投标期限、投标方式等；

（六）开标的时间、地点；

（七）确定中标人的标准和方法；

（八）投标保证金；

（九）其他依法需要公告的事项。

第四章　投 标

第十一条　参加土地租赁公开招标的投标人应当符合以下条件：

（一）具备《深圳市基本农田保护区管理办法》第十三条规定的条件；

（二）本市市级以上农业产业化重点龙头企业或经市农业主管部门组织农业专家审核通过的、在本市注册的农业高新技术项目实施企业；

（三）区（新区）主管部门根据本市基本农田功能分区规划和地块状况依法确定的其他条件。

土地租赁公开招标一般不接受联合体投标。

第十二条　投标人应当按照招标文件的要求编制投标文件并交纳投标保证金。投标文件应

当对招标文件提出的实质性要求和条件作出响应。

投标人使用虚假材料进行投标的，依法由相关部门处理，3 年内禁止其参与本市土地租赁公开招标。

第十三条 投标人应当在招标文件要求提交投标文件的截止时间前，将投标文件送达到招标文件规定的指定地点。逾期送达的投标文件，招标机构应当拒收。

投标人未按招标文件要求缴纳投标保证金的，不得参加投标。

招标机构收到投标文件后，应当签收保存，不得开启。

第十四条 投标人少于 3 个的，招标人应当依法重新招标。

第五章 开标、评标和定标

第十五条 开标应当在招标文件确定的提交投标文件截止时间的同一时间公开进行；开标地点应当为招标文件规定的地点。

开标由招标机构主持，邀请所有投标人参加。

开标后即进入评标。

第十六条 土地租赁公开招标主要采用综合评分法；综合得分最高的投标人为中标人。有 2 个及以上投标人分数并列最高的，采用抽签法从分数并列最高的中标候选人中随机抽取中标人。

前款所称综合评分法，是指在最大限度地满足招标文件实质性要求的前提下，按照招标文件中规定的各项因素进行综合评审，计算投标人总得分的评标方法。

第十七条 招标人应当依法合理制定土地租赁公开招标评分项目和评分标准。

土地租赁公开招标评分项目应当包括以下类别：

（一）项目实施方案。包括：用地规划、经营模式、农作物种植品种及方法、管理团队、资金保障、环保和安全措施、项目可行性分析等；

（二）投标人实力。包括：农业产业化重点龙头企业等级、主营业务、生产规模及能力、企业信用、产品竞争力、自主知识产权（商标、专利）、获得荣誉、管理制度和财务制度、同类项目业绩、纳税额等；

（三）价格（投标人愿意接受的最高租金标准）。

“项目实施方案”类别评分项目应占总分权重的 35%，“投标人实力”类别评分项目应占总分权重的 55%，“价格”类别评分项目应占总分权重的 10%，同时单个评分项目所占总分权重不应超过 10%。招标人应当结合上述评分项目和招标项目的具体需求制定各评分项目的分值和评分标准。

第十八条 本市建立土地租赁招标投标农业专业评审专家库（以下简称农业专家库），具体工作由市主管部门组织实施。

农业专家库评审专家应当熟悉基本农田法律、法规、规章并符合以下条件之一：

（一）具有本科（含本科）以上文化程度，并具有高级专业技术职称的农业相关专业专家、学者；

（二）市、区（新区）主管部门具有相关工作经验的工作人员。

第十九条 评审委员会由农业、规划、土地管理和财务等专业的评审专家组成，人数为七人以上的单数。评审专家由招标机构从农业专家库及政府集中采购平台或者土地房产交易平台专家库中随机抽取。

市、区（新区）主管部门的专家代表不得超过评审委员会成员总数的三分之一。

与投标人有利害关系的人或其他依法应当回避的人员，不得进入相关项目的评审委员会；已经进入的应当依法更换。

评审委员会成员名单在中标结果确定前应当保密。

第二十条 评审委员会成员应当遵守下列规定：

（一）认真履行评标职责，遵守职业道德，客观公正地提出评审意见，并承担个人责任；

（二）不得私下接触投标人，不得收受投标人的财物或者获取其他利益；

（三）不得透露对投标文件的评审和比较、中标候选人的推荐情况以及与评标有关的其他情况；

（四）法律、法规、规章规定的其他要求。

第二十一条 评审委员会应当依照相关法律、法规、规章，按照招标文件规定的评标标准和评分办法，对投标文件提出评审意见。招标文件没有规定评标标准和评分办法的不得作为评标的依据。

投标人报价低于标底、经营计划与土地功能用途不一致的，或者有其他根据相关法律、法规、规章和招标文件应当作废标处理情形的，依法判定为废标。

第二十二条 评标完成后，评审委员会应当向招标人提交书面评标报告并根据招标人的授权确定中标人。

第二十三条 招标机构应当在发出中标通知书之前，将中标结果和评审委员会成员名单进行公示；公示时间不少于 3 日。公示期内有异议的，异议人应当在公示期满前向招标机构提出。公示期满无异议或者异议不成立的，招标机构应当向中标人发出中标通知书，并通知所有未中标的投标人。

中标通知书发出后，对招标人和中标人均具有约束力。招标人改变中标结果的，或者中标人放弃中标的，应当承担相应的法律责任。

第二十四条 招标人与中标人应当自中标通知书发出之日起 30 日内，按照招标文件和中标人的投标文件签订《深圳市基本农田保护区内土地租赁合同》。

招标人应当自前款合同签订之日起 10 个工作日内将合同报送市主管部门和规划国土主管部门备案。

第二十五条 中标结果公示期满后，招标人最迟应当在签订《深圳市基本农田保护区内土地租赁合同》之日起 5 日内向中标人和未中标的投标人退还投标保证金。

中标人无正当理由不与招标人订立合同，在签订合同时向招标人提出附加条件，或者不按照招标文件要求提交履约保证金的，取消其中标资格，不予退还其交纳的投标保证金。

第六章 附 则

第二十六条 本办法未作规定的，按照有关法律、法规、规章的规定执行。在土地房产交易平台公开招标的，可以不采用综合评分法。

第二十七条 本办法由深圳市经济贸易和信息化委员会负责解释。

第二十八条 本办法自 2015 年 9 月 15 日起施行，有效期 5 年，《深圳市经济贸易和信息化委员会关于印发〈深圳市基本农田保护区内土地租赁招标投标管理办法〉的通知》（深经贸信息农业字〔2014〕300 号）同时废止。

关于征地安置补偿和土地置换若干规定（试行）的通知

深府〔2015〕81 号

各区人民政府，市政府直属各单位：

现将《关于征地安置补偿和土地置换的若干规定（试行）》印发给你们，请遵照执行。

深圳市人民政府

2015 年 9 月 10 日

关于征地安置补偿和土地置换的若干规定（试行）

第一条　为进一步规范征地安置补偿和土地置换，完善安置补偿措施，明确处理程序，加强监督管理，促进党风廉政建设，依据有关法律、法规及政策，制订本试行规定。

第二条　本试行规定适用于本市行政区域内的征地安置补偿及土地置换。本试行规定所称征地安置补偿，是指在征收原农村集体经济组织土地的过程中遗留下来的安置和补偿问题，包括为落实征地返还政策进行的土地安置以及为征收土地进行的货币补偿。本试行规定所称土地置换，是指因收回已出让的国有土地使用权给予土地权利人的用地置换。

第三条　征地安置补偿和土地置换应当执行国家最严格的土地管理制度，促进土地资源的节约集约利用和有效保护；应当依法与城市更新、土地整备及城市化历史遗留违法用地等问题统筹处理，推进城市空间和功能的优化布局；应当坚持以等价值补偿为基本原则，实现国家、集体和个人对城市发展利益的共享。

第四条　属于以下情形之一的，经市政府批准，可以采取土地安置方式解决原农村集体经济组织继受单位（以下简称继受单位）的征地遗留问题：

（一）本试行规定实施前，由土地主管部门签订征地补偿协议，确定以土地安置方式解决征地遗留问题但尚未安置的；

（二）本试行规定实施前，市政府以会议纪要形式确定以土地安置方式解决征地遗留问题但尚未安置的；

（三）在《深圳市人民政府关于印发〈深圳市宝安龙岗两区城市化土地管理办法〉的通知》（深府〔2004〕102 号）实施前（即 2004 年 6 月 26 日前），原特区外区政府以会议纪要形式确定以土地安置方式解决征地遗留问题但尚未安置的；

（四）根据市、区政府批复，相关单位在《中华人民共和国土地管理法》修订实施之日前（即 1999 年 1 月 1 日前），代政府统征土地，并以补偿协议形式确定以土地安置方式解决征地遗留问题但尚未安置的。

本试行规定实施后，确需继续采取土地安置方式解决继受单位征地遗留问题的，经市政府批准，可以根据法律、法规及本试行规定的有关规定执行。

第五条　土地主管部门签订的征地补偿协议以及市政府会议纪要确定土地安置的，土地安置的规模按照原协议、会议纪要规定的用地面积确定。

原特区外区政府会议纪要以及市、区政府批复文件、相关单位签订的补偿协议确定土地安置的，土地安置的规模按照原会议纪要、批复文件及补偿协议规定的用地面积确定。原特区外区政府会议纪要、批复文件及补偿协议规定的用地面积超过所征土地面积5%的，土地安置的规模按所征土地面积的5%确定。

本试行规定实施后，经市政府批准进行的土地安置，所征土地作为建设用地的，土地安置的规模原则上按所征土地面积的5%确定。

因实施土地整备需要采取土地安置方式对继受单位给予补偿的，应制定土地整备项目留用地方案。留用地的具体安排按照土地整备有关政策执行。

第六条　土地安置应当优先选择在继受单位所在社区经济关系未理顺的已建成区域安置，并与城市更新统筹处理。对已建成区域内进行的土地安置，在本试行规定第五条所确定安置规模的基础上，增加50%的土地安置奖励面积。

第七条　在继受单位所在社区经济关系未理顺的空地上进行的土地安置，土地安置的规模原则上按照本试行规定第五条的相关规定落实。拟安置的工商发展用地规划为居住用地的，按本试行规定第五条所确定土地安置规模的65%落实；拟安置的工业用地规划为居住用地的，按本试行规定第五条所确定土地安置规模的30%落实。

第八条　土地安置无法在继受单位所在社区内落实的，该继受单位经与其他继受单位协商一致，可以进行异地安置。异地安置原则上不得超出继受单位所在区（新区）的管辖范围。

在经济关系未理顺的已建成区域进行异地安置的，土地安置的规模在本试行规定第五条所确定安置规模的基础上，增加50%的奖励面积，并与城市更新统筹处理。

在经济关系未理顺的空地上进行异地安置的，应当在价值评估后，按等价值原则落实用地。

第九条　因原农村集体经济组织所在社区的全部土地被整体征收，或者位于水源保护区及农用地、未利用地区域内，无法按本试行规定在继受单位经济关系未理顺的土地上进行安置的，原则上采取货币补偿，但经市政府批准，可以在国有储备土地上进行安置。

在继受单位所在社区内的国有储备土地上进行安置的，按照本试行规定第七条的规定执行。

在异地的国有储备土地上进行安置的，应当在价值评估后，按照等价值原则落实用地。

第十条　按照本试行规定第八条第三款、第九条第三款的规定在异地进行的土地安置，对拟安置土地进行价值评估的，土地安置的用途、开发强度、选址范围应当按照原协议、会议纪要及批复文件的规定确定。原协议、会议纪要及批复文件未明确规定的，土地用途按照居住用途确定，开发强度按照容积率3.2确定，选址范围按继受单位现集中居住点确定。

土地安置的面积原则上不得大于本试行规定第五条确定的用地规模。由于规划原因无法选定价值相当的地块进行安置，必须选择价值较大的地块进行安置的，所选地块的价值不得超出拟

安置土地价值的 10%。

第十一条 按照本试行规定进行的土地安置，安置用地的规划指标根据所在区域生效的城市规划确定；需要对安置区域的城市规划进行制定或调整的，应当开展规划研究，经批准后作为规划管理的依据。

第十二条 在继受单位所在社区内进行的土地安置，以空地形式申请流转的，原则上按照《关于印发深圳市原农村集体经济组织非农建设用地和征地返还用地土地使用权交易若干规定的通知》（深府〔2011〕198 号）的相关规定缴纳地价。其中，居住类和商业、办公类用地，建筑容积率在 3.2 以下部分，按照公告基准地价的 10%缴纳地价；建筑容积率在 3.2 至 4.5 之间的部分，按照公告基准地价的 30%缴纳地价；建筑容积率在 4.5 至 6.0 之间的部分，按照公告基准地价的 100%缴纳地价；建筑容积率超过 6.0 的部分，按照市场评估价缴纳地价。在异地进行的土地安置，以空地形式申请流转的，等价值范围内的土地按照公告基准地价的 10%缴纳地价；超出等价值部分的土地按照公告基准地价的 100%缴纳地价。

在继受单位的已建成区域内进行的土地安置，符合城市更新有关规定的，按照我市城市更新相关政策缴纳地价，市政府有特别规定的除外。

第十三条 除本试行规定第四条规定的情形外，土地安置问题采用货币补偿方式解决的，补偿金额按拟安置土地的市场评估价确定。

按照本试行规定对继受单位进行的征地补偿，所征土地用于建设用地的，土地补偿费标准参照继受单位所在区域的工业用地基准地价的 50%进行修正。

第十四条 因公共利益需要或规划实施等原因收回土地使用权，属以下情形之一的，经市规划国土部门审批并报市政府备案，可以采取土地置换的方式给予补偿：

（一）收回整宗或部分有合法产权的产业项目用地，导致该土地权利人无法在原地开发建设和生产经营，且该项目经市、区产业主管部门评估属于我市鼓励发展的产业的；

（二）收回原农村集体经济组织继受单位的原征地拆迁安置地、非农建设用地或因规划原因导致继受单位的原征地拆迁安置地、非农建设用地无法开发建设的；

（三）以有偿方式取得土地使用权且尚未开发建设的商业、居住类用地，由于规划变更导致无法在土地使用权出让合同约定的区域进行开发建设的；

（四）收回城市基础设施、公共服务设施和军事设施用地，需重新建设的；

（五）法律、法规和市政府规定的其他情形。

除以上情形外，收回国有土地使用权应当采取货币补偿，货币补偿金额按市场评估价确定。

第十五条 土地置换应当遵循等价值置换的原则，置换后的用地功能可以与置换前的用地功能不一致。由于规划原因无法选定价值相当的地块进行置换，必须选择价值较大的地块进行置换的，所选地块的价值不得超出拟置换土地价值的 10%。超出等价值部分的土地应当按照市场评估价缴纳地价。

第十六条 按照本试行规定可以进行土地安置或土地置换，土地权利人选择货币方式补偿的，补偿金额按拟安置、置换土地的市场评估价值上浮 20%确定。

第十七条 本试行规定自印发之日起施行，试行 3 年。

本试行规定实施以前处理征地安置补偿、土地置换的有关规定与本试行规定不一致的，以本试行规定为准。

本试行规定实施后，由市规划国土部门制定相关实施细则。

关于国家级风景名胜区规划编制审批办法的通知

中华人民共和国住房和城乡建设部令第 26 号

《国家级风景名胜区规划编制审批办法》已经第 24 次部常务会议审议通过，现予发布，自 2015 年 12 月 1 日起施行。

住房城乡建设部部长　陈政高

2015 年 9 月 14 日

国家级风景名胜区规划编制审批办法

第一条　为了规范国家级风景名胜区规划的编制和审批，根据《中华人民共和国城乡规划法》、《风景名胜区条例》等法律、行政法规，制定本办法。

第二条　国家级风景名胜区规划的编制和审批，适用本办法。

第三条　经批准的国家级风景名胜区规划是国家级风景名胜区保护、利用和管理的依据。风景名胜区管理机构以及县级以上地方人民政府住房城乡建设主管部门不得违反国家级风景名胜区规划审批各类建设活动。

国家级风景名胜区规划未经批准的，不得在国家级风景名胜区内进行建设活动。

第四条　编制国家级风景名胜区规划，应当坚持保护优先、开发服从保护的原则，突出风景名胜资源的自然特性、文化内涵和地方特色，实现风景名胜资源的永续利用。

第五条　国家级风景名胜区规划分为总体规划和详细规划。

第六条　省、自治区人民政府住房城乡建设主管部门和直辖市人民政府风景名胜区主管部门（以下简称风景名胜区规划组织编制机关），负责组织国家级风景名胜区所在地市、县人民政府和风景名胜区管理机构等开展国家级风景名胜区规划编制工作。

第七条　编制国家级风景名胜区总体规划应当由具有甲级资质的城乡规划编制单位承担。

编制国家级风景名胜区详细规划应当由同时具有乙级以上城乡规划编制单位资质和风景园林工程设计专项资质的单位承担。

第八条　编制国家级风景名胜区规划应当遵守国家有关技术规范和标准，采用符合国家有关规定的基础资料。

第九条　编制国家级风景名胜区总体规划，应当进行科学论证，并广泛征求有关部门、专家和公众意见；必要时，可以举行听证。

第十条　国家级风景名胜区总体规划应当包括下列内容：

（一）界定风景名胜区和核心景区的范围边界，根据需要划定外围保护地带；

（二）明确风景名胜资源的类型和特色，评价资源价值和等级；

（三）确定风景名胜区的性质和定位；

（四）提出风景名胜区保护与发展目标，确定风景名胜区的游客容量、建设用地控制规模、旅游床位控制规模等；

（五）确定功能分区，提出基础设施、游览服务、风景游赏、居民点的空间布局；

（六）划定分级保护范围，提出分级保护规定；明确禁止建设和限制建设的范围，提出开发利用强度控制要求；提出重要风景名胜资源专项保护措施和生态环境保护控制要求；

（七）确定重大建设项目布局；提出建设行为引导控制和景观风貌管控要求；确定需要编制详细规划的区域，提出详细规划编制应当遵从的重要控制指标或者要求；

（八）编制游赏、设施、居民点协调、相关规划协调等专项规划。

第十一条　国家级风景名胜区总体规划应当自国家级风景名胜区批准设立之日起2年内编制完成。总体规划的规划期一般为20年。

第十二条　编制国家级风景名胜区详细规划应当符合国家级风景名胜区总体规划。总体规划确定的主要入口区、游览服务设施相对集中区等涉及较多建设活动的区域应当编制详细规划。

国家级风景名胜区详细规划应当包括下列内容：

（一）明确规划范围和规划区域的定位，分析总体规划相关要求；

（二）确定规划目标，提出发展控制规模；

（三）评价规划范围的资源、环境和用地条件，确定规划布局和建设用地的范围边界；

（四）提出建设用地范围内各地块的建筑限高、建筑密度、容积率、绿地率、给排水与水环境等控制指标及建筑形式、体量、风貌、色彩等设计要求；明确重要项目选址、布局、规模、高度等建设控制要求，对重要建（构）筑物的景观视线影响进行分析，提出设计方案引导措施；

（五）编制综合设施、游赏组织、居民点建设引导、土地利用协调等专项规划。

第十三条　编制国家级风景名胜区规划，不得在核心景区内安排下列项目、设施或者建筑物：

（一）索道、缆车、铁路、水库、高等级公路等重大建设工程项目；

（二）宾馆、招待所、培训中心、疗养院等住宿疗养设施；

（三）大型文化、体育和游乐设施；

（四）其他与核心景区资源、生态和景观保护无关的项目、设施或者建筑物。

第十四条　国家级风景名胜区规划成果应当包括规划文本、规划图纸、规划说明书、基础资料汇编、遥感影像图，以书面和电子文件两种形式表达。

征求意见及意见采纳的情况、专题论证材料、专家评审意见、公示情况等，应当纳入基础资料汇编。

第十五条　编制国家级风景名胜区总体规划，确需对经审定的风景名胜区范围进行较大调整或者安排索道、缆车等重大建设工程项目的，风景名胜区规划组织编制机关应当组织专家进行专题论证，形成专题论证材料。

第十六条　国家级风景名胜区规划编制完成后，风景名胜区规划组织编制机关应当组织专家进行评审。评审专家应当包括3名以上国务院住房城乡建设主管部门的风景园林专家委员会成员。

第十七条　国家级风景名胜区规划报送审批前，风景名胜区规划组织编制机关和风景名胜区管理机构应当依法将规划草案予以公示；公示时间不得少于30日。

第十八条　国家级风景名胜区总体规划由省、自治区、直辖市人民政府报国务院审批。

国家级风景名胜区详细规划由风景名胜区规划组织编制机关报国务院住房城乡建设主管部门审批。

第十九条 国家级风景名胜区总体规划审批前，国务院住房城乡建设主管部门应当按照国务院要求，组织专家对规划进行审查，征求国务院有关部门意见后，提出审查意见报国务院。

第二十条 风景名胜区规划组织编制机关和风景名胜区管理机构应当将经批准的国家级风景名胜区规划及时向社会公布，并为公众查阅提供便利。法律、行政法规规定不得公开的内容除外。

第二十一条 经批准的国家级风景名胜区规划不得擅自修改。确需对经批准的国家级风景名胜区总体规划中的风景名胜区范围、性质、保护目标、生态资源保护措施、重大建设项目布局、开发利用强度以及风景名胜区的功能结构、空间布局、游客容量进行修改的，应当报原审批机关批准；对其他内容进行修改的，应当报原审批机关备案。

国家级风景名胜区详细规划确需修改的，应当报原审批机关批准。

第二十二条 编制城市、镇规划，规划范围与国家级风景名胜区存在交叉或者重合的，应当将国家级风景名胜区总体规划中的保护要求纳入城市、镇规划。编制乡规划和村庄规划，规划范围与国家级风景名胜区存在交叉或者重合的，应当符合国家级风景名胜区总体规划。

国家级风景名胜区外围保护地带内的城乡建设和发展，应当与国家级风景名胜区总体规划的要求相协调。

第二十三条 任何单位和个人都应当遵守经批准的国家级风景名胜区规划，服从规划管理，并有权就涉及其利害关系的建设活动是否符合国家级风景名胜区规划的要求向风景名胜区管理机构查询。

任何单位和个人都有权向风景名胜区管理机构举报或者控告违反国家级风景名胜区规划的行为。

第二十四条 风景名胜区规划组织编制机关应当至少每5年组织专家对规划实施情况进行一次评估。评估报告应当及时报国务院住房城乡建设主管部门。

国家级风景名胜区总体规划的规划期届满前2年，风景名胜区规划组织编制机关应当对规划进行评估，作出是否重新编制规划的决定。在新规划批准前，原规划继续有效。

第二十五条 违反本办法规定，风景名胜区规划组织编制机关或者风景名胜区管理机构有下列行为之一的，由上级地方人民政府或者主管部门责令改正，并依法对直接负责的主管人员和其他直接责任人员给予处分：

（一）未组织编制国家级风景名胜区规划的；

（二）未按照法定程序组织编制国家级风景名胜区规划的；

（三）批准设立之日起2年内未编制完成国家级风景名胜区总体规划的；

（四）擅自修改国家级风景名胜区规划的；

（五）未将批准的国家级风景名胜区规划予以公布的。

第二十六条 违反本办法规定，风景名胜区管理机构以及县级以上地方人民政府住房城乡建设主管部门违反国家级风景名胜区规划批准建设活动的，应当依法对直接负责的主管人员和其他直接责任人员给予处分。

第二十七条 本办法自2015年12月1日起施行。

国土资源部 发展改革委科技部 工业和信息化部 住房城乡建设部 商务部关于支持新产业新业态发展促进大众创业万众创新用地的意见

国土资规〔2015〕5号

各省、自治区、直辖市和新疆生产建设兵团国土资源、发展改革、科技、工业和信息化(通信管理)、住房和城乡建设、商务主管部门：

为贯彻落实党中央、国务院关于加快实施创新驱动发展战略、大力推进大众创业万众创新重大决策部署，增强战略性新兴产业支撑作用，推进“互联网+”行动，发展电子商务，构建众创空间等创业服务平台，支持培育发展新产业、新业态，依据国家相关法律法规政策，提出以下用地意见：

一、加大新供用地保障力度

(一)优先安排新产业发展用地。依据国家《战略性新兴产业重点产品和相关服务指导目录》、《中国制造2025》、“互联网+”等国家鼓励发展的新产业、新业态政策要求，各地可结合地方实际，确定当地重点发展的新产业，以“先存量、后增量”的原则，优先安排用地供应。对新产业发展快、用地集约且需求大的地区，可适度增加年度新增建设用地指标。

(二)明确新产业、新业态用地类型。国家支持发展的新产业、新业态建设项目，属于产品加工制造、高端装备修理的项目，可按工业用途落实用地;属于研发设计、勘察、检验检测、技术推广、环境评估与监测的项目，可按科教用途落实用地;属于水资源循环利用与节水、新能源发电运营维护、环境保护及污染治理中的排水、供电及污水、废物收集、贮存、利用、处理以及通信设施的项目，可按公用设施用途落实用地;属于下一代信息网络产业(通信设施除外)、新型信息技术服务、电子商务服务等经营服务项目，可按商服用途落实用地。新业态项目土地用途不明确的，可经县级以上城乡规划部门会同国土资源等相关部门论证，在现有国家城市用地分类的基础上制定地方标准予以明确，向社会公开后实施。

(三)运用多种方式供应新产业用地。新产业项目用地符合《划拨用地目录》的，可以划拨供应。鼓励以租赁等多种方式向中小企业供应土地。积极推行先租后让、租让结合供应方式。出让土地依法需以招标拍卖挂牌方式供应的，在公平、公正、不排除多个市场主体竞争的前提下，可将投资和产业主管部门提出的产业类型、生产技术、产业标准、产品品质要求作为土地供应前置条件;以先租后让等方式供应土地涉及招标拍卖挂牌的，招标拍卖挂牌程序也可在租赁供应时实施，租赁期满符合条件的可转为出让土地。

(四)采取差别化用地政策支持新业态发展。光伏、风力发电等项目使用戈壁、荒漠、荒草地等未利用土地的，对不占压土地、不改变地表形态的用地部分，可按原地类认定，不改变土地用途，在年度土地变更调查时作出标注，用地允许以租赁等方式取得，双方签订好补偿协议，用地报当地县级国土资源部门备案;对项目永久性建筑用地部分，应依法按建设用地办理手续。对建设占用农用地的，所有用地部分均应按建设用地管理。新能源汽车充电设施、移动通信基站等用地面积小、需多点分布的新产业配套基础设施，可采取配建方式供地。在供应其他相关建设项目用地时，将配建要求纳入土地使用条件，土地供应后，由相关权利人依法明确配套设施用地产权关系;鼓励新产业小型配套设施依法取得地役权进行建设。

二、鼓励盘活利用现有用地

(五)促进制造业迈向中高端。传统工业企业转为先进制造业企业，以及利用存量房产进行制造业与文化创意、科技服务业融合发展的，可实行继续按原用途和土地权利类型使用土地的过渡期政策。在符合控制性详细规划的前提下，现有制造业企业通过提高工业用地容积率、调整用地结构增加服务型制造业务设施和经营场所，其建筑面积比例不超过原总建筑面积 15%的，可继续按原用途使用土地，但不得分割转让。

(六)支持生产性、科技及高技术服务业发展。原制造业企业和科研机构整体或部分转型、转制成立独立法人实体，从事研发设计、勘察、科技成果转化转移、信息技术服务和软件研发及知识产权、综合科技、节能环保等经营服务的，可实行继续按原用途和土地权利类型使用土地的过渡期政策。

(七)鼓励建设创业创新平台。依托国家实验室、重点实验室、工程实验室、工程(技术)研究中心构建的开放共享互动创新网络平台，利用现有建设用地建设的产学研结合中试基地、共性技术研发平台、产业创新中心，可继续保持土地原用途和权利类型不变。按照国家加快构建众创空间的要求，对国家自主创新示范区、开发区、新型工业化产业示范基地、科技企业孵化器、国家大学科技园、小企业创业基地、高校、科技院所等机构，利用存量房产兴办创客空间、创业咖啡、创新工场等众创空间的，可实行继续按原用途和土地权利类型使用土地的过渡期政策。

(八)支持“互联网+”行动计划实施。在不改变用地主体、规划条件的前提下，开发互联网信息资源，利用存量房产、土地资源发展新业态、创新商业模式、开展线上线下融合业务的，可实行继续按原用途和土地权利类型使用土地的过渡期政策。过渡期满，可根据企业发展业态和控制性详细规划，确定是否另行办理用地手续事宜。

(九)促进科研院所企业化转制改革。科研机构转制为产业技术研发企业，其使用的原划拨科研用地、生产性建设用地，可按国有企业改制政策进行土地资产处置，对省级以上人民政府批准改制为国有独资公司、国有资本控股公司的，可采取作价出资(入股)、授权经营方式配置土地。

三、引导新产业集聚发展

(十)促进产业集聚集群发展。着力推进战略性新兴产业等新产业在现有开发区、产业集聚区集中布局，高新区、经开区、新型工业化产业示范基地要发挥新产业集聚集群发展的引领作用。支持以产业链为纽带，集中布局相关产业生产、研发、供应、上下游产品服务项目及公共服务项目。引导生产性服务业在中心城市、制造业集中区域集聚发展。国家在重大产业关键共性技术、装备和标准研发攻关及技术改造基建专项、工业转型升级等资金安排上，对各类开发区、产业集聚区中的重点企业予以支持。

(十一)有效保障中小企业发展空间。鼓励开发区、产业集聚区规划建设多层工业厂房、国家大学科技园、科技企业孵化器，供中小企业进行生产、研发、设计、经营多功能复合利用。标准厂房用地按工业用途管理，国家大学科技园、科技企业孵化器实行只租不售、租金管制、租户审核、转让限制的，其用地可按科教用途管理。创办三年内租用经营场所的小型微型企业，投资项目属于新产业、新业态的，可给予一定比例的租金补贴。鼓励地方出台支持政策，在规划许可的前提下，积极盘活商业用房、工业厂房、企业库房、物流设施和家庭住所、租赁房等资源，为创业者提供低成本办公场所和居住条件。

(十二)引导土地用途兼容复合利用。城乡规划主管部门在符合控制性详细规划的前提下，按照用途相近、功能兼容、互无干扰、基础设施共享的原则，会同发展改革、国土资源主管部门，根据当地实际，研究制定有助于新产业、新业态发展的兼容性地类和相关控制指标。经市、县国土资源会同城乡规划等部门充分论证，新产业工业项目用地，生产服务、行政办公、生活服务设施建筑面积占项目总建筑面积比例不超过 15%的，可仍按工业用途管理。科教用地可兼容研发与中试、科技服务设施与项目及生活性服务设施，兼容设施建筑面积比例不得超过项目总建筑面积的 15%，兼容用途的土地、房产不得分割转让。出让兼容用途的土地，按主用途确定供应方式，在现有建设用地上增加兼容的，可以协议方式办理用地手续。

(十三)推动功能混合和产城融合。单一生产功能的开发区、产业集聚区，可按照统一配套、依法供应、统筹管理的原则，在符合城乡规划的前提下，适当安排建设用地用于商品零售、住宿餐饮、商务金融、城镇住宅等建设，推动相关区域从单一生产功能向城市综合功能转型。

四、完善新产业用地监管制度

(十四)建立政策实施部门联动机制。市、县国土资源主管部门编制国有建设用地供应计划前，应征询相关部门意见。发展改革应会同工业和信息化、科技、商务等部门及开发区管理机构，研究提出新产业和新业态项目的用地需求;城乡规划主管部门会同国土部门提出用地布局、协调土地供应和建设时序意见。国有建设用地供应计划报市、县人民政府批准后组织实施。现有建设用地过渡期支持政策以 5 年为限，5 年期满及涉及转让需办理相关用地手续的，可按新用途、新权利类型、市场价，以协议方式办理。对需享受政策的市场主体，投资或相关行业主管部门应向国土资源主管部门提供项目符合条件证明文件，国土资源主管部门登记备案后执行。加强过渡期满政策执行监管，防止以任何名目改变政策适用期。

(十五)建立共同监管机制。对于投资和产业主管等部门提出产业类型、生产技术、产业标准、产品品质要求作为土地供应条件的，在土地供应成交后，提出关联条件部门应当要求土地使用权取得人提交项目用地产业发展承诺书，作为国土资源主管部门签订土地供应合同的前提条件。提出关联条件部门应对承诺书的履行进行监督，并适时通报国土资源主管部门。项目竣工投产达不到约定要求的，各相关部门应按职能分工依法依约进行处置。对利用现有建设用地兴办的新产业、新业态项目提出证明文件部门，应对项目经营方向进行监管。在工业、科教用地上建设或兼容的研发场所，允许转让、出租的，受让方、承租方投资项目所属产业应符合研发场所允许布局产业要求，不符合的，应按商服用途办理补缴土地出让价款手续及相关变更手续。

(十六)建立定期核验评估制度。签订、接收项目用地产业发展承诺书、土地供应合同、划拨决定书及提供项目符合用地支持政策要求证明文件的政府相关责任部门，应按法律文书约定、规定的事项，定期进行核验评估。对不符合用地支持扶持政策的,应及时终止政策执行;对需承担违约责任的，应依法依约追究责任。对符合相关规定、约定且需办理后续用地手续的，应及时办理。

本文件自下发之日起执行，有效期 8 年。

关于规范已出让未建用地土地用途变更和容积率调整的处置办法（试行）的通知

深规土〔2015〕588号

各相关部门：

为了严格加强土地用途变更和容积率调整管理，依法解决相关历史用地问题，盘活存量土地，深化土地使用制度改革，加快城市规划实施，推动产业转型升级，促进城市科学发展，根据相关法律、法规和政策，我委组织制定了《关于规范已出让未建用地土地用途变更和容积率调整的处置办法（试行）》。经市政府批准，现予印发，请遵照执行。

深圳市规划和国土资源委员会

2015年9月23日

关于规范已出让未建用地土地用途变更和容积率调整的处置办法（试行）

第一条 为严格加强土地用途变更和容积率调整管理，依法解决相关历史用地问题，盘活存量土地，深化土地管理制度改革，加快城市规划实施，推动产业转型升级，促进城市科学发展，根据相关法律、法规和政策，结合我市实际，制订本办法。

第二条 本办法适用于已出让未建用地在本办法实施前经已生效法定图则变更用途或者调整容积率的处置。

已出让未建用地在本办法实施前申请调整容积率获得批准且已签订土地使用权出让合同补充协议的，不适用本办法。

已出让未建用地申请按照本办法处置的，需不属于闲置土地或者虽属闲置土地但依法可以由土地使用权人继续开发建设。

法律、法规或者土地使用权出让合同明确规定变更土地用途应当收回土地使用权的，不得申请变更土地用途。

第三条 本办法所称已出让未建用地，是指已签订土地使用权出让合同，但尚未动工开发建设的项目用地。

本办法所称变更土地用途是指《深圳市城市规划标准与准则》规定的大类用地之间的用途变更。

第四条 土地用途变更和容积率调整的处置应当依法依规进行，坚持产业导向和公共利益导向原则，优先保障公共服务设施、城市基础设施和保障性住房建设，促进产业转型升级和城市科学发展。

已出让未建用地变更为居住用地，或者原居住用地用途未作变更但容积率指标调整的，应当首先保障中小学、幼儿园等公共服务设施和城市

基础设施需要。此类用地鼓励用于建设保障性住房，对处置方式和地价政策有优惠政策或者特别规定的，适用其规定。

第五条　已出让未建用地生效法定图则确定的用途较之原土地使用权出让合同约定用途发生部分或者全部变更的，除本办法第六条、第七条另有规定外，原土地使用权人可以选择以下途径申请对原土地使用权处置：

（一）申请按照生效法定图则确定的用途自行建设。原土地使用权人按照生效法定图则确定的用途开发建设的建筑面积按照原土地使用权出让合同约定的建筑面积核定（原土地使用权出让合同未约定建筑面积的，工业、物流仓储用地容积率按照 1.0 核定，居住用地容积率按照 1.8 核定，其他用途用地容积率按照 2.0 核定），用地面积按照生效法定图则确定的容积率和前述核定的建筑面积在原宗地内进行折算后核定；原宗地内剩余用地无偿收回。收回的用地规模不足 2000 平方米，且政府收回后无法进行开发利用的，可以由原土地使用权人继续开发建设。

（二）根据原土地使用权人申请，按照生效法定图则确定的规划指标转让土地使用权。通过政府指定的公开交易平台，以挂牌方式公开转让上述土地使用权。以生效法定图则确定的规划指标的市场评估价作为底价；底价中，原土地使用权出让合同约定的土地用途剩余年期的市场评估价归原土地使用权人所有，剩余部分纳入市国土基金。如成交价高于底价，溢价部分 50%纳入市国土基金，其余 50%归原土地使用权人。土地使用权交易所需缴纳的税费按照国家相关税费政策执行。

（三）申请土地收购。主管部门收购原宗地全部土地使用权，以原土地用途剩余期限市场评估价上浮不超过 20%给予补偿。

（四）申请土地置换。主管部门根据相关规定按照与原宗地等价值原则另行安排国有建设用地。

第六条　已出让未建用地由其他用途部分或者全部变更为公共服务设施和城市基础设施用地且可以由社会资本投资建设的，可以由原土地使用权人申请按照第五条第一款第（一）项规定继续开发建设。但国家另有规定的除外。

原土地使用权人不申请处置，或者土地用途变更为公共服务设施和城市基础设施，且不可由社会资本投资建设的；由主管部门根据建设时序依法收回土地使用权并给予货币补偿。

第七条　已出让未建用地生效法定图则确定的用途与原土地使用权出让合同约定用途一致，但容积率指标有所调整的，按照以下规定依次处理：

（一）交回部分土地使用权。原土地使用权人向主管部门无偿交回不低于原宗地 15%（含 15%，不含公共服务设施和城市基础设施）且不低于 2000 平方米的用地面积，原宗地内剩余用地根据生效法定图则容积率指标上限确定总建筑面积。

（二）提供部分物业。原土地使用权人无法满足第（一）项规定情形，因容积率调整而增加建筑面积的，应当向政府无偿提供一定比例的建筑面积。如容积率增幅在原约定容积率的 1 倍及以下的，应当向政府无偿提供不低于增加建筑面积 15%的物业（含 15%，不含公共服务设施和城市基础设施）；如容积率增幅超过原约定容积率 1 倍的，应当向政府无偿提供不低于增加建筑面积 20%的物业（含 20%，不含公共服务设施和城市基础设施）。无偿提供的物业可以由原土地使用权人优先租用。无偿提供的物业作为安居型商品房、创新型产业用房的，根据相关规定管理、处置。

已出让未建用地生效法定图则确定的主导用途与原土地使用权出让合同约定用途一致但部分用途变更为公共服务设施和城市基础设施用地且容积率指标有所调整的，参照前款规定处理。变更部分按照本办法第六条规定与上述处理一并完成；变更部分的面积不计入交回用地的面积。

第八条 土地用途变更后的土地使用权使用期限按照法律规定的最高年期确定。土地用途变更后的土地使用权使用期限的起始年期在符合法律规定的条件下可以重新起算。

容积率调整但不涉及土地用途变更的，土地使用权使用期限和起始年期维持原土地使用权出让合同的约定不变。

第九条 土地用途变更和调整容积率调整应当依法完善相关处置手续并缴纳地价。

按照第五条第一款第（一）项规定处置后由土地使用权人继续开发建设的，以继续开发建设部分市场评估价与原土地使用权出让合同约定土地用途剩余年期价值的差值补缴地价，差值为负的，主管部门不予退还。原土地使用权出让合同约定的土地用途剩余年期价值，以现行基准地价为基础结合地价减免等因素确定。

本办法对应缴地价未作具体规定的，按照我市宗地地价测算规则的规定执行。

第十条 除涉及国家秘密外，主管部门在批准已出让土地用途变更和容积率调整的处置方案时，应当依法进行公示。

第十一条 主管部门应当健全监督检查制度，落实监管措施，加强对土地用途变更以及容积率调整处置的批后监管，建立台帐，定期向市政府及市城市规划委员会报告。

第十二条 本办法实施后，在法定图则编制和调整过程中，对土地用途变更或者容积率调整应当综合考虑社会经济发展的实际需求、土地权属、规划实施成本及土地整备等因素，依法从严控制。

第十三条 因城市更新、土地置换和土地整备等原因变更土地用途、调整容积率的，适用我市相关规定。

前海合作区、高新技术产业园区、保税区涉及土地用途变更和容积率调整不适用本规定。

第十四条 本办法自发布之日起施行，试行期两年。

国务院办公厅关于推进海绵城市建设的指导意见

国办发〔2015〕75 号

各省、自治区、直辖市人民政府，国务院各部委、各直属机构：

海绵城市是指通过加强城市规划建设管理，充分发挥建筑、道路和绿地、水系等生态系统对雨水的吸纳、蓄渗和缓释作用，有效控制雨水径流，实现自然积存、自然渗透、自然净化的城市发展方式。《国务院关于加强城市基础设施建设的意见》（国发〔2013〕36 号）和《国务院办公厅关于做好城市排水防涝设施建设工作的通知》（国办发〔2013〕23 号）印发以来，各有关方面积极贯彻新型城镇化和水安全战略有关要求，有序推进海绵城市建设试点，在有效防治城市内涝、保障城市生态安全等方面取得了积极成效。为加快推进海绵城市建设，修复城市水生态、涵养水资源，增强城市防涝能力，扩大公共产品有效投资，提高新型城镇化质量，促进人与自然和谐发展，经国务院同意，现提出以下意见：

一、总体要求

（一）工作目标。通过海绵城市建设，综合采取“渗、滞、蓄、净、用、排”等措施，最大限度地减少城市开发建设对生态环境的影响，将70%的降雨就地消纳和利用。到 2020 年，城市建成区 20%以上的面积达到目标要求；到 2030 年，城市建成区 80%以上的面积达到目标要求。

（二）基本原则。

坚持生态为本、自然循环。充分发挥山水林田湖等原始地形地貌对降雨的积存作用，充分发挥植被、土壤等自然下垫面对雨水的渗透作用，充分发挥湿地、水体等对水质的自然净化作用，努力实现城市水体的自然循环。

坚持规划引领、统筹推进。因地制宜确定海绵城市建设目标和具体指标，科学编制和严格实施相关规划，完善技术标准规范。统筹发挥自然生态功能和人工干预功能，实施源头减排、过程控制、系统治理，切实提高城市排水、防涝、防洪和防灾减灾能力。

坚持政府引导、社会参与。发挥市场配置资源的决定性作用和政府的调控引导作用，加大政策支持力度，营造良好发展环境。积极推广政府和社会资本合作（PPP）、特许经营等模式，吸引社会资本广泛参与海绵城市建设。

二、加强规划引领

（三）科学编制规划。编制城市总体规划、控制性详细规划以及道路、绿地、水等相关专项规划时，要将雨水年径流总量控制率作为其刚性控制指标。划定城市蓝线时，要充分考虑自然生态空间格局。建立区域雨水排放管理制度，明确区域排放总量，不得违规超排。

（四）严格实施规划。将建筑与小区雨水收集利用、可渗透面积、蓝线划定与保护等海绵城市建设要求作为城市规划许可和项目建设的前置条件，保持雨水径流特征在城市开发建设前后大体一致。在建设工程施工图审查、施工许可等环节，要将海绵城市相关工程措施作为重点审查内容；工程竣工验收报告中，应当写明海绵城市相关工程措施的落实情况，提交备案机关。

（五）完善标准规范。抓紧修订完善与海绵城市建设相关的标准规范，突出海绵城市建设的关键性内容和技术性要求。要结合海绵城市建设的目标和要求编制相关工程建设标准图集和技术导则，指导海绵城市建设。

三、统筹有序建设

（六）统筹推进新老城区海绵城市建设。从2015年起，全国各城市新区、各类园区、成片开发区要全面落实海绵城市建设要求。老城区要结合城镇棚户区和城乡危房改造、老旧小区有机更新等，以解决城市内涝、雨水收集利用、黑臭水体治理为突破口，推进区域整体治理，逐步实现小雨不积水、大雨不内涝、水体不黑臭、热岛有缓解。各地要建立海绵城市建设工程项目储备制度，编制项目滚动规划和年度建设计划，避免大拆大建。

（七）推进海绵型建筑和相关基础设施建设。推广海绵型建筑与小区，因地制宜采取屋顶绿化、雨水调蓄与收集利用、微地形等措施，提高建筑与小区的雨水积存和蓄滞能力。推进海绵型道路与广场建设，改变雨水快排、直排的传统做法，增强道路绿化带对雨水的消纳功能，在非机动车道、人行道、停车场、广场等扩大使用透水铺装，推行道路与广场雨水的收集、净化和利用，减轻对市政排水系统的压力。大力推进城市排水防涝设施的达标建设，加快改造和消除城市易涝点；实施雨污分流，控制初期雨水污染，排入自然水体的雨水须经过岸线净化；加快建设和改造沿岸截流干管，控制渗漏和合流制污水溢流污染。结合雨水利用、排水防涝等要求，科学布局建设雨水调蓄设施。

（八）推进公园绿地建设和自然生态修复。推广海绵型公园和绿地，通过建设雨水花园、下凹式绿地、人工湿地等措施，增强公园和绿地系统的城市海绵体功能，消纳自身雨水，并为蓄滞周边区域雨水提供空间。加强对城市坑塘、河湖、湿地等水体自然形态的保护和恢复，禁止填湖造地、截弯取直、河道硬化等破坏水生态环境的建设行为。恢复和保持河湖水系的自然连通，构建城市良性水循环系统，逐步改善水环境质量。加强河道系统整治，因势利导改造渠化河道，重塑健康自然的弯曲河岸线，恢复自然深潭浅滩和泛洪漫滩，实施生态修复，营造多样性生物生存环境。

四、完善支持政策

（九）创新建设运营机制。区别海绵城市建设项目的经营性与非经营性属性，建立政府与社会资本风险分担、收益共享的合作机制，采取明晰经营性收益权、政府购买服务、财政补贴等多种形式，鼓励社会资本参与海绵城市投资建设和运营管理。强化合同管理，严格绩效考核并按效付费。鼓励有实力的科研设计单位、施工企业、制造企业与金融资本相结合，组建具备综合业务能力的企业集团或联合体，采用总承包等方式统筹组织实施海绵城市建设相关项目，发挥整体效益。

（十）加大政府投入。中央财政要发挥“四两拨千斤”的作用，通过现有渠道统筹安排资金予以支持，积极引导海绵城市建设。地方各级人民政府要进一步加大海绵城市建设资金投入，省级人民政府要加强海绵城市建设资金的统筹，城市人民政府要在中期财政规划和年度建设计划中优先安排海绵城市建设项目，并纳入地方政府采购范围。

（十一）完善融资支持。各有关方面要将海绵城市建设作为重点支持的民生工程，充分发挥开发性、政策性金融作用，鼓励相关金融机构积极加大对海绵城市建设的信贷支持力度。鼓励银行业金融机构在风险可控、商业可持续的前提下，对海绵城市建设提供中长期信贷支持，积极开展购买服务协议预期收益等担保创新类贷款业务，加大对海绵城市建设项目的资金支持力度。将海绵城市建设中符合条件的项目列入专项建设基金支持范围。支持符合条件的企业通过发行企业债券、公司债券、资产支持证券和项目收益票据等募集资金，用于海绵城市建设项目。

五、抓好组织落实

城市人民政府是海绵城市建设的责任主体，要把海绵城市建设提上重要日程，完善工作机制，统筹规划建设，抓紧启动实施，增强海绵城市建设的整体性和系统性，做到“规划一张图、建设一盘棋、管理一张网”。住房城乡建设部要会同有关部门督促指导各地做好海绵城市建设工作，继续抓好海绵城市建设试点，尽快形成一批可推广、可复制的示范项目，经验成熟后及时总结宣传、有效推开；发展改革委要加大专项建设基金对海绵城市建设的支持力度；财政部要积极推进 PPP 模式，并对海绵城市建设给予必要资金支持；水利部要加强对海绵城市建设中水利工作的指导和监督。各有关部门要按照职责分工，各司其职，密切配合，共同做好海绵城市建设相关工作。

国务院办公厅

2015 年 10 月 11 日

关于深圳市城市更新清退用地处置规定的通知

深规土〔2015〕671号

各有关单位：

《深圳市城市更新清退用地处置规定》已经市政府同意，现予印发施行。

特此通知。

市规划国土委

2015年10月30日

深圳市城市更新清退用地处置规定

第一条　为了落实《关于加强和改进城市更新实施工作的暂行措施》（深府办〔2014〕8号，以下简称《暂行措施》），推进城市规划实施，根据广东省“三旧”改造和本市城市更新有关规定，制定本规定。

第二条　本规定所称清退用地，是指已完成征转及补偿手续，因规划实施等原因确需划入城市更新单元拆除范围，由城市更新项目实施主体负责清退的国有未出让用地。

本规定所称更新用地，是指城市更新单元拆除范围内除清退用地以外的其他用地。

第三条　清退用地范围内的经济关系由实施主体自行理清，地上建筑物、构筑物及附着物由其自行拆除、清理，所有清退用地应当无偿移交给政府。

第四条　城市更新单元内用于建设城市基础设施、公共服务设施或者其他城市公共利益项目等的独立用地（以下简称公共利益用地）由更新用地和清退用地共同承担。

第五条　在城市更新单元公共利益用地面积不减少的前提下，更新用地承担的公共利益用地面积按照其占拆除范围用地面积的比例进行核算，并予以适当核减。具体如下：

（一）核减量= $\frac{\text{清退用地面积}}{\text{拆除范围用地面积}}$ * 拆除范围内的公共利益用地面积

（二）核减量不得超过清退用地面积的30%。

（三）更新用地涉及历史用地处置的，按照《暂行措施》有关规定应当纳入政府土地储备的20%处置用地不参与核减。

第六条　清退用地的转移建筑面积，转移至出让给实施主体进行开发建设的用地，转移建筑面积按照实际土地移交率最高不超过30%核算，具体管理办法由市规划国土委另行制定发布。

第七条　根据规划统筹需要，清退用地可在城市更新单元范围内腾挪或置换。

第八条　分期实施的城市更新项目，应当优先落实经处置后无偿移交政府的清退用地。

第九条　本规定自发布之日起施行。城市更新单元规划在本指引施行前已经市规划国土主管部门审议通过的城市更新项目不适用本规定。

地图管理条例

中华人民共和国国务院令第 664 号

《地图管理条例》已经 2015 年 11 月 11 日国务院第 111 次常务会议通过，现予公布，自 2016 年 1 月 1 日起施行。

总理　李克强

2015 年 11 月 26 日

第一章　总　则

第一条　为了加强地图管理，维护国家主权、安全和利益，促进地理信息产业健康发展，为经济建设、社会发展和人民生活服务，根据《中华人民共和国测绘法》，制定本条例。

第二条　在中华人民共和国境内从事向社会公开的地图的编制、审核、出版和互联网地图服务以及监督检查活动，应当遵守本条例。

第三条　地图工作应当遵循维护国家主权、保障地理信息安全、方便群众生活的原则。

地图的编制、审核、出版和互联网地图服务应当遵守有关保密法律、法规的规定。

第四条　国务院测绘地理信息行政主管部门负责全国地图工作的统一监督管理。国务院其他有关部门按照国务院规定的职责分工，负责有关的地图工作。

县级以上地方人民政府负责管理测绘地理信息工作的行政部门(以下称测绘地理信息行政主管部门)负责本行政区域地图工作的统一监督管理。县级以上地方人民政府其他有关部门按照本级人民政府规定的职责分工，负责有关的地图工作。

第五条　各级人民政府及其有关部门、新闻媒体应当加强国家版图宣传教育，增强公民的国家版图意识。

国家版图意识教育应当纳入中小学教学内容。

公民、法人和其他组织应当使用正确表示国家版图的地图。

第六条　国家鼓励编制和出版符合标准和规定的各类地图产品，支持地理信息科学技术创新和产业发展，加快地理信息产业结构调整和优化升级，促进地理信息深层次应用。

县级以上人民政府应当建立健全政府部门间地理信息资源共建共享机制。

县级以上人民政府测绘地理信息行政主管部门应当采取有效措施，及时获取、处理、更新基础地理信息数据，通过地理信息公共服务平台向社会提供地理信息公共服务，实现地理信息数据开放共享。

第二章　地图编制

第七条　从事地图编制活动的单位应当依法取得相应的测绘资质证书，并在资质等级许可的范围内开展地图编制工作。

第八条　编制地图，应当执行国家有关地图编制标准，遵守国家有关地图内容表示的规定。

地图上不得表示下列内容：

(一)危害国家统一、主权和领土完整的；

(二)危害国家安全、损害国家荣誉和利益的；

(三)属于国家秘密的；

(四)影响民族团结、侵害民族风俗习惯的；

(五)法律、法规规定不得表示的其他内容。

编制涉及中华人民共和国国界的世界地图、全国地图，应当完整表示中华人民共和国疆域。

第十条　在地图上绘制中华人民共和国国界、中国历史疆界、世界各国间边界、世界各国间历史疆界，应当遵守下列规定：

(一)中华人民共和国国界，按照中国国界线画法标准样图绘制；

(二)中国历史疆界，依据有关历史资料，按照实际历史疆界绘制；

第九条　编制地图，应当选用最新的地图资料并及时补充或者更新，正确反映各要素的地理位置、形态、名称及相互关系，且内容符合地图使用目的。

(三)世界各国间边界，按照世界各国国界线画法参考样图绘制；

(四)世界各国间历史疆界，依据有关历史资料，按照实际历史疆界绘制。

中国国界线画法标准样图、世界各国国界线画法参考样图，由外交部和国务院测绘地理信息行政主管部门拟订，报国务院批准后公布。

第十一条 在地图上绘制我国县级以上行政区域界线或者范围，应当符合行政区域界线标准画法图、国务院批准公布的特别行政区行政区域图和国家其他有关规定。

行政区域界线标准画法图由国务院民政部门和国务院测绘地理信息行政主管部门拟订，报国务院批准后公布。

第十二条 在地图上表示重要地理信息数据，应当使用依法公布的重要地理信息数据。

第十三条 利用涉及国家秘密的测绘成果编制地图的，应当依法使用经国务院测绘地理信息行政主管部门或者省、自治区、直辖市人民政府测绘地理信息行政主管部门进行保密技术处理的测绘成果。

第十四条 县级以上人民政府测绘地理信息行政主管部门应当向社会公布公益性地图，供无偿使用。

县级以上人民政府测绘地理信息行政主管部门应当及时组织收集与地图内容相关的行政区划、地名、交通、水系、植被、公共设施、居民点等的变更情况，用于定期更新公益性地图。有关部门和单位应当及时提供相关更新资料。

第三章　地图审核

第十五条 国家实行地图审核制度。

向社会公开的地图，应当报送有审核权的测绘地理信息行政主管部门审核。但是，景区图、街区图、地铁线路图等内容简单的地图除外。

地图审核不得收取费用。

第十六条 出版地图的，由出版单位送审；展示或者登载不属于出版物的地图的，由展示者或者登载者送审；进口不属于出版物的地图或者附着地图图形的产品的，由进口者送审；进口属于出版物的地图，依照《出版管理条例》的有关规定执行；出口不属于出版物的地图或者附着地图图形的产品的，由出口者送审；生产附着地图图形的产品的，由生产者送审。

送审应当提交以下材料：

(一)地图审核申请表；

(二)需要审核的地图样图或者样品；

(三)地图编制单位的测绘资质证书。

进口不属于出版物的地图和附着地图图形的产品的，仅需提交前款第一项、第二项规定的材料。利用涉及国家秘密的测绘成果编制地图的，还应当提交保密技术处理证明。

第十七条 国务院测绘地理信息行政主管部门负责下列地图的审核：

(一)全国地图以及主要表现地为两个以上省、自治区、直辖市行政区域的地图；

(二)香港特别行政区地图、澳门特别行政区地图以及台湾地区地图；

(三)世界地图以及主要表现地为国外的地图；

(四)历史地图。

第十八条 省、自治区、直辖市人民政府测绘地理信息行政主管部门负责审核主要表现地在本行政区域范围内的地图。其中，主要表现地在设区的市行政区域范围内不涉及国界线的地图，由设区的市级人民政府测绘地理信息行政主管部门负责审核。

第十九条 有审核权的测绘地理信息行政主管部门应当自受理地图审核申请之日起 20 个工作日内，作出审核决定。

时事宣传地图、时效性要求较高的图书和报刊等插附地图的，应当自受理地图审核申请之日起 7 个工作日内，作出审核决定。

应急保障等特殊情况需要使用地图的，应当即送即审。

第二十条 涉及专业内容的地图，应当依照国务院测绘地理信息行政主管部门会同有关部门制定的审核依据进行审核。没有明确审核依据的，由有审核权的测绘地理信息行政主管部门征求有关部门的意见，有关部门应当自收到征求意见材料之日起 20 个工作日内提出意见。征求意见时间不计算在地图审核的期限内。

世界地图、历史地图、时事宣传地图没有明确审核依据的，由国务院测绘地理信息行政主管部门商外交部进行审核。

第二十一条 送审地图符合下列规定的，由有审核权的测绘地理信息行政主管部门核发地图审核批准文件，并注明审图号：

(一)符合国家有关地图编制标准，完整表示中华人民共和国疆域；

(二)国界、边界、历史疆界、行政区域界线或者范围、重要地理信息数据、地名等符合国家有关地图内容表示的规定；

(三)不含有地图上不得表示的内容。

地图审核批准文件和审图号应当在有审核权的测绘地理信息行政主管部门网站或者其他新闻媒体上及时公告。

第二十二条 经审核批准的地图，应当在地图或者附着地图图形的产品的适当位置显著标注审图号。其中，属于出版物的，应当在版权页标注审图号。

第二十三条 全国性中小学教学地图，由国务院教育行政部门会同国务院测绘地理信息行政主管部门、外交部组织审定；地方性中小学教学地图，由省、自治区、直辖市人民政府教育行政部门会同省、自治区、直辖市人民政府测绘地理信息行政主管部门组织审定。

第二十四条 任何单位和个人不得出版、展示、登载、销售、进口、出口不符合国家有关标准和规定的地图，不得携带、寄递不符合国家有关标准和规定的地图进出境。

进口、出口地图的，应当向海关提交地图审核批准文件和审图号。

第二十五条 经审核批准的地图，送审者应当按照有关规定向有审核权的测绘地理信息行政主管部门免费送交样本。

第四章 地图出版

第二十六条 县级以上人民政府出版行政主管部门应当加强对地图出版活动的监督管理，依法对地图出版违法行为进行查处。

第二十七条 出版单位从事地图出版活动的，应当具有国务院出版行政主管部门审核批准的地图出版业务范围，并依照《出版管理条例》的有关规定办理审批手续。

第二十八条 出版单位根据需要，可以在出版物中插附经审核批准的地图。

第二十九条 任何出版单位不得出版未经审定的中小学教学地图。

第三十条 出版单位出版地图，应当按照国家有关规定向国家图书馆、中国版本图书馆和国务院出版行政主管部门免费送交样本。

第三十一条 地图著作权的保护，依照有关著作权法律、法规的规定执行。

第五章　互联网地图服务

第三十二条　国家鼓励和支持互联网地图服务单位开展地理信息开发利用和增值服务。

县级以上人民政府应当加强对互联网地图服务行业的政策扶持和监督管理。

第三十三条　互联网地图服务单位向公众提供地理位置定位、地理信息上传标注和地图数据库开发等服务的，应当依法取得相应的测绘资质证书。

互联网地图服务单位从事互联网地图出版活动的，应当经国务院出版行政主管部门依法审核批准。

第三十四条　互联网地图服务单位应当将存放地图数据的服务器设在中华人民共和国境内，并制定互联网地图数据安全管理制度和保障措施。

县级以上人民政府测绘地理信息行政主管部门应当会同有关部门加强对互联网地图数据安全的监督管理。

第三十五条　互联网地图服务单位收集、使用用户个人信息的，应当明示收集、使用信息的目的、方式和范围，并经用户同意。

互联网地图服务单位需要收集、使用用户个人信息的，应当公开收集、使用规则，不得泄露、篡改、出售或者非法向他人提供用户的个人信息。

互联网地图服务单位应当采取技术措施和其他必要措施，防止用户的个人信息泄露、丢失。

第三十六条　互联网地图服务单位用于提供服务的地图数据库及其他数据库不得存储、记录含有按照国家有关规定在地图上不得表示的内容。互联网地图服务单位发现其网站传输的地图信息含有不得表示的内容的，应当立即停止传输，保存有关记录，并向县级以上人民政府测绘地理信息行政主管部门、出版行政主管部门、网络安全和信息化主管部门等有关部门报告。

第三十七条　任何单位和个人不得通过互联网上传标注含有按照国家有关规定在地图上不得表示的内容。

第三十八条　互联网地图服务单位应当使用经依法审核批准的地图，加强对互联网地图新增内容的核查校对，并按照国家有关规定向国务院测绘地理信息行政主管部门或者省、自治区、直辖市测绘地理信息行政主管部门备案。

第三十九条　互联网地图服务单位对在工作中获取的涉及国家秘密、商业秘密的信息，应当保密。

第四十条　互联网地图服务单位应当加强行业自律，推进行业信用体系建设，提高服务水平。

第四十一条　从事互联网地图服务活动，适用本章的规定；本章没有规定的，适用本条例其他有关规定。

第六章　监督检查

第四十二条　县级以上人民政府及其有关部门应当依法加强对地图编制、出版、展示、登载、生产、销售、进口、出口等活动的监督检查。

第四十三条　县级以上人民政府测绘地理信息行政主管部门、出版行政主管部门和其他有关部门依法进行监督检查时，有权采取下列措施：

(一)进入涉嫌地图违法行为的场所实施现场检查；

(二)查阅、复制有关合同、票据、账簿等资料；

(三)查封、扣押涉嫌违法的地图、附着地图图形的产品以及用于实施地图违法行为的设备、工具、原材料等。

第四十四条　国务院测绘地理信息行政主管部门、国务院出版行政主管部门应当建立健全地图监督管理信息系统，实现信息资源共享，方便公众查询。

第四十五条　县级以上人民政府测绘地理信息行政主管部门应当根据国家有关标准和技术规范，加强地图质量监督管理。

地图编制、出版、展示、登载、生产、销售、进口、出口单位应当建立健全地图质量责任制度，采取有效措施，保证地图质量。

第四十六条　任何单位和个人对地图违法行为有权进行举报。

接到举报的人民政府或者有关部门应当及时依法调查处理，并为举报人保密。

第七章　法律责任

第四十七条　县级以上人民政府及其有关部门违反本条例规定，有下列行为之一的，由主管机关或者监察机关责令改正；情节严重的，对直接负责的主管人员和其他直接责任人员依法给予处分；直接负责的主管人员和其他直接责任人员的行为构成犯罪的，依法追究刑事责任：

(一)不依法作出行政许可决定或者办理批准文件的；

(二)发现违法行为或者接到对违法行为的举报不予查处的；

(三)其他未依照本条例规定履行职责的行为。

第四十八条　违反本条例规定，未取得测绘资质证书或者超越测绘资质等级许可的范围从事地图编制活动或者互联网地图服务活动的，依照《中华人民共和国测绘法》的有关规定进行处罚。

第四十九条　违反本条例规定，应当送审而未送审的，责令改正，给予警告，没收违法地图或者附着地图图形的产品，可以处 10 万元以下的罚款；有违法所得的，没收违法所得；构成犯罪的，依法追究刑事责任。

第五十条　违反本条例规定，不需要送审的地图不符合国家有关标准和规定的，责令改正，给予警告，没收违法地图或者附着地图图形的产品，可以处 10 万元以下的罚款；有违法所得的，没收违法所得；情节严重的，可以向社会通报；构成犯罪的，依法追究刑事责任。

第五十一条　违反本条例规定，经审核不符合国家有关标准和规定的地图未按照审核要求修改即向社会公开的，责令改正，给予警告，没收违法地图或者附着地图图形的产品，可以处 10 万元以下的罚款；有违法所得的，没收违法所得；情节严重的，责令停业整顿，降低资质等级或者吊销测绘资质证书，可以向社会通报；构成犯罪的，依法追究刑事责任。

第五十二条　违反本条例规定，弄虚作假、伪造申请材料骗取地图审核批准文件，或者伪造、冒用地图审核批准文件和审图号的，责令停止违法行为，给予警告，没收违法地图和附着地图图形的产品，并处 10 万元以上 20 万元以下的罚款；有违法所得的，没收违法所得；情节严重的，责令停业整顿，降低资质等级或者吊销测绘资质证书；构成犯罪的，依法追究刑事责任。

第五十三条　违反本条例规定，未在地图的适当位置显著标注审图号，或者未按照有关规定送交样本的，责令改正，给予警告；情节严重的，责令停业整顿，降低资质等级或者吊销测绘资质证书。

第五十四条 违反本条例规定，互联网地图服务单位使用未经依法审核批准的地图提供服务，或者未对互联网地图新增内容进行核查校对的，责令改正，给予警告，可以处 20 万元以下的罚款；有违法所得的，没收违法所得；情节严重的，责令停业整顿，降低资质等级或者吊销测绘资质证书；构成犯罪的，依法追究刑事责任。

第五十五条 违反本条例规定，通过互联网上传标注了含有按照国家有关规定在地图上不得表示的内容的，责令改正，给予警告，可以处 10 万元以下的罚款；构成犯罪的，依法追究刑事责任。

第五十六条 本条例规定的降低资质等级、吊销测绘资质证书的行政处罚，由颁发资质证书的部门决定；其他行政处罚由县级以上人民政府测绘地理信息行政主管部门决定。

第八章 附 则

第五十七条 军队单位编制的地图的管理以及海图的管理，按照国务院、中央军事委员会的规定执行。

第五十八条 本条例自 2016 年 1 月 1 日起施行。国务院 1995 年 7 月 10 日发布的《中华人民共和国地图编制出版管理条例》同时废止。

附录一

有关房地产法律、法规、规章和规范性文件索引

一、规划建设类

（一）法律

1. 中华人民共和国城乡规划法（2007 年）
2. 中华人民共和国建筑法（1997 年，2011 年修正）
3. 中华人民共和国环境保护法（1989 年，2014 年修正）
4. 中华人民共和国环境影响评价法（2002 年）
5. 中华人民共和国消防法（1998 年，2008 年修正）

（二）行政法规

6. 村庄和集镇规划建设管理条例（1993 年）
7. 建设项目环境保护管理条例（1998 年）
8. 工程建设项目招标范围和规模标准规定（2000 年）
9. 建设工程质量管理条例（2000 年）
10. 建设工程安全生产管理条例（2003 年）
11. 防治海洋工程建设项目污染损害海洋环境管理条例（2006 年）
12. 风景名胜区条例（2006 年）
13. 中华人民共和国防治海岸工程建设项目污染损害海洋环境管理条例（1990 年，2007 年修正）
14. 民用建筑节能条例（2008 年）
15. 历史文化名城名镇名村保护条例（2008 年）
16. 规划环境影响评价条例（2009 年）
17. 国家重点建设项目管理办法（1996 年，2011 年修正）
18. 无障碍环境建设条例（2012 年）
19. 建设工程勘察设计管理条例（2000 年，2015 年修正）

（三）广东省地方法规

20. 广东省土地利用总体规划条例（2008 年）

21. 广东省实施《中华人民共和国消防法》办法（2010 年）
22. 广东省建设项目环境保护管理条例（1994 年，2012 年修正）
23. 广东省风景名胜区条例（1998 年，2012 年修正）
24. 广东省城乡规划条例（2012 年）
25. 广东省城市控制性详细规划管理条例（2004 年，2014 年修正）
26. 广东省珠江三角洲城镇群协调发展规划实施条例（2006 年，2014 年修正）
27. 广东省民用建筑节能条例（2011 年，2014 年修正）
28. 广东省环境保护条例（2004 年，2015 年修正）

（四）深圳市地方法规

29. 深圳市城市规划条例（1998 年，2001 年修正）
30. 深圳经济特区建设工程施工招标投标条例（1993 年，2004 年修正）
31. 深圳市建设工程质量管理条例（1994 年，2004 年修正）
32. 深圳经济特区建设工程监理条例（1995 年，2004 年修正）
33. 深圳市停车场规划建设和机动车停放管理条例（2003 年，2004 年修正）
34. 深圳经济特区建筑节能条例（2006 年）
35. 深圳市建筑市场严重违法行为特别处理规定（2007 年）
36. 深圳经济特区环境保护条例（1994 年，2009 年修正）
37. 深圳经济特区消防条例（1999 年，2009 年修正）
38. 深圳经济特区梧桐山风景名胜区条例（2009 年）
39. 深圳市建筑废弃物减排与利用条例（2009 年）
40. 深圳经济特区城市绿化管理办法（1994 年，2012 年修正）
41. 深圳经济特区建设项目环境保护条例（2006 年，2012 年修正）
42. 深圳经济特区规划土地监察条例（1995 年，2013 年修正）

（五）国务院部门规章

43. 建筑工程设计招标投标管理办法（2000 年）
44. 房屋建筑工程质量保修办法（2000 年）
45. 建筑工程施工许可管理办法（2014 年）
46. 房屋建筑和市政基础设施工程施工招标投标管理办法（2001 年）
47. 建设项目竣工环境保护验收管理办法（2001 年）
48. 外商投资城市规划服务企业管理规定的补充规定（2003 年）
49. 工程建设项目施工招标投标办法（2003 年）
50. 环境保护行政许可听证暂行办法（2004 年）
51. 工程建设项目招标投标活动投诉处理办法（2004 年）

52. 建筑施工企业安全生产许可证管理规定（2004 年）
53. 环境保护法规制定程序办法（2005 年）
54. 国家环境保护总局建设项目环境影响评价文件审批程序规定（2005 年）
55. 工程建设项目货物招标投标办法（2005 年）
56. 建设工程质量检测管理办法（2005 年）
57. 城市规划编制办法（2005 年）
58. 环境保护违法违纪行为处分暂行规定 (2006 年)
59. 房屋建筑工程抗震设防管理规定（2006 年）
60. 建设工程勘察质量管理办法（2007 年）
61. 建设项目环境影响评价文件分级审批规定（2008 年）
62. 房屋建筑和市政基础设施工程竣工验收备案管理办法（2000 年，2009 年修正）
63. 房屋建筑和市政基础设施工程质量监督管理规定（2010 年）
64. 省域城镇体系规划编制审批办法（2010 年）
65. 城市、镇控制性详细规划编制审批办法（2010 年）
66. 城市照明管理规定（2010 年）
67. 城市公厕管理办法（1990 年，2011 年修正）
68. 城市国有土地使用权出让转让规划管理办法（1992 年，2011 年修正）
69. 城建监察规定（1992 年，2011 年修正）
70. 建制镇规划建设管理办法（1995 年，2011 年修正）
71. 城市建设档案管理规定（1997 年，2011 年修正）
72. 城市地下空间开发利用管理规定（1997 年，2011 年修正）
73. 住宅室内装饰装修管理办法（2002 年，2011 年修正）
74. 城市绿线管理办法（2002 年，2011 年修正）
75. 外商投资城市规划服务企业管理规定（2003 年，2011 年修正）
76. 城市抗震防灾规划管理规定（2003 年，2011 年修正）
77. 城市紫线管理办法（2003 年，2011 年修正）
78. 建设部关于纳入国务院决定的十五项行政许可的条件的规定（2004 年，2011 年修正）
79. 城市黄线管理办法（2005 年，2011 年修正）
80. 城市蓝线管理办法（2005 年，2011 年修正）
81. 建设工程消防监督管理规定（2009 年，2012 年修订）
82. 消防监督检查规定（2009 年，2012 年修订）
83. 城乡规划违法违纪行为处分办法（2012 年）
84. 历史文化名城名镇名村街区保护规划编制审批办法（2014 年）
85. 建设项目环境影响评价资质管理办法（2005 年，2015 年修订）
86. 城乡规划编制单位资质管理规定（2012 年，2015 年修正）

87. 建筑业企业资质管理规定（2015 年）
88. 建设项目环境影响评价分类管理名录（2015 年）
89. 国家级风景名胜区规划编制审批办法（2015 年）

（六）广东省政府规章

90. 广东省无障碍设施建设管理规定（2005 年）
91. 广东省建设项目安全设施监督管理办法（2010 年）
92. 广东省绿岛建设管理规定（2013 年）
93. 广东省涉及国家安全事项的建设项目管理规定（2013 年）
94. 广东省建设工程造价管理规定（2014 年）
95. 广东省专职消防队建设管理规定（2015 年）

（七）深圳市政府规章

96. 深圳市地下铁道建设管理暂行规定（2001 年）
97. 深圳市基本生态控制线管理规定（2005 年）
98. 大鹏半岛保护与发展管理规定（2008 年）
99. 深圳市地下空间开发利用暂行办法（2008 年）
100. 深圳市城市更新办法（2009 年）
101. 深圳市建设项目涉及国家安全事项管理暂行规定（2009 年）
102. 深圳市规划土地监察行政执法主体及其职责规定（2010 年）
103. 深圳市建筑物和公共设施清洗翻新管理规定（2010 年，2012 年修正）
104. 深圳市绿道管理办法（2012 年）
105. 深圳市地下管线管理暂行办法（2014 年）

（八）国务院及其部门规范性文件

106. 建设部、国家计委关于印发《建设项目选址规划管理办法》的通知（1991 年）
107. 建设部关于印发《国家重点风景名胜区审查办法》的通知（2004 年）
108. 建设部关于印发《关于加强对城市优秀近现代建筑规划保护的指导意见》的通知（2004 年）
109. 国务院办公厅转发《建设部关于加强城市总体规划工作意见》的通知（2006 年）
110. 国务院关于编制全国主体功能区规划的意见（2007 年）
111. 国务院办公厅关于加强和规范新开工项目管理的通知（2007 年）
112. 建设部关于贯彻实施《城乡规划法》的指导意见（2008 年）
113. 建设部关于对房地产开发中违规变更规划、调整容积率问题开展专项治理的通知（2009 年）
114. 住房和城乡建设部关于印发《关于规范城乡规划行政处罚裁量权的指导意见》的通知（2012 年）
115. 住房和城乡建设部关于贯彻落实《无障碍环境建设条例》进一步加强无障碍环境建设工作的通知（2012 年）

116. 国务院关于加强城市基础设施建设的意见（2013 年）
117. 住房城乡建设部关于印发《关于规范国务院审批城市总体规划上报成果的规定》（暂行）的通知（2013 年）
118. 住房城乡建设部关于印发《关于规范国家级风景名胜区总体规划上报成果的规定（暂行）》的通知（2013 年）
119. 住房城乡建设部关于印发《村庄整治规划编制办法》的通知（2013 年）
120. 住房和城乡建设部关于印发《住房城乡建设部利用遥感监测辅助城乡规划督察工作管理办法（试行）》的通知（2014 年）
121. 住房和城乡建设部关于印发《乡村建设规划许可实施意见》的通知（2014 年）
122. 国务院办公厅关于改善农村人居环境的指导意见（2014 年）
123. 民政部 国土资源部 财政部 住房城乡建设部关于推进城镇养老服务设施建设工作的通知（2014 年）
124. 国务院办公厅关于加强城市地下管线建设管理的指导意见（2014 年）
125. 住房城乡建设部等部门关于加强村镇无障碍环境建设的指导意见（2015 年）
126. 住房城乡建设部关于印发《城市地下综合管廊工程规划编制指引》的通知（2015 年）
127. 住房城乡建设部等部门关于做好 2015 年中国传统村落保护工作的通知（2015 年）
128. 国务院办公厅关于推进城市地下综合管廊建设的指导意见（2015 年）
129. 住房城乡建设部关于印发城市停车设施规划导则的通知（2015 年）
130. 住房城乡建设部关于印发城市停车设施建设指南的通知（2015 年）
131. 国务院办公厅关于推进海绵城市建设的指导意见（2015 年）
132. 住房城乡建设部关于印发城市轨道沿线地区规划设计导则的通知（2015 年）
133. 住房城乡建设部关于改革创新、全面有效推进乡村规划工作的指导意见（2015 年）
134. 国家发展改革委 住房和城乡建设部关于城市地下综合管廊实行有偿使用制度的指导意见（2015 年）

（九）广东省政府及其部门规范性文件

135. 广东省人民政府办公厅关于进一步加强和改进城乡规划工作的实施意见（2006 年）
136. 中共广东省委、广东省人民政府关于贯彻实施《珠江三角洲地区改革发展规划纲要（2008—2020 年）》的决定（2009 年）
137. 广东省国土资源厅关于印发《广东省各级土地利用总体规划审查审批办法》的通知 （2009 年）
138. 广东省人民政府关于推进“三旧”改造促进节约集约用地的若干意见（2009 年）
139. 广东省人民政府办公室转发省国土资源厅关于“三旧”改造工作实施意见的通知（2009 年）
140. 广东省人民政府关于进一步做好我省规划环境影响评价工作的通知（2010 年）
141. 广东省国土资源厅关于印发《广东省土地利用总体规划修改管理规定》的通知（2013 年）
142. 广东省人民政府印发《广东省国土规划（2006—2020 年）》的通知（2013 年）
143. 广东省人民政府办公厅关于加强城市地下管线建设管理的实施意见（2014 年）

（十）深圳市政府规范性文件

144. 中共深圳市委、深圳市人民政府关于进一步加强城市规划工作的决定（2005 年）
145. 深圳市人民政府关于宝安龙岗两区自行开展的新安翻身工业区等 70 个旧城旧村改造项目的处理意见（2006 年）
146. 深圳市人民政府关于印发《深圳市城中村（旧村）改造扶持资金管理暂行办法》的通知（2007 年）
147. 中共深圳市委、深圳市人民政府印发《深圳市关于〈珠江三角洲地区改深圳市城中村（旧村）改造暂行规定的实施意见革发展规划纲要（2008—2020 年）〉的实施方案》的通知（2009 年）
148. 深圳市人民政府办公厅关于贯彻实施中华人民共和国城乡规划法有关事项的通知（2009 年）
149. 深圳市人民政府关于印发深圳市绿道网规划建设总体实施方案的通知（2010 年）
150. 深圳市人民政府关于授权市城市规划委员会建筑与环境艺术委员会审批城市更新单元规划的通知（2010 年）
151. 深圳市人民政府办公厅关于规划土地监察行政处罚案件管辖若干事项的通知（2011 年）
152. 深圳市人民政府关于印发《深圳市城市更新办法实施细则》的通知（2012 年）
153. 深圳市人民政府关于巩固市容环境提升成果进一步加强城市管理工作的意见（2012 年）
154. 深圳市人民政府办公厅关于印发深圳环境质量提升行动计划的通知（2012 年）
155. 深圳市人民政府办公厅关于印发深圳市宜居社区建设工作方案的通知（2012 年）
156. 中共深圳市委、深圳市人民政府关于进一步加强城市绿化工作的意见（2012 年）
157. 深圳市规划和国土资源委员会关于印发《深圳市城市更新历史用地处置暂行规定》的通知（2013 年）
158. 深圳市规划和国土资源委员会关于印发《深圳市危房拆除重建规划管理规定》的通知（2013 年）
159. 深圳市规划和国土资源委员会 深圳市财政委员会 深圳市发展和改革委员会 深圳市残疾人联合会关于印发《深圳市建设项目无障碍设施改造办法》的通知（2014 年）
160. 深圳市人民政府办公厅印发关于加强和改进城市更新实施工作的暂行措施的通知（2014 年）
161. 深圳市前海深港现代服务业合作区管理局关于印发《深圳市前海深港现代服务业合作区共同沟管理暂行办法》的通知（2015 年）

二、土地类

（一）法律

1. 中华人民共和国土地管理法（1986 年，2004 年修正）
2. 中华人民共和国农村土地承包法（2002 年，2009 年修正）
3. 中华人民共和国农村土地承包经营纠纷调解仲裁法（2009 年）

（二）行政法规

4. 中华人民共和国城镇国有土地使用权出让和转让暂行条例（1990 年）
5. 土地调查条例（2008 年）
6. 基本农田保护条例（1998 年，2011 年修正）
7. 土地复垦条例（2011 年）
8. 大中型水利水电工程建设征地补偿和移民安置条例（2006 年，2013 年修正）
9. 中华人民共和国土地管理法实施条例（1998 年，2014 年修正）

（三）广东省地方法规

10. 广东省国土资源监督检查条例（2004 年）
11. 广东省湿地保护条例（2006 年，2014 年修正）
12. 广东省征收农民集体所有土地各项补偿费管理办法（1994 年，2008 年修正）
13. 广东省实施《中华人民共和国土地管理法》办法（1999 年，2008 年修正）
14. 广东省土地权属纠纷处理条例（1995 年，2014 年修正）
15. 广东省基本农田保护区管理条例（2002 年，2014 年修正）

（四）深圳市地方法规

16. 深圳市土地征用与收回条例（1999 年）
17. 深圳经济特区高新技术产业园区条例（2001 年，2006 年修正）
18. 深圳经济特区土地使用权出让条例（1994 年，2011 年修正）

（五）国务院部门规章

19. 划拨土地使用权管理暂行办法（1992 年）
20. 土地监察暂行规定（1995 年）
21. 国有企业改革中划拨土地使用权管理暂行规定（1998 年）
22. 闲置土地处置办法（1999 年，2012 年修订）

23. 划拨用地目录（2001 年）
24. 土地登记资料公开查询办法（2002 年）
25. 协议出让国有土地使用权规定（2003 年）
26. 中华人民共和国农村土地承包经营权证管理办法（2003 年）
27. 国土资源听证规定（2004 年）
28. 农村土地承包经营权流转管理办法（2005 年）
29. 土地利用年度计划管理办法（1999 年，2006 年修正）
30. 国土资源信访规定（2002 年，2006 年修正）
31. 耕地占补平衡考核办法（2006 年）
32. 招标拍卖挂牌出让国有建设用地使用权规定（2002 年，2007 年修正）
33. 土地登记办法（2007 年）
34. 建设项目用地预审管理办法（2001 年，2008 年修正）
35. 违反土地管理规定行为处分办法（2008 年）
36. 国土资源行政复议规定 （2009 年）
37. 土地利用总体规划编制审查办法（2009 年）
38. 建设用地审查报批管理办法（1999 年，2010 年修正）
39. 征收土地公告办法（2001 年，2010 年修正）
40. 土地权属争议调查处理办法（2003 年，2010 年修正）

41. 土地复垦条例实施办法（2012 年）
42. 闲置土地处置办法（2012 年）
43. 节约集约利用土地规定（2014 年）
44. 不动产登记暂行条例（2014 年）
45. 土地调查条例实施办法（2009 年，2016 年修正）

（六）广东省政府规章

46. 广东省维护水库移民土地山林房产权属的若干规定（1989 年）
47. 广东省城镇国有土地使用权出让和转让实施办法（1992 年，1997 年修正）
48. 广东省地价管理规定（1998 年）
49. 广东省土地使用权交易市场管理规定（2002 年）
50. 广东省集体建设用地使用权流转管理办法（2005 年）
51. 广东省森林林木林地权属争议调解处理办法（2006 年）
52. 广东省非农业建设补充耕地管理办法（2010 年）

（七）深圳市政府规章

53. 深圳市土地交易市场管理规定（2001 年）
54. 深圳市征用土地实施办法（2002 年）
55. 深圳市土地储备管理办法（2006 年）
56. 深圳市临时用地和临时建筑管理规定（2006 年）
57. 深圳市工业及其他产业用地使用权出让若干规定（2007 年，2008 年修正）
58. 《深圳市人民代表大会常务委员会关于农村城市化历史遗留违法建筑的处理决定》试点实施办法（2013 年）
59. 深圳市基本农田保护区管理办法（2014 年）

（八）国务院及其部门规范性文件

60. 国家土地管理局印发《国家土地管理局土地登记规则》的通知（1995 年）
61. 国家土地管理局印发《关于认定收回土地使用权行政决定法律性质的意见》的通知（1997 年）
62. 国务院办公厅关于加强土地转让管理严禁炒卖上地的通知（1999 年）
63. 国土资源部关于加强土地资产管理促进国有企业改革和发展的若干意见的通知（1999 年）
64. 国土资源部关于进一步推行招标拍卖出让国有土地使用权的通知（1999 年）
65. 国土资源部关于建立土地有形市场促进土地使用权规范交易的通知（2000 年）
66. 国土资源部关于改革土地估价结果确认和土地资产处置审批办法的通知（2001 年）
67. 国务院关于加强国有土地资产管理的通知（2001 年）
68. 国土资源部、监察部关于严格实行经营性土地使用权招标拍卖挂牌出让的通知（2002 年）

69. 国土资源部关于印发《国家投资土地开发整理项目实施管理暂行办法》的通知（2003 年）
70. 国务院关于深化改革严格土地管理的决定（2004 年）
71. 国土资源部关于印发《查处土地违法行为立案标准》的通知（2005 年）
72. 国务院办公厅转发国土资源部关于做好土地利用总体规划修编前期工作意见的通知（2005 年）
73. 国土资源部关于印发《招标拍卖挂牌出让国有土地使用权规范（试行）》和《协议出让国有土地使用权规范（试行）》的通知（2006 年）
74. 国务院关于加强土地调控有关问题的通知（2006 年）
75. 国土资源部关于进一步规范土地证书管理的通知（2006 年）
76. 国务院办公厅关于规范国有土地使用权出让收支管理的通知（2006 年）
77. 国务院办公厅转发发展改革委等部门关于加强固定资产投资调控从严控制新开工项目意见的通知（2006 年）
78. 财政部、国土资源部、中国人民银行关于印发《国有土地使用权出让收支管理办法》的通知（2006 年）
79. 国土资源部关于发布实施《全国工业用地出让最低价标准》的通知（2006 年）
80. 财政部、国土资源部、中国人民银行关于建立国有土地收支统计报表体系的通知（2007 年）
81. 财政部、国土资源部关于印发《土地储备资金财务管理暂行办法》的通知（2007 年）
82. 国土资源部、财政部、中国人民银行关于印发《土地储备管理办法》的通知（2007 年)
83. 国土资源部关于加大闲置土地处置力度的通知（2007 年）
84. 国土资源部关于认真贯彻《国务院关于解决城市低收入家庭住房困难的若干意见》进一步加强土地供应调控的通知（2007 年）
85. 国土资源部、监察部关于落实工业用地招标拍卖挂牌出让制度有关问题的通知（2007 年）
86. 国务院关于促进节约集约用地的通知（2008 年）
87. 国土资源部关于印发《土地利用年度计划执行情况考核办法》的通知（2008 年）
88. 财政部、国土资源部关于印发《中央分成新增建设用地土地有偿使用费稽查暂行办法》的通知（2008 年）
89. 城乡建设用地增减挂钩试点管理办法（2008 年）
90. 国土资源部关于进一步加强土地整理复垦开发工作的通知（2008 年）
91. 国土资源部关于建立健全土地执法监管长效机制的通知（2008 年）
92. 国土资源部关于部署运行土地市场动态监测与监管系统的通知（2008 年）
93. 国土资源部关于贯彻实施《土地登记办法》进一步加强土地登记工作的通知（2008 年）
94. 国土资源部关于严格建设用地管理促进批而未用土地利用的通知（2009 年）
95. 财政部、国土资源部、中国人民银行等关于进一步加强土地出让收支管理的通知（2009 年）
96. 国家土地总督察办公室关于印发《土地例行督察工作规范（试行）》的通知（2009 年）
97. 国土资源部、监察部关于进一步落实工业用地出让制度的通知（2009 年）
98. 国务院关于加强地方政府融资平台公司管理有关问题的通知（2010 年）

99. 国土资源部关于印发《土地矿产卫片执法检查工作规范（试行）》的通知（2010 年）
100. 财政部、发展改革委、人民银行、银监会关于贯彻国务院加强地方政府融资平台公司管理有关问题的通知相关事项的通知（2010 年）
101. 国土资源部关于严格土地利用总体规划实施管理的通知（2012 年）
102. 国土资源部关于大力推进节约集约用地制度建设的意见（2012 年）
103. 财政部、国土资源部关于印发《新增建设用地土地有偿使用费资金使用管理办法》的通知（2012 年）
104. 国土资源部关于进一步加强和改进建设项目用地预审工作的通知（2012 年）
105. 国土资源部关于进一步改进建设用地审查报批工作提高审批效率有关问题的通知（2012 年）
106. 国土资源部、国家发展和改革委员会关于发布实施《限制用地项目目录（2012 年本）》和《禁止用地项目目录（2012 年本）》的通知（2012 年）
107. 国土资源部关于提升耕地保护水平全面加强耕地质量建设与管理的通知（2012 年）
108. 国土资源部关于规范土地登记的意见（2012 年）
109. 国土资源部关于严格执行土地使用标准大力促进节约集约用地的通知（2012 年）
110. 国土资源部办公厅关于发布《国有建设用地使用权出让地价评估技术规范（试行）》的通知（2013 年）
111. 国土资源部办公厅关于下放部分建设项目用地预审权限的通知（2013 年）
112. 国土资源部 国务院侨务办公室关于做好华侨农场土地保护和开发利用工作的意见（2013 年）
113. 财政部关于城乡建设用地增减挂钩试点有关财税政策问题的通知（2014 年）
114. 国土资源部关于强化管控落实最严格耕地保护制度的通知（2014 年）
115. 国务院办公厅关于推进城区老工业区搬迁改造的指导意见（2014 年）
116. 国土资源部办公厅关于印发《养老服务设施用地指导意见》的通知（2014 年）
117. 国务院办公厅关于支持铁路建设实施土地综合开发的意见（2014 年）
118. 国土资源部 财政部 住房和城乡建设部 农业部 国家林业局关于进一步加快推进宅基地和集体建设用地使用权确权登记发证工作的通知（2014 年）
119. 国土资源部关于推进土地节约集约利用的指导意见（2014 年）
120. 国土资源部、农业部关于进一步做好永久基本农田划定工作的通知（2014 年）
121. 中共中央办公厅、国务院办公厅关于引导农村土地经营权有序流转发展农业适度规模经营的意见（2014 年）
122. 国土资源部关于贯彻实施《不动产登记暂行条例》的通知（2014 年）
123. 国务院办公厅关于引导农村产权流转交易市场健康发展的意见（2014 年）
124. 财政部 国家税务总局关于企业改制重组有关土地增值税政策的通知（2015 年）
125. 农业部、中央农村工作领导小组办公室、财政部、国土部、国务院法制办、国家档案局关于认真做好农村土地承包经营权确权登记颁证工作的意见（2015 年）
126. 农业部办公厅关于印发《农村土地承包经营权确权登记颁证成果检查验收办法（试行）》的通知（2015 年）

127. 国土资源部办公厅关于实施《城镇土地分等定级规程》和《城镇土地估价规程》有关问题的通知（2015 年）

128. 国土资源部 住房城乡建设部关于优化 2015 年住房及用地供应结构促进房地产市场平稳健康发展的通知（2015 年）

129. 国土资源部关于做好不动产登记信息管理基础平台建设工作的通知（2015 年）

130. 国务院关于开展农村承包土地的经营权和农民住房财产权抵押贷款试点的指导意见（2015 年）

131. 国土资源部 发展改革委 科技部 工业和信息化部 住房城乡建设部 商务部关于支持新产业新业态发展促进大众创业万众创新用地的意见（2015 年）

（九）广东省政府及其部门规范性文件

132. 广东省人民政府关于加强国有企业改革改组改造中原划拨土地管理的通知（1999 年）

133. 广东省人民政府办公厅转发省侨办、省国土资源厅、省农垦总局关于国有农场土地确权与登记 发证工作意见的通知（2001 年）

134. 广东省国土资源厅关于印发《广东省土地使用权公开交易规则》等文件的通知（2003 年）

135. 广东省国土资源厅关于加强土地估价行业管理的通知（2004 年）

136. 广东省国土资源厅关于印发《广东省土地利用总体规划调整修改报批办法》的通知（2004 年）

137. 广东省人民政府办公厅关于加快国有农场土地确权与登记发证工作的通知（2005 年）

138. 广东省国土资源厅关于深入开展征地制度改革有关问题的通知（2005 年）

139. 广东省国土资源厅关于公布和实施《广东省协议出让国有土地使用权最低价标准》的通知（2006 年）

140. 广东省国土资源厅关于进一步做好房地产市场土地供应调控的意见（2006 年）

141. 广东省人民政府办公厅印发广东省非农业建设依法占用基本农田跨地级以上市补划办法的通知（2007 年）

142. 广东省人民政府关于切实做好土地调控工作的通知（2007 年）

143. 广东省人民政府办公厅转发省国土资源厅关于深化征地制度改革意见的通知（2007 年）

144. 广东省人民政府关于建立土地管理共同责任制度的通知（2008 年）

145. 广东省人民政府办公厅印发广东省征收农村集体土地留用地管理办法（试行）的通知（2009 年）

146. 广东省国土资源办公厅印发关于促进扩大内需支持现代产业发展用地若干意见的通知（2009 年）

147. 广东省国土资源厅、广东省农业厅关于省级投资土地开发整理项目竣工验收的暂行办法（2010 年）

148. 广东省国土资源厅关于印发《广东省基本农田调整补划验收暂行办法》的通知（2010 年）

149. 广东省国土资源厅 、广东省农业厅关于印发《广东省高标准基本农田建设项目设计编制规程（试行）》的通知（2012 年）

150. 广东省国土资源厅关于印发《广东省高标准基本农田建设规范（试行）》的通知（2012 年）

151. 广东省国土资源厅 、广东省农业厅关于印发《广东省高标准基本农田建设项目验收规程（试行）》的通知（2012 年）

152. 广东省人民政府办公厅关于进一步加强高标准基本农田建设工作的通知（2014 年）
153. 广东省人民政府办公厅关于印发广东省占用征收林地定额管理办法的通知（2014 年）

（十）深圳市政府规范性文件

154. 深圳市宝安、龙岗区规划、国土管理暂行办法（1993 年）
155. 中共深圳市委、深圳市人民政府关于进一步加强规划国土管理决定（1998 年）
156. 深圳市人民政府关于加强土地市场化管理进一步搞活和规范房地产市场的决定（2001 年）
157. 深圳市人民政府批转市规划与国土资源局、市国有资产管理办公室关于我市国有企业改制中土地资产管理若干意见的通知（2003 年）
158. 深圳市人民政府关于坚决制止违法用地和违法建筑行为的通告（2004 年）
159. 深圳市人民政府关于印发《深圳市宝安龙岗两区城市化土地管理办法》的通知（2004 年）
160. 中共深圳市委、深圳市人民政府关于坚决查处违法建筑和违法用地的决定（2004 年）
161. 深圳市人民政府关于贯彻落实国务院关于深化改革严格土地管理决定的通知（2004 年）
162. 深圳市人民政府关于印发《深圳市宝安龙岗两区城市化非农建设用地划定办法》的通知（2005 年）
163. 深圳市人民政府关于进一步加强土地管理推进节约集约用地的意见（2006 年）
164. 深圳市人民政府关于印发深圳市集约利用的工业用地地价计算暂行办法的通知（2006 年）
165. 深圳市人民政府关于印发《深圳市宝安龙岗两区城市化转为国有土地交接与管理实施方案》的通知（2006 年）
166. 深圳市人民政府关于印发《深圳市原村民非商品住宅建设暂行办法》的通知（2006 年）
167. 深圳市人民政府关于印发《深圳市闲置土地处置工作方案》的通知（2007 年）
168. 深圳市人民政府办公厅关于印发深圳市宝安龙岗两区城市化国有农业用地管理办法实施细则的通知（2007 年）
169. 深圳市人民政府关于在我市出让商品住宅用地中安排建设一定比例政策性住房的实施意见（2007 年）
170. 深圳市人民政府关于印发深圳市土地闲置费征收管理办法的通知（2008 年）
171. 深圳市人民政府办公厅关于印发深圳市企业总部用地用房配置管理办法（试行）的通知（2009 年）
172. 深圳市人民政府关于印发深圳市国有未出让土地日常管理暂行办法的通知（2010 年）
173. 深圳市人民政府办公厅关于印发《深圳市土地整备资金管理暂行办法》的通知（2012 年）
174. 中共深圳市委、深圳市人民政府关于贯彻落实《深圳市土地管理制度改革总体方案》的通知（2012 年）
175. 深圳市规划和国土资源委员会关于印发《深圳市 2012 年度土地整备计划》的通知（2012 年）
176. 深圳市人民政府办公厅关于印发创新型产业用房管理办法的通知（2013 年）
177. 深圳市人民政府办公厅关于印发工业楼宇转让管理办法的通知（2013 年）
178. 深圳市规划和国土资源委员会关于印发《深圳市宗地地价测算规则（试行）》的通知（2013 年）

179. 深圳市规划和国土资源委员会关于印发《深圳市贯彻执行〈闲置土地处置办法〉的实施意见（试行）》的通知（2013 年）
180. 深圳市规划和国土资源委员会关于印发《深圳市 2013 年度土地整备计划》的通知（2013 年）
181. 深圳市规划和国土资源委员会关于印发《〈深圳市工业楼宇转让管理办法（试行）〉实施细则》的通知（2013 年）
182. 深圳市人民政府办公厅关于印发深圳市政府储备土地清理专项行动工作方案的通知（2014 年）
183. 深圳市规划和国土资源委员会关于工业楼宇转让管理有关事宜的通知（2014 年）
184. 深圳市经济贸易和信息化委员会关于印发《深圳市基本农田保护区内土地租赁招标投标管理办法》的通知（2014 年）
185. 深圳市经济贸易和信息化委员会关于印发《深圳市基本农田保护区内土地租赁合同》的通知（2014 年）
186. 深圳市规划和国土资源委员会关于印发《深圳市养老服务设施用地供应暂行办法》的通知（2015 年）
187. 深圳市规划和国土资源委员会关于印发《关于促进安居型商品房用地供应暂行规定》的通知（2015 年）
188. 深圳市规划和国土资源委员会关于印发《深圳市非原村民所建住宅类历史遗留违法建筑临时使用管理办法（试行）》的通知（2015 年）
189. 深圳市经济贸易和信息化委员会关于印发《深圳市基本农田保护区内土地租赁招标投标管理办法》的通知（2015 年）
190. 深圳市人民政府印发关于征地安置补偿和土地置换若干规定（试行）的通知（2015 年）
191. 深圳市规划和国土资源委员会关于印发《关于规范已出让未建用地土地用途变更和容积率调整的处置办法（试行）》的通知（2015 年）
192. 深圳市规划和国土资源委员会关于印发《深圳市城市更新清退用地处置规定》的通知（2015 年）

（十一）司法解释

193. 最高人民法院关于行政机关对土地争议的处理决定生效后一方不履行另一方不应以民事侵权向法院起诉的批复（1991 年）
194. 最高人民法院关于能否将国有土地使用权折价抵偿给抵押权人问题的批复（1998 年）
195. 最高人民法院关于审理破坏土地资源刑事案件具体应用法律若干问题的解释（2000 年）
196. 最高人民法院关于破产企业国有划拨土地使用权应否列入破产财产等问题的批复（2003 年）
197. 最高人民法院关于审理与企业改制相关的民事纠纷案件若干问题的规定（2003 年）
198. 最高人民法院关于转发国土资源部《关于国有划拨土地使用权抵押登记有关问题的通知》的通知（2004 年）
199. 最高人民法院关于审理涉及国有土地使用权合同纠纷案件适用法律问题的解释（2005 年）
200. 最高人民法院关于审理破坏林地资源刑事案件具体应用法律若干问题的解释（2005 年）

201. 最高人民检察院关于印发《关于加强查办危害土地资源渎职犯罪工作的指导意见》的通知（2008 年）
202. 最高人民法院关于审理涉及农村集体土地行政案件若干问题的规定（2011 年）
203. 最高人民法院关于坚决防止土地征收、房屋拆迁强制执行引发恶性事件的紧急通知（2011 年）
204. 最高人民法院关于办理申请人民法院强制执行国有土地上房屋征收补偿决定案件若干问题的规定（2012 年）
205. 最高人民法院关于国有土地开荒后用于农耕的土地使用权转让合同纠纷案件如何适用法律问题的批复（2012 年）
206. 最高人民法院关于征收国有土地上房屋时是否应当对被征收人未经登记的空地和院落予以补偿的答复（2012 年）
207. 最高人民法院关于违法的建筑物、构筑物、设施等强制拆除问题的批复（2013 年）
208. 最高人民法院关于审理涉及农村土地承包经营纠纷调解仲裁案件适用法律若干问题的解释（2014 年）
209. 最高人民法院关于在征收拆迁案件中进一步严格规范司法行为积极推进“裁执分离”的通知（2014 年）
210. 最高人民法院公布人民法院征收拆迁十大案例（2014 年）

三、房地产类

（一）法律

1. 中华人民共和国城市房地产管理法（1994 年，2009 年修正）

（二）行政法规

2. 物业管理条例（2003 年，2007 年修正）
3. 城市房地产开发经营管理条例（1998 年，2011 年修正）
4. 国有土地上房屋征收与补偿条例（2011 年）

（三）广东省地方法规

5. 广东省房地产评估条例（1994 年）
6. 广东省城镇华侨房屋租赁规定（1994 年）
7. 广东省房地产开发经营条例（1993 年，1997 年修正）
8. 广东省城镇房地产转让条例（1994 年，1997 年修正）
9. 广东省城镇房地产权登记条例（1994 年，1999 年修正）
10. 广东省拆迁城镇华侨房屋规定（1995 年，2004 年修正）
11. 广东省物业管理条例（1998 年，2008 年修正）
12. 广东省城镇房屋租赁条例（1994 年，2010 年修正）
13. 广东省租赁房屋治安管理规定（2012 年）
14. 广东省商品房预售管理条例（1998 年，2014 年修正）

（四）深圳市地方法规

15. 深圳经济特区房地产转让条例（1993 年，1999 年修正）
16. 深圳经济特区陆路口岸和特区管理线检查站物业管理规定（1999 年）
17. 深圳市人民代表大会常务委员会关于坚决查处违法建筑的决定（1999 年）
18. 深圳经济特区处理历史遗留违法私房若干规定（2001 年）
19. 深圳经济特区处理历史遗留生产经营性违法建筑若干规定（2001 年）
20. 深圳经济特区物业管理条例（2007 年）
21. 深圳市人民代表大会常务委员会关于农村城市化历史遗留违法建筑的处理决定（2009 年）
22. 深圳市保障性住房条例（2010 年，2011 年修正）
23. 深圳经济特区房地产登记条例（1992 年，2013 年修正）
24. 深圳经济特区房屋租赁条例（1992 年，2015 年废止）

（五）国务院部门规章

25. 建设部关于已购公有住房和经济适用住房上市出售管理暂行办法（1999 年）
26. 城市房地产转让管理规定（1995 年，2001 年修正）
27. 城市房地产抵押管理办法（1997 年，2001 年修正）
28. 商品房销售管理办法（2001 年）
29. 城市房地产权属档案管理办法（2001 年）
30. 城市危险房屋管理规定（1989 年，2004 年修正）
31. 城市商品房预售管理办法（1994 年，2004 年修正）
32. 住宅专项维修资金管理办法（2007 年）
33. 廉租住房保障办法（2007 年）
34. 房屋登记办法（2008 年）
35. 商品房屋租赁管理办法（2010 年）
36. 公共租赁住房管理办法（2012 年）
37. 房地产开发企业资质管理规定（2000 年，2015 年修正）
38. 房地产估价机构管理办法（2005 年，2015 年修正）
39. 房地产经纪管理办法（2011 年，2016 年修正）

（六）广东省政府规章

40. 广东省公有房产管理办法（1983 年，2002 年修正）
41. 广东省城镇住房保障办法（2013 年）

（七）深圳市政府规章

42. 深圳市国家机关事业单位住房制度改革若干规定（1999 年）
43. 《深圳经济特区处理历史遗留违法私房若干规定》实施细则（2002 年）
44. 《深圳经济特区处理历史遗留生产经营性违法建筑若干规定》实施细则（2002 年）
45. 深圳经济特区物业管理行业管理办法（1998 年，2004 年修正）
46. 深圳市房地产登记若干规定（试行）（2009 年）
47. 深圳市海上构筑物登记暂行办法（2009 年）
48. 深圳市房地产市场监管办法（2010 年）
49. 深圳市安居型商品房建设和管理暂行办法（2011 年）
50. 深圳市房屋征收与补偿实施办法（试行）（2013 年）
51. 《深圳经济特区物业管理条例》实施若干规定（2013 年）
52. 深圳市人才安居办法（2014 年）

（八）国务院及其部门规范性文件

53. 国务院关于促进房地产市场持续健康发展的通知（2003 年）
54. 建设部、民政部关于印发《城镇最低收入家庭廉租住房申请、审核及退出管理办法》的通知（2005 年）
55. 国家发展改革委、建设部关于印发《城镇廉租住房租金管理办法》的通知（2005 年）
56. 国务院办公厅转发建设部等部门关于调整住房供应结构稳定住房价格意见的通知 （2006 年）
57. 建设部关于落实新建住房结构比例要求若干意见（2006 年）
58. 建设部、商务部、国家发展和改革委员会、中国人民银行、国家工商行政管理总局、国家外汇管理局关于规范房地产市场外资准入和管理的意见（2006 年）
59. 建设部等三部委关于制止违规集资合作建房的通知（2006 年）
60. 建设部关于印发《房屋权属登记信息查询暂行办法》的通知 （2006 年）
61. 财政部关于印发《廉租住房保障资金管理办法》的通知（2007 年）
62. 住房和城乡建设部关于印发《房屋登记簿管理试行办法》的通知（2008 年）
63. 国务院办公厅关于促进房地产市场健康发展的若干意见（2008 年）
64. 国务院办公厅关于促进房地产市场平稳健康发展的通知（2010 年）
65. 住房和城乡建设部关于进一步加强房地产市场监管完善商品住房预售制度有关问题的通知（2010 年）
66. 国土资源部关于加强房地产用地供应和监管有关问题的通知（2010 年）
67. 国土资源部、住房和城乡建设部关于进一步加强房地产用地和建设管理调控的通知 （2010 年）
68. 住房和城乡建设部、国土资源部、监察部关于进一步贯彻落实国发〔2010〕10 号文件的通知（2010 年）
69. 中华人民共和国住房和城乡建设部、国家外汇管理局关于进一步规范境外机构和个人购房管理的通知（2010 年）
70. 国务院关于坚决遏制部分城市房价过快上涨的通知（2010 年）
71. 住房和城乡建设部等三部委关于规范商业性个人住房贷款中第二套住房认定标准的通知（2010 年）
72. 国务院办公厅关于进一步做好房地产市场调控工作有关问题的通知（2011 年）
73. 中华人民共和国住房和城乡建设部关于印发《国有土地上房屋征收评估办法》的通知（2011 年）
74. 住房和城乡建设部关于进一步加强住房公积金监管工作的通知（2012 年）
75. 国土资源部、住房城乡建设部关于进一步严格房地产用地管理巩固房地产市场调控成果的紧急通知（2012 年）
76. 住房和城乡建设部印发《住房保障档案管理办法》的通知（2012 年）
77. 住房城乡建设部办公厅关于贯彻实施《住房保障档案管理办法》的意见（2013 年）
78. 国务院办公厅关于继续做好房地产市场调控工作的通知（2013 年）
79. 住房城乡建设部 工商总局关于集中开展房地产中介市场专项治理的通知（2013 年）

80. 国务院关于加快棚户区改造工作的意见（2013 年）
81. 住房城乡建设部 国家发展改革委 财政部关于做好 2013 年农村危房改造工作的通知（2013 年）
82. 国土资源部办公厅 住房城乡建设部办公厅关于坚决遏制违法建设、销售“小产权房”的紧急通知（2013 年）
83. 住房城乡建设部 财政部 国家发展改革委关于公共租赁住房和廉租住房并轨运行的通知（2013 年）
84. 财政部 国家税务总局关于棚户区改造有关税收政策的通知（2013 年）
85. 住房城乡建设部关于保障性住房实施绿色建筑行动的通知（2013 年）
86. 住房城乡建设部 国家发展改革委 财政部关于印发《农村危房改造绩效评价办法（试行）》的通知（2013 年）
87. 住房城乡建设部关于发布《绿色保障性住房技术导则》的通知（2013 年）
88. 财政部关于做好公共租赁住房和廉租住房并轨运行有关财政工作的通知（2014 年）
89. 财政部 住房城乡建设部关于印发《中央财政城镇保障性安居工程专项资金管理办法》的通知（2014 年）
90. 民政部 国土资源部 住房城乡建设部关于印发《优抚对象住房优待办法》的通知（2014 年）
91. 住房城乡建设部 工商总局关于印发《商品房买卖合同示范文本》的通知（2014 年）
92. 住房城乡建设部关于做好 2014 年住房保障工作的通知（2014 年）
93. 住房城乡建设部关于全面开展农村危房现状调查的通知（2014 年）
94. 住房城乡建设部关于并轨后公共租赁住房有关运行管理工作的意见（2014 年）
95. 国务院办公厅关于进一步加强棚户区改造工作的通知（2014 年）
96. 财政部关于印发《城镇保障性安居工程贷款贴息办法》的通知（2014 年）
97. 住房城乡建设部 财政部 人民银行关于放宽提取住房公积金支付房租条件的通知（2015 年）
98. 财政部 住房城乡建设部关于印发《城镇保障性安居工程财政资金绩效评价暂行办法》的通知（2015 年）
99. 住房城乡建设部 国家发展改革委 财政部关于做好 2015 年农村危房改造工作的通知（2015 年）
100. 中国人民银行 住房城乡建设部 中国银行业监督管理委员会关于个人住房贷款政策有关问题的通知（2015 年）
101. 财政部 国家税务总局关于调整个人住房转让营业税政策的通知（2015 年）
102. 国务院关于进一步做好城镇棚户区和城乡危房改造及配套基础设施建设有关工作的意见（2015 年）
103. 财政部 国土资源部 住房城乡建设部 中国人民银行 国家税务总局 银监会关于运用政府和社会资本合作模式推进公共租赁住房投资建设和运营管理的通知（2015 年）
104. 国土资源部 住房城乡建设部关于做好不动产统一登记与房屋交易管理衔接的指导意见（2015 年）
105. 住房城乡建设部等部门关于调整房地产市场外资准入和管理有关政策的通知（2015 年）
106. 财政部关于做好城市棚户区改造相关工作的通知（2015 年）

（九）广东省政府及其部门规范性文件

107. 广东省建设厅、广东省国土资源厅、广东省财政厅、广东省审计厅、广东省监察厅、广东省国家税务局、广东省地方税务局、广东省发展和改革委员会、广东省物价局、广东省工商行政管理局转发建设部等八部委关于开展房地产市场秩序专项整治的通知（2007 年）
108. 广东省建设厅关于印发《贯彻落实粤发〔2006〕24 号文件完善住房保障制度具体实施方案》的通知（2007 年）
109. 广东省建设厅关于进一步加强房地产经纪管理的紧急通知（2008 年）
110. 广东省建设厅办公室关于加强房地产信息系统安全管理的通知（2009 年）
111. 广东省人民政府办公厅关于促进我省房地产市场平稳健康发展的若干意见（2009 年）
112. 广东省人民政府办公厅印发关于加快发展公共租赁住房实施意见的通知（2010 年）
113. 广东省住房和城乡建设厅关于加强和规范房地产经济从业人员管理的通知（2012 年）
114. 广东省人民政府办公厅印发《广东省住房保障制度改革创新方案》的通知（2012 年）
115. 广东工商行政管理局 广东省住房和城乡建设厅关于推行《广东省房地产经纪服务合同示范文本》的通知（2014 年）
116. 广东省人民政府关于加快棚户区改造工作的实施意见（2014 年）
117. 住房城乡建设部关于加快培育和发展住房租赁市场的指导意见（2015 年）

（十）深圳市政府规范性文件

118. 深圳市人民政府关于处理深圳经济特区房地产权属遗留问题的若干规定（1993 年，1994 年修正）
119. 深圳市房地产中介行业规范服务标准（2003 年）
120. 深圳市人民政府关于印发《深圳市到期房地产续期若干规定》的通知（2004 年）
121. 深圳市人民政府关于印发深圳市处理房地产登记历史遗留问题若干规定的通知（2004 年）
122. 深圳市人民政府关于稳定房价促进我市房地产市场持续健康发展的意见（2006 年）
123. 深圳市人民政府关于贯彻落实国务院办公厅转发建设部等部门关于调整住房供应结构稳定住房价格意见的通知（2006 年）
124. 深圳市人民政府关于进一步促进我市住房保障工作的若干意见（2007 年）
125. 深圳市人民政府关于加强房地产登记历史遗留问题处理工作的若干意见（2010 年）
126. 深圳市人民政府办公厅印发《深圳市贯彻落实国务院文件精神坚决遏制房价过快上涨的意见》的通知（2010 年）
127. 深圳市人民政府办公厅关于印发深圳市房地产市场秩序专项整治工作方案的通知（2010 年）
128. 中共深圳市委 深圳市人民政府关于实施人才安居工程的决定（2010 年）
129. 深圳市人民政府办公厅关于进一步贯彻落实国务院文件精神坚决遏制房价过快上涨的补充通知（2010 年）
130. 深圳市人民政府关于印发深圳市住房公积金管理暂行办法的通知（2010 年）

131. 深圳市人民政府办公厅关于进一步做好我市房地产市场调控工作确保年度新建住房价格控制目标的通知（2011 年）
132. 深圳市住房公积金管理委员会关于印发《深圳市住房公积金贷款管理暂行规定》的通知（2012 年）
133. 深圳市房屋租赁管理办公室关于印发《深圳市房屋租赁违法案件举报奖励办法》的通知（2012 年）
134. 深圳市住房和建设局关于印发《深圳市安居型商品房轮候与配售办法》的通知（2012 年）
135. 深圳市人民政府关于印发深圳市住房保障制度改革创新纲要的通知（2012 年）
136. 深圳市市场监督管理局关于印发深圳市商品房预售价格备案办法的通知（2013 年，2015 年修正）
137. 深圳市人民政府办公厅关于继续做好房地产市场调控工作的通知（2013 年）
138. 深圳市规划和国土资源委员会关于印发《深圳市房地产行业诚信档案管理办法》的通知（2013 年）
139. 深圳市规划和国土资源委员会关于印发《深圳市住房建设规划 2013 年度实施计划》的通知（2013 年）
140. 深圳市住房和建设局 深圳市发展和改革委员会 深圳市规划和国土资源委员会关于印发《深圳市安居型商品房定价实施细则（试行）》的通知（2013 年）
141. 深圳市住房公积金管理委员会关于印发《深圳市商业性住房按揭贷款转住房公积金贷款暂行规定》的通知（2013 年）
142. 深圳市住房公积金管理委员会关于重新发布《深圳市住房公积金提取管理暂行规定》的通知（2013 年）
143. 深圳市住房和建设局关于印发《深圳市公共租赁住房轮候与配租暂行办法》的通知（2013 年）
144. 深圳市规划和国土资源委员会关于印发《深圳市既有住宅加装电梯的实施意见》的通知（2013 年）
145. 深圳市住房和建设局关于印发《深圳市公共租赁住房置换管理办法（试行）》的通知（2014 年）
146. 深圳市住房和建设局关于印发《深圳市农村城市化历史遗留违法建筑房屋安全检测鉴定管理暂行办法》的通知（2014 年）
147. 深圳市住房公积金管理委员会关于印发《深圳市住房公积金提取管理规定》的通知（2014 年）
148. 深圳市住房和建设局 深圳市发展和改革委员会 深圳市规划和国土资源委员会关于印发《深圳市安居型商品房定价实施细则》的通知（2014 年）
149. 深圳市财政委员会 深圳市住房和建设局关于印发《深圳市保障性住房专项资金管理办法》的通知（2015 年）
150. 深圳市住房公积金管理委员会关于提高住房公积金资金使用效率加快发展住房公积金贷款业务的通知（2015 年）
151. 深圳市住房和建设局关于印发《深圳市经济适用住房取得完全产权和上市交易暂行办法》的通知（2015 年）

（十一）司法解释

152. 最高人民法院关于共有人之一擅自出卖共有房屋无效的批复（1988 年）
153. 最高人民法院关于受理房屋拆迁、补偿、安置等案件问题的批复（1996 年）
154. 最高人民法院关于审理商品房买卖合同纠纷案件适用法律若干问题的解释（2003 年）

155. 最高人民法院关于房地产管理机关能否撤销错误的注销抵押登记行为问题的批复（2003 年）
156. 最高人民法院、国土资源部、建设部关于依法规范人民法院执行和国土资源房地产管理部门协助执行若干问题的通知（2004 年）
157. 最高人民法院关于当事人达不成拆迁补偿安置协议就补偿安置争议提起民事诉讼人民法院应否受理问题的批复（2005 年）
158. 最高人民法院关于人民法院执行设定抵押的房屋的规定（2005 年，2008 年修正）
159. 最高人民法院关于审理建筑物区分所有权纠纷案件具体应用法律若干问题的解释（2009 年）
160. 最高人民法院印发《关于当前形势下进一步做好房地产纠纷案件审判工作的指导意见》的通知（2009 年）
161. 最高人民法院关于审理物业服务纠纷案件具体应用法律若干问题的解释（2009 年）
162. 最高人民法院关于审理房屋登记案件若干问题的规定（2010 年）
163. 最高人民法院关于《城市房地产抵押管理办法》在建工程抵押规定与上位法是否冲突问题的答复（2012 年）

四、测绘、地名、地质环境类

（一）法律

1. 中华人民共和国矿产资源法（1986 年，2009 年修正）
2. 中华人民共和国测绘法（1992 年，2002 年修正）
3. 中华人民共和国矿山安全法（1992 年，2009 年修正）

（二）行政法规

4. 地名管理条例（1986 年）
5. 矿产资源监督管理暂行办法（1987 年）
6. 中华人民共和国矿产资源法实施细则（1994 年）
7. 矿产资源补偿费征收管理规定（1994 年，1997 年修正）
8. 地质资料管理条例（2002 年，2016 年修正）
9. 地质灾害防治条例（2003 年）
10. 中华人民共和国测绘成果管理条例（2006 年）
11. 地质勘查资质管理条例（2008 年）
12. 基础测绘条例（2009 年）
13. 自然灾害救助条例（2010 年）
14. 古生物化石保护条例（2010 年）
15. 中华人民共和国测量标志保护条例（1996 年，2011 年修正）
16. 矿产资源勘查区块登记管理办法（1998 年，2014 年修正）
17. 矿产资源开采登记管理办法（1998 年，2014 年修正）
18. 探矿权采矿权转让管理办法（1998 年，2014 年修正）

（三）广东省地方法规

19. 广东省矿产资源管理条例（1999 年，2012 年修正）
20. 广东省地质环境管理条例（2003 年，2012 年修正）
21. 广东省实施《中华人民共和国矿山安全法》办法（1994 年，2004 年修正）
22. 广东省地名管理条例（2007 年）
23. 广东省采石取土管理规定（1998 年，2008 年修正）
24. 广东省东江流域新丰江枫树坝白盆珠水库库区水资源保护办法（2011 年）

（四）国务院部门规章

25. 地质勘查市场管理暂行办法（1991 年）
26. 地质遗迹保护管理规定（1995 年）
27. 中华人民共和国矿山安全法实施条例（1996 年）
28. 房产测绘管理办法（2001 年）
29. 古生物化石管理办法（2002 年）
30. 地质资料管理条例实施办法（2003 年，2016 年修正）
31. 公开地图内容表示若干规定（2003 年）
32. 重要地理信息数据审核公布管理规定（2003 年）
33. 测绘作业证管理规定（1995 年，2004 年修正）
34. 矿产资源登记统计管理办法（2004 年）
35. 地图审核管理规定（2006 年）
36. 测绘行政处罚程序规定（2000 年，2010 年修正）
37. 外国的组织或者个人来华测绘管理暂行办法（2007 年，2011 年修正）
38. 矿产资源规划编制实施办法（2012 年）
39. 地质环境监测管理办法（2014 年）
40. 地质灾害危险性评估单位资质管理办法（2005 年，2015 年修正）
41. 地质灾害治理工程勘查设计施工单位资质管理办法（2005 年，2015 年修正）
42. 地质灾害治理工程监理单位资质管理办法（2005 年，2015 年修正）
43. 矿山地质环境保护规定（2009 年，2015 年修正）
44. 古生物化石保护条例实施办法（2012 年，2015 年修正）
45. 地图管理条例（2015 年）

（五）深圳市政府规章

46. 深圳市门楼牌管理办法（2011 年）
47. 深圳市内伶仃岛—福田国家级自然保护区管理规定（2012 年）
48. 深圳市地名管理办法（2012 年）
49. 深圳市地质灾害防治管理办法（2012 年）

（六）国务院及其部门规范性文件

50. 国土资源部关于重新发布《探矿权采矿权评估资格管理暂行办法》的通知（2000 年）
51. 国土资源部、财政部关于印发《探矿权采矿权使用费减免办法》的通知（2000 年）
52. 国土资源部关于印发《探矿权采矿权招标拍卖挂牌管理办法(试行)》的通知（2003 年）
53. 国土资源部关于印发《非法采矿、破坏性采矿造成矿产资源破坏价值鉴定程序的规定》的通知（2005 年）

54. 国务院关于加强地质工作的决定（2006 年）
55. 国家突发地质灾害应急预案（2006 年）
56. 国家测绘局关于印发《基础测绘成果提供使用管理暂行办法》的通知（2006 年）
57. 国务院关于加强测绘工作的意见（2007 年）
58. 国家测绘局关于印发《基础测绘成果应急提供办法》的通知（2007 年）
59. 国家发展改革委、国家测绘局关于印发《基础测绘计划管理办法》的通知 (2007 年)
60. 国家测绘局关于印发《测绘标准化工作管理办法》的通知（2008 年)
61. 国家测绘局关于加强测绘质量管理的若干意见（2008 年）
62. 国家测绘局关于加强涉密测绘成果管理工作的通知 (2008 年)
63. 国家测绘局关于加强互联网地图管理工作的通知（2009 年）
64. 国家测绘局关于加强测量标志保护管理工作的通知（2009 年）
65. 国家测绘局关于印发测绘资质管理规定和测绘资质分级标准的通知（2009 年）
66. 公开地图内容表示补充规定（试行）（2009 年）
67. 国家测绘局关于印发《测绘自主创新产品认定管理办法（试行）》的通知（2009 年）
68. 国土资源部关于印发《保护性开采的特定矿种勘查开采管理暂行办法》的通知（2009 年）
69. 国家测绘局、国家工商行政管理局关于发布《测绘市场管理暂行办法》的通知（1995 年，2010 年修正）
70. 民政部关于颁发《地名管理条例实施细则》的通知（1996 年，2010 年修正）
71. 财政部、国土资源部关于印发《地质矿产调查评价专项资金管理办法》的通知（2010 年）
72. 国家测绘局关于印发《测绘成果质量监督抽查管理办法》的通知（2010 年）
73. 国家测绘局关于进一步加强涉密测绘成果行政审批与使用管理工作的通知（2010 年）
74. 国家测绘局关于切实做好国家基础测绘项目成果档案归档工作的通知（2010 年）
75. 国家自然灾害救助应急预案（2016 年）
76. 国家测绘地理信息局关于做好测绘地理信息应急保障工作的通知（2012 年）
77. 国土资源部关于印发《非法制贩爆炸物品和违法采矿专项治理工作实施方案》的通知（2012 年）
78. 国土资源部关于严格控制和规范矿业权协议出让管理有关问题的通知（2015 年）
79. 国土资源部办公厅关于印发《重要地质钻孔数据库建设试点工作方案》的通知（2012 年）
80. 财政部关于印发《国有冶金矿山企业发展专项资金管理办法》的通知（2012 年）
81. 国土资源部办公厅关于印发《全国地质环境信息化建设方案》的通知（2013 年）
82. 国土资源部办公厅关于认真贯彻落实《古生物化石保护条例实施办法》的通知（2013 年）
83. 国家测绘地理信息局关于印发《测绘地理信息公益性行业科研专项项目管理暂行办法》的通知（2013 年）
84. 国家测绘地理信息局关于印发《测绘地理信息部门信息化建设指导意见》的通知（2014 年）
85. 国土资源部关于印发《矿产资源节约与综合利用鼓励、限制和淘汰技术目录（修订稿）》的通知（国土资发〔2014〕176 号　2014 年 12 月 26 日发布）
86. 国家测绘地理信息局关于印发《测绘地理信息质量管理办法》的通知（国测国发〔2015〕17 号　2015

年 6 月 26 日发布）

（七）广东省政府及其部门规范性文件

87. 广东省人民政府颁布《广东省矿产资源补偿费征收管理实施办法》的通知（1995 年）
88. 广东省建设委员会关于加强房地产测绘和房屋面积测量计算管理工作的通知（1998 年）
89. 广东省人民政府办公厅印发《广东省突发性地质灾害应急预案》的通知（2004 年）
90. 广东省国土资源厅矿山储量动态监督管理办法（2008 年）
91. 广东省国土资源厅关于进一步规范矿产资源勘查登记管理工作的通知（2009 年）
92. 广东省国土资源厅关于进一步加强和规范测绘质量管理工作的通知（2009 年）
93. 广东省国土资源厅关于加强矿山地质环境治理和国家级地质遗迹保护项目管理的通知（2010 年）
94. 广东省国土资源厅关于印发《广东省探矿权采矿权招标拍卖挂牌出让管理办法》的通知（2010 年)
95. 广东省国土资源厅办公室关于印发《广东省国家秘密基础测绘成果利用审批程序规定（试行）》的通知（2012 年）
96. 广东省国土资源厅关于印发《广东省国土资源厅关于连续运行卫星定位服务系统应用管理的暂行规定》的通知（2012 年）
97. 广东省国土资源厅 广东省财政厅 广东省发展改革委关于《矿山地质环境治理恢复保证金的管理办法》（2014 年）

（八）深圳市政府规范性文件

98. 深圳市人民政府关于印发《深圳市清理整治采石取土恢复生态环境实施方案》的通知（2005 年）
99. 深圳市人民政府关于加强水土保持生态建设工作的决定（2005 年）

（九）司法解释

100. 最高人民法院关于审理非法采矿、破坏性采矿刑事案件具体应用法律若干问题的解释（2003 年）
101. 最高人民法院行政审判庭关于地质矿产主管部门作出的非法采矿及破坏性采矿鉴定结论是否属于人民法院受案范围问题的答复（2005 年）

五、综合类

（一）法律

1. 中华人民共和国继承法（1985 年）
2. 中华人民共和国反不正当竞争法（1993 年）
3. 中华人民共和国广告法（1994 年）
4. 中华人民共和国担保法（1995 年）
5. 中华人民共和国价格法（1997 年）
6. 中华人民共和国招标投标法（1999 年）
7. 中华人民共和国合同法（1999 年）
8. 中华人民共和国婚姻法（1980 年，2001 年修正）
9. 中华人民共和国海域使用管理法（2001 年）
10. 中华人民共和国政府采购法（2002 年）
11. 中华人民共和国行政许可法（2003 年）
12. 中华人民共和国宪法（1982 年，2004 修正）
13. 中华人民共和国拍卖法（1996 年，2004 年修正）
14. 中华人民共和国公务员法（2005 年）
15. 中华人民共和国治安管理处罚法（2005 年）
16. 中华人民共和国公证法（2005 年）
17. 中华人民共和国审计法（1994 年，2006 年修正）
18. 中华人民共和国个人所得税法（1980 年，2007 年修正）
19. 中华人民共和国文物保护法（1982 年，2007 年修正）
20. 中华人民共和国节约能源法（1997 年，2007 年修正）
21. 中华人民共和国物权法（2007 年）
22. 中华人民共和国反垄断法（2007 年）
23. 中华人民共和国企业所得税法（2007 年）
24. 中华人民共和国防震减灾法（1997 年，2008 年修正）
25. 中华人民共和国企业国有资产法（2008 年）
26. 中华人民共和国循环经济促进法（2008 年）
27. 中华人民共和国森林法（1984 年，2009 年修正）
28. 中华人民共和国草原法（1985 年，2009 年修正）
29. 中华人民共和国民法通则（1986 年，2009 年修正）
30. 中华人民共和国水法（1988 年，2009 年修正）

31. 中华人民共和国消费者权益保护法（1993 年，2009 年修正）
32. 中华人民共和国仲裁法（1994 年，2009 年修正）
33. 中华人民共和国行政处罚法（1996 年，2009 年修正）
34. 中华人民共和国行政复议法（1999 年，2009 年修正）
35. 中华人民共和国安全生产法（2002 年，2009 年修正）
36. 中华人民共和国侵权责任法（2009 年）
37. 中华人民共和国保守国家秘密法（1988 年，2010 年修正）
38. 中华人民共和国全国人民代表大会和地方各级人民代表大会选举法（1979 年，2010 年修正）
39. 中华人民共和国行政监察法（1997 年，2010 年修正）
40. 中华人民共和国涉外民事关系法律适用法（2010 年）
41. 中华人民共和国社会保险法（2010 年）
42. 中华人民共和国行政强制法（2011 年）
43. 中华人民共和国民事诉讼法（1991 年，2012 年修正）
44. 中华人民共和国国家赔偿法（1994 年，2012 年修正）
45. 中华人民共和国海洋环境保护法（1982 年，2013 年修正）
46. 中华人民共和国渔业法（1986 年，2013 年修正）
47. 中华人民共和国公司法（1993 年，2013 年修正）
48. 中华人民共和国行政诉讼法（1989 年，2014 年修正）
49. 中华人民共和国立法法（2000 年，2015 年修正）

（二）行政法规

50. 广告管理条例（1987 年）
51. 行政区域边界争议处理条例（1989 年）
52. 中华人民共和国契税暂行条例（1997 年）
53. 行政法规制定程序条例（2001 年）
54. 规章制定程序条例（2001 年）
55. 行政区域界线管理条例（2002 年）
56. 中华人民共和国行政监察法实施条例（2004 年）
57. 中华人民共和国防汛条例（1995 年，2011 年修正）
58. 中华人民共和国城镇土地使用税暂行条例（1988 年，2013 年修订）
59. 取水许可和水资源费征收管理条例（2006 年）
60. 地方各级人民政府机构设置和编制管理条例（2007 年）
61. 行政机关公务员处分条例（2007 年）
62. 中华人民共和国政府信息公开条例（2007 年）
63. 中华人民共和国行政复议法实施条例（2007 年）

64. 中华人民共和国耕地占用税暂行条例（2007 年）
65. 中华人民共和国营业税暂行条例（1993 年，2008 年修正）
66. 中华人民共和国消费税暂行条例（1993 年，2008 年修正）
67. 中华人民共和国增值税暂行条例（1993 年，2008 年修正）
68. 中华人民共和国城市维护建设税暂行条例（1985 年，2010 年修正）
69. 中华人民共和国房产税暂行条例（1986 年，2010 年修正）
70. 中华人民共和国印花税暂行条例（1988 年，2010 年修正）
71. 中华人民共和国土地增值税暂行条例（1993 年，2010 年修正）
72. 中华人民共和国自然保护区条例（1994 年，2010 年修正）
73. 城市道路管理条例（1996 年，2010 年修正）
74. 中华人民共和国审计法实施条例（1997 年，2010 年修正）
75. 价格违法行为行政处罚规定（1999 年，2010 年修正）
76. 气象灾害防御条例（2010 年）
77. 城镇燃气管理条例（2010 年）
78. 国家赔偿费用管理条例（2011 年）
79. 中华人民共和国税收征收管理法实施细则（2002 年，2013 年修正）

（三）广东省地方法规

80. 广东省各级人民政府行政执法监督条例（1997 年）
81. 广东省森林保护管理条例（1994 年，1998 年修正）
82. 广东省农业环境保护条例（1998 年）
83. 广东省行政复议工作规定（2003 年）
84. 广东省实施《中华人民共和国招标投标法》办法（2003 年）
85. 广东省政务公开条例（2005 年）
86. 广东省人民政府关于若干临时行政许可事项的决定（2006 年）
87. 广东省海域使用管理条例（2007 年）
88. 广东省港口管理条例（2007 年）
89. 广东省行政执法责任制条例（1999 年，2009 年修正）
90. 广东省行政机构设置和编制管理条例（2000 年，2009 年修正）
91. 广东省实施《中华人民共和国政府采购法》办法（2009 年）
92. 广东省林地保护管理条例（1998 年，2010 年修正）
93. 广东省突发事件应对条例（2010 年）
94. 广东省行政执法队伍管理条例（1997 年，2012 年修正）
95. 广东省行政审批事项目录管理办法（2012 年）
96. 广东省经纪人管理条例（1993 年，2014 年修正）

97. 广东省实施《中华人民共和国反不正当竞争法》办法（1996 年，2014 年修正）
98. 广东省实施《中华人民共和国文物保护法》办法（2009 年，2014 年修正）
99. 广东省森林公园管理条例（2010 年，2014 年修正）
100. 广东省地方立法条例（2001 年，2016 年修正）

（四）深圳市地方法规

101. 深圳经济特区水土保持条例（1997 年）
102. 深圳经济特区政府采购条例（1998 年，2012 年修订）
103. 深圳经济特区饮用水源保护条例（1994 年，2012 年修正）
104. 深圳经济特区公证条例（1999 年，2001 年修正）
105. 深圳经济特区福田保税区条例（1996 年，2003 年修正）
106. 深圳经济特区水资源管理条例（1994 年，2004 年修正）
107. 深圳经济特区港口管理条例（1998 年，2004 年修正）
108. 深圳市无障碍环境建设条例（2009 年）
109. 深圳经济特区股份合作公司条例（1994 年，2011 年修正）
110. 深圳经济特区信访条例（2011 年）
111. 深圳经济特区环境噪声污染防治条例（2011 年）
112. 深圳市实施《中华人民共和国人民调解法》办法（2012 年）
113. 深圳经济特区社会建设促进条例（2012 年）
114. 深圳市制定法规条例（2012 年）
115. 深圳经济特区合同格式条款条例（2012 年）
116. 深圳经济特区控制吸烟条例（2013 年）
117. 深圳市人民代表大会常务委员会讨论决定重大事项规定（2013 年）
118. 深圳经济特区行业协会条例（2014 年）
119. 深圳市人民代表大会常务委员会关于加强深圳经济特区标准建设若干问题的决定（2014 年）
120. 深圳经济特区道路交通安全管理条例（2011 年，2015 年修正）

（五）国务院部门规章

121. 政府采购货物和服务招标投标管理办法（2004 年）
122. 政府制定价格行为规则（2006 年）
123. 评标委员会和评标方法暂行规定（2001 年，2013 年修正）
124. 国土资源行政处罚办法（2014 年）
125. 基础设施和公用事业特许经营管理办法（2015 年）
126. 住房城乡建设行政复议办法（2015 年）

（六）广东省政府规章

127. 广东省调处行政区域边界争议的若干规定（1991 年）
128. 广东省《行政执法证》管理办法（1997 年，2013 年修订）
129. 广东省各级人民政府实施行政处罚规定（1997 年）
130. 广东省行政处罚听证程序实施办法（1999 年）
131. 广东省生态公益林建设管理和效益补偿办法（1998 年，2002 年修正）
132. 广东省行政机关规范性文件管理规定（2004 年）
133. 广东省无障碍设施建设管理规定（2005 年）
134. 广东省行政审批管理监督办法（2007 年）
135. 广东省规范行政处罚自由裁量权规定（2011 年）
136. 广东省人民政府 2012 年行政审批制度改革事项目录（2012 年）
137. 广东省法治政府建设指标体系（试行）（2013 年）
138. 广东省依法行政考评办法（2013 年）
139. 广东省重大行政决策听证规定（2013 年）
140. 广东省地方税务局土地增值税清算管理规程（暂行）（2014 年）
141. 广东省桥梁水域通航安全管理规定（2014 年）

（七）深圳市政府规章

142. 深圳市行政执法主体公告管理规定（2003 年）
143. 深圳经济特区城市雕塑管理规定（1994 年，2004 年修正）
144. 深圳市实施行政许可若干规定（2004 年）
145. 深圳市人民政府行政执法协调办法（试行）（2004 年）
146. 深圳市非行政许可审批和登记若干规定（2006 年）
147. 深圳市政府信息公开规定（2006 年）
148. 深圳市行政听证办法（2006 年）
149. 深圳市光明新区管理暂行规定（2007 年）
150. 深圳市规范行政处罚裁量权若干规定（2008 年）
151. 深圳市人民政府行政执法督察办法（2009 年）
152. 深圳市行政过错责任追究办法（2009 年）
153. 深圳市行政监督工作规定（2009 年）
154. 深圳市坪山新区管理暂行规定（2009 年）
155. 深圳市行政服务管理规定（2010 年）
156. 深圳市市级行政审批事项调整目录（2011 年）
157. 深圳市前海深港现代服务业合作区管理局暂行办法（2011 年）
158. 深圳前海湾保税港区管理暂行办法（2011 年）

159. 深圳市龙华新区和大鹏新区管理暂行规定（2012 年）
160. 深圳市行政电子监察工作规定（2013 年）
161. 深圳市公共厕所管理办法（2013 年）
162. 深圳市绿色建筑促进办法（2013 年）
163. 深圳市机动车道路临时停放管理办法（2014 年）
164. 深圳市机关事务管理办法（2015 年）
165. 深圳市城市轨道交通运营管理办法（2015 年）

（八）国务院及其部门规范性文件

166. 国家税务总局、财政部、建设部关于加强房地产税收管理的通知（2005 年）
167. 财政部、国家税务总局关于土地增值税若干问题的通知（2006 年）
168. 财政部、国家税务总局关于集体土地城镇土地使用税有关政策的通知（2006 年）
169. 国家税务总局、财政部、国土资源部关于进一步加强土地税收管理工作的通知（2008 年）
170. 国家税务总局关于印发《土地增值税清算管理规程》的通知（2009 年）
171. 国家税务总局关于加强土地增值税征管工作的通知（2010 年）
172. 财政部、国家税务总局、住房和城乡建设部关于调整房地产交易环节契税个人所得税优惠政策的通知（2010 年）
173. 国务院关于加强法治政府建设的意见（2010 年）
174. 国务院关于第六批取消和调整行政审批项目的决定（2012 年）
175. 国土资源部关于印发《国土资源部重点实验室建设与运行管理办法》的通知（2012 年）
176. 国土资源部关于贯彻实施《中华人民共和国行政诉讼法》的通知（2015 年）
177. 国务院关于取消非行政许可审批事项的决定（2015 年）

（九）广东省政府及其部门规范性文件

178. 广东省人民政府颁布《广东省土地增值税征收管理办法》的通知（1995 年）
179. 广东省海域使用管理规定（1996 年，1998 年修正）
180. 广东省违法收费行为处罚规定（1996 年，1998 年修正）
181. 广东省财政厅、广东省地方税务局关于贯彻落实城镇土地使用税暂行条例有关问题的通知（2007 年）
182. 广东省城镇土地使用税实施细则（1989 年，2009 年）
183. 广东省人民政府办公厅关于印发《广东省信访事项复查复核办法》的通知（2015 年）
184. 广东省人民政府办公厅关于印发《广东省行政复议案件庭审办法（试行）》的通知（2015 年）

（十）司法解释

185. 最高人民法院关于审理行政赔偿案件若干问题的规定（1997 年）

186. 最高人民法院关于适用《中华人民共和国合同法》若干问题的解释（一）（1999 年）
187. 最高人民法院关于执行《中华人民共和国行政诉讼法》若干问题的解释（2000 年）
188. 最高人民法院关于适用《中华人民共和国担保法》若干问题的解释（2000 年）
189. 最高人民法院关于适用《中华人民共和国婚姻法》若干问题的解释（一）（2001 年）
190. 最高人民法院关于适用《中华人民共和国婚姻法》若干问题的解释（二）（2003 年）
191. 最高人民法院关于人民法院民事执行中拍卖、变卖财产的规定（2004 年）
192. 最高人民法院关于人民法院民事执行中查封、扣押、冻结财产的规定（2004 年，2008 年修正）
193. 广东省高级人民法院关于行政案件管辖若干问题的意见（试行）（2008 年）
194. 最高人民法院关于适用《中华人民共和国民事诉讼法》执行程序若干问题的解释（2008 年）
195. 最高人民法院关于适用《中华人民共和国民事诉讼法》审判监督程序若干问题的解释（2008 年）
196. 最高人民法院关于审理民事案件适用诉讼时效制度若干问题的规定（2008 年）
197. 最高人民法院《关于适用〈中华人民共和国合同法〉若干问题的解释（二）》（2009 年）
198. 最高人民法院关于人民法院委托评估、拍卖和变卖工作的若干规定（2009 年）
199. 最高人民法院关于审理行政许可案件若干问题的规定（2009 年）
200. 最高人民法院关于委托执行若干问题的规定（2011 年）
201. 最高人民法院关于发布第一批指导性案例的通知（2011 年）
202. 最高人民法院关于适用《中华人民共和国婚姻法》若干问题的解释（三）（2011 年）
203. 最高人民法院关于国家赔偿案件立案工作的规定（2012 年）
204. 最高人民法院关于修改后的民事诉讼法施行时未结案件适用法律若干问题的规定（2012 年）
205. 最高人民法院关于发布第二批指导性案例的通知（2012 年）
206. 最高人民法院关于发布第三批指导性案例的通知（2012 年）
207. 最高人民法院关于发布第四批指导性案例的通知（2013 年）
208. 最高人民法院关于发布第五批指导性案例的通知（2013 年）
209. 最高人民检察院关于贯彻执行《中华人民共和国民事诉讼法》若干问题的通知（2013 年）
210. 最高人民法院关于开展行政案件相对集中管辖试点工作的通知（2013 年）
211. 最高人民法院关于适用《中华人民共和国公司法》若干问题的规定（一）（2006 年，2014 年修正）
212. 最高人民法院关于适用《中华人民共和国公司法》若干问题的规定（二）（2008 年，2014 年修正）
213. 最高人民法院关于适用《中华人民共和国公司法》若干问题的规定（三）（2011 年，2014 年修正）
214. 最高人民法院关于发布第六批指导性案例的通知（2014 年）
215. 最高人民法院关于发布第七批指导性案例的通知（2014 年）
216. 最高人民法院关于发布第八批指导性案例的通知（2014 年）
217. 最高人民法院关于发布第九批指导性案例的通知（2014 年）
218. 最高人民法院关于审理融资租赁合同纠纷案件适用法律问题的解释（2014 年）
219. 最高人民法院关于发布第十批指导性案例的通知（2015 年）
220. 最高人民法院关于发布第十一批指导性案例的通知（2015 年）

221. 最高人民法院关于适用《中华人民共和国民事诉讼法》的解释（2015 年）

222. 最高人民法院关于废止部分司法解释和司法解释性质文件（第十一批）的决定（2015 年）

223. 最高人民法院印发《〈关于案例指导工作的规定〉实施细则》的通知（2015 年）

224. 最高人民法院关于人民法院办理执行异议和复议案件若干问题的规定（2015 年）

225. 最高人民法院关于适用《中华人民共和国行政诉讼法》若干问题的解释（2015 年）

226. 最高人民法院关于审理环境侵权责任纠纷案件适用法律若干问题的解释（2015 年）

附录二

2015 年深圳房地产大事记

◆ 1 月 14 日，住建部发布《关于加快培育和发展住房租赁市场的指导意见》，明确提出多管齐下发展住房租赁市场，鼓励房地产投资信托基金（REITs）试点，多来源增加住房租赁市场资金供给。

◆ 1 月 22 日，国务院办公厅出台《关于引导农村产权流转交易市场健康发展的意见》，要求建立健全各类农村产权依法流转交易的平台，引导农村产权流转规范化、市场化。

◆ 1 月 28 日，住房和城乡建设部、财政部、中国人民银行对外发布《关于放宽提取住房公积金支付房租条件的通知》。《通知》规定，无房职工在缴存地租房，只需提供租赁合同、租金缴纳证明或无房证明即可提取住房公积金。

◆ 2 月 1 日，中央一号文件公布，再次提出农村土地制度改革作为农村改革的重要方面。

◆ 2 月 4 日，央行于再次宣布降准，金融机构人民币存款准备金率自当日（2 月 5 日）起下调 0.5 个百分点。

◆ 2 月 9 日，税务总局明确，间接转让财产交易的范围从股权转让延伸到中国境内不动产和其他中国财产的转让。专家称，这意味着此后跨国公司利用不动产转让的交易来进行跨境避税的行为将迎来监管重拳。

◆ 2 月 28 日，中央人民银行决定下调存贷款基准利率，长贷利率降至十年新低，改善行业运行环境，助推经济增长。

◆ 3 月 1 日，《不动产登记暂行条例》施行，在国家层面不动产登记职责及机构整合工作完成基础上，省市县三级整合工作已全面铺开。

◆ 3 月 1 日起，央行下调一年期存贷款基准利率 0.25 个百分点，并再次扩大存款利率上浮区间至 1.3 倍。其中一年期贷款基准利率降幅不及前次，与以往的降息相比，本次属温和降息。

◆ 3 月 5 日，全国两会召开，提出要“加快培育消费增长点，稳定住房消费。坚持分类指导，因地施策，落实地方政府主体责任，支持居民自住和改善性住房需求，促进房地产市场平稳健康发展” 。两会仍将分类指导、因地施策作为 2015 年房地产政策总基调，进一步强调了地方政府主体责任，支持居民自住和改善性住房需求。

◆ 3 月 18 日，中央国家机关住房资金管理中心在官方网站上发布通知，为进一步加大对缴存职工使用住房公积金个人贷款解决基本住房问题的支持力度，个人贷款将做一定调整，其中，国管公积金贷款账户余额划定线调高至 5 万元。

◆ 3 月 27 日，国土资源部 住房城乡建设部联合下发了《关于优化 2015 年住房及用地供应结构促进房地产市场平稳健康发展的通知》，提出有供、有限，因地制宜确定住房用地规模，保证市场供需平衡。对于住房供应明显偏多的市、县减少住宅用地供应，控制、优化住房用地规模及结构，加快库存去化。

◆ 3 月 27 日，财政部、国家税务总局发布通知，提出个人购买 2 年以上（含 2 年）的普通住房对外销售的，免征营业税，免征期限由 5 年下调为 2 年，进一步加快二手房流通速度，活跃市场。同时住建部也表示要“拓宽保障房源渠道，注意通过市场筹集房源作为保障房”。

◆ 3 月 30 日，央行联合住建部和银监会发出正式文件《关于个人住房贷款政策有关问题的通知》，二套首付下调至 4 成，首套公积金首付 2 成；与此同时，财政部大幅缩短二手房交易营业税免征年限至 2 年。

◆ 4 月 20 日，中央人民银行决定下调各类存款类金融机构人民币存款准备金率 1 个百分点。

◆ 4 月 30 日，中央政治局会议提出“要完善市场环境，盘活存量资产，建立房地产健康发展的长效机制”。2015 年宏观经济依然严峻，房地产业首要任务是保持市场平稳发展，稳定住房消费，为整体经济实现保增长目标提供保障。中央对房地产稳消费的表态，有利于稳定市场预期，提振市场信心。

◆ 5 月 10 日，中共中央政治局召开会议讨论了当前的经济形势，同时对房地产市场发出了明确的信号。会议提出：“要完善市场环境，盘活存量资产，建立房地产健康发展的长效机制。”这被业界普遍解读为未来可能继续出台鼓励购房的税收和信贷政策，以起到消化住房库存，进而刺激房地产开发投资的作用。

◆ 5 月 11 日，中央人民银行下调金融机构人民币贷款和存款基准利率。金融机构一年期贷款基准利率下调 0.25 个百分点至 5.1%；一年期存款基准利率下调 0.25 个百分点至 2.25%，同时结合推进利率市场化改革，将金融机构存款利率浮动区间的上限由存款基准利率的 1.3 倍调整为 1.5 倍；其他各档次贷款及存款基准利率、个人住房公积金存贷款利率相应调整。

◆ 5 月 18 日，《深化经济体制改革重点工作意见的通知》研究提出深化住房制度改革实施方案，修订住房公积金管理条例。

◆ 6 月 28 日，中央人民银行宣布下调金融机构人民币贷款和存款基准利率，以进一步降低企业融资成本，同时有针对性地对金融机构实施定向降准。这是央行上半年第三次降准、第四次降息，力度空前的组合拳，引发房地产等领域更大范围的企稳回暖预期。

◆ 8 月 6 日，国土部下发通知，要求各地在 2015 年下半年要实现信息平台上线试运行，2017 年要基本建成覆盖全国的不动产登记信息平台。据介绍，该平台将向公安、财政、税务等部门提供信息共享交换服务。

◆ 8 月 27 日，住房城乡建设部、商务部、发改委等六部委联合发布《关于调整房地产市场外资准入和管理有关政策的通知》，正式放松外资投资我国房地产相关规定。允许境外机构在境内设立的分支、代表机构和在境内工作、学习的境外个人购买符合实际需要的自用、自住商品房。

◆ 8 月 31 日，住房城乡建设部、财政部、中国人民银行发布《关于调整住房公积金个人住房贷款购房最低首付款比例的通知》，为进一步完善住房公积金个人住房贷款政策，支持缴存职工合理住房需求，对拥有 1 套住房并已结清相应购房贷款的居民家庭，为改善居住条件再次申请住房公积金委托贷款购买住房的，最低首付款比例由 30%降低至 20%。北京、上海、广州、深圳可在国家统一政策基础上，结合本地实际，自主决定申请住房公积金委托贷款购买第二套住房的最低首付款比例。

◆ 9 月 1 日，由全国人大常委会最新修订的《广告法》正式施行，新版《广告法》在旧版基础上做了较大修改。对大众传媒，如电视广告代言、户外地产广告、纸媒软文广告、品牌互掐广告等将实行严格监控。

◆ 9 月 10 日，住建部等四部委下发通知，从 9 月起对拥有 1 套住房并已结清相应购房贷款的居民家庭，为改善居住条件再次申请住房公积金委托贷款购买住房的，最低首付款比例由 30%降低至 20%。

◆ 9 月 14 日，国务院发文称，为进一步解决当前重大民生和公共领域投资项目融资难、融资贵问题。增加公共产品和公共服务供给，国务院决定对固定资产投资项目资本金制度进行调整和完善。

◆ 9 月 15 日，改革存款准备金考核制度，由现行的时点法改为平均法考核。同时，为促进金融机构稳健经营，存款准备金考核设每日下限。

◆ 9 月 22 日，全国首家不动产籍管理和测绘局在广东省深圳市规划和国土资源委员会（市海洋局）正式挂牌成立。深圳市规划和国土资源委员会发布《关于深圳市实施不动产统一登记的公告》，按照国家推进不动产统一登记工作总体部署，经深圳市委市政府同意，深圳市自 2015 年 9 月 22 日起实施不动产统一登记。

◆ 10 月 8 日，住建部、财政部、央行联手发布《关于切实提高住房公积金使用效率的通知》，全面推行公积金异地贷款业务。有条件城市要推行住房公积金个人住房贷款资产证券化。

◆ 10 月 19 日，国务院总理李克强主持召开国务院常务会议，通过《居住证暂行条例（草案）》，明确了居住证持有人通过积分等方式落户的通道。会议认为，落实户籍制度改革，用法治方式完善居住证管理，保障持证人合法权益，是推进以人为核心的新型城镇化、推动农业现代化、促进社会公平正义的重要举措，也有利于扩大内需。

◆ 11 月 10 日，习近平主持召开中央财经领导小组第十一次会议时强调，要化解房地产库存，促进房地产业持续发展。

◆ 11 月 11 日，李克强主持召开国务院常务会议，提出以加快户籍制度改革带动住房消费。

◆ 11 月 11 日，商务部、外汇局发布《关于进一步改进外商投资房地产备案工作的通知》，进一步简化外商投资房地产企业管理工作。提出取消商务部网站备案公示程序。外商投资房地产企业在完成相应工作流程后，可按相关外汇管理规定到银行办理外商直接投资项下外汇登记等手续

◆ 11 月 20 日，国务院法制办公示发布了《住房公积金管理条例（修订送审稿）》，针对缴存制度不完善，城市之间资金无法融通，资金提取、使用和保值、增值渠道偏窄，管理效率和服务水平不高等问题进行了修改和完善。

◆ 12 月 12 日，国务院总理李克强签署第 663 号国务院令，公布《居住证暂行条例》，《条例》将于 2016 年 1 月 1 日起施行。条例明确“创新人口管理，加快户籍制度改革，全面放开建制镇和小城市落户限制，有序放开中等城市落户限制，合理确定大城市落户条件，严格控制特大城市人口规模”。

◆ 12 月 14 日，中共中央政治局召开会议，分析研究 2016 年经济工作，研究部署城市工作，审议通过《关于建立健全党和国家功勋荣誉表彰制度的意见》、《中国共产党地方委员会工作条例》、《关于实施全面两孩政策改革完善计划生育服务管理的决定》。中共中央总书记习近平主持会议。会议指出，要化解房地产库存，通过加快农民工市民化，推进以满足新市民为出发点的住房制度改革，扩大有效需求，稳定房地产市场。

◆ 12 月 23 日，2015 年中央经济工作会议以前所未有的篇幅对房地产去库存进行了论述，2016 年仍将是一个以楼市去库存为首要任务的政策年。

◆ 12 月 28 日，住建部召开全国住房城乡建设工作会议，强调巩固房地产市场向好态势。要推进以满足新市民住房需求为主的住房体制改革，把去库存作为房地产工作的重点。此前十八届五中全会全面放开二孩政策，也将进一步扩大总体住房需求。

附录三

深圳市规划和国土资源委员会（市海洋局）系统机构设置

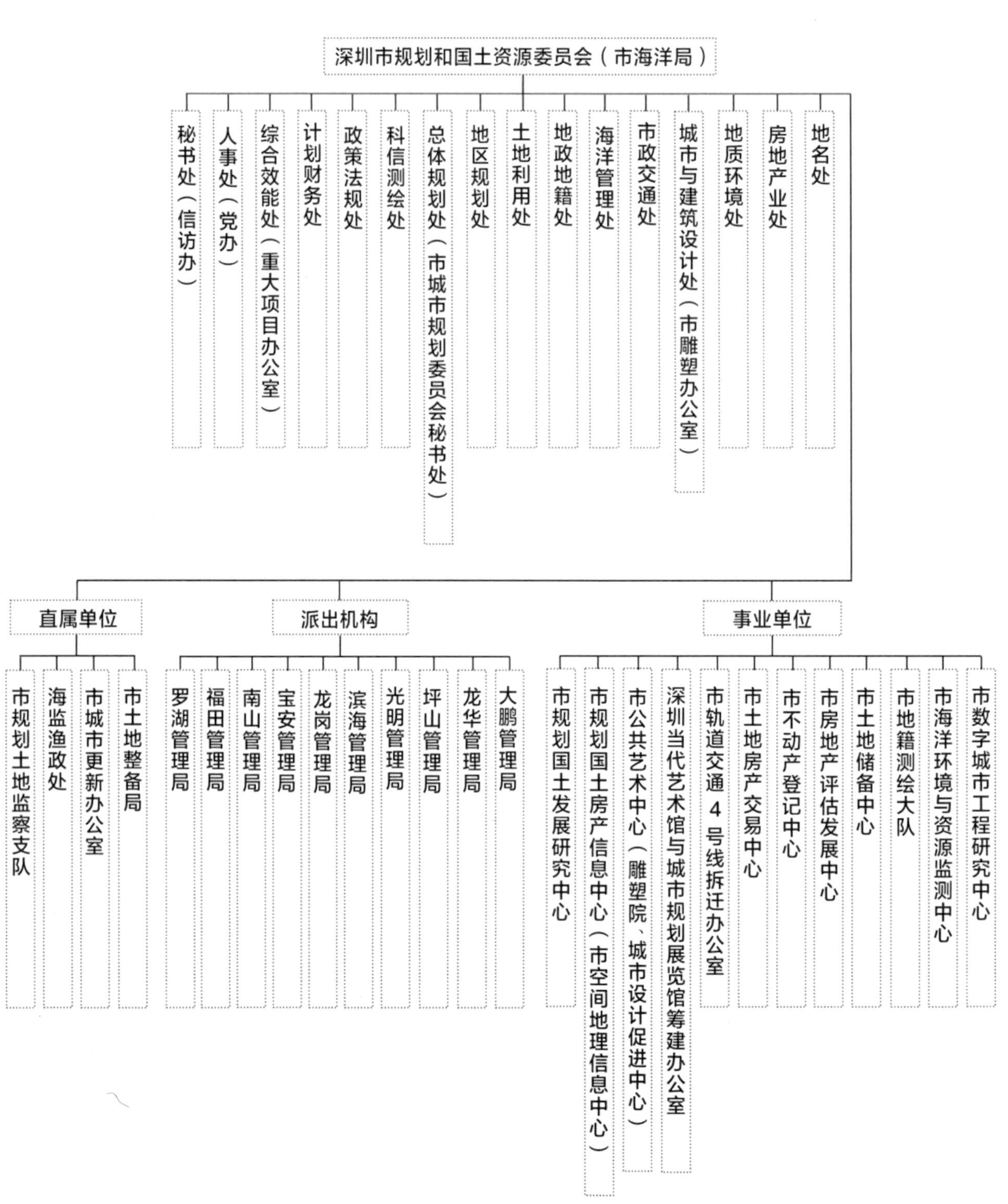